Der [illegible] und B[illegible] staatlicher Judikatur seit 1949 und widmet sich dann vor diesem Hintergrund der staatskirchenrechtlichen Rechtsschutzproblematik. Dabei erweist es sich, daß das religiöse Selbstbestimmungsrecht einer prinzipiellen Zuständigkeit des Staates zur Rechtsschutzgewährung keineswegs entgegensteht. Im Gegenteil: Sofern die staatlichen Gerichte ihre verfassungsrechtlichen Bindungen ernst nehmen, ergänzt ihr Wirken die Freiheit des Religiösen, indem es deren Entfaltung in der Rechtspraxis sichert.

JUS ECCLESIASTICUM

Beiträge zum evangelischen Kirchenrecht
und zum Staatskirchenrecht
Band 41

Herausgegeben von

AXEL FRHR. VON CAMPENHAUSEN
MARTIN DAUR · MARTIN HECKEL
CHRISTOPH LINK · KLAUS SCHLAICH
GERHARD TRÖGER

Staatliche Justizhoheit und religiöse Freiheit

Über die Frage nach der staatlichen Kompetenz zur Rechtsschutzgewährung im Wirkungsbereich der Kirchen und Religionsgemeinschaften

von

Karl-Hermann Kästner

J. C. B. Mohr (Paul Siebeck) Tübingen

Geschäftsführender Herausgeber: Martin Heckel

Die Deutsche Bibliothek – CIP-Einheitsaufnahme

Kästner, Karl-Hermann:
Staatliche Justizhoheit und religiöse Freiheit: über die Frage nach der staatlichen Kompetenz zur Rechtsschutzgewährung im Wirkungsbereich der Kirchen und Religionsgemeinschaften /
von Karl-Hermann Kästner. – Tübingen: Mohr, 1991
(Jus ecclesiasticum; Bd. 41)
Zugl.: Tübingen, Univ., Habil.-Schr., 1989/90
ISBN 3-16-145727-7

NE: Ius ecclesiasticum

Das Buch wurde von Gulde-Druck GmbH in Tübingen aus der Garamond Antiqua gesetzt, auf alterungsbeständiges Werkdruckpapier der Papierfabrik Buhl in Ettlingen gedruckt und von der Großbuchbinderei Heinrich Koch KG in Tübingen gebunden.

ISSN 0449-4393

Für
Inge, Sibylle,
Katharina und Benedikt

Vorwort

Das vorliegende Buch enthält die überarbeitete Fassung meiner Habilitationsschrift, die von der Juristischen Fakultät der Universität Tübingen im Wintersemester 1989/90 angenommen wurde.

Ich habe für vielfache Unterstützung zu danken, ohne die diese Arbeit so nicht geschrieben worden wäre. Erwähnen möchte ich hier das Justizministerium Baden-Württemberg, das mich von meiner Tätigkeit als Verwaltungsrichter mehrere Jahre an die Universität Tübingen abordnete und mir damit Gelegenheit gab, dort als Richter im Hochschuldienst neben meiner Lehr- und Prüfertätigkeit wissenschaftlich zu arbeiten. Bei den Mitgliedern der Fakultät bedanke ich mich für eine kollegiale Atmosphäre, die mir die Arbeit erleichterte, und für Gespräche, die mir mannigfache Anregungen vermittelten. Vor allen bin ich zu herzlichem Dank meinem verehrten Lehrer Martin Heckel verbunden, der die Entstehung des vorliegenden Buches mit wertvollen Ratschlägen förderte.

Entscheidend nahmen meine Frau und meine Kinder Anteil an dieser Arbeit, indem sie mich in den vergangenen Jahren mit ihrer Liebe umgaben und für meine häufige (körperliche und auch geistige) Abwesenheit viel Verständnis aufbrachten. Ihnen danke ich besonders, und ihnen widme ich dieses Buch.

Bingen (Hohenz.), im Oktober 1990 — Karl-Hermann Kästner

Inhaltsübersicht

Inhaltsverzeichnis

Zweiter Teil

Grundlagen und Reichweite des staatlichen Justizanspruchs im Wirkungsbereich der religiösen Verbände

Abkürzungen

ABl.	Amtsblatt
AcP	Archiv für die civilistische Praxis
a.F.	alte Fassung
AFG	Arbeitsförderungsgesetz
AG	Amtsgericht
AkKR	Archiv für katholisches Kirchenrecht
ALR	Allgemeines Landrecht für die Preußischen Staaten
AO 1977	Abgabenordnung vom 16. März 1976
AöR	Archiv des öffentlichen Rechts
AP	Hueck-Nipperdey-Dietz, Nachschlagewerk des Bundesarbeitsgerichts – Arbeitsrechtliche Praxis –
ArbG	Arbeitsgericht
ArbGG	Arbeitsgerichtsgesetz
AS Rh.-Pf.	Amtliche Sammlung von Entscheidungen des Oberverwaltungsgerichts Rheinland-Pfalz, Koblenz
AuR	Arbeit und Recht. Zeitschrift für Arbeitsrechtspraxis
B.	Beschluß
BAG	Bundesarbeitsgericht
Bay. ObLG	Bayerisches Oberstes Landesgericht
Bay. VerfGH	Bayerischer Verfassungsgerichtshof
BayVBl.	Bayerische Verwaltungsblätter
BB	Betriebs-Berater
BeurkG	Beurkundungsgesetz
BGH	Bundesgerichtshof
BGHZ	Entscheidungen des Bundesgerichtshofes in Zivilsachen
BGHSt	Entscheidungen des Bundesgerichtshofes in Strafsachen
BK	Kommentar zum Bonner Grundgesetz (Bonner Kommentar), Hamburg 1950ff.
BLG	Bundesleistungsgesetz
BRAO	Bundesrechtsanwaltsordnung
BRRG	Beamtenrechtsrahmengesetz
BSG	Bundessozialgericht
BStBl. II	Bundessteuerblatt, Teil II: Entscheidungen des Bundesfinanzhofs
BVerfG	Bundesverfassungsgericht
BVerfGE	Entscheidungen des Bundesverfassungsgerichts
BVerfGG	Gesetz über das Bundesverfassungsgericht
BVerwG	Bundesverwaltungsgericht
BVerwGE	Entscheidungen des Bundesverwaltungsgerichts
B.-W.	Baden-Württemberg
BWVPr	Baden-Württembergische Verwaltungspraxis
CIC	Codex Iuris Canonici

DBG	Deutsches Beamtengesetz vom 26. Januar 1937
Diss. iur.	Juristische Dissertation
DJZ	Deutsche Juristen-Zeitung
DÖV	Die Öffentliche Verwaltung
DRiZ	Deutsche Richterzeitung
DVBl.	Deutsches Verwaltungsblatt
DVO	Durchführungsverordnung
E.	Entscheidung
EGE	Ehrengerichtliche Entscheidungen. Auswahl aus den Entscheidungen des Bundesgerichtshofs (Senat für Anwaltsachen) und der Ehrengerichtshöfe sowie der Ehrengerichte der Rechtsanwaltschaft des Bundesgebietes, hrsg. v. Präsidium der Bundesrechtsanwaltskammer
EheG	Ehegesetz
EKD	Evangelische Kirche in Deutschland
Essener Gespräche	Essener Gespräche zum Thema Staat und Kirche. Begründet von J. Krautscheidt u. H. Marré, (seit Bd. 16) hrsg. von H. Marré u. J. Stüting. Bd. 1 ff., Münster 1969 ff.
EvStL	Evangelisches Staatslexikon. – 1. Aufl., hrsg. von H. Kunst u. S. Grundmann in Verbindung mit W. Schneemelcher u. R. Herzog. Stuttgart u. Berlin 1966 – 2. Aufl., hrsg. von H. Kunst, R. Herzog u. W. Schneemelcher. Stuttgart u. Berlin 1975 – 3. Aufl., hrsg. von R. Herzog, H. Kunst, K. Schlaich u. W. Schneemelcher. I. u. II. Band, Stuttgart 1987
EzA	Entscheidungssammlung zum Arbeitsrecht, hrsg. u. bearb. von E. Stahlhacke
FamRZ	Zeitschrift für das gesamte Familienrecht (bis Jg. 1961 unter dem Titel: Ehe und Familie im privaten und öffentlichen Recht)
FG	Finanzgericht
FN	Fußnote(n)
FS	Festschrift (bzw. Festgabe)
G.	Gesetz
GA	Goltdammer's Archiv für Strafrecht
GemO	Gemeindeordnung für Baden-Württemberg
Ges. u. VOBl.	Gesetz- u. Verordnungsblatt der Lippischen Landeskirche
GewArch	Gewerbearchiv
GG	Grundgesetz für die Bundesrepublik Deutschland
GS.	Preußische Gesetzsammlung
GVG	Gerichtsverfassungsgesetz
GVOBl.	Gesetz- u. Verordnungsblatt der Nordelbischen Ev.-Luth. Kirche
HdbKathKR	Handbuch des katholischen Kirchenrechts, hrsg. von J. Listl, H. Müller u. H. Schmitz. Regensburg 1983
HdbStKirchR I; II	Handbuch des Staatskirchenrechts der Bundesrepublik Deutschland, hrsg. von E. Friesenhahn u. U. Scheuner i.V.m. J. Listl. Bd. I, Berlin 1974; Bd. II, Berlin 1975
HK	Herder-Korrespondenz
HRG	Handwörterbuch zur deutschen Rechtsgeschichte, hrsg. von A. Erler u. E. Kaufmann, mitbegründet von W. Stammler. Bd. 1 ff., Berlin 1971 ff.
ibd.	ibidem (ebenda)

idea	Informationsdienst der Evangelischen Allianz
JöR	Jahrbuch des öffentlichen Rechts der Gegenwart
JR	Juristische Rundschau
JuS	Juristische Schulung
JZ	Juristenzeitung
KABl.	Kirchliches Amtsblatt
KG	Kammergericht
KGVBl.	Kirchliches Gesetzes- u. Verordnungsblatt der Evang. Landeskirche in Baden
KirchE	Entscheidungen in Kirchensachen seit 1946. Begründet von C. J. Hering u. H. Lentz, (seit Bd. 8) hrsg. von H. Lentz, D. Pirson u. M. Baldus. Berlin 1963 ff.
KirchR	Kirchenrecht
KO	Konkursordnung
KritV	Kritische Vierteljahresschrift für Gesetzgebung und Rechtswissenschaft
KSchG	Kündigungsschutzgesetz
LAG	Landesarbeitsgericht
LG	Landgericht
LGebG	Landesgebührengesetz (Baden-Württemberg)
LM	Lindenmaier-Möhring, Nachschlagewerk des Bundesgerichtshofs
LSG	Landessozialgericht
LVerf.	Landesverfassung
LVG	Landesverwaltungsgericht
M-D	Grundgesetz. Kommentar von Th. Maunz, G. Dürig, R. Herzog, R. Scholz, P. Lerche, H.-J. Papier, A. Randelzhofer u. E. Schmidt-Aßmann. München
MDR	Monatsschrift für Deutsches Recht
MRVO Nr. 165	Verordnung Nr. 165 der Militärregierung Deutschland – Britisches Kontrollgebiet – (Verordnungsblatt für die Britische Zone, Nr. 41 vom 13. September 1948, S. 263)
NF	Neue Folge
NJW	Neue Juristische Wochenschrift
NJW-RR	NJW-Rechtsprechungs-Report
NStZ	Neue Zeitschrift für Strafrecht
NVwZ	Neue Zeitschrift für Verwaltungsrecht
N.-W.	Nordrhein-Westfalen
NWVBL	Nordrhein-Westfälische Verwaltungsblätter
NZA	Neue Zeitschrift für Arbeits- und Sozialrecht
ÖAfKR	Österreichisches Archiv für Kirchenrecht
OLG	Oberlandesgericht
OLGZ	Entscheidungen der Oberlandesgerichte in Zivilsachen einschließlich der freiwilligen Gerichtsbarkeit. Unter Mitwirkung der Präsidenten des Kammergerichts und der Oberlandesgerichte hrsg. von A. Deisenhofer u. P. Jansen (seit 1979 von P. Jansen u. M. März). München u. Berlin 1965 ff.
OVG	Oberverwaltungsgericht
ParteiG	Parteiengesetz
pr.	preußisch
PrOVGE	Entscheidungen des Preußischen Oberverwaltungsgerichts

R.	Recht
RdA	Recht der Arbeit. Zeitschrift für die Wissenschaft und Praxis des gesamten Arbeitsrechts
RG	Reichsgericht
RGZ	Entscheidungen des Reichsgerichts in Zivilsachen
RGBl. I	Reichsgesetzblatt, Teil I
RGG	Die Religion in Geschichte und Gegenwart. Handwörterbuch für Theologie und Religionswissenschaft. 3. Aufl., in Gemeinschaft mit H. Frhr. v. Campenhausen, E. Dinkler, G. Gloege u. K. E. Løgstrup hrsg. von K. Galling. Bd. 1 ff., Tübingen 1957 ff.
Rh.-Pf.	Rheinland-Pfalz
RK	Reichskonkordat (vom 20. Juli 1933)
RKEG	Gesetz über die religiöse Kindererziehung
Rspr.	Rechtsprechung
RVO	Reichsversicherungsordnung
S.	Seite(n)
scil.	scilicet (nämlich)
SG	Sozialgericht
Sp.	Spalte(n)
st.	ständig(e)
StGB	Strafgesetzbuch
StGH	Staatsgerichtshof
StGHG	Gesetz über den Staatsgerichtshof (Baden-Württemberg)
StKirchR	Staatskirchenrecht
StPO	Strafprozeßordnung
StR	Staatsrecht
U.	Urteil
unv.	unveröffentlicht
UrhG	Gesetz über Urheberrecht und verwandte Schutzrechte
VBlBW	Verwaltungsblätter für Baden-Württemberg
VELKD	Vereinigte Evangelisch-Lutherische Kirche Deutschlands
Verf.	Verfassung
VerfGH	Verfassungsgerichtshof
VerfR	Verfassungsrecht
VerkMitt	Verkehrsrechtliche Mitteilungen
VerwArch	Verwaltungsarchiv
VG	Verwaltungsgericht
VGG	Gesetz über die Verwaltungsgerichtsbarkeit (Bayern: G. v. 25. 9. 1946; Bremen: G. v. 5. 8. 1947; Hessen: G. v. 31. 10. 1946; Württemberg-Baden: G. v. 16. 10. 1946)
VGH	Verwaltungsgerichtshof
VO	Verordnung
Vorbesch.	Vorbescheid
VVDStRL	Veröffentlichungen der Vereinigung der Deutschen Staatsrechtslehrer
VwGO	Verwaltungsgerichtsordnung
WPflG	Wehrpflichtgesetz
WRV	Verfassung des Deutschen Reichs vom 11. August 1919
ZBR	Zeitschrift für Beamtenrecht

ZDG	Gesetz über den Zivildienst der Kriegsdienstverweigerer (Zivildienstgesetz)
ZevE	Zeitschrift für evangelische Ethik
ZevKR	Zeitschrift für evangelisches Kirchenrecht
ZPO	Zivilprozeßordnung
ZRG Kan. Abt.	Zeitschrift der Savigny-Stiftung für Rechtsgeschichte. Kanonistische Abteilung
Zs.	Zeitschrift
ZSR	Zeitschrift für schweizerisches Recht. Neue Folge
ZStW	Zeitschrift für die gesamte Strafrechtswissenschaft
Zw.-U.	Zwischenurteil
ZZP	Zeitschrift für Zivilprozeß

Erster Teil

Religiöse Angelegenheiten in der staatlichen Justizordnung als Problem

Erstes Kapitel

Religion im Wirkungsbereich staatlicher Gerichte

I. Religiöse Bezüge im weltlichen Recht

Religiöse und weltanschauliche Bezüge prägen das Rechtsleben der Bundesrepublik Deutschland auf mannigfaltige Art und in ganz unterschiedlichen Zusammenhängen; über die im eigentlich *staatskirchenrechtlichen* Bereich gegebene institutionelle Zuordnung von Staat und Kirchen bzw. Religionsgemeinschaften[1] hinaus werden sie im bürgerlichen Recht ebenso relevant wie beispielsweise im Strafrecht, im Arbeits- und Sozialrecht, im Steuerrecht oder im sonstigen öffentlichen Recht. In fast allen Sparten des Rechts müssen religiöse bzw. weltanschauliche Interessen und Gesichtspunkte geschützt oder jedenfalls im Rahmen der Rechtsanwendung berück-

---

[1] In der vorliegenden Arbeit wird in Übereinstimmung mit der neueren Tendenz in Gesetzgebung und wiss. Diskussion statt des Begriffs der »Religionsgesellschaft« der der »Religionsgemeinschaft« gebraucht und außerdem zwischen »Kirchen« und sonstigen »Religionsgemeinschaften« unterschieden. Diese terminologische Differenzierung, die sich auch in Verfassungen der Bundesländer findet (vgl. Artt. 4ff. Verf. B.-W.; Artt. 142f. und 150 Bay. Verf.; Artt. 59ff. Brem. LVerf.; Artt. 49ff. Hess. Verf.; Artt. 19ff. Verf. N.-W.; Artt. 41ff. Verf. Rh.-Pf.; Artt. 36ff. Saarl.Verf.), fußt auf dem *tatsächlichen* Bestand unterschiedlich strukturierter religiöser Vereinigungen in der Bundesrepublik Deutschland. Weder beinhaltet sie eine (Ab-)Wertung bestimmter Religionsgemeinschaften, noch darf (unbeschadet der allg. Paritätsproblematik) aus der terminologischen Unterscheidung eine Präjudizierung dogmatischer Ergebnisse im Hinblick auf Rechtsschutzfragen abgeleitet werden. In der Diskussion seit 1949 werden die terminologische und die rechtsdogmatische Ebene allerdings teilweise stärker verknüpft [vgl. statt weiterer *W. Weber*, VVDStRL 11 (1954), S. 171f.; *H. Weber*, Die Religionsgemeinschaften als Körperschaften des öff. Rechts, 1966, S. 21f.; *K. Obermayer*, BK (Okt. 1971), Rdnrn. 47 u. 68 zu Art. 140GG; *Th. Maunz*, M-D (Dez. 1973), Rdnrn. 18f. zu Art. 140GG; *A. Hollerbach*, HdbStKirchR I, S. 229f.; *M. Heckel*, ibd. S. 541; *E. Friesenhahn*, ibd. S. 545f.; *J. Jurina*, ibd. S. 587ff.]. Das *BAG* differenziert im B. v. 19.12. 1969, KirchE 11, 112 (114f.), überdies ausdrücklich zwischen Religions*gemeinschaften* und Religions*gesellschaften*, ohne hieraus freilich deutliche rechtliche Folgerungen abzuleiten. Der Befund im normativen Bereich dürfte eine weitreichende *materielle* Abschichtung zwischen dem im Religionsrecht historisch überkommenen »Gesellschafts-« und dem der Sache nach eher angemessenen »Gemeinschafts-«Begriff heute wohl auch schwerlich nahelegen. – Vgl. zur Entwicklung des Begriffs »Religionsgesellschaft« *K.-H. Kästner*, HRG IV (28. Lieferung 1987), Sp. 874ff.

sichtigt werden; dies ist in *institutioneller* Hinsicht der Fall und gilt gleichermaßen im Blick auf *individualrechtliche* Positionen.

Je nach Sachlage ist gegebenenfalls die Tragweite geltend gemachter Ansprüche im Lichte religionsrechtlicher Gesichtspunkte zu würdigen; es können religiös-weltanschauliche Freiheitsrechte, Überzeugungen, Verhaltensweisen, Organisationsentscheidungen einzelner Rechtssubjekte mit gegenläufigen Interessen bzw. Rechtspositionen anderer in Konflikt geraten; und es können Belange der Allgemeinheit oder Strukturprinzipien der geltenden Rechtsordnung durch religionsbezogene Sachverhalte betroffen erscheinen. Hier muß im Einzelfall ein tragbarer Ausgleich gefunden oder – scheitert der Versuch einer »amicabilis compositio« bzw. ist ein solcher nach Lage der Dinge gar nicht denkbar – autoritativ entschieden werden.

II. Der Säkularstaat und seine Organe vor der Sphäre des Religiösen

Soweit in diesem Zusammenhang die staatlichen Gerichte tätig werden, stehen sie an einer Schnittstelle des säkularen Aufgabenbereiches, wie er dem Verfassungsstaat des Grundgesetzes vorgegeben ist, einerseits und der diesem wesensgemäß fremden Sphäre des Religiösen andererseits. Angesichts der organisatorischen Vielfalt der religiösen Verbände und der Differenziertheit ihrer jeweiligen Lehraussagen stellt sich dieser religiöse Bereich den staatlichen Instanzen als in sich außerordentlich inhomogen dar, ohne daß sich der Staat die Kompetenz zu theologischen Bewertungen und Stellungnahmen im Rahmen religiöser Kontroversen anmaßen könnte. Andererseits obliegt ihm aber die Aufgabe, durch seine Gerichte die Realisierung der geltenden Rechtsordnung im allgemeinen und bestehender subjektiver Rechte im besonderen zu gewährleisten und den Rechtsfrieden zu sichern.

In Religionssachen haben sich hierbei staatliche Richter je nach Lage des Falles Faktoren zu stellen, die auf dem gewohnten Terrain des rein »weltlichen« Rechtslebens leicht als Fremdkörper empfunden werden. Sie müssen unter Umständen religiöse, theologische Aussagen in staatliche Rechtsentscheidungen umsetzen, müssen mit spezifischen Organisationsformen des religiösen Lebens umgehen; und sie werden nicht zuletzt in Form des Kirchenrechts mit normativen Vorgaben konfrontiert, die ihnen bereits vom Inhalt her weithin nicht geläufig sind, die nicht auf weltlicher Hoheit beruhen, die sich nach Grundlagen und Strukturen von staatlichem Recht in vielfacher Hinsicht unterscheiden. Daraus ergeben sich spezifische Anforderungen an die Rechtsfindung und -anwendung. Erst recht gilt dies, sofern die betreffende Kirche oder Religionsgemeinschaft unmittelbar am gerichtlichen

Verfahren beteiligt ist; denn das einschlägige religiöse Recht gehört dann der Eigensphäre einer Prozeßpartei an, die kraft ihres Selbstbestimmungsrechts über den (Fort-)Bestand des fraglichen Normenmaterials befinden kann. Auch der staatliche Richter hegt im übrigen individuelle religiöse, weltanschauliche Überzeugungen, die je nach Prozeßgegenstand konkret berührt sein können. Er ist insofern bei der Rechtsprechung in religiösen Angelegenheiten besonders in die Pflicht genommen, eigene Vorverständnisse soweit als möglich zu überwinden und tatsächlich *sine ira et studio* zu judizieren.

Nicht von ungefähr suchen sich staatliche Gerichte bisweilen den Schwierigkeiten und Fehlerquellen dieser Aufgabe in einer Art Fluchtreaktion (mehr oder minder bewußt) dadurch zu entziehen, daß sie das Feld des Religiösen als »auswärtige« Enklave im staatlich-weltlichen Rechtsleben beurteilen, daß sie diese Sphäre zumindest in Teilbereichen tendenziell meiden[2] und sich möglichst selbst überlassen, um Fehlentscheidungen und Kompetenzübergriffe von vornherein auszuschließen. Doch ist die weltanschaulich und religiös neutrale Verfassungsordnung des Grundgesetzes darauf angelegt, das Religiöse in seinen institutionellen und individualrechtlichen Erscheinungsformen *in sich* zur Entfaltung kommen zu lassen.

Die religiösen Verbände werden von Verfassungs wegen nicht auf einen rein »geistlichen« Wirkungsbereich beschränkt[3]. Je nach Sachlage ergeben sich folglich Spannungen zwischen religiöser Freiheit und staatlichem Ordnungsanspruch, deren *normative* Auflösung vor allem in Artt. 140 GG/137

---

[2] *W. Rüfner*, HdbStKirchR I, S. 787, spricht von einem »Rückzug des Staates aus der Rechtsprechung in Kirchenangelegenheiten«; ähnlich bereits vorher *K. Hesse*, ZevKR 11 (1964/65), S. 342: »Der moderne Richter steht kirchenrechtlichen Problemen, zu deren Entscheidung er auch heute berufen sein kann, meist hilflos gegenüber. Die kirchenrechtliche Judikatur der Gegenwart hat so gut wie alles von der reichen Vielfalt praktizierten Kirchenrechts, von der Sorgfalt, Folgerichtigkeit und Vertrautheit mit den Problemen verloren, die die ältere Rechtsprechung ausgezeichnet hatten; stattdessen geht die Tendenz dahin, die Entscheidung kirchenrechtlicher Fragen nach Möglichkeit zu umgehen ... « In den vergangenen Jahren hat sich diese von Konrad Hesse Mitte der 60er und von Wolfgang Rüfner Mitte der 70er Jahre konstatierte Entwicklung leider eher noch verstärkt. Zum »horror iuris ecclesiastici« (*M. Sachs*, BayVBl. 1987, S. 464 [Anm.]), zur Unsicherheit staatlicher Gerichte, was relig. Tatbestände angeht, und zu der damit zusammenhängenden Tendenz zur (emotionalen und sachlichen) *Ausgrenzung* einschlägiger Materien aus dem richterlichen Bewußtsein auch *A. v. Campenhausen*, AöR 112 (1987), S. 657f.

[3] *M. Heckel*, ZevKR 12 (1966/67), S. 37 FN 7; *ders.*, VVDStRL 26 (1968), S. 31ff., 34ff., 40, 45; *ders.*, Staat – Kirche – Kunst, 1968, S. 202ff., 225 FN 685; *ders.*, HdbStKirchR I, S. 489f.; *K. Hesse*, ZevKR 11 (1964/65), S. 348, 353f., 355f.; *ders.*, HdbStKirchR I, S. 418, 419f. – Zur Freiheit kirchlichen Wirkens »in der Welt« auch *BVerfG*, B. v. 25. 3. 1980, BVerfGE 53, 366 (392, 393); B. v. 30. 3. 1984, DÖV 1984, 974 (975); *BVerwG*, U. v. 23. 3. 1971, BVerwGE 37, 344 (363); *BAG*, B. v. 21. 11. 1975, KirchE 15, 105 (109); U. v. 4. 3. 1980, KirchE 18, 41 (44); U. v. 4. 3. 1980, KirchE 18, 50 (51); U. v. 31. 10. 1984, NJW 1985, 1855 (1855); *LAG Hamm*, B. v. 21. 1. 1977, BB 1977, 747.

Abs. 3 WRV unternommen wird[4]. Immer aufs neue obliegt im übrigen der *Rechtsanwendung* die diffizile Aufgabe, im konkreten Einzelfall vor dem Hintergrund der geltenden Rechtsordnung den zutreffenden Abgleich zwischen legitimer freier Entfaltung und rechtlich erforderlicher Bindung der Kirchen und Religionsgemeinschaften vorzunehmen. Von den ihnen eröffneten vielfältigen Möglichkeiten des Hineinwirkens in die Sphäre gesellschaftlicher Öffentlichkeit und weltlichen Rechtslebens[5] haben besonders die Kirchen in ihren sozialen Einrichtungen, in ihrer Funktion als Arbeitgeber mehrerer hunderttausend Beschäftigter[6], in ihrer Vermögensverwaltung und auch in ihrer sonstigen Teilnahme am »allgemeinen Rechtsverkehr« vielfältigen Gebrauch gemacht. Zwangsläufig haben sie sich damit freilich auch der Verstrickung in mannigfache rechtliche Konfliktmöglichkeiten ausgesetzt, zu deren Lösung letztlich die Gerichte berufen sind.

Geradezu unausweichlich überlagert sich der staatliche Rechtsbereich mit der Sphäre des Religiösen nicht zuletzt in der Person des einzelnen Staatsbürgers, der individuellen religiösen Überzeugungen anhängt, sich bestimmten religiösen Verbänden zugehörig weiß[7]. In diesen Überzeugungen und Bin-

[4] Der Komplexität der in Artt. 140 GG/137 Abs. 3 WRV von der Verfassung aufgenommenen Spannung zwischen *gleichzeitig* zu gewährleistender Freiheit und Bindung der relig. Verbände im säkularen Verfassungsstaat wird nicht hinreichend Rechnung getragen, wenn *H. Wagner*, Die Vorstellung der Eigenständigkeit in der Rechtswissenschaft, 1967, S. 15, im Blick auf die Kirchenrechtsordnung eine argumentative Koppelung von *Eigenständigkeit* einerseits und *Eingliederung in die staatl. Ordnung* andererseits kurzerhand als »verbale Verwirrung« qualifiziert.

[5] Zum »Öffentlichkeitsauftrag« der Kirchen *M. Heckel*, ZevKR 12 (1966/67), S. 35f. (FN 7); *K. Schlaich*, HdbStKirchR II, S. 231ff. m. w. N. – Die Rspr. hat den Anspruch der Kirchen und Religionsgemeinschaften auf öff. Wirken ausdrücklich anerkannt. So spricht das *BVerfG*, B. v. 17. 2. 1965, BVerfGE 18, 385 (387), von der »öffentlichen Rechtsstellung und öffentlichen Wirksamkeit der Kirchen, die sie aus ihrem besonderen Auftrag herleiten und durch die sie sich von anderen gesellschaftlichen Gebilden grundsätzlich unterscheiden ... «; in seinem B. v. 4. 10. 1965, BVerfGE 19, 129 (133), wertet das Gericht – im Blick nicht nur auf die *Kirchen*, sondern auf Religionsgemeinschaften allgemein – die Verleihung des Status einer Körperschaft des öff. Rechts als »Anerkennung der besonderen Bedeutung der öffentlichen Wirksamkeit« (so auch das *BVerwG*, U. v. 13. 11. 1984, ZBR 1985, 108, und das *KG Berlin*, B. v. 22. 9. 1970, KirchE 11, 288 [292]); vgl. ferner *BVerwG*, U. v. 17. 1. 1964, BVerwGE 18, 14 (15, 16) [Stellungnahme im Kommunalwahlkampf durch ein bischöfl. Hirtenwort]; *OLG Karlsruhe*, U. v. 19. 11. 1964, KirchE 7, 108 (109) [Art. 137 WRV als Sicherung der öff. Funktion der Kirche]. Der *VGH Mannheim*, B. v. 14. 2. 1967, KirchE 9, 4 (10f.), läßt die Frage offen, ob in Art. 4 Abs. 2 Verf. B.-W. eine Anerkennung des Öffentlichkeitsanspruchs der Kirchen ausgesprochen werde. Mit der Frage nach konkreten rechtlichen Folgerungen aus dem kirchl. Öffentlichkeitsauftrag beschäftigen sich das *SG Düsseldorf*, U. v. 1. 7. 1966, KirchE 8, 106 (108, 112), und das *VG Aachen*, U. v. 13. 5. 1969, KirchE 10, 393 (399).

[6] 1986 waren im unmittelbaren Kirchendienst und bei den rechtlich selbständigen kirchl. Einrichtungen in der Bundesrepublik Deutschland insgesamt rund 660000 Personen beschäftigt; *J. Listl*, Jb. für christl. Sozialwissenschaften 27 (1986), S. 131.

[7] Auf eine Begegnung von Kirche und Staat »in den gleichen Menschen, die Gläubige und Bürger zugleich sind«, und auf das damit gegebene Erfordernis, dem Religiösen *innerhalb* der staatl. Rechtsordnung Raum zu geben, weist auch *M. Heckel*, VVDStRL 26 (1968), S. 32, hin;

dungen wird er von der staatlichen Rechtsordnung ernst genommen, kann er nach Maßgabe der Verfassung und des übrigen Rechts Schutz und möglicherweise sogar Förderung erwarten; kommt es in diesem Zusammenhang zum Konflikt, sind die Gerichte gefordert, im Rahmen ihrer Kompetenz eine autoritative Stellungnahme auch zu Rechtsproblemen mit religiösem Einschlag abzugeben – sei es auf Grund eines spezifischen Rechtsschutzbegehrens oder auch von Amts wegen im Rahmen ordnungsgemäßer Rechtsanwendung.

III. Rechtsprechung in religiösen Angelegenheiten seit 1945

1. Einflüsse der allgemeinen Diskussionen und Entwicklungstendenzen des Staatskirchenrechts

Gerichtliche Tätigkeit ist grundsätzlich antragsgebunden, bedarf einer *Fremdinitiative*; die religionsrechtliche Judikatur nach 1945 hat deshalb im wesentlichen auch ein getreues Spiegelbild der Strömungen und Tendenzen des Staatskirchenrechts geboten. In der Gesellschaft der Bundesrepublik Deutschland traten seit Anfang der 60er Jahre merkbare Veränderungen in religionssoziologischer Hinsicht ein, im Gefolge hiervon auch Wandlungen der Grundstimmung weiter Teile der Bevölkerung gegenüber dem Bereich des Religiösen und dem Wirken der Kirchen und Religionsgemeinschaften[8]. Auch das Religionsrecht blieb in der Theorie und insbesondere in der gerichtlichen Praxis hiervon nicht unbeeinflußt.

Einige Aspekte seien hier angedeutet: Der Umbruch zeigt sich etwa in der quantitativen Verteilung der veröffentlichten Judikate auf die Zeit seit 1945[9].

ferner in diesem Sinne *ders.*, DÖV 1975, S. 42, 43; *ders.*, FS P. Mikat, 1989, S. 558; *U. Scheuner*, RGG III, 1959, Sp. 1327; *ders.*, Rechtsgrundlagen der Beziehungen von Kirche und Staat (1962), S. 176; *ders.*, Die Kirche im säkularen Staat (1967), S. 219; *A. v. Campenhausen*, BayVBl. 1968, S. 224f.; *ders.*, Verf. des Freistaates Bayern (1976), Rdnr. 24 vor Art. 142; *ders.*, Staatskirchenrecht, 2. Aufl. 1983, S. 75, 76; *W. Rüfner*, Militärseelsorge 14 (1972), S. 284; *K. Hesse*, HdbStKirchR I, S. 417f.; *P. Mikat*, FS J. Broermann, 1982, S. 765; *ders.*, Hdb. des Verfassungsrechts, 1983, S. 1067f. – Kritisch demgegenüber *H. Quaritsch*, VVDStRL 26 (1968), S. 111f., sowie *H. P. Ipsen*, ibd. S. 118f. (Aussprache). Ihre Einwände treffen zu, soweit sie etwaige Versuche einer »Klerikalisierung« der Rechtsordnung bekämpfen wollen; doch geht es gerade nicht um eine solche, sondern um eine freiheitliche Öffnung des Rechts für die Pluralität der religiösen und weltanschaulichen Auffassungen, wie sie in der Bevölkerung herrschen.

8 Dazu *H. Maier*, HdbStKirchR I, S. 94ff.; *K.-H. Kästner*, JöR NF 27 (1978), S. 243ff. m.w.N.

9 Die Zahl der mir bekannten einschlägigen Judikate, die in den Jahren 1946 bis 1963 veröffentlicht wurden, liegt nur bei etwa der Hälfte der in den folgenden achtzehn Jahren publizierten Entscheidungen. So sehr insoweit eine Veränderung der Veröffentlichungspraxis der Gerichte, eine Vermehrung von Fachzeitschriften und andere Faktoren mehr in Betracht zu

Er wird ferner sichtbar in der Bereitschaft, *Grundsatzfragen* der Stellung des Religiösen in der gegenwärtigen Rechts- und Gesellschaftsordnung zum Gegenstand von Rechtsschutzbegehren zu machen[10]; diese Tendenz verstärkte sich seit Beginn der 60er Jahre deutlich und tritt insbesondere in der zeitlichen Abfolge religionsrechtlich einschlägiger Normenkontrollen durch die Verfassungs- und die Oberverwaltungsgerichte[11] hervor. Auffällig ist überdies ein gleichsam »wellenartiges« Auftreten bestimmter Arten von Prozessen[12]. Hinzuweisen ist schließlich auf die gerade in jüngster Zeit deutlich spürbare Zunahme der Relevanz kleiner Religionsgemeinschaften im Bereich der Judikative.

2. *Kleine Religionsgemeinschaften*

Staatliche Rechtsprechung in religiösen Angelegenheiten wurde bisher vornehmlich im Blick auf die großen Kirchen als problematisch empfunden: Einerseits deshalb, weil deren (tatsächlich oder vermeintlich) besonders qualifizierte Stellung – im Verfassungsrecht und angesichts der Staatskirchenverträge – die Perspektive in dogmatischer Hinsicht vielfach stark bestimmte; zum anderen aber einfach auch aus Gründen der faktischen Präsenz. Konrad Hesse konnte noch 1956 zu Recht von fehlender Relevanz des Rechtsschutzproblems für die kleinen Religionsgemeinschaften ausgehen[13]; in den Jahren seither allerdings haben die Prozesse unter Beteiligung kleiner Religionsgemeinschaften an Zahl deutlich zugenommen, nicht zuletzt infolge des Aufkommens verschiedenster »neuer Religionen«[14].

Die Veränderungen waren und sind insoweit freilich nicht nur *quantitativer*, sondern in erheblichem Maße auch *qualitativer* Natur[15]. Früher, als die Gerichte fast ausschließlich mit den etablierten Kirchen und (selten) mit bekannten kleinen Religionsgemeinschaften zu tun hatten, wurden vor-

---

ziehen sind, deutet die genannte Zahlenrelation doch auch auf eine verstärkte Kritik- und Konfliktbereitschaft im relig. Bereich hin.

[10] Deutlich wird dies z.B. im Kirchensteuerrecht (vgl. die zeitliche Abfolge der auf S. 41 f. in Anm. 29 aufgeführten Entscheidungen) und im Schulrecht (vgl. S. 42f. Anm. 31 bis 33).

[11] Vgl. die auf S. 38f. in Anm. 21 aufgeführten Entscheidungen.

[12] Dies gilt etwa für Streitigkeiten aus dem Bereich des Dienstrechts der Kirchen sowie, in noch deutlich stärkerem Maße, für arbeitsrechtl. Prozesse, die bis zum Beginn der 60er Jahre nur eine sehr untergeordnete Rolle spielten, ferner z.B. für Gerichtsverfahren im Zusammenhang mit Fragen des »modifizierten« Kirchenaustritts.

[13] *K. Hesse*, Rechtsschutz durch staatl. Gerichte im kirchl. Bereich, 1956, S. 2.

[14] Dazu *R. Hummel*, Essener Gespräche 19 (1985), S. 64ff. m. w. N.

[15] *H. Weber*, Essener Gespräche 19 (1985), S. 141 (Aussprache), konstatiert allgemein einen durch die Aktivitäten neuer relig. Verbände initiierten »Klimawechsel« im Staatskirchenrecht in Richtung auf tendenziell verstärkte staatl. Kontrolle und Einflußnahme im Bereich des Religiösen.

nehmlich traditionelle Probleme zur streitigen Entscheidung gestellt; die Konfrontation mit neuen religiösen Verbänden, welche sich nur schwer oder bisweilen gar nicht in überkommene Raster einordnen lassen, hat demgegenüber auch neuartige Fragestellungen allgemein-juristischer und spezifisch religionsrechtlicher Art mit sich gebracht[16]. Insbesondere Definitionspro-

---

16 Überblick über die auf den verschiedenen Rechtsgebieten erwachsenen Probleme in der fächerübergreifenden Untersuchung *P. A. Engstfeld u. a.* (Hrsg.), Jur. Probleme im Zusammenhang mit den sog. neuen Jugendreligionen, 1981. Zur Problematik ferner *A. v. Campenhausen*, ZevKR 25 (1980), S. 135ff.; *ders.*, Verfassungsrechtl. Gesichtspunkte zur Rechtslage der neuen Religionen (1982); *J. Müller-Volbehr*, JZ 1981, S. 41ff.; *ders.*, Essener Gespräche 19 (1985), S. 111ff.; *W. Schatzschneider*, BayVBl. 1985, S. 321ff.; *W. Franz*, NVwZ 1985, S. 81ff.; *H. W. Alberts*, ibd. S. 92ff.; *K. Schmidt*, NJW 1988, S. 2574ff.; *F. O. Kopp*, NJW 1989, S. 2497ff.; *H.-W. Strätz*, Gewissen und Freiheit 17 (1989), Nr. 32, S. 81ff.; *M. Stock*, JuS 1989, S. 654ff.; *A. v. Campenhausen*, NJW 1990, S. 887f.; *T. Guber*, NVwZ 1990, S. 40ff. – Aus der Rspr. vgl. Entscheidungen zur Frage der Wehr- bzw. Zivildienstbefreiung für Geistliche der Scientology-Kirche (S. 41 Anm. 28) sowie zur Legalität der Verkaufs- und Werbepraktiken neuer Religionen (S. 37f. Anm. 18), ferner *OLG Stuttgart*, B. v. 30. 3. 1976, KirchE 15, 231 [wettbewerbsrechtl. Beurteilung des Verhaltens von Mitarbeitern der Scientology-Kirche]; *LG Kassel*, U. v. 27. 4. 1978, KirchE 16, 380 [Rechtmäßigkeit einer Bezeichnung der sog. Transzendentalen Meditation als »neue Jugendreligion«]; *VG Koblenz*, U. v. 30. 5. 1978, KirchE 16, 403 [Frage der Geltung strassenrechtl. Beschränkungen für den Verkauf von Büchern und Schallplatten durch Anhänger der Internationalen Gesellschaft für Krishna-Bewußtsein e. V.]; *LG Darmstadt*, U. v. 20. 11. 1980, KirchE 18, 321 [Frage eines Unterlassungs- und Widerrufsanspruchs gegenüber kritischen Äußerungen evang. Pfarrer über die Tätigkeit und die Methoden des dt. Zweigs der Vereinigungskirche] (die Berufung wurde vom *OLG Frankfurt a. M.* zurückgewiesen, die Revision als unzulässig verworfen: *BGH*, B. v. 1. 2. 1983, NJW 1983, 2572); *OLG München*, U. v. 13. 1. 1981, KirchE 18, 371 [Testamentsanfechtung wegen Zugehörigkeit des Erben zur Internationalen Gesellschaft für Krishna-Bewußtsein e. V.]; *FG Kassel*, U. v. 28. 10. 1982, NJW 1983, 2605 [Frage der Gemeinnützigkeit eines den »neuen Jugendreligionen« zugerechneten Verbandes]; *OLG Düsseldorf*, B. v. 12. 8. 1983, NJW 1983, 2574 [Verweigerung der Eintragung eines Vereins der Scientology-Bewegung in das Vereinsregister wegen wirtschaftl. Betätigung]; *VG München*, U. v. 25. 7. 1984, GewArch 1984, 329 [Entziehung der Rechtsfähigkeit eines Vereins der Scientology-Bewegung wegen wirtschaftl. Betätigung]; *OVG Münster*, U. v. 18. 12. 1985, ZevKR 32 (1987), 219 [Bezeichnung der sog. Transzendentalen Meditation als Jugendsekte bzw. Jugendreligion u. a. seitens des Bundesministers für Jugend, Familie und Gesundheit] (die Revision des Beklagten hatte Erfolg: *BVerwG*, U. v. 23. 5. 1989, ZevKR 35 [1990], 72; die Verfassungsbeschwerde wurde nicht zur Entscheidung angenommen: *BVerfG*, B. v. 15. 8. 1989, NJW 1989, 3269; vgl. zu den E. des BVerwG und des BVerfG auch *K.-U. Meyn*, JuS 1990, S. 630ff.); *LG Hamburg*, B. v. 17. 2. 1988, NJW 1988, 2617 [Eintragungsfähigkeit eines Vereins der Scientology-Bewegung]; *OLG Düsseldorf*, B. v. 2. 3. 1988, NJW 1988, 2615 [Zulässigkeit einer Testamentsvollstreckung für die Dauer von Beziehungen des Erben zur Scientology-Kirche]; *VGH Mannheim*, U. v. 29. 8. 1988, VBlBW 1989, 185 [Warnung vor Jugendsekten im Rahmen eines kriminalpolizeilichen Vorbeugungsprogramms]; B. v. 4. 10. 1988, NVwZ 1989, 878 [krit. Äußerungen des Ministeriums für Kultus und Sport B.-W. über Bhagwan Shree Rajneesh]. Zur Frage der Erteilung von Gaststättenerlaubnissen an Anhänger der Bhagwan-Shree-Rajneesh-Gemeinschaft: *VGH Kassel*, B. v. 26. 10. 1983, GewArch 1984, 68; *VG Düsseldorf*, B. v. 26. 3. 1984, GewArch 1984, 389; *VG München*, U. v. 4. 9. 1984, GewArch 1984, 388. Zu Kleidungsbeschränkungen gegenüber Lehrern, die die Zugehörigkeit zur Bhagwan-Shree-Rajneesh-Gemeinschaft durch das Tragen der roten Kleidung bzw. der Halskette der Sannyasins auch im Dienst dokumentieren wollten: *OVG Hamburg*, B. v. 26. 11. 1984, DVBl. 1985,

bleme (vor allem des Begriffs der »Religionsgemeinschaft«) sowie Fragen der Abgrenzung von »Religionsausübung« zu weltanschaulicher bzw. auch schlicht zu gewerblicher Betätigung[17] haben seither deutlich an Bedeutung gewonnen.

3. Die Rolle der Rechtsprechung in der Entwicklung des Staatskirchenrechts nach 1945

Die staatskirchenrechtliche Ordnung seit 1919 hatte unverkennbar auf einem Kompromiß beruht; dieser Grundcharakter kennzeichnete (und erleichterte) dann in der vom Parlamentarischen Rat gewählten Lösung des Art. 140 GG[18] auch die Nachkriegsregelung, brachte freilich gleichzeitig Defizite des religionsrechtlichen Normbestandes in bezug auf seinen Umfang und die Präzision seiner inhaltlichen Aussage mit sich. Gerade den Gerichten ist daher eine wichtige Aufgabe in der Konkretisierung, Ausformung und Fortentwicklung des Staatskirchenrechts zugekommen[19].

Bereits 1929 war dem Reichsgericht in dieser Hinsicht eine »klärende und schöpferische Tätigkeit« attestiert worden[20]; auch die Obergerichte der Bundesrepublik Deutschland haben in Grundsatzfragen während der letzten Jahrzehnte Position bezogen, nachdem die Rechtsprechung der Aufbaujahre nach 1945 in Religionssachen noch vielfach ein »Bild verwirrender Vielfalt und Gegensätzlichkeit«[21] geboten hatte. Richtunggebend gewirkt hat insbesondere die (im einzelnen allerdings durchaus kritisierte[22]) Rechtsprechung des Bundesverfassungsgerichts[23], welche seit Mitte der 60er Jahre verstärkt auch religionsrechtliche Fragen ansprach; beispielshalber genannt seien hier nur die Klarstellung der Gleichwertigkeit der über Art. 140 GG inkorporier-

456; *VG München*, B. v. 21. 12. 1984, BayVBl. 1985, 248; *VGH München*, Beschlüsse v. 9. 9. 1985, BayVBl. 1985, 721, u. NVwZ 1986, 405; *BVerwG*, B. v. 8. 3. 1988, ZevKR 35 (1990), 89.

[17] Instruktiv zur Problemlage insoweit die Diskussion beim 19. Essener Gespräch zum Thema Staat und Kirche über das Referat von J. Müller-Volbehr [Essener Gespräche 19 (1985), S. 141 ff.].

[18] Zur Entstehungsgeschichte der Entscheidung des Parl. Rates für Art. 140 GG *K.-B. v. Doemming/R. W. Füsslein/W. Matz* (Bearb.), JöR NF 1 (1951), S. 899 ff.; *K. Hesse*, JöR NF 10 (1961), S. 12 ff.; *A. Hollerbach*, HdbStKirchR I, S. 218 ff.

[19] Skeptisch insoweit noch *K. Hesse*, JöR NF 10 (1961), S. 22 f. Seither hat die Rspr. zunehmend auf das Staatskirchenrecht eingewirkt; vgl. zum Befund auch *A. v. Campenhausen*, Die Kirchen unter dem Grundgesetz (1989), S. 87 ff.

[20] *A. Schultze*, FS RG, 1929, Bd. I, S. 278; vgl. dort auch S. 301.

[21] *K. Hesse*, JöR NF 10 (1961), S. 23.

[22] *S. Grundmann*, JZ 1966, S. 81 ff.; *ders.*, JZ 1967, S. 193 ff.

[23] Dazu *A. Hollerbach*, AöR 92 (1967), S. 99 ff.; *ders.*, AöR 106 (1981), S. 218 ff.; *ders.*, Kolloquium für K. Hesse, 1990, S. 79 ff.

ten Artikel der Weimarer Verfassung im Verhältnis zu den sonstigen Bestimmungen des Grundgesetzes[24], ferner die Rechtsprechung zum kirchlichen Mitgliedschaftsrecht[25] oder auch die »große verfassungsrechtliche Flurbereinigung«[26], die das Gericht im Recht der Kirchensteuer vorgenommen hat.

[24] Seit den Urteilen v. 14.12. 1965, BVerfGE 19, 206 (219) sowie 226 (236), betont das *BVerfG* in st. Rspr., daß die inkorporierten Artikel vollgültige Bestandteile der verfassungsrechtl. Ordnung des GG darstellen: B. v. 8.2. 1977, BVerfGE 44, 59 (69); B. v. 25.3. 1980, BVerfGE 53, 366 (400); B. v. 13.12. 1983, BVerfGE 66, 1 (22); B. v. 4.6. 1985, BVerfGE 70, 138 (167).

[25] Überblick dazu bei *H. Weber*, NJW 1983, S. 2546f.

[26] *Chr. Link*, Neuere Entwicklungen und Probleme (1973), S. 47.

Zweites Kapitel

Entwicklung und Gegenwartslage der staatskirchenrechtlichen Rechtsschutzdiskussion

I. Rechtsschutzprobleme in Rechtsprechung und Literatur nach 1945

1. Die staatlichen Gerichte vor der Kompetenzfrage in Kirchensachen

In der bisherigen Gerichtspraxis tritt das Bemühen hervor, den religiösen Freiheitsraum so weit als irgend möglich zu achten und die Grenzen, die die Verfassung staatlicher Ingerenz in Religionsangelegenheiten setzt, auf keinen Fall zu überschreiten. Diese Motivation wird der Verfassungslage dem Grunde nach gerecht; sie hat allerdings dazu geführt, daß die Gerichte vielfach der Neigung erlagen, die prinzipielle Zuständigkeit staatlicher Judikative für bestimmte Rechtsschutzbegehren religionsrechtlichen Einschlags, vor allem für solche aus dem Amts- und Dienstrecht der Kirchen, tendenziell ausgesprochen restriktiv zu beurteilen.

In einer bemerkenswert gegenläufigen Entwicklung zur fortschreitenden *Justitiabilisierung* des allgemeinen Rechtslebens der Bundesrepublik Deutschland[1] wurde und wird insoweit die Zulässigkeit bestimmter Rechtsschutzbegehren, die sich auf den Wirkungsbereich von Kirchen beziehen, mit der Begründung fehlender Kompetenz staatlicher Gerichtsbarkeit prinzipiell verneint; oder die Gerichte erklären sich für unzuständig, wenn das kirchliche Recht den Weg zu einem kirchlichen Gericht eröffnet; nicht selten schließlich wird die Kompetenz des Staates zur Judikatur unter den Vorbehalt einer ausdrücklichen oder »stillschweigenden« Einigung zwischen Staat und Kirche über staatliche Rechtsschutzgewährung gestellt[2].

Eine Selbstbeschränkung der Judikative ist, insbesondere vom Standpunkt einer kritischen Position gegenüber manchen Auswüchsen eines allzu unre-

---

[1] *W. Weber*, VVDStRL 11 (1954), S. 167, sah hierin keinen Mangel: » ... die Neuordnung des Rechtsschutzsystems, die in ihrer Universalitätstendenz sonst keinen Bereich des öffentlichen Lebens ausläßt, hat, indem sie vor den Kirchen haltmacht, die exemte Stellung der Kirchen innerhalb der öffentlichen Ordnung in neuer Beleuchtung sichtbar gemacht«.

[2] Dazu näher S. 143ff., 150ff., 160ff., 201f., 212ff., 237ff.

flektierten Marsches in den »Rechtswegstaat« her[3], durchaus zu billigen, sofern sie mit dem geltenden Recht in Einklang steht. Die in der religionsrechtlichen Judikatur sichtbar werdende Tendenz allerdings bedarf der Überprüfung. Denn hier wird durch staatliche Instanzen Hand an zentrale Prinzipien des sozialen Rechtsstaates gelegt, welche in den übrigen – nicht religionsbezogenen – Bereichen der geltenden Rechtsordnung in diesem Maße keineswegs in Frage stehen.

Die Praxis der Gerichte opfert aus vermeintlicher Notwendigkeit das *Rechtsprechungsmonopol* des Staates – entweder ersatzlos oder jedenfalls zugunsten einer verdrängenden Zuständigkeit von Gerichten, die keinerlei unmittelbaren oder mittelbaren Bezug zur staatlichen Gewalt aufweisen. Sie versieht im übrigen die Ausübung einer zum Kernbestand hoheitlicher Befugnisse des Staates zählenden Funktion mit dem Vorbehalt der Zustimmung eines *nichtstaatlichen* religiösen Verbandes, welcher in den fraglichen Fallgestaltungen überdies nicht selten am Prozeß beteiligt ist. Hinsichtlich der Zulässigkeit religionsbezogener Rechtsschutzbegehren nimmt sie in vielen Fällen ausschließlich die (scheinbar einer staatlichen Gewährung gerichtlichen Schutzes entgegenstehende) Rechtsposition der *beklagten* Kirche in den Blick; sie übergeht aber ohne weiteres die Stellung des *klagenden* Bürgers als Inhaber subjektiver Rechte, die zu schützen im sozialen Rechtsstaat die staatliche Judikative berufen ist. Insoweit erklärt sie einen ganzen Bereich der geltenden Rechtsordnung zwar nicht als *rechtsfrei*, jedoch als staatlich *rechtsschutzlos*. Angesichts der Tatsache, daß die streitige Materie in vielen Fällen (gerade in den besonders umstrittenen Bereichen des kirchlichen Amts- und Dienstrechts) für die Betroffenen existenzbestimmend ist, kann diese Handhabung über die damit verbundene Rechtsunsicherheit[4] hinaus im Einzelfall die Prinzipien der Individualgerechtigkeit und der sozialen Schutzaufgabe staatlicher Gewalt in untragbarer Weise in Frage stellen[5].

Unter sozialstaatlichen und rechtsstaatlichen Gesichtspunkten erscheinen die Konsequenzen einer solchen Rechtsprechung als bedenklich; sie sind in

---

3 Dazu *G. Püttner*, Handlungsspielräume der Verwaltung und Kontrolldichte gerichtl. Rechtsschutzes (1985), S. 132 u. passim; *ders.*, DÖV 1989, S. 138f. Vgl. im übrigen den Abriß einiger Grundlinien der neueren Diskussion bei *W. Heyde*, Hdb. des Verfassungsrechts, 1983, S. 1249ff. m.w.N., sowie die bei *K. Stern*, Staatsrecht, Bd. I,. 2. Aufl. 1984, S. 841 FN 488 nachgewiesene Lit.

4 Auf die Rechtsunsicherheit der Betroffenen verweisen auch *J. Frank*, ZevKR 14 (1968/69), S. 146, sowie *W. Knüllig*, ZevKR 27 (1982), S. 350f., 357.

5 Das betont auch *Chr. Link*, Neuere Entwicklungen und Probleme (1973), S. 34; vgl. ferner *K.-H. Kästner*, JöR NF 27 (1978), S. 271. – Anderer Meinung *J. Listl*, Das Grundrecht der Religionsfreiheit, 1971, S. 418, der die Auffassung vertritt, die einschlägige Judikatur des BGH und des BVerwG habe »in der Sache in keiner Weise zu unzuträglichen Ergebnissen geführt«; ähnlich auch *ders.*, FS J. Broermann, 1982, S. 849.

ihrer prinzipiellen rechtlichen und auch ganz greifbar individuell-existentiellen Tragweite von den Gerichten freilich nicht durchweg hinreichend ernst genommen worden. Vielmehr obwaltete offensichtlich bisweilen die Grundauffassung, daß sich derjenige, der sich als Dienstnehmer oder anderweitig mit einer Kirche liiert, sozusagen auf eigene Gefahr aus der staatlichen Rechtsgemeinschaft hinausbegebe; das Oberverwaltungsgericht Berlin hat diese Sicht 1970 ausdrücklich formuliert: »Wer sich ... des staatlichen Rechtsschutzes begibt, muß ... in Kauf nehmen, daß ihm im Streitfalle ein solcher nicht gewährt werden kann.«[6] Daß eine doch allzu verkürzte verfassungsrechtliche Perspektive und Schlußfolgerung dieser Art – frei nach dem Sprichwort »Jedermann ist seines Glückes Schmied ... « – bereits grundsätzliche Zweifel hinsichtlich ihres rechtsstaatlichen Vorverständnisses herausfordert, bedarf wohl keiner Begründung. Sie läßt sich schon in ihren Prämissen weder mit dem justizverfassungsrechtlichen und staatskirchenrechtlichen Befund nach dem Grundgesetz noch mit dem geltenden Verfahrensrecht bruchlos in Einklang bringen.

Der von vielen Gerichten in Kirchensachen eingeschlagene und bisher weitgehend beibehaltene Weg stellt nach Begründung und Konsequenzen die partielle Infragestellung eines seit Beginn des vergangenen Jahrhunderts laufenden rechtsstaatlichen Entwicklungsganges[7] dar. Aus der Sicht der betroffenen Kirchen muß er als ein für sie schwerlich attraktives[8] Danaergeschenk erscheinen. Es wird ihnen von den staatlichen Gerichten guten Willens als vermeintlich freiheitsfördernd aufgenötigt; in Wirklichkeit freilich drängt es sie auf die Dauer gesehen in eine Stellung partieller rechtsstaatlicher Exemtion ab, welche ihre Integration in die Gewährleistungen des sozialen Rechtsstaats in Frage stellt. Diesen spürbaren Rückschritt in justizstaatlicher Hinsicht, der plastisch als »der befremdliche Rückfall in eine neue geistliche Immunität« gekennzeichnet worden ist[9], erachten die Gerichte freilich zu-

---

[6] *OVG Berlin*, U. v. 13. 10. 1970, KirchE 11, 327 (335 f.) [Rechtsstreit um das Ergebnis einer kirchl. Prüfung]; ebenso das Gericht vorher im B. v. 19. 8. 1970, KirchE 11, 265 (268) [Armenrechtsgesuch betr. Klage auf Feststellung des Bestehens eines Dienstverhältnisses als Pfarrvikarin, dessen wirksame Auflösung angezweifelt wurde, hilfsweise auf rückwirkende Zahlung von Dienstbezügen und entsprechende versorgungsrechtl. Behandlung, weiter hilfsweise auf Verpflichtung der Beklagten zur ordnungsgemäßen Bescheidung]. – In beiden Fällen ging es hiernach um existentielle Interessen der Rechtsschutzsuchenden.

[7] *U. Scheuner*, DÖV 1967, S. 591.

[8] Insbesondere die evang. Kirchen – die in ihrem Recht teilweise die Möglichkeit der Anrufung *staatlicher* Gerichte ausdrücklich offenhalten (vgl. unten S. 152 f.) – stehen der Linie der Rspr. denn auch im wesentlichen distanziert gegenüber. Dazu *J. Frank*, ZevKR 10 (1963/64), S. 289; *ders.*, ZevKR 14 (1968/69), S. 147; *A. v. Campenhausen*, Staatskirchenrecht, 2. Aufl. 1983, S. 205 FN 26, S. 212, 220; *W. Knüllig*, ZevKR 27 (1982), S. 356, 357.

[9] *A. v. Campenhausen*, ZevKR 17 (1972), S. 128; *ders.*, Staatskirchenrecht, 2. Aufl. 1983, S. 199. – Kritisch zu dieser Bewertung *J. Listl*, DÖV 1984, S. 587.

nehmend als religionsverfassungsrechtlich zwingend geboten. Mit deutlich nachlassender Häufigkeit wird die Annahme, staatliche Gerichte seien zur Entscheidung in bestimmten Religionssachen schlechterdings unzuständig, in den Entscheidungsgründen noch eingehend erwogen und begründet. Da sie offensichtlich bereits als unausweichlich vorgegeben erscheint, tritt sie immer öfter in Gestalt eines formelhaft-traditionalistischen Postulats entgegen, statt noch auf einer hinreichend kritischen Reflexion anhand des Verfassungsrechts zu beruhen.

2. *Das wissenschaftliche Schrifttum*

Bereits seit Anfang der 50er Jahre haben die Probleme staatlicher Gerichtsbarkeit in Angelegenheiten der Kirchen eine deutliche Resonanz in der Literatur ausgelöst. Sie hat im wesentlichen die damals herrschende Koordinationsauffassung kompetenzrechtlich umzusetzen versucht und insoweit als »Initialzündung« für das in der Breite erst recht spät einsetzende einschlägige Problembewußtsein der Gerichte gewirkt. Seit den 60er Jahren ist dann bekanntlich die Koordinationsauffassung in der staatskirchenrechtlichen Lehre zunehmend kritisch beurteilt worden. Doch hat sich die Rechtsprechung den hier spürbaren Wandlungen in Grundsatzfragen nur partiell geöffnet. Sie ist, was die Frage staatsgerichtlicher Kompetenz in Kirchensachen anbelangt, zum größten Teil auf dem einmal eingeschlagenen Weg nicht nur im wesentlichen unbeirrt weitergeschritten; im Vergleich zur Lehre und Praxis der Nachkriegszeit hat sie die kompetenzrechtlichen Schlußfolgerungen sogar spürbar verschärft.

In der Rechtsschutzproblematik hat sich inzwischen eine ausgeprägte Frontenstellung zwischen weiten Kreisen der Judikatur einerseits und einem beträchtlichen Teil des wissenschaftlichen Schrifttums[10] andererseits herausgebildet – was angesichts der skizzierten Tendenz der Gerichte in Kirchensachen und der Fragen, welche sich hiernach sowohl in dogmatischer Hinsicht als auch im Blick auf die praktischen Konsequenzen aufdrängen, durchaus folgerichtig erscheint. Jedenfalls ergab sich die einschlägige Literatur seit Anfang der 60er Jahre vielfach als Reaktion auf dogmatische Ansätze und praktische Ergebnisse der Judikatur, welche als fragwürdig empfunden wurden.

Nicht einmal über die angemessene Grundperspektive einer verfassungsgemäßen Lösung hat sich ein breiterer Konsens herstellen lassen. Diese Sachlage spiegelt sich im Schrifttum, in dem anläßlich der Erörterung reli-

[10] *J. Listl*, DÖV 1984, S. 587: »eine beachtliche und engagierte Phalanx von Vertretern der staatskirchenrechtlichen Literatur«.

gionsbezogener Rechtsschutzfragen seit der Nachkriegszeit die religiöse Freiheitsfrage überwiegend unter *Kompetenzgesichtspunkten* aufgeworfen worden ist. Über die Jahrzehnte hinweg reflektiert die literarische Diskussion insoweit die allgemeinen Entwicklungslinien des Staatskirchenrechts und bietet demgemäß ein in sich recht differenziertes Bild. Konrad Hesse legte bereits 1956[11] eine in eine Grundsatzerörterung der Zuordnung von Staat und Kirche eingebettete Konzeption vor, die auf Theorie und Praxis in der Folge nachhaltigen Einfluß ausübte. Seit der ersten Hälfte der 50er Jahre dokumentierte eine ganze Kette von Dissertationen[12] die fortbestehende Aktualität der Thematik. Es findet sich im übrigen eine Fülle literarischer Äußerungen verschiedenster Art[13], welche jeweils mehr oder weniger umfas-

[11] *K. Hesse*, Der Rechtsschutz durch staatl. Gerichte im kirchl. Bereich, 1956.

[12] *K.-J. Nagel*, Die Aktivlegitimation der Religionsgesellschaften öff. Rechts in der dt. Verfassungsgerichtsbarkeit, 1953; *D. Scheven*, Der Verwaltungsrechtsschutz im kirchl. Bereich, 1954; *U. Hartmann*, Die Zuständigkeit staatl. Verwaltungsgerichte in Kirchensachen, 1955; *E. Glasow*, Die Anfechtbarkeit kirchl. Verwaltungsakte, 1956; *H. Johnsen*, Nachprüfbarkeit kirchl. Rechtshandlungen durch staatl. Gerichte, 1956; *M. Herr-Beck*, Die Frage nach der Zulässigkeit des staatl. Rechtsweges für Entscheidungen der Kirchenbehörden, 1958; *B. Rohr*, Die Anfechtbarkeit kirchl. Verwaltungsakte, 1958; *H.-B. Schulz*, Der weltl. Rechtsschutz im kirchl. Bereich, 1958; *O. Katholnigg*, Kath. Kirche und Rechtsweg, 1960; *F. H. Schoofs*, Geschichte und Gegenwartsgestalt der kirchl. Gerichtsbarkeit der evang. Kirchen in Deutschland, 1963 (S. 350ff.); *H. Säcker*, Der verfassungsgerichtl. Schutz gegen innerkirchl. Maßnahmen, 1968; *H.-J. Schleicher*, Staatl. Rechtsprechungsmonopol und kirchl. Gerichtsbarkeit, 1968; *A. Berchtenbreiter*, Kündigungsschutzprobleme im kirchl. Arbeitsverhältnis, 1984 (insbes. S. 56ff.). Darstellung der Rspr. bei *J. Körner*, Das Verhältnis von Staat und Kirche im Spiegel der Judikatur seit 1930, 1961 (insbes. S. 105ff.); *I. Schwytz*, Rechtsprechung zum Staatskirchenrecht, 1971 (insbes. S. 116ff.).

[13] Ohne Anspruch auf Vollständigkeit wären aus dem Schrifttum zu staatskirchenrechtl. Rechtsschutzfragen seit 1948 zu nennen: *G.-A. Vischer*, Verwaltungsgerichtsbarkeit und Kirchenrecht, 1948; *G. J. Ebers*, Grundriß des Kath. Kirchenrechts, 1950, S. 414; *W. Jellinek*, Verhandlungen des 38. Dt. Juristentages, 1950, D S. 9f.; *ders.*, VVDStRL 8 (1950), S. 161 [Aussprache]; *O. Bachof*, Die verwaltungsgerichtl. Klage auf Vornahme einer Amtshandlung, 1951, S. 29, 37; *ders.*, AöR 78 (1952/53), S. 92f.; *W. Kalisch*, ZevKR 2 (1952/53), S. 46ff.; *G. Conradt/G. Piechulek*, JR 1953, S. 168ff.; *U. Scheuner*, ZevKR 3 (1953/54), S. 352ff.; *W. Weber*, VVDStRL 11 (1954), S. 167f. und 254f.; *W. Jellinek*, ibd. S. 237 [Aussprache]; *K. Hesse*, DVBl. 1955, S. 64f. [Anm.]; *ders.*, ibd. S. 589ff.; *Chr.-F. Menger*, MDR 1955, S. 512ff.; *D. Scheven*, ZevKR 4 (1955), S. 157ff.; *W. Thieme*, AöR 80 (1955/56), S. 423ff.; *G.-A. Vischer*, Evang.-Luth. Kirchenzeitung 10 (1956), S. 21ff.; *H. v. Mangoldt/F. Klein*, Das Bonner Grundgesetz, Bd. I, 2. Aufl. 1957, S. 570, 578; *Herbert Krüger*, ZevKR 6 (1957/58), S. 72ff.; *K. Hesse*, ibd. S. 177ff.; *U. Scheuner*, ibd. S. 357ff.; *O. Bachof*, DÖV 1958, S. 558; *G. Dürig*, M-D (Erstbearb. 1958), Rdnr. 20 zu Art. 19 Abs. 4 GG; *H. Maurer*, Die Verwaltungsgerichtsbarkeit der evang. Kirche, 1958, S. 139ff.; *K. A. Bettermann*, Die Grundrechte III/2, 1959, S. 793ff.; *P. Mikat*, Kirchen und Religionsgemeinschaften (1960), S. 184, 190ff.; *H. Maurer*, DÖV 1960, S. 749ff.; *H. H. Rupp*, AöR 85 (1960), S. 164; *H. Wiesner*, Grundfragen aus dem kirchl. Disziplinarrecht, 1960, S. 115ff.; *K. Hesse*, JöR NF 10 (1961), S. 76ff.; *ders.*, JZ 1961, S. 450 [Anm.]; *E.-W. Fuß*, DÖV 1961, S. 739; *Herbert Krüger*, DÖV 1961, S. 727; *H. Maurer*, DVBl. 1961, S. 625ff. [Anm.]; *E. Kaufmann*, Glaube – Irrtum – Recht, 1961, S. 175ff.; *K. Hansch*, Die Disziplinargerichtsbarkeit in der evang. Kirche, 1961, S. 131ff.; *H. Monz*, Staats- und Kommunalverwaltung 1961, Ausgabe B, S. 67f.; *U. Scheuner*, Rechtsgrundlagen der Beziehungen von Kirche und

send und grundsätzlich, in spezieller Beschäftigung mit den Kernproblemen oder teilweise auch nur beiläufig am Rande anderer Untersuchungen, zu einschlägigen Fragen Stellung genommen haben.

Staat (1962), S. 177ff.; *H. Quaritsch*, Der Staat 1 (1962), S. 299f.; *D. und U. Mann*, DVBl. 1962, S. 243ff.; *O. Rauch*, Die arbeitsrechtl. Sonderstellung der Angestellten und Arbeiter im kirchl. Dienst, 1962, S. 45ff.; *P. Mikat*, Kirchl. Streitsachen vor den Verwaltungsgerichten (1963); *W. Hofmann*, BayVBl. 1963, S. 345ff.; *D. Scheven*, ZBR 1964, S. 289ff.; *P. Häberle*, ZevKR 11 (1964/65), S. 395ff.; *A. Hollerbach*, Verträge zwischen Staat und Kirche, 1965, S. 253f., 255ff., 261ff.; *H. J. Wolff*, Verwaltungsrecht I, 6. Aufl. 1965, S. 262; *W. Thieme*, JZ 1965, S. 26 [Anm.]; *H. Marré/K.-E. Schlief*, NJW 1965, S. 1516; *A. Albrecht*, Koordination von Staat und Kirche in der Demokratie, 1965, S. 128ff.; *G. Scheffler*, MDR 1965, S. 627, 628; *O. Bachof*, Verfassungsrecht, Verwaltungsrecht, Verfahrensrecht, Bd. I, 3. Aufl. 1966, S. 169f.; *S. Grundmann*, JZ 1966, S. 81ff.; *W. Jung*, Staat und Kirche im kirchl. Friedhofswesen, 1966, S. 135ff.; *H. Weber*, Die Religionsgemeinschaften als Körperschaften des öff. Rechts, 1966, S. 135ff., 143ff.; *ders.*, NJW 1967, S. 1641ff.; *U. Scheuner*, DÖV 1967, S. 591; *A. Hollerbach*, AöR 92 (1967), S. 124ff.; *A. v. Campenhausen*, DVBl. 1967, S. 731ff. [Anm.]; *H. Maurer*, JZ 1967, S. 408ff. [Anm.]; *H. Quaritsch*, NJW 1967, S. 765f.; *O. v. Harling*, NJW 1967, S. 2299f.; *G. Meier*, DVBl. 1967, S. 703ff.; *G.-A. Vischer*, JZ 1967, S. 597ff.; *Chr.-F. Menger/H.-U. Erichsen*, VerwArch 58 (1967), S. 386; *A. v. Campenhausen*, ZevKR 13 (1967/68), S. 214; *ders.*, FS E. Ruppel, 1968, S. 262ff.; *ders.*, BayVBl. 1968, S. 222f.; *A. Hollerbach*, VVDStRL 26 (1968), S. 70ff.; *H.-U. Evers*, FS E. Ruppel, 1968, S. 329ff.; *D. Pirson*, ibd. S. 297ff.; *F. Müller*, DÖV 1968, S. 627ff.; *H. J. Wolff*, Verwaltungsrecht I, 7. Aufl. 1968, S. 298; *R. Richardi*, Kollektivgewalt und Individualwille, 1968, S. 67f.; *H. Engelhardt*, Die Kirchensteuer, 1968, S. 181, 201ff.; *H. Weber*, NJW 1968, S. 1345f. [Anm.]; die Beiträge zur Aussprache über die Referate von M. Heckel und A. Hollerbach, VVDStRL 26 (1968), S. 139ff.; *S. Ott*, Christliche Aspekte unserer Rechtsordnung, 1968, S. 52ff.; *J. Frank*, ZevKR 14 (1968/69), S. 145ff.; *W. Martens*, Öffentlich als Rechtsbegriff, 1969, S. 146ff.; *K. Obermayer*, Zeitwende – Die neue Furche 40 (1969), S. 524ff.; *H. Säcker*, DVBl. 1969, S. 5ff.; *H. Säcker/W. Reimann*, JuS 1969, S. 574ff.; *H. Weber*, Grundprobleme des Staatskirchenrechts, 1970, S. 62ff.; *ders.*, ZevKR 15 (1970), S. 51ff.; *ders.*, DVBl. 1970, S. 250ff.; *K. Obermayer*, Die verwaltungsgerichtl. Normenkontrolle (I) [1970], S. 152f.; *H. Weidemann*, DVBl. 1970, S. 332f. [Anm.]; *J. Listl*, Das Grundrecht der Religionsfreiheit, 1971, S. 397ff.; *H. J. Wolff*, Verwaltungsrecht I, 8. Aufl. 1971, S. 327f.; *P. v. Tiling*, ZevKR 16 (1971), S. 209ff. [Anm.]; *E. Wufka*, DVBl. 1971, S. 119ff., insbes. S. 121f. [Anm.]; *A. v. Campenhausen*, ZevKR 17 (1972), S. 127ff.; *J. Jurina*, Der Rechtsstatus der Kirchen und Religionsgemeinschaften, 1972, S. 141ff.; *E. Ruppel*, FS K. Michaelis, 1972, S. 279f.; *ders.*, Essener Gespräche 7 (1972), S. 67f.; *P. Schlosser*, Vereins- und Verbandsgerichtsbarkeit, 1972, S. 135f.; die Beiträge zur Aussprache über das Referat von E. Ruppel, Essener Gespräche 7 (1972), S. 70ff.; *M. Pabst*, ZevKR 17 (1972), S. 116ff.; *Chr. Link*, Neuere Entwicklungen und Probleme (1973), S. 33ff.; *D. Lorenz*, Der Rechtsschutz des Bürgers und die Rechtsweggarantie, 1973, S. 117f.; *Th. Maunz*, M-D (Dez. 1973), Rdnr. 18 zu Art. 137 WRV; *G. Scheffler*, Staat und Kirche, 2. Aufl. 1973, S. 246ff.; *O. Bachof*, in: H. J. Wolff / ders., Verwaltungsrecht I, 9. Aufl. 1974, S. 375f.; *W. Rüfner*, HdbStKirchR I, S. 759ff.; *H. Weber*, ibd. S. 729ff.; *A. Hollerbach*, ibd. S. 261, 289; *E. Friesenhahn*, ibd. S. 579; *J. Jurina*, ibd. S. 601; *J. Frank*, ibd. S. 693ff.; *K. Merkel*, Verfassungsrechtl. Aspekte der privaten Strafgewalt, 1974, S. 192ff.; *G. Schmidt-Eichstaedt*, Kirchen als Körperschaften des öff. Rechts?, 1975, S. 71ff.; *A. v. Campenhausen*, Verf. des Freistaates Bayern, 1976, Rdnr. 26 zu Art. 142; *K. Obermayer*, Staat und Religion, 1977, S. 9; *P. v. Tiling*, ZevKR 22 (1977), S. 322ff.; *K.-H. Kästner*, Die Verwaltung 10 (1977), S. 77ff.; *F.-G. v. Busse*, Gemeinsame Angelegenheiten von Staat und Kirche, 1978, S. 219f., 298ff.; *E. Fischer*, FS BVerwG, 1978, S. 197f.; *O. Friedrich*, Einführung in das Kirchenrecht, 2. Aufl. 1978, S. 556; *K.-H. Kästner*, JöR NF 27 (1978), S. 271f.; *U. Scheuner*, Symposion für A. Füllkrug, 1979, S. 25; *K. Mörsdorf*, Lb.

3. Aktualität der Rechtsschutzfragen

Bietet sich auch das Schrifttum zu Problemen religionsbezogenen Rechtsschutzes somit seit Jahrzehnten in beeindruckender Breite dar, so kann doch – anders als in sonstigen Grundsatzproblemen staatskirchenrechtlicher Art – im Blick auf die Kernfragen bislang nicht von einer wenigstens einigermaßen unangefochtenen Klärung die Rede sein. Vielmehr ist in der Rechtsprechung eine sich tendenziell verstärkende Unsicherheit festzustellen; dies gilt vor allem hinsichtlich der Reichweite der Prüfungsbefugnis staatlicher Gerichte in religiösen Angelegenheiten. Was die Kompetenz staatlicher Gerichtsbarkeit in Angelegenheiten der Kirchen und Religionsgemeinschaften angeht,

des Kirchenrechts, Bd. III, 11. Aufl. 1979, S. 15ff.; *J. Jurina*, Das Dienst- und Arbeitsrecht im Bereich der Kirchen, 1979, S. 167ff.; *H. Engelhardt*, DRiZ 1979, S. 267ff.; *R. Stober*, NJW 1979, S. 2007; *K. Stern*, Staatsrecht, Bd. II, 1980, S. 924ff.; *U. Steiner*, JuS 1980, S. 342ff.; *E. Eyermann / L. Fröhler*, VwGO, 8. Aufl. 1980, Rdnrn. 77ff. zu § 42; *U. Steiner*, Offene Rechtsschutzprobleme im Verhältnis von Staat und Kirchen, 1981; *A. Hollerbach*, AöR 106 (1981), S. 246f.; *N. Achterberg*, BK (April 1981), Rdnrn. 171f. zu Art. 92; *O. R. Kissel*, GVG, 1981, Rdnrn. 212ff. zu § 13; *A. Krämer*, DVBl. 1981, S. 3; *S. Uibel*, DVBl. 1981, S. 37f. [Anm.]; *J. Jurina*, FS J. Broermann, 1982, S. 797ff.; *J. Listl*, ibd. S. 838, 847ff.; *D. Ehlers*, ZevKR 27 (1982), S. 269ff.; *W.-R. Schenke*, BK (Dez. 1982), Rdnrn. 50, 136, 174ff., 279 zu Art. 19 Abs. 4 GG; *W. Knüllig*, ZevKR 27 (1982), S. 349ff.; *G. Schmidt-Eichstaedt*, Der Staat 21 (1982), S. 441; *A. v. Campenhausen*, Staatskirchenrecht, 2. Aufl. 1983, S. 198ff.; *J. Isensee*, Gedächtnisschrift für L.-J. Constantinesco, 1983, S. 301ff.; *W. Rüfner*, Rechtsschutz gegen kirchl. Rechtshandlungen (1983); *U. Steiner*, NJW 1983, S. 2560f.; *C. H. Ule*, Verwaltungsprozeßrecht, 8. Aufl. 1983, S. 43ff.; *A. Erler*, Kirchenrecht, 5. Aufl. 1983, S. 34f.; *H. Weber*, NJW 1983, S. 2551; *A. Pahlke*, Kirche und Koalitionsrecht, 1983, S. 254ff.; *W. Heyde*, Hdb. des Verfassungsrechts, 1983, S. 1216f.; *W. Wölbing*, ZevKR 28 (1983), S. 74ff.; *U. Hemmrich*, Grundgesetz-Kommentar, Bd. 3, 2. Aufl. 1983, Rdnrn. 16ff. zu Art. 140; *B. Schmidt-Bleibtreu / F. Klein*, Kommentar zum GG, 6. Aufl. 1983, Rdnr. 22 zu Art. 19 und Rdnr. 4 zu Art. 140; *W.-R. Schenke*, FS H. J. Faller, 1984, S. 133ff.; *J. Listl*, DÖV 1984, S. 587ff. [Anm.]; *R. Richardi*, Arbeitsrecht in der Kirche, 1984, S. 192ff.; *R. Wassermann*, Kommentar zum GG, Bd. 1, 1984, Rdnrn. 45f. zu Art. 19 Abs. 4; *U. K. Preuß*, ibd., Bd. 2, 1984, Rdnr. 52 zu Art. 140; *E. Fischer*, Trennung von Staat und Kirche, 3. Aufl. 1984, S. 198ff.; *L. Renck*, BayVBl. 1984, S. 714; *H. Maurer*, FS Chr.-F. Menger, 1985, S. 285ff.; *E. Schmidt-Aßmann*, M-D (24. Lieferung Januar 1985), Rdnrn. 111ff. zu Art. 19 Abs. 4 GG; *K. Redeker / H.-J. v. Oertzen*, VwGO, 8. Aufl. 1985, Rdnrn. 33ff. zu § 40; *W. v. Ammon / R. Rusam*, Verf. der Evang.-Luth. Kirche in Bayern, 2. Aufl. 1985, S. 192f.; *O. J. Voll / J. Störle*, Hdb. des Bay. Staatskirchenrechts, 1985, S. 413ff.; *J. Listl*, Jb. für christl. Sozialwissenschaften 27 (1986), S. 131ff.; *J. Isensee*, FS K. Obermayer, 1986, S. 209ff.; *H. Weber*, ibd. S. 263ff.; *P. Badura*, Staatsrecht, 1986, Rdnr. L 50; *F. O. Kopp*, VwGO, 7. Aufl. 1986, Rdnr. 22 zu § 1, Rdnrn. 37ff. zu § 40 und Rdnr. 14 zu § 137; *W. Thieme*, DÖV 1986, S. 65; *G. Winands*, DÖV 1986, S. 99ff.; *A. v. Campenhausen*, ZevKR 32 (1987), S. 78f.; *ders.*, AöR 112 (1987), S. 623ff.; *H. Maurer*, EvStL, 3. Aufl. 1987, Bd. I, Sp. 1088f.; *K. Stern*, Verwaltungsprozessuale Probleme in der öff.-rechtl. Arbeit, 6. Aufl. 1987, S. 34ff., 53; *M. Sachs*, BayVBl. 1987, S. 463ff. [Anm.]; *A. Hollerbach*, Hdb. des Staatsrechts, Bd. VI, 1989, S. 550ff. Rdnrn. 148ff., S. 601 Rdnr. 9; *H.-J. Papier*, ibd. S. 1245f. Rdnr. 25; *J. Listl*, DÖV 1989, S. 409ff.; *ders.*, FS P. Mikat, 1989, S. 608ff.; *D. Ehlers*, JuS 1989, S. 364ff.; *U. Steiner*, NVwZ 1989, S. 410ff.; *M. Sachs*, DVBl. 1989, S. 487ff.; *H. Weber*, NJW 1989, S. 2217ff.; *A. Elgeti*, ZevKR 34 (1989), S. 165ff.; *E. Sperling*, BayVBl. 1989, S. 42f.; *W. Dütz*, NJW 1990, S. 2026ff.

hat sich zudem, wie erwähnt, zwischen einem erheblichen Teil des wissenschaftlichen Schrifttums einerseits und der Judikative andererseits eine Verfestigung gegensätzlicher Ausgangs-Standpunkte ergeben; sie droht sachgerechten Lösungen der einschlägigen Fragen eher im Wege zu stehen, denn als Grundlage einer angemessenen Diskussion zu taugen.

Noch anfangs der 80er Jahre wurde der Rechtsschutz in Kirchensachen – von Alexander Hollerbach einst als »das klassische Thema« im Staatskirchenrecht qualifiziert[14] – als »eines der am meisten umstrittenen und noch immer ungelösten Probleme des deutschen Staatskirchenrechts«[15] bezeichnet; man hat auf die »stille, freilich durchaus praktische und leider auch kontinuierliche Aktualität«[16] des Fragenkreises hingewiesen, darauf, daß es »Rechtsprechung und Literatur ... trotz zahlreicher Anläufe bisher nicht gelungen [sei], zu einer einheitlichen Linie zu finden«[17]. An diesen Befunden hat sich bis heute nichts geändert; zu Recht ist deshalb in den letzten Jahren mehrfach auf die fortbestehende Umstrittenheit der Problematik hingewiesen worden[18].

II. Perspektive der vorliegenden Arbeit

1. Aufgabenstellung

Es mag nach alledem gerechtfertigt erscheinen, sich der Grundsatzfrage staatsgerichtlicher Kompetenz zur Judikatur in Angelegenheiten der Kirchen und Religionsgemeinschaften erneut zuzuwenden. Dabei kann es nicht um den Versuch gehen, völlig neuartige Lösungsansätze zu entwickeln; in der einschlägigen Diskussion der vergangenen Jahrzehnte sind die von der

---

14 *A. Hollerbach*, VVDStRL 26 (1968), S. 70.

15 *A. v. Campenhausen*, Staatskirchenrecht, 2. Aufl. 1983, S. 202; im gleichen Sinne *H. Weber*, NJW 1980, S. 1042.

16 *U. Steiner*, Offene Rechtsschutzprobleme im Verhältnis von Staat und Kirchen, 1981, S. 3.

17 *D. Ehlers*, ZevKR 27 (1982), S. 270. – Vgl. auch *W. Rüfner*, Rechtsschutz gegen kirchl. Rechtshandlungen (1983), S. 125: »Eine allseits befriedigende Lösung der Probleme zeichnet sich auch heute nach mehr als 30jähriger Diskussion unter der gegenwärtigen Verfassungsordnung nicht ab.« Ähnlich auch *W.-R. Schenke*, FS H. J. Faller, 1984, S. 133, der im Blick auf den Rechtsschutz kirchl. Bediensteter darauf hinweist, daß trotz »intensiver Beschäftigung« von Lit. und Rspr. mit den einschlägigen Problemen »die sich dabei stellenden Fragen noch weit von einer befriedigenden Beantwortung entfernt« seien.

18 *H. Maurer*, FS F.-Chr. Menger, 1985, S. 285; *W. v. Ammon / R. Rusam*, Verf. der Evang.-Luth. Kirche in Bayern, 2. Aufl. 1985, S. 192; *A. v. Campenhausen* hat seine oben (bei Anm. 15) zitierte Bewertung Ende 1987 zu Recht wiederholt (*ders.*, AöR 112 [1987], S. 625). Demgegenüber geht offenbar *J. Listl*, DÖV 1989, S. 409, 418f. und passim, davon aus, daß die Rechtsschutzproblematik (jedenfalls für Statusklagen und vermögensrechtliche Streitigkeiten kirchlicher Bediensteter) geklärt sei.

Verfassung vorgezeichneten Wege jedenfalls im Ansatz durchaus gesehen worden. Leider wird die gängige Betrachtung aber nach wie vor von dogmatischen Grundanschauungen beeinflußt, welche im Lichte neuerer religionsverfassungsrechtlicher Einsichten auf sonstigen Problemebenen des Staatskirchenrechts zu Recht im wesentlichen als obsolet betrachtet werden. Manche scheinbar unüberbrückbare Gegensätze entpuppen und entschärfen sich bei näherer Betrachtung als bloße Folgewirkungen einer verfehlten verfassungsrechtlichen Perspektive. Gelingt es, diese Fehler zu vermeiden, so entfallen zumindest weitgehend auch die vielfach zu Recht beklagten unbefriedigenden praktischen Resultate der bisherigen Handhabung. In diesem Sinne unternimmt es die vorliegende Arbeit, vor dem Hintergrund bisheriger Theorie und Praxis die Frage nach den Grundlagen und den Grenzen staatlicher Rechtsprechung[19] in Angelegenheiten oder Kirchen und Religionsgemeinschaften erneut zu stellen.

Eine Untersuchung über die Rechtsprechungskompetenz staatlicher Gerichte darf deren Spruchpraxis nicht vernachlässigen. Denn bekanntlich erweist das allgemeine Prozeßrecht nicht nur seine Tragweite erst in der tatsächlichen Umsetzung durch die Gerichte, sondern es wurde nicht selten bereits im Ansatz durch die Rechtspraxis ausgebildet. Nicht anders verhielt es sich mit den Grundsatzfragen der staatlichen Gerichtsbarkeit in religiösen Angelegenheiten; sie erhielten ihre gegenwärtig maßgebende spezifische Prägung zu einem nicht geringen Teil durch die Rechtsprechung – gerade angesichts der unverkennbaren Diskrepanzen in der Beurteilung mancher Aspekte durch das Schrifttum und die Gerichte. Demgemäß wurde im Rahmen der vorliegenden Arbeit die gesamte greifbare einschlägige Judikatur seit 1945 ausgewertet und, soweit dies vom Umfang her vertretbar erschien, auch in den Anmerkungen möglichst zahlreich nachgewiesen. Doch war Vollständigkeit insoweit weder erreichbar noch von der Themenstellung her erforderlich; sie ist demgemäß auch nicht beabsichtigt.

---

19 Die Definitionsprobleme des Begriffs können im vorliegenden Zusammenhang, in dem es um die autoritative Rechtsentscheidung durch unabhängige staatl. Richter und damit zweifelsfrei um »Rechtsprechung« geht, auf sich beruhen. – Zur Diskussion unter der Weimarer Verfassung *R. Thoma*, Hdb. des Dt. Staatsrechts, Bd. 2, 1932, S. 127ff. m.w.N. Vgl. zur Gegenwart *E. Friesenhahn*, FS R. Thoma, 1950, S. 21ff.; *R. Herzog*, M-D (August 1971), Rdnrn. 20ff. zu Art. 92; *K. Stern*, Staatsrecht, Bd. I, 2. Aufl. 1984, S. 844f., sowie Bd. II, 1980, S. 378, 889ff.; *N. Achterberg*, BK (April 1981), Rdnrn. 60ff. zu Art. 92; *K. Hesse*, Grundzüge des Verfassungsrechts, 15. Aufl. 1985, Rdnrn. 547ff.

2. *Der normative Rahmen der Betrachtung*

Die Arbeit hat die Problematik im Blick, die sich aus der Rechtsprechung *staatlicher* Gerichte in religiösen Angelegenheiten ergibt. Eine solche Betrachtung darf allerdings die Existenz und Kompetenz der *Kirchengerichte*[20] nicht außer Betracht lassen. Kirchliches Recht verweist in mannigfacher Weise auf die durch sie gegebenen Rechtsschutzmöglichkeiten. Dabei ist – wenn auch manche Passagen veröffentlichter Entscheidungen anderes signalisieren – wenigstens dem Grunde nach davon auszugehen, daß die kirchlichen Gerichtsbarkeiten in besonderem Maße mit den theologischen Grundlagen der Aufgaben der Kirchen und ihrer Erfüllung vertraut sein dürften; desgleichen werden ihnen die einschlägige kirchenrechtliche Ordnung und auch die Probleme der inneren organisatorischen Struktur kirchlichen Wirkens eher geläufig sein als den staatlichen Gerichten. Dieser Befund legt es nahe zu klären, ob bzw. inwieweit kirchliche Rechtsprechung die staatliche Gerichtsbarkeit zu ergänzen oder gar zu ersetzen vermag. Ferner stellt sich die Frage, welche prozeßrechtlichen Folgerungen aus der Koexistenz und (gegebenenfalls) Konkurrenz der beiden Rechtsschutzsysteme zu ziehen sind. Erst recht gilt dies angesichts der gerade in der Praxis der staatlichen Gerichte verbreiteten Neigung, die Aufgabe der Rechtsschutzgewährung auch im Blick auf den staatlichen Rechtsbereich ohne weiteres kirchlichen Gerichten zu überlassen, soweit solche errichtet und zuständig sind.

Jedoch muß eine verfassungsgemäße Betrachtung der Zuordnung staatlicher Justizhoheit zu kirchlicher Gerichtsbarkeit vom *staatlichen* Rechtsbefund her erfolgen, was die normativen Grundlagen und deren Verständnis betrifft. Denn die verfassungsrechtliche Ordnung des Grundgesetzes stellt eine Regelung der religionsrechtlichen Fragen auf der Ebene staatlicher Gemeinwohlverantwortung und Zuständigkeit zur Rechtsgestaltung dar[21],

---

[20] Zur Gerichtsbarkeit im evang. Bereich *H. Maurer*, Die Verwaltungsgerichtsbarkeit der evang. Kirche, 1958; *K. Hansch*, Die Disziplinargerichtsbarkeit in der evang. Kirche, 1961; *F. H. Schoofs*, Geschichte und Gegenwartsgestalt der kirchl. Gerichtsbarkeit, 1963, S. 159ff.; *Chr. Metz*, Die Rechtsprechung der Gerichte und Schlichtungsstellen der VELKD, 1976; *E. Ruppel*, Essener Gespräche 7 (1972), S. 53ff.; *H. Maurer*, EvStL, 3. Aufl. 1987, Bd. I, Sp. 1083ff. – Für den Bereich der Röm.-kath. Kirche *K. Mörsdorf*, Lb. des Kirchenrechts, Bd. III, 11. Aufl. 1979, S. 13ff.; *H. Schwendenwein*, Das neue Kirchenrecht, 1983, S. 473ff.; *G. May*, HdbKathKR, S. 953ff.; *P. Wirth*, ibd. S. 962ff. und S. 972ff.; *H. Flatten*, ibd. S. 984ff.; *G. Fahrnberger*, ibd. S. 999ff.; *H. Paarhammer*, ibd. S. 1002ff.; *R. A. Strigl*, ibd. S. 1011ff.; *G. May*, EvStL, 3. Aufl. 1987, Bd. I, Sp. 1089ff.

[21] *R. Smend*, ZevKR 1 (1951), S. 12; *U. Scheuner*, ZevKR 7 (1959/60), S. 256ff.; *ders.*, Rechtsgrundlagen der Beziehungen von Kirche und Staat (1962), S. 175ff.; *ders.*, Die Kirche im säkularen Staat (1967), S. 223; *ders.*, Wandlungen im Staatskirchenrecht (1968), S. 39, 52; *M. Heckel*, DÖV 1975, S. 40f., 42, 43; *M. Sachs*, DVBl. 1989, S. 487f.; *H. Quaritsch*, NVwZ 1990, S. 29f.

eine Ordnung der Beziehungen zwischen Staat und religiösen Verbänden aus der staatlichen Perspektive[22]. Sie ist prinzipiell säkularen Charakters und demgemäß nach säkularen Kriterien auszulegen und anzuwenden[23] – unbeschadet freilich einer materiellen Bezugnahme auf religiöse Gesichtspunkte, wie sie in vielen Fällen auf Grund der inneren Sachstruktur und der Grundprinzipien der staatlichen Rechtsordnung erforderlich wird.

In den einzelnen Sachfragen sind die Probleme des Verhältnisses zwischen der »weltlichen« Rechtsordnung und dem Bereich des Religiösen zwar vielfach komplexer Natur; mit formelhaften Abschichtungen vermag man sie demgemäß in der Regel nicht sachgerecht zu bewältigen[24]. Jedenfalls ist aber hinsichtlich der Funktion *staatlicher Gerichte* zweifelsfrei von vornherein davon auszugehen, daß sie ihre Kompetenz ausschließlich von der staatlichen Verfassung herleiten[25] und daß folglich die mit ihrer Funktion in religiösen Angelegenheiten zusammenhängenden Fragen von dieser Warte her zu beurteilen sind; Fragen kirchlicher Gerichtsbarkeit können sich dann »mittelbar« im Rahmen dieses Ansatzes stellen. Unberücksichtigt zu lassen sind demnach in der vorliegenden Arbeit die rein kirchenbezogenen Binnenprobleme kirchlicher Gerichtsbarkeit, die sich unter verschiedensten theologischen, ekklesiologischen und kirchenrechtlichen Aspekten ergeben[26]. Sie besitzen

---

[22] Zur (röm.-kath. bzw. evang.) *kirchlichen* Beurteilung des Verhältnisses von Staat und Kirche *P. Mikat*, HdbStKirchR I, S. 143ff.; *H. Simon*, ibd. S. 189ff.; *J. Listl*, Kirche und Staat in der neueren kath. Kirchenrechtswissenschaft, 1978, insbes. S. 190ff., 208ff.; *ders.*, Essener Gespräche 19 (1985), S. 9ff.

[23] Das betont zu Recht bereits *A. Köttgen*, DVBl. 1952, S. 486; aus neuerer Zeit *M. Heckel*, ZevKR 12 (1966/67), S. 33f.; *ders.*, DÖV 1975, S. 41, 42f.; *ders.*, ZRG Kan. Abt. LXVI (1980), S. 141f., 147ff.; vgl. ferner *A. v. Campenhausen*, Staatskirchenrecht, 2. Aufl. 1983, S. 76; *H. Quaritsch*, NVwZ 1990, S. 30.

[24] Kritisch zur Angemessenheit und praktischen Brauchbarkeit von Abgrenzungsformeln auf staatskirchenrechtl. Gebiet auch *M. Heckel*, VVDStRL 26 (1968), S. 43f.; *ders.*, DÖV 1975, S. 40f., 43; *U. Scheuner*, Wandlungen im Staatskirchenrecht (1968), S. 52; *H.-U. Evers*, FS E. Ruppel, 1968, S. 343; *W. Weber*, FS E. R. Huber, 1973, S. 198; *Chr. Link*, Neuere Entwicklungen und Probleme (1973), S. 35; *K. Hesse*, HdbStKirchR I, S. 421.

[25] Diesen für das Verständnis der Relevanz kirchl. Gerichtsbarkeit im staatl. Rechtskreis entscheidenden Gesichtspunkt betont auch *K. Hesse*, DVBl. 1955, S. 590. Vgl. ferner *A. v. Campenhausen*, DVBl. 1967, S. 732 (»Die Zuständigkeitsgrenzen der staatlichen Gerichte bestimmt der Staat.«); ebenso *ders.*, Staatskirchenrecht, 2. Aufl. 1983, S. 202.

[26] Zu Problemen der Funktion und Reichweite kirchl. Gerichtsbarkeit, die sich für die Röm.-kath. Kirche anders stellen als im evang. Bereich, *K. Mörsdorf*, Rechtsprechung und Verwaltung im kanon. Recht, 1941; *E. Melichar*, Gerichtsbarkeit und Verwaltung im staatl. und kanon. Recht, 1948; *U. Scheuner*, ZevKR 6 (1957/58), S. 337ff.; *P. Häberle*, JZ 1966, S. 384ff.; *H. Schmitz*, AkKR 135 (1966), S. 18ff.; *ders.*, FS K. Mörsdorf, 1969, S. 745ff.; *H. Ph. Meyer*, FS E. Ruppel, 1968, S. 252ff.; *H. Maurer*, ZevKR 17 (1972), S. 48ff.; *M. Kaiser*, Essener Gespräche 7 (1972), S. 92ff.; *P. Wirth*, AkKR 140 (1971), S. 29ff.; *ders.*, FS H. Flatten, 1973, S. 131ff.; *P. Wesemann*, ibd. S. 151ff.; *U. Mosiek*, ÖAfKR 25 (1974), S. 3ff.; *M. Pesendorfer*, ibd. S. 256ff.; *W. Aymans*, AkKR 144 (1975), S. 3ff.; *G. Hoffmann*, EvStL, 2. Aufl. 1975, Sp. 827ff.; *G. Seidler*, ZevKR 17 (1972), S. 87ff.; *K. Lüdicke*, HK 28 (1974), S. 304ff.

Bedeutung für die Rechtsschutzproblematik aus der Perspektive *kirchlicher* Lebens- und Rechtsordnung; für die Funktion staatlicher Gerichte vermögen sie unmittelbar weder positiv noch negativ Wesentliches auszutragen.

Drittes Kapitel

Zur geschichtlichen Dimension der Rechtsschutzproblematik

I. Die Rechtsschutzfragen im Rahmen der allgemeinen Geschichte des Staatskirchenrechts

Die heutige Problematik der Reichweite staatlicher Gerichtsbarkeit in Kirchensachen steht in der Tradition jahrhundertelanger Auseinandersetzungen zum Thema »Gerichtsbarkeit«. *Allgemein* gesehen ging es in diesen um die Grundlagen und die Inhaberschaft jurisdiktioneller Befugnisse, vor allem um deren Tragweite für die Begründung der landesherrschaftlichen Gewalt im Übergang vom mittelalterlichen Verständnis zur neuzeitlichen Staatsauffassung[1]. In ihrer *spezifischen* Ausrichtung auf den Kompetenzkonflikt zwischen weltlicher und kirchlicher Gewalt bildete die Justizproblematik einen komplexen Bestandteil und Reibungspunkt in dem Prozeß der Differenzierung, Ablösung und allmählichen Scheidung zwischen weltlichen und religiösen Ordnungsprinzipien.

Dieser Entwicklungsgang war seit der Glaubensspaltung in der Konfrontation der »Religions-Partheyen« im Reich und in den Territorien dem Grunde nach unausweichlich angelegt; er vollzog sich freilich gleichsam »sprungweise« über Jahrhunderte hinweg, bis er schließlich in die Staatskirchenartikel der Weimarer Reichsverfassung bzw. nunmehr des Grundgesetzes einmündete. In den Interpretationsversuchen und Kontroversen der Staats- und Verfassungstheorie[2] trat der Spannungsbogen zwischen den reli-

[1] *D. Willoweit*, Rechtsgrundlagen der Territorialgewalt, 1975, S. 17ff., 186ff.; *M. Stolleis*, Geschichte des öff. Rechts, Bd. I, 1988, S. 62, 133ff., 156ff., 170, 185f., 337.

[2] *J. Heckel*, Cura religionis – Ius in sacra – Ius circa sacra (1938), Sonderausgabe 1962; *J. Bohatec*, ZRG Kan. Abt. XXXV (1948), S. 1ff.; *M. Heckel*, Staat und Kirche nach den Lehren der evang. Juristen Deutschlands (1956/57), 1968, insbes. S. 14ff., 19ff., 22ff., 28ff., 35ff., 73ff., 79ff., 109ff.; *ders.*, ZRG Kan. Abt. XLV (1959), S. 141ff., 163ff., 180ff., 199ff., 216ff., 240ff.; *ders.*, ZRG Kan. Abt. XLIX (1963), S. 261ff., 287ff.; *ders.*, ZRG Kan. Abt. LXIV (1978), S. 180ff.; *ders.*, EvStL, 3. Aufl. 1987, Bd. I, Sp. 728ff.; *ders.*, ibd., Bd. II, Sp. 3600ff.; *K. Schlaich*, ZRG Kan. Abt. LIV (1968), S. 269ff.; *ders.*, Kollegialtheorie, 1969; *ders.*, ZRG Kan. Abt. LXIII (1977), S. 264ff., sowie LXIV (1978), S. 139ff.; *Chr. Link*, Herrschaftsordnung und bürgerl. Freiheit, 1979, insbes. S. 208f., 211ff., 222ff., 292ff.

giösen und rechtlichen Fragen bereits frühzeitig unmittelbar hervor; nicht minder deutlich hat er sich im übrigen in der politischen, rechtlichen und militärischen Handhabung der Glaubenskonflikte immer aufs neue praktisch manifestiert: je nach der konfessionellen Prägung der Territorien, der tatsächlichen Machtverteilung, den theologischen und verfassungstheoretischen Entwicklungen entstand das »moderne« Staatskirchenrecht in Fort- und Rückschritten, in Kampf und Friedensschluß, in Rechtswahrung und Rechtsbruch[3].

Jurisdiktionsprobleme ergaben sich vielfältig im Zerbrechen der Einheitsvorstellung des mittelalterlichen Staatskirchentums. Sie erwuchsen in den Auseinandersetzungen um die Tragweite des ius divinum und der naturrechtlichen Staatstheorie; und sie aktualisierten sich im Ringen um die Fürsorge der christlichen Obrigkeit für die Belange der Kirche (in Form der mittelalterlichen Kirchenvogtei, der *cura religionis* bzw. des *ius advocatiae*[4]) einerseits und um die Wahrung der Identität und Aufgabenstellung des Staates im Prozeß der Säkularisierung[5] andererseits. Die Problematik staatlicher Jurisdiktion in Kirchensachen bildete dabei einen (theoretisch und praktisch bedeutsamen) Teilaspekt der Suche nach der Begründung und Begrenzung hoheitlicher Befugnisse der weltlichen Gewalt gegenüber den Kirchen; im Versuch der Abschichtung des »äußeren« vom »inneren« Kirchenregiment sind solche Kompetenzen als *iura circa sacra* seit dem 17. Jahrhundert bis ins 19. Jahrhundert ganz unterschiedlich definiert worden[6].

In seinen für das vorliegende Thema interessierenden praktischen Resultaten mündete dieser Prozeß letztlich in eine Begrenzung des Zuständigkeitsbereiches geistlicher Gerichte in weltlichen Sachen; er brachte die endgültige Abschaffung der bereits seit dem ausgehenden Mittelalter zunehmend bekämpften gerichtlichen Privilegien des Klerus[7], insbesondere des *privilegium*

---

[3] Zur geschichtl. Entwicklung des dt. Staatskirchenrechts in Theorie und Praxis die soeben in Anm. 2 genannten Arbeiten sowie *F. Dickmann*, Der Westfälische Frieden, 1959, insbes. S. 9ff., 343ff.; *M. Heckel*, ZevKR 12 (1966), S. 1ff.; *ders.*, ZRG Kan. Abt. LV (1969), S. 395ff.; *ders.*, ZRG Kan. Abt. LVII (1971), S. 322ff.; *ders.*, HdbStKirchR I, S. 451ff.; *U. Scheuner*, ZevKR 7 (1959/60), S. 231ff.

[4] *K. Holl*, Luther und das landesherrliche Kirchenregiment (1911); *J. Heckel*, Cura religionis (1938), S. 2ff.; *ders.*, Lex charitatis, 2. Aufl. 1973, S. 307ff.; *M. Heckel*, EvStL, 3. Aufl. 1987, Bd. I, Sp. 425f.; *ders.*, ibd. Sp. 1410f.; *M. Honecker*, Cura religionis Magistratus Christiani, 1968, S. 105ff.; *D. Willoweit*, Rechtsgrundlagen der Territorialgewalt, 1975, S. 63ff., 223ff.

[5] Grundlegend *M. Heckel*, ZRG Kan. Abt. LXVI (1980), S. 1ff. m. w. N.; ferner *ders.*, Das Säkularisierungsproblem in der Entwicklung des dt. Staatskirchenrechts (1981).

[6] *J. Heckel*, Cura religionis (1938), S. 60ff.; *M. Heckel*, Staat und Kirche nach den Lehren der evang. Juristen Deutschlands (1956/57), S. 136ff.; *ders.*, EvStL, 3. Aufl. 1987, Bd. I, Sp. 1408ff.

[7] Dazu *A. Werminghoff*, Geschichte der Kirchenverfassung Deutschlands im Mittelalter, Bd. I. 1905, S. 265ff., 286ff.; *H. Maier*, Die ältere dt. Staats- und Verwaltungslehre, 2. Aufl. 1980, S. 68; *H.-J. Becker*, HRG II, 1978, Sp. 876ff.

fori, mit sich; er führte zur Ausbildung unterschiedlicher Stufen der Appellation an die staatliche Gewalt wegen kirchlichen Amtsmißbrauchs (*recursus ab abusu*); und er fand endlich in der Ausweitung der Zuständigkeiten weltlicher Gerichte in Kirchensachen seinen Abschluß.

II. Zur Bedeutung der historischen Perspektive für die aktuelle Problematik

Die Rechtsschutzprobleme erscheinen nach alledem in vielfältiger Hinsicht in die allgemeine Geschichte des Staatskirchenrechts verwoben. Eine Darstellung[8] der geschichtlichen Entwicklung der Thematik würde deshalb ein breites Ausholen und ein Eingehen auf den jeweiligen staatskirchenrechtlichen Kontext erfordern, das sich im vorliegenden Rahmen verbietet. Im übrigen geht es der Arbeit, wie bereits gesagt, um eine Bearbeitung der religionsrechtlichen Rechtsprechungsfragen im Rahmen der *aktuellen* Verfassungsordnung; für diesen Ansatz kann der Nutzen historischer Perspektive – anders als in anderen Bereichen des geltenden Staatskirchenrechts[9] – nur als sehr bescheiden beurteilt werden. Eine Besinnung auf die geschichtlichen Entwicklungslinien der Rechtsschutzproblematik vermag zwar deren Standort und Bedeutung in der allgemeinen Entwicklung des Staatskirchenrechts zu bestimmen, sie kann möglicherweise auch dem Verständnis mancher Argumentationslinien der aktuellen Diskussion dienen. Eine »lineare« Übertragung geschichtlicher Bezüge in die Gegenwart verbietet sich allerdings; denn sie würde die spezifischen justizverfassungs- und staatskirchenrechtlichen Strukturprinzipien des Grundgesetzes überspielen.

Wesentlich radikaler als bei anderen Problemen des Staatskirchenrechts

[8] Zur geschichtl. Entwicklung der Rechtsschutzproblematik *K. Hesse*, Rechtsschutz durch staatl. Gerichte im kirchl. Bereich, 1956, S. 5ff.; *U. Scheuner*, ZevKR 3 (1953/54), S. 352ff.; *W. Hildebrandt*, Die Bedeutung geistl. Gerichtsbarkeit in weltl. Angelegenheiten, 1931, S. 2ff.; *U. Hartmann*, Zuständigkeit staatl. Verwaltungsgerichte in Kirchensachen, 1955, S. 3ff.; *H. Johnsen*, Nachprüfbarkeit kirchl. Rechtshandlungen, 1956, S. 22ff.; *F. H. Schoofs*, Geschichte und Gegenwartsgestalt der kirchl. Gerichtsbarkeit, 1963, S. 6ff. – Instruktiv zum Aufstieg und Rückgang der Funktion geistlicher Gerichte im allg. Rechtsleben *J. Müller-Volbehr*, Die geistl. Gerichte in den Braunschweig-Wolfenbüttelschen Landen, 1973. Vgl. ferner die umfangreiche historische Darstellung kirchl. Gerichtsbarkeit bei *P. Hinschius*, System des kath. Kirchenrechts, Bd. V und VI, 1883 und 1897, sowie *J. B. Sägmüller*, Lb. des kath. Kirchenrechts, 1904, S. 656ff.

[9] Zur Relevanz und zu den Grenzen der historischen Dimension für die Auslegung staatskirchenrechtl. Vorschriften *K. Hesse*, ZevKR 11 (1964/65), S. 359; *ders.*, FS W. Weber, 1974, S. 450; *S. Grundmann*, FS H. Kunst, 1967, S. 130 mit FN 16; *U. Scheuner*, HdbStKirchR I, S. 10f., 18; *P. Mikat*, ibd. S. 117 FN 18; *Chr. Link*, Neuere Entwicklungen und Probleme (1973), S. 33; *K.-H. Kästner*, Die Verwaltung 10 (1977), S. 69 FN 4; *W. Loschelder*, FS P. Mikat, 1989, S. 611f.

prägen grundlegende Umbrüche gegenüber der Tradition die Reichweite staatlicher Justizhoheit im Bereich des Religiösen. Erforderlich ist eine Besinnung auf die Funktion unabhängiger Justiz bei der Konstituierung und Bewahrung des sozialen Rechtsstaats; gleichermaßen ist die normativ-rechtsstaatliche Prägung des durch das Grundgesetz verfaßten Staatswesens angemessen zu entfalten, seine reale Freiheitlichkeit im Religiösen, die sich in den Prinzipien der individuellen und institutionellen Religionsfreiheit, der Neutralität und Parität verwirklicht. Dies erlaubt eine Orientierung der Problemsicht und -behandlung an den staatskirchenrechtlichen Kontroversen und Lösungsmodellen der Vergangenheit nur unter größter Vorsicht; unabdingbar ist in jedem Falle eine sorgfältige Berücksichtigung der spezifischen kirchen-, gesellschafts- und verfassungspolitischen Gegebenheiten der jeweiligen historischen Situation, auf welche zurückgegriffen wird.

III. Historische Reminiszenzen in der aktuellen Diskussion der Rechtsschutzproblematik

Gerade in der Rechtsschutzfrage drohen undifferenzierte rechtshistorische Bezugnahmen die Problematik eher zu verdunkeln und zu komplizieren, als zu einer tragfähigen Lösung nach den Maßstäben des geltenden Verfassungsrechts beizutragen. Die bisherige Betrachtung der Rechtsschutzfrage unter dem Grundgesetz vermochte dieser Gefahr freilich nicht durchweg zu entgehen. Denn bisweilen ist, wie es scheint, nicht nur der allgemeine Geschichtsbezug der Abgrenzungs- und Zuordnungsfragen zwischen Staat und Kirche in den Blick genommen worden; vielmehr haben spezifische »dunkle Kapitel« der Geschichte staatlicher Judikatur in Kirchensachen auch die gegenwärtige Beurteilung zumindest unterschwellig noch tendenziell geprägt. In Erinnerung bleibt insbesondere, daß es der Staat seit der zweiten Hälfte des 19. Jahrhunderts mehrfach unternommen hat, seine Gerichtsbarkeit in der Konfrontation mit den Kirchen auch als Mittel des politischen Kampfes einzusetzen.

Der Versuch einer kirchenpolitischen Instrumentalisierung trat besonders klar in der versuchten Einbindung der Gerichte in den *Kulturkampf* zutage. Insoweit ist vor allem auf die Strafvorschriften der Kulturkampfgesetze[10] zu verweisen. Auch in der Einschaltung staatlicher Richter zur Disziplinierung von Geistlichen geriet die Ausübung richterlicher Tätigkeit sodann ins Zwielicht tendenzieller Gegnerschaft der Justiz bzw. ihrer Richter zur katholi-

[10] Instruktiv zur Praxis insoweit *A. Stein*, FS OLG Köln, 1969, S. 338 ff.

schen Kirche; die tatsächlichen Ergebnisse der Judikatur blieben hinter der quasi »von Gesetzes wegen« angelegten Konfrontation freilich deutlich zurück. So wurde in Preußen der »Königliche Gerichtshof für kirchliche Angelegenheiten« geschaffen[11], der auch seine Arbeit aufnahm[12]. In Baden errichtete man zwar keinen speziellen Gerichtshof für Kirchensachen, doch wurde gesetzlich die Möglichkeit eröffnet, Geistlichen nach zweimaliger Bestrafung wegen bestimmter Delikte »durch collegialischen Beschluß der Mitglieder des Staatsministeriums unter Zuzug von fünf Mitgliedern der Gerichtshöfe« die Fähigkeit zur ferneren Bekleidung ihres Amtes abzuerkennen und das Einkommen zu entziehen[13]; das Gremium entfaltete allerdings keine praktische Tätigkeit[14]. In Hessen schließlich konstituierte der Gesetzgeber[15] das oberste Landesgericht[16] gleichzeitig als »Gerichtshof für kirchliche Angelegenheiten« und übertrug ihm die Aufgabe, Geistliche auf Antrag der Staatsbehörde ihres Amtes zu entheben[17].

Als noch wesentlich umfassender und planmäßiger stellte sich dann der Versuch einer Indienstnahme der staatlichen Gerichtsbarkeit für die Zwecke der *nationalsozialistischen Kirchenpolitik*[18] dar. In den – auch vor den Schranken der Gerichte ausgetragenen – Auseinandersetzungen zwischen den Deutschen Christen bzw. den staatlich unterstützten »offiziellen« Kirchenleitungen einerseits und der Bekennenden Kirche andererseits judizierten die Gerichte allerdings in ihrer Mehrzahl nicht im Sinne der staatlichen Linie[19]. Durch das Gesetz über das Beschlußverfahren in Rechtsangelegenheiten der Evangelischen Kirche vom 26. Juni 1935 (RGBl. I S. 774) wurden

---

[11] §§ 32ff. des G. v. 12. 5. 1873 (*E. R. Huber / W. Huber* [Hrsg.], Staat und Kirche im 19. und 20. Jh., Bd. II, 1976, S. 602ff.); vgl. auch *E. R. Huber*, Dt. Verfassungsgeschichte seit 1789, Bd. IV, 1969, S. 713f.

[12] Vgl. das U. dieses Gerichtshofs gegen den Kölner Erzbischof Melchers v. 28. 6. 1876 (*E. R. Huber / W. Huber* [Hrsg.], Staat und Kirche, Bd. II, 1976, S. 678ff.).

[13] § 16d des G. v. 19. 2. 1874 (*E. R. Huber / W. Huber* [Hrsg.], Staat und Kirche, Bd. II, 1976, S. 736ff.); vgl. auch *E. R. Huber*, Dt. Verfassungsgeschichte seit 1789, Bd. IV, 1969, S. 758f.

[14] *E. R. Huber / W. Huber*, Staat und Kirche, Bd. II, 1976, S. 733.

[15] Art. 23 des G., den Mißbrauch der geistlichen Amtsgewalt betreffend, v. 23. 4. 1875 (*E. R. Huber / W. Huber* [Hrsg.], Staat und Kirche, Bd. II, 1976, S. 752ff.).

[16] Nach dessen Aufhebung wurde die Funktion vom OLG in Darmstadt übernommen; *C. Sartorius*, Die staatl. Verwaltungsgerichtsbarkeit auf dem Gebiet des Kirchenrechts, 1891, S. 110f.

[17] Art. 13 des G. v. 23. 4. 1875 (oben Anm. 15); vgl. dazu auch *E. R. Huber*, Dt. Verfassungsgeschichte seit 1789, Bd. IV, 1969, S. 764f.

[18] Konziser Überblick über deren verschiedene, im Programm einer »Säkularisierung« zusammenfließende Ansätze und Methoden bei *M. Heckel*, ZRG Kan. Abt. LXVI (1980), S. 95ff.; dazu ferner *ders.*, Das Säkularisierungsproblem in der Entwicklung des dt. Staatskirchenrechts (1984), S. 65f.

[19] Vgl. die Darstellung der Judikatur bei *R. Echterhölter*, Das öff. Recht im nationalsozialistischen Staat, 1970, S. 266ff.; *K. J. Volkmann*, Rechtsprechung staatl. Gerichte in Kirchensachen 1933–1945, 1978, S. 107ff.

die Gerichte deshalb verpflichtet[20], das Verfahren bis zur (endgültigen und allgemeinverbindlichen[21]) Entscheidung der »Beschlußstelle in Rechtsangelegenheiten der Evangelischen Kirche«[22] auszusetzen[23], sofern die Entscheidung eines bürgerlichen Rechtsstreits von der Frage abhing, ob seit dem 1. Mai 1933 in den Evangelischen Landeskirchen oder in der Deutschen Evangelischen Kirche getroffene Maßnahmen gültig seien. Damit war in kirchenpolitisch kontroversen Gerichtsverfahren die Durchsetzung der staatlichen Ziele gesichert und gleichzeitig einem effektiven Rechtsschutz gegenüber den im Kirchenkampf getroffenen Maßnahmen weitgehend die Substanz entzogen[24] – infolge der kirchenpolitischen Ausrichtung der von der Beschlußstelle getroffenen Entscheidungen, aber auch ganz praktisch wegen der planmäßig vorgenommenen Verschleppung der Verfahren[25].

Erinnerungen an die mannigfaltigen (in der Sache vielfach allerdings wenig erfolgreichen) staatlichen Versuche, vermittels gerichtlicher Tätigkeit in den religiösen Bereich unangemessen hineinzuwirken, haben die Diskussion der Rechtsschutzfrage nach 1945 tendenziell belastet. Sie haben eine Verzeichnung der gegenwärtig maßgeblichen Gesichtspunkte begünstigt und damit eher zu einer Verdunklung der Problematik denn zu ihrer Klärung beigetragen. Diesbezügliche Reminiszenzen, unausgesprochene oder formulierte Assoziationen zu längst überwundenen Problemlagen bestimmter geschichtlicher Situationen[26] belasteten die Funktion der staatlichen Gerichte in Kirchensachen unversehens mit dem Verdacht fortgesetzter unziemlicher *Kirchenaufsicht*[27]; sie umgaben sie (im Gegensatz zur gängigen Betrachtung gerichtlicher Tätigkeit in der übrigen Rechtsordnung) mit einer Aura rechtspolitischer Fragwürdigkeit und prinzipieller Rechtfertigungsbedürftigkeit;

---

20 § 1 des G. v. 26. 6. 1935. – Die hierzu ergangene 3. DVO v. 29. 8. 1939 (RGBl. I S. 1556) statuierte dann auch eine Verpflichtung der Gerichte, das Verfahren *auf Ersuchen der Beschlußstelle* auszusetzen; § 1 des G. v. 26. 6. 1935 war noch von einer gerichtl. Aussetzung *von Amts wegen* ausgegangen.

21 § 2 Abs. 2 des G. v. 26. 6. 1935.

22 Die Beschlußstelle wurde zunächst beim Reichsministerium des Innern gebildet (§ 1 des G. v. 26. 6. 1935) und durch § 1 der 2. DVO v. 27. 7. 1935 (RGBl. I S. 1060) dann in den Geschäftsbereich des Reichsministers für die kirchl. Angelegenheiten übertragen; vgl. zum Verfahren der Beschlußstelle die 1. DVO v. 3. 7. 1935 (RGBl. I S. 851).

23 Zum Beschlußverfahren *W. Weber*, DJZ 1935, S. 1075 ff.; *ders.*, Staatskirchenrecht, 1936, S. 4 f.; *ders.*, DJZ 1936, S. 90 f.; *E. R. Huber*, Verfassungsrecht des Großdeutschen Reiches, 2. Aufl. 1939, S. 508.

24 Vgl. auch *K. Hesse*, Rechtsschutz durch staatl. Gerichte im kirchl. Bereich, 1956, S. 12 f.

25 Dazu *F. Zipfel*, Kirchenkampf in Deutschland, 1965, S. 89.

26 So könnte die unter historischem Bezug abgegebene Bemerkung *U. Scheuners*, der recursus ab abusu habe sich »in die Eröffnung des Rechtsweges vor staatlichen Gerichten« gewandelt (*ders.*, HdbStKirchR I, S. 21 f. FN 42), in ihrer Umkehrung durchaus die Perspektive mancher Teile der heutigen Rechtsschutzdiskussion kennzeichnen.

27 Vgl. auch S. 226 ff.

sie suggerierten ein Erfordernis, Neigungen zu *Mißbräuchen richterlicher Gewalt* bereits präventiv zu begegnen, und erschwerten damit die unbefangene Diskussion anhand der vom Grundgesetz vorgegebenen Kriterien.

Abgesehen von solchen Nachwirkungen historischer Erfahrung, die das *Vorverständnis* der Rechtsschutzfrage ungünstig beeinflußten, haben auch sachliche Anleihen an die geschichtlichen Wege und Irrwege des Staatskirchenrechts die Gegenwartsdiskussion nachhaltig geprägt. Nach 1949 bot sich in der Bundesrepublik Deutschland das kirchenpolitische und verfassungsrechtliche Umfeld gegenüber der Kriegs- und Vorkriegszeit grundlegend verändert dar; demgemäß hat das Staatskirchenrecht, bei äußerlich gegenüber der Weimarer Verfassung weitgehend unmodifiziertem Normsubstrat, eine Reihe sachlich notwendiger Richtungskorrekturen und Neuansätze gegenüber dem überkommenen Verständnis erfahren – mag man insoweit von einem »stillen« Verfassungswandel[28] bzw. einer »Geltungsfortbildung verfassungsrechtlicher Normen«[29] ausgehen oder auch bloß von einer »Vertiefung des Verständnisses der Weimarer Artikel, die an sich auch der Weimarer Zeit schon aufgegeben war«[30], sprechen.

Doch sind Lehre und Rechtsprechung nicht immer der Gefahr entgangen, der aktuellen Verfassungsrechtsordnung Problemstellungen und Argumentationsansätze einer staatskirchenrechtlichen Epoche aufs neue aufzupfropfen, welche spätestens mit Inkrafttreten der Weimarer Reichsverfassung überwunden worden war. Die Betrachtung nach 1949 stellte die Frage nach einer *Koordinationsrechtsordnung* zwischen dem Staat und den Kirchen[31], sie erneuerte *Bereichsscheidungsvorstellungen*[32], sie operierte mit Erwägungen zur Relevanz des kirchlichen *Körperschaftsstatus*[33]. Damit wurde das alte Ringen um die Ein- und Unterordnung der »Religionsgesellschaften« in den staatlichen Hoheitsbereich wieder aufgenommen, wurde an die institutionellen Kompetenzkonflikte im 19. Jahrhundert angeknüpft, an die Diskussion um den Fortbestand der Staatskirchenhoheit nach 1919[34]. Auch in der Be-

---

[28] *R. Smend*, ZevKR 1 (1951), S. 4, 11. Seine Beurteilung prägte die herrschende Meinung in den 50er Jahren maßgeblich; dazu *P. Mikat*, Kirchen und Religionsgemeinschaften (1960), S. 136 m.w.N., sowie die Nachw. bei *S. Grundmann*, JZ 1966, S. 81 FN 2. Differenzierend zu Grundlagen und Reichweite der Smendschen These *M. Heckel*, ZevKR 18 (1973), S. 32ff. – Zu Leben und Werk R. Smends *K.-H. Kästner*, in: Lebensbilder zur Geschichte der Tübinger Juristenfakultät, 1977, S. 135ff. m.w.N.; zu R. Smends Staats- und Verfassungslehre (unter ausdrücklicher weitgehender Aussparung der staatskirchenrechtl. Bezüge) *M. Friedrich*, AöR 112 (1987), S. 1ff. m.w.N.

[29] *K. Hesse*, Rechtsschutz durch staatl. Gerichte im kirchl. Bereich, 1956, S. 28ff.

[30] *M. Heckel*, ZevKR 12 (1966/67), S. 32f.

[31] Vgl. S. 76ff.

[32] Vgl. S. 85ff., 200ff., 212ff., 237ff., 244ff.

[33] Vgl. S. 105f., 118ff., 121f., 128f., 226, 233f.

[34] Vgl. S. 119f., 226ff.

trachtung der Rechtsschutzfrage kehren in den argumentativen Ansätzen und Konsequenzen die Grundlinien einer solchen bisweilen allzu undifferenziert der Vergangenheit verbundenen Betrachtungsweise[35] vielfältig wieder.

35 Kritisch zu einem »Überhang ausgelaufener Begriffe und Kriterien« am Beispiel des Paritätsproblems auch *M. Heckel*, HdbStKirchR I, S. 469ff. (Zitat S. 469); zum Problem ferner *ders.*, VVDStRL 26 [1968], S. 9ff., 22ff.; *ders.*, DÖV 1975, S. 42, 43; *U. Scheuner*, Die Kirche im säkularen Staat (1967), S. 229.

Viertes Kapitel

Religiöse Bezüge staatlicher Rechtspflege unter dem Grundgesetz

I. Das Religiöse im Spektrum der Verfahrensgestaltungen vor staatlichen Gerichten

Die staatskirchenrechtliche Diskussion seit 1949, soweit sie sich auf die Tätigkeit staatlicher Gerichte in religiösen Angelegenheiten bezieht, hat sich vornehmlich auf Streitverfahren konzentriert, in denen Rechtsschutz gegenüber einem religiösen Verband (meist einer der beiden großen Kirchen) oder einer organisatorisch verselbständigten Einrichtung eines solchen gewährt werden sollte; sie hat insoweit die Frage staatsgerichtlicher *Kompetenz* in den Mittelpunkt der Betrachtung gerückt. Diese Perspektive faßt einen unter staatskirchenrechtlichen Gesichtspunkten besonders problematischen Ausschnitt aus der Bandbreite religionsrechtlich einschlägiger Funktionen der staatlichen Gerichte ins Auge. Verfehlt wäre freilich die Annahme, daß die Relevanz und Problematik der Konfrontation staatlicher Judikative mit religiösen bzw. religionsrechtlichen Fragen damit im wesentlichen abschließend erfaßt sei.

Staatliche Gerichte kommen mit religiösen Gesichtspunkten und mit religionsbezogenen Verfassungsrechtsproblemen institutioneller und individualrechtlicher Natur keineswegs nur im Rahmen von *Streitverfahren* in Berührung, wenn diese auch quantitativ im Vordergrund stehen. Auch die prozessuale Beteiligung von Kirchen bzw. Religionsgemeinschaften ist nicht unbedingt Voraussetzung dafür, daß religionsrechtliche Gesichtspunkte zu beachten sind. Religiöse Verbände *können* (je nach Prozeßgegenstand bzw. Art des Verfahrens) in ganz unterschiedlicher prozeßrechtlicher Form beteiligt sein. Es finden sich jedoch auch zahlreiche gerichtliche Verfahren religionsrechtlichen Inhalts, in denen Kirchen bzw. Religionsgemeinschaften keine Stellung als (Haupt- oder Neben-)Beteiligte innehaben.

Im vorliegenden Rahmen kann es nicht darum gehen, sämtliche einschlägigen Fall- und Verfahrensgestaltungen vollständig und systematisch darzustellen; sie erstrecken sich über das gesamte Funktionenspektrum der Gerichte der Bundesrepublik Deutschland. Um die praktische Relevanz der zu erörternden Rechtsschutzproblematik zu illustrieren, dürfte aber eine wenigstens grob typisierende und einige wesentliche Gestaltungen herausstellende Skizze gerichtlicher Funktionen auf religionsrechtlichem Gebiet von Nutzen sein.

1. Gewährung von Rechtsschutz

In Betracht kommen zunächst Rechtsschutzaufgaben der Gerichte *gegenüber* Kirchen und Religionsgemeinschaften sowie ihren organisatorisch verselbständigten Untergliederungen bzw. Einrichtungen; ferner die Gewährung von Rechtsschutz *zugunsten* religiöser Verbände; schließlich Streitverfahren mit religionsrechtlichen Bezügen zwischen rein »weltlichen« Hauptbeteiligten. Gerichtliche Rechtsschutzgewährung erfolgt in diesem Zusammenhang auf Grund von Abwehr-, Leistungs- oder Feststellungsbegehren jeglicher Art in allen Zweigen der Gerichtsbarkeit und in verschiedenster prozessualer Form, als Verfassungsbeschwerdeverfahren, auf die Erhebung einer gerichtlichen Klage hin, im Rahmen des einstweiligen Rechtsschutzes usw.

a) Dienst- und arbeitsrechtliche Streitigkeiten

Bei der Betrachtung von Rechtsschutzfragen religionsrechtlichen Inhalts stehen im Mittelpunkt des Interesses seit langem Prozesse mit amts- bzw. dienstrechtlichem Einschlag, die von Geistlichen oder Kirchenbeamten gegen ihre Kirche geführt werden. Dies erscheint angesichts der vielfach fragwürdigen Ergebnisse der Rechtsprechung zur Zulässigkeit solcher Rechtsschutzbegehren verständlich; es verschiebt aber die Perspektive unangemessen. Denn die spezifischen Probleme staatlicher Rechtsprechung in religiösen Angelegenheiten treten im kirchlichen Amts- und Dienstrecht zwar besonders plastisch hervor. Sie unterscheiden sich der Sache nach dort aber nicht grundlegend von der Problematik in anderen Wirkungsfeldern der Kirchen, beispielsweise im Bereich ihres Arbeitsrechts. Quantitativ beschäftigte letzterer im Vergleich zur amts- und dienstrechtlichen Sphäre die Gerichte bisher mindestens ebenso stark (wenn nicht sogar häufiger); es wurden durch die Arbeitsgerichte die Grundsatzfragen der Justitiabilität jedoch seit jeher allenfalls partiell gestellt. Der Bogen spannt sich sachlich von Kontroversen über die Reichweite der Loyalitätsverpflichtung kirchlicher Mitarbeiter[1] (meist anläßlich von Kündigungsschutzklagen)

[1] *BAG*, U. v. 31.1. 1956, KirchE 3, 240; *LAG Düsseldorf*, U. v. 25.5. 1960, KirchE 5, 186; *LAG Saarbrücken*, U. v. 29.10. 1975, KirchE 15, 88 [aufgehoben durch *BAG*, U. v. 25.4. 1978, KirchE 16, 367]; *ArbG Krefeld*, U. v. 26.11. 1975, KirchE 15, 120; *ArbG Köln*, U. v. 18.2. 1976, KirchE 15, 222; U. v. 14.7. 1976, KirchE 15, 287 [bestätigt durch *LAG Düsseldorf*, U. v. 14.10.

über Streitigkeiten bezüglich gewerkschaftlicher Zutritts- und Betätigungsrechte[2] in Einrichtungen der Kirchen und Religionsgemeinschaften bis hin zu Gerichtsverfahren, welche Fragen der Mitarbeitervertretung[3] zum Gegenstand hatten.

1977, KirchE 16, 200]; *ArbG Darmstadt*, U. v. 2.12. 1976, KirchE 15, 426 [bestätigt durch *LAG Frankfurt a. M.*, U. v. 9. 8. 1977, KirchE 16, 155]; *ArbG Herne*, U. v. 11. 1. 1977, KirchE 16, 1; *ArbG Duisburg*, U. v. 4. 2. 1977, KirchE 16, 34; *LAG Hannover*, U. v. 25. 8. 1977, KirchE 16, 178; *LAG Hamm*, U. v. 3. 11. 1977, KirchE 16, 216 [bestätigt durch *BAG*, U. v. 4. 3. 1980, KirchE 18, 41; *ArbG Krefeld*, U. v. 22. 6. 1978, KirchE 16, 431 [bestätigt durch *LAG Düsseldorf*, U. v. 11. 10. 1978, KirchE 17, 83]; *LAG Hamm*, U. v. 16. 10. 1978, KirchE 17, 84 [bestätigt durch *BAG*, U. v. 4. 3. 1980, KirchE 18, 50]; *ArbG Würzburg*, U. v. 25. 4. 1979, KirchE 17, 227; *ArbG Iserlohn*, U. v. 15. 8. 1979, KirchE 17, 295; *LAG München*, U. v. 5. 11. 1979, KirchE 17, 358 [bestätigt durch *BAG*, U. v. 14. 10. 1980, KirchE 18, 296 (AP Art. 140 GG Nr. 7 m. Anm. *K. Schlaich*); die Verfassungsbeschwerde wurde nicht angenommen: *BVerfG*, B. v. 5. 6. 1981, KirchE 18, 491]; *LAG Mainz*, U. v. 28. 3. 1980, KirchE 18, 113; *ArbG München*, U. v. 9. 7. 1980, KirchE 18, 216 [abgeändert durch *LAG München*, U. v. 9. 4. 1981, KirchE 18, 475; die Revision blieb erfolglos: *BAG*, U. v. 23. 3. 1984, ZevKR 29 (1984), 613; das Revisionsurteil aufgehoben durch *BVerfG*, B. v. 4. 6. 1985, BVerfGE 70, 138]; *LAG Düsseldorf*, U. v. 8. 9. 1980, KirchE 18, 258 [bestätigt durch *BAG*, U. v. 21. 10. 1982, NJW 1984, 826; dieses U. aufgehoben durch *BVerfG*, B. v. 4. 6. 1985, BVerfGE 70, 138; erneute E. (Klageabweisung) durch *BAG*, U. v. 15. 1. 1986, ZevKR 31 (1986), 461]; *LAG Düsseldorf*, U. v. 3. 10. 1980, KirchE 18, 285 [bestätigt durch *BAG*, U. v. 21. 10. 1982, EzA § 1 KSchG Tendenzbetrieb Nr. 13; dieses U. aufgehoben durch *BVerfG*, B. v. 4. 6. 1985, BVerfGE 70, 138]; *ArbG Kassel*, U. v. 27. 10. 1982, ZevKR 28 (1983), 91; *LAG Hannover*, U. v. 17. 12. 1982, NJW 1983, 2603 [bestätigt durch *BAG*, U. v. 31. 10. 1984, NJW 1985, 1855]; *LAG Düsseldorf*, U. v. 31. 10. 1983, ZevKR 30 (1985), 95 m. Anm. *P. v. Tiling*; *LAG Köln*, U. v. 15. 1. 1984, ZevKR 31 (1986), 464; *BAG*, U. v. 12. 12. 1984, NJW 1985, 2781; *LAG Hannover*, U. v. 9. 3. 1989, NJW 1990, 534; *BVerfG*, B. v. 9. 2. 1990, NJW 1990, 2053. – Vgl. zur Sache *J. Listl*, Das Grundrecht der Religionsfreiheit, 1971, S. 337 ff.; *J. Jurina*, Das Dienst- und Arbeitsrecht im Bereich der Kirchen, 1979, S. 129 ff.; *R. Richardi*, Arbeitsrecht in der Kirche, 1984, S. 42 ff., 51 ff.; *E. Spengler*, NZA 1987, S. 833 ff.; *W. Dütz*, NJW 1990, S. 2025 ff.

2 *LAG Hamm*, U. v. 21. 1. 1977, BB 1977, 747 m. Anm. *Th. Mayer-Maly* [bestätigt durch *BAG*, U. v. 14. 2. 1978, KirchE 16, 324; dieses U. aufgehoben und die Sache zurückverwiesen durch *BVerfG*, B. v. 17. 2. 1981, BVerfGE 57, 220; das *BAG* entschied erneut mit U. v. 19. 1. 1982, ZevKR 27 (1982), 319]; *ArbG Stuttgart*, U. v. 28. 2. 1980, KirchE 18, 34; *BAG*, B. v. 14. 8. 1986, ZevKR 34 (1989), 80. – Zur Sache *J. Jurina*, Das Dienst- und Arbeitsrecht im Bereich der Kirchen, 1979, S. 111 ff.; *W. Dütz*, Gewerkschaftl. Betätigung in kirchl. Einrichtungen, 1982; *A. Pahlke*, Kirche und Koalitionsrecht, 1983, S. 158 ff.; P.-H. Naendrup, AuR 1979 (Sonderheft), S. 37 ff.; *W. Leisner*, BayVBl. 1980, S. 321 ff.; *F. Ruland*, Werbung und Information durch Beauftragte der Gewerkschaften, 1980, S. 16 ff., 65 ff.; *H. Otto*, Die verfassungsrechtl. Gewährleistung der koalitionsspezifischen Betätigung, 1982, S. 19 ff., 27 ff., 40 ff.

3 *BVerfG*, B. v. 25. 3. 1980, BVerfGE 53, 366 (403 f.); *LAG Hannover*, B. v. 8. 8. 1974, KirchE 14, 130; *LAG Düsseldorf*, U. v. 8. 9. 1975, KirchE 15, 27; *BAG*, B. v. 21. 11. 1975, KirchE 15, 105 [aufgehoben durch *BVerfG*, B. v. 11. 10. 1977, BVerfGE 46, 73]; *ArbG Göttingen*, B. v. 24. 11. 1975, KirchE 15, 113; *LAG Hamm*, B. v. 21. 1. 1977, BB 1977, 747 m. Anm. *Th. Mayer-Maly*; *BAG*, B. v. 6. 12. 1977, KirchE 16, 254; *LAG Hamm*, B. v. 5. 12. 1979, KirchE 17, 369; *LAG Düsseldorf*, B. v. 11. 3. 1980, KirchE 18, 58; B. v. 27. 5. 1980, KirchE 18, 179 [aufgehoben vom *BAG* mit B. v. 9. 2. 1982, ZevKR 27 (1982), 313]; B. v. 6. 3. 1981, KirchE 18, 420; *LAG Hannover*, B. v. 20. 3. 1983, ZevKR 29 (1984), 620 [bestätigt durch *BAG*, B. v. 11. 3. 1986, ZevKR 32 (1987), 88]; *BAG*, B. v. 14. 4. 1988, ZevKR 34 (1989), 74; B. v. 25. 4. 1989, NJW 1989, 2284. – Zur Sache *J. Jurina*, Das Dienst- und Arbeitsrecht im Bereich der Kirchen, 1979, S. 151 ff.; *A. Pahlke*, Kirche und Koalitionsrecht, 1983, insbes. S. 174 ff.; *R. Richardi*, Arbeitsrecht in der Kirche, 1984, S. 157 ff.; *J. Frank*, RdA 1979, S. 90 f.; *B.-O. Kuper*, ibd. S. 93 ff.; *P.*

In solchen Verfahren brechen die Kompetenz- und Beurteilungskonflikte, wie sie sich in der staatlichen Rechtsordnung im Blick auf kirchliches Wirken stellen, mit besonderer Deutlichkeit auf: in der Spannung zwischen der sozialen Schutzaufgabe des Kündigungsschutzrechts einerseits und den auf religiösem Selbstverständnis beruhenden Verhaltenserwartungen der Kirchen an ihre Arbeitnehmer andererseits, in der Konfrontation gewerkschaftlicher Wünsche nach Information und Werbung[4] mit der spezifischen kirchlichen Auffassung vom Wesen ihres Dienstes, in der Konkretisierung der Reichweite und der Grenzen der Strukturen kirchlicher Arbeitnehmervertretungen, wie sie vom staatlichen Recht her gefordert werden können.

b) Benutzung kirchlicher Einrichtungen

Doch auch im übrigen bietet das Betätigungsfeld von Kirchen und Religionsgemeinschaften Anlässe für gerichtliches Tätigwerden in Fülle. So erwachsen aus der Benutzung kirchlicher Friedhöfe oder Krankenhäuser Rechtsstreitigkeiten unterschiedlichster Art, die sich im Ansatz von einschlägigen Prozessen mit Bezug auf entsprechende »weltliche« Einrichtungen nicht wesentlich unterscheiden; es geht um die Ausgestaltung der Benutzungsordnungen, um die Höhe der Gebühren, um den Ausschluß von gewerblicher Betätigung, um die Haftung für Schäden usw.

c) Mitgliedschaftsfragen

Im übrigen kommen aber auch eindeutig »religionsspezifische« Prozesse vor die staatlichen Gerichte; dies ist beispielsweise bei Streitigkeiten um Mitgliedschaftsfragen der Fall – sei es bei der Auseinandersetzung um die *Aufnahme* Minderjähriger in eine Kirche[5], sei es wegen eines *Ausschlusses* aus einer Religionsgemeinschaft[6], sei es auch in den (meist kirchensteuerrechtlich ausgelösten) zahlreichen Streitfällen des (erstmaligen oder Wieder-)*Erwerbs* der Mitgliedschaft durch Taufe, Wohnsitzwechsel oder »konkludenten Wiedereintritt«[7].

d) Rechtsschutz gegen Störungen durch kirchliches Wirken

Rechtswegfragen, aber auch materielle Probleme der Zuordnung des religiösen Lebens zu den Schutzbedürfnissen der Nachbarschaft werfen die Prozesse um *Störungen* auf, welche angeblich oder tatsächlich durch kirchliches Wirken hervorgerufen wurden. Im Vordergrund standen insoweit bisher Streitigkeiten um kirchliches Glockengeläut[8]; die Problematik erwuchs aber im wesentlichen gleichgelagert auch

Schwerdtner, AuR 1979 (Sonderheft), S. 21 ff.; *M. Löwisch*, ibd. S. 33 ff.; *J. E. Christoph*, ZevKR 32 (1987), S. 47 ff.

4 Zum Recht der Gewerkschaften auf Mitgliederwerbung im Betrieb allgemein *W. Zöllner*, AöR 98 (1973), S. 84 f.; *A. Söllner*, Grundriß des Arbeitsrechts, 8. Aufl. 1984, S. 58. Speziell zur Zutrittsproblematik *P. Hanau*, Das Arbeitsrecht der Gegenwart 17 (1980), S. 37 ff.; *D. Reuter*, FS G. Müller, 1981, S. 387 ff.

5 *VG Braunschweig*, U. v. 13. 3. 1963, KirchE 6, 222; *OLG Braunschweig*, B. v. 20. 1. 1965, KirchE 7, 155.

6 *VGH Bremen*, U. v. 30. 12. 1958, KirchE 4, 387; *VG Bremen*, Vorbescheid v. 20. 8. 1965, KirchE 7, 240; *VG Hannover*, U. v. 19. 2. 1975, KirchE 14, 249.

7 Hierzu im einzelnen *A. v. Campenhausen*, HdbStKirchR I, S. 645 ff. m. w. N.

8 *VG Würzburg*, B. v. 1. 6. 1971, KirchE 12, 179; U. v. 7. 6. 1972, KirchE 12, 491; *VGH*

bei Unterlassungsbegehren von Nachbarn gegenüber kirchenmusikalischen Veranstaltungen[9].

e) »Allgemeine« bürgerlichrechtliche Streitigkeiten

Auch im übrigen haben staatliche Gerichte im Rahmen der Geltendmachung bürgerlichrechtlicher Unterlassungs-, Leistungs- oder Schadensersatzansprüche nicht selten mit dem religiösen Bereich zu tun. Streitigkeiten, die inhaltlich einen engen Bezug zum Kultus, zur Lehre und zum Recht der betreffenden Kirche bzw. Religionsgemeinschaft aufweisen[10], stehen hierbei neben Gerichtsverfahren, die aus der Beteiligung von Kirchen und Religionsgemeinschaften am üblichen »weltlichen« Rechtsleben erwachsen und inhaltlich ausschließlich säkularer Natur sind.

2. Verfahren der freiwilligen Gerichtsbarkeit

In beträchtlichem Umfang kommen staatliche Gerichte im Rahmen der freiwilligen Gerichtsbarkeit mit institutionellen sowie individualrechtlichen Fragen religionsrechtlicher Natur in Berührung.

a) Kirchenaustritte

Nach Maßgabe des jeweiligen Landesrechts[11] sind Kirchenaustrittserklärungen teilweise nach wie vor[12] durch das Amtsgericht zu beurkunden.

München, B. v. 14. 3. 1980, KirchE 18, 66; *VG Karlsruhe*, U. v. 17. 9. 1980, KirchE 18, 268 [aufgehoben wegen Unzulässigkeit des Verwaltungsrechtswegs durch *VGH Mannheim*, U. v. 10. 3. 1981, KirchE 18, 429; das *BVerwG* stellte mit U. v. 7. 10. 1983, BVerwGE 68, 62, das erstinstanzliche U. wieder her]; *OLG Frankfurt a. M.*, U. v. 24. 1. 1985, DVBl. 1985, 861. – Zur Problematik *M. Baldus*, DÖV 1971, S. 338ff.; *A. v. Campenhausen*, DVBl. 1972, S. 316ff.; *W. Martens*, FS G. Wacke, 1972, S. 343ff.; *M. Stolleis*, ZevKR 17 (1972), S. 150ff.; *H. Maurer*, JuS 1972, S. 330ff.; *L. Renck*, BayVBl. 1982, S. 329ff.; *A. Brandl*, ibd. S. 331f.; *J. Isensee*, Gedächtnisschrift für L.-J. Constantinesco, 1983, S. 301ff. Zum U. des BVerwG v. 7. 10. 1983 *H. Goerlich*, JZ 1984, S. 221ff.; *W. Schatzschneider*, NJW 1984, S. 991; *E. Sperling*, BayVBl. 1984, S. 569f. Zum U. des OLG Frankfurt a. M. v. 24. 1. 1985 *P. Müssig*, DVBl. 1985, S. 837ff. – Vgl. zum Problem des Rechtswegs bei Streitigkeiten bezüglich *kirchl. Kindergärten* unten S. 54.

9 *LG Essen*, B. v. 11. 9. 1969, KirchE 11, 29.

10 So z. B. beim Antrag auf Erlaß einer einstweiligen Anordnung zur Verhinderung einer Taufe: *VG Koblenz*, B. v. 4. 10. 1975, KirchE 15, 50.

11 Darstellung der unübersichtlichen Rechtslage bei *A. v. Campenhausen*, HdbStKirchR I, S. 660ff.

12 Die insoweit trotz § 60 Satz 1 BeurkG fortbestehende gerichtl. Zuständigkeit zur Beurkundung wurde durch § 61 Abs. 1 Nr. 12 BeurkG i. d. F. des G. v. 27. 6. 1970 (BGBl. I, S. 911) klargestellt. Dazu *P. Jansen*, FGG, Kommentar, Bd. 3, 2. Aufl. 1971, Rdnr. 20 zu § 61 BeurkG; *Th. Keidel / J. Kuntze / K. Winkler*, Freiwillige Gerichtsbarkeit, Teil B, 12. Aufl. 1986, Rdnr. 16 zu § 61 BeurkG.

b) Grundbuchsachen

Im Rahmen des Grundbuchrechts werden religionsrechtliche Fragen beispielsweise bezüglich der Rechtsfähigkeit kirchlicher Verbände oder Institutionen[13] im Zusammenhang mit Eintragungen in das Grundbuch akut. Ferner ergab sich das Problem, ob bzw. inwieweit die bürgerlichrechtlichen Vorschriften für die Übertragung des Eigentums an Grundstücken (§§ 873, 925 BGB) auch für den »kircheninternen« Eigentumsübergang maßgeblich sind[14], z.B. im Verhältnis von alter und neuer Kirchengemeinde bei der Teilung bzw. Neubildung. Im Rahmen der Bestellung von Erbbaurechten wurde die Eintragungsfähigkeit von Loyalitäts- und Mitgliedschaftsklauseln der entsprechenden Verträge streitig[15]. Kontrovers hat man auch die Frage beurteilt, welche Anforderungen angesichts einschlägiger kirchenverfassungsrechtlicher Vorschriften an kirchliche Vollmachten im Grundbuchverkehr zu stellen sind[16].

c) Personensorge und religiöse Kindererziehung

Auch die Vormundschaftsgerichte haben nicht selten über religiöse Sachverhalte zu entscheiden. Insbesondere gilt das im Hinblick auf das Gesetz über die religiöse Kindererziehung (vgl. § 2 Abs. 1 RKEG i.V.m. § 1628 BGB; § 2 Abs. 3 RKEG; § 3 Abs. 2 RKEG); doch können sich Bezüge zum Religiösen auch in sonstigen Aspekten des Rechts der Personensorge durch Eltern oder Vormund ergeben[17].

3. Straf- und Ordnungswidrigkeitenverfahren

Im Rahmen von Straf- und Ordnungswidrigkeitenverfahren kommen staatliche Gerichte in ganz unterschiedlichen Zusammenhängen und in verschiedener Intensität mit religiösen Fragen in Berührung.

Zu denken ist zunächst an Verfahren über Rechtsverstöße allgemeiner Art anläßlich der Tätigkeit von Kirchen oder Religionsgemeinschaften[18], ferner speziell an die

---

13 *LG Berlin*, B. v. 12.2. 1955, KirchE 3, 45; *OLG Hamm*, B. v. 19.12. 1967, KirchE 9, 313; *LG Düsseldorf*, B. v. 23.4. 1981, KirchE 18, 481.

14 *OLG Düsseldorf*, B. v. 13.3. 1954, KirchE 2, 214; *LG Wiesbaden*, B. v. 13.5. 1955, KirchE 3, 72 (72); *OLG Oldenburg*, B. v. 19.7. 1971, KirchE 12, 274; *OLG Hamm*, B. v. 20.12. 1979, KirchE 17, 398 [die u.a. hiergegen erhobene Verfassungsbeschwerde hatte keinen Erfolg: *BVerfG*, B. v. 1.9. 1980, KirchE 18, 251]; *OLG Hamburg*, B. v. 21.6. 1982, NJW 1983, 2572; *LG Fulda*, B. v. 28.10. 1982, ZevKR 28 (1983), 296.

15 *LG Verden (Aller)*, B. v. 5.1. 1959, KirchE 5, 1; *OLG Braunschweig*, B. v. 20.5. 1975, KirchE 14, 285; *LG München II*, B. v. 15.3. 1983, ZevKR 28 (1983), 298; *LG Braunschweig*, B. v. 14.9. 1983, ZevKR 30 (1985), 234 m. Anm. *H. Kuhlmann*.

16 *LG Aurich*, B. v. 30.5. 1959, KirchE 5, 37; *LG Bochum*, B. v. 25.10. 1966, KirchE 8, 211; *Bay. ObLG*, B. v. 30.11. 1973, KirchE 13, 405.

17 *J. Gernhuber*, Lb. des Familienrechts, 3. Aufl. 1980, S. 818ff., 1039, 1043, 1051. – Vgl. die unten auf S. 39 in Anm. 22 und 23 sowie auf S. 47 in Anm. 57, 58 und 59 angegebenen Entscheidungen.

18 *BGH*, U. v. 28.10. 1955, BGHSt 8, 273 [Kirchenrendant als Beamter i.S.v. § 359 StGB]; *LG Braunschweig*, U. v. 25.1. 1951, KirchE 1, 141 [Hausfriedensbruch durch weltl. Bestattungsredner auf kirchl. Friedhof]; *LG Bielefeld*, U. v. 13.10. 1953, KirchE 2, 179 [Kirchenrendant als Beamter i.S.v. § 359 StGB]; *LG Kassel*, U. v. 21.9. 1956, KirchE 3, 355 [Verstoß gegen

Tatbestände zum Schutz religiöser Betätigung, religiöser Amtsbezeichnungen und religiöser Einrichtungen[19]. Auch in »allgemeinen« Straf- oder Ordnungswidrigkeitenverfahren können religionsrechtliche Gesichtspunkte relevant werden, wenn sich der Täter beispielsweise darauf beruft, zu seiner Verhaltensweise aus persönlich als zwingend empfundenen Gründen religiösen Glaubens bestimmt worden zu sein[20].

4. *Normenkontrolle*

Religionsrechtliche Gesichtspunkte individualrechtlichen bzw. institutionellen Gehalts können im Rahmen der Normenkontrolle im Mittelpunkt der Prüfung stehen oder jedenfalls neben anderen rechtlichen Gesichtspunkten von Belang sein. Dies war bisher vor dem Bundesverfassungsgericht und den Landesverfassungsgerichten in Verfahren abstrakter bzw. konkreter Normenkontrolle der Fall, im übrigen z.B. vor dem Bayerischen Verfassungsgerichtshof bei einschlägigen Popularklagen und in Verfahren nach Art. 75 Abs. 3 Bay.Verf., ferner vor den Oberverwaltungsgerichten bei Normenkontrollen nach Maßgabe von § 47 VwGO[21].

---

das Sammlungsrecht durch kath. Pfarrer]; *LG Frankfurt a. M.*, U. v. 28. 4. 1978, KirchE 16, 383 [Verstöße gegen das Sammlungsrecht durch Mitglieder der Internationalen Gesellschaft für Krishna-Bewußtsein e.V.], teilw. aufgehoben durch *BGH*, U. v. 17. 10. 1979, KirchE 17, 345; *OLG Düsseldorf*, B. v. 7. 7. 1978, KirchE 17, 10 [Verkauf relig. Schriften ohne Reisegewerbekarte durch Anhänger der Internationalen Gesellschaft für Krishna-Bewußtsein e. V.].

19 Etwa *BGH*, U. v. 26. 4. 1956, BGHSt 9, 140 [§ 166 StGB]; U. v. 3. 5. 1966, BGHSt 21, 64 [§ 243 Abs. 1 Nr. 1 StGB a.F.]; *LG Göttingen*, U. v. 1. 10. 1960, KirchE 5, 226 [§ 166 StGB], aufgehoben durch *BGH*, U. v. 23. 6. 1961, KirchE 5, 311; *OLG Hamburg*, B. v. 5. 3. 1962, KirchE 6, 41 [§ 166 StGB]; *LG Mainz*, U. v. 24. 3. 1983, MDR 1984, 511 [§ 132 a StGB]; *OLG Düsseldorf*, U. v. 6. 9. 1983, ZevKR 31 (1986), 87 [§ 132 a StGB; die Verfassungsbeschwerde blieb erfolglos: *BVerfG*, B. v. 4. 5. 1984, ZevKR 31 (1986), 90 m. Anm. *M. Quarch*].

20 *OLG Stuttgart*, U. v. 6. 7. 1964, MDR 1964, 1024 [unterlassene Hilfeleistung], aufgehoben durch *BVerfG*, B. v. 19. 10. 1971, BVerfGE 32, 98; *OLG Hamm*, U. v. 10. 10. 1967, KirchE 9, 237 [unterlassene Hilfeleistung]; *AG Balingen*, U. v. 14. 1. 1981, KirchE 18, 381 [Schächten].

21 *BVerfG*, Urteile v. 14. 12. 1965, BVerfGE 19, 226, 242 u. 282; B. v. 8. 2. 1977, BVerfGE 44, 59; B. v. 7. 10. 1980, BVerfGE 55, 32; B. v. 25. 11. 1980, BVerfGE 55, 207 (230 ff.); B. v. 13. 12. 1983, BVerfGE 66, 1; *Bad. StGH*, U. v. 23. 1. 1950, KirchE 1, 75; *Bay. VerfGH*, E. v. 21. 12. 1951, KirchE 1, 213; E. v. 25. 6. 1954, KirchE 2, 269; E. v. 13. 1. 1955, KirchE 3, 3; E. v. 2. 12. 1957, KirchE 4, 239; E. v. 21. 3. 1958, KirchE 4, 301; U. v. 16. 10. 1959, KirchE 5, 91; U. v. 10. 3. 1960, KirchE 5, 155; E. v. 26. 11. 1964, KirchE 7, 112; *StGH Bremen*, U. v. 23. 10. 1965, KirchE 7, 260; *Bay. VerfGH*, E. v. 20. 3. 1967, KirchE 9, 50; E. v. 14. 7. 1967, KirchE 9, 173; E. v. 7. 8. 1967, KirchE 9, 210; E. v. 18. 9. 1967, KirchE 9, 227; E. v. 17. 10. 1967, KirchE 9, 245; E. v. 7. 11. 1967, KirchE 9, 273; E. v. 2. 1. 1968, KirchE 10, 1; E. v. 12. 3. 1968, KirchE 10, 21; E. v. 17. 4. 1968, KirchE 10, 51; E. v. 18. 4. 1968, KirchE 10, 61; E. v. 29. 7. 1968, KirchE 10, 120; E. v. 2. 8. 1968, KirchE 10, 131; E. v. 5. 8. 1968, KirchE 10, 138; E. v. 20. 9. 1968, KirchE 10, 161; E. v. 7. 10. 1968, KirchE 10, 171; E. v. 23. 12. 1968, KirchE 10, 245; E. v. 2. 4. 1969, KirchE 10, 380; E. v. 25. 5. 1970, KirchE 11, 213; *VerfGH N.-W.*, E. v. 1. 6. 1970, KirchE 11, 226; *Bay. VerfGH*, U. v. 21. 7. 1970, KirchE 11, 244; E. v. 22. 6. 1971, KirchE 12, 192; E. v. 27. 10. 1971, KirchE 12, 310; E. v. 14. 11. 1972, KirchE 13, 74; *StGH Bremen*, E. v. 15. 1. 1975, KirchE 14, 216 [aufgehoben durch *BVerfG*, B. v. 21. 9. 1976, BVerfGE 42, 312]; *Bay. VerfGH*,

II. Religiöse und religionsrechtliche Aspekte im Wirkungsbereich staatlicher Gerichte

So verschiedenartig die prozessualen Fallkonstellationen sind, in denen religionsrechtliche Gesichtspunkte eine Rolle spielen können, so mannigfaltig erscheinen diese Aspekte selbst nach ihrer Art, rechtlichen Grundlage, Schutzrichtung und materiellrechtlichen Relevanz für den jeweiligen Verfahrensgegenstand.

1. Unmittelbare religiöse Festlegungen durch das Gericht

Es kommen gerichtliche Entscheidungen vor, die unmittelbar eine religiöse Festlegung zum Inhalt haben – so durch das Vormundschaftsgericht bei Meinungsverschiedenheiten über die religiöse Erziehung von Kindern (§ 2 Abs. 3 RKEG)[22] oder bei der Genehmigung einer diesbezüglichen Bestimmung des Vormunds (§ 3 Abs. 2 RKEG)[23].

2. »Institutioneller« Bezug zum Wirken religiöser Verbände

Sodann kann es sich um Prozesse handeln, die einen direkten Bezug zum Rechts- und Tätigkeitsbereich religiöser Verbände aufweisen. Zunächst und vor allem ist dies in solchen Verfahren der Fall, bei denen das *Selbstbestimmungsrecht der Kirchen und Religionsgemeinschaften* eine Rolle spielt. So können die Dinge freilich nicht nur dann liegen, wenn religiöse Verbände selbst auf der Kläger- oder Beklagtenseite (bzw. als Antragsteller oder Antragsgegner) beteiligt sind. Das religiöse Selbstbestimmungsrecht ist vielmehr auch dann angemessen zu beachten und gegebenenfalls je nach Sachlage zu entfalten, wenn es prozessual um einen Rechtsstreit zwischen »weltlichen« Beteiligten geht, materiell aber ein unmittelbarer Bezug zur institutionell-religiösen Sphäre besteht – sei es, daß staatskirchenvertragliche Abmachungen tangiert werden, sei es auch auf den Feldern der sog. »gemeinsamen Angelegenheiten« (also im Rahmen des Religionsunterrichts sowie der Anstalts- und Militärseelsorge, im Bereich der Theologischen Fakultäten, im

E. v. 4. 11. 1976, KirchE 15, 365; E. v. 11. 4. 1980, KirchE 18, 125; E. v. 25. 2. 1982, NJW 1982, 2656; *VGH München*, B. v. 24. 6. 1963, KirchE 6, 257; *VGH Mannheim*, Beschlüsse v. 14. 2. 1967, KirchE 9, 4 u. 14; B. v. 2. 6. 1967, KirchE 9, 139; *VGH Kassel*, B. v. 2. 7. 1979, KirchE 17, 262; *OVG Münster*, U. v. 26. 1. 1983, NJW 1983, 2592; *OVG Lüneburg*, U. v. 26. 1. 1984, ZevKR 30 (1985), 426.

[22] *Bay. ObLG*, B. v. 17. 2. 1956, KirchE 3, 246; B. v. 12. 11. 1965, KirchE 7, 306; *LG Mannheim*, B. v. 27. 7. 1966, KirchE 8, 146.

[23] *BGH*, B. v. 4. 2. 1952, BGHZ 5, 57; *OLG Stuttgart*, B. v. 1. 3. 1954, KirchE 2, 211.

Friedhofs- und im Kirchensteuerwesen); sie werden freilich in der Praxis vielfach nicht hinreichend als Anwendungsbereich der Artt. 140GG/137 Abs. 3 WRV gewürdigt.

Um Gerichtsverfahren mit unmittelbarem Bezug zum Wirken der Kirchen handelte es sich beispielsweise beim Konkordatsstreit vor dem Bundesverfassungsgericht[24], bei der Anfechtung einer Kommunalwahl wegen kirchlicher Stellungnahme im Wahlkampf durch einen bischöflichen Hirtenbrief[25] oder bei Streitigkeiten über die Frage, ob staatliche Instanzen »modifizierte« Kirchenaustrittserklärungen beurkunden müssen bzw. dürfen[26]; Streitfälle der letztgenannten Art erwachsen der Sache nach gleichgelagert, soweit Gerichte Austrittserklärungen selbst beurkunden, wie auch dann, wenn Behörden zur Beurkundung zuständig sind, gegen ihre Entscheidung im Einzelfall aber gerichtlicher Rechtsschutz begehrt wird.

Beispielsfälle ergeben sich weiter im Zusammenhang mit dem Wunsch bekenntnisfremder Schüler nach Zulassung zum Religionsunterricht einer anderen Konfession[27] oder mit Anträgen von Funktionsträgern religiöser Verbände auf Befreiung

24 *BVerfG*, U. v. 26. 3. 1957, BVerfGE 6, 309.

25 *OVG Münster*, U. v. 14. 2. 1962, KirchE 6, 3, verneinte eine unzulässige Wahlbeeinflussung (die Revision blieb erfolglos: *BVerwG*, U. v. 17. 1. 1964, BVerwGE 18, 14); hierzu eingehend *J. Listl*, Das Grundrecht der Religionsfreiheit, 1971, S. 436 ff. m. w. N. – Der *VerfGH Rh.-Pf.* spricht in einem obiter dictum (U. v. 11. 5. 1953, AS Rh.-Pf. 2, 171 [183]) von »unzulässiger seelischer ... Einflußnahme« auf Wähler; ob hiermit auch kirchl. Stellungnahmen gemeint sind, bleibt offen.

26 *BVerwG*, U. v. 23. 2. 1979, DÖV 1980, 450 m. Anm. *W. Rüfner* u. (DÖV 1980, 873) *H. Kerbusch*. Vgl. aus der zahlreichen Judikatur im übrigen *AG Hagen*, B. v. 5. 5. 1969, KirchE 10, 386; *OLG Oldenburg*, B. v. 29. 1. 1970, KirchE 11, 136; *OLG Frankfurt a. M.*, B. v. 20. 3. 1970, KirchE 11, 169; *OLG Hamm*, B. v. 9. 10. 1970, KirchE 11, 317; *OLG Schleswig*, B. v. 26. 1. 1971, KirchE 12, 35; *LG Hildesheim*, B. v. 26. 5. 1971, KirchE 12, 172; *OLG Düsseldorf*, B. v. 22. 9. 1971, KirchE 12, 292; *OLG Frankfurt a. M.*, B. v. 22. 11. 1971, KirchE 12, 324; *OLG Oldenburg*, B. v. 28. 11. 1971, KirchE 12, 333; *AG Hannover*, B. v. 26. 7. 1972, KirchE 13, 35; *LG Hagen*, B. v. 17. 10. 1972, KirchE 13, 52; *VG Hamburg*, U. v. 14. 9. 1973, KirchE 13, 342 (aufgehoben durch *OVG Hamburg*, U. v. 20. 8. 1974, KirchE 14, 144); *VG Würzburg*, U. v. 12. 12. 1973, KirchE 13, 409; *LG Göttingen*, B. v. 23. 1. 1974, KirchE 14, 12; *LG Münster*, B. v. 26. 2. 1974, KirchE 14, 36; *VG München*, U. v. 13. 8. 1974, KirchE 14, 134 (bestätigt durch *VGH München*, U. v. 26. 1. 1976, KirchE 15, 190; die Revision wurde vom *BVerwG* durch U. v. 23. 2. 1979, KirchE 17, 183, zurückgewiesen); *VG Augsburg*, U. v. 27. 7. 1976, KirchE 15, 295; *OLG Hamm*, B. v. 15. 2. 1977, KirchE 16, 64; *OLG Frankfurt a. M.*, B. v. 21. 6. 1977, KirchE 16, 143; *LG Bonn*, B. v. 13. 6. 1978, KirchE 16, 424; *AG Bergisch-Gladbach*, B. v. 10. 8. 1979, KirchE 17, 290; *LG Koblenz*, B. v. 4. 6. 1981, KirchE 18, 486; *OLG Zweibrücken*, B. v. 24. 8. 1981, OLGZ 1982, 190.

27 *VG Köln*, B. v. 4. 7. 1979, KirchE 17, 269; *VG Düsseldorf*, B. v. 3. 8. 1979, KirchE 17, 282; *VGH München*, U. v. 16. 6. 1980, KirchE 18, 191 (dazu nach Erledigung des Rechtsstreits in der Hauptsache *BVerwG*, B. v. 22. 10. 1981, NJW 1983, 2584); *OVG Koblenz*, B. v. 14. 9. 1978, KirchE 17, 67, sowie die Parallelentscheidung vom selben Tage, NJW 1979, 941; *VG Koblenz*, U. v. 5. 7. 1978, KirchE 17, 1, bestätigt durch *OVG Koblenz*, U. v. 18. 6. 1980, KirchE 18, 203 (die Revision blieb im Ergebnis erfolglos: *BVerwG*, U. v. 2. 9. 1983, BVerwGE 68, 16 [JZ 1985, 36 m. Anm. *Chr. Link*]; die Verfassungsbeschwerde wurde vom *BVerfG* mit B. v. 25. 2. 1987, ZevKR 32 [1987], 675, gemäß § 24 BVerfGG aus materiellrechtl. Gründen verworfen); vgl. auch die Parallelentscheidung *OVG Koblenz*, U. v. 18. 6. 1980, DÖV 1981, 586.

vom Wehr- oder Zivildienst auf Grund des »Geistlichen-Privilegs« nach § 11 Abs. 1 Nr. 1–3 WPflG bzw. § 10 Abs. 1 Nr. 1–3 ZDG[28].

Zu nennen sind ferner gerichtliche Entscheidungen, die sich auf die Erhebung von Kirchensteuer bzw. das insoweit geübte Einzugsverfahren beziehen[29] oder welche im

---

28 *BVerwG*, U. v. 23.5. 1958, BVerwGE 7, 66 [Zeuge Jehovas]; U. v. 20.7. 1962, BVerwGE 14, 317 [Zeuge Jehovas]; U. v. 25.3. 1966, BVerwGE 24, 1 [Zeuge Jehovas]; U. v. 9.12. 1966, BVerwGE 25, 338 [Prediger der »Gemeinde Gottes«]; U. v. 11.12. 1969, BVerwGE 34, 291 [Zeuge Jehovas; Änderung der Rspr.]; *VG Darmstadt*, U. v. 14.12. 1978, KirchE 17, 135 [Geistlicher der Scientology-Kirche] (die E. wurde vom *BVerwG* mit U. v. 14.11. 1980, BVerwGE 61, 152, aufgehoben; das *VG Darmstadt* wies hierauf die Klage durch U. v. 26.8. 1982, NJW 1983, 2595, ab; die Revision blieb erfolglos: *BVerwG*, U. v. 25.5. 1984, NJW 1985, 393); *VG Frankfurt a. M.*, B. v. 27.8. 1980, KirchE 18, 239 [Geistlicher der Scientology-Kirche]. – Ferner (im Zusammenhang mit Strafverfahren wegen Dienstflucht) *OLG Bremen*, U. v. 10.5. 1963, KirchE 6, 230; *LG Köln*, U. v. 30.9. 1963, KirchE 6, 324; *OLG Oldenburg*, U. v. 24.3. 1964, KirchE 7, 60; *OLG Köln*, U. v. 21.7. 1967, KirchE 9, 206. – Zu Grundsatzfragen des Geistlichenprivilegs angesichts der Existenz neuer relig. Verbände *A. v. Campenhausen*, DVBl. 1980, S. 578ff.; *F. O. Kopp*, ibd. S. 826ff.; *K. Obermayer*, DVBl. 1981, S. 615ff.; *J. Müller-Volbehr*, JZ 1981, S. 45f.; *ders.*, JuS 1981, S. 728ff.; *F. O. Kopp*, NVwZ 1982, S. 178ff. – Unbeschadet der spezifischen Definitions- und Bewertungsprobleme im Verhältnis der relig. Verbände untereinander steht die grundsätzliche Infragestellung der Verfassungsmäßigkeit des Geistlichenprivilegs nach wie vor im Raum, wie sie vor allem angesichts des Art. 3 Abs. 3 GG formuliert worden ist: *H. Bogs*, Der Staat 9 (1970), S. 43ff. passim; *M. Heckel*, HdbStKirchR I, S. 535f.; *ders.*, JuS 1976, S. 450ff.; wohl auch *J. Müller-Volbehr*, JuS 1981, S. 730f.; vgl. ferner *K.-H. Kästner*, Die Verwaltung 10 (1977), S. 73. Von der Verfassungsmäßigkeit des Geistlichenprivilegs »ungeachtet seiner verfassungspolitischen Problematik« (aaO. S. 83) geht demgegenüber *K. Obermayer*, DÖV 1976, S. 80ff., mit der Erwägung aus, es lasse sich eine »verfassungskonforme Motivation« entwickeln, »durch eine Befreiung der maßgeblichen und damit unersetzlichen Amtsträger von Wehr- und Kriegsdienst eine ausreichende religiöse Betreuung der Gemeindeglieder im Verteidigungsfall zu sichern« (aaO. S. 82). Ausführliche Darstellung der Diskussion bei *G. Assenmacher*, Die Wehrpflichtbefreiung der Geistlichen, 1987, S. 96ff.

29 Aus der höchstrichterl. Rspr. *BVerfG*, Urteile v. 14.12. 1965, BVerfGE 19, 206, 226, 242, 248, 253, 268, 282 u. 288; B. v. 20.4. 1966, BVerfGE 20, 40; B. v. 31.3. 1971, BVerfGE 30, 415; Beschlüsse v. 8.2. 1977, BVerfGE 44, 37 u. 59; B. v. 17.2. 1977, BVerfGE 44, 103; (Vorprüfungsausschuß) B. v. 23.10. 1978, BVerfGE 49, 375; B. v. 8.1. 1979, KirchE 17, 141; B. v. 23.10. 1986, BVerfGE 73, 388; *Bay. VerfGH*, E. v. 4.10. 1988, ZevKR 35 (1990), 198; *BVerwG*, U. v. 17.12. 1954, KirchE 2, 413; U. v. 1.8. 1958, BVerwGE 7, 189; U. v. 20.3. 1959, BVerwGE 8, 211; U. v. 16.10. 1959, KirchE 5, 103; B. v. 5.2. 1960, KirchE 5, 138; U. v. 9.7. 1965, BVerwGE 21, 330; B. v. 6.6. 1968, KirchE 10, 91; B. v. 9.6. 1969, KirchE 10, 407; B. v. 22.12. 1969, KirchE 11, 118; U. v. 27.2. 1970, BVerwGE 35, 90; B. v. 25.7. 1973, KirchE 13, 327; U. v. 18.2. 1977, BVerwGE 52, 104; B. v. 4.5. 1977, KirchE 16, 106; B. v. 8.11. 1977, KirchE 16, 230; B. v. 9.6. 1978, KirchE 16, 422; B. v. 9.8. 1978, KirchE 17, 23; B. v. 9.8. 1978, ZevKR 25 (1980), 87; U. v. 16.8. 1985, BVerwGE 72, 69; U. v. 16.8. 1985, ZevKR 31 (1986), 244; U. v. 12.2. 1987, ZevKR 34 (1989), 292; U. v. 11.11. 1988, ZevKR 34 (1989), 297; B. v. 18.9. 1989, NVwZ 1990, 359; *BFH*, U. v. 6.5. 1954, KirchE 2, 254; U. v. 22.7. 1954, KirchE 2, 307; U. v. 14.6. 1956, KirchE 3, 312; U. v. 23.2. 1962, KirchE 6, 37; U. v. 4.5. 1962, KirchE 6, 77; B. v. 17.8. 1962, KirchE 6, 128 [Vorlagebeschluß zum BVerfG; vgl. BVerfGE 19, 226]; U. v. 31.1. 1969, KirchE 10, 283; U. v. 7.2. 1969, KirchE 10, 287; U. v. 28.2. 1969, KirchE 10, 335; Vorbescheid v. 21.3. 1969, KirchE 10, 349; U. v. 23.4. 1971, KirchE 12, 112; U. v. 20.8. 1971, KirchE 12, 285; B. v. 14.7. 1972, KirchE 13, 19; U. v. 20.10. 1972, KirchE 13, 56; U. v. 12.1. 1973, KirchE 13, 120; B. v. 2.3. 1973, KirchE 13, 196; U. v. 1.3. 1974, KirchE 14, 44; U. v. 13.3. 1974, KirchE 14, 47; B. v. 20.6. 1974, KirchE 14, 92; U. v. 17.9. 1974, KirchE 14, 163; U. v. 15.11. 1974, KirchE 14, 186; Urteile v.

Zusammenhang mit der Funktion und religiösen Qualifikation Theologischer Fakultäten an staatlichen Universitäten ergehen (etwa wegen dienstrechtlicher oder prüfungsrechtlicher Entscheidungen, die unmittelbar auf die konfessionelle Prägung der Fakultät Bezug nehmen)[30].

Auch an Straf- bzw. Ordnungswidrigkeitenverfahren, die sich auf die Betätigung religiöser Verbände beziehen, ist in diesem Rahmen zu erinnern. Ein solcher Bezug kann auf dem äußeren Zusammenhang der fraglichen Tat mit dem Wirken einer Kirche bzw. Religionsgemeinschaft beruhen oder sich aus dem Schutzzweck des verwirkten Tatbestandes ergeben.

3. Entscheidungserheblichkeit religiöser Gesichtspunkte im allgemeinen

In Betracht kommen ansonsten alle Verfahren, für welche religiöse Gesichtspunkte eine mehr oder minder ausschlaggebende Rolle spielen; dies kann unmittelbar von der Ausrichtung des Streitgegenstandes her der Fall sein oder sich aus einer Relevanz solcher Aspekte für die Anwendung materiellen (staatlichen) Rechts ergeben.

a) Rechtmäßigkeit religionsbezogenen staatlichen Handelns

Gesichtspunkte der erwähnten Art können sich auf die Rechtmäßigkeit staatlicher Organisationsmaßnahmen, genereller staatlicher Entscheidungen mit religiösem Bezug oder auch verwaltungsrechtlicher Regelungen im Einzelfall beziehen.

In diese Gruppe wären etwa die Rechtsstreitigkeiten um Grundsatz- und Einzelfragen einzuordnen, welche die religiöse Prägung öffentlicher Schulen betrafen[31],

---

24. 10. 1975, KirchE 15, 71, 74 u. 81; U. v. 18. 11. 1977, KirchE 16, 239; Urteile v. 26. 9. 1979, KirchE 17, 314 u. 318; U. v. 1. 12. 1982, ZevKR 28 (1983), 434; U. v. 4. 5. 1983, NJW 1983, 2604. – Zur Rspr. seit 1970 *J. Listl*, FS P. Mikat, 1989, S. 579ff.

[30] *VGH München*, U. v. 1. 3. 1954, KirchE 2, 198; *VG Saarlouis*, U. v. 15. 4. 1980, KirchE 18, 147; *VG Sigmaringen*, U. v. 24. 3. 1982 (unv.), aufgehoben durch *VGH Mannheim*, U. v. 19. 7. 1984, JZ 1985, 943 m. Anm. *M. Heckel*. Vgl. auch die auf Popularklage ergangene E. des *Bay. VerfGH* v. 11. 4. 1980, KirchE 18, 125 [zur Verfassungsmäßigkeit sog. Konkordatslehrstühle], sowie *VGH Mannheim*, U. v. 10. 11. 1981, NJW 1983, 2592 [zur Prüfung im Fach Kath. Theologie/Religionspädagogik an einer Pädagogischen Hochschule]. – Mehrere Instanzen beschäftigte bisher bereits der Streit um die ohne kirchliches Einverständnis erfolgte Einrichtung eines theol. Studienganges an der Univ. Frankfurt a. M.: *VG Wiesbaden*, U. v. 3. 5. 1985, ZevKR 31 (1986), 97; *VGH Kassel*, U. v. 31. 7. 1987, ZevKR 33 (1988), 79; *BVerwG*, U. v. 21. 4. 1989, NVwZ 1989, 859. Zur Sache *M. Heckel*, Die theol. Fakultäten im weltl. Verfassungsstaat, 1986, S. 322ff.; *Chr. Link*, Theol. Rundschau 53 (1988), S. 414f.; *H. Quaritsch*, NVwZ 1990, S. 28ff.

[31] *BVerfG*, Beschlüsse v. 17. 12. 1975, BVerfGE 41, 29, 65 u. 88; B. v. 16. 10. 1979, BVerfGE 52, 223 (236f., 238, 242, 243ff.); *Bay. VerfGH*, E. v. 21. 12. 1951, KirchE 1, 213; E. v. 20. 3. 1967, KirchE 9, 50; E. v. 14. 7. 1967, KirchE 9, 173; E. v. 18. 9. 1967, KirchE 9, 227; E. v. 7. 11. 1967, KirchE 9, 273; E. v. 2. 4. 1969, KirchE 10, 380; *VerfGH N.-W.*, E. v. 1. 6. 1970, KirchE 11, 226; *Bay. VerfGH*, E. v. 11. 4. 1980, KirchE 18, 125 (143ff.); *BVerwG*, B. v. 10. 1. 1958, DÖV 1958,

insbesondere auch Gerichtsverfahren um die Aufnahme eines bekenntnisfremden Schülers in eine öffentliche Bekenntnisschule[32]. Ferner gehören hierzu die Prozesse, in denen es um die Abhaltung von Schulgebeten oder die Durchführung christlicher Morgenandachten[33] während der Unterrichtszeit ging, auch um die Verfassungsmäßigkeit bzw. die Reichweite des Schutzes von Sonn- und Feiertagen sowie mancher Zeiten des Kirchenjahres angesichts bestimmter gewerblicher oder privater Betätigungen[34]. Zu denken ist in diesem Zusammenhang schließlich an Gerichtsverfahren

---

468; U. v. 13. 12. 1963, BVerwGE 17, 267; U. v. 31. 1. 1964, BVerwGE 18, 38; U. v. 17. 9. 1964, BVerwGE 19, 252; B. v. 21. 4. 1972, KirchE 12, 465; U. v. 24. 11. 1988, NJW 1989, 921 [Berücksichtigung der Religionszugehörigkeit bei der Einstellung von Lehrern an einer öff. Schule]; *LVG Düsseldorf*, U. v. 19. 3. 1953, KirchE 2, 36; U. v. 3. 11. 1955, KirchE 3, 193; *OVG Münster*, Urteile v. 17. 10. 1966, KirchE 8, 187 u. 192; *VGH Mannheim*, Beschlüsse v. 14. 2. 1967, KirchE 9, 4 u. 14; B. v. 2. 6. 1967, KirchE 9, 139; *OVG Münster*, B. v. 10. 12. 1969, KirchE 11, 80; U. v. 19. 7. 1974, KirchE 14, 125. – Die im Streit um den »christlichen« Charakter öff. Schulen im säkularen Staat zutage tretende Grundsatzproblematik wurde in der Diskussion vielfach durch religions- und schulpolitische Aspekte verdeckt; dazu *M. Heckel*, ZRG Kan. Abt. LXVI (1980), S. 14, 16ff., 145.

32 Vgl. *VG Köln*, U. v. 13. 5. 1965, KirchE 7, 200; *OVG Münster*, B. v. 31. 8. 1978, KirchE 17, 63; *VG Köln*, B. v. 4. 7. 1979, KirchE 17, 269; *VG Düsseldorf*, B. v. 3. 8. 1979, KirchE 17, 282; *OVG Münster*, U. v. 27. 2. 1981, KirchE 18, 411 (die Nichtzulassungsbeschwerde blieb erfolglos: *BVerwG*, B. v. 22. 10. 1981, NJW 1983, 2583).

33 Zur *Schulgebetsproblematik* insbes. *Hess. StGH*, U. v. 27. 10. 1965, KirchE 7, 275. Vgl. ferner *VG Aachen*, U. v. 13. 5. 1969, KirchE 10, 393, dessen E. (die der gegen das Schulgebet gerichteten Klage stattgab) vom *OVG Münster* durch U. v. 28. 4. 1972, KirchE 12, 480, im wesentl. bestätigt wurde; das *BVerwG* (U. v. 30. 11. 1973, BVerwGE 44, 196) hob das U. des OVG auf, die Verfassungsbeschwerde blieb ohne Erfolg (*BVerfG*, B. v. 16. 10. 1979, BVerfGE 52, 223). – Zur Durchführung *christl. Morgenandachten* vgl. *VG Hannover*, U. v. 14. 3. 1968, KirchE 10, 31 (bestätigt durch *OVG Lüneburg*, U. v. 18. 2. 1969, KirchE 10, 314; die Nichtzulassungsbeschwerde war erfolglos: *BVerwG*, B. v. 27. 2. 1970, KirchE 11, 153). – Aus der umfangreichen wiss. Diskussion insbes. *E.-W. Böckenförde*, DÖV 1966, S. 30ff.; *U. Scheuner*, ibd. S. 151ff.; *W. Hamel*, NJW 1966, S. 18ff.; *F. v. Zezschwitz*, JZ 1966, S. 337ff.; *U. Scheuner*, Wandlungen im Staatskirchenrecht (1968), S. 41ff.; *A. v. Campenhausen*, BayVBl. 1968, S. 223; *K. Obermayer*, Zeitwende – Die neue Furche 40 (1969), S. 531 FN 15; *U. Scheuner*, Militärseelsorge 14 (1972), S. 243f.; *Chr. Link*, Neuere Entwicklungen und Probleme (1973), S. 52f.; *J. Listl*, Stimmen der Zeit 191 (1973), S. 294f.; *E.-W. Böckenförde*, DÖV 1974, S. 253ff.; *H. Maurer*, DVBl. 1974, S. 663ff.; *D. Lorenz*, JuS 1974, S. 436ff.; *E. Stein*, HdbStKirchR II, S. 477ff.; *A. v. Campenhausen*, Staatskirchenrecht, 2. Aufl. 1983, S. 62ff.; *L. Renck*, JuS 1989, S. 451ff. – Weitere Nachw. bei *K.-H. Kästner*, JöR NF 27 (1978), S. 276 FN 290, 292.

34 *Bay. VerfGH*, U. v. 10. 3. 1960, KirchE 5, 155; E. v. 17. 4. 1968, KirchE 10, 51; E. v. 5. 8. 1968, KirchE 10, 138; E. v. 23. 12. 1968, KirchE 10, 245; E. v. 25. 2. 1982, NJW 1982, 2656; *BVerwG*, U. v. 7. 9. 1981, NJW 1982, 899; U. v. 15. 3. 1988, ZevKR 33 (1988), 333; Urteile v. 14. 11. 1989, NJW 1990, 1059 u. 1061; *BSG*, U. v. 10. 12. 1980, KirchE 18, 347 (352); *VGH München*, U. v. 13. 6. 1963, KirchE 6, 252; U. v. 13. 2. 1968, KirchE 10, 12; *VGH Mannheim*, U. v. 27. 3. 1968, KirchE 10, 37; *OLG Oldenburg*, U. v. 26. 10. 1971, KirchE 12, 301 [§ 366 Nr. 1 StGB a. F.]; *Bay. ObLG*, B. v. 23. 1. 1975, KirchE 14, 235; *OLG Stuttgart*, B. v. 5. 11. 1975, KirchE 15, 95; B. v. 4. 11. 1976, KirchE 15, 395; *VG Düsseldorf*, U. v. 18. 10. 1977, KirchE 16, 206; *Bay. ObLG*, B. v. 4. 7. 1978, GA 1979, 29; *OLG Düsseldorf*, B. v. 21. 8. 1978, KirchE 17, 26; *Bay. ObLG*, B. v. 10. 11. 1982, NStZ 1983, 82; *OVG Münster*, U. v. 16. 2. 1983, GewArch 1983, 274; *OVG Lüneburg*, U. v. 13. 10. 1983, GewArch 1984, 134; *OVG Münster*, B. v. 9. 5. 1984, GewArch 1984, 349; *OVG Lüneburg*, B. v. 27. 7. 1984, NJW 1985, 448; *OVG Münster*, U. v. 2. 12. 1985, GewArch 1986, 277; *Bay. ObLG*, B. v. 22. 4. 1986, GewArch 1986, 245; *OVG*

um verwaltungsrechtliche Maßnahmen wegen privater Glaubenswerbung eines Polizeibeamten in seinem Dienstbezirk[35] bzw. eines Handwerksmeisters unter seinen Lehrlingen[36]. Auch die Frage nach der asylrechtlichen Relevanz einer Beeinträchtigung der Religionsfreiheit im Heimatland eines Asylsuchenden[37] gehört in diesen Kontext.

b) Reichweite der Glaubens- und Gewissensfreiheit

Häufig sehen sich Gerichte mit der Aufgabe konfrontiert, sich mit der Reichweite der Glaubens- und Gewissensfreiheit auseinanderzusetzen. Dies wird erforderlich, wenn subjektive Überzeugungen nach dem Vortrag des Betroffenen der Erfüllung staatlich normierter, durch Gerichte bzw. Behörden festgesetzter oder vertraglich ausbedungener Obliegenheiten bzw. Pflichten entgegenstehen.

So lagen die Dinge z. B. in Fällen religiös motivierter Verweigerung der prozessualen oder beamtenrechtlichen Eidesleistung[38], der Verweigerung einer Aussage vor Gericht am ersten Tag des Laubhüttenfestes[39], der Verweigerung der Beteiligung an einer Verhandlung bzw. der Aussage in einem mit einem christlichen Symbol (Kreuz

Koblenz, B. v. 6. 5. 1986, GewArch 1986, 277; *VGH München*, B. v. 12. 12. 1986, GewArch 1987, 71; *OVG Münster*, U. v. 15. 4. 1987, NWVBL 1987, 23; *VG Arnsberg*, U. v. 15. 4. 1987, NWVBL 1987, 48; *OLG Stuttgart*, B. v. 14. 11. 1988, NJW 1989, 1492; *OVG Lüneburg*, B. v. 17. 10. 1989, NJW 1990, 1685; *OVG Berlin*, B. v. 31. 10. 1989, NJW 1990, 2269.

35 *BVerwG*, U. v. 11. 6. 1968, BVerwGE 30, 29. – Zur Sache *P. Häberle*, JuS 1969, S. 265 ff.; *J. Listl*, Das Grundrecht der Religionsfreiheit, 1971, S. 68 ff.; *W. Kind*, Die rechtl. Grenzen der Glaubenswerbung, 1975, S. 151 ff.

36 *OVG Koblenz*, U v. 16. 10. 1956, KirchE 3, 395; die Revision blieb erfolglos: *BVerwG*, U. v. 9. 11. 1962, BVerwGE 15, 134. – Zu dieser E. ausführlich *J. Listl*, Das Grundrecht der Religionsfreiheit, 1971, S. 76 ff.

37 *BVerfG*, B. v. 2. 7. 1980, BVerfGE 54, 341. Vgl. auch *VGH München*, U. v. 15. 3. 1979, KirchE 17, 202; U. v. 19. 3. 1981, KirchE 18, 433 (die E. wurde vom *BVerwG* mit [unv.] U. v. 2. 8. 1983 aufgehoben; vgl. KirchE 18, 434 [FN]); *BVerwG*, U. v. 25. 10. 1988, NVwZ 1989, 477 (dazu kritisch *J. Ennuschat*, NVwZ 1990, S. 37); B. v. 24. 8. 1989, NVwZ 1990, 80.

38 Zur Verweigerung des Zeugeneids durch einen evang. Pfarrer *BVerfG*, B. v. 11. 4. 1972, BVerfGE 33, 23. – In zwei ähnlich gelagerten Fällen, in denen Mitglieder evang. Landeskirchen die Leistung des nach § 26 Abs. 1 u. 2 BRAO vorgeschriebenen Eides bzw. des Beamteneides aus relig. Gründen ablehnten, scheiterten die Verfassungsbeschwerden bereits aus prozeßrechtl. Gründen; vgl. *BVerfG*, B. v. 14. 3. 1972, BVerfGE 33, 18, sowie B. v. 26. 1. 1978, BVerfGE 47, 144 (zu letzterer E. auch die Anm. von *P. Friedrich*, NJW 1978, S. 1151). – In Fällen relig. begründeter Eidesverweigerung judizierten im übrigen *OLG Düsseldorf*, B. v. 22. 7. 1966, KirchE 8, 139 [Ausgangsverfahren zu BVerfGE 33, 23]; *VG Freiburg i. Br.*, B. v. 21. 8. 1974, KirchE 14, 152 [Verweigerung des Beamteneides durch ein Mitglied der »Weltweiten Kirche Gottes«]; *VG Freiburg i. Br.*, U. v. 18. 8. 1981, ZevKR 27 (1982), 199 [Verweigerung des Diensteides durch eine angehende Studienreferendarin mit der Begründung, jede Bindung an eine menschliche Ordnung stehe für sie unter dem Vorbehalt des Gehorsams gegenüber Gott]. Grundsätzlich zur Verfassungsmäßigkeit des Beamteneides *Bay. VerfGH*, E. v. 26. 11. 1964, KirchE 7, 112. – Zur Problematik *M. Heckel*, ZRG Kan. Abt. LXVI (1980), S. 9 ff.

39 *BGH*, U. v. 5. 5. 1959, BGHSt 13, 123; der Angeklagte berief sich auf seine relig. Bindung als strenggläubiger Jude.

oder Kruzifix) ausgestatteten Gerichtssaal[40], der Verweigerung der Duldung einer Blutentnahme zur Vaterschaftsfeststellung[41] oder der Verweigerung der Teilnahme an einem Verkehrsunterricht, welcher von der Behörde auf die Zeit des Hauptgottesdienstes am Sonntag angesetzt worden war[42].

Die Verwaltungsgerichte hatten sich im Bereich des Wehrrechtes mit dem Zurückstellungsbegehren eines Muslim zu befassen, der sich auf die für ihn geltenden religiösen Speisevorschriften berief[43]. In einem entsprechenden anderen Fall ging es um die auf religiöse Gründe gestützte Geltendmachung eingeschränkter Versetzbarkeit seitens eines Soldaten auf Zeit der Bundeswehr, der das Fehlen einer muslimischen Glaubensgemeinschaft und einer Moschee am neuen Standort rügte[44]. Oder es wurde gestritten um die auf Art. 4 GG gestützte Anfechtung eines Bereitstellungsbescheids nach dem Bundesleistungsgesetz durch eine GmbH, in welcher sämtliche Gesellschafter und der Geschäftsführer der Gemeinschaft der Zeugen Jehovas angehörten; die Klägerin berief sich hier darauf, daß die Bereitstellung eines Lastkraftwagens für Verteidigungszwecke mit der religiösen Überzeugung der Gesellschafter unvereinbar sei[45]. Vom gleichen Standpunkt her argumentierten Eltern, die als Angehörige einer lose organisierten religiösen Gruppe ihre Kinder von der Schulbesuchspflicht an Samstagen befreit wissen wollten[46] oder welche unter Verweis auf ihr Bekenntnis zum Islam sogar die vollständige Befreiung ihres Sohnes vom Besuch der Grundschule zu erstreiten versuchten[47]. Schließlich sind zu den Prozessen dieser Gruppe die Anfechtungs- oder Verpflichtungsklagen zu zählen, in denen es um die Berechtigung geht, Abzeichen oder typische Kleidungsstücke einer Religionsgemeinschaft zu tragen – sei es auf Lichtbildern des Personalausweises bzw. Reisepasses[48] oder auch als Beamter im Dienst[49].

Auch im bürgerlichen Vertragsrecht bieten sich einschlägige Beispiele an: so etwa die auf Art. 4 Abs. 1 GG gestützte partielle Leistungsverweigerung einer evangelischen Kirchengemeinde gegenüber einem Versorgungsunternehmen, das Strom aus

---

40 *BVerfG*, B. v. 17. 7. 1973, BVerfGE 35, 366. Vgl. auch *OLG Nürnberg*, B. v. 14. 7. 1966, KirchE 8, 125; die Verfassungsbeschwerde wurde vom *Bay. VerfGH* mit E. v. 10. 5. 1967, KirchE 9, 114, zurückgewiesen. – Dazu *J. Listl*, Das Grundrecht der Religionsfreiheit, 1971, S. 92 ff. m. w. N.; *L. Renck*, JuS 1989, S. 451 ff.

41 *OLG Düsseldorf*, B. v. 16. 10. 1974, KirchE 14, 168; es wurde die Unvereinbarkeit der Blutentnahme mit der Lehre der Zeugen Jehovas geltend gemacht.

42 *OLG Hamm*, U. v. 15. 5. 1956, JZ 1956, 701.

43 *BVerwG*, U. v. 10. 1. 1979, BVerwGE 57, 215.

44 *BVerwG*, B. v. 28. 3. 1979, KirchE 17, 208.

45 *BVerwG*, U. v. 5. 11. 1981, BVerwGE 64, 196.

46 *OVG Münster*, U. v. 19. 1. 1970, KirchE 11, 125; aufgehoben durch *BVerwG*, U. v. 17. 4. 1973, BVerwGE 42, 128.

47 Das *OVG Münster* wies die Klage durch U. v. 25. 7. 1975, KirchE 15, 11, ab.

48 *OVG Berlin*, B. v. 27. 6. 1979, VerkMitt 1980, 31 [Turban der Angehörigen der Sikh-Religion]; *VG Wiesbaden (Kammer Gießen)*, U. v. 10. 7. 1984, NVwZ 1985, 137 [Kopftuch muslimischer Frauen]; *VG Berlin*, U. v. 18. 1. 1989, NVwZ 1990, 100 [Kopfbedeckung aus christl. Überzeugung].

49 Vgl. zu Kleidungsbeschränkungen gegenüber Lehrern, die ihre Zugehörigkeit zur Bhagwan-Shree-Rajneesh-Gemeinschaft durch das Tragen der roten Kleidung bzw. der Halskette der Sannyasins auch im Dienst dokumentieren wollten, die auf S. 9 f. in Anm. 16 angegebenen Entscheidungen.

Kernkraftwerken liefert[50], oder der Fall der Weigerung eines katholischen Theologiestudenten, nach dem Abbruch seines Studiums ein kirchliches Studiendarlehen zurückzuzahlen – mit der Begründung, die Nichtablegung des Examens beruhe auf der Duldung häretischer Lehre an der fraglichen kirchlichen Hochschule[51].

Im Arbeits- und Sozialrecht hatten sich die Gerichte des öfteren mit der religiös motivierten Weigerung von Arbeitnehmern zu befassen, an bestimmten Tagen zu arbeiten[52].

In der Sache selbst werfen solche Streitigkeiten gerade im Zivil- und Arbeitsrecht schwierige Abgrenzungsfragen in bezug auf die materiell-rechtliche Relevanz der vorgebrachten Glaubens- und Gewissensgründe auf; die seit Anfang der 50er Jahre geführte Diskussion[53] verdeutlicht dies nachhaltig. Verfahren der genannten Art konfrontieren die staatlichen Gerichte darüber hinaus aber auch, je nach Lage des Falles, unter Umständen mit den diffizilen Problemen einer Beurteilung der religiösen Tragweite und Stringenz der vorgetragenen Argumente. Ferner steht nicht selten die individuelle Glaubwürdigkeit und Ernsthaftigkeit der behaupteten Überzeugung in Frage; naturgemäß kann die Ermittlung der Wahrheit gerade im Bereich des »forum

---

[50] *AG Gelsenkirchen-Buer*, U. v. 30. 3. 1981, KirchE 18, 442.

[51] *LG Hanau*, U. v. 11. 12. 1979, KirchE 17, 381; die vom Bistum erhobene Verfassungsbeschwerde wurde nicht angenommen: *BVerfG*, B. v. 12. 10. 1983, NJW 1984, 969. – Zu diesem Verfahren und zu der in ihm sichtbar werdenden Grundsatzproblematik *H. Weber*, FS K. Obermayer, 1986, S. 263 ff.

[52] *LAG Frankfurt a. M.*, U. v. 16. 9. 1947, KirchE 1, 13 [Arbeitspflicht eines Siebenten-Tags-Adventisten am Samstag]; *LAG Düsseldorf*, U. v. 14. 2. 1963, JZ 1964, 258 [Fernbleiben eines Muslim von der Arbeitsstelle während des Kurban-Beyram]; *LSG Celle*, U. v. 9. 1. 1979, KirchE 17, 142 [relig. begründete Einschränkung der Arbeitsbereitschaft eines Zeugen Jehovas und § 103 Abs. 1 Satz 1 Nr. 2 AFG]; *BSG*, U. v. 10. 12. 1980, KirchE 18, 347 [Weigerung eines Siebenten-Tags-Adventisten, am Samstag zu arbeiten, und § 119 Abs. 1 Satz 1 Nr. 2 AFG]. Vgl. ferner *BAG*, U. v. 27. 4. 1983, NJW 1983, 2600 [Erfüllung relig. Pflichten als subjektives Leistungshindernis i. S. v. § 616 Abs. 1 BGB]. – Zur Sache *J. Listl*, Das Grundrecht der Religionsfreiheit, 1971, S. 333 ff.

[53] Aus dem umfangreichen Schrifttum *F. W. Bosch / W. J. Habscheid*, JZ 1954, S. 213 ff.; *A. Blomeyer*, ibd. S. 309 ff.; *F. Wieacker*, ibd. S. 466 ff.; *Hildegard Krüger*, RdA 1954, S. 365 ff.; *H. C. Nipperdey*, Die Würde des Menschen (1954), S. 36 f.; *G. Dürig*, FS H. Nawiasky, 1956, S. 161; *F. W. Bosch / W. J. Habscheid*, JZ 1956, S. 297 ff.; *W. Leisner*, Grundrechte und Privatrecht, 1960, S. 270; *W. Geiger*, Die Grundrechte in der Privatrechtsordnung, 1960, S. 29; *W. Hamel*, Glaubens- und Gewissensfreiheit (1960), S. 75 f.; *H. Kaufmann*, AcP 161 (1962), S. 289 ff.; *A. Kraft*, AcP 163 (1964), S. 472 ff.; *W. J. Habscheid*, JZ 1964, S. 246 ff.; *F. Brecher*, FS H. C. Nipperdey, Bd. II, 1965, S. 48 ff.; *A. Söllner*, Einseitige Leistungsbestimmung im Arbeitsverhältnis, 1966, S. 134; *J. Listl*, Das Grundrecht der Religionsfreiheit, 1971, S. 347 ff.; *H. Otto*, Personale Freiheit und soziale Bindung, 1978, S. 108 ff.; *Th. Mayer-Maly*, FS G. Müller, 1981, S. 325 ff.; *U. Steiner*, JuS 1982, S. 164; *W. Zöllner*, Arbeitsrecht, 3. Aufl. 1983, S. 87 f.; *A. Söllner*, Grundriß des Arbeitsrechts, 8. Aufl. 1984, S. 33; *Chr. Starck*, GG, Kommentar, Bd. I, 3. Aufl. 1985, Rdnrn. 71 ff. zu Art. 4; *D. Reuter*, BB 1986, S. 388 ff.; *U. Wendeling-Schröder*, BB 1988, S. 1742 ff.; *R. Zippelius*, BK (Drittbearb. Dez. 1989), Rdnrn. 53, 82 zu Art. 4 GG. – Aus der Rspr.: *BAG*, U. v. 24. 5. 1989, NJW 1990, 203 m. w. N.

internum« individueller Anschauungen in Zweifelsfällen beträchtliche Schwierigkeiten bereiten[54].

c) Familienrechtliche Verfahren mit religiösen Bezügen

Außerdem gehören in den Kontext der (sachlich in unterschiedlichem Maße problematischen[55]) Rechtsrelevanz religiöser Gesichtspunkte Verfahren mit familienrechtlichem Hintergrund.

Auch sie haben die Gerichte in verschiedener Fallgestaltung häufig beschäftigt – sei es etwa bezüglich der Tragweite religiöser Überzeugung bzw. Mitgliedschaft im Rahmen des Scheidungsrechts[56], sei es auch zur Klärung der Frage, inwieweit die von den Eltern aus religiösen Gründen verweigerte Einwilligung zur Eheschließung der minderjährigen Tochter vormundschaftsgerichtlich ersetzt werden darf[57], sei es ferner zur Bestimmung der Bedeutung religiöser Bindungen oder Entscheidungen für die Übertragung bzw. Beschränkung des elterlichen Sorgerechts[58] oder für die Auswahl eines Vormunds (§ 1779 Abs. 2 Satz 2 BGB)[59], sei es schließlich bezüglich der Anwendbarkeit religiös geprägten ausländischen Familienrechts[60]. Solches Recht kann für die Fähigkeit von Ausländern zur Eheschließung in der Bundesrepublik Deutschland, aber auch in sozialrechtlicher Hinsicht und unter einer ganzen Reihe sonstiger rechtlicher Aspekte von Belang sein: im Hinblick auf Vorschriften über die

---

[54] Zur Beweislastproblematik *H. Otto*, Personale Freiheit und soziale Bindung, 1978, S. 125 ff. m. w. N.

[55] Dazu unter eherechtl. Perspektive *K. W. Nörr*, JZ 1966, S. 545 ff.

[56] Zur Frage der »schweren Eheverfehlung« wegen individueller relig. Entscheidung eines Ehegatten *OLG Nürnberg*, U. v. 1. 9. 1959, FamRZ 1960, 64 [Wechsel der Glaubensgemeinschaft], aufgehoben durch den *BGH* mit U. v. 6. 4. 1960, BGHZ 33, 145; danach blieb eine gegen die weitere E. des *OLG Nürnberg* (U. v. 29. 5. 1962, FamRZ 1962, 524) erhobene Verfassungsbeschwerde ohne Erfolg: *BVerfG*, B. v. 7. 4. 1964, BVerfGE 17, 302. Vgl. zur Auffassung des *BVerfG* auch das obiter dictum im U. v. 14. 12. 1965, BVerfGE 19, 226 (238). Zum Problem außerdem *BGH*, U. v. 24. 10. 1962, BGHZ 38, 317 [Wechsel der Glaubensgemeinschaft] (dazu kritisch *W. Müller-Freienfels*, JZ 1964, S. 305 ff., 344 ff.); U. v. 2. 12. 1964, KirchE 7, 126 [Missionstätigkeit für die Zeugen Jehovas]. – Vgl. ferner *BGH*, U. v. 12. 4. 1967, KirchE 9, 97 [Frage der Maßgeblichkeit der relig. Einstellung des der Scheidung widersprechenden Ehegatten für dessen Bindung an die Ehe]; *AG Berlin-Charlottenburg*, U. v. 20. 11. 1978, KirchE 17, 113 [relig. motivierte Ehebindung des der Scheidung widersprechenden Ehegatten und § 1568 BGB]; *LG Bochum*, U. v. 30. 5. 1949, KirchE 1, 45 [Fähigkeit zur Eingehung einer Ehe nach kanon. Recht als persönliche Eigenschaft i. S. v. § 32 EheG].

[57] *BGH*, B. v. 25. 9. 1956, BGHZ 21, 340; *AG Bonn*, B. v. 26. 3. 1956, KirchE 3, 279.

[58] *OLG Freiburg i. Br.*, B. v. 15. 12. 1949, KirchE 1, 68; *OLG Saarbrücken*, B. v. 25. 8. 1950, KirchE 1, 138; *Bay. ObLG*, B. v. 29. 5. 1951, KirchE 1, 166; *OLG Braunschweig*, B. v. 29. 1. 1963, KirchE 6, 207; *LG Lübeck*, B. v. 2. 12. 1963, KirchE 6, 343; *OLG Köln*, B. v. 26. 11. 1971, KirchE 12, 332; *Bay. ObLG*, B. v. 25. 9. 1975, KirchE 15, 48.

[59] *OLG München*, B. v. 13. 6. 1950, KirchE 1, 105; *Bay. ObLG*, B. v. 19. 1. 1966, KirchE 8, 9.

[60] Dazu unter eherechtl. Perspektive *H. Kotzur*, Kollisionsrechtl. Probleme christl.-islam. Ehen, 1988, S. 67 ff., 94 ff., 133 ff., 194 ff.

Form der Eheschließung[61] sowie über Eheverbote wegen Religionsverschiedenheit[62] oder wegen Innehabung eines geistlichen Standes[63], im Falle der Zulassung mehrfacher Eheverhältnisse[64], bei Statuierung strikter Unauflöslichkeit der Ehe[65], in bezug auf Regelungen über die Form der Ehescheidung bzw. Trennung (»von Tisch und Bett«)[66] oder auf Vorschriften über die Legitimation nichtehelicher Kinder[67].

d) Straf- und Ordnungswidrigkeitenverfahren

In Straf- und Ordnungswidrigkeitenverfahren können, wie bereits erwähnt, religiöse Erwägungen und Bindungen ebenfalls eine maßgebliche Rolle spielen, soweit sie für die rechtliche Beurteilung des dem Verfahren zugrunde liegenden Verhaltens von Belang sind. Hier sehen sich die Gerichte bezüglich der Tatsachenermittlung und der Würdigung des behaupteten religiösen Zwanges mit Problemen gleicher Art konfrontiert, wie sie sich in

61 *BGH*, B. v. 22. 1. 1965, BGHZ 43, 213; *OLG Düsseldorf*, B. v. 27. 11. 1964, KirchE 7, 123; *LG Bremen*, U. v. 12. 7. 1966, KirchE 8, 120; *LG Mannheim*, B. v. 8. 11. 1966, KirchE 8, 230; *OLG Frankfurt a. M.*, B. v. 26. 5. 1967, KirchE 9, 129; B. v. 23. 11. 1970, KirchE 11, 372; *AG Bremen*, B. v. 12. 12. 1969, KirchE 11, 110 (m. w. N.); *OLG Köln*, B. v. 14. 7. 1971, KirchE 12, 250 (255 f.); *OLG Bremen*, U. v. 31. 10. 1974, KirchE 14, 176; *LSG Mainz*, U. v. 20. 10. 1976, KirchE 15, 355 [Relevanz für die Anwendung des § 549 RVO]; *LG Bonn*, B. v. 2. 10. 1979, KirchE 17, 323 [Gültigkeit einer in Nepal vor einem buddh. Priester zwischen Buddhisten geschlossenen Ehe nach dt. Recht]; *OLG Köln*, B. v. 29. 6. 1981, KirchE 18, 510.

62 *BGH*, B. v. 12. 5. 1971, BGHZ 56, 180; *LG Bremen*, U. v. 12. 7. 1966, KirchE 8, 120; *OLG Oldenburg*, B. v. 11. 4. 1967, KirchE 9, 93; *LG Stuttgart*, U. v. 12. 7. 1967, KirchE 9, 169 (172); *OLG München*, U. v. 25. 2. 1969, KirchE 10, 323; B. v. 1. 6. 1970, KirchE 11, 233; *OLG Hamm*, B. v. 17. 11. 1970, KirchE 11, 350; B. v. 3. 9. 1976, KirchE 15, 305.

63 *OLG Hamm*, B. v. 26. 11. 1973, KirchE 13, 385 [Eheverbot der höheren Weihen nach span. Recht].

64 *LG Frankfurt a. M.*, B. v. 12. 1. 1976, KirchE 15, 186 [Ehelichkeit des Kindes aus einer – nach dem Heimatrecht der Eltern (Muslime) gültigen – Doppelehe nach dt. Recht].

65 *BVerfG*, B. v. 4. 5. 1971, BVerfGE 31, 58; *BGH*, B. v. 12. 2. 1964, BGHZ 41, 136; B. v. 14. 7. 1966, BGHZ 46, 87; B. v. 19. 4. 1972, KirchE 12, 430. Vgl. ferner z. B. *OLG Celle*, B. v. 25. 6. 1962, KirchE 6, 109; B. v. 13. 3. 1967, KirchE 9, 41; *OLG Frankfurt a. M.*, B. v. 26. 5. 1967, KirchE 9, 129 (135 f.); *LG Aachen*, U. v. 26. 5. 1967, KirchE 9, 136 (138 f.); *OLG Hamm*, B. v. 3. 5. 1968, KirchE 10, 84; *KG Berlin*, B. v. 9. 12. 1968, KirchE 10, 229.

66 *OLG Düsseldorf*, B. v. 15. 4. 1966, KirchE 8, 64 [Scheidung durch Scheidebrief eines Landesrabbiners]; *OLG Hamm*, B. v. 10. 8. 1973, KirchE 13, 334 (338) [Nichtanerkennung der von einem dt. *staatlichen* Gericht ausgesprochenen Ehescheidung durch das irakische Recht, das nur eine Scheidung durch *religiöse* Gerichte kennt]; *LG München I*, U. v. 15. 11. 1973, KirchE 13, 377 [Zuständigkeit *kirchlicher* Gerichte für die Trennung einer kanon. Ehe unter Aufrechterhaltung des Ehebandes nach span. Recht]; *OLG Düsseldorf*, B. v. 17. 5. 1974, KirchE 14, 68 [Scheidung nach jüdischem Recht]; B. v. 28. 11. 1975, KirchE 15, 122 [Scheidung nach jüdischem Recht]; *LG München I*, U. v. 7. 10. 1976, KirchE 15, 344 [talaq-Scheidung]; *AG Hamburg*, U. v. 19. 9. 1978, KirchE 17, 74 [»Trennung von Tisch und Bett« nach span. Recht]. – Vgl. auch zur Vollstreckbarkeit einer in einem gerichtl. Vergleich übernommenen Verpflichtung, die zur relig. Scheidung vor dem Rabbinat erforderlichen Erklärungen abzugeben, *OLG Köln*, B. v. 19. 3. 1973, KirchE 13, 198.

67 *KG Berlin*, B. v. 3. 2. 1966, FamRZ 1966, 375; *OLG Stuttgart*, B. v. 7. 2. 1969, FamRZ 1969, 220; *OLG Köln*, B. v. 8. 11. 1976, KirchE 15, 399.

den erwähnten Fällen ergeben, in welchen gegenüber öffentlich-rechtlichen oder privatrechtlichen Verpflichtungen bzw. Obliegenheiten eine entgegenstehende religiöse Bindung ins Feld geführt wird.

e) Wettbewerbsrechtliche Verfahren betreffend Werbung mit religiösen Bezügen

»Religiöse Bezüge« im weitesten Sinne haben schließlich gerichtliche Verfahren, in denen es um die rechtliche Beurteilung von Versuchen geht, im Rahmen des wirtschaftlichen Wettbewerbs mit (tatsächlichen oder angeblichen) Beziehungen eines Unternehmens oder Produkts zum religiösen Bereich Werbung zu betreiben[68].

---

[68] *BGH*, U. v. 21.10. 1966, KirchE 8, 209 [Werbung für »Ewiglicht-Kerzen«]; U. v. 19.6. 1981, KirchE 18, 492 [Zentralstelle für das Versicherungswesen im kirchl.-diakon.-carit. Bereich]; *OLG Stuttgart*, U. v. 16. 10. 1958, KirchE 4, 351 [Werbung eines Leichentransportunternehmers mit vertragl. Monopolübertragung durch Kirchengemeinden]; *LG Nürnberg-Fürth*, U. v. 5. 12. 1980, KirchE 18, 345 [Vertrieb von Tafelwasser »St. Anna«]; *OLG Frankfurt a. M.*, U. v. 11. 12. 1980, KirchE 18, 356 [Werbung für »wundertätiges Wasser aus Lourdes«].

Fünftes Kapitel

Probleme religionsbezogener Verfahren vor staatlichen Gerichten

I. Freiheit und Bindung des Religiösen unter dem Grundgesetz

Wie der kursorische Überblick des vorigen Kapitels über die bisherige Gerichtspraxis in religiösen Angelegenheiten skizziert hat, können religionsrechtliche Aspekte in verschiedenster verfahrensrechtlicher Einkleidung in fast allen Sektoren der Rechtsordnung den Gegenstand oder jedenfalls einen Maßstab gerichtlicher Entscheidung ausmachen. Dieser Befund konfrontiert die Justiz mit einer komplexen Aufgabe. Denn das Religionsrecht ist auch unter dem Grundgesetz durch ein hohes Potential an Kontroversen geprägt – nicht anders, als dies in dieser Rechtsmaterie unter wechselnden gesellschaftlichen, religionspolitischen und verfassungsrechtlichen Voraussetzungen jeweils mit unterschiedlicher Prägung bereits seit Jahrhunderten der Fall war.

Beträchtliche Schwierigkeiten bereitet die Ermittlung der materiellen Rechtslage[1] im Einzelfall insbesondere, soweit die Einordnung der Kirchen und Religionsgemeinschaften in die staatliche Verfassungs- und Rechtsordnung betroffen ist. Konflikte und Probleme mannigfaltiger Art entstehen in diesem Kontext infolge der vielschichtigen historischen Bezüge, wegen vorhandener Regelungsdefizite in normativer Hinsicht, vor allem aber wegen des in den Einzelfragen aufbrechenden Spannungsverhältnisses zwischen der Aufgabenstellung säkularer staatlicher Ordnung einerseits und dem religiösen Selbstverständnis der betroffenen Verbände und Individuen andererseits. In vielen Fällen weisen die für eine angemessene Betrachtung maßgebenden

[1] Zur Rspr. *J. Listl*, Das Grundrecht der Religionsfreiheit, 1971; vgl. ferner die Diss. von *J. Körner*, Verhältnis von Staat und Kirche, 1961, und *I. Schwytz*, Rechtsprechung zum Staatskirchenrecht, 1971. – Nachw. weiterer Arbeiten bei *K.-H. Kästner*, JöR NF 27 (1978), S. 245 FN 25; aus der Zeit danach *A. Hollerbach*, AöR 106 (1981), S. 218 ff.; *A. v. Campenhausen*, Das Staatskirchenrecht in der Rechtsprechung der Landesverfassungsgerichte (1983); *J. Listl*, Jb. für christl. Sozialwissenschaften 27 (1986), S. 131 ff.; *E. Fischer*, FS BVerwG, 1978, S. 183 ff.; *W. Geiger*, ZevKR 26 (1981), S. 156 ff.; *E. Niebler*, Die Rechtsprechung des BVerfG zum Verhältnis Staat und Kirche (1983).

Gesichtspunkte über die rein rechtliche Ebene hinaus[2]; gleichwohl steht außer Frage, daß eine Lösung nach den Maßstäben des Rechts dem Ansatz nach nur unter Anwendung *juristischer* Methoden verfassungsgemäß zu leisten ist[3].

Vor den Schranken der Gerichte, in der Konfrontation von Organen säkularer Staatsgewalt mit religiösen Fragen, konkretisieren sich anhand eines bestimmten Rechtsstreits in prozessualer Einkleidung die prinzipiellen Zuordnungs- und Freiheitsfragen, deren sachgerechte Beantwortung von der Religionsverfassung her aufgegeben ist. Sie erwachsen durchaus auch in *verfahrensrechtlichem* Kontext. Doch entscheidet sich die religionsrechtliche Qualität konkreter Lösungen in der Rechtspraxis wesentlich öfter an den *Sachentscheidungen* des einzelnen Falles als an formellen Verfahrensfragen. Überblickt man freilich die Rechtsprechung und die wissenschaftliche Diskussion der vergangenen Jahrzehnte, so scheinen die Gewichte anders verteilt zu sein: Deutlich hartnäckiger, als dies in den Sachproblemen der Fall war (bzw. angesichts mancher Entscheidungen hätte sein sollen), wurde die religiöse Freiheitsfrage im Blick auf prozeßrechtliche Aspekte aufgeworfen.

Damit soll selbstverständlich keineswegs gesagt sein, daß eine (selbst)kritische Besinnung der Gerichte und des Schrifttums auf die Grundlagen bzw. Grenzen und auf die Modalitäten staatsgerichtlicher Ingerenz in Kirchensachen unberechtigt sei. Im Gegenteil will sich gerade auch die vorliegende Arbeit einem Teilaspekt der einschlägigen Problematik widmen. Doch verdient von vornherein angemerkt zu werden, daß die insoweit vorhandenen Probleme, so maßgeblich sie bei isolierter Betrachtung auch erscheinen, im Kontext der religionsrechtlichen Gesamtproblematik nur die »Spitze des Eisbergs« darstellen. Unter der verfahrensrechtlichen Oberfläche verbirgt sich ein wesentlich umfangreicheres Spektrum konkreter *Sachfragen*; sie haben sich im einzelnen Fall nach der Klärung der prozessualen Probleme keineswegs erledigt, müssen vielmehr gerade danach hinreichend in den Blick genommen werden.

---

2 Gerade eine sachgerechte Anwendung der »juristischen Methode« im Staatskirchenrecht fordert eine Berücksichtigung dieser spezifischen Bezüge und Strukturen, die dem staatl. Religionsrecht eigen sind. Die Diskussion seit den 60er Jahren, die teils allzu pauschal mit dem Vorwurf des »unjuristischen« Vorgehens argumentierte, verkannte dies bisweilen.

3 Insoweit vom Ansatz her zutreffend das von *H. Quaritsch* (NJW 1967, S. 765) herausgestellte Postulat, »die rechtliche von der soziologischen und theologischen Argumentation zu trennen«.

II. Die prozessuale Ebene

1. Allgemeiner prozeßrechtlicher Rahmen

Auch in Religionssachen ergeben sich bei der Zulässigkeitsprüfung konkreter Rechtsschutzbegehren mannigfaltige Probleme: zu klären sind Fragen der Rechtswegbestimmung, der jeweils statthaften Form gerichtlichen Rechtsschutzes, der Erfüllung bestimmter Sachentscheidungsvoraussetzungen usw. Doch ist eine Prüfung solcher Art in gerichtlichen Verfahren regelmäßig vorzunehmen; sie stellt kein Spezifikum religionsbezogener Sachen dar.

Im allgemeinen weisen die Verfahrensgestaltungen vor staatlichen Gerichten, auch soweit diese sich mit religionsrechtlichen Fragen zu befassen haben, gegenüber sonstigen Verfahren keine prozeßrechtlichen Besonderheiten auf. Auch in Religionssachen haben die staatlichen Gerichte das jeweilige Verfahrensrecht anzuwenden, das in seinem Bezug auf den prozessualen Modus procedendi in der Regel ohne weiteres jedenfalls als »für alle geltendes Gesetz« im Sinne der Artt. 140 GG/137 Abs. 3 WRV Beachtung fordert[4] – soweit es das Selbstbestimmungsrecht der Kirchen und Religionsgemeinschaften im Einzelfall materiell überhaupt berühren sollte.

2. Grundsatzprobleme religionsrechtlicher Gerichtsverfahren

Mit einer Betrachtung und Anwendung des einschlägigen einfachen (Prozeß-)Rechts im Rahmen der Verfahrensgestaltung ist es jedoch in Religionssachen nicht getan; denn die religionsverfassungsrechtlichen Vorgaben des Grundgesetzes entfalten auch im prozessualen Kontext Bedeutung. Grenzen des Funktionsbereichs erwachsen der Rechtsprechung staatlicher Gerichte in religiösen Angelegenheiten aus den Grundprinzipien der staatlichen Säkularität und Neutralität, aus dem Grundrecht der individuellen und kollektiven Religionsfreiheit, vor allem aus dem allen Kirchen und Religionsgemeinschaften gewährten institutionellen Selbstbestimmungsrecht[5]. Auch auf dem Terrain des Staatskirchenrechts erweist sich dabei die Verflochtenheit materieller und verfahrensrechtlicher Komponenten von Freiheitsrechten, wie sie

---

[4] Darauf verweist zu Recht auch *K. Obermayer*, Zeitwende – Die neue Furche 40 (1969), S. 527.

[5] Die Bedeutung dieses Ansatzpunktes für die Rechtsschutzfrage steht außer Zweifel. Vgl. auch *K. Hesse*, Rechtsschutz durch staatl. Gerichte im kirchl. Bereich, 1956, S. 2; *H. Weber*, HdbStKirchR I, S. 731; *A. v. Campenhausen*, Staatskirchenrecht, 2. Aufl. 1983, S. 198.

insbesondere für den Grundrechtsschutz in den vergangenen Jahren verstärkt aufgearbeitet worden ist[6].

Es müssen in diesem Zusammenhang zwei Problemebenen dem Grunde nach unterschieden werden. Zum einen können die erwähnten religionsrechtlichen Aspekte auf die Frage einwirken, inwieweit bestimmte religiöse Fragen oder Sachbereiche staatlicher Gerichtsbarkeit prinzipiell unterliegen (*Kompetenz* staatlicher Gerichte zur Ausübung rechtsprechender Tätigkeit). Andererseits sind sie zu beachten, wenn die Berechtigung staatlicher Gerichte zur Prüfung bzw. Definition einzelner prozeßrelevanter Gesichtspunkte und zur autoritativen Entscheidung in dieser Hinsicht konkretisiert wird (Bestimmung der im Einzelfall gegebenen Reichweite der *Prüfungs- und Entscheidungsbefugnis* staatlicher Gerichte in Religionssachen).

3. *Verfahrensrechtliche Einzelprobleme in Religionssachen*

Mit den erwähnten prozessualen Grundsatzfragen, die unmittelbar in zentrale Regelungsbereiche der bestehenden Religionsverfassung hineinführen, hat es im Blick auf die Betätigung staatlicher Gerichtsbarkeit in religiösen Angelegenheiten allerdings nicht sein Bewenden. Es können sich hier im Gewand allgemeiner prozeßrechtlicher Fragestellungen aus den religionsrechtlichen Bezügen unter Umständen noch spezifische Einzelprobleme ergeben. Einige haben in Theorie und Praxis der vergangenen Jahrzehnte eine Klärung erfahren, manche harren nach wie vor einer befriedigenden Bewältigung. Um solche konkreten Einzelaspekte prozeßrechtlicher Natur geht es der vorliegenden Arbeit nicht; doch sei wenigstens an einige bisher diskutierte Fragen erinnert, die mehr oder weniger deutliche Bezüge zu den Grundsatzproblemen aufweisen.

a) Die Rechtswegfrage

Je nach dem Gegenstand des Verfahrens stellt sich die Rechtswegfrage. Die Auswahl des im konkreten Fall zur Entscheidung berufenen Zweigs staatlicher Judikative wirft gegenwärtig vor allem in der Abgrenzung zwischen der

[6] Dazu bereits *P. Häberle*, VVDStRL 30 (1972), S. 86ff., 121ff.; im übrigen *H. Goerlich*, Grundrechte als Verfahrensgarantien, 1981; *F. Ossenbühl*, DÖV 1981, S. 5ff.; *ders.*, FS K. Eichenberger, 1982, S. 183ff.; *H. Bethge*, NJW 1982, S. 1ff.; *H.-W. Laubinger*, Verwaltungsarchiv 73 (1982), S. 61ff.; *K.-P. Dolde*, NVwZ 1982, S. 65ff.; *K. Hesse*, Hdb. des Verfassungsrechts, 1983, S. 100ff.; *ders.*, Grundzüge des Verfassungsrechts, 15. Aufl. 1985, Rdnrn. 358ff.; *E. Schmidt-Aßmann*, Der Verfahrensgedanke in der Dogmatik des öff. Rechts (1984), S. 11; *W. Schmitt Glaeser*, Die Position der Bürger als Beteiligte im Entscheidungsverfahren gestaltender Verwaltung (1984), S. 48ff.; *P. Lerche*, Vorbereitung grundrechtlichen Ausgleichs durch gesetzgeberisches Verfahren (1984), S. 103ff.; *Ph. Kunig*, Das Rechtsstaatsprinzip, 1986, S. 374ff.

ordentlichen Gerichtsbarkeit und der Verwaltungsgerichtsbarkeit Probleme auf (bisher insbesondere bei Streitigkeiten um kirchliches Glockengeläut[7] oder aus dem kirchlichen Kindergartenwesen[8]); früher ergaben sich Schwierigkeiten beispielsweise in Kirchensteuersachen bei der Abgrenzung zwischen der allgemeinen Verwaltungs- und der Finanzgerichtsbarkeit[9]. Soweit es beim Rechtswegproblem um die Frage geht, inwieweit religiöse Körperschaften des öffentlichen Rechts *öffentlich-rechtlich* im Sinne der Kategorien staatlichen Rechts handeln, aktualisiert sich dabei in prozeßrechtlichem Gewande immer aufs neue ein traditionelles Grundsatzproblem der geltenden staatskirchenrechtlichen Ordnung[10].

Im Blick auf die Judikatur in Kirchensachen ist bisher allerdings die *Rechtswegfrage* (als ein Problem der Modalitäten staatsgerichtlicher Rechtsprechung) nicht immer deutlich von der *Kompetenzproblematik* abgegrenzt worden (die die Grundlagen und die Legalität staatlicher gerichtlicher Entscheidung in Frage stellt). Dies mag damit zusammenhängen, daß in der Diskussion des Kompetenzproblems traditionell Art. 19 Abs. 4 GG als Argument bzw. Maßstab stark betont worden ist[11] – was eine Ausrichtung der Perspektive auf die Problematik der Ausübung »öffentlicher Gewalt« nahelegte. Im übrigen spielte sicherlich der verbreitete Sprachgebrauch eine Rolle. Denn in der Literatur und auch in der Terminologie des Verfassungs- bzw. Gesetzgebers (vgl. z.B. Art. 19 Abs. 4 GG und § 90 Abs. 2 BVerfGG) wird herkömmlich der Begriff »Rechtsweg« auch in einem allgemeinen, die Anrufung staatlicher Gerichtsbarkeit dem Grunde nach bezeichnenden Sinn gebraucht; im Blick auf die Rechtsschutzfrage im religionsrechtlichen Bereich ist demgemäß das Kompetenzproblem nicht selten als die Frage nach der »Eröffnung des staatlichen Rechtswegs« formuliert worden[12].

Hiergegen ist nichts einzuwenden, sofern die Unterscheidung zwischen

---

7 Dazu oben S. 35 f. bei und in Anm. 8.

8 So beim Streit um ein Hausverbot: *VGH München*, U. v. 18. 12. 1985, BayVBl. 1986, 271, ordnete die Sache dem Zuständigkeitsbereich der ordentlichen Gerichte zu; die Nichtzulassungsbeschwerde blieb erfolglos (*BVerwG*, B. v. 10. 7. 1986, DVBl. 1986, 1202). – Zur Rechtswegproblematik im Blick auf kirchl. Kindergärten *E. Schulke*, BayVBl. 1981, S. 585 ff.; *J. Müller-Volbehr*, JuS 1987, S. 869 ff.; *A. Elgeti*, ZevKR 34 (1989), S. 167 f.; ferner die kritischen Anmerkungen zum U. des VGH München (*L. Renck*, BayVBl. 1986, S. 273 f.) und zum B. des BVerwG (*H.-U. Erichsen*, DVBl. 1986, S. 1203 f.).

9 Dazu *H. Engelhardt*, Die Kirchensteuer, 1968, S. 201 ff.; *H. Marré*, HdbStKirchR II, S. 47 f. m.w.N.

10 Vgl. unten S. 118 ff., 121 f., 128 f.

11 Dazu S. 105 ff., 109 ff., 116 ff.

12 *M. Herr-Beck*, Die Frage nach der Zulässigkeit des staatl. Rechtsweges für Entscheidungen der Kirchenbehörden, 1958; *O. Katholnigg*, Kath. Kirche und Rechtsweg, 1960; *H. Weber*, Grundprobleme des Staatskirchenrechts, 1970, S. 63 ff.; *G. Schmidt-Eichstaedt*, Kirchen als Körperschaften des öff. Rechts?, 1975, S. 71; *U. Steiner*, NJW 1983, S. 2560.

»Rechtsweg« in der erwähnten allgemeinen Bedeutung und im engeren, spezifisch prozeßrechtlichen Sinn des Terminus nicht aus dem Blickfeld gerät. Die Abgrenzung der grundsätzlichen Reichweite staatlicher Gerichtsbarkeit in religiösen Angelegenheiten einerseits und die Auswahl des gegebenenfalls dann konkret zuständigen Gerichtszweigs andererseits sind aber jedenfalls strikt zu unterscheiden[13]. Letztere Frage ist im einzelnen Fall für die Zulässigkeit eines vor einem bestimmten Gericht anhängigen Rechtsschutzbegehrens durchaus von maßgeblicher Bedeutung; sie vermag für die Lösung der Problematik prinzipieller Kompetenz staatlicher Gerichtsbarkeit in religiösen Angelegenheiten jedoch nichts auszutragen.

b) *Probleme verfassungsgerichtlicher Verfahren*

Abgesehen von weiteren Einzelfragen (etwa der speziell gelagerten Problematik der Antragsbefugnis[14] von Kirchen und Religionsgemeinschaften) hat sich anläßlich von Verfassungsbeschwerden zum Bundesverfassungsgericht in religiösen Angelegenheiten vor allem das Problem ergeben, ob als Ausübung »öffentlicher Gewalt« im Sinne des Art. 93 Abs. 1 Nr. 4a GG bzw. des § 90 Abs. 1 BVerfGG Maßnahmen religiöser Verbände in Betracht kommen können[15]. Diese Frage zielt an sich schlicht auf die tatbestandliche Reichweite der einschlägigen Normen und damit auf die Abgrenzung der speziellen Rechtsschutzform der Verfassungsbeschwerde von anderen Mög-

---

13 Zutreffend in diesem Sinne *J. Isensee*, FS K. Obermayer, 1986, S. 211 f.

14 Für gewisse Verfahren vor Landesverfassungsgerichten steht Kirchen und Religionsgemeinschaften kraft ausdrücklicher Regelung eine Antragsbefugnis zu: Dort, wo *Körperschaften des öff. Rechts* antragsbefugt sind (Art. 140 LVerf. Bremen, Art. 130 Abs. 1 Verf. Rh.-Pf.), gilt dies auch für relig. Verbände, die diesen Status innehaben (davon geht zutreffend auch der *StGH Bremen* im U. v. 23. 10. 1965, KirchE 7, 260 [265], aus); soweit, wie in Bayern, eine *Popularklage* vorgesehen ist, die auch jur. Personen zur Verfügung steht, müssen selbstverständlich auch Kirchen und Religionsgemeinschaften zur Erhebung einer solchen befugt sein. In diesem Zusammenhang ist das Problem von Belang, ob von einer entsprechenden Antragsbefugnis auch in anderen Fällen ausgegangen werden kann, in denen eine diesbezügliche Regelung nicht vorhanden ist oder wo, wie in §§ 63 und 71 BVerfGG, der Gesetzeswortlaut eher die gegenteilige Auffassung nahelegt. Insoweit zum Verfahren vor dem BVerfG nach Art. 93 Abs. 1 Nr. 1 GG bejahend *K.-J. Nagel*. Die Aktivlegitimation der Religionsgesellschaften öff. Rechts, 1953, S. 95 ff., 103 ff., 110 ff.; mit überzeugender Begründung verneinend *K. Hesse*, Rechtsschutz durch staatl. Gerichte im kirchl. Bereich, 1956, S. 17 FN 56, und *A. Hollerbach*, Verträge zwischen Staat und Kirche, 1965, S. 264 f.; vgl. ferner *BVerfG*, U. v. 5. 4. 1952, BVerfGE 1, 208 (227).

15 *A. Hollerbach*, AöR 92 (1967), S. 110 f.; *H. Säcker*, Der verfassungsgerichtl. Schutz gegen innerkirchl. Maßnahmen, 1968, S. 122 ff.; *ders.*, DVBl. 1969, S. 9; *ders. / W. Reimann*, JuS 1969, S. 575, 578; *H. Engelhardt*, DRiZ 1979, S. 268 ff.; *H. Weber*, NJW 1980, S. 1042 f. [Anm.]; *BVerfG*, B. v. 17. 2. 1965, BVerfGE 18, 385 (386 ff.); B. v. 28. 11. 1978, KirchE 17, 120 (121); B. v. 6. 4. 1979, KirchE 17, 209 (210); B. v. 12. 2. 1981, KirchE 18, 390 (390 f.); B. v. 30. 3. 1984, DÖV 1984, 974 (974 f.).

lichkeiten prozessualen Vorgehens; doch ist auch sie nicht immer hinreichend deutlich von der allgemeinen Kompetenzproblematik in Religionssachen abgegrenzt worden.

Ferner hat der Prüfungsgegenstand von Verfassungsbeschwerden zum Bundesverfassungsgericht zu Fragen Anlaß gegeben. Das Gericht lehnt es in ständiger Rechtsprechung ab, Verfassungsbeschwerden zuzulassen, mit denen unmittelbar eine Verletzung des Art. 140 GG und der hierdurch inkorporierten Normen gerügt wird[16]. Diese Judikatur stimmt mit einer in der wissenschaftlichen Literatur[17] bereits frühzeitig gefestigten Auffassung überein. Sie geht davon aus, daß Art. 140 GG keine verfassungsbeschwerdefähigen Grundrechte gewähre; das nötigt zur Entscheidung, auf welchem Wege überhaupt einschlägige Rechtspositionen in ein Verfassungsbeschwerdeverfahren Eingang finden könnten. Insoweit hat das Bundesverfassungsgericht nicht, wie in ähnlichen Fällen nicht-religionsrechtlicher Art, auf sein Verständnis des Art. 2 Abs. 1 GG[18] zurückgegriffen. Es hat vielmehr die Konsequenz aus der Geltung des Art. 4 Abs. 2 GG für korporative Religionsausübung gezogen, indem es Verfassungsbeschwerden, die wegen der Rüge einer Verletzung dieses Grundrechts als zulässig erkannt wurden, materiell dann vorrangig oder sogar ausschließlich anhand der Artt. 140 GG/137 Abs. 3 WRV prüfte[19].

Diese Methode, eine verfassungsbeschwerdefähige Norm des Grundrechtskatalogs prozessual als »Durchgangsstation« zur Heranziehung anderer verfassungsrechtlicher Gesichtspunkte zu benutzen, steht im Einklang mit dem inzwischen als ständige Rechtsprechung des Bundesverfassungsgerichts etablierten[20] Grundsatz, daß eine zulässige Verfassungsbeschwerde von Amts wegen unter *jedem* in Betracht kommenden verfassungsrechtli-

---

[16] *BVerfG*, B. v. 4. 10. 1965, BVerfGE 19, 129 (135); U. v. 14. 12. 1965, BVerfGE 19, 206 (218); B. v. 1. 9. 1980, KirchE 18, 251 (252).

[17] *K. Hesse*, Rechtsschutz durch staatl. Gerichte im kirchl. Bereich, 1956, S. 17 FN 56 m. w. N.; *A. Hollerbach*, Verträge zwischen Staat und Kirche, 1965, S. 262 f.; *E. Stein*, Juristen-Jahrbuch 8 (1967/68), S. 132 f.; *Chr. Starck*, GG, Kommentar, Bd. I, 3. Aufl. 1985, Rdnr. 102 zu Art. 1.

[18] *K. Hesse*, Grundzüge des Verfassungsrechts, 15. Aufl. 1985, S. 164 ff.

[19] So *BVerfG*, B. v. 21. 9. 1976, BVerfGE 42, 312 (326 ff.); B. v. 11. 10. 1977, BVerfGE 46, 73 (85, 96), wo (auf S. 85) Artt. 140 GG/137 Abs. 3 WRV als »nächstliegender Maßstab für die verfassungsrechtliche Beurteilung der angegriffenen Entscheidung« qualifiziert werden [ebenso dann im B. v. 25. 3. 1980, BVerfGE 53, 366 (391), im B. v. 17. 2. 1981, BVerfGE 57, 220 (241 f.; vgl. auch S. 249), sowie im B. v. 4. 6. 1985, BVerfGE 70, 138 (162)].

[20] *BVerfG*, U. v. 30. 4. 1952, BVerfGE 1, 264 (271); U. v. 17. 12. 1953, BVerfGE 3, 58 (74, 136); U. v. 26. 2. 1954, BVerfGE 3, 288 (333); U. v. 3. 6. 1954, BVerfGE 3, 383 (391); B. v. 5. 10. 1955, BVerfGE 4, 294 (295); B. v. 7. 5. 1957, BVerfGE 6, 376 (385); B. v. 8. 1. 1959, BVerfGE 9, 83 (86 ff.); B. v. 25. 2. 1964, BVerfGE 17, 252 (258); U. v. 27. 7. 1971, BVerfGE 31, 314 (333); B. v. 21. 9. 1976, BVerfGE 42, 312 (325 f.); B. v. 25. 3. 1980, BVerfGE 53, 366 (390); B. v. 17. 2. 1981, BVerfGE 57, 220 (241); B. v. 4. 6. 1985, BVerfGE 70, 138 (162).

chen Aspekt geprüft werden dürfe. Ob man nicht wenigstens einem Teil der aus der Weimarer Verfassung inkorporierten Bestimmungen die Qualität von Rechten zusprechen sollte, deren behauptete Verletzung unmittelbar eine Verfassungsbeschwerde ermöglicht, mag im vorliegenden Zusammenhang dahinstehen. Denn jedenfalls zieht die erwähnte Handhabung religionsrechtlicher Verfassungsbeschwerden im Ergebnis die angemessene verfassungsprozeßrechtliche Konsequenz aus der Grundstruktur der geltenden staatskirchenrechtlichen Ordnung; in dieser müssen die Gewährleistungen der Artt. 4 und 140 GG in ihrem Zusammenspiel und ihrer gegenseitigen Ergänzung beachtet werden[21]. Das staatskirchenrechtliche System des Grundgesetzes ist nicht als eine Summe von Einzelrechtspositionen[22] zutreffend zu erfassen, sondern nur als ein in seinen Komponenten vielfach verknüpftes und ausgewogenes[23] Regelungsgeflecht. Freilich vermag dies nicht zu verhindern, daß im Einzelfall Spannungen zwischen bestimmten Normen aufbrechen können[24], die dann letztlich autoritativ durch die Gerichte zu lösen sind.

c) *Zuordnung des Wirkens kirchlicher und staatlicher Gerichte*

Aus der Koexistenz staatlicher und kirchlicher Gerichtsbarkeit erwachsen Probleme angemessener prozessualer Zuordnung der verschiedenen Funktionsbereiche. Dabei ist die Frage der (abschließenden) Ersetzung staatlicher Rechtsschutzgewährung durch kirchliche Judikatur im Rahmen der Kompetenzproblematik zu erörtern. Im übrigen hat man darüber diskutiert, ob die vorherige Ausschöpfung eines etwaigen kirchlichen Rechtszuges als Zuläs-

---

21 Zustimmend zur Rspr. des BVerfG insoweit auch *A. Hollerbach*, AöR 106 (1981), S. 274; *ders.*, Hdb. des Staatsrechts, Bd. VI, 1989, S. 532 Rdnr. 108; *J. Listl*, DÖV 1989, S. 812. Kritisch *J. Wieland*, Der Staat 25 (1986), S. 323 ff.

22 Dazu *M. Heckel*, ZevKR 12 (1966/67), S. 34 ff. FN 7; *ders.*, VVDStRL 26 (1968), S. 12.

23 Dazu auch *J. Jurina*, Der Rechtsstatus der Kirchen und Religionsgemeinschaften, 1972, S. 53 ff., sowie *K. Hesse*, HdbStKirchR I, S. 412 ff. Seine Bemerkung (S. 413 f.), es erweise sich »die Garantie freier Ordnung und Verwaltung der eigenen Angelegenheiten als notwendige, aber selbständige Ergänzung, die der Gewähr der Freiheit des eigentlichen religiösen Lebens und Wirkens der Kirchen und Religionsgemeinschaften die zur Wahrnehmung dieser Aufgaben unerläßliche Freiheit der Bestimmung über Organisation, Normsetzung und Verwaltung hinzufügt«, wurde vom *BVerfG* aufgenommen (B. v. 25. 3. 1980, BVerfGE 53, 366 [401]; B. v. 17. 2. 1981, BVerfGE 57, 220 [244]; B. v. 13. 12. 1983, BVerfGE 66, 1 [20]; B. v. 4. 6. 1985, BVerfGE 70, 138 [164]; B. v. 14. 5. 1986, BVerfGE 72, 278 [289]; sinngemäß auch bereits im B. v. 21. 9. 1976, BVerfGE 42, 312 [332]). Insofern läge es in der Tat »in der Konsequenz dieses Gedankens, Art. 137 Abs. 3 auch verfahrensrechtlich die Qualität eines grundrechtsgleichen Rechts zuzuerkennen und so den Umweg über Art. 4, der in entsprechenden Fällen nur als verfahrensrechtliche Schleuse benutzt wird, zu vermeiden« (*A. Hollerbach*, Kolloquium für K. Hesse, 1990, S. 80).

24 So z.B. in der Eidesfrage zwischen Art. 4 GG und Artt. 140 GG/136 Abs. 4 WRV; vgl. dazu *BVerfG*, B. v. 11. 4. 1972, BVerfGE 33, 23 (30 f.).

sigkeitsvoraussetzung für die Anrufung staatlicher Gerichte statuiert werden kann[25]; auch die Möglichkeit einer Verweisung anhängiger Sachen zwischen staatlichen und kirchlichen Gerichten wurde in Frage gestellt[26].

d) Prozessuale Konsequenzen des Status religiöser Verbände als Körperschaften des öffentlichen Rechts

In engem Bezug zur Qualität von Kirchen bzw. Religionsgemeinschaften als Körperschaften des öffentlichen Rechts stand schließlich die Frage nach dem Erfordernis eines – der Regelung in § 68 VwGO entsprechenden – Vorverfahrens vor der gerichtlichen Anfechtung eines kirchlichen Verwaltungsakts[27]; in diesen Kontext gehört auch das Problem der Antragsbefugnis von Diözesen im verwaltungsgerichtlichen Normenkontrollverfahren[28].

III. Die Kompetenzfrage als Paradigma der religionsverfassungsrechtlichen Grundfragen

1. Perspektive der bisherigen Rechtsschutzdiskussion

Als Problem ist die Gerichtsbarkeit staatlicher Gerichte in religiösen Angelegenheiten nach 1949 insbesondere im Blick auf Rechtsschutz *gegenüber den Kirchen*[29] empfunden worden. Auch insoweit hat die Kompetenz der

---

[25] Dazu *A. v. Campenhausen*, ZevKR 17 (1972), S. 141 ff.; *ders.*, Essener Gespräche 7 (1972), S. 71 f. [Aussprache]; *ders.*, Staatskirchenrecht, 2. Aufl. 1983, S. 205, 212 ff.; *ders.*, AöR 112 (1987), S. 638 ff.; *G. Meier*, DVBl. 1967, S. 709 FN 71; *H. Säcker*, DVBl. 1969, S. 10; *H. Weber*, DVBl. 1970, S. 256; *ders.*, Essener Gespräche 7 (1972), S. 74 f. [Aussprache]; *ders.*, NJW 1989, S. 2226; *W. Rüfner*, HdbStKirchR I, S. 790; *K.-H. Kästner*, Die Verwaltung 10 (1977), S. 79; *W.-R. Schenke*, BK (Zweitbearb. Dez. 1982), Rdnr. 136 zu Art. 19 Abs. 4 GG; *ders.*, FS H. J. Faller, 1984, S. 143; *D. Ehlers*, ZevKR 27 (1982), S. 278, 290; *ders.*, JuS 1989, S. 372; *H. Maurer*, FS Chr.-F. Menger, 1985, S. 300, 304; *A. Hollerbach*, Hdb. des Staatsrechts, Bd. VI, 1989, S. 553 Rdnr. 156; *U. Steiner*, NVwZ 1989, S. 415. Etwas vage von »Vorentscheidungen« kirchl. Gerichte sprechen *U. Scheuner*, DÖV 1967, S. 591, sowie *H.-J. Schleicher*, Staatl. Rechtsprechungsmonopol und kirchl. Gerichtsbarkeit, 1968, S. 110, 111. Zum Erfordernis der Anrufung eines kirchl. Schlichtungsausschusses vor Inanspruchnahme der staatl. Arbeitsgerichte (verneinend) *LAG Düsseldorf*, U. v. 8. 8. 1978, KirchE 17, 19 (23). – Vgl. auch unten S. 153, 171.

[26] Verneinend – mit fragwürdigem Begründungsansatz – *VGH Mannheim*, U. v. 20. 5. 1980, KirchE 18, 165 (178).

[27] Verneinend *VG Braunschweig*, U. v. 14. 11. 1967, KirchE 9, 287 (288 ff.), insoweit bestätigt durch *OVG Lüneburg*, U. v. 21. 5. 1969, KirchE 10, 400 (403).

[28] Dazu *F. Müller*, DÖV 1968, S. 627 ff.; *Chr.-F. Menger / H.-U. Erichsen*, VerwArch 58 (1967), S. 386; *O. Bachof*, in: H. J. Wolff / ders., Verwaltungsrecht I, 9. Aufl. 1974, S. 376. – Aus der Rspr. (verneinend) *VGH Mannheim*, B. v. 14.2. 1967, KirchE 9, 4; (bejahend) *OVG Münster*, U. v. 26. 1. 1983, NJW 1983, 2592.

[29] Gegenüber den kleineren Religionsgemeinschaften wurde die Problematik, wie bereits erwähnt, »mangels Masse« an einschlägigen Verfahren lange Zeit nicht aktuell.

weltlichen Gerichtsbarkeit freilich im wesentlichen außer Diskussion gestanden, soweit die Kirche aus ihrer Teilnahme am allgemeinen Rechtsverkehr in Anspruch genommen wurde; in der einen oder anderen Form betraf dies die weitaus meisten Verfahrensgestaltungen. Ebenso war die staatliche Kompetenz bisher in der Breite anerkannt, wenn es sich um ein Verfahren aus dem Bereich der sog. »gemeinsamen Angelegenheiten« handelte. Sofern schließlich dem Rechtsstreit unmittelbar Normierungen des staatlichen Rechtskreises zugrunde lagen, die im Licht der Artt. 140 GG/137 Abs. 3 WRV als auch für die betreffende Kirche bindend erachtet wurden, schien deren Durchsetzung durch die staatliche Judikative im Rahmen eines einschlägigen Rechtsschutzbegehrens religionsverfassungsrechtlich ebenfalls keinen Bedenken zu begegnen.

In ihren dogmatischen Voraussetzungen wirft diese Handhabung Fragen auf – vor allem was die Bedeutung der Qualifizierung von Sachbereichen als »gemeinsame Angelegenheiten«[30] und die Konkretisierung des Schutzbereichs sowie der Konsequenzen des religiösen Selbstbestimmungsrechts[31] angeht. Immerhin führte die bisherige Praxis der Bejahung staatsgerichtlicher Kompetenz in vermeintlich »eindeutigen« Fallgestaltungen regelmäßig wenigstens zu akzeptablen prozessualen Folgerungen. Kritisch wurde die Kompetenzfrage hingegen betrachtet, sobald – wie in Religionssachen nicht selten – ein Prozeß gegenständlich die »engeren«, spezifischen Kirchenfunktionen betraf; denn in Fällen dieser Art handelt es sich rechtlich meist um eine Konkurrenz von Kirchen(verfassungs)recht und staatlichem Recht, bisweilen auch um Rechtsverhältnisse, die im wesentlichen ausschließlich nach kirchlichem Recht zu beurteilen sind.

Gerade die in der Rechtsschutzdiskussion seit langem im Mittelpunkt stehenden Amts- und Dienstrechtsstreitigkeiten[32] bieten hier reiches Anschauungsmaterial[33]. Zu nennen sind ferner die Fälle, in welchen innerkirchliche Rechtsträger gegenüber anderen Rechtssubjekten aus dem kirchlichen Bereich Forderungen kraft kirchlichen Rechts geltend machten; im übrigen gehören in diesen Zusammenhang Rechtsschutzbegehren einzelner Personen zur Durchsetzung angeblicher kirchenverfassungsrechtlicher Ansprüche. So lagen die Dinge beispielsweise bei der zum Bundesverfassungsgericht erhobenen Verfassungsbeschwerde wegen der Teilung einer Kirchengemeinde[34]; bei Verfahren um die Anfechtung kirchlicher Wahlen[35]; beim Streit um die

30 Dazu S. 69f., 116ff., 123, 202, 263.

31 Zusammenfassend unten S. 237ff.

32 Vgl. unten S. 91ff., 120ff., 131ff., 208ff., 241f., 262ff.

33 Nachw. aus der Rspr. zum Amts- und Dienstrecht unten S. 241f. in Anm. 22, zu sonstigen sog. »innerkirchlichen« Streitigkeiten S. 242f. in Anm. 23.

34 *BVerfG*, B. v. 17. 2. 1965, BVerfGE 18, 385.

35 *VG Aachen*, U. v. 18. 1. 1972, KirchE 12, 355 [Wahl zum Kirchenvorstand]; *VG Oldenburg*, U. v. 8. 5. 1973, KirchE 13, 265 [Wahl des Kirchenausschusses einer kath. Kirchengemein-

innerkirchliche Zuweisung von Finanzmitteln an einzelne kirchliche Verbände[36]; oder auch bei der gerichtlichen Geltendmachung des Anspruchs konventsberechtigter Glieder einer Kirchengemeinde auf Einberufung des Kirchenkonvents[37].

2. *Die Kompetenzfrage als Zuordnungsproblem*

Fallgestaltungen der erwähnten Art werfen in ihren *materiellen* staatskirchenrechtlichen Bezügen meist zahlreiche Probleme auf. Aber auch bereits auf der *Verfahrensebene* ergeben sich von der Verfassung her Fragen; insoweit ist unabweisbar eine Stellungnahme zur Reichweite staatlicher Hoheit gegenüber dem Wirken und der Organisationsgewalt der Kirchen und Religionsgemeinschaften gefordert. Denn diesen ist die Befugnis, ihre Angelegenheiten »selbständig innerhalb der Schranken des für alle geltenden Gesetzes« zu ordnen und zu verwalten, durch Artt. 140 GG/137 Abs. 3 WRV verbürgt.

Diese institutionelle Freiheitsgarantie besitzt grundlegende und prägende Bedeutung für die geltende Religionsverfassung. Sie dokumentiert freilich auch anschaulich die Problematik und die Grenzen des Versuchs, das komplexe Zuordnungsverhältnis zwischen einer freiheitlichen staatlichen Ordnung und den in dieser wirkenden religiösen Verbänden normativ angemessen auf den Begriff zu bringen. Säkulare und religiöse Aufgabenfelder erscheinen in der Lebenswirklichkeit nicht strikt voneinander geschieden; sie gehen vielmehr in einer Gemengelage ineinander über. Dies führt mitunter zu schwierigen Definitions- und Wertungsproblemen, stellt die Rechtsanwendung in jedem Falle vor neue Aufgaben sachgerechter Zuordnung des »Weltlichen« und des Religiösen. Denn die Ordnungsfunktionen des sozialen Rechtsstaates erscheinen bereits in sich nach Zielen und Methoden vielfältig differenziert; die ihnen gegenüberstehenden Freiheitsansprüche der unterschiedlichen Kirchen und Religionsgemeinschaften sind ebenfalls nicht »eindeutig«, sie divergieren vielmehr unvermeidlich je nach geistlicher Grundlage und konkreter kirchenrechtlicher Ausformung. Jeder Versuch, diese vielschichtige Sachlage normativ-formal aufzulösen, muß deshalb von vornherein prekär erscheinen. Die seit 1949 das Staatskirchenrecht der Bundesrepublik Deutschland beherrschenden Diskussionen um ein Verhältnis der Koordination oder Subordination zwischen Staat und Kirche, um die Abgrenzung von Bereichen weltlicher bzw. religiöser Zuständigkeit, um eine sachbezogene Abwägung zwischen den maßgeblichen Ordnungsgesichtspunkten legen hiervon beredtes Zeugnis ab.

---

de]; *VG Köln*, U. v. 16. 6. 1975, KirchE 14, 306 [Wahl zum Kirchenvorstand], bestätigt durch *OVG Münster*, U. v. 23. 8. 1977, KirchE 16, 166.

36 *OVG Lüneburg*, U. v. 30. 5. 1979, KirchE 17, 244.

37 *OLG Bremen*, U. v. 16. 6. 1954, KirchE 2, 263.

Vollständig erschließt sich die Problematik im Grunde nie vom Prinzipiellen her, sondern erst anhand der konkreten Rahmenbedingungen eines (jeweils nach Maßgabe des Einzelfalles) bestimmten Ausschnitts aus dem Spektrum der Zuordnungsfragen, wie sie sich zwischen dem Staat und den religiösen Verbänden ergeben. Signifikant werden die Grundprobleme und Aporien dieses Verhältnisses widergespiegelt in der Frage nach den Grenzen staatlicher Gerichtsbarkeit in Angelegenheiten der Kirchen und Religionsgemeinschaften. Sie stellt nur einen (freilich praktisch besonders bedeutsamen und tendenziell folgenträchtigen) Prüfungs- und Anwendungsfall allgemeiner staatskirchenrechtlicher Grundsatzfragen und Konzeptionen dar. Folgerichtig hat deshalb Konrad Hesse die Problematik 1956 im Kontext eines allgemeinen Aufrisses des rechtlichen Verhältnisses von Staat und Kirchen unter dem Grundgesetz behandelt; die Rechtsschutzfragen bildeten dabei, wie pointiert bemerkt worden ist, »fast nur ein Beispiel, an dem er die grundsätzlich gestellte Frage nach dem richtigen Verständnis des Verhältnisses von Kirche und Staat prüft«[38].

Die damals maßgeblich unter dem Eindruck der kirchenpolitischen und staatskirchenrechtlichen Praxis der Nachkriegszeit entwickelte Grundauffassung einer *Koordinationsrechtsordnung* zwischen Staat und Kirchen ist freilich seit den 60er Jahren zu Recht in Frage gestellt worden[39]. Sie hat inzwischen endgültig einer Betrachtung des religiösen Selbstbestimmungsrechts Platz gemacht, welche – über alle in einzelnen Punkten nach wie vor bestehenden Kontroversen[40] hinweg – insgesamt von einer verstärkten Be-

---

[38] *W. Thieme*, AöR 81 (1956), S. 510.

[39] Vgl. zur Diskussion *K. Hesse*, JöR NF 10 (1961), S. 23f., 32f., 35; *S. Grundmann*, ÖAfKR 13 (1962), S. 289f., 291f., 294ff.; *H. Quaritsch*, Der Staat 1 (1962), S. 191ff.; *R. Zippelius*, ZevKR 9 (1962/63), S. 42ff.; *D. Pirson*, FS H. Liermann, 1964, S. 180ff.; *P. Mikat*, Das Verhältnis von Kirche und Staat, 1964, S. 14ff.; *K. Hesse*, ZevKR 11 (1964/65), S. 339ff., 346, 348ff., 353f., 356f., 361; *A. Hollerbach*, Verträge zwischen Staat und Kirche, 1965, S. 119ff.; *A. Albrecht*, Koordination von Staat und Kirche in der Demokratie, 1965, insbes. S. 128ff.; *K. Hesse*, Partnerschaft zwischen Kirche und Staat? (1965), S. 132, 133f., 135f., 141, 150; *H. Marré / K.-E. Schlief*, NJW 1965, S. 1514ff.; *H. Marré*, Zs. für Politik 13 (1966), S. 397ff.; *ders.*, DVBl. 1966, S. 10ff.; *U. Scheuner*, DÖV 1966, S. 145f. mit FN 4; *S. Grundmann*, EvStL, 1. Aufl. 1966, Sp. 2378ff.; *ders.*, FS H. Kunst, 1967, S. 127, 132f.; *G. Scheffler*, DVBl. 1967, S. 442f.; *H. Marré*, ibd. S. 443ff.; *M. Heckel*, VVDStRL 26 (1968), S. 38, 41f., 45; *A. Hollerbach*, ibd. S. 60ff., 73f., 77ff., 101; *U. Scheuner*, Wandlungen im Staatskirchenrecht (1968), S. 29, 39f.; *A. v. Campenhausen*, BayVBl. 1968, S. 222f.; *K. Obermayer*, Zeitwende – Die neue Furche 40 (1969), S. 518ff., 530 FN 5 u. 6; *A. v. Campenhausen*, ZevKR 17 (1972), S. 140; *Chr. Link*, Neuere Entwicklungen und Probleme (1973), S. 27ff., 34; *G. Scheffler*, Staat und Kirche, 2. Aufl. 1973, S. 62ff.; *A. Hollerbach*, HdbStKirchR I, S. 276f.; *A. v. Campenhausen*, Staatskirchenrecht, 2. Aufl. 1983, S. 234f. – Vgl. auch unten S. 145ff.

[40] Zur neueren Diskussion des Selbstbestimmungsrechts der Kirchen und Religionsgemeinschaften *J. Jurina*, Der Rechtsstatus der Kirchen und Religionsgemeinschaften, 1972; *K. Hesse*, HdbStKirchR I, S. 421ff., 424ff., 430ff.; *K.-H. Kästner*, JöR NF 27 (1978), S. 272ff.; *A. v.*

rücksichtigung der Schutz- und Ordnungsaufgaben des sozialen Rechtsstaats geprägt wird. Letztere verlangen dem Grunde nach auch gegenüber den Belangen der religiösen Verbände angemessene Beachtung. Der im Ansatz koordinationsrechtlichen Diskussion der Rechtsschutzfragen in den 50er Jahren mußte diese Dimension in ihren justizverfassungsrechtlichen Implikationen fremd bleiben, soweit die Problematik *einseitig* vom Freiheitsanspruch der Kirchen her in den Blick genommen wurde. In weiten Teilen des Schrifttums war dies zeitweilig der Fall; die Gerichtspraxis wird von dieser Perspektive nach wie vor maßgeblich bestimmt.

Zu Recht hat Siegfried Grundmann 1967 angesichts mancher Tendenzen der damaligen Diskussion im Staatskirchenrecht vor übersteigertem Etatismus gewarnt; er hat darauf hingewiesen, daß »das staatskirchenrechtliche Verhältnis nicht einseitig vom Staat her gesehen und bestimmt werden« dürfe, vielmehr »auch aus der Sicht der Kirche gewürdigt werden« müsse[41]. Andererseits steht heute aber gleichermaßen fest, daß eine *umgekehrte* Einseitigkeit bei der Bestimmung der gegenseitigen Zuordnung von Staat und religiösen Verbänden – nämlich eine weitgehende Eliminierung verfassungsmäßiger Hoheitsaufgaben des Staates aus der Betrachtung – ebensowenig der Religionsverfassung entspricht, wie sie das Grundgesetz konstituiert. Dieser Grundtenor der aktuellen verfassungsrechtlichen Stellung der Kirchen und Religionsgemeinschaften ist hinreichend zu berücksichtigen und dem Verständnis des religiösen Selbstbestimmungsrechts nutzbar zu machen; nur dann kann die Frage nach den Befugnissen und Grenzen staatlicher Gerichtsbarkeit in Kirchensachen gegenwärtig angemessen in Angriff genommen werden.

Stellt man sich diesem Ansatz im unvoreingenommenen Blick auf seine verfassungsrechtlichen Voraussetzungen und auf die praktischen Konsequenzen, so kann die Grundaufgabe freiheitlicher religionsrechtlicher Ordnung im demokratischen und sozialen Rechtsstaat der Gegenwart nicht verfehlt werden: die Schaffung eines angemessenen Ausgleichs unter den zwischen staatlicher Gewalt und religiösen Verbänden divergierenden Schutz- und Freiheitsansprüchen. Andererseits greift es, wie gesagt, zu kurz, die prinzipielle Entscheidungszuständigkeit staatlicher Gerichtsbarkeit in Kirchensachen vornehmlich an einem Maßstab der Optimierung (isoliert betrachteter) religiöser Freiheit zu messen – so wichtig dieses Postulat als solches auch zu nehmen ist. Denn darüber drohen die legitimen Desiderate und Strukturprinzipien sozial- und rechtsstaatlicher Ordnung vernachlässigt

---

Campenhausen, Staatskirchenrecht, 2. Aufl. 1983, S. 77ff.; *A. Pahlke*, Kirche und Koalitionsrecht, 1983, S. 73ff., 89ff.

[41] *S. Grundmann*, FS H. Kunst, 1967, S. 132.

zu werden, von deren Früchten auch die Kirchen und Religionsgemeinschaften bezüglich ihres Freiheitsanspruches in nicht geringem Maße profitieren. Im religionsrechtlichen Bereich vermag jedenfalls unmodifizierte staatliche Ingerenz zu ebenso untragbaren Ergebnissen zu führen wie eine rechtlich nicht hinreichend abgesicherte Weigerung staatlicher Gerichte, auf bestimmten Feldern des religiösen Lebens überhaupt Entscheidungen zu fällen.

IV. Die Prüfungs- und Entscheidungsbefugnis staatlicher Gerichte in Religionssachen

1. Problembereiche

Die Frage nach der Prüfungs- und Entscheidungsbefugnis staatlicher Gerichte verlangt Beachtung stets dann, wenn in einem Verfahren Bezüge zu religiösen Angelegenheiten herzustellen sind. Sie bestimmt je nach Lage des Falles die konkrete Tragweite institutioneller Freiheit und Selbstbestimmung der religiösen Verbände ganz entscheidend. Denn auf der *materiellen* Ebene wird, wie bereits gesagt, die Konfrontation des Religiösen mit der säkularen Aufgabenstellung und -begrenzung staatlicher Gewalt in der Regel nicht weniger nachhaltig wirksam, als dies im Rahmen der *Kompetenzabgrenzung* der Fall ist.

Mag in bestimmten religiösen Angelegenheiten zweifelsfrei von einer Entscheidungskompetenz staatlicher Gerichte auszugehen sein oder mag diese im konkreten Fall in Frage stehen: immer stellt sich von den Prinzipien der Säkularität und religiös-weltanschaulichen Neutralität der staatlichen Ordnung her sowie unter dem Blickwinkel des Selbstbestimmungsrechts der Kirchen und Religionsgemeinschaften die Aufgabe, die Grundlagen, den Inhalt und gegebenenfalls auch die Grenzen der gerichtlichen Prüfungs- und Entscheidungsbefugnisse sachlich zu konkretisieren. Besonders plakativ zeigt sich dies in den bereits genannten Fällen, in denen staatliche Gerichte über die religiöse Erziehung von Kindern befinden; hier muß geklärt werden, nach welchen Kriterien das staatliche Gericht die »Auswahl« des in Betracht kommenden Bekenntnisses vornehmen darf. In sonstigen gerichtlichen Verfahren mit religiösen Bezügen mag der Eingriff ins Religiöse weniger unmittelbar erscheinen; die Sachfragen stellen sich aber – je nach Lage des Einzelfalles in unterschiedlicher Intensität und Ausprägung – dem Grunde nach entsprechend.

a) Sachliche Überprüfbarkeit kirchlicher Entscheidungen im Rahmen der Normsetzung bzw. im Einzelfall

Fragen wirft die prinzipielle Prüfung und Anwendung von *Kirchenrecht* durch staatliche Gerichte auf. Der Sache nach hängt damit sodann das Problem der rechtlichen Überprüfbarkeit von *Vorentscheidungen* der Kirchen und Religionsgemeinschaften zusammen; denn solche Entscheidungen wirken nicht selten für den dem staatlichen Gericht vorliegenden eigentlichen Prozeßgegenstand präjudizierend.

Besonders umstritten ist die Problematik einer solchen gerichtlichen Prüfung (»Inzidentkontrolle«) im Rahmen vermögensrechtlicher Klagen aus kirchlichen Dienstverhältnissen, soweit die Rechtmäßigkeit der maßgeblichen statusrechtlichen Entscheidungen (Versetzung in den Warte- oder Ruhestand, Entlassung aus dem Dienst usw.) in Frage steht[42]. Sie stellt sich aber prinzipiell in allen Fällen, in denen »innerkirchliche« Entscheidungen rechtliche Relevanz im Prozeß vor staatlichen Gerichten entfalten.

Insbesondere ist dies dort der Fall, wo staatliches Recht auf kirchliche Normen *verweist* bzw. solche jedenfalls *als maßgeblich anerkennt*. Eine solche Sachlage ist recht häufig gegeben. Denn angesichts der Prinzipien der Säkularität und Neutralität sowie wegen der verfassungsrechtlichen Garantie des Selbstbestimmungsrechts der Kirchen und Religionsgemeinschaften kann die staatliche Rechtsordnung religiöse Sachverhalte als solche prinzipiell nicht selbst regeln; andererseits sind solche Sachverhalte aber im staatlichen Rechtsleben nicht selten von Belang.

So liegen die Dinge etwa bei der kirchlichen Mitgliedschaft, die im Rahmen des staatlichen Kirchensteuerrechts Bedeutung erlangt[43], außerdem bei der Berücksichtigung kirchlicher Bestimmungen als »gesetzliche Vorschriften« i.S. v. § 3 Abs. 3 BRAO[44]. Gleichgelagert ist die Problematik im Rahmen der Berücksichtigung kirchlichen Stiftungsrechts im staatlichen Rechtskreis[45] oder auch hinsichtlich der Relevanz kirchlicher Vorschriften über die Vermögensträgerschaft in Prozessen, welche Entschädigungsansprüche zum Gegenstand haben[46]. Entsprechende Probleme erge-

---

[42] Hierzu *OVG Koblenz*, B. v. 29. 4. 1985, DÖV 1986, 115.

[43] Aus der sehr zahlreichen Judikatur *BVerfG*, U. v. 14. 12. 1965, BVerfGE 19, 253 (258); B. v. 31. 3. 1971, BVerfGE 30, 415 (422ff.); B. v. 30. 11. 1983, NJW 1984, 969; *Bay. VerfGH*, E. v. 12. 3. 1968, KirchE 10, 21; E. v. 25. 5. 1970, KirchE 11, 213.

[44] *BVerwG*, B. v. 18. 12. 1973, KirchE 13, 423 (431, 432f.). – Unter anderer Perspektive zum gleichen Problemkreis *BVerwG*, U. v. 21. 11. 1980, KirchE 18, 326; die hiergegen erhobene Verfassungsbeschwerde wurde vom Vorprüfungsausschuß nicht angenommen: *BVerfG*, B. v. 12. 2. 1981, KirchE 18, 390.

[45] *BVerfG*, B. v. 11. 10. 1977, BVerfGE 46, 73 (84); *BVerwG*, U. v. 14. 7. 1971, BVerwGE 38, 264.

[46] *OLG Karlsruhe*, U. v. 19. 11. 1964, KirchE 7, 108.

ben sich im Hinblick auf innerkirchliche Regelungen der Vertretungsmacht[47] sowie auf die Zuweisung bzw. Abgrenzung individueller Aufgabenfelder durch Kirchen oder Religionsgemeinschaften; solche Entscheidungen können prozeßentscheidende Relevanz für den Begriff des »Geistlichen« i. S. v. § 11 Abs. 1 Nr. 3 WPflG[48] oder § 53 Abs. 1 Nr. 1 StPO[49] entfalten, ebenso für die Anwendung des Begriffs der »ehrenamtlichen« Tätigkeit i. S. v. § 539 Abs. 1 Nr. 13 RVO[50].

b) Konkretisierung des religiösen »Eigenbereichs«

Die Frage nach der gerichtlichen Prüfungsbefugnis spitzt sich zu im speziellen Problem der Definitionsmacht staatlicher Gerichte bezüglich religiöser (Lehr-)Aussagen, soweit diese im Rahmen der Bearbeitung religionsbezogener Rechtsschutzbegehren rechtlich von Belang sind. Allgemein stellt sich im übrigen in Religionssachen das Problem, wer im Falle von Zweifeln berufen ist, den Umfang der »eigenen Angelegenheiten« im Sinne der Selbstbestimmungsgarantie zu bestimmen. Dürfen die Kirchen und Religionsgemeinschaften den Kreis ihrer Aufgaben nach eigenem Selbstverständnis eingrenzen, ist diese Qualifizierung durch staatliche Gerichte rechtlich hinterfragbar, jedenfalls auf ihre »Plausibilität« hin zu prüfen? Solche Fragen erfassen den gesamten Bereich der Anwendung der Artt. 140 GG/137 Abs. 3 WRV und treten deshalb in der Rechtspraxis in religiösen Angelegenheiten in verschiedensten Zusammenhängen auf.

Dies ist der Fall beispielsweise im Arbeitsrecht bei der Klärung der rechtlichen Tragweite von Loyalitätsverpflichtungen kirchlicher Mitarbeiter; ferner im Hochschulbereich bei der Konkretisierung bestimmter theologisch begründeter Voraussetzungen für die Zulassung zu Prüfungen bzw. zur Promotion an Theologischen Fakultäten oder bei der rechtlichen Würdigung der Gründe für die kirchliche Beanstandung eines katholischen Theologieprofessors an einer staatlichen Universität. Beispiele solcher Art ergeben sich in sämtlichen Rechtsbereichen, soweit im konkreten Fall Bezüge zum Wirkungsbereich religiöser Verbände vorhanden sind.

c) Religionsbezogene Definitionsprobleme bei der Anwendung säkularstaatlichen Rechts

Auch – und gerade – dort, wo sich staatliche Gerichte vermeintlich unangefochten auf dem vertrauten Boden der Anwendung *staatlichen* Rechts

47 *OLG Stuttgart*, U. v. 8. 3. 1967, KirchE 9, 32; *OLG München*, U. v. 24. 7. 1970, KirchE 11, 255; *LAG Hamm*, U. v. 29. 4. 1976, KirchE 15, 254.

48 *BVerwG*, U. v. 23. 5. 1958, BVerwGE 7, 66 (76 f.); U. v. 11. 12. 1969, BVerwGE 34, 291 (299 f.).

49 *LG Hagen*, B. v. 27. 12. 1974, KirchE 14, 213 (215).

50 *BSG*, U. v. 27. 4. 1972, KirchE 12, 472 (476); *LSG München*, U. v. 13. 12. 1972, KirchE 13, 102 (104 ff.), im Grundsatz bestätigt durch *BSG*, U. v. 18. 12. 1974, KirchE 14, 207 (209 f.); *BSG*, U. v. 19. 8. 1975, KirchE 15, 13 (17, 19); *LSG Stuttgart*, U. v. 17. 12. 1975, KirchE 15, 178 (180 f.).

bewegen, können sich grundsätzliche Definitionsprobleme ergeben: Dürfen Gerichte des säkularen Staates die im staatlichen Recht enthaltenen Tatbestandsmerkmale mit religiösem Bezug (etwa den Begriff der »Religion«, des »Bekenntnisses«, der »Religionsgesellschaft«, des »Geistlichen«, der »Seelsorge« usw.) selbständig definieren? Oder müssen sie dem Grundsatz nach die Begriffsbestimmungen und die Inanspruchnahme religionsbezogener Normen ungeprüft so übernehmen, wie sie aus dem gesellschaftlichen Bereich, von den Rechtssubjekten her, an die Judikative herangetragen werden?

Die damit angesprochene Frage nach der *Kompetenz-Kompetenz* stellt sich entsprechend auch in anderen Verfassungsbereichen, insbesondere beim Begriff der »Kunst« und im Blick auf die Definition von »Wissenschaft«; doch hat sie gerade im religionsrechtlichen Kontext in jüngerer Zeit zunehmend an Bedeutung gewonnen. Ihre Beantwortung[51] führt in eine komplexe Gemengelage verschiedenster Grundprinzipien der bestehenden Staats- und Rechtsordnung hinein – des Säkularitätsgrundsatzes, der staatlichen Justizhoheit, der Verfassungsgarantie effektiven Rechtsschutzes, des Gleichheitssatzes.

d) *Beurteilung individueller religiöser Wertungen*

Ähnliche Fragen stellen sich im Rahmen der gerichtlichen Beurteilung individueller religiöser Wertungen. Welche Prüfungsbefugnis steht den Gerichten bei der Anwendung des Art. 4 GG zur Verfügung, wenn sie die Ernsthaftigkeit eines im Zivilprozeß, im Verwaltungs-, im Arbeitsrechtsstreit usw.[52] behaupteten religiösen Impetus hinterfragen wollen? Im Zeitalter des Individualismus sieht sich die Rechtspraxis zunehmend mit subjektiv ermittelten und religiös begründeten Verhaltensimperativen konfrontiert, welche unter überkommene bzw. »herrschende« theologische Aussagen nicht ohne weiteres subsumierbar erscheinen. Die Fragestellung spitzt sich im Zuge des Vordringens »neuer Religionen« spürbar zu, allerdings nicht nur hier: Auch im Schoße der Kirchen artikulieren sich ganz verschiedene theologische Richtungen, die sich vom Ansatz her, aber auch (was dann die gerichtliche Rechtsanwendung konkret betreffen kann) in den praktischen Konsequenzen teilweise grundlegend unterscheiden.

Dieser Befund hat staatliche Gerichte beispielsweise vor die Aufgabe gestellt[53], das Verhalten eines evangelischen Pfarrers rechtlich zu beurteilen, der sich dem Ansinnen, vor Gericht einen Zeugeneid zu leisten, widersetzt und zur Begründung die

[51] Zu diesem Problemkreis näher *J. Isensee*, Wer definiert die Freiheitsrechte?, 1980, m. w. N.; *K.-H. Kästner*, ZevKR 34 (1989), S. 260 ff.

[52] Vgl. die Beispiele oben S. 44 ff. bei und in Anm. 38 ff.

[53] *BVerfG*, B. v. 11. 4. 1972, BVerfGE 33, 23.

Auffassung vertreten hatte, Jesus Christus habe in der Bergpredigt (Matthäus 5, 33–37) jegliches Schwören untersagt. Diese Begründung stand vom theologischen Ausgangspunkt her durchaus in Spannung mit diesbezüglichen Anschauungen anderer Theologen. Darf das Gericht in einem solchen Fall auf die seiner Auffassung nach »richtige« Auslegung der Bergpredigt abheben[54]?

Die staatliche Judikative ist gezwungen, im konkreten Verfahren letztlich zu einer autoritativen Rechtsentscheidung zu finden. Gerade in Situationen wie der geschilderten muß sie zwischen der Versuchung einer aktualisierten Form des obsoleten *ius reformandi* einerseits und eines *Wertrelativismus und -indifferentismus* andererseits den im säkularisierten, religiös und weltanschaulich neutralen Rechtsstaat der Gegenwart verfassungsgemäßen Weg finden.

2. *Das Verhältnis der Frage nach der Prüfungs- und Entscheidungsbefugnis zur Kompetenzproblematik*

Bereits die vorstehende Aufzählung einiger einschlägiger Fragen zeigt, daß (im Gegensatz zur Sicht weiter Teile der Rechtsprechung und der wissenschaftlichen Diskussion) staatskirchenrechtlich besonders brisante Abgrenzungsschwierigkeiten keineswegs vorwiegend im Rahmen der Kompetenzproblematik aufbrechen. Tatsächlich überlagern sich die Fragen nach der *Rechtsprechungskompetenz* staatlicher Gerichte und nach der materiellen *Prüfungs- und Entscheidungsreichweite* in religiösen Angelegenheiten von den Konsequenzen her vielfach, so deutlich sie auch im Ansatz auseinandergehalten werden müssen. Denn erst in ihrem Zusammenspiel konkretisieren diese beiden Rahmenaspekte staatsgerichtlicher Judikatur in Religionsangelegenheiten die nach dem Grundgesetz vorgezeichnete rechtsstaatlich-freiheitliche Ordnung im Religiösen.

Dies verdeutlicht insbesondere ein Blick auf die Schrankenformel (»für alle geltendes Gesetz«) in Artt. 140 GG/137 Abs. 3 WRV. Sie ist in zweierlei Hinsicht für die Rechtsschutzfrage von Belang. Einerseits zieht sie in der Errichtung einer Schranke die Notwendigkeit nach sich, im Konflikt die zur Überwachung und Prüfung berufene Instanz zu bestimmen, also die altvertraute »Gretchenfrage«: Quis iudicabit?[55] zu beantworten; damit wird die Verbindungslinie zur *Rechtsprechungskompetenz* als solcher gezogen. An-

[54] Hierfür plädiert ausdrücklich *F. von Schlabrendorff* in seiner abw. Meinung zum B. des BVerfG v. 11. 4. 1972, BVerfGE 33, 35 ff.

[55] Diese »Urfrage der Staatsrechtslehre« (*J. Isensee*, Wer definiert die Freiheitsrechte?, 1980, S. 10) stellte *K. Hesse* (Rechtsschutz durch staatl. Gerichte im kirchl. Bereich, 1956, S. 76) im Blick auf das Selbstbestimmungsrecht der Kirchen und Religionsgemeinschaften, und er beantwortete sie sogleich: »Niemand«. Im Kontext der in den 50er Jahren entwickelten Grundan-

dererseits begrenzt die verfassungsrechtliche Schrankenformel gleichzeitig infolge ihres Normgehaltes und ihrer Funktionszuordnung zum Freiheitsprinzip die *Prüfungsreichweite und Entscheidungsbefugnis* der jeweils zur Entscheidung aufgerufenen Stelle; sie sichert den Gehalt der geltenden Religionsverfassung insoweit durch immanente sachbezogene Grenzen staatlicher Ingerenz, die von der Rechtsanwendung zu beachten sind.

schauung über die verfassungsrechtl. Zuordnung von Staat und Kirche lag diese Folgerung nahe; doch bedarf die Frage heute einer differenzierteren Antwort.

Sechstes Kapitel

Hintergrund und Tragweite der staatskirchenrechtlichen Kompetenzproblematik

I. Allgemeine prozeßrechtliche Bedeutung der Kompetenzfrage

Prozeßrechtlich kann bei der Prüfung der Zulässigkeit konkreter Rechtsschutzbegehren nicht verzichtet werden[1] auf eine Klärung des Kompetenzproblems, also der Frage nach der prinzipiellen Zuständigkeit deutscher staatlicher Gerichtsbarkeit zur Entscheidung. Denn ihre Bejahung (wiewohl als Sachentscheidungsvoraussetzung gesetzlich nicht ausdrücklich normiert) stellt ein grundlegendes Zulässigkeitskriterium für die Funktion und damit auch für die Anrufung staatlicher Gerichte dar. Zutreffend ist die Frage nach dem Bestehen staatlicher Rechtsprechungskompetenz im einzelnen Fall unter Verweis auf die §§ 18 bis 20 GVG als »ein Seitenstück zu der Prozeßvoraussetzung der deutschen Gerichtsbarkeit« qualifiziert[2] und ihr Grundsatz- und Vorrangcharakter gegenüber den sonstigen Sachentscheidungsvoraussetzungen betont worden[3].

Damit ist freilich nicht gesagt, daß die Kompetenzfrage regelmäßig ein erhebliches Problempotential beinhalte. In der Mehrzahl der Fälle, in denen staatliche Gerichte tätig werden, stellt sie sich als solche gar nicht mehr ausdrücklich; denn sie erscheint zumeist angesichts der grundgesetzlichen Justizverfassung und des einschlägigen Prozeßrechts bereits als präjudiziert. Auch für *Religionssachen* gilt dies in weitem Umfang: Zu Recht wird die

---

1 So denn auch ausdrücklich *BGH*, U. v. 16. 3. 1961, BGHZ 34, 372 (373): »Es geht ... um den Wegfall der staatlichen Jurisdiktionsgewalt, mithin um den Wegfall einer Prozeßvoraussetzung, die während des gesamten gerichtlichen Verfahrens gegeben sein und deren Vorhandensein in jeder Lage des Verfahrens von Amts wegen geprüft werden muß.« Vgl. ferner zur Anwendbarkeit von § 547 Abs. 2 Ziffer 1 ZPO a. F. auf die Entscheidung über das Bestehen staatl. Gerichtsbarkeit *BGH*, U. v. 12. 7. 1962, NJW 1962, 1866. – *BVerwG*, U. v. 7. 10. 1983, BVerwGE 68, 62 (63): »Der Rechtsstreit fällt in die staatliche Gerichtsbarkeit.«

2 *J. Isensee*, Gedächtnisschrift für L.-J. Constantinesco, 1983, S. 306. Zustimmend *G. Winands*, DÖV 1986, S. 99 f. FN 7.

3 *J. Isensee*, FS K. Obermayer, 1986, S. 211 f.

Kompetenz staatlicher Gerichte gar nicht erst ernsthaft in Frage gestellt bei solchen Gerichtsverfahren, welche – mit religiösen Bezügen – ausschließlich zwischen »weltlichen« Hauptbeteiligten geführt werden und in denen religiöse Verbände allenfalls als rechtlich Betroffene nach Maßgabe des jeweiligen Verfahrensrechts, beispielsweise als Beigeladene (§ 65 VwGO), zum Prozeß hinzugezogen werden; ferner in Straf- und Ordnungswidrigkeitenverfahren sowie auch in den meisten[4] Angelegenheiten freiwilliger Gerichtsbarkeit mit religiösem Bezug. Auch dort, wo Kirchen und Religionsgemeinschaften im Rahmen des jeweils einschlägigen Prozeßrechts um Rechtsschutz durch staatliche Gerichte nachsuchen, ergeben sich keine spezifischen Kompetenzprobleme, sofern der Beklagte (bzw. der Antragsgegner usw.) »weltlicher« Natur ist und der Rahmen üblicher gerichtlicher Funktionen innerhalb der verfassungsmäßigen Rechtsordnung nicht überschritten wird. Es unterliegt keinem Zweifel, daß unter dem Grundgesetz staatliche Gerichte ihre Aufgaben der Rechtsfindung und Rechtsdurchsetzung auch *zugunsten religiöser Verbände* ohne Abstriche zu erfüllen befugt und verpflichtet sind[5].

II. Von der staatskirchenrechtlichen Freiheitsfrage zur Kompetenzproblematik

1. Staatliche Rechtsschutzaufgabe und Freiheitsanspruch religiöser Verbände

Die justizverfassungsrechtlichen Vorgaben des Grundgesetzes stellen in gleichem Maße konstituierende Strukturelemente der freiheitlichen Verfassungsordnung dar wie die bestimmenden Prinzipien der geltenden Religionsverfassung. Von dieser verfassungsrechtlichen Ausgangslage ist das Grundgesetz geprägt. Sie würde bereits im Ansatz verfehlt, wollte man die rechtsstaatliche Rechtsschutzordnung gegen die zentralen staatskirchenrechtlichen Festlegungen ausspielen, der ersteren absoluten Vorrang gegenüber den letzteren zusprechen – oder auch in den umgekehrten Fehler verfallen. Die Gerichte sind demgemäß berufen zur Aufrechterhaltung eines materiell freiheitlichen Status der religiösen Verbände unter *gleichzeitiger* Wahrung der Aufgaben und Zuständigkeiten des sozialen Rechtsstaates.

Nicht anders als andere verfassungsrechtliche Problemkreise müssen die Rechtsschutzfragen mit der Verfassung als *ganzer* konfrontiert und unter

[4] Vgl. aber unten S. 190ff.

[5] Eingehend dazu *H. Weber*, HdbStKirchR I, S. 729ff.

Berücksichtigung sämtlicher einschlägiger Aspekte einer Lösung zugeführt werden. Kategorische Akzentuierungen bestimmter Gesichtspunkte werden, sofern die Verfassung sie nahelegt, damit keineswegs ausgeschlossen; doch verspricht gerade in der staatskirchenrechtlichen Rechtsschutzproblematik letztlich nicht die Suche nach radikalen *Alternativen* angemessene Resultate, sondern eher das Streben nach einem methodisch und dogmatisch ordnungsgemäß ermittelten »Ausgleich zwischen den Schutzbereichen mehrerer verfassungsrechtlicher Gewährleistungen«[6].

Analoge Probleme der Reichweite staatsgerichtlicher Justitiabilität stellen sich im Wirkungsbereich staatlicher Rechtsordnung auch in nicht-staatskirchenrechtlichen Zusammenhängen. Erinnert sei hier etwa an die Fragen gerichtlicher Überprüfung politischer Entscheidungen der Regierung, an die Problematik »gerichtsfreier Hoheitsakte«, an die Reichweite von Beurteilungs- und Ermessensspielräumen öffentlicher Verwaltung, an den Freiheitsraum bei Entscheidungen aus dem Wirkungsbereich kommunaler Selbstverwaltung, an die Fragen der Justitiabilität von Sanktionen, welche durch Parteien, Vereine oder Gewerkschaften gegen ihre Mitglieder verhängt werden, oder von Gewissensentscheidungen des Arztes im Umgang mit seinem Patienten bzw. dessen Angehörigen usw. Im Rahmen der staatskirchenrechtlichen Ordnung des Grundgesetzes gewinnt die Rechtsschutzfrage ihre besondere Dimension und Schwierigkeit dadurch, daß es hier letztlich um die effektive Tragweite zweier Prinzipien geht, die beide von maßgeblicher Bedeutung für die geltende Verfassungsordnung sind: um die *freiheitssichernde Funktion des Staates* einerseits und um den von der Verfassung anerkannten *Freiheitsanspruch der Kirchen und Religionsgemeinschaften* andererseits. Das Erfordernis, diese beiden Prinzipien in der Praxis einander tragbar zuzuordnen, stellt sich in jedem einzelnen an die Gerichte herangetragenen Rechtsschutzbegehren immer wieder aufs neue; es droht verfehlt zu werden, wenn eines dieser Verfassungsprinzipien dem anderen verabsolutierend übergeordnet bzw. entgegengesetzt wird.

Diese Rechts- und Sachlage erhält einen Akzent noch dadurch, daß es sich in den problematischen Fällen zumeist nicht bloß um eine auf der Rechtsschutzebene auszutragende Kompetenzabgleichung zwischen dem Staat einerseits und der jeweils beteiligten Kirche bzw. Religionsgemeinschaft andererseits handelt. Oft geht es vielmehr um das Rechtsschutzbegehren eines *Dritten*. Er steht als Staatsbürger bzw. juristische Person in einem allgemeinen rechtlichen Grundverhältnis zum Staat. Wenn er dann auch möglicher-

---

[6] *A. v. Campenhausen*, AöR 112 (1987), S. 625; vgl. auch S. 645. – Im gleichen Sinne ferner *W. Rüfner*, HdbStKirchR I, S. 760 (»Abwägung«), 779 (»Ausgleich«); *D. Ehlers*, ZevKR 27 (1982), S. 271 (»Zuordnung der unterschiedlichen verfassungsrechtlich geschützten Rechtsgüter«).

weise in Gestalt der Mitgliedschaft bzw. eines Dienstverhältnisses usw. gleichzeitig enge Rechtsbeziehungen zu der betreffenden Kirche oder Religionsgemeinschaft unterhält, ist er doch gerade in der Frage verfassungsgemäßer Gerichtsbarkeit in Religionssachen in seiner Eigenschaft als Rechtssubjekt, dem der soziale Rechtsstaat angemessenen Rechtsschutz schuldet, ernst zu nehmen. Die bisherige Behandlung der Problematik in Gerichtspraxis und Literatur ist diesem Erfordernis freilich nicht durchweg hinreichend gerecht geworden.

Es läßt sich nicht verkennen, daß Kirchen und Religionsgemeinschaften faktisch soziale Macht ausüben. Ihr unterwirft sich der Betroffene in den meisten Fällen in Gestalt der Eingehung bzw. Beibehaltung der Mitgliedschaft, des Eintritts in ein Dienstverhältnis usw. freiwillig; doch vermag sie jedenfalls auf seinen persönlichen Rechtskreis und auf seine bürgerliche Existenz spürbar einzuwirken – im Hinblick auf mannigfaltige immaterielle Präjudizierungen der individuellen Persönlichkeitsentfaltung, aber auch ganz greifbar in materieller Hinsicht. Es mag zwar fraglich erscheinen, ob aus der Ausübung sozialer Macht durch Kirchen und Religionsgemeinschaften weitreichende konkrete Folgerungen in rechtsdogmatischer Hinsicht abzuleiten sind, wie es etwa in bezug auf den Begriff der Ausübung »öffentlicher« Gewalt i. S. v. Art. 19 Abs. 4 GG vorgeschlagen worden ist[7]. Im Blick auf die *grundsätzliche Wertigkeit und Dringlichkeit* staatlicher Rechtsschutzpflicht und -kompetenz gegenüber den religiösen Verbänden ist dieser Aspekt aber jedenfalls von Belang.

2. *Die Kompetenzfrage als Problem staatlicher Funktion*

Klarheit muß ferner darüber bestehen, daß es bei der staatskirchenrechtlichen Kompetenzproblematik keineswegs darum geht, den Kirchen und Religionsgemeinschaften als solchen die *Übernahme* eines Strukturprinzips staatlichen Verfassungsrechts in ihren eigenen Organisations- und Wirkungsbereich aufzuzwingen. Letzteres ist beispielsweise im Blick auf eine »Demokratisierung« der Kirchen oder ihre pauschale Bindung an »elementare Grundrechte« bzw. grundlegende Prinzipien rechtsstaatlicher Verfassungsordnung unter bisweilen allzu unbefangenem Rückgriff auf die Schrankenformel der Artt. 140 GG/137 Abs. 3 WRV diskutiert worden[8]. Ob bzw. inwieweit die religiösen Verbände auf der Basis ihres religiösen Selbstverständnisses *intern* die Geltung des Rechtsschutzprinzips anerkennen und durch die Errichtung einer eigenen Gerichtsbarkeit realisieren (müssen), ist

[7] *D. Lorenz*, Der Rechtsschutz des Bürgers und die Rechtsweggarantie, 1973, S. 117f.
[8] Vgl. dazu *K.-H. Kästner*, JuS 1977, S. 720f. m. w. N.

ein Problem ihres *eigenen* Wirkens und seiner staatlich-normativen Beschränkungen; *diese* Frage ist deshalb unmittelbar und ausschließlich nach Maßgabe der Verfassungsgarantie des institutionellen religiösen Selbstbestimmungsrechts zu klären.

Demgegenüber geht es bei der Frage staatsgerichtlicher Kompetenz in Angelegenheiten der religiösen Verbände um eine *staatliche* Funktion und deren verfassungsrechtliche Rahmenbedingungen. Auch diese Problematik wird maßgeblich durch die Artt. 140 GG/137 Abs. 3 WRV bestimmt – aber nicht vorrangig oder gar ausschließlich, sondern *neben* sonstigen Verfassungsvorgaben, die den Staat selbst in seinem Handeln berechtigen bzw. verpflichten. Denn es geht hier nicht unmittelbar um eine »eigene Angelegenheit« von Kirchen oder Religionsgemeinschaften, sondern um die Tragweite ihres »Eigenbereichs« in seiner Einbettung in die allgemeine staatliche Rechts- und Rechtsschutzordnung. Dieser grundlegende Bezug wird verfehlt, projiziert man die staatskirchenrechtliche Rechtsschutzfrage vorschnell und einseitig auf die religiöse Selbstbestimmung.

3. Das Grundverhältnis zwischen staatlicher Justizhoheit und religiösem Selbstbestimmungsrecht

Was das materielle Verhältnis staatlicher Gerichtstätigkeit in Angelegenheiten der Kirchen und Religionsgemeinschaften zur Verfassungsgarantie des religiösen Selbstbestimmungsrechts angeht, drängt sich zunächst dringlich eine kritische Betrachtung der konkreten Realisierung staatlicher Justizhoheit (die Frage nach dem »wie« staatlicher Gerichtsbarkeit) auf dem Felde des Wirkens religiöser Verbände auf. Sie betrifft die Reichweite und die anwendbaren Maßstäbe der gerichtlichen Begründetheitsprüfung konkreter Rechtsschutzbegehren. Schon seit Anfang der 50er Jahre ist darüber hinaus prinzipiell das Bestehen staatlicher Gerichtsbarkeit in Angelegenheiten der Kirchen (also die Frage nach dem »ob« staatlicher Judikatur) zum Testfall institutioneller Freiheitlichkeit der bestehenden religionsverfassungsrechtlichen Ordnung hochstilisiert worden.

Diese vorrangige Fixierung der Perspektive auf die Kompetenzfrage – gerade so, als ob mit dieser die Freiheit der Kirchen und Religionsgemeinschaften stehe und falle – setzt ein spezifisches Verständnis des Grundverhältnisses zwischen staatlicher Justizhoheit und religiösem Selbstbestimmungsrecht voraus. Nicht in erster Linie materielle Überlegungen der Optimierung des Freiheitsraumes religiöser Verbände haben bisher hauptsächlich der Kompetenzfrage besondere Aufmerksamkeit gesichert – diesem Anliegen wäre zweifellos auf dem Wege einer zutreffenden Eingrenzung der

Prüfungs- und Entscheidungsbefugnis staatlicher Gerichte mindestens ebenso effizient Rechnung zu tragen. Bestimmendes Gewicht entfalteten vielmehr formelle Grundanschauungen bezüglich des Verhältnisses der staatlichen Hoheitsgewalt zum Wirken der Kirchen.

Das Spannungsverhältnis zwischen dem Selbstbestimmungsrecht der Kirchen und Religionsgemeinschaften einerseits und der dieses berührenden staatlichen Gerichtsbarkeit andererseits wird anhand konkreter Einzelfragen immer wieder spürbar und kann im einzelnen Fall zu schwer lösbaren Wertungsgegensätzen führen. In der Literatur ist dies sehr zu Recht öfters angesprochen worden[9]. Bereits dem Grunde nach wurde darüber hinaus jedoch die Ingerenz staatlicher Gerichte als zum religiösen Selbstbestimmungsrecht in einem Verhältnis unaufhebbarer *Antinomie* stehend qualifiziert. So hat man das Prinzip Eigenständigkeit und das Prinzip Rechtsschutz – jeweils vollständig entfaltet – als grundsätzlich »miteinander unvereinbar« beurteilt[10]; und es wurde darauf hingewiesen, daß eine staatsgerichtliche Kontrolle innerkirchlicher Dienstverhältnisse »in nicht auszugleichendem Widerspruch zum kirchlichen Selbstbestimmungsrecht« stehe[11] und daß die »antagonistischen Prinzipien« der Verfassung – nämlich die Rechtsschutzgarantie einerseits, das Selbstbestimmungsrecht der Kirchen und Religionsgemeinschaften andererseits – »nicht gleichzeitig verwirklicht werden« könnten[12].

In dieser Betrachtung bedeutet rechtsprechende Tätigkeit staatlicher Gerichte auf dem Wirkungsfeld der Kirchen und Religionsgemeinschaften grundsätzlich einen *Eingriff*, der eigentlich freiheitswidrig erscheint und deshalb bereits vom Prinzip her besonderer Legitimation und Begründung bedarf. Es äußern sich hier anhand der Rechtsschutzfrage die Konsequenzen

---

[9] *J. Frank*, HdbStKirchR I, S. 694 [»Widerstreit«]; *U. Steiner*, JuS 1980, S. 344 FN 33 [»Spannungsverhältnis«]; *W.-R. Schenke*, FS H. J. Faller, 1984, S. 133 und 137; *O. J. Voll / J. Störle*, Hdb. des Bay. Staatskirchenrechts, 1985, S. 423 [»Zwiespalt«].

[10] *H.-U. Evers*, FS E. Ruppel, 1968, S. 330; mit gleichem Ansatz *ders.*, VVDStRL 26 (1968), S. 140 (Aussprache). *J. Listl*, Das Grundrecht der Religionsfreiheit, 1971, S. 412, spricht von »zwei bei radikaler Verwirklichung sich gegenseitig ausschließenden Verfassungsprinzipien«: »der verfassungsrechtlich garantierten Eigenständigkeit der Religionsgemeinschaften zur Regelung ihrer Angelegenheiten auf der einen und der Garantie eines lückenlosen Rechtsschutzes für alle Bürger durch staatliche Gerichte auf der anderen Seite«. Ähnlich *W. Rüfner*, HdbStKirchR I, S. 760, wenn er darauf hinweist, daß »der Grundsatz der kirchlichen Eigenständigkeit konsequent zu Ende gedacht zu einer Exemtion der Kirchen von jeglicher staatlicher Gerichtsbarkeit« führe. Vgl. andererseits aber dort (S. 763) auch seine Bewertung, daß die prinzipielle Einbindung der Kirchen in das staatl. Rechtsschutzsystem »mit der materiellen kirchlichen Eigenständigkeit an sich nicht im Widerspruch« stehe, sowie seine Bemerkung, es sei »eine ... umfassende Exemtion von der staatlichen Gerichtsbarkeit ... den Kirchen nie gewährt worden, sie haben sie auch nie gefordert« (Rechtsschutz gegen kirchl. Rechtshandlungen [1983], S. 129).

[11] *D. Pirson*, FS E. Ruppel, 1968, S. 301; der Sache nach auch *J. Listl*, DÖV 1984, S. 588.

[12] *W. Rüfner*, HdbStKirchR I, S. 779 f.

einer Sichtweise, welche der Sache nach noch stark dem staatskirchenrechtlichen Institutionendenken des 19. Jahrhunderts verhaftet ist; sie wertet die unzweifelhaft vorhandene formale Konfrontation des Freiheitsanspruchs der Kirchen und Religionsgemeinschaften einerseits und der für religiöse Verbände wirksamen Betätigungsformen staatlicher Hoheitsgewalt andererseits als ein Aufeinanderprallen prinzipiell *gegensätzlicher*, gleichsam monolithisch im Verfassungsleben stehender Mächte und Prinzipien. In dieser Perspektive wird die unbestreitbare Unterschiedenheit der Interessen und Aufgaben von Staat und Kirchen bzw. Religionsgemeinschaften betont, nicht aber deren wechselseitige Einbindung in das Kompetenzgefüge einer freiheitlichen demokratischen Verfassungsordnung[13].

Dem liegt die Vorstellung zugrunde, daß die in den Artt. 140 GG/137 Abs. 3 WRV enthaltene Freiheitsgarantie wesensgemäß durch die Konstituierung eines von staatlichen Hoheitsfunktionen, von Schranken staatlicher Rechtsordnung und damit auch von dem Wirken der Judikative prinzipiell freien Raumes gekennzeichnet sei. In der staatskirchenrechtlichen Diskussion seit 1949 ist diese Auffassung in zwei Spielarten vertreten worden: in Gestalt der Koordinationsrechtslehre sowie der »Bereichslehre«. Sie unterscheiden sich dem Ansatz nach grundlegend im Blick auf die theoretische Grundbetrachtung des Verhältnisses zwischen der staatlichen Hoheitsgewalt und den Befugnissen religiöser Verbände; in den praktischen Konsequenzen für die (Un-)Zulässigkeit staatlicher Ingerenz decken sie sich sodann allerdings partiell, wobei im Grunde genommen lediglich *quantitativ* das Ausmaß der Exemtion der Kirchen und Religionsgemeinschaften von staatlicher Hoheitsgewalt differiert.

---

13 Kritisch zu einer solchen Konzeption, von welcher Staat und Kirche »als souveräne Mächte eigenen Rechts einander gegenübergestellt und nebengeordnet werden« und die »beide nach wie vor lediglich als statisch-starre Herrschaftssubjekte begreift«, auch *K. Hesse*, ZevKR 11 (1964/65), S. 348 f. FN 36. Vgl. ferner *M. Heckel*, VVDStRL 26 (1968), S. 9 f., 11 ff., 15 f., 23 f., 31 ff., 40 ff.

Siebentes Kapitel

Die Kompetenzfrage als Suche nach einer staatsfreien religiösen Sphäre

I. Koordinationsrechtliche Grundlagen der Rechtsschutzdiskussion nach 1949

1. Die Kirchen als souveräne Herrschaftssubjekte

Nachhaltigen Einfluß auf die staatskirchenrechtliche Rechtsschutzdiskussion hat die Koordinationsrechtslehre ausgeübt. Sie beherrschte in Lehre[1] und Praxis[2] – unterschiedlich konsequent ausgeformt – das Staatskirchenrecht der Bundesrepublik Deutschland während der 50er und noch anfangs der 60er Jahre. Für die Religionsverfassung des Grundgesetzes konstatierte sie ein Entfallen nicht nur spezifischer *kirchenhoheitlicher* Befugnisse des Staates; vielmehr sah sie die Kirchen als wesensgemäß souveräne Herrschaftssubjekte in ihren Angelegenheiten aus den Bindungen der *allgemeinen staatlichen Hoheitsbefugnisse* grundsätzlich herausgenommen. Daß sich hieraus gerade auch für die Frage staatsgerichtlicher Kompetenz in Kirchen-

[1] *H. Holtkotten*, BK (Erstbearb.), Anm. II 2, 3 und 5 zu Art. 140; *A. Süsterhenn / H. Schäfer*, Kommentar der Verf. für Rh.-Pf., 1950, Vorbem. 6 zu Art. 41; *W. Weber*, VVDStRL 11 (1954), S. 158f., 167, 169, 173ff.; *ders.*, Handwörterbuch der Sozialwissenschaften, 9. Bd., 1956, S. 756; *H. Peters*, VVDStRL 11 (1954), S. 181, 185ff., 212; *K. Hesse*, Rechtsschutz durch staatl. Gerichte im kirchl. Bereich, 1956, S. 14, 16f., 18, 53, 59ff., 62, 71, 73, 76, 81f. und passim; *E. Beulcke*, ZevKR 6 (1957/58), S. 131, 147; *H. Maurer*, Die Verwaltungsgerichtsbarkeit der evang. Kirche, 1958, S. 150ff.; *H. Ridder*, Kirche – Staat – Rundfunk, 1958, S. 11f., 13, 16; *ders.*, Staatslexikon, Bd. IV, 6. Aufl. 1959, Sp. 1026ff.; *G. Dürig*, M-D (Erstbearb. 1958), Rdnr. 20 zu Art. 19 Abs. 4; *ders.*, ibd. (Erstbearb. 1959), Rdnr. 39 zu Art. 19 Abs. 3; *P. Mikat*, Staatslexikon, Bd. IV, 6. Aufl. 1959, Sp. 1010; *ders.*, Kirchen und Religionsgemeinschaften (1960), S. 145ff., 175f., 191; *ders.*, Kirchl. Streitsachen vor den Verwaltungsgerichten (1963), S. 324, 329; *ders.*, Das Verhältnis von Kirche und Staat, 1964, S. 9, 14ff.; *S. Grundmann*, ÖAfKR 13 (1962), S. 289f., 291f., 294ff.; *ders.*, EvStL, 1. Aufl. 1966, Sp. 2378ff.; *H. Marré / K.-E. Schlief*, NJW 1965, S. 1514ff.; *H. Marré*, Zs. für Politik 13 (1966), S. 388ff., insbes. S. 397ff.; *ders.*, DVBl. 1966, S. 10ff.; *ders.*, DVBl. 1967, S. 443ff.; *A. Hamann*, Grundgesetz, 2. Aufl. 1961, Anm. A 2 zu Art. 140 [anders *A. Hamann (jun.) / H. Lenz* in der 3. Aufl. (1970) des Kommentars, Anm. A 2 zu Art. 140].

[2] Vgl. die auf S. 80ff. in Anm. 15ff. zitierten Entscheidungen.

sachen einschneidende Konsequenzen ergeben mußten, liegt auf der Hand.

Plastisch hat Paul Mikat das Vorverständnis und die Grundlagen des koordinationsrechtlichen Standpunktes im Jahre 1960 verdeutlicht: »Das Verhältnis von Staat und Kirche ist ... nicht ein System der Über- und Unterordnung oder der Einordnung der Kirche in die vom Staat aufgestellte Rechtsordnung, wie es dem überwundenen, ausschließlich staatsbezogenen Denken und der etatistischen Auffassung einer vergangenen Zeit eigen war. Es handelt sich vielmehr um ein *System der Zuordnung* (Koordination) zweier voneinander unabhängiger, in ihren Bereichen selbständiger Gemeinwesen, die ihre jeweilige Höchstzuständigkeit in dem ihnen zugewiesenen Raum gegenseitig anerkennen und darüber hinaus auf bestimmten, die Interessen beider Gemeinschaften berührenden Gebieten mit ihren jeweils spezifischen Mitteln zum Gemeinwohl zusammenwirken, wie dies bereits in den Konkordaten und Kirchenverträgen der Weimarer Zeit angebahnt worden war. So hat sich also die Koordinationslehre durchgesetzt, die die Kirche und den Staat als gleichrangige Gemeinschaften erster Ordnung, als ›societates perfectae‹ begreift ... «[3]

Diese Auffassung suchte die Kirchen in ihrem Wirken an sich der staatlichen Gewalt prinzipiell gleichzuordnen; sie stellte folglich die religiöse Freiheitsfrage vom Ansatz her in den Kontext einer institutionellen Konfrontation unterschiedlicher Hoheitsträger. Soweit hierbei von einer Emanzipation der Kirchen aus der *Rechtshoheit* des Staates auszugehen war, mußte auch ihre Unterwerfung unter dessen *Gerichtshoheit* als obsolet erscheinen. Zwangsläufig resultierte daraus ein grundsätzlicher Ausschluß hoheitlich – nicht vertraglich – begründeter Ingerenz staatlicher Gerichte in das Wirken der Kirchen[4]; dies mündete in eine Versagung staatlichen Rechtsschutzes auch dort, wo kirchliche Maßnahmen Auswirkungen im staatlichen Rechtskreis zeitigten. Jedenfalls von Teilen der staatskirchenrechtlichen Lehre (kaum jedoch in der Gerichtspraxis) ist diese Konsequenz durchaus als problematisch empfunden worden. Bereits frühzeitig suchte man insoweit denn auch angemessene Lösungen durch die Anerkennung prävalenter Fak-

---

3 *P. Mikat*, Kirchen und Religionsgemeinschaften (1960), S. 145f. (Hervorhebung im Original).

4 Auf dieser Grundlage beruhen mehrere Diss. zur Thematik: *E. Glasow*, Die Anfechtbarkeit kirchl. Verwaltungsakte, 1956; *M. Herr-Beck*, Die Frage nach der Zulässigkeit des staatl. Rechtsweges für Entscheidungen der Kirchenbehörden, 1958 (vgl. insbes. S. 20f., 22, 24ff., 31f.); *O. Katholnigg*, Kath. Kirche und Rechtsweg, 1960; *H. Säcker*, Der verfassungsgerichtl. Schutz gegen innerkirchl. Maßnahmen, 1968 (vgl. insbes. S. 90ff.). Ferner *G.-A. Vischer*, Verwaltungsgerichtsbarkeit und Kirchenrecht, 1948, S. 21f.; *ders.*, Ev.-Luth. Kirchenzeitung 10 (1956), S. 21ff.; *G. Conradt / G. Piechulek*, JR 1953, S. 169f.; *W. Weber*, VVDStRL 11 (1954), S. 167, 173ff., 254f.; *W. Thieme*, AöR 80 (1955/56), S. 426ff.; *ders.*, AöR 81 (1956), S. 511f.; *G. Dürig*, M-D (Juli 1959), Rdnr. 20 zu Art. 19 Abs. 4; *H. Maurer*, Die Verwaltungsgerichtsbarkeit der evang. Kirche, 1958, S. 149ff.; *ders.*, DÖV 1960, S. 749ff., insbes. S. 751ff.; *ders.*, DVBl. 1961, S. 626; *D. u. U. Mann*, DVBl. 1962, S. 243f.; *G. Meier*, DVBl. 1967, S. 705ff.

toren aus der Sphäre justizverfassungsmäßiger staatlicher Funktionen zu ermöglichen[5].

Die Koordinationsauffassung hat nach 1949 im Blick auf die Frage staatlicher Rechtsprechungskompetenz in Kirchensachen zunächst wesentliche Impulse zur Herausbildung eines religionsverfassungsrechtlich orientierten »Problembewußtseins« geliefert. In der Sache selbst führte sie freilich zu einer folgenreichen perspektivischen Akzentuierung der Rechtsschutzfrage. Denn sie stellte vom Ansatz her das grundgesetzlich vorgezeichnete Verhältnis von justizverfassungsrechtlichem Normalfall (Gewährung staatlichen Rechtsschutzes) und Ausnahme (Herausnahme bestimmter Rechtsstreitigkeiten aus dem Funktionsbereich der staatlichen Judikative)[6] nachgerade auf den Kopf: indem sie die Existenz eines Freiraumes der Kirchen präsumierte, welcher staatlicher Justizhoheit prinzipiell entzogen sei und der Dezision der Staatsgerichte nur ausnahmsweise unterliege.

2. *Die frühe Gerichtspraxis zur Kompetenzfrage*

Unverkennbar verfolgt die Rechtsprechung in der Kompetenzfrage seit Anfang der 60er Jahre unter dem Eindruck der Koordinationsrechtslehre eine betont restriktive Tendenz. Es erscheint deshalb bemerkenswert und verdient hervorgehoben zu werden, daß sich die Gerichte der grundsätzlichen Problematik staatlicher Gerichtsbarkeit in »eigenen« Angelegenheiten der Kirchen und Religionsgemeinschaften nach 1949 zunächst eher zögernd und partiell widmeten; dies geschah vornehmlich in Sachen, welche an sich in den Zuständigkeitsbereich der Verwaltungsgerichte[7] gehörten. Demgegen-

[5] Insbes. *K. Hesse*, Rechtsschutz durch staatl. Gerichte im kirchl. Bereich, 1956, S. 83ff.; *ders.*, DVBl. 1955, S. 64f.; *ders.*, ibd. S. 590f.; *ders.*, JZ 1961, S. 450; *ders.*, JöR NF 10 (1961), S. 78f.; *U. Scheuner*, ZevKR 3 (1953/54), S. 355ff.; *ders.*, ZevKR 6 (1957/58), S. 357ff.; *Chr.-F. Menger*, MDR 1955, S. 512ff.; *P. Mikat*, Kirchen und Religionsgemeinschaften (1960), S. 190ff.; *ders.*, FS Dt. Verwaltungsgerichtsbarkeit und BVerwG, 1963, S. 315ff.; *D. Scheven*, Der Verwaltungsrechtsschutz im kirchl. Bereich, 1954, insbes. S. 56ff.; *ders.*, ZevKR 4 (1955), S. 158ff., 160ff., 167f., 168ff.; *H. Johnsen*, Nachprüfbarkeit kirchl. Rechtshandlungen durch staatl. Gerichte, 1956, S. 141ff., 161ff.; *H.-B. Schulz*, Der weltliche Rechtsschutz im kirchl. Bereich, 1957, S. 19ff., 25ff.; *F. H. Schoofs*, Geschichte und Gegenwartsgestalt der kirchl. Gerichtsbarkeit der evang. Kirchen in Deutschland, 1963, S. 350ff.

[6] Vgl. unten S. 139ff.

[7] Mit teils fragwürdigen Ergebnissen: *BVerwG*, U. v. 17. 12. 1954, KirchE 2, 413 (415ff.) [NJW 1955, 725 m. Anm. *W. Weber*; DVBl. 1955, 323 m. Anm. *W. Tietgen*; ZevKR 4 (1955), 330 m. Anm. *K. Hesse*; dazu ferner *Chr.-F. Menger*, MDR 1955, S. 512ff.]; *VG Kassel*, U. v. 20. 9. 1951, KirchE 1, 185 (187f., 189, 191); *VG Berlin*, U. v. 16. 1. 1953, KirchE 2, 1 (4ff.); *VGH München*, U. v. 6. 4. 1954, KirchE 2, 223 (228f.); *LVG Hannover*, B. v. 6. 6. 1956, KirchE 3, 307 (309ff.); *OVG Lüneburg*, U. v. 29. 1. 1957, KirchE 4, 18 (21f.); *OVG Münster*, B. v. 14. 3. 1957, KirchE 4, 37 (40, 41) [das allerdings von einem unzutreffenden Begriff des »Staatskirchenrechts« her argumentiert; kritisch insoweit bereits *K. Hesse*, JöR NF 10 (1961), S. 78 FN 10];

über neigten vor allem[8] die Zivilgerichte[9] anfangs unter dem Eindruck älteren Rechts aus der Zeit vor Inkrafttreten des Grundgesetzes[10] dazu, weniger die prinzipielle Zuständigkeit staatlicher Gerichte in Kirchensachen zu problematisieren als vielmehr die Frage des konkret einschlägigen *Rechtswegs*[11]. Diese Handhabung erschien eingebettet in die bis zum Inkrafttreten der verwaltungsgerichtlichen Generalklausel (§40 VwGO) geführte allgemeine Abgrenzungsdiskussion zwischen Zivil- und Verwaltungsgerichtsbarkeit, insbesondere auch in die Auseinandersetzung um die Zuständigkeit der ordentlichen Gerichte für materiell öffentlich-rechtliche Streitigkeiten kraft »Tradition«[12].

Die Frage nach der staatlichen Rechtsprechungskompetenz in Kirchensachen wurde im Rahmen einer durch die damalige Rechtslage bedingten und mit dieser erledigten Kontroverse[13] über die Tragweite des §25 Abs. 2

LVG Hannover, U. v. 27. 2. 1958, KirchE 4, 298; *VGH Bremen*, U. v. 30. 12. 1958, KirchE 4, 387 (391 f.); U. v. 26. 5. 1959, KirchE 5, 27 (31 f.); *VG Hannover*, U. v. 17. 1. 1963, KirchE 6, 200 (202); *VG München*, U. v. 18. 3. 1963, KirchE 6, 224 (225, 227 f., 229 f.); *VG Düsseldorf*, U. v. 27. 6. 1963, KirchE 6, 305 (307 ff.) [JZ 1965, 25 m. Anm. *W. Thieme*].

8 Vgl. auch *BSG*, U. v. 29. 3. 1962, KirchE 6, 54 (59), das zu Recht ohne weiteres von der Zulässigkeit einer Klage ausging, welche sich auf die sozialversicherungsrechtl. Konsequenzen eines Anstellungsverhältnisses als Prediger bei einer Freien evang. Gemeinde bezog.

9 Sie gingen bei der Geltendmachung vermögensrechtlicher Ansprüche kirchlicher Bediensteter teilweise ohne weiteres von der Zulässigkeit aus: *BGH*, U. v. 18. 2. 1954, KirchE 2, 189 (191) [der hier noch – anders als in der späteren Rspr. – zutreffend zwischen der *Rechtsprechungskompetenz* der staatl. Gerichte in Kirchensachen einerseits und deren *Prüfungsreichweite* andererseits unterscheidet; das U. ist auch in BGHZ 12, 321, veröffentlicht, doch ohne den die Zulässigkeit betreffenden Teil der Entscheidungsgründe]; *LG Köln*, U. v. 13. 12. 1949, KirchE 1, 64; *LG Darmstadt*, U. v. 8. 2. 1952, KirchE 1, 245; *KG Berlin (West)*, B. v. 25. 4. 1952, KirchE 1, 257; *OLG Bremen*, U. v. 4. 6. 1953, KirchE 2, 91 (95, 98); *LG Berlin*, U. v. 30. 3. 1954, KirchE 2, 220 [problematisiert wird lediglich die Rechtswegfrage i. e. S.]; *KG Berlin (West)*, B. v. 11. 6. 1954, KirchE 2, 256 (258); U. v. 1. 7. 1955, KirchE 3, 102 (104 ff., 108 f.); U. v. 10. 5. 1957, KirchE 4, 98 (99).

10 Insbes. – in vermögensrechtlichen Streitigkeiten kirchlicher Beamter – angesichts des §174 DBG (»Die Vorschriften des Abschnitts IX über den Rechtsweg wegen vermögensrechtlicher Ansprüche gelten für die öffentlich-rechtlichen Religionsgesellschaften und deren Verbände. Diese sind im übrigen ermächtigt, zur Regelung des Rechts ihrer Beamten und Seelsorger diesem Gesetz entsprechende Vorschriften zu erlassen.«) i. V. m. §§ 142 ff. DBG.

11 Vgl. *I. Schwytz*, Rechtsprechung zum Staatskirchenrecht, 1971, S. 122 ff.

12 Im Staatskirchenrecht vor allem bei Ansprüchen auf Leistungen zu kirchlichen Zwecken; *BGH*, U. v. 12. 4. 1951, BGHZ 1, 369 (370 ff.); U. v. 27. 9. 1951, BGHZ 3, 162 (164 ff.); U. v. 19. 2. 1953, BGHZ 9, 83 (83 f.); U. v. 8. 5. 1953, BGHZ 9, 339 (342 ff. m. zahlr. Nachw.); U. v. 18. 11. 1955, BGHZ 19, 130 (132); U. v. 28. 10. 1959, BGHZ 31, 115 (116); *OLG Hamburg*, U. v. 5. 7. 1951, KirchE 1, 169 (173); *OLG Celle*, U. v. 31. 1. 1952, KirchE 1, 234 (238); *OLG München*, U. v. 9. 5. 1952, KirchE 1, 261 (263, 264); *LG Gießen*, U. v. 15. 12. 1952, KirchE 1, 338 (341); *LVG Schleswig*, U. v. 6. 8. 1953, KirchE 2, 140 (141 f.). Nach dem Inkrafttreten der VwGO erklärte der *BGH* das Problem zutreffend für erledigt (U. v. 7. 5. 1962, LM Nr. 7 zu §40 VwGO).

13 Vgl. nur die verfehlte E. des *BVerwG*, U. v. 17. 12. 1954, KirchE 2, 413, die denn auch auf

MRVO Nr. 165[14] aufgeworfen. Im übrigen stellte sie sich selbstredend vom koordinationsrechtlichen Standpunkt her. Bereits dem vielzitierten Urteil des Verwaltungsgerichts Kassel vom 20. September 1951[15] liegt diese Sicht zugrunde, wenn das Gericht im Blick auf eine »Verwaltungsmaßnahme der kirchlichen Selbstverwaltung auf dem Gebiet der Ämterhoheit« zusammenfassend feststellt, daß »die Kirche auf diesem Gebiet nicht der weltlichen Gerichtshoheit unterworfen« sei[16]. Unter Hinweis auf diesbezügliche Ausführungen in den Referaten von Werner Weber und Hans Peters im Rahmen der Staatsrechtslehrertagung 1952[17] bezieht sich dann ganz betont das Verwaltungsgericht Berlin im Jahre 1953 auf die Koordinationsrechtslehre: es könne sich »die Ausdehnung der Rechtsschutzfunktion der Verwaltungsgerichte durch die Einführung der Generalklausel ... ihrer Zweckbestimmung nach nur auf die Fälle beziehen, in denen der Staatsbürger als ›Gewaltunterworfener im Banne der machtüberlegenen Obrigkeit‹ steht«, und es zeige »die Herausnahme des öffentlichrechtlichen Waltens der Kirche aus dem staatlichen Rechtsschutzsystem ... besonders deutlich die Eigenständigkeit der Kirche und deren heutige Stellung zum Staat ... «[18]. Auch in der verwaltungsgerichtlichen[19] sowie vereinzelt der zivilgerichtlichen[20] und übrigen[21]

deutliche Ablehnung traf (vgl. oben S. 78 Anm. 7; zur Problematik ferner *K. Hesse*, Rechtsschutz durch staatl. Gerichte im kirchl. Bereich, 1956, S. 101 ff. m. w. N.).

14 § 25 Abs. 2 MRVO Nr. 165: »Verwaltungsbehörde im Sinne dieser Verordnung ist jede mit Aufgaben der öffentlichen Verwaltung im Geltungsbereich dieser Verordnung betraute deutsche Stelle, ohne Rücksicht auf ihre Rangstufe oder Besetzung, jedoch mit Ausnahme der Gerichte und Amtsstellen der Religionsgesellschaften.«

15 *VG Kassel*, U. v. 20. 9. 1951, KirchE 1, 185.

16 *VG Kassel*, U. v. 20. 9. 1951, KirchE 1, 185 (191).

17 *W. Weber*, VVDStRL 11 (1954), S. 158f., 167, 169, 173ff.; *H. Peters*, ibd. S. 181, 185ff., 212.

18 *VG Berlin*, U. v. 16. 1. 1953, KirchE 2, 1 (5).

19 *LVG Hannover*, B. v. 6. 6. 1956, KirchE 3, 307 (309f.); *OVG Lüneburg*, U. v. 29. 1. 1957, KirchE 4, 18 (21: » ... kraft des verfassungsmäßig gewährleisteten Selbstbestimmungsrechts der Kirchen, das nach der Rechtsentwicklung der letzten Zeit auf einem Koordinierungs- und gegenseitigen Zuordnungsverhältnis von Staat und Kirchen beruht, indem der Staat die Freiheit und Unabhängigkeit der Kirchen für ihr öffentliches Wirken als vorgegeben respektiert, ist das innere Leben der Kirchen der staatlichen Jurisdiktion entzogen ... «); *LVG Hannover*, U. v. 27. 2. 1958, KirchE 4, 298 (299); *VG Hannover*, U. v. 17. 1. 1963, KirchE 6, 200 (202); *VG München*, U. v. 18. 3. 1963, KirchE 6, 224 (227f., 230); *VG Düsseldorf*, U. v. 27. 6. 1963, KirchE 6, 305 (308f.). – Mit koordinationsrechtl. Tendenz auch, wenngleich nicht ganz eindeutig, *VG Berlin*, U. v. 13. 9. 1957, KirchE 4, 145 (148f., 150); *OVG Münster*, U. v. 14. 2. 1962, KirchE 6, 3 (12, 13, 16f.).

20 *LG Münster*, U. v. 2. 12. 1957, KirchE 4, 248 (259); *LG Dortmund*, B. v. 19. 10. 1961, KirchE 5, 337 (340). – Offengelassen wird das Bestehen einer Koordinationsrechtsordnung vom *KG Berlin (West)* im B. v. 11. 6. 1954, KirchE 2, 256 (259).

21 *OLG Köln*, B. v. 9. 3. 1962, KirchE 6, 45 (47f.) [Klageerzwingungsverfahren]; *LSG Essen*, U. v. 1. 7. 1963, KirchE 6, 267 (274).

Rechtsprechung der folgenden Jahre fehlt es – von wenigen Ausnahmen[22] abgesehen – nicht an Rückgriffen auf ein koordinationsrechtliches Verhältnis zwischen Staat und Kirchen; in der Regel nehmen die Gerichte dabei auf einschlägige Bemerkungen in einem Urteil des Bundesgerichtshofes vom 18. Februar 1954[23] Bezug.

3. Etablierung der koordinationsrechtlichen Gerichtspraxis durch den Bundesgerichtshof

In dieser Entscheidung, die für die Durchsetzung des Koordinationsgedankens in der Rechtsprechungspraxis weichenstellend wirkte, hatte der Bundesgerichtshof ausdrücklich die Unabhängigkeit und Eigenständigkeit der Kirchen gegenüber dem Staat bei der Ausgestaltung ihrer Ordnung betont:

»Das Berufungsgericht ist ersichtlich davon ausgegangen, es sei berechtigt, alle Fragen des kirchlichen Verfassungsrechts, die sich in diesem Rechtsstreit über den Gehaltsanspruch des Klägers als Vorfragen stellen, im selben Umfang nachzuprüfen und inzidenter zu entscheiden, wie es in einem entsprechenden Prozeß eines Staatsbeamten die Vorfragen des staatlichen Verfassungsrechts nachzuprüfen und mitzuentscheiden hat. In dieser Beziehung sind den staatlichen Gerichten aber durch die verfassungsrechtlich garantierte ›Autonomie‹ der Kirche (vgl. Art. 140 GrundG, Art. 137 Abs. 1–3 WeimRVerf) Grenzen gesetzt. Die Kirchen sind, auch soweit sie ›öffentlichrechtliche Körperschaften‹ sind, nicht wie andere öffentliche Körperschaften dem Staate eingegliedert. Der Staat geht vielmehr von ihrer Unabhängigkeit und Eigenständigkeit aus, überläßt ihnen, sich in Freiheit und Selbstbestimmung ihre eigene Grundordnung – die kirchliche Verfassung – zu geben, und beschränkt sich darauf, diese kirchliche Verfassung anzuerkennen. Demnach bestimmt die Kirche für den Staat verbindlich, was kraft innerkirchlichen Verfassungsrechts rechtens ist ... Soweit es bei der Entscheidung des staatlichen Gerichts auf das innerkirchliche Verfassungsrecht ankommt, hat es diese Ordnung einfach hinzunehmen; es kann dieses Recht nicht ›in Frage stellen‹ (auf seine Gültigkeit nachprüfen), sondern nur deklaratorisch so feststellen, wie es die Kirche als vorhanden anerkennt ... «[24]

Offensichtlich geht es dem Bundesgerichtshof mit diesen Darlegungen – ebenso wie mit einer späteren Bemerkung, das innerkirchliche Recht sei »durch die verfassungsrechtliche Garantie der ›Autonomie‹ der Kirche der Nachprüfung der staatlichen Gesetze [wohl: Gerichte; *Anm. d. Verf.*] entzo-

---

22 Eindeutig von einer Unterwerfung der Kirchen unter die staatl. Hoheitsgewalt her argumentiert das *VG Braunschweig* im U. v. 13. 3. 1963, KirchE 6, 222 (223), sowie im U. v. 19. 9. 1963, KirchE 6, 318 (318ff.); vgl. ferner *OVG Lüneburg*, U. v. 18. 2. 1964, KirchE 7, 33 (36).

23 *BGH*, U. v. 18. 2. 1954, BGHZ 12, 321; dazu auch *U. Scheuner*, ZevKR 3 (1953/54), S. 352ff.

24 *BGH*, U. v. 18. 2. 1954, BGHZ 12, 321 (323).

gen«[25] – noch nicht um die Frage der *Rechtsprechungskompetenz* staatlicher Gerichte in Kirchensachen, sondern um die Reichweite der gerichtlichen *Prüfungsbefugnis*; die Zulässigkeit des Beschreitens des ordentlichen (staatlichen!) Rechtswegs wird von ihm vielmehr (was aus den in der »Amtlichen Sammlung« abgedruckten Entscheidungsgründen freilich nicht ersichtlich ist) eingangs lapidar bejaht[26]. Bei den kompetenzbezogenen Bezugnahmen auf diese Entscheidung ist diese vorerst noch eingeschränkte Infragestellung staatlicher Judikatur in Kirchensachen allerdings vielfach nicht beachtet worden. Immerhin erscheinen die Konsequenzen für die Kompetenzfrage, welche die Gerichte unter dem Einfluß der Rechtsprechung des Bundesgerichtshofs alsbald in Gestalt der »Einigungstheorie«[27] zogen, der Sache nach in dem genannten Urteil vorgezeichnet; freilich haben sie dort noch den Charakter einer gleichsam selbstverständlichen Voraussetzung für die Bejahung gerichtlicher Prüfungsbefugnis[28]. Die ausdrückliche Formulierung einer koordinationsrechtlichen Theorie der Grenzen staatlicher *Jurisdiktionskompetenz* in Kirchensachen durch den Bundesgerichtshof war dem Jahr 1961 vorbehalten.

In seinem vieldiskutierten[29] Urteil vom 16. März 1961[30] bekräftigte das Gericht zunächst die Koordinationsrechtslehre als Ausgangspunkt seiner kompetenzrechtlichen Überlegungen: »Das Grundgesetz geht von der grundsätzlichen Gleichordnung von Staat und Kirche als eigenständigen Gewalten aus. Die Kirchen sind der staatlichen Hoheitsgewalt grundsätzlich nicht mehr unterworfen und regeln ihre Angelegenheiten selbständig und in eigener Verantwortung. Diese verfassungsrechtlich durch Art. 140 GG i. V. m. Art. 137 WeimVerf garantierte Autonomie der Kirchen findet ... ihre Grenzen lediglich in dem ›für alle geltenden Gesetz‹ (Art. 137 Abs. 3 WeimVerf) ... In den so abgegrenzten Hoheitsbereich der Kirchen darf und kann der Staat rechtens nicht eindringen, und insoweit stehen staatliche und kirchliche Hoheitsgewalt gleichgeordnet nebeneinander ... «[31]. Aus der Befugnis der Kirchen zur

[25] *BGH*, U. v. 18. 2. 1954, BGHZ 12, 321 (325).

[26] »Die Zulässigkeit des ordentlichen Rechtswegs hat das Berufungsgericht ohne Rechtsirrtum bejaht.« (Ziffer I 1 der Entscheidungsgründe, abgedruckt in KirchE 2, 189 [191]).

[27] Vgl. unten S. 143 ff.

[28] Der *BGH* geht von einer solchen »Einigkeit« zwischen Staat und Kirche ohne weiteres aus und leitet daraus eine Folgerung im Blick auf die gerichtl. *Prüfungsbefugnis* ab; *BGH*, U. v. 18. 2. 1954, BGHZ 12, 321 (325: »Wenn Staat und Kirche einig sind, daß wegen der vermögensrechtlichen Ansprüche der kirchlichen Amtsträger die staatlichen Gerichte angerufen werden können, gehen sie davon aus, daß diese Gerichte die Kompetenz besitzen, wenigstens nachzuprüfen und zu entscheiden, ob das kirchliche Gesetz einen vermögensrechtlichen Anspruch gewährt ... «).

[29] Zu dieser Entscheidung *K. Hesse*, JZ 1961, S. 450 [Anm.]; *H. Maurer*, DVBl. 1961, S. 625 ff. [Anm.]; *Herbert Krüger*, DÖV 1961, S. 727; *E.-W. Fuß*, ibd. S. 739; *A. v. Campenhausen*, FS E. Ruppel, 1968, S. 263 f.; *ders.*, BayVBl. 1968, S. 222 f.; *ders.*, ZevKR 17 (1972), insbes. S. 132 f.; *Chr. Link*, Neuere Entwicklungen und Probleme (1973), S. 33 f., 37 FN 37.

[30] *BGH*, U. v. 16. 3. 1961, BGHZ 34, 372.

[31] *BGH*, U. v. 16. 3. 1961, BGHZ 34, 372 (373 f.).

Selbstbestimmung in ihren eigenen Angelegenheiten wird dann das prinzipielle Entfallen der staatlichen Justizhoheit gefolgert: »Den Kirchen steht ... kraft ihrer ›Autonomie‹ innerhalb der aufgezeigten – weiten – Grenzen das Recht zu, den kirchlichen Dienst selbständig zu ordnen, insbesondere auch die aus dem Dienstverhältnis sich ergebenden vermögensrechtlichen Ansprüche der Geistlichen und Kirchenbeamten zu regeln. Damit steht es ihnen auch frei, die Entscheidung von Streitigkeiten über derartige vermögensrechtliche Ansprüche ihrer Amtsträger einem eigenen kirchlichen Gericht zuzuweisen. Mit ihrer Zuweisung an eigene kirchliche Gerichte werden diese Streitigkeiten der Jurisdiktionsgewalt des Staates entzogen, für dessen Gerichte die Zuständigkeit zur Entscheidung über derartige Streitigkeiten nur so lange begründet ist, als die Kirche die Zuständigkeit eigener kirchlicher Gerichte nicht begründet hat. Die staatliche Gerichtsbarkeit ist mithin insoweit lediglich eine ›subsidiäre‹ ...«[32]

Ohne weiteres zieht der Bundesgerichtshof hier eine Schlußfolgerung von der im religiösen Selbstbestimmungsrecht zweifellos enthaltenen Selbst*ordnungs*befugnis der Kirchen auf eine ihnen im Streitfalle zustehende – die staatliche Gerichtshoheit verdrängende – Selbst*entscheidungs*befugnis; darauf wird noch zurückzukommen sein[33]. Festzustellen ist zunächst, daß mit dieser Entscheidung die These von der den Kirchen angeblich zukommenden Befugnis, im Bereich ihres Selbstbestimmungsrechts die Jurisdiktion *exklusiv* in Anspruch zu nehmen, endgültig etabliert war. Diese Auffassung war im Prinzip bereits einem Urteil vom 17. Dezember 1956 zu entnehmen gewesen[34]. Der Bundesgerichtshof bekräftigte sie dann erneut in einem Urteil vom 7. Mai 1962[35]. Angesichts der Tatsache, daß im fraglichen Fall die Zuständigkeit eines kirchlichen Gerichts nicht gegeben war, hätte nach Maßgabe seiner bisherigen Kriterien für ihn an sich bereits ohne weiteres feststehen müssen, daß staatlicher Gerichtsschutz nicht ausgeschlossen sei; der Bundesgerichtshof ging freilich in der Frage nach den Grundlagen der Judikatur staatlicher Gerichte in Kirchensachen noch einen Schritt weiter: er wies darauf hin, daß das einschlägige kirchliche Recht vom Bestehen gerichtlicher Rechtsschutzmöglichkeiten ausgehe, und folgerte daraus, daß offenbar der kirchliche Gesetzgeber (konstitutiv?) auf staatlichen Gerichtsschutz verwiesen und insoweit (konstitutiv!) auch eine Regelung über die *Rechtswegbestimmung* im Bereich der staatlichen (!) Judikative getroffen habe.

»Ausdrückliche Rechtswegbestimmungen sind zwar in diesem [kirchlichen; *Anm. d. Verf.*] Gesetz nicht enthalten, aber doch geht das Gesetz in § 35 ohne weiteres davon aus, daß wegen vermögensrechtlicher Ansprüche Gerichte angerufen werden

[32] *BGH*, U. v. 16. 3. 1961, BGHZ 34, 372 (374).
[33] Vgl. unten S. 166ff., 206ff., 217, 239ff., 243f.
[34] Vgl. *BGH*, U. v. 17. 12. 1956, BGHZ 22, 383 (389).
[35] *BGH*, U. v. 7. 5. 1962, LM Nr. 7 zu § 40 VwGO.

können ... Da die Bekl.[36] keine eigenen für die Entscheidung über vermögensrechtliche Ansprüche ihrer Beamten zuständigen Gerichte errichtet hat, können mit den Gerichten nur die – mangels besonderer Kirchengerichte zuständigen – staatlichen Gerichte gemeint sein. Auch kann mangels anderweiter Bestimmungen nicht zweifelhaft sein, daß damit diejenigen staatlichen Gerichte gemeint sind, die für die Entscheidung über die entsprechenden Ansprüche der staatlichen Beamten nach den einschlägigen staatlichen Gesetzen zuständig sind ... «[37]

Es bedeutete dann einen von der Koordinationsrechtslehre her konsequenten Schlußstein dieser Rechtsprechung, daß der Bundesgerichtshof in einem Urteil vom 19. September 1966[38] unter Verweis auf die bereits genannten Entscheidungen vom 16. März 1961 und vom 7. Mai 1962 betonte, Kirchen könnten Streitigkeiten über vermögensrechtliche Ansprüche ihrer Amtsträger »auch staatlichen Gerichten zur Entscheidung überlassen (!), sofern und soweit der Staat damit einverstanden ist«[39]. Die letztere Einschränkung verwies wenigstens zu einem Rest noch auf die hoheitliche Qualität staatlicher Justizgewährung. Freilich stellte die erwähnte Bemerkung gleichzeitig die Bereitschaft des Staates zur Judikatur gegenüber den Kirchen, welche ihm dem Grunde nach als Träger eigenständiger Hoheitsgewalt gleichgeordnet wurden, in Frage; sie dokumentierte damit die unübersehbare Tatsache, daß die Rechtsprechung des Bundesgerichtshofs tendenziell die rechtsstaatliche Justizgewährungs*verpflichtung* vernachlässigte. Je nach Vorhandensein eines kircheninternen Rechtsschutzes drohte diese Handhabung für die betroffenen Staatsbürger in die gänzliche Rechtsschutzlosigkeit zu münden; leider bestätigt sich diese Besorgnis, wenn man die einschlägige Rechtsprechung im Gefolge der genannten Entscheidungen des Bundesgerichtshofs ins Auge faßt.

Zu Zeiten, in denen die Koordinationsrechtsauffassung in der staatskirchenrechtlichen Lehre zunehmend an Boden verlor, hatte der Bundesgerichtshof innerhalb kurzer Zeit in mehreren Schritten koordinationsrechtliche dogmatische Grundlagen geschaffen, auf welchen die nachfolgende Judikatur in der Frage staatlicher Rechtsprechungskompetenz in Kirchensachen aufbaute. Allen Umbrüchen der staatskirchenrechtlichen Theorie zum Trotz wird die Gerichtspraxis bis in die Gegenwart hinein von diesbezüglichen Grundvorstellungen geprägt[40]; sie erscheinen im einzelnen mehr oder weni-

---

[36] Beklagte war die Evangelische Kirche in Deutschland; *Anm. d. Verf.*.

[37] *BGH*, U. v. 7. 5. 1962, LM Nr. 7 zu § 40 VwGO.

[38] *BGH*, U. v. 19. 9. 1966, BGHZ 46, 96.

[39] *BGH*, U. v. 19. 9. 1966, BGHZ 46, 96 (99); Ausrufezeichen nicht im Original.

[40] Mit koordinationsrechtlichem Grundansatz *BVerfG*, B. v. 17. 2. 1965, BVerfGE 18, 385 (386ff.); B. v. 21. 9. 1976, BVerfGE 42, 312 (330ff.) [ablehnend *J. Rottmann* in seiner abw. Meinung zum B. v. 25. 3. 1980, BVerfGE 53, 366 (408f.)]; *Bay. VerfGH*, E. v. 11. 4. 1980, KirchE 18, 125 (140f.); *BVerwG*, U. v. 27. 10. 1966, BVerwGE 25, 226 (228ff.) [im U. v. 5. 4.

ger ausdrücklich formuliert und unterschiedlich konsequent ausgezogen, sind in vielen Entscheidungen aber jedenfalls in der Argumentation wie in den Ergebnissen deutlich wahrnehmbar.

II. Die »Bereichslehre«

In dezidierter Gegnerschaft zur Grundannahme der Koordinationsauffassung, die Kirchen seien als Herrschaftssubjekte dem Staat prinzipiell gleichgeordnet und insoweit seiner Hoheitsgewalt nicht unterworfen, stehen die Vertreter der »Bereichslehre«[41]. Sie gehen von der Unterscheidung eines kirchlichen »Eigen-« bzw. »Innenbereichs«[42] und eines in die staatliche Rechtsordnung hineinwirkenden »Außenbereichs«[43] aus. Der Innenbereich soll durch Artt. 140 GG/137 Abs. 3 WRV jeglicher staatlicher Ingerenz (und folglich auch Rechtsprechung) enthoben sein; demgegenüber wird ange-

1973, BVerwGE 42, 118 (127), läßt das Gericht seine Haltung zur Koordinationsrechtslehre, wie sie vom BGH entwickelt wurde, allerdings ausdrücklich offen]; *VG Hannover*, U. v. 17. 1. 1963, KirchE 6, 200 (202); *VG München*, U. v. 18. 3. 1963, KirchE 6, 224 (227f., 230); *OVG Münster*, B. v. 20. 1. 1964, KirchE 7, 14 (15, 17); *VGH Kassel*, U. v. 21. 5. 1964, KirchE 7, 67 (67); *OLG Karlsruhe*, U. v. 19. 11. 1964, KirchE 7, 108 (108f.); *OVG Münster*, U. v. 31. 7. 1968, KirchE 10, 127 (129); *VG Minden*, B. v. 26. 3. 1970, KirchE 11, 173 (179); *OVG Berlin*, U. v. 13. 10. 1970, KirchE 11, 327 (330f.); *VG Berlin*, U. v. 14. 1. 1971, KirchE 12, 27 (29); *VG Würzburg*, U. v. 7. 6. 1972, KirchE 12, 491 (494, 498); *VG Augsburg*, U. v. 27. 7. 1976, KirchE 15, 295 (299); *OVG Münster*, U. v. 23. 8. 1977, KirchE 16, 166 (170); *OVG Koblenz*, U. v. 28. 11. 1977, KirchE 16, 246 (248); *OVG Münster*, U. v. 9. 2. 1978, KirchE 16, 292 (303f.); *OLG Hamm*, B. v. 20. 12. 1979, KirchE 17, 398 (400); *VGH Mannheim*, U. v. 20. 5. 1980, KirchE 18, 165 (169); *VG Arnsberg*, U. v. 19. 2. 1981, KirchE 18, 406 (408).

[41] *H. Quaritsch*, Der Staat 1 (1962), S. 295f., 319; *ders.*, NJW 1967, S. 765f.; *H. Weber*, Die Religionsgemeinschaften als Körperschaften des öff. Rechts, 1966, S. 39f., 150f.; *ders.*, NJW 1967, S. 1644f.; *ders.*, Grundprobleme des Staatskirchenrechts, 1970, S. 41ff., 62ff.; *ders.*, DVBl. 1970, S. 251, 252; *ders.*, ZevKR 17 (1972), S. 396ff.; *ders.*, HdbStKirchR I, S. 731ff.; *ders.*, NJW 1989, S. 2219f.; *K. Obermayer*, Zeitwende – Die neue Furche 40 (1969), S. 519, 525, 527; *ders.*, Staat und Religion, 1977, S. 9; neuerdings wieder *J. Wieland*, Der Staat 25 (1986), S. 343ff. – Für eine »verfeinerte Bereichsscheidung«, welche Elemente der Bereichs- und der Abwägungslehre verknüpft, *W. Leisner*, DÖV 1977, S. 480ff.

[42] *H. Quaritsch*, Der Staat 1 (1962), S. 295: » ... jener dem neuzeitlichen Staate fremde Bereich ... ,der nach Inhalt und Wesen vom Bekenntnis durchwaltet ist und seine Gestalt durch den Vollzug des überirdischen Auftrags gewinnt, also Dogma und Kultus, Verfassung sowie Rechte und Pflichten der Mitglieder. In dieser Sphäre gelten allein die Entscheidungen der Religionsgemeinschaften. Rechtswirkung und prüfungslose Anerkennung dieser Entscheidungen aber sind auf den Raum des verfassungs- und gesetzesfreien Selbstgesprächs der Kirchen beschränkt: eine ›Angelegenheit‹ der Kirche verliert ihren kirchlichen Eigencharakter, wenn sie aus dem innerkirchlichen (›internen‹) Bereich in die Welt des Staates und des Staatsbürgers hineinwirkt ... «

[43] *H. Weber*, DVBl. 1970, S. 252: »Soweit sich die Kirchen mit ihrer Tätigkeit in den vom staatlichen Recht erfaßten und geordneten Bereich weltlicher Rechtsbeziehungen begeben, etwa von staatlich geordneten Rechtsformen Gebrauch machen ... «

nommen, daß der Außenbereich dem »für alle geltenden Gesetz« sowie den hierauf beruhenden Kontroll- und Einwirkungsbefugnissen staatlicher Instanzen (und somit auch der Judikatur staatlicher Gerichte) in vollem Umfang unterfalle.

Neben die genannte, auf Artt. 140 GG/137 Abs. 3 WRV zurückgeführte Abschichtung soll als weitere konstitutiv wirkende Rechtsqualität die Eigenschaft von Kirchen und Religionsgemeinschaften als Körperschaften des öffentlichen Rechts (Artt. 140 GG/137 Abs. 5 WRV) treten. Durch sie werde in Form staatlicher Verleihung »die Möglichkeit garantiert, von einem Kernbestand traditioneller öffentlich-rechtlicher Befugnisse (z. B. Dienstherrenfähigkeit, Disziplinargewalt, Autonomie zur selbständigen Regelung dieser Gebiete mit öffentlich-rechtlicher Wirkung) Gebrauch zu machen«[44]. Nach Auffassung der »Bereichslehre« können die Absätze 3 und 5 des Art. 137 WRV nur im Sinne einer *Alternative* zutreffend erfaßt werden. Der Korporationsstatus wird als »status positivus« dem religiösen Selbstbestimmungsrecht (als »status negativus«) gegenübergestellt[45], die Rechtsgewalt der religiösen Verbände demgemäß differenzierend betrachtet: Die *originäre Kirchengewalt* sei »keiner staatlichen Regelung und keinem staatlichen Judiz unterworfen«[46], genieße vielmehr »verfassungskräftige Immunität gegenüber staatlicher Einflußnahme«[47]. Doch soll von ihr lediglich in dem genuin religiösen bzw. geistlichen Bereich, nur im Blick auf »die innere Kirchengewalt und das innere Kirchenrecht«[48], gesprochen werden können; im übrigen sei *staatsabgeleitete Körperschaftsgewalt* gegeben, die sich nach Maßgabe des Status von Kirchen bzw. Religionsgemeinschaften als Körperschaften des öffentlichen Rechts bestimme.

In der Rechtsschutzfrage führt diese Auffassung für den sogenannten »Innenbereich« zu einer klaren Konsequenz, in der sich insoweit die »Bereichslehre« vom Ergebnis her mit dem koordinationsrechtlichen Ansatz begegnet: ausgehend von der Annahme, daß der Staat hier ausweislich der Artt. 140 GG/137 Abs. 3 WRV »keinerlei Einflußmöglichkeiten mehr in Anspruch«[49] nehme, wird seine Zuständigkeit zur Judikatur für die fragliche Sphäre a limine verneint[50]. Andererseits unterfalle der sonstige Wirkungs-

---

[44] *H. Weber*, DVBl. 1970, S. 251.

[45] *H. Weber*, DVBl. 1970, S. 251 f.

[46] *H. Quaritsch*, NJW 1967, S. 766.

[47] *H. Weber*, DVBl. 1970, S. 252.

[48] *H. Weber*, DVBl. 1970, S. 252.

[49] *H. Weber*, DVBl. 1970, S. 252. Im gleichen Sinne hat *ders.*, NJW 1989, S. 2219, bekräftigt, »daß die Gewährleistung kirchlicher Selbstbestimmung den *kirchlichen Innenbereich*, das forum internum der Kirchen, von jeder staatlichen Ingerenz freistellt«. (Hervorhebung im Original).

[50] Vgl. unten S. 88, 201 f., 212 ff., 217, 237 ff., 245.

kreis der Kirchen und Religionsgemeinschaften der Einflußnahme staatlicher Instanzen nach Maßgabe des einschlägigen Rechts. Er unterliege somit auch staatsgerichtlicher Verhandlung und Entscheidung. Aus der Tatsache, daß *religiöse Verbände* sachlich betroffen seien, ergebe sich von Verfassungs wegen keine spezifische Einschränkung.

III. Bereichsunterscheidungen in der Gerichtspraxis und Rechtsschutzdiskussion

1. Von der Freiheits- zur Abgrenzungsproblematik

Das Denken in abgrenzbaren (staatlichen bzw. kirchlichen) Bereichen hat seit den 60er Jahren insbesondere in der staatskirchenrechtlichen Praxis zunehmend an Einfluß gewonnen. Auch in der Rechtsschutzdiskussion überwiegt mittlerweile die Annahme, es lasse sich das Konglomerat der nach religiösem Anspruch, rechtlicher und organisatorischer Ausgestaltung sowie praktischen gesellschaftlichen Auswirkungen in vielfältigster Weise differenzierten kirchlichen Angelegenheiten tatsächlich in bestimmte Sektoren einteilen, denen jeweils das verfassungsrechtlich angemessene Maß staatlicher hoheitlicher Ingerenz vorgegeben ist.

Diese Sichtweise scheint auf den ersten Blick ohne weiteres zu überzeugen – verspricht sie doch eindeutige Ergebnisse und harmoniert überdies mit der unbestreitbaren Tatsache, daß die jeweilige »Sachzuständigkeit« des säkularen Staates einerseits und der religiösen Verbände andererseits je nach dem Grad der materiellen und institutionellen Religionsbezogenheit der einzelnen Angelegenheiten beträchtlichen Abstufungen unterliegt. Und doch ist sie in der allgemeinen staatskirchenrechtlichen Diskussion mit guten Gründen in Frage gestellt worden; denn sie droht zu radikalen Abschichtungen[51] nach der Methode »entweder – oder« zu führen, bei denen je nach Lage des Falles der religiöse Freiheitsanspruch gleichermaßen leicht verfehlt zu werden vermag wie eine angemessene und sachgerechte Berücksichtigung des Aufgabenkreises, der dem säkularen Sozial- und Rechtsstaat des Grundgesetzes vorgegeben ist. Besonders deutlich wird dies in der justiz- und religionsverfassungsrechtlichen Kompetenzproblematik.

Die Diskussion um das prinzipielle Bestehen sowie um die konkrete Reichweite einer Kompetenz staatlicher Gerichte zur Rechtsprechung in

---

[51] Dagegen zu Recht *M. Heckel*, VVDStRL 26 (1968), S. 31ff., 40ff., 47; *K. Hesse*, HdbStKirchR I, S. 435ff.; *A. v. Campenhausen*, Staatskirchenrecht, 2. Aufl. 1983, S. 89f. – Vgl. auch unten S. 252ff.

»eigenen Angelegenheiten« der Kirchen und Religionsgemeinschaften hat bereits seit längerem die eher *qualitative* Ebene eines materiellen Abgleichs zwischen staatlichem Justiz- und religiösem Freiheitsanspruch vernachlässigt; sie hat sich vielmehr weitgehend auf die tendenziell *quantitative* Problemstellung zugespitzt, ob und gegebenenfalls welche Bereiche des Wirkens der religiösen Verbände als staatlich justizfrei anzusehen seien. Dem lag – und liegt heute nach wie vor – eine auf der Basis der Koordinations- wie auch der »Bereichslehre« inzwischen gleichsam dogmatisierte und deshalb als solche inhaltlich kaum noch hinterfragte Überzeugung zugrunde, daß es bestimmte religiöse Sphären gebe, in welchen die Zuständigkeit und Funktion rechtsstaatlicher Gerichtsbarkeit als mit dem Selbstbestimmungsrecht der Kirchen und Religionsgemeinschaften schlechterdings unvereinbar erscheinen müsse. Folgerichtig mündete in der vorherrschenden Gerichtspraxis die Grundsatzfrage nach der verfassungsgemäßen Zuständigkeit staatlicher Gerichte in Kirchensachen – soweit sie überhaupt gestellt wurde – in die Überlegung, auf welcher Grundlage (nicht etwa die *Justizfreiheit* bestimmter Angelegenheiten, sondern vielmehr) die *Justizunterworfenheit* gewisser Kirchensachen beruhe. Im übrigen steht im Mittelpunkt des Interesses die Suche nach den richtigen Abgrenzungskriterien für einen weiter oder enger gesteckten »freien« religiösen Bereich[52], dessen gerichtliche Exemtion von vornherein außer Frage zu stehen scheint.

Mit einem solchen Ansatz allerdings hat die Kompetenzproblematik ihren angestammten Standort im Grenz- und Überlagerungsbereich der Justiz- und der Religionsverfassung verlassen; die komplexe Gemengelage beider Rechtsmaterien fiel einer einseitigen Ausrichtung auf das Staatskirchenrecht zum Opfer. Statt einer sachgerechten Beantwortung der *Überlagerungsfragen*, statt der Gewährleistung religiöser Entfaltungsfreiheit *innerhalb* des staatlichen Rechtskreises, geht es – wie bereits vor Jahrzehnten in der Diskussion um die Trennung von Staat und Kirche – wiederum um den Versuch einer definitiven *Grenzziehung* zwischen dem Staat und den religiösen Verbänden. Für die »innerkirchlichen« Materien droht dies in eine undifferenzierte Vernachlässigung rechtsstaatlicher Sach- und Schutzaufgaben zu münden. In den nicht als wesensgemäß »exemt« anerkannten Sphären des Wirkens von Kirchen und Religionsgemeinschaften andererseits wird die Kompetenz staatlicher Gerichte vielfach uneingeschränkt akzeptiert, ohne daß das religiöse Selbstbestimmungsrecht in seiner Bedeutung für die Judikatur in Religionssachen noch hinreichend reflektiert wird.

---

52 So denn auch ausdrücklich *H. Weber*, DVBl. 1970, S. 250f.

2. *Zulässigkeitsfrage und Begründetheitsproblematik*

Damit richtet sich das Augenmerk nicht selten allzu einseitig auf die Kompetenzfrage und damit auf die *Zulässigkeitsebene* von Rechtsschutzbegehren mit religionsrechtlichem Einschlag; demgegenüber tritt die Überlegung zurück, inwieweit auf der *Begründetheitsebene* die Reichweite staatsgerichtlicher Prüfungsbefugnis in religiösen Fragen Beschränkungen unterliegt. Gerade in letzteren Eingrenzungen aber liegt der Angelpunkt der im Lichte der Verfassung recht verstandenen Rechtsschutzproblematik.

Die nach Maßgabe der Verfassung von den Staatsgerichten in Religionssachen geforderte Beachtung der institutionellen Freiheitsgarantie setzt selbstverständlich eine sorgfältige Einhaltung etwa bestehender Kompetenzschranken voraus. Ebenso nachhaltig freilich konfrontiert sie die staatliche Judikative mit Grenzen in der Aufklärung und Beurteilung von Sachfragen religiösen Einschlags. Dabei stellen sich diese auf die Materie bezogenen Beschränkungen im Blick auf das Selbstbestimmungsrecht der Kirchen und Religionsgemeinschaften als ambivalent dar: Einerseits *begrenzen* sie sachlich die Ingerenz staatlicher Gerichte in Angelegenheiten der religiösen Verbände und sichern damit die gehörige praktische Umsetzung des religiösen Freiheitsanspruchs in die staatliche Rechts(schutz)ordnung. Andererseits *legitimiert* sich der staatliche Anspruch auf Judikatur in »eigenen« Angelegenheiten der Kirchen und Religionsgemeinschaften gegenüber der institutionellen religiösen Freiheitsgarantie sachlich nicht zuletzt dadurch, daß die rechtsstaatliche Gerichtsbarkeit die Freiheitlichkeit des Religiösen innerhalb der staatlichen Gerichtsfunktionen gewährleistet und realisiert.

Es wird noch näher darzulegen sein, daß aus der Normstruktur der Artt. 140 GG/137 Abs. 3 WRV nicht eine formale Ausgrenzung staatlicher Ordnungsfunktionen aus dem Raum institutioneller Religiosität folgt, sondern im Gegenteil deren sachgerechte Einbettung in die staatsverfassungsrechtlich konstituierte Rechtsordnung und in deren funktionelle Strukturen[53]. Im übrigen steht fest, daß sich die prinzipielle staatskirchenrechtliche Brisanz des Kompetenzproblems gerade durch eine hinreichende Gewichtung des sachbezogenen Aspekts staatsgerichtlicher Prüfungsbefugnis nachhaltig relativiert. Nicht an der formellen Beurteilung der Zulässigkeit einer Anrufung staatlicher Gerichte zur Entscheidung von Streitigkeiten aus dem Wirkungsbereich der Kirchen und Religionsgemeinschaften entscheidet sich letztlich die zutreffende Klärung der religiösen Freiheitsfrage in der Verfassungspraxis; ganz maßgeblich hängt sie vielmehr davon ab, ob bzw. inwieweit die staatlichen Richter fähig und bereit sind, sich die ihnen in der Sache

[53] Dazu unten S. 126 mit Anm. 43.

(mithin bei der Beurteilung der Begründetheit des Rechtsschutzbegehrens) vorgegebenen Prüfungsbefugnisse und -grenzen bewußt zu machen und diese gleichermaßen (die Befugnisse also ebenso wie die Grenzen) in ihren Entscheidungen hinreichend zu beachten.

3. *Rechtsschutz gegenüber religiösen Verbänden*

Aus der Sicht des Grundgesetzes kann es, wie gesagt, bei der Kompetenzfrage nicht um den Versuch einer wie auch immer begründeten einseitigen *Abschirmung* von Kirchen bzw. Religionsgemeinschaften gegenüber dem staatlichen Justizanspruch gehen. Als inkonsequent erscheint es daher, die Rechtsschutzfrage – wie in der Vergangenheit nicht selten geschehen – einseitig auf das Problem staatlichen Rechtsschutzes *gegenüber* den religiösen Verbänden zuzuspitzen und demgegenüber die Funktion staatlicher Gerichte in religiösen Angelegenheiten als dem Grunde nach unproblematisch zu bewerten, soweit Rechtsschutz *zugunsten* von Kirchen bzw. Religionsgemeinschaften begehrt wird[54]. Zwar mag aus der Perspektive der betreffenden religiösen Verbände staatsgerichtliche Ingerenz als potentiell weniger freiheitsgefährdend erscheinen, wenn sie nicht von »weltlicher« Seite, sondern aus dem religiösen Raum heraus ausgelöst wurde; freilich muß auch dies nicht durchweg der Fall sein, wie Rechtsschutzbegehren kirchlicher Institutionen gegen kirchliche Institutionen dokumentieren. Aus der – für die verfassungsgemäße Lösung allein maßgeblichen[55] – Sicht der staatlichen Rechtsordnung freilich vermag eine solche individuelle Bewertung der Schutzbedürftigkeit grundsätzlich keine Rolle zu spielen. Staatliche Gerichtsbarkeit ist unter justiz- und religionsverfassungsrechtlichen Gesichtspunkten entweder zur Entscheidung über Angelegenheiten von Kirchen und Religionsgemeinschaften zuständig, oder sie ist es nicht; die Rechtslage stellt sich insoweit für den Rechtsschutz *gegenüber* religiösen Verbänden prinzipiell nicht anders dar als für den Rechtsschutz *zu ihren Gunsten*[56].

---

[54] Kritisch zu dieser Diskrepanz im verbreiteten »Problembewußtsein« auch *H. Weber*, HdbStKirchR I, S. 729f.; *A. v. Campenhausen*, AöR 112 (1987), S. 655. – Eingehend zu den Fragen des Rechtsschutzes *zugunsten* von Kirchen und Religionsgemeinschaften *H. Weber*, aaO. S. 729ff.

[55] Vgl. S. 22, 150, 151f., 159, 180, 200, 251.

[56] Zutreffend *A. v. Campenhausen*, AöR 112 (1987), S. 655; *H. Weber*, NJW 1989, S. 2218. – Denkt man die bisherige Gerichtspraxis konsequent zu Ende, so droht sie kirchliches Wirken im staatlichen Rechtssystem schutzlos zu stellen; dies zeigt sich plakativ im U. des *LG Berlin* v. 21. 10. 1986, ZevKR 33 (1988), 69: Das Gericht wies die Klage einer evang. Kirchengemeinde auf Herausgabe einer Pfarrerdienstwohnung als unzulässig ab – mit der Begründung, für einen solchen mit einem kirchlichen Dienstverhältnis zusammenhängenden Rechtsstreit seien kirchliche Gerichte zuständig (zu Recht kritisch dieser Begründung gegenüber *P. v. Tiling*, ZevKR 33

4. Sachgebiete bzw. Rechtsformen religiösen Wirkens

Ungünstig beeinflußt wurde die bisherige Rechtsschutzdiskussion schließlich durch eine praktische Ungleichgewichtung im Blick auf bestimmte Wirkungsbereiche und rechtliche Verhaltensweisen der Kirchen und Religionsgemeinschaften. So hat man die staatliche Rechtsschutzgewährung für manche Sparten religiösen Handelns bis in die jüngste Zeit von vornherein nicht ernstlich in Frage gestellt[57]; dies galt insbesondere für die vielbeschworene »Teilnahme der Kirchen am allgemeinen Rechtsverkehr« (einschließlich des Bereichs vertraglich begründeter Arbeitsverhältnisse). Demgegenüber hat sich die Rechtsschutzproblematik in anderen Sphären des kirchlichen Wirkens besonderer Aufmerksamkeit in Wissenschaft und Praxis erfreut – vor allem soweit dessen Qualifizierung als öffentlich-rechtlich bzw. als Ausübung öffentlicher Gewalt im Sinne des staatlichen Rechts in Frage stand.

Die diesbezügliche Auswahl der justizverfassungsrechtlichen Ansatzpunkte, vor allem die betonte Ausrichtung auf Art. 19 Abs. 4 GG, mochte früher als folgerichtig erscheinen – freilich allenfalls bis zum Inkrafttreten der verwaltungsgerichtlichen Generalklausel in § 40 Abs. 1 VwGO und der damit geklärten Abschichtung des ordentlichen Rechtswegs vom Rechtsweg vor die allgemeinen Verwaltungsgerichte. Inzwischen sind Fragen an die Qualifizierung des Art. 19 Abs. 4 GG als Angelpunkt der staatskirchenrechtlichen Rechtsschutzfrage angebracht. Ähnliches gilt für die vor allem von Vertretern der »Bereichslehre« vorgenommene Überdehnung der Relevanz des religiösen Körperschaftsstatus nach Artt. 140 GG/137 Abs. 5 WRV; denn ungeachtet mancher zutreffender Ergebnisse in Einzelfragen wird damit insgesamt die prinzipielle Tragweite des Selbstbestimmungsrechts der Kirchen und Religionsgemeinschaften nicht angemessen erfaßt.

Als Paradigma für die Problematik staatlichen Gerichtsschutzes sind traditionell Streitigkeiten des kirchlichen Amts- und Dienstrechts empfunden worden. In der Tat vermag diese Materie so plastisch wie kaum ein

[1988], S. 71 f. [Anm.], sowie im Ergebnis *E. Sperling*, BayVBl. 1989, S. 43). Demgegenüber ging das *AG Lüneburg* im U. v. 30. 4. 1987, ZevKR 33 (1988), 215, zutreffend von seiner Zuständigkeit für eine ähnlich gelagerte Klage aus.

57 Die 1954 geäußerte Feststellung, es sei »bei der nichthoheitlichen Verwaltungstätigkeit der Kirchen ... die Zuständigkeit der staatlichen Gerichte niemals in Zweifel gezogen worden« (*D. Scheven*, Der Verwaltungsrechtsschutz im kirchl. Bereich, 1954, S. 53), trifft auch auf die seitherige zivilgerichtl. und arbeitsgerichtl. Praxis zu. Letztere erfuhr – was die *Zulässigkeitsaspekte* anbelangt – auch in der Wissenschaft kaum Kritik; sogar von solchen Autoren wurde sie nicht nachhaltig hinterfragt, welche ansonsten im Blick auf den Rechtsschutz der Geistlichen und Kirchenbeamten die restriktive Linie der Rspr. ausdrücklich gebilligt haben.

anderer Rechtsbereich die im Spannungsfeld kirchlicher Selbstbestimmung und staatlicher Rechtsschutzaufgabe aufbrechenden Probleme widerzuspiegeln. Doch stellen sich heute die maßgeblichen verfassungsrechtlichen Zuordnungsfragen dem Grunde nach in gleicher Weise im Blick auf sämtliche Betätigungsformen von Kirchen und Religionsgemeinschaften. Dies gilt insbesondere auch für die Anwendungsreichweite der Artt. 140 GG/137 Abs. 3 WRV. Soll die Gefahr rechtlich zweifelhafter und auch in ihren praktischen Konsequenzen fragwürdiger Entscheidungen vermieden werden, darf die Rechtsschutzfrage mithin nicht vorschnell auf bestimmte Sach- und Rechtsbereiche zugespitzt werden, bevor die übergreifenden verfassungsrechtlichen Grundsatzfragen einer kritischen Prüfung unterzogen wurden. Nur so lassen sich in kompetenzrechtlicher Hinsicht Ungereimtheiten vermeiden bzw. erklären, wie sie in der bisherigen Differenzierung des staatlichen Rechtsschutzes kirchlicher Bediensteter (je nach der »öffentlich-rechtlichen« oder privatrechtlichen Ausgestaltung des Dienst- bzw. Arbeitsverhältnisses) konstatiert worden sind[58].

Was die beamtenrechtlich strukturierten Dienstverhältnisse einerseits und die privatrechtlichen Anstellungsverhältnisse andererseits angeht, stellt sich das normative Substrat als grundlegend verschieden und demgemäß im Hinblick auf das religiöse Selbstbestimmungsrecht differenzierungsbedürftig dar; dies gilt für das staatliche Verfassungsrecht ebenso wie für das sonstige staatliche und kirchliche Recht. Gerade im Blick auf die Anwendbarkeit des staatlichen Arbeitsrechts und auf die diesbezügliche Regelungsbefugnis der Kirchen und Religionsgemeinschaften erwächst hieraus eine Fülle von Problemen[59]. Dieser Befund warnt vor unkritischer Tendenz zur Harmonisierung rechtlicher Lösungen der *Sachfragen*, die im »öffentlich-rechtlichen« und im privatrechtlichen Dienst der religiösen Verbände aufbrechen[60]. Er gemahnt auch zur Vorsicht bei der *argumentativen* Anknüpfung an die bisher aus Gerichtspraxis und Literatur ersichtliche Behandlung des privatrechtlichen Handelns von Kirchen bzw. Religionsgemeinschaften, wenn

---

[58] *H. Weber*, NJW 1983, S. 2551, hat insoweit auf das »paradoxe Ergebnis« hingewiesen, »daß zwar Pfarrer im Angestelltenverhältnis Ansprüche gegen ihren Arbeitgeber ohne weiteres vor den staatlichen Arbeitsgerichten verfolgen können, Pfarrern im öffentlichrechtlichen Dienstverhältnis dagegen Rechtsschutz durch staatliche Gerichte bei Fehlen einer kirchengesetzlichen Zuweisung selbst dann nicht zustehen soll, wenn ein innerkirchlicher Rechtsweg fehlt«. Auf eine »eigenartige Asymmetrie des Rechtsschutzes im kirchlichen Dienst« unter Bezug auf die Rechtsform der Anstellung weist auch *U. Steiner*, NVwZ 1989, S. 413, hin.

[59] Dazu *A. Pahlke*, Kirche und Koalitionsrecht, 1983, m. w. N.; *A. v. Campenhausen*, Essener Gespräche 18 (1984), S. 9 ff., sowie die Diskussion dieses Referates (aaO. S. 42 ff.).

[60] Davor warnt zu Recht auch *H. Weber*, NJW 1983, S. 2551, der andererseits zutreffend dafür plädiert, im Blick auf die Rechtsschutzfrage »die Parallelität der Probleme im öffentlichrechtlichen und im privatrechtlichen Dienstverhältnis zu verdeutlichen«.

man im Blick auf andere Sachbereiche für angemessenen staatlichen Rechtsschutz sorgen will[61].

Sachlich nicht begründet sind jedoch andererseits Widersprüchlichkeiten in der *verfahrensrechtlichen* Behandlung äußerlich verschiedener Materien, die innerlich den gleichen Bezug zum religiösen Selbstbestimmungsanspruch aufweisen. Auch bei formal unterschiedlicher Rechtsgestaltung kann eine sachliche Identität der Funktionen und ihrer Zuordnung zum Wesen und Auftrag der Kirchen bestehen. Davon ist zum Beispiel bei Geistlichen auszugehen, soweit diese im Raum der evangelischen Kirchen nicht nur in – beamtenähnlichen – Pfarrerdienstverhältnissen, sondern auch in privatrechtlichen Anstellungsverhältnissen beschäftigt werden. Eine entsprechende Sachlage besteht im Blick auf nichtgeistliche leitende Funktionen in den Kirchen; sie werden zum Teil durch Kirchenbeamte wahrgenommen, teilweise aber auch (insbesondere herkömmlich in einigen röm.-katholischen Diözesen) durch Angestellte, ohne daß die jeweiligen Funktionen sich qualitativ wesentlich unterscheiden.

Sachfremde Differenzierungen lassen sich hier vermeiden, wenn man von der Tatsache ausgeht, daß das Selbstbestimmungsrecht nach Artt. 140 GG/137 Abs. 3 WRV in den bürgerlich-rechtlichen, arbeits- und sozialrechtlichen Gestaltungsformen des Wirkens religiöser Verbände ebenso ungeschmälerte Beachtung erheischt[62] wie im »öffentlich-rechtlichen« Bereich. Die Rechtsschutzfragen sind demgemäß für alle Sachgebiete gleichermaßen im Rückgriff auf die einschlägigen Grundprinzipien religions- und justizverfassungsrechtlicher Art zu lösen.

---

61 So *W. Knüllig*, ZevKR 27 (1982): er qualifiziert (S. 353) die Zuständigkeit der staatl. Gerichte für privatrechtl. geregelte kirchl. Arbeitsverhältnisse als »unbestritten« und bedient sich später (S. 357) dieses Befundes als Argument für das von ihm – zu Recht – verfochtene Desiderat staatlichen Rechtsschutzes in Streitigkeiten aus dem kirchl. Beamtenrecht.

62 Vor allem in der Praxis der Arbeitsgerichte unterer Instanz ist in Rechtsstreitigkeiten kirchlicher Arbeitnehmer dieser Rechtslage bisher häufig nicht hinreichend Rechnung getragen worden. Dazu auch *A. v. Campenhausen*, Essener Gespräche 18 (1984), S. 16ff. m.w.N.; *J. Listl*, Jb. für christl. Sozialwissenschaften 27 (1986), S. 131ff.

Zweiter Teil

Grundlagen und Reichweite des staatlichen Justizanspruchs im Wirkungsbereich der religiösen Verbände

Achtes Kapitel

Effektiver Rechtsschutz durch staatliche Gerichte als Bestandteil des Rechtsstaatsprinzips

I. Justizhoheit des sozialen Rechtsstaats

1. Justizverfassungsrecht und staatskirchenrechtliche Kompetenzfrage

Bei der staatskirchenrechtlichen Ordnung des Grundgesetzes handelt es sich nicht um einen isolierten Sonderrechtsbereich, sondern um einen (unbeschadet unverkennbarer normativer Lücken und Unschärfen) organisch eingefügten Bestandteil der Gesamtverfassung. Die Frage staatsgerichtlicher Kompetenz in Angelegenheiten der Kirchen und Religionsgemeinschaften ist demgemäß mangels einschlägiger spezieller Bestimmungen von der allgemeinen verfassungsrechtlichen Regelung der Materie, also vom grundsätzlichen staatlichen Justizanspruch, her anzugehen. Der hierbei ermittelte Befund bedarf sodann – nicht anders, als dies in sonstigen Materien auch geläufig ist – des Abgleichs mit der übrigen Verfassung; vorliegend beansprucht insoweit insbesondere die verfassungsrechtliche Garantie des Selbstbestimmungsrechts der Kirchen und Religionsgemeinschaften Beachtung.

Schlägt man den umgekehrten Weg ein, setzt man also *staatskirchenrechtlich* an und erörtert die Relevanz des rechtsstaatlichen Rechtsschutzprinzips aus dieser Perspektive, läuft die Problematik Gefahr, je nach dem staatskirchenrechtlichen Ausgangspunkt alsbald einer verfassungsrechtlichen Blickverengung zum Opfer zu fallen. Ganz deutlich hat sich dies in der bisherigen gerichtlichen Praxis erwiesen; auch die Behandlung der Kompetenzfrage im wissenschaftlichen Schrifttum, vor allem während der 50er Jahre, erscheint von dieser Fehlerquelle vielfach beeinflußt. Sie war ja, wie erwähnt, im wesentlichen bereits von der Koordinationslehre geprägt[1] und insofern geneigt, den Wirkungsbereich staatlicher Hoheitsgewalt gegenüber den Kirchen prinzipiell zu restriktiv zu bestimmen. Soweit hiernach überhaupt die Bereitschaft bestand, staatliche Gerichtsbarkeit im »Eigenbereich« der reli-

[1] Vgl. die Nachweise oben auf S. 77 in Anm. 4.

giösen Verbände in Betracht zu ziehen, bestimmte sie deren kompetenzrechtliche Grundlage von vornherein nach Maßgabe der in Artt. 140 GG/137 Abs. 3 WRV enthaltenen Schrankenformel. Dieser Ansatz mündete zwangsläufig in eine Suche nach *speziellen*, staatliche Gerichtsfunktionen in Kirchensachen ermöglichenden »Schrankengesetzen«[2] ein, vor allem in die Frage nach der Anwendbarkeit des Art. 19 Abs. 4 GG auf Maßnahmen der Kirchen.

Die in Wissenschaft und Praxis herrschende Formel Johannes Heckels[3] bemaß die verfassungsrechtliche Zulässigkeit eines Schrankengesetzes nach seiner Erforderlichkeit »für die Gesamtnation«. Damit war eine Eliminierung staatlichen Rechtsschutzes in zentralen Bereichen kirchlichen Wirkens durchaus nicht unausweichlich vorgezeichnet – vorausgesetzt allerdings, man stellte die konstitutive Funktion effektiven Gerichtsschutzes für die Schaffung und Aufrechterhaltung gerechter Ordnung im sozialen Rechtsstaat hinreichend in Rechnung und qualifizierte sie zutreffend als in der Tat »für die Gesamtnation als Rechtsgemeinschaft unentbehrlich«[4]. Die Bearbeitung des Rechtsschutzthemas durch Konrad Hesse kann hierfür als Positivbeispiel dienen[5]; in der Breite der Diskussion freilich ist das Rechtsschutzprinzip gegenüber dem Freiheitsanspruch der Kirchen und Religionsgemeinschaften nicht selten allzu pauschal mindergewichtet worden[6].

---

[2] Besonders plakativ in der Diss. von *H. Johnsen*, Nachprüfbarkeit kirchl. Rechtshandlungen durch staatl. Gerichte, 1956; er geht davon aus, daß im Bereich des kirchl. Selbstbestimmungsrechts eine Rechtsprechungszuständigkeit der staatl. Gerichte nur durch ein »für alle geltendes« Gesetz eröffnet werde (aaO. S. 186, 188), und folgert – konsequenterweise – auf der Basis der »Heckel'schen Formel«, eine staatsgerichtl. Zuständigkeit sei nur gegeben, wenn es sich bei der sie eröffnenden Vorschrift um eine Rechtsnorm handele, »die für die Gesamtnation als Rechtsgemeinschaft unentbehrlich ist« (aaO. S. 186). Daß bei diesem Ansatz der Angelpunkt in der Beurteilung der »Unentbehrlichkeit« einer staatl. Rechtsschutzgewährung liegt, ist offensichtlich.

[3] *J. Heckel*, VerwArch 37 (1932), S. 284: »... das ›für alle geltende‹ Gesetz ist ein Gesetz, das trotz grundsätzlicher Bejahung der kirchlichen Autonomie *vom Standpunkt der Gesamtnation* als sachlich notwendige Schranke der kirchlichen Freiheit anerkannt werden muß; m. a. W. jedes für die Gesamtnation als politische, Kultur- und Rechtsgemeinschaft unentbehrliche Gesetz, aber auch nur ein solches Gesetz«. – Hervorhebung im Original.

[4] Diese Bewertung liegt bereits in den 50er Jahren den einschlägigen Äußerungen Konrad Hesses zugrunde: *K. Hesse*, DVBl. 1955, S. 64; im Blick speziell auf Art. 19 Abs. 4 GG *ders.*, Rechtsschutz durch staatl. Gerichte im kirchl. Bereich, 1956, S. 92f.

[5] *K. Hesse*, Rechtsschutz durch staatl. Gerichte im kirchl. Bereich, 1956, insbes. S. 83ff.

[6] Ganz deutlich in der Diss. von *M. Herr-Beck*, Die Frage nach der Zulässigkeit des staatl. Rechtsweges für Entscheidungen der Kirchenbehörden, 1958, S. 40ff. – Vgl. ferner *D. Scheven*, ZevKR 4 (1955), S. 176f., der (aaO. S. 177) der Auffassung ist, angesichts der Möglichkeit des Kirchenaustritts komme Maßnahmen aus dem Bereich der kirchl. Angelegenheiten – mit Ausnahme des kirchl. Dienstes – »grundsätzlich keine derartige Bedeutung für das Staatsganze zu, daß es gefährdet würde, wenn der Betroffene die Maßnahmen nicht vor dem Verwaltungsgericht anfechten könnte«. Es sei »weder die Zahl der möglichen kirchlichen Eingriffe so groß noch ... ihre Auswirkung so schwerwiegend, daß ihre Unanfechtbarkeit die rechtsstaatlichen

2. Gerichtshoheit als Wesensmerkmal des modernen Staates

In der Entwicklung moderner Staatlichkeit bildete »die Monopolisierung der Rechtsschutzeinrichtungen in der Hand des Staates ... eines der konstituierenden Elemente eben dieses modernen Staates«[7]. Es gehört zum heute selbstverständlich anmutenden Bestand von Herrschaftsbefugnissen des Staates, daß er aus *eigenem Recht* die Jurisdiktion über alle seiner Hoheit unterliegenden Rechtssubjekte in Anspruch nimmt; insoweit macht er sich grundsätzlich weder von koordinationsrechtlichen Abmachungen noch von freiwilliger Unterwerfung abhängig. Die Innehabung der Justizhoheit[8] befähigt die staatliche Gewalt dazu, im Inneren das Recht durchzusetzen, den Rechtsfrieden und die Rechtssicherheit[9] der Allgemeinheit sowie der einzelnen Inhaber subjektiver Rechte zu gewährleisten und die eigenmächtige Durchsetzung individueller Ansprüche zu verhindern[10]. Ebenso, wie dies in der Existenz der Rechtsordnung als solcher geschieht[11], wird damit eine objektive Grundvoraussetzung für geordnete Verhältnisse im Staat und in der Gesellschaft neuzeitlichen Verständnisses geschaffen; die Justizhoheit korrespondiert[12] in dieser Hinsicht als Befugnis mit dem Gewaltmonopol des Staates[13].

Grundlagen der staatlichen Verfassungsordnung in Frage stellen könnte«. Ausdrücklich dieser Bewertung zustimmend *W. Thieme*, AöR 80 (1955/56), S. 446.

7 *Chr.-F. Menger*, MDR 1955, S. 512. – Zur Rechtstheorie des 16.–18. Jh. im Hinblick auf Gerichtshoheit und Territorialherrschaft insbes. *D. Willoweit*, Rechtsgrundlagen der Territorialgewalt, 1975, S. 17ff., 186ff.

8 Abriß der Entwicklung der staatl. Rechtsprechungsfunktion hin zu einer eigenständigen, von den übrigen Staatstätigkeiten unterschiedenen Hoheitsaufgabe bei *K. Stern*, Staatsrecht, Bd. II, 1980, S. 373ff.

9 Zur Rechtssicherheit als Schutzgut des Rechtsstaats, das freilich im Einzelfall in Spannung zum Gerechtigkeitsgrundsatz geraten kann, auch das *BVerfG* in st. Rspr.: U. v. 1. 7. 1953, BVerfGE 2, 380 (403); U. v. 24. 7. 1953, BVerfGE 3, 4 (11); B. v. 24. 7. 1957, BVerfGE 7, 89 (92); B. v. 12. 12. 1957, BVerfGE 7, 194 (196); U. v. 19. 12. 1961, BVerfGE 13, 261 (271); B. v. 3. 11. 1965, BVerfGE 19, 150 (166); B. v. 29. 10. 1969, BVerfGE 27, 167 (173); B. v. 23. 3. 1971, BVerfGE 30, 392 (403); B. v. 8. 5. 1973, BVerfGE 35, 41 (47); B. v. 11. 2. 1976, BVerfGE 41, 323 (326); B. v. 8. 6. 1977, BVerfGE 45, 142 (167f.); B. v. 9. 8. 1978, BVerfGE 49, 148 (164); B. v. 14. 2. 1979, BVerfGE 50, 244 (250); B. v. 16. 12. 1981, BVerfGE 59, 128 (164); B. v. 23. 2. 1983, BVerfGE 63, 215 (223).

10 Zu Recht stellt das *BVerfG* im B. des Plenums v. 11. 6. 1980, BVerfGE 54, 277 (292), heraus, es sei »ein zentraler Aspekt der Rechtsstaatlichkeit, die eigenmächtig-gewaltsame Durchsetzung von Rechtsansprüchen zwischen Privaten grundsätzlich zu verwehren. Die Parteien werden auf den Weg vor die Gerichte verwiesen. Dort sollen sie ihren Streit in einem geordneten Rechtsgang gewaltlos austragen und eine verbindliche Entscheidung erwirken ...«.

11 Zur einheitsbildenden Funktion der Rechtsordnung *J. Jurina*, Der Rechtsstatus der Kirchen und Religionsgemeinschaften, 1972, S. 31.

12 Wenn *R. Scholz* (NJW 1983, S. 707) dafür plädiert, »begrifflich ... an die Stelle der Formel vom staatlichen Gewaltmonopol ... eher das Wort vom staatlichen Rechtsmonopol bzw. von der staatlichen Pflicht und Verantwortung für Rechtmäßigkeit und Gesetzmäßigkeit im gesamten Gemeinwesen« zu setzen, so wird die materielle Verknüpfung der *Rechtsdurchsetzungsbefugnis* des Staates mit seiner Friedens- und Ordnungsaufgabe besonders deutlich. Dem entspricht auch der Hinweis des *BVerfG* darauf, daß sich »in der Gerichtsbarkeit ... innerstaatliches Gewaltver-

3. *Gerichtsschutz als rechtsstaatliche Grundaufgabe*

Zur *Aufgabe und Verpflichtung* des sozialen Rechtsstaates wird sie infolge ihrer zentralen Bedeutung für die Konstituierung und Aufrechterhaltung einer gerechten Ordnung[13]. Denn diese Ordnung entsteht und besteht nicht allein von der Rechts*setzung* her. Sie hängt vielmehr in hohem Maße von der Kompetenz des Staates zur autoritativen *Durchsetzung* des Rechts ab, von seiner Bereitschaft hierzu, von der Qualität entsprechender institutioneller und funktioneller Vorgaben. Im gerichtlichen Verfahren wird die Verfassungsgarantie der unantastbaren Menschenwürde[14] umgesetzt, es werden die Freiheitsrechte gesichert und entfaltet[15] und es wird nicht zuletzt ein Stück Sozialstaatlichkeit verwirklicht[16]. Indem staatliche Jurisdiktion die tatsächliche Realisierbarkeit des materiellen Rechts[17] gewährleistet, trägt sie maßgeblich zur »Herstellung der Normallage – des innerstaatlichen Friedenszustandes«[18] – bei. Sie schafft und sichert grundlegende Voraussetzungen rechtsgesicherter individueller Existenz und erweist sich insoweit als unverzichtbare Funktion des sozialen Rechtsstaats[19].

Diese Verknüpfung ist in der geschichtlichen Entwicklung und Diskussion des Rechtsstaatsgedankens[20] zwar nicht immer deutlich herausgestellt

---

bot und staatliches Gewaltmonopol« ausprägen (B. des Plenums v. 11. 6. 1980, BVerfGE 54, 277 [292]).

13 Eingehend *D. Merten*, Rechtsstaat und Gewaltmonopol, 1975, insbes. S. 29ff.; vgl. ferner *Chr. Starck*, JZ 1978, S. 747f.; *E. Schmidt-Aßmann*, Hdb. des Staatsrechts, Bd. I, 1987, S. 1025 Rdnr. 71; *H.-J. Papier*, ibd. Bd. VI, 1989, S. 1222 Rdnr. 1; *M. Sachs*, DVBl. 1989, S. 489.

14 *P. Häberle*, Hdb. des Staatsrechts, Bd. I, 1987, S. 850f. Rdnrn. 75f.

15 Insoweit ist dem in der neueren Rspr. des *BVerfG* betonten Postulat effektiven Rechtsschutzes unter dem Gesichtspunkt der *Verwirklichung grundrechtlicher Verbürgungen* (dazu eingehend und mit weiteren Nachweisen *D. Lorenz*, AöR 105 [1980], S. 623ff.) im Ansatz zuzustimmen. Eine solche Verknüpfung der grundrechtlichen und der verfahrensrechtlichen Ebene bedarf freilich des kritischen Abgleichs mit sonstigen funktionellen und materiellen Aspekten sozialer Rechtsstaatlichkeit; zutreffend *W.-R. Schenke*, JZ 1989, S. 657, und *H. Bethge*, KritV 73 (1990), S. 15f.

16 Die Rolle der Rspr. seit 1949 bei der Realisierung der *Sozialstaatlichkeit* darf nicht unterschätzt werden; zutreffend *O. Bachof*, VVDStRL 38 (1980), S. 157 [Aussprache], gegenüber *N. Achterberg*, ibd. S. 83f.

17 Zur Wechselbeziehung zwischen materiellem und Prozeßrecht *D. Lorenz*, Der Rechtsschutz des Bürgers und die Rechtsweggarantie, 1973, S. 12, 15ff.; die Funktion des Gerichtsschutzes als institutionelle Konsequenz des Gesetzmäßigkeitsprinzips betont zutreffend *K.-U. Meyn*, Kontrolle als Verfassungsprinzip, 1982, S. 327.

18 *E.-W. Böckenförde*, FS A. Arndt, 1969, S. 76.

19 Zur Unentbehrlichkeit der »Gewähr der Rechtsverwirklichung« für die Konstituierung einer rechtsstaatl. Ordnung *K. Hesse*, FS R. Smend, 1962, S. 74; vgl. ferner das engagierte Plädoyer gegen Relativierungen des Art. 19 Abs. 4 GG bei *O. Bachof*, FS G. Dürig, 1990, S. 319ff.

20 Hierzu *U. Scheuner*, Begriff und Entwicklung des Rechtsstaats (1956), S. 401ff.; *ders.*, FS Dt. Juristentag, Bd. II, 1960, S. 229ff.; *E.-W. Böckenförde*, FS A. Arndt, 1969, S. 54ff.; *A. Laufs*, Der Staat 13 (1974), S. 365ff.; *ders.*, FS H. Thieme, 1977, S. 72ff.; *R. Weber-Fas*, Rechtsstaat und Grundgesetz, 1977, S. 20ff.; *K. Stern*, Staatsrecht, Bd. I, 2. Aufl. 1984, S. 764ff.; *Chr. Link*,

worden; doch wurde das Rechtsschutzpostulat als solches schon frühzeitig in seiner Bedeutung erkannt. Die konkrete Ausformung rechtsstaatlicher Strukturen[21] ist im Laufe der jüngeren Verfassungsgeschichte in Theorie und Praxis durch Höhen und Tiefen gegangen, die Definitionsversuche und die Auseinandersetzungen um formelles bzw. materielles Rechtsstaatsverständnis fächerten sich seit dem 19. Jahrhundert bis heute in breiter Vielfalt auf. Spätestens[22] seit der zweiten Hälfte des vorigen Jahrhunderts bestand aber durchweg Konsens[23] darüber, daß ein Schutz subjektiver Rechte durch unabhängige Gerichte als integraler Bestandteil rechtsstaatlicher Ordnung unverzichtbar sei.

II. Rechtsschutz in Kirchensachen und Ausübung »öffentlicher Gewalt«

1. Umfassende Geltung des Gerichtsschutzpostulats

Die maßgebliche Funktion umfassenden und effektiven[24] gerichtlichen Rechtsschutzes für die Gestaltung und Sicherung einer formell wie auch materiell rechtsstaatlichen Ordnung[25] und die damit verbundene Rechts-

---

Anfänge des Rechtsstaatsgedankens (1986); *M. Stolleis*, HRG, Bd. IV (26. Lieferung 1986), Sp. 367 ff.; *E. Schmidt-Aßmann*, Hdb. des Staatsrechts, Bd. I, 1987, S. 992 ff. Rdnrn. 10 ff.

[21] Zur Wandelbarkeit des Rechtsstaatsbegriffs auch *W. Dütz*, Rechtsstaatl. Gerichtsschutz im Privatrecht, 1970, S. 96 f. mit FN 394, S. 103.

[22] Vgl. im übrigen aber *Chr.-F. Menger*, Moderner Staat und Rechtsprechung, 1968, S. 5 ff.; *G.-Chr. v. Unruh*, Subjektiver Rechtsschutz und politische Freiheit, 1969.

[23] *W. Dütz*, Rechtsstaatl. Gerichtsschutz im Privatrecht, 1970, S. 100 ff. m. w. N.; *K. Stern*, Staatsrecht, Bd. I, 2. Aufl. 1984, S. 838 f. m. w. N., der treffend bemerkt, das Rechtsschutz- und Rechtsdurchsetzungspostulat sei »nach den mehr ›politischen‹ Ideen der Verfassung, der Grundrechte und der Gewaltenteilung, sowie dem Grundsatz der Rechtsbindung der staatlichen Gewalt gleichsam die dritte Dimension des rechtsstaatlichen Prinzips« gewesen (ibd. S. 839).

[24] Dazu näher *W. Dütz*, Rechtsstaatl. Gerichtsschutz im Privatrecht, 1970, S. 115 ff.

[25] Effektiver Rechtsschutz gehört insoweit jedenfalls nach heutigem Verständnis zu den *Strukturelementen* des rechtsstaatl. Prinzips: statt anderer *O. Bachof*, VVDStRL 12 (1954), S. 38; *Chr.-F. Menger*, Der Begriff des sozialen Rechtsstaates im Bonner Grundgesetz, 1953, S. 14 f.; *ders.*, MDR 1955, S. 512; *K. Hesse*, DVBl. 1955, S. 64; *ders.*, Rechtsschutz durch staatl. Gerichte im kirchl. Bereich, 1956, S. 92 f.; *ders.*, Grundzüge des Verfassungsrechts, 15. Aufl. 1985, Rdnrn. 202, 276; *D. Lorenz*, Der Rechtsschutz des Bürgers und die Rechtsweggarantie, 1973, S. 12 m. w. N.; *W. Rüfner*, HdbStKirchR I, S. 760, 762; *Herbert Krüger*, Rechtsstaat – Sozialstaat – Staat, 1975, S. 21; *Chr. Starck*, JZ 1978, S. 746 f.; *R. Herzog*, M-D (Sept. 1980), Rdnr. VII 27 zu Art. 20 GG; *K. Stern*, Staatsrecht, Bd. I, 2. Aufl. 1984, S. 784; *E. Schmidt-Aßmann*, Hdb. des Staatsrechts, Bd. I, 1987, S. 1023 ff. Rdnrn. 69 ff.; *H.-J. Papier*, ibd. Bd. VI, 1989, S. 1222 Rdnr. 1, S. 1224 Rdnr. 7; vgl. ferner die zahlr. Nachw. bei *W. Dütz*, Rechtsstaatl. Gerichtsschutz im Privatrecht, 1970, S. 97 f. – Auch im Ausland wird die enge Verknüpfung zwischen Rechtsstaatsprinzip und effektivem Rechtsschutz betont; vgl. für die Schweiz *W. Kägi*, ZSR 71 (1952), S. 177 f., 229 ff., für Österreich *H. Schima*, FS M. Gutzwiller, 1959, S. 523. – Das *BVerfG*, welches das Rechtsstaatsprinzip als »Verfassungsgrundsatz« beurteilt, »der der

schutzpflicht des Staates[26] stehen heute außer Zweifel. Bereits im Blick auf die Entwicklung des Rechtsstaatsgedankens in Deutschland im 19. Jahrhundert ist insofern die Gewährleistung richterlicher Kontrolle gegenüber der *öffentlichen Gewalt* praktisch[27] und theoretisch höchst bedeutsam gewesen. Sie wird nunmehr in der Garantie des Art. 19 Abs. 4 GG eigens hervorgehoben. Doch hat es dabei nicht sein Bewenden. »Rechtsstaat«, wie ihn das Grundgesetz konstituiert, meint den Primat des Rechts[28] in *allen* Bereichen der Rechtsordnung[29], nicht nur im Blick auf die Sphäre der öffentlichen Gewalt. Dem entspricht, ebenfalls auf dieser umfassenden Ebene, das Erfordernis autoritativer gerichtlicher Kontrolle und Sicherung rechtlicher Zustände; es dient dem Interesse objektiver Gewährleistung rechtsstaatlicher Ordnung gleichermaßen wie dem Schutzbedürfnis des einzelnen Bürgers in seinem subjektiven Status[30].

Konkretisierung je nach den sachlichen Gegebenheiten bedarf« (B. v. 24. 7. 1957, BVerfGE 7, 89 [92 f.]), rechnet jedenfalls auch das Gebot effektiven Rechtsschutzes zu seinen fundamentalen Elementen: B. v. 2. 3. 1977, BVerfGE 44, 105 (120); B. v. 4. 10. 1977, BVerfGE 46, 17 (28 f.); B. v. 16. 1. 1980, BVerfGE 53, 115 (127); B. des Plenums v. 11. 6. 1980, BVerfGE 54, 277 (291); B. v. 25. 3. 1981, BVerfGE 57, 9 (22).

26 Die prinzipielle Geltung und Bedeutung dieser Verpflichtung ist auch in der staatskirchenrechtl. Rechtsschutzdiskussion häufig bekräftigt worden: statt anderer *K. Hesse*, Rechtsschutz durch staatl. Gerichte im kirchl. Bereich, 1956, S. 89, 93, 130; *U. Scheuner*, DÖV 1967, S. 591; *ders.*, VVDStRL 26 (1968), S. 141 f. [Aussprache]; *A. v. Campenhausen*, FS E. Ruppel, 1968, S. 266 f. m. w. N.; *ders.*, Staatskirchenrecht, 2. Aufl. 1983, S. 202; J. Jurina, Der Rechtsstatus der Kirchen und Religionsgemeinschaften, 1972, S. 125; *W. Rüfner*, HdbStKirchR I, S. 760, 762 f.

27 Dazu *W. Rüfner*, Verwaltungsrechtsschutz in Preußen von 1749 bis 1842, 1962.

28 *K. Hesse*, FS R. Smend, 1962, S. 75, 77; *ders.*, Grundzüge des Verfassungsrechts, 15. Aufl. 1985, Rdnrn. 193 ff.; *K. Stern*, Staatsrecht, Bd. I, 2. Aufl. 1984, S. 796 ff. Zum Primat des Rechts im Blick speziell auf das Staatskirchenrecht *A. Hollerbach*, HdbStKirchR I, S. 260 f.

29 Auch im Privatrecht; dazu insbes. *W. Dütz*, Rechtsstaatl. Gerichtsschutz im Privatrecht, 1970, S. 99 ff. und passim; vgl. ferner *K. Stern*, Staatsrecht, Bd. I, 2. Aufl. 1984, S. 842. Das *BVerfG* hat in seinem Plenarbeschluß v. 11. 6. 1980 (BVerfGE 54, 277 [291]) ebenfalls bekräftigt, daß »aus dem Rechtsstaatsprinzip des Grundgesetzes ... auch für bürgerlichrechtliche Streitigkeiten im materiellen Sinn die Gewährleistung eines effektiven Rechtsschutzes abzuleiten« sei; undeutlicher noch im B. v. 6. 2. 1962, BVerfGE 14, 1 (7: »Auch wenn unter dem Grundgesetz der Ausschluß des Rechtsweges für Ansprüche von unzweifelhaft bürgerlich-rechtlichem Charakter für schlechthin unzulässig erachtet werden müßte ...«).

30 Die Doppelfunktion rechtsstaatlicher Jurisdiktion, was die Wahrung des Rechts in sowohl objektiver als auch subjektiver Hinsicht angeht, betont zutreffend *W. Kägi*, ZSR 71 (1952), S. 178, 229 f.; vgl. ferner *K. Hesse*, FS R. Smend, 1962, S. 75, 76 f., 95 FN 70. Beide Aufgaben der Judikative dürfen nicht gegeneinander ausgespielt werden; überbetont wird der Grundsatz eines gerichtl. Schutzes der *objektiven* Rechtsordnung zu Lasten des subjektiven Rechtsschutzprinzips bei *R. Marcic*, Vom Gesetzesstaat zum Richterstaat, 1957, S. 255, 325 f., 330 ff., 406, 410 f., 424.

2. Der Anwendungsbereich des Art. 19 Abs. 4 GG als Maßstab der staatskirchenrechtlichen Rechtsschutzdiskussion

Die Betrachtung der staatskirchenrechtlichen Rechtsschutzfrage erscheint in den vergangenen Jahrzehnten durch eine Betonung des Art. 19 Abs. 4 GG als Ansatzpunkt der Argumentation[31] gekennzeichnet; überaus häufig wurde die Problematik auf die Frage zugespitzt, ob es im Einzelfall um die Ausübung »öffentlicher Gewalt« gehe. Angesichts der einschlägigen Diskussion der 50er Jahre lag eine solche Fixierung der Perspektive freilich zunächst durchaus nahe. Denn damals war man vielfach noch von einer betont institutionellen Betrachtung der Kirchen und ihres Verhältnisses zum Staat ausgegangen und hatte, was den Problemkreis »Rechtsschutz« betraf, der *Rechtswegfrage* besondere Aufmerksamkeit gewidmet. § 25 Abs. 2 MRVO Nr. 165 hatte ja ausdrücklich die »Gerichte und Amtsstellen der Religionsgesellschaften« aus dem Kreis der »Verwaltungsbehörden« herausgenommen[32]. Danach allerdings vermochte sich die staatskirchenrechtliche Rechtsschutzdiskussion nicht nachhaltig genug von diesem Ansatz zu lösen.

Durch die Projektion des Kompetenzproblems auf die Frage der Ausübung »öffentlicher Gewalt« war ein Teilaspekt der Rechtsschutzfrage dominierend in den Mittelpunkt der Betrachtung gerückt. Die Bedeutung staatlicher Gerichtsschutzgewährung im Bereich des nicht der Kategorie »Ausübung öffentlicher Gewalt« zuzurechnenden Handelns der Kirchen und Religionsgemeinschaften wurde demgegenüber möglicherweise stillschweigend noch als selbstverständlich vorausgesetzt, trat aber in den Hintergrund und geriet darüber allzuleicht gänzlich aus dem Blickfeld. Der in Art. 19 Abs. 4 GG normierten Gerichtsschutzgarantie wuchs jedenfalls im Kontext der staatskirchenrechtlichen Rechtsschutzproblematik unversehens eine gewandelte Qualität zu. Hatte beispielsweise noch das Verwaltungsgericht Kassel in seinem Urteil vom 20. September 1951 die Vorschrift zur Überprüfung eines aus dem verfassungsrechtlichen Grundverhältnis von Staat und Kirche gewonnenen Ergebnisses herangezogen[33], so entwickelte sie sich zunehmend zum Prüfungsmaßstab für die Fragestellung, ob überhaupt staatlicher Rechtsschutz gegenüber kirchlichen Maßnahmen in Betracht komme.

Mit dieser Metamorphose von der Rechtsschutz*garantie* zur tendenziell als abschließend betrachteten Rechtsschutz*grundlage* drohte sich Art. 19

---

[31] Dieser Grundzug wird verdeutlicht, wenn *K. Hesse*, DVBl. 1955, S. 64, auf »die grundsätzliche und alle weiteren Überlegungen bedingende Frage der Anwendbarkeit des Art. 19 IV GG bei Rechtsverletzungen durch die kirchliche Gewalt« verweist.

[32] Vgl. S. 79 f., 154.

[33] *VG Kassel*, U. v. 20. 9. 1951, KirchE 1, 185 (188).

Abs. 4 GG in Kirchensachen in sein Gegenteil zu verkehren, nämlich sich als Hindernis rechtsstaatlicher Rechtsschutzgewährung auszuwirken – dergestalt, daß von der Nichtanwendbarkeit des Art. 19 Abs. 4 GG auf ein prinzipielles Entfallen staatlicher Rechtsschutzgewährung geschlossen wurde[34]. Die für das mangelnde Durchgreifen dieser Verfassungsgarantie genannten Gründe variierten von der fehlenden Ausübung »öffentlicher Gewalt« durch die Kirchen[35] über die Betrachtung des Art. 140 GG (i. V. m. Art. 137 Abs. 3 WRV) als lex specialis gegenüber Art. 19 Abs. 4 GG[36] bis hin zur mangelnden Eignung des Art. 19 Abs. 4 GG als Schrankennorm i. S. d. Artt. 140 GG/137 Abs. 3 WRV[37]. Gleich lautete aber bei aller Nuancierung in der Argumentation die Folgerung: Rechtsschutz durch staatliche Gerichte in eigenen Angelegenheiten der Kirchen und Religionsgemeinschaften entfiel.

---

34 Dazu *BVerfG*, B. v. 1. 6. 1983, NJW 1983, 2569; B. v. 5. 7. 1983, NJW 1983, 2569 (2569); B. v. 30. 3. 1984, DÖV 1984, 974 (975); *BVerwG*, U. v. 1. 8. 1958, BVerwGE 7, 189 (191); U. v. 27. 10. 1966, BVerwGE 25, 226 (230 f.); U. v. 21. 11. 1980, KirchE 18, 326 (327); U. v. 25. 11. 1982, BVerwGE 66, 241 (242, 244); *VG Düsseldorf*, U. v. 27. 6. 1963, KirchE 6, 305 (308 f., 310); *VG Frankfurt a. M.*, U. v. 22. 3. 1967, KirchE 9, 76 (77); *OVG Berlin*, U. v. 19. 6. 1969, KirchE 10, 410 (413 f.); B. v. 19. 8. 1970, KirchE 11, 265 (267 f., 268, 269); U. v. 13. 10. 1970, KirchE 11, 327 (329, 331); *VG Berlin*, U. v. 14. 1. 1971, KirchE 12, 27 (28 f.); *VG Aachen*, U. v. 27. 6. 1972, KirchE 12, 503 (504, 505); *VG Köln*, U. v. 16. 6. 1975, KirchE 14, 306 (307, 310); *OVG Münster*, U. v. 23. 8. 1977, KirchE 16, 166 (168, 171); *OVG Koblenz*, U. v. 28. 11. 1977, KirchE 16, 246 (248 f.); *VG München*, B. v. 20. 1. 1978, KirchE 16, 280 (281); *OVG Münster*, U. v. 9. 2. 1978, KirchE 16, 292 (300 ff.); U. v. 9. 2. 1978, KirchE 16, 318 (320 f.); *VG Arnsberg*, U. v. 25. 1. 1979, KirchE 17, 173 (175 ff.); *OVG Lüneburg*, U. v. 30. 5. 1979, KirchE 17, 244 (246) [mit letztlich zutreffendem Ergebnis, jedoch unter sachlich verfehlter Verallgemeinerung der für eine *Verfassungsbeschwerde* angemessenen Bezugnahme auf die »öff. Gewalt« bei *BVerfG*, B. v. 17. 2. 1965, BVerfGE 18, 385]; *VGH Mannheim*, U. v. 20. 5. 1980, KirchE 18, 165 (169 f., 170); *VG Arnsberg*, U. v. 19. 2. 1981, KirchE 18, 406 (407 f.); *OVG Lüneburg*, U. v. 23. 4. 1985, ZevKR 31 (1986), 235 (236).

35 Auf den *nichtstaatlichen* Charakter kirchl. Maßnahmen hob bereits vor Erlaß des Grundgesetzes *G.-A. Vischer*, Verwaltungsgerichtsbarkeit und Kirchenrecht, 1948, S. 21 f., ab; aus der Zeit danach *W. Kalisch*, ZevKR 2 (1952/53), S. 47; *G. Conradt / G. Piechulek*, JR 1953, S. 169 f.; *W. Thieme*, AöR 80 (1955/56), S. 427 ff.; *H. Johnsen*, Nachprüfbarkeit kirchl. Rechtshandlungen durch staatl. Gerichte, 1956, S. 164 ff. (welcher kirchl. Maßnahmen *teilweise* dem Begriff der »öff. Gewalt« i. S. d. Art. 19 Abs. 4 GG zuordnen wollte); *G.-A. Vischer*, Evang.-Luth. Kirchenzeitung 10 (1956), S. 22; *G. Dürig*, M-D (Erstbearb. 1958), Rdnr. 20 zu Art. 19 Abs. 4 GG; *H. Maurer*, Die Verwaltungsgerichtsbarkeit der evang. Kirche, 1958, S. 150 ff. (insoweit stärker differenzierend *ders.*, DÖV 1960, S. 751 f.); *H. H. Rupp*, AöR 85 (1960), S. 162, 164; *W. Hofmann*, BayVBl. 1963, S. 345 f.; *VG Kassel*, U. v. 20. 9. 1951, KirchE 1, 185 (188); *VG Berlin*, U. v. 16. 1. 1953, KirchE 2, 1 (5 f.).

36 *W. Thieme*, AöR 80 (1955/56), S. 430; *VG Kassel*, U. v. 20. 9. 1951, KirchE 1, 185 (188); *VGH München*, U. v. 6. 4. 1954, KirchE 2, 223 (229); wohl auch *W. Weber*, VVDStRL 11 (1954), S. 167 mit FN 29 und S. 255 (Aussprache), wenn er im Blick auf Art. 19 Abs. 4 GG von einer »Exemtion der Kirche« spricht, sowie *G.-A. Vischer*, Evang.-Luth. Kirchenzeitung 10 (1956), S. 23 (»Vorrang« des Art. 140 GG gegenüber Art. 19 Abs. 4 GG).

37 *W. Thieme*, AöR 80 (1955/56), S. 436 f.; *G.-A. Vischer*, Evang.-Luth. Kirchenzeitung 10 (1956), S. 23 ff.; *U. Scheuner*, ZevKR 6 (1957/58), S. 358; *H. Maurer*, Die Verwaltungsgerichtsbarkeit der evang. Kirche, 1958, S. 152 ff.; *ders.*, DÖV 1960, S. 753.

3. Kirchliche Gewalt als »öffentliche Gewalt« im Sinne des Art. 19 Abs. 4 GG

Immerhin hat es nicht an Versuchen gefehlt, diese aus der Sicht des Rechtsstaatsprinzips fragwürdige Konsequenz zu vermeiden. Allerdings geschah dies vielfach nach wie vor nicht vermittels einer kritischen Besinnung auf die Verfassungsgrundlagen rechtsstaatlicher Gerichtsschutzgewährung und auf deren Verhältnis zum religiösen Freiheitsanspruch, sondern von der Anwendbarkeit des Art. 19 Abs. 4 GG her. Damit gelang es zwar, die Rechtsschutzfrage vom Ergebnis her für viele Fälle brauchbar zu beantworten. Doch brachen je nach der gewählten Argumentationsbasis mit der Lösung der Rechtsschutzproblematik gleichzeitig andere Grundsatzfragen des Justiz- bzw. Religionsverfassungsrechts auf; insgesamt gesehen ergab sich folglich kein nachhaltiger Zugewinn an dogmatischer Konsistenz.

a) Religiöser Eigenbereich und Körperschaftsgewalt

Von der »Bereichslehre« her versuchte man, bei den »eigenen Angelegenheiten« von Kirchen und Religionsgemeinschaften anzusetzen, indem man den Kreis solcher Materien, welche als auf *originärer Kirchengewalt* beruhend und staatlich justizfrei betrachtet wurden, auf eine innere, geistliche Sphäre begrenzte. Andererseits wurde das Handeln religiöser Verbände, soweit es sich auf den Status als Körperschaften des öffentlichen Rechts zurückführen ließ[38], als prinzipiell auf *abgeleiteter staatlicher Gewalt* beruhend beurteilt[39].

Diese Auffassung führte, was Maßnahmen letztgenannter Qualität betraf, durchaus konsequent zu ihrer Beurteilung als Ausübung »öffentlicher Gewalt« i. S. d. Art. 19 Abs. 4 GG und damit zwanglos zu einer Anwendbarkeit dieser Vorschrift. Doch war ihr, sah man einmal von den prinzipiellen Schwächen formaler Bereichsabgrenzungen im Wirkungsbereich der Kirchen und Religionsgemeinschaften[40] ab, entgegenzuhalten, daß sie die Tragweite des religiösen Körperschaftsstatus staatskirchenrechtlich fragwürdig bestimmte. Denn dieser Qualität wird man nach geltender Religionsverfas-

[38] Nicht also z. B. die Teilnahme am »allgemeinen Rechtsverkehr«; vgl. insoweit *H. Weber*, DVBl. 1970, S. 252.

[39] Vgl. S. 86, 119f., 121f., 123, 125f., 233f. – Konsequent insoweit, auch was die Umsetzung dieser Konzeption auf die Rechtsschutzfrage betrifft, vor allem *H. Weber*, Die Religionsgemeinschaften als Körperschaften des öff. Rechts, 1966, S. 91 ff., 143 ff.; *ders.*, NJW 1967, S. 1644 ff.; *ders.*, Grundprobleme des Staatskirchenrechts, 1970, S. 62 ff.; *ders.*, ZevKR 15 (1970), S. 54; *ders.*, DVBl. 1970, S. 251 ff.; *ders.*, ZevKR 17 (1972), S. 411 ff.; *ders.*, HdbStKirchR I, S. 736; *ders.*, NJW 1980, S. 1042f. [Anm.].

[40] Vgl. dazu auch S. 239, 244 ff., 252 ff.

sung nur dann hinreichend gerecht, wenn man sie im Sinne ergänzender Zuordnung – nicht Alternativität – zum Selbstbestimmungsrecht der Kirchen und Religionsgemeinschaften (Artt. 140 GG/137 Abs. 3 WRV) einerseits und zu der in der Verfassung festgeschriebenen grundsätzlichen Trennung des Säkularstaats von den religiösen Verbänden (Artt. 140 GG/137 Abs. 1 WRV) andererseits versteht[41].

b) Das Tatbestandsmerkmal »öffentliche Gewalt«

Aus eher »traditioneller« staatskirchenrechtlicher Perspektive versuchte man zu rechtsstaatlich befriedigenden Resultaten zu gelangen, indem Art. 19 Abs. 4 GG tendenziell in seinem tatbestandlichen Anwendungsbereich erweitert wurde; damit erschien auch die kirchliche Gewalt in weitem Umfang als unter das Tatbestandsmerkmal »öffentliche Gewalt« subsumierbar[42].

Die entscheidende Schwachstelle einer tatbestandlichen Erstreckung des Art. 19 Abs. 4 GG auf den Wirkungsbereich religiöser Verbände lag freilich in der erforderlichen Begründung. Sie wurde vor allem in der prekären Qualifikation kirchlicher Gewalt als »mittelbar staatlicher Gewalt« versucht, wie sie seit 1965[43] in die Rechtsprechung des Bundesverfassungsgerichts und hieran anknüpfend auch in die übrige Judikatur einfloß. Neben weiteren weniger tragfähigen Argumentationsansätzen[44], insbesondere auch der Prä-

---

[41] Dazu S. 118 ff., 121 f., 128 f., 226, 233 f.

[42] Der Meinungsstand stellte und stellt sich insoweit freilich kontroverser dar, als es die knappe Bemerkung bei *O. Friedrich*, Einführung in das Kirchenrecht, 2. Aufl. 1978, S. 556, vermuten läßt: es falle »nach herrschender Meinung ... unter ›öffentliche Gewalt‹ auch ›Kirchengewalt‹«.

[43] *BVerfG*, B. v. 17. 2. 1965, BVerfGE 18, 385 (387). – Vgl. zu dieser E. und der ihr zugrunde liegenden Abschichtung der kirchl. und der staatl. Sphäre insbes. die grundsätzliche Kritik bei *P. Häberle*, ZevKR 11 (1964/65), S. 395 ff. Dazu auch unten S. 125 f., 199, 203.

[44] *E.-W. Fuß*, DVBl. 1958, S. 742, geht ohne weiteres von der Stellung der Kirchen als »Hoheitsträger, wenn auch vielleicht vom Staate emanzipierte«, und von der Qualität der von ihnen ausgeübten Gewalt »als Hoheitsgewalt oder zumindest als ›öffentliche Gewalt‹ (Art. 19 Abs. 4 GG)« aus. – *C. H. Ule*, Verwaltungsgerichtsbarkeit, 2. Aufl. 1962, Anm. III zu § 40 VwGO, qualifiziert kirchl. Gewalt »um der Einheit und Geschlossenheit der rechtsstaatlichen Ordnung unseres Gemeinwesens willen als öffentliche Gewalt im Sinne des Art. 19 Abs. 4 GG«; ebenso *ders.*, Verwaltungsprozeßrecht, 8. Aufl. 1983, S. 44. – Ähnlich (»um der Sicherung der rechtsstaatlichen Ordnung willen ... «) noch *K. Stern*, Verwaltungsprozessuale Probleme in der öff.-rechtl. Arbeit, 6. Aufl. 1987, S. 34 f. (34) mit der Einschränkung, nur im »*inneren*, ausschließlich auf Glaubensfragen bezogenen Bereich« liege »›öffentliche‹, besser: staatliche Gewalt ... nicht vor« (aaO. S. 34; Hervorhebung im Original). – *H. J. Wolff*, Verwaltungsrecht I, 6. Aufl. 1965, S. 262, leitet aus dem relig. Korporationsstatus die Folgerung ab, die Religionsgesellschaften seien insoweit »Träger und ihre Organe Subjekte öffentlicher Verwaltung. Sie können daher Verwaltungsakte erlassen, die wegen Art. 19 IV GG gerichtlicher Rechtmäßigkeitsprüfung unterworfen sein müssen und auch § 40 I VwGO unterfallen.«; stärker differenzierend *ders.* in den beiden folgenden Aufl. (7. Aufl. 1968, S. 298, sowie 8. Aufl. 1971, S. 327 f.). – *W. Jung*, Staat und Kirche im kirchl. Friedhofswesen, 1966, S. 149, schließt von einer Überschrei-

sumtion[45] eines originären »öffentlich-rechtlichen Gesamtstatus« der Kirchen[46], hat man zur Begründung der öffentlich-rechtlichen Qualität ihres Wirkens auf den materiell »öffentlichen« Charakter[47] der Kirchen bzw. auf ihre gesellschaftliche Relevanz und Ausübung sozialer Macht hingewiesen[48]. Auch ist das Argument herausgestellt worden, daß es angesichts der rechtlichen und faktischen Konsequenzen, »soweit die Kirchen hoheitlich handeln, der einzelne also im Banne machtüberlegener Obrigkeit steht«[49], für Betroffene qualitativ keinen Unterschied ausmache, ob sie von öffentlicher (i. S. v. staatlicher) Gewalt oder von kirchlicher Gewalt in ihren Rechten verletzt

---

tung der in Artt. 140 GG/137 Abs. 3 WRV vorgegebenen Schranke des *für alle geltenden Gesetzes* darauf, daß »die Kirche nicht mehr kirchlich öffentliche Gewalt« betätige; vielmehr übten »insoweit ... kirchliche Friedhofsträger dann auch öffentliche Gewalt i. S. des Art. 19 Abs. IV GG aus«.

45 Dem Ansatz nach bereits *H. Peters*, VVDStRL 11 (1951), S. 187; im übrigen zusammenfassend *H. Marré / K.-E. Schlief*, NJW 1965, S. 1514 ff.; *H. Marré*, Zs. für Politik 13 (1966), S. 389 ff. – Zu Recht kritisch gegenüber der zugrundeliegenden Folgerung vom *öffentlichen* auf ein *öffentlich-rechtliches* Wirken der Kirchen *P. Mikat*, Kirchl. Streitsachen vor den Verwaltungsgerichten (1963), S. 322 ff.; demgegenüber noch im Sinne der Bejahung eines originären »öff. Status« *ders.*, Kirchen und Religionsgemeinschaften (1960), S. 163 ff., wo er (S. 191) ausdrücklich davon ausgeht, die Kirchen handelten, soweit sie » – wenn auch innerhalb ihrer Angelegenheiten, etwa in ihrem Verhältnis zu ihren Mitgliedern – rechtskräftig einen rechtlichen Status in hoheitlicher Weise begründen oder verändern ... als öffentliche Gewalt i. S. des Art. 19 IV«.

46 Die sich im Blick auf den Rechtsschutz im Lichte des Art. 19 Abs. 4 GG folgerichtig aufdrängenden Konsequenzen dieser Auffassung wurden freilich vielfach von einer *koordinationsrechtlichen* Perspektive überlagert, so daß sich ihre praktische Relevanz für die Lösung der staatskirchenrechtl. Rechtsschutzfrage letztlich in Grenzen hielt. Anders allerdings noch *P. Mikat*, Kirchen und Religionsgemeinschaften (1960), S. 191, trotz seines koordinationsrechtl. Grundansatzes (aaO. S. 145 ff., 175 f., 191).

47 Im Sinne der vom *BVerfG* vorgenommenen Differenzierung, daß »kirchliche Gewalt zwar öffentliche, aber nicht staatliche Gewalt« sei; *BVerfG*, B. v. 17. 2. 1965, BVerfGE 18, 385 (387).

48 *K. Hesse*, DVBl. 1955, S. 64; *ders.*, ibd. S. 591; *ders.*, Rechtsschutz durch staatl. Gerichte im kirchl. Bereich, 1956, S. 85 ff., 119; *ders.*, JöR NF 10 (1961), S. 78 f. FN 13, unter Verweis auf den »materiell-öffentlichen Status der Kirchen, der eben nicht nur ein Status innerkirchlicher Öffentlichkeit sondern auch ein öffentlicher Status innerhalb des staatlichen Rechts ist« [stärker zwischen »sachlicher Öffentlichkeit« und »Bereich des öff. Rechts« differenzierend dann aber *ders.*, ZevKR 11 (1964/65), S. 358 f. mit FN 58; *ders.*, Partnerschaft zwischen Kirche und Staat? (1965), S. 144, 146 f.]; *D. Scheven*, Der Verwaltungsrechtsschutz im kirchl. Bereich, 1954, S. 58 ff., 66 f.; *ders.*, ZevKR 4 (1955), S. 168 ff.; *E. Glasow*, Die Anfechtbarkeit kirchl. Verwaltungsakte, 1956, S. 55; *A. v. Campenhausen*, FS E. Ruppel, 1968, S. 266 [enger zu Recht aber inzwischen *ders.*, Staatskirchenrecht, 2. Aufl. 1983, S. 204: »Nur vom Staat abgeleitete Gewalt ist öffentliche Gewalt i. S. v. Art. 19 IV GG.«; ebenso *ders.*, AöR 112 (1987), S. 627]; *H. Säcker*, Der verfassungsgerichtl. Schutz gegen innerkirchl. Maßnahmen, 1968, S. 113 f.; *ders.*, DVBl. 1969, S. 9, im Blick auf § 90 BVerfGG; *ders. / W. Reimann*, JuS 1969, S. 575; *D. Lorenz*, Der Rechtsschutz des Bürgers und die Rechtsweggarantie, 1973, S. 117 f.; *G. Scheffler*, Staat und Kirche, 2. Aufl. 1973, S. 249 ff.

49 *D. Scheven*, Der Verwaltungsrechtsschutz im kirchl. Bereich, 1954, S. 67; ebenso *ders.*, ZevKR 4 (1955), S. 169 f.

würden[50]. Deshalb gehe es nicht an, die Kirchen als soziale Mächte der in Art. 19 Abs. 4 GG angelegten Rechtsschutzgewährleistung zu entheben[51]; denn letztere sei zur Vollendung von Lückenlosigkeit der rechtsstaatlichen Gerichtsschutzgarantie konzipiert[52].

In dem Versuch, staatlichen Gerichtsschutz auch in Kirchensachen aus Art. 19 Abs. 4 GG herzuleiten, visierten all diese Überlegungen die vom sozialen Rechtsstaat letztlich vorgezeichnete *Antwort* auf die Grundsatzfrage effektiver Rechtsschutzgewährleistung im religiösen Bereich an. Doch geschah dies, sieht man von methodischen Bedenken[53] ab, um den Preis dogmatisch und rechtspolitisch fragwürdiger Unschärfen in der erforderlichen Differenzierung[54] zwischen den Kategorien »öffentlich« und »öffentlich-rechtlich«. Nur auf letztere jedoch zielt – bei schwerlich zu verkennender[55] terminologischer Mehrdeutigkeit[56] – das in Art. 19 Abs. 4 GG enthalte-

---

50 *K. Hesse*, DVBl. 1955, S. 64; *ders.*, Rechtsschutz durch staatl. Gerichte im kirchl. Bereich, 1956, S. 89; *D. Scheven*, Der Verwaltungsrechtsschutz im kirchl. Bereich, 1954, S. 65: »Für den Betroffenen kommt es auf den Ursprung und den Geltungsgrund der Gewalt, deren Eingriff in seine Freiheit und sein Eigentum er dulden muss, nicht an, sondern nur auf die Auswirkung in seine Rechte.« [ebenso *ders.*, ZevKR 4 (1955), S. 169]; *H. Säcker*, Der verfassungsgerichtl. Schutz gegen innerkirchl. Maßnahmen, 1968, S. 114; der Sache nach (faktische »Gleichwertigkeit« der Rechtsverletzung durch die staatl. oder die kirchl. Gewalt) auch *Chr.-F. Menger*, MDR 1955, S. 514, der jedoch bezüglich der hieraus zu ziehenden Rechtsschutz-Konsequenzen stärker differenziert. *E. Wufka*, DVBl. 1971, S. 121 FN 33, spricht von »(quasi-)öffentlicher Gewalt«, soweit »der Staat ... einer nicht in seinen Organbereich eingegliederten Körperschaft Privilegien überantwortet, die sich für den Betroffenen so auswirken, als wären sie öffentliche Gewalt«; er läßt die unmittelbare Anwendbarkeit des Art. 19 Abs. 4 GG aber letztlich offen.

51 *K. Hesse*, Rechtsschutz durch staatl. Gerichte im kirchl. Bereich, 1956, S. 89f.; *H. v. Mangoldt / F. Klein*, Das Bonner Grundgesetz, 2. Aufl., Bd. I, 1957, Anm. VII 2 a zu Art. 19; *F. Ossenbühl*, NJW 1965, S. 1563.

52 *K. Hesse*, Rechtsschutz durch staatl. Gerichte im kirchl. Bereich, 1956, S. 89; *D. Scheven*, Der Verwaltungsrechtsschutz im kirchl. Bereich, 1954, S. 66; *ders.*, ZevKR 4 (1955), S. 169; *H. Säcker*, Der verfassungsgerichtl. Schutz gegen innerkirchl. Maßnahmen, 1968, S. 114.

53 Nicht zu Unrecht bemerkte *O. Bachof*, DÖV 1958, S. 558, daß die Argumentation mit der rechtsstaatlich grundlegenden Funktion einer in Art. 19 Abs. 4 GG enthaltenen lückenlosen Rechtsschutzgarantie und der hieraus zu folgernden Anwendbarkeit der Vorschrift im Rahmen der staatskirchenrechtl. Gerichtsschutzproblematik »in die Nähe einer petitio principii« gerate.

54 Dazu statt anderer *P. Häberle*, ZevKR 11 (1964/65), S. 397ff.; *K. Hesse*, ibd. S. 358f. mit FN 58; *ders.*, Partnerschaft zwischen Kirche und Staat? (1965), S. 144 (vgl. dort auch S. 146f.); *F. Ossenbühl*, NJW 1965, S. 1563; *A. Hollerbach*, AöR 92 (1967), S. 109f.; *W. Martens*, Öffentlich als Rechtsbegriff, 1969, S. 146ff.; *W.-R. Schenke*, BK (Zweitbearb. Dez. 1982), Rdnr. 177 zu Art. 19 Abs. 4 GG; *ders.*, FS H. J. Faller, 1984, S. 137f.

55 Das *BVerfG* allerdings erachtet die tatbestandliche Formulierung des Art. 19 Abs. 4 GG offenbar als eindeutig: »Nach dem *klaren Wortlaut* dieser Verfassungsbestimmung erfaßt die Rechtsweggarantie ausschließlich Akte der (staatlichen) öffentlichen Gewalt ... « [*BVerfG*, B. v. 12. 2. 1981, KirchE 18, 390 (392). – Hervorhebung nicht im Original].

56 Durchaus zu Recht weist *P. Lerche*, ZZP 78 (1965), S. 8 FN 12, darauf hin, daß Art. 19 Abs. 4 GG von »öffentlicher Gewalt«, nicht von »öffentlich-rechtlicher Gewalt«, spricht; doch besteht im Blick auf die im Grundgesetz statuierte Justizverfassung, die insgesamt umfassenden

ne Tatbestandsmerkmal der »öffentlichen Gewalt«: es meint unmittelbar oder mittelbar staatliche Akte[57].

4. *Art. 19 Abs. 4 GG und die staatskirchenrechtliche Rechtsschutzproblematik*

Unverkennbar ist die damit vorgezeichnete Begrenzung der Tragweite des Art. 19 Abs. 4 GG für die staatskirchenrechtliche Rechtsschutzfrage. Diese Gerichtsschutzgarantie taugt als unmittelbarer Ansatzpunkt der Argumentation tatsächlich noch dort – aber auch nur noch dort –, wo es um die Ausübung »öffentlicher« im Sinne von *staatlich* »öffentlicher« Gewalt seitens einer Kirche oder Religionsgemeinschaft geht[58].

In Rechtsstreitigkeiten aus der religiösen Eigensphäre mögen der geschichtliche Hintergrund und die Existenz des Art. 19 Abs. 4 GG indizielle Bedeutung für die verfassungsrechtliche Dignität des rechtsstaatlichen Gerichtsschutzpostulats entfalten. Ansonsten aber relativiert sich die in der bisherigen Rechtsschutzdiskussion teils sehr stark hervorgehobene Problematik der Tauglichkeit dieser Norm als »für alle geltendes Gesetz« i. S. d. Art. 140 GG/137 Abs. 3 WRV[59]. Denn soweit Kirchen oder Religionsgemeinschaften keine »öffentliche Gewalt« ausüben, vermag Art. 19 Abs. 4 GG weder in positiver Hinsicht eine Kompetenz staatlicher Gerichte in Kirchensachen zu begründen, noch wirkt seine tatbestandliche Unanwendbarkeit negativ präjudizierend im Sinne eines prinzipiellen Ausschlusses staatlichen Rechtsschutzes.

Will man angemessene und verfassungsrechtlich zweifelsfreie Resultate erzielen, so besteht im Rahmen der aktuellen staatskirchenrechtlichen

---

Gerichtsschutz verbürgt, kein Bedürfnis für eine weite Auslegung des Tatbestandsmerkmals im Sinne einer Erstreckung auf Akte der Verbandsmacht usw., wie Lerche sie aaO. erwägt.

57 Statt anderer *E. Schmidt-Aßmann*, M-D (24. Lieferung Jan. 1985), Rdnrn. 45 ff., 111 f., 114 zu Art. 19 Abs. 4 GG; *BVerfG*, B. v. 12. 2. 1981, KirchE 18, 390 (392); B. v. 23. 6. 1981, BVerfGE 58, 1 (26 f.).

58 Dem Grunde nach (nicht aber hinsichtlich der Konkretisierung im einzelnen) inzwischen im wesentlichen unbestritten: *P. Mikat*, Kirchl. Streitsachen vor den Verwaltungsgerichten (1963), S. 338 f.; *H. Weber*, Die Religionsgemeinschaften als Körperschaften des öff. Rechts, 1966, S. 143; *W. Martens*, Öffentlich als Rechtsbegriff, 1969, S. 148; *W. Rüfner*, HdbStKirchR I, S. 761; *W.-R. Schenke*, BK (Zweitbearb. Dez. 1982), Rdnr. 175 zu Art. 19 Abs. 4 GG; *A. v. Campenhausen*, Staatskirchenrecht, 2. Aufl. 1983, S. 204; *ders.*, AöR 112 (1987), S. 627; *E. Schmidt-Aßmann*, M-D (24. Lieferung Jan. 1985), Rdnr. 114 zu Art. 19 Abs. 4 GG.

59 Insoweit konsequent und unter zutreffendem Ansatz bei der rechtsstaatl. Grundsatzbedeutung des Art. 19 Abs. 4 GG *K. Hesse*, Rechtsschutz durch staatl. Gerichte im kirchl. Bereich, 1956, S. 92 ff. – Enger *D. Scheven*, Der Verwaltungsrechtsschutz im kirchl. Bereich, 1954, S. 81 ff.; *ders.*, ZevKR 4 (1955), S. 176 ff.; *H. Säcker*, Der verfassungsgerichtl. Schutz gegen innerkirchl. Maßnahmen, 1968, S. 115 ff.

Rechtsschutzdiskussion kein Anlaß zu einer Überdehnung des Art. 19 Abs. 4 GG oder zu einer »rechtsstaatlich-extensiven Auslegung«[60] seines Tatbestandes, für die aus der Sicht der 50er Jahre noch zu Recht plädiert worden sein mag[61]. Denn weder erscheint gegenwärtig, wie schon erwähnt, der Geltungsanspruch von Gesetz und Recht auf das Handeln öffentlicher Rechtsträger beschränkt[62], noch ist dies beim Rechtsschutzgebot der Fall. Zwar kann Art. 19 Abs. 4 GG in seiner konstitutiven Qualität für die formelle und materielle Realisierung des sozialen Rechtsstaats unter dem Grundgesetz kaum überschätzt werden. Doch bleibt jedenfalls zu beachten, daß die Vorschrift das Gerichtsschutzprinzip lediglich für ein (dem Umfang und der Qualität nach allerdings hochbedeutsames) *Segment* des allgemeinen Rechtslebens garantiert[63], nicht jedoch dieses Prinzip schlechthin verkörpert[64].

Mit der etwaigen tatbestandlichen Unanwendbarkeit der in Art. 19 Abs. 4 GG statuierten Garantie ist die Rechtsschutzproblematik deshalb keineswegs erledigt[65]. Vielmehr besteht, auch soweit es nicht um Akte »öffentlicher Gewalt« im Sinne des Art. 19 Abs. 4 GG geht, aus der Sicht des Rechtsstaatsprinzips grundsätzlich ein Erfordernis staatlicher Rechtsschutzgewährung[66]; denn letztere stellt »als staatliche Pflicht und individuelles Recht die Kehrseite des staatlichen Gewaltmonopols, der bürgerlichen Friedenspflicht und des Selbsthilfeverbotes«[67] dar. Das Rechtsschutzpostulat im Kontext solcher Rechtsverhältnisse, welche sich nicht mit öffentlicher Gewalt berüh-

---

60 *F. Klein*, VVDStRL 8 (1950), S. 78.

61 Ausdrücklich für eine *extensive* Auslegung des Art. 19 Abs. 4 GG *K. Hesse*, Rechtsschutz durch staatl. Gerichte im kirchl. Bereich, 1956, S. 89 [insoweit zurückhaltender dann *ders.*, JöR NF 10 (1961), S. 79 FN 13]; vgl. auch *P. Lerche*, ZZP 78 (1965), S. 8 [oben S. 108 f. Anm. 56].

62 *U. Scheuner*, FS Dt. Juristentag, Bd. II, 1960, S. 232, 247 ff.; *W. Dütz*, Rechtsstaatl. Gerichtsschutz im Privatrecht, 1970, S. 106.

63 Zum sachlich beschränkten Anwendungsbereich des Art. 19 Abs. 4 GG auch *N. Achterberg*, BK (Zweitbearb. April 1981), Rdnr. 178 zu Art. 92 GG; *Ph. Kunig*, Das Rechtsstaatsprinzip, 1986, S. 391, 441 f.; *H. Weber*, NJW 1989, S. 2219.

64 Zutreffend *M. Sachs*, BayVBl. 1987, S. 463 [Anm.]. Zu Recht hat demgemäß das *BVerfG* das »Gebot einer Gewährleistung wirkungsvollen Rechtsschutzes« auf »Art. 19 Abs. 4 GG *und das Rechtsstaatsprinzip*« zurückgeführt; *BVerfG*, B. v. 25. 3. 1981, BVerfGE 57, 9 (22). – Hervorhebung nicht im Original.

65 Insoweit ist der Skepsis beizupflichten, die *A. v. Campenhausen*, Staatskirchenrecht, 2. Aufl. 1983, S. 204 [ebenso *ders.*, AöR 112 (1987), S. 627] gegenüber der Relevanz des Art. 19 Abs. 4 GG für die Lösung der staatskirchenrechtl. Rechtsschutzfrage äußert; kritisch (allerdings mit abweichendem dogmatischem Ansatz) auch *H. Maurer*, FS Chr.-F. Menger, 1985, S. 285. *H. Weber*, NJW 1989, S. 2219, weist zutreffend darauf hin, »daß die Nichtanwendung der Art. 19 IV GG, § 40 VwGO auf bestimmte Akte der öffentlichrechtlichen Religionsgemeinschaften nicht automatisch zur Ablehnung *jedes* staatlichen Rechtsschutzes gegenüber diesen Akten führt«. (Hervorhebung im Original).

66 Zutreffend *W. Heyde*, Hdb. des Verfassungsrechts, 1983, S. 1200, 1222.

67 *E. Schmidt-Aßmann*, Hdb. des Staatsrechts, Bd. I, 1987, S. 1025 Rdnr. 71.

ren[68], steht heute jedenfalls gleichberechtigt neben der Garantie staatlichen Rechtsschutzes gegenüber Akten öffentlicher Gewalt[69]; historisch gesehen bildet es sogar einen älteren Bestandteil des Rechtsstaatsprinzips[70].

III. Rechtsschutzgewährung als Funktion staatlicher Gerichte

1. Rechtsschutzgarantie als Gerichtsschutzgarantie

Die staatliche Kontrolle und Sicherung der Einhaltung des Rechts setzt in letzter Konsequenz *Gerichtstätigkeit* voraus, wenn sie dem Rechtsstaatsgebot Genüge leisten soll. Im wissenschaftlichen Schrifttum hat sich diese Erkenntnis inzwischen durchgesetzt[71]. Eine Tendenz zur Bejahung des rechtsstaatlichen Gerichtsschutzpostulats prägt unverkennbar auch die Rechtsprechung des Bundesverfassungsgerichts, das allerdings das Erfordernis gerichtlichen Schutzes leider mehrfach relativiert hat.

So hat es zwar das Prinzip *Rechtsschutz* nicht grundsätzlich in Frage gestellt; doch ist es davon ausgegangen, es gehöre »der aus dem Rechtsstaatsprinzip ableitbare Grundsatz, daß dem Bürger ein möglichst (!) umfassender *Gerichts*schutz zur Verfügung stehen muß, nicht zu den in Art. 20 GG ›niedergelegten Grundsätzen‹«[72]. Von der rechtsstaatlichen Forderung nach »möglichst« lückenlosem gerichtlichem Schutz hatte das Gericht bereits vorher mehrfach gesprochen[73]. Deutlicher noch wurde – insoweit durchaus im Einklang mit einer damals auch in der Literatur vertretenen Auffassung[74] – 1958 die Verfassungsgarantie des gerichtlichen Rechtsschutzes relati-

68 Dies umfaßt z. B. religionsrechtliche Schutzbegehren der relig. Verbände gegenüber anderen gesellschaftlichen Mächten (zur diesbezüglichen staatl. Rechtsschutzaufgabe *P. Mikat*, HdbStKirchR I, S. 128) ebenso wie Streitigkeiten in den Beziehungen des Bürgers zu gesellschaftlichen – auch religiösen – Verbänden.

69 Anders in der Gewichtung wohl *K. Stern*, Staatsrecht, Bd. I, 2. Aufl. 1984, S. 845, wenn er von »Gerichtsschutz gegen Eingriffe der öffentlichen Gewalt« spricht, »um die es dem Rechtsstaatsprinzip vor allem geht«.

70 Darauf hat zu Recht *W. Rüfner*, HdbStKirchR I, S. 762, hingewiesen.

71 Statt anderer *W. Dütz*, Rechtsstaatl. Gerichtsschutz im Privatrecht, 1970, S. 104ff. m. w. N.; *R. Herzog*, M-D (Sept. 1980), Rdnr. VII 27 zu Art. 20 GG; *K. Stern*, Staatsrecht, Bd. I, 2. Aufl. 1984, S. 784, 838ff.; *H.-J. Papier*, Hdb. des Staatsrechts, Bd. VI, 1989, S. 1226 Rdnr. 11.

72 *BVerfG*, U. v. 15. 12. 1970, BVerfGE 30, 1 (25) [Hervorhebung im Original, nicht aber das Ausrufezeichen]; vgl. auch S. 28. Gegen eine Relativierung der staatl. Pflicht zur Gerichtsschutzgewährung *G. Geller, F. v. Schlabrendorff* und *H. Rupp* in ihrer abw. Meinung zu dieser E., aaO. S. 34.

73 *BVerfG*, B. v. 12. 11. 1958, BVerfGE 8, 274 (326); B. v. 10. 10. 1961, BVerfGE 13, 153 (161); B. v. 23. 4. 1969, BVerfGE 25, 352 (365).

74 Ausdrücklich zustimmend zu der vom *BVerfG* im B. v. 10. 6. 1958 (BVerfGE 8, 174 [181]) vorgenommenen Infragestellung der rechtsstaatl. Gerichtsschutzgarantie *Th. Maunz / G. Dürig*, M-D (Erstbearb. 1960), Rdnr. 92 zu Art. 20 GG, mit betont historischer Perspektive. Der von ihnen gewählte Ansatz ist freilich für die Frage einer *gegenwärtigen* verfassungsrechtlichen Garantie richterlichen Rechtsschutzes nur bedingt aussagekräftig; zutreffend *W. Dütz*, Rechts-

viert: »... das Rechtsstaatsprinzip ... verlangt nicht einmal, daß für jede Rechtsstreitigkeit ausnahmslos der Weg zu einem Gericht offenstehen muß ... «[75]. Demgegenüber hat das Gericht gerade in neuerer Zeit häufig ohne Einschränkung die rechtsstaatliche Verbürgung umfassenden und effektiven *gerichtlichen* Schutzes betont[76].

2. *Staatliches Rechtsprechungsmonopol*

Das Grundgesetz behält die Ausübung rechtsprechender Gewalt im Sinne des rechtsstaatlichen Gerichtsschutzprinzips der *staatlichen* Judikative vor. Art. 92 GG kann dies positiv entnommen werden. Außerstaatliche Rechtsprechung wird in dieser Norm nicht erwähnt, sie entfaltet freilich in der gesellschaftlichen Realität in verschiedener Form (als kirchliche Gerichtsbarkeit, als Partei-, Vereins-, Verbands-, Betriebsjustiz usw.) Wirksamkeit. Die Problematik der jeweiligen Zulässigkeit und Reichweite solcher Rechtsprechungsformen, wie sie bekanntlich in den vergangenen Jahrzehnten Gegenstand lebhafter Diskussionen war[77], ist im vorliegenden Zusammenhang nicht zu erörtern. Auf die kirchliche Gerichtsbarkeit, die sich auf spezifische verfassungsrechtliche Grundlagen stützt, wird noch zurückzukommen sein[78]. Insgesamt kann jedenfalls davon ausgegangen werden, daß Art. 92 GG kein grundsätzliches *Verbot* außerstaatlicher Gerichtsbarkeit statuiert[79]. Umgekehrt aber – und das ist auch für die Frage rechtsstaatlichen Gerichtsschutzes im religiösen Bereich von zentraler Bedeutung – ergibt sich aus der Formulierung der beiden Halbsätze des Art. 92 GG eindeutig, daß das Grundgesetz als Ausübung »rechtsprechender Gewalt« im Sinne dieser Vorschrift und damit als definitive Erfüllung der Aufgaben, welche von

---

staatl. Gerichtsschutz im Privatrecht, 1970, S. 96f. Im übrigen wird ihre Bewertung der Entwicklung des Rechtsstaatsgedankens in Deutschland sachlich schwerlich gerecht; vgl. auch *K. Stern*, Staatsrecht, Bd. I, 2. Aufl. 1984, S. 839.

75 *BVerfG*, B. v. 10. 6. 1958, BVerfGE 8, 174 (181).

76 *BVerfG*, B. v. 12. 1. 1960, BVerfGE 10, 264 (267); B. v. 31. 5. 1960, BVerfGE 11, 139 (143); B. v. 19. 6. 1973, BVerfGE 35, 263 (274); B. v. 18. 7. 1973, BVerfGE 35, 382 (401); B. v. 4. 10. 1977, BVerfGE 46, 17 (29).

77 Dazu *N. Achterberg*, BK (April 1981), Rdnrn. 173ff. zu Art. 92 GG.

78 Vgl. S. 113, 160ff.

79 So von einem teils unterschiedlichen Verständnis des Art. 92 GG her im Ergebnis übereinstimmend auch *W. Zöllner*, ZZP 83 (1970), S. 380ff.; *R. Herzog*, M-D (August 1971), Rdnr. 152 zu Art. 92 GG; *R. Stober*, NJW 1979, S. 2003f.; *K. Stern*, Staatsrecht, Bd. II, 1980, S. 921; *N. Achterberg*, BK (April 1981), Rdnr. 179 zu Art. 92 GG. – Anders auf der Basis einer strikten Auslegung des Art. 92 GG *F. Baur*, JZ 1965, S. 164.

Verfassungs wegen den Gerichten übertragen sind[80], lediglich die Judikatur staatlicher Gerichte meint[81].

Unbeschadet der Frage, unter welchen Voraussetzungen ein Spruchkörper als »staatliches Gericht« im Sinne des Art. 92 GG angesehen werden kann, dürfte demgemäß inzwischen feststehen, daß für die Erfüllung der Rechtsschutzaufgaben des Grundgesetzes von einem Rechtsprechungsmonopol des Staates[82] auszugehen ist. Rechtsschutz, soweit er durch nichtstaatliche Instanzen gewährt wird, ist in seiner Bedeutung für den einzelnen damit nicht gemindert. Er vermag aber den Staat weder seiner Rechtsschutz*kompetenz* zu entheben, noch ihn von seiner rechtsstaatlichen Rechtsschutz*verpflichtung* zu entbinden. Von diesem im Verfassungsprinzip des sozialen Rechtsstaats und in der Justizverfassung des Grundgesetzes verankerten Grundsatzbefund muß man ausgehen, will man die Funktion nichtstaatlicher (vorliegend also: kirchlicher) Gerichte der staatlichen Judikatur zutreffend zuordnen. Die Perspektive wird hingegen von vornherein verschoben, wenn man fragt, inwieweit neben bzw. trotz der nichtstaatlichen Gerichtsbarkeit *auch* staatliche Gerichte tätig werden dürfen. In der staatskirchenrechtlichen Rechtsschutzpraxis ist die Fragestellung freilich nicht selten so konkretisiert worden.

---

80 Zur insoweit gegebenen Funktion des Art. 92 GG als einer materiellen Zuweisungsnorm auch *BVerfG*, U. v. 6. 6. 1967, BVerfGE 22, 49 (76ff.), sowie B. v. 16. 7. 1969, BVerfGE 27, 18 (28); vgl. ferner *BVerfG*, B. v. 14. 10. 1958, BVerfGE 8, 197 (207); B. v. 31. 5. 1983, BVerfGE 64, 175 (179). – Mit dieser *Zuweisungsfunktion* erschöpft sich die Bedeutung des Art. 92 GG allerdings nicht, wie *D. Lorenz*, Der Rechtsschutz des Bürgers und die Rechtsweggarantie, 1973, S. 199f., zu Recht bemerkt; vgl. ferner *R. Stober*, NJW 1979, S. 2003f.

81 *K. A. Bettermann*, Die Unabhängigkeit der Gerichte und der gesetzl. Richter (1959), S. 629; *W. Dütz*, Rechtsstaatl. Gerichtsschutz im Privatrecht, 1970, S. 85, 109f., 235; *R. Herzog*, M-D (August 1971), Rdnrn. 150f. zu Art. 92 GG; *D. Lorenz*, Der Rechtsschutz des Bürgers und die Rechtsweggarantie, 1973, S. 191ff., 208, 210; *R. Stober*, NJW 1979, S. 2004; *K. Stern*, Staatsrecht, Bd. II, 1980, S. 921; *N. Achterberg*, BK (April 1981), Rdnrn. 179, 186 zu Art. 92 GG; *A. v. Campenhausen*, Staatskirchenrecht, 2. Aufl. 1983, S. 205; *H.-J. Papier*, Hdb. des Staatsrechts, Bd. VI, 1989, S. 1226 Rdnr. 11; *M. Sachs*, DVBl. 1989, S. 488f.; *BVerfG*, B. v. 17. 11. 1959, BVerfGE 10, 200 (214f.); B. v. 24. 11. 1964, BVerfGE 18, 241 (253); *BGH*, U. v. 26. 2. 1959, BGHZ 29, 352 (354). – Kritisch *F. Baur*, JZ 1965, S. 164; *W. Zöllner*, ZZP 83 (1970), S. 380.

82 *E. Friesenhahn*, FS R. Thoma, 1950, S. 21, 31, 32; *Chr.-F. Menger*, MDR 1955, S. 512; *K. A. Bettermann*, Der Schutz der Grundrechte in der ordentl. Gerichtsbarkeit (1959), S. 876; *F. Baur*, JZ 1965, S. 164; *P. Häberle*, DÖV 1965, S. 370, 372f.; *W. Dütz*, Rechtsstaatl. Gerichtsschutz im Privatrecht, 1970, S. 85f.; *K. Merkel*, Verfassungsrechtl. Aspekte der privaten Strafgewalt, 1974, S. 68; *R. Stober*, NJW 1979, S. 2004; *N. Achterberg*, BK (April 1981), Rdnr. 186 zu Art. 92 GG; *A. v. Campenhausen*, Staatskirchenrecht, 2. Aufl. 1983, S. 202, 203f., 205.

3. Kompetenz und Bindung staatlicher Gerichte

Den staatlichen Gerichten wird eine maßgebliche Funktion bei der Konstituierung und Aufrechterhaltung des sozialen Rechtsstaats zugewiesen. Sie dokumentiert einerseits das von Verfassungs wegen den Richtern entgegengebrachte Vertrauen[83], setzt andererseits aber eine Selbstbeschränkung der Judikative auf die ihr als Dritte Gewalt gesteckten Grenzen voraus. Eine bedeutsame Begrenzung richterlicher Gewalt wird insoweit durch die strikte Bindung der Judikative an Gesetz und Recht[84] gewährleistet, wie sie in Art. 1 Abs. 3 und Art. 20 Abs. 3 GG statuiert ist. Sie vermag zwar Übersteigerungen einer Justitiabilisierung der bestehenden Ordnung[85] nicht vollständig zu bannen. Doch kann sie eine unangemessene Verselbständigung der Dritten Gewalt, eine Entartung des Rechtsstaats zum »Jurisdiktions- oder Justizstaat« verhindern[86], durch welche die im Rahmen des Gewaltenteilungsprinzips unverzichtbare, gleichzeitig aber auch in ihrer Reichweite gebundene Funktion der Gerichtsbarkeit negiert würde.

Die Gefahren richterlicher Willkür sind gerade in der staatskirchenrechtlichen Rechtsschutzdiskussion nicht selten offen formuliert worden – oder sie haben zumindest latent auf die Motivationsebene eingewirkt. Demgegenüber erscheint es ratsam, sich die systemimmanente Rechtsbindung der Judikative bewußt zu machen, die in mehrfacher Hinsicht wirkt. Sie *legitimiert und legalisiert* im Rahmen des geltenden Rechts staatsgerichtliche Ingerenz in Angelegenheiten der Kirchen und Religionsgemeinschaften; gleichzeitig *verpflichtet und beschränkt* sie die staatlichen Gerichte sowohl auf der Ebene der Zulässigkeit ihrer Inanspruchnahme und Funktion als auch im Rahmen der Sachentscheidung über die Begründetheit eines konkreten Rechtsschutzbegehrens.

Ohne Zweifel verfehlen die Gerichte ihre Bindung an Gesetz und Recht, wenn sie bei der Entscheidung der Sachfragen die Grenzen überschreiten, die ihnen durch das religiöse Selbstbestimmungsrecht, durch den Grundsatz staatlicher Säkularität usw. gesetzt sind. Doch entspricht es andererseits – sofern hierfür keine Rechtsgrundlage vorhanden ist – ebensowenig der in Art. 20 Abs. 3 GG verkörperten rechtsstaatlichen Grundsatzverpflichtung, wegen der Gefahr eventueller Fehler bzw. Mißbräuche richterlicher Gewalt

---

[83] *W. Dütz*, Rechtsstaatl. Gerichtsschutz im Privatrecht, 1970, S. 110.

[84] Zur rechtsstaatlichen Grundsatzbedeutung der richterl. Gesetzesbindung *K. Hesse*, FS R. Smend, 1962, S. 81f.

[85] Zu dieser Problematik, die vorliegend nicht zu vertiefen ist, *W. Heyde*, Hdb. des Verfassungsrechts, 1983, S. 1249ff.; *K. Stern*, Staatsrecht, Bd. I, 2. Aufl. 1984, S. 841 mit FN 488.

[86] *D. Merten*, Rechtsstaat und Gewaltmonopol, 1975, S. 23; kritisch hingegen *Herbert Krüger*, Rechtsstaat – Sozialstaat – Staat, 1975, S. 21f.

das Prinzip staatlicher Rechtsprechungszuständigkeit in Kirchensachen grundsätzlich in Frage zu stellen. Auch unter diesem Aspekt muß, wie bereits an anderer Stelle erwähnt, die Kompetenzproblematik im Ansatz bewußt von der Frage abgeschichtet werden[87], ob bzw. inwieweit den staatlichen Gerichten dem Gegenstand des Verfahrens gemäß auf der Ebene der sachlichen Prüfung und Dezision Grenzen gesetzt sind.

Erwägungen letztgenannter Art sind für die Kompetenzfrage dem Grunde nach selbstverständlich nicht ohne Belang, soweit es um die Inanspruchnahme staatlicher Gerichte zur Entscheidung über Angelegenheiten geht, die ihnen von der Sache her nach geltendem Recht schlechterdings verschlossen sind[88]. Umgekehrt strahlt das Verfassungsprinzip effektiven Rechtsschutzes auf die Ebene der sachlichen Prüfungsaufgabe der Gerichte aus[89]. Soweit eine rechtliche Querverbindung aber nicht besteht, würde die verfassungsrechtlich vorgegebene Justizgewährungsaufgabe von vornherein verfehlt, wollte man die Begründetheitsebene gleichsam »präventiv« auf die Kompetenzebene projizieren und eine staatsgerichtliche Kompetenz zur Judikatur in religiösen Angelegenheiten deshalb verneinen, weil es in der Sache die Freiheit der Kirchen und Religionsgemeinschaften zu wahren gilt.

---

87 In der Gerichtspraxis verfließen die Linien in der Argumentation bisweilen. Vgl. z.B. *BVerfG*, B. v. 17. 2. 1965, BVerfGE 18, 385 (388); *VG Stuttgart*, U. v. 14. 7. 1983, NVwZ 1985, 138 (138).

88 Vgl. auch S. 172f., 196f., 198, 204, 246.

89 Zu Recht hat das *BVerfG* bemerkt, zur Wirksamkeit gerichtlichen Rechtsschutzes gehöre »vor allem, daß der Richter – bezogen auf das als verletzt behauptete Recht – eine hinreichende Prüfungsbefugnis über die tatsächliche und rechtliche Seite des Rechtsschutzbegehrens hat sowie über eine zureichende Entscheidungsmacht verfügt, um einer erfolgten oder drohenden Rechtsverletzung abzuhelfen«; *BVerfG*, B. v. 8. 7. 1982, BVerfGE 61, 82 (111).

Neuntes Kapitel

Exkurs: Zur »öffentlich-rechtlichen« Qualifikation des Wirkens religiöser Verbände

I. Ausübung »öffentlicher Gewalt« im Wirkungsbereich der Kirchen und Religionsgemeinschaften

Obwohl, wie im achten Kapitel dargelegt, die Beantwortung der staatskirchenrechtlichen Rechtsschutzfrage im Ergebnis[1] nicht entscheidend von der Anwendbarkeit des Art. 19 Abs. 4 GG abhängt, kann auf eine Konkretisierung des Anwendungsbereichs dieser Gerichtsschutzgarantie nicht verzichtet werden. Denn die einschlägige Perspektive hat nicht nur, wie gezeigt, die frühere Diskussion maßgeblich und dogmatisch wenig befriedigend geprägt; auch gegenwärtig noch wird häufig auf Art. 19 Abs. 4 GG zurückgegriffen. Daher gilt es, die Grenzen seiner Tragfähigkeit abzustecken. Die dabei gewonnenen Ergebnisse lassen sich auch für die Prüfung nutzbar machen, inwieweit gegen Akte von Kirchen und Religionsgemeinschaften unmittelbar eine Verfassungsbeschwerde zum Bundesverfassungsgericht statthaft ist; denn das Tatbestandsmerkmal »öffentliche Gewalt« in § 90 Abs. 1 BVerfGG deckt sich sachlich mit dem in Art. 19 Abs. 4 GG.

Inwieweit es in Kirchensachen im Einzelfall um die staatsgerichtliche Überprüfung einer Maßnahme öffentlicher (i. S. v. staatlich-öffentlicher) Gewalt geht, muß anhand der fraglichen Materie ermittelt werden. Auch im Tätigkeitsbereich der Kirchen und Religionsgemeinschaften ergeben sich Fälle der Ausübung *abgeleiteter Staatsbefugnisse*. Die in diesem Rahmen getroffenen Maßnahmen ergehen in Ausübung »öffentlicher Gewalt« i. S. v. Art. 19 Abs. 4 GG und § 90 Abs. 1 BVerfGG[2]. Zu denken wäre hier bekann-

---

[1] Die Identität der *Resultate* hat freilich keinerlei Aussagekraft für die Beantwortung der Frage nach der Anwendbarkeit des Art. 19 Abs. 4 GG; anders wohl *W.-R. Schenke*, FS H. J. Faller, 1984, S. 139.

[2] Statt anderer *G. Dürig*, M-D (Erstbearb. 1958), Rdnr. 20 zu Art. 19 Abs. 4 GG; *W. Martens*, Öffentlich als Rechtsbegriff, 1969, S. 148 m. w. N.; *BVerfG*, U. v. 14. 12. 1965, BVerfGE 19, 288 (289).

termaßen an das Besteuerungsrecht religiöser Verbände[3] (nicht an ihr – originäres – Recht, interne *Beiträge* zu erheben[4]), ferner auch an die Wahrnehmung staatlicher Aufgaben im Bereich des Schulwesens[5] bzw. im Begräbniswesen.

In letztgenannter Hinsicht ist die partielle Zurechnung der Materie zum staatlichen Funktionskreis, die Konrad Hesse 1956 noch als »einhellige und gesicherte Lehrmeinung« bezeichnete[6], freilich nicht mehr unumstritten[7].

Doch muß hier sachlich getrennt werden zwischen den *religiösen* Aspekten eines Begräbnisses einerseits, die ausschließlich in die Zuständigkeit der Kirchen und Religionsgemeinschaften fallen, und andererseits der *staatlichen* Ordnungsaufgabe und Daseinsvorsorge, die die Gewährleistung einer würdigen sowie den rechtlichen und gesundheitspolitischen Anforderungen entsprechenden Bestattung Verstorbener umfaßt[8]. Treffen religiöse Friedhofsträger Entscheidungen in letzterem Zusammenhang, so bedienen sie sich deshalb – mag der kirchliche Friedhof Monopolcharakter

---

3 *W. Rüfner*, HdbStKirchR I, S. 771; *H. Marré*, HdbStKirchR II, S. 7ff., 47; *J. Isensee*, JuS 1980, S. 98; *BVerfG*, Urteile v. 14. 12. 1965, BVerfGE 19, 206 (217f.), BVerfGE 19, 248 (251f.) und BVerfGE 19, 288 (289); B. v. 31. 3. 1971, BVerfGE 30, 415 (422).

4 *H. Marré*, HdbStKirchR II, S. 6; *BVerfG*, U. v. 14. 12. 1965, BVerfGE 19, 206 (217).

5 Dazu *P. Mikat*, Kirchl. Streitsachen vor den Verwaltungsgerichten (1963), S. 332ff.; *H.-U. Evers*, FS E. Ruppel, 1968, S. 332; *W.-R. Schenke*, BK (Zweitbearb. Dez. 1982), Rdnr. 180 zu Art. 19 Abs. 4 GG; *E. Schmidt-Aßmann*, M-D (24. Lieferung Jan. 1985), Rdnrn. 114, 57 zu Art. 19 Abs. 4 GG.

6 *K. Hesse*, Rechtsschutz durch staatl. Gerichte im kirchl. Bereich, 1956, S. 155; ähnlich, allerdings unter Beschränkung auf die *gesundheitspolitischen Belange*, auch noch *W. Hofmann*, BayVBl. 1963, S. 346. Als verfrüht erscheint heute die 1968 von *A. Hollerbach* geäußerte Annahme, »Ruhe dürfte jetzt auch endgültig in Friedhofssachen eingekehrt sein« (*ders.*, VVDStRL 26 [1968], S. 71).

7 Vgl. *W. Hofmann*, BayVBl. 1963, S. 346; *W. Jung*, Staat und Kirche im kirchl. Friedhofswesen, 1966, S. 47ff., insbes. S. 57f.; *F.-G. v. Busse*, Gemeinsame Angelegenheiten von Staat und Kirche, 1978, S. 262ff. m. w. N.; *A. v. Campenhausen*, Staatskirchenrecht, 2. Aufl. 1983, S. 126f. mit FN 60; *D. Ehlers*, ZevKR 32 (1987), S. 175ff.; *VG Hamburg*, U. v. 29. 4. 1980, KirchE 18, 153 (156f.).

8 Zur Abschichtung der kirchl. und staatl. Funktionen im Begräbniswesen bereits *A. Lilienthal*, Die Staatsaufsicht über die Religionsgesellschaften, 1925, S. 29f.; *H. Rieder*, Staat und Kirche nach modernem Verfassungsrecht, 1928, S. 140ff.; *G. J. Ebers*, Staat und Kirche im neuen Deutschland, 1930, S. 261, 287ff. – Nach 1949 *O. Bachof*, AöR 78 (1952/53), S. 83f., 92f.; *K. Hesse*, Rechtsschutz durch staatl. Gerichte im kirchl. Bereich, 1956, S. 155f.; *H. Maurer*, Die Verwaltungsgerichtsbarkeit der evang. Kirche, 1958, S. 155; *P. Mikat*, Kirchen und Religionsgemeinschaften (1960), S. 199ff.; *H. Weber*, Die Religionsgemeinschaften als Körperschaften des öff. Rechts, 1966, S. 56, 96, 129; *ders.*, ZevKR 33 (1988), S. 25ff.; *H.-U. Evers*, FS E. Ruppel, 1968, S. 352.

haben oder auch nicht[9] – übertragener staatlicher Befugnisse[10]; die Rede von der »gemeinsamen Angelegenheit« hat deshalb im Blick auf das kirchliche Friedhofswesen durchaus ihre Berechtigung[11].

Fehl geht andererseits der Versuch, die Frage einer Übertragung bzw. Ausübung staatlicher Befugnisse im Wirkungsbereich religiöser Verbände formal zu beantworten. Insbesondere kommt es nicht entscheidend darauf an, ob Kirchen oder Religionsgemeinschaften von Berechtigungen Gebrauch machen, wie sie ihnen im Status von *Körperschaften des öffentlichen Rechts* durch Artt. 140 GG/137 Abs. 5 WRV garantiert bzw. angeboten werden[12]. Die konkrete Tragweite dieses besonderen Status steht zwar seit langem und nach wie vor in der Diskussion[13]. Doch dürfte heute im wesentlichen Übereinstimmung darüber bestehen, daß die Korporationseigenschaft den betreffenden religiösen Verbänden dem Grunde nach keine Gleichstellung mit sonstigen Körperschaften des öffentlichen Rechts im Sinne des allgemeinen verwaltungsrechtlichen Verständnisses vermittelt[14].

[9] Zutreffend *E. Schmidt-Aßmann*, M-D (24. Lieferung Jan. 1985), Rdnr. 114 zu Art. 19 Abs. 4 GG. Die Frage der Monopolstellung eines kirchl. Friedhofs spielt im Rahmen der *Zulässigkeit* der Anrufung staatl. Gerichte keine Rolle (entgegen *W. Hofmann*, BayVBl. 1963, S. 346; *K. Hesse*, Rechtsschutz durch staatl. Gerichte im kirchl. Bereich, 1956, S. 156f.; unklar *P. Mikat*, Kirchen und Religionsgemeinschaften [1960], S. 201, sowie *A. v. Campenhausen*, Staatskirchenrecht, 2. Aufl. 1983, S. 128). Sie wird aber für die materielle Tragweite der Bindung des relig. Friedhofsträgers an staatl. Recht und damit für die *Begründetheit* eines einschlägigen Rechtsschutzbegehrens von Belang sein. Vgl. zu den verstärkten sachlichen Bindungen beim Vorliegen eines Monopolfriedhofs *O. Bachof*, AöR 78 (1952/53), S. 83, 86, 92; *F.-G. v. Busse*, Gemeinsame Angelegenheiten von Staat und Kirche, 1978, S. 290ff.; *A. v. Campenhausen*, aaO. S. 127f.

[10] In der Rspr. ist dies – vielfach freilich ausdrücklich nur für kirchl. *Monopolfriedhöfe* – seit langem anerkannt. Vgl. im einzelnen *BVerwG*, U. v. 8. 7. 1960, BVerwGE 11, 68 (68); U. v. 16. 12. 1966, BVerwGE 25, 364 (365f.); B. v. 20. 12. 1977, KirchE 16, 266 (268); *BGH*, U. v. 18. 9. 1957, BGHZ 25, 200 (206); U. v. 13. 7. 1976, KirchE 15, 275 (278); *OVG Münster*, U. v. 11. 12. 1964, KirchE 7, 135 (136f.); U. v. 18. 1. 1965, KirchE 7, 148 (150f.); *OVG Lüneburg*, U. v. 11. 5. 1965, KirchE 7, 196 (196); *VG Braunschweig*, U. v. 9. 1. 1969, KirchE 10, 260 (261); *OVG Lüneburg*, B. v. 17. 1. 1969, KirchE 10, 265 (266f.); *KG Berlin*, U. v. 20. 11. 1970, KirchE 11, 365 (367); U. v. 27. 11. 1973, KirchE 13, 393 (394f.); *VG Schleswig*, U. v. 23. 11. 1976, KirchE 15, 409 (409f.); *OVG Lüneburg*, U. v. 25. 5. 1977, KirchE 16, 130 (132); *OVG Münster*, U. v. 20. 8. 1980, KirchE 18, 230 (231).

[11] Anders von seinem kritischen Standpunkt aus, was die Zurechnung des Begräbniswesens zu den Staatsfunktionen betrifft, konsequenterweise *A. v. Campenhausen*, Staatskirchenrecht, 2. Aufl. 1983, S. 126. Kritisch ferner *D. Ehlers*, ZevKR 32 (1987), S. 176, auf der Grundlage einer engeren Definition des Begriffs der »gemeinsamen Angelegenheiten« (aaO. S. 173ff.).

[12] So aber dezidiert *H. Weber*, NJW 1989, S. 2223: »Soweit die Kirchen von den ihnen mit der Körperschaftsqualität eingeräumten Gestaltungsmöglichkeiten Gebrauch machen, handeln sie in Wahrnehmung öffentlicher Gewalt.«

[13] Nachw. bei *K.-H. Kästner*, JöR NF 27 (1978), S. 280ff.; *A. v. Campenhausen*, Staatskirchenrecht, 2. Aufl. 1983, S. 95ff.; *J. Müller-Volbehr*, ZevKR 33 (1988), S. 155ff.

[14] Anders vor allem noch *G. Schmidt-Eichstaedt*, Kirchen als Körperschaften des öff. Rechts?, 1975, S. 56ff.

Keinesfalls erfolgt hierdurch eine Eingliederung in den Kreis der Träger mittelbarer staatlicher Verwaltung[15]. Im Bereich ihrer eigenen Angelegenheiten ist der Aufgabenkreis der Kirchen und Religionsgemeinschaften dem Grunde nach von dem des weltlichen Verfassungsstaates geschieden[16]; das gilt völlig unabhängig von der bestehenden oder fehlenden Innehabung des Status als Körperschaft des öffentlichen Rechts. Diese Grunderkenntnis säkularstaatlicher Ordnung hat Gerhard Anschütz bereits 1912 treffend auf den Begriff gebracht: »Das verfassungsmäßige Verhältnis der Religionsgesellschaften zum Staat ist nicht Gliedstellung, nicht Organschaft im Staat, der religionsgesellschaftliche Wirkungskreis nicht Stück, sondern Gegenstück des staatlichen Wirkungskreises.«[17]

Demgemäß ist, versteht man den religiösen Korporationsstatus im Kontext der übrigen Religionsverfassung des Grundgesetzes[18], mit ihm auch keine Unterwerfung unter eine besondere Staatskirchenhoheit im Sinne der früheren Korrelatentheorie verbunden[19]. Der Status der Kirchen und Religionsgemeinschaften als Körperschaften des öffentlichen Rechts vermittelt ihnen als Zusammenfassung einer spezifischen staatskirchenrechtlichen Rechtsstellung[20] die Möglichkeit, einige ihrer Angelegenheiten in den *Gestaltungsformen* des »öffentlichen Rechts« zu regeln. Doch wird dadurch der materielle Bezug zur religiösen Aufgabensphäre keineswegs beseitigt – ebensowenig wie die Verbindung zu der im Selbstbestimmungsrecht der Kirchen und Religionsgemeinschaften anerkannten und garantierten Eigen-

---

15 Statt anderer *K. G. Meyer-Teschendorf*, AöR 103 (1978), S. 294.

16 Zu Recht hat das *BVerfG* mehrfach betont, daß Kirchen im »Eigenbereich« weder staatl. Aufgaben erfüllen noch staatl. Gewalt ausüben: *BVerfG*, B. v. 17. 2. 1965, BVerfGE 18, 385 (386f.); B. v. 28. 4. 1965, BVerfGE 19, 1 (5); B. v. 2. 5. 1967, BVerfGE 21, 362 (374).

17 *G. Anschütz*, Die Verfassungs-Urkunde für den Preuß. Staat, Bd. 1, 1912, S. 300.

18 Diesem Erfordernis werden *G. Schmidt-Eichstaedt*, Kirchen als Körperschaften des öff. Rechts?, 1975, S. 56ff., sowie *L. Renck*, BayVBl. 1984, S. 708ff. (insbes. S. 710ff.), und *ders.*, NVwZ 1990, S. 38ff., nicht hinreichend gerecht.

19 *H. Weber*, Die Religionsgemeinschaften als Körperschaften des öff. Rechts, 1966, S. 140f. m.w.N.; *E. Friesenhahn*, HdbStKirchR I, S. 576f., der insoweit »heute Übereinstimmung« konstatiert; *A. Hollerbach*, Hdb. des Staatsrechts, Bd. VI, 1989, S. 541 f. Rdnr. 132; *BVerfG*, B. v. 17. 2. 1965, BVerfGE 18, 385 (386f.); B. v. 31. 3. 1971, BVerfGE 30, 415 (428). – Anders *G. Schmidt-Eichstaedt*, Kirchen als Körperschaften des öff. Rechts?, 1975, S. 60ff.

20 *U. Scheuner*, ZevKR 3 (1953/54), S. 357; *H. Maurer*, DÖV 1960, S. 751; *A. Hollerbach*, AöR 92 (1967), S. 109f., 111; *ders.*, Essener Gespräche 1 (1969), S. 50ff.; *U. Scheuner*, HdbStKirchR I, S. 71f.; *E. Friesenhahn*, ibd. S. 548ff.; *K.-H. Kästner*, Die Verwaltung 10 (1977), S. 76; *ders.*, JuS 1977, S. 719; *ders.*, JöR NF 27 (1978), S. 281; *U. Scheuner*, Symposion für A. Füllkrug, 1979, S. 9; *A. v. Campenhausen*, Staatskirchenrecht, 2. Aufl. 1983, S. 96ff.; *A. Hollerbach*, Hdb. des Staatsrechts, Bd. VI, 1989, S. 541 Rdnr. 132. – Zur Tragweite und Legitimität des staatskirchenrechtl. Körperschaftsstatus eingehend *K. G. Meyer-Teschendorf*, AöR 103 (1978), S. 293ff.; *ders.*, Staat und Kirche im pluralistischen Gemeinwesen, 1979, S. 119ff.; kritisch *G. Schmidt-Eichstaedt*, Kirchen als Körperschaften des öff. Rechts?, 1975, S. 56, 83ff.; *ders.*, Der Staat 21 (1982), S. 423ff.

rechtsmacht; insofern macht es keinen Unterschied, ob sich die fragliche Maßnahme ihrer Relevanz nach auf den sogenannten »innerkirchlichen Bereich« beschränkt (sofern man einen solchen überhaupt abschichten kann[21]) oder ob sie sich auch unmittelbar in die staatliche Rechtsordnung hinein auswirkt[22].

Auch dort ist nach alledem durchweg nicht von übertragener Staatsgewalt und somit auch nicht von »öffentlicher Gewalt« im Sinne des Art. 19 Abs. 4 GG auszugehen, wo eine religiöse Körperschaft des öffentlichen Rechts *in Erfüllung eigener Aufgaben* Körperschaftsbefugnisse in Anspruch nimmt.

II. Insbesondere: Maßnahmen im Regelungsbereich kirchlichen Amts- und Dienstrechts

1. Problemlage

Deutlicher als in anderen Sachbereichen entfaltet sich die Grundsatzproblematik der Tragweite des »öffentlich-rechtlichen« Status von Kirchen und Religionsgemeinschaften im Kontext der kirchlichen Ämter und Dienste. Gerade auf diesem Gebiet hat sich die staatskirchenrechtliche Rechtsschutzfrage seit Jahrzehnten und bis in die Gegenwart hinein ständig aufs neue aktualisiert, ohne daß Theorie und Praxis bis jetzt zu einer einigermaßen einheitlichen Linie gefunden hätten. Eben hier indes erweist es sich aber auch besonders eindrücklich, daß die vermeintlich konsequente Fixierung der Perspektive auf die Frage der Ausübung »öffentlicher Gewalt« aus der Sicht der betroffenen Kirchen sachlich unangemessen ist – und daß sie auch im übrigen, von der staatlichen Verfassungsordnung her betrachtet, einer befriedigenden Lösung der konkreten Rechtsschutzprobleme schwerlich zu dienen vermag.

Zum einen geht sie die Fragen, die den staatlichen Rechtsschutz in amts- bzw. dienstrechtlichen Streitigkeiten betreffen, aus einer meist allzu deutlich am Beamtenrechtsdenken des *staatlichen* Rechts orientierten Sicht an. Die am kirchlichen »Amt« aufbrechenden theologischen, ekklesiologischen und kirchenrechtlichen Grundsatzfragen[23] drohen damit infolge einer schemati-

---

21 Vgl. S. 200 ff., 212 ff., 216, 238 ff., 244 ff., 253.

22 Auf eine einschlägige Differenzierung, wie sie verbreitet in der Gerichtspraxis und teils auch im wiss. Schrifttum (*P. Badura*, Staatsrecht, 1986, Rdnr. L 50) vorgenommen wird, kommt es deshalb insoweit nicht an.

23 Dazu *R. Dreier*, Das kirchl. Amt, 1972; einige Aspekte auch bei *H. Gallhoff*, Pfarrer und höchste geistl. Amtsträger, 1968, S. 13 ff.

schen Übertragung beamtenrechtlicher Kategorien aus dem staatlichen auf das kirchliche Recht säkularisierend eingeebnet und insoweit aus kirchlicher Sicht verfehlt zu werden.

Doch auch in den konkreten Sachbezügen erschwert der scheinbar naheliegende pauschalierende Rückgriff auf die Kategorie »öffentlich-rechtlichen« Handelns angemessene Lösungen. Denn wie in einem Brennspiegel konzentriert sich hier die ganze Gemengelage staatskirchenrechtlicher und justizverfassungsrechtlicher Aspekte: Zwischen den Konfessionen differiert in wesentlichen Punkten die Auffassung der kirchlichen Ämter und Dienste, insbesondere was den Grundstatus und die konkreten Dienstverhältnisse evangelischer bzw. katholischer Pfarrer angeht[24]; zudem besteht eine enge Verflochtenheit der amts- und dienstrechtlichen Bezüge; und vielfach kommt es zur Konfrontation der religiösen Aufgaben und des Selbstverständnisses von Kirchen und Religionsgemeinschaften einerseits und der existentiellen Betroffenheit der auf staatlichen Gerichtsschutz angewiesenen Staatsbürger andererseits. So ist es nicht verwunderlich, daß sich im amts- und dienstrechtlichen Bereich als Konkretisierung der allgemeinen staatskirchenrechtlichen Freiheitsproblematik die Rechtsschutzfrage seit Jahrzehnten immer aufs neue aktualisiert hat.

2. *Körperschaftsstatus und Dienstherrenfähigkeit*

Vor dem Hintergrund der bisherigen staatskirchenrechtlichen Diskussion dürfte als gesicherte Erkenntnis davon auszugehen sein, daß die Dienstherrenfähigkeit den Kirchen und Religionsgemeinschaften keineswegs originär zusteht. Sie ist ihnen vielmehr vermittels des Status als Körperschaften des öffentlichen Rechts unmittelbar durch die Verfassung zuerkannt[25] und in diesem Sinne vom Staate gleichermaßen garantiert wie »verliehen«[26].

---

24 Zusammengefaßt bei *J. Jurina*, Das Dienst- und Arbeitsrecht im Bereich der Kirchen, 1979, S. 44ff.; *J. Frank*, HdbStKirchR I, S. 718ff.

25 *H. Weber*, Die Religionsgemeinschaften als Körperschaften des öff. Rechts, 1966, S. 93f., 114; *ders.*, ZevKR 22 (1977), S. 362f. (nicht mehr eindeutig *ders.*, ZevKR 28 [1983], S. 15); *A. Hollerbach*, Essener Gespräche 1 (1969), S. 59f.; *J. Frank*, HdbStKirchR I, S. 681f.; *A. v. Campenhausen*, Staatskirchenrecht, 2. Aufl. 1983, S. 131. Anders *K. Obermayer*, ZevKR 18 (1973), S. 251, der die Dienstherrenfähigkeit als nicht verfassungskräftig, sondern lediglich durch einfaches Recht verliehen betrachtet.

26 Über den Grundtatbestand, daß relig. Körperschaften des öff. Rechts ihre Dienstherrenfähigkeit vom Staat herleiten, besteht heute weitgehend Konsens (nicht freilich bezüglich der Folgerungen, die hieraus für die Qualifikation kirchl. Amts- und Dienstrechts sowie einschlägiger Maßnahmen im Einzelfall zu ziehen sind): *U. Scheuner*, RGG III, 1959, Sp. 1335; *J. Frank*, ZevKR 10 (1963/64), S. 298; *ders.*, HdbStKirchR I, S. 681; *H. Weber*, Die Religionsgemeinschaften als Körperschaften des öff. Rechts, 1966, S. 92, 93, 113, 114; *ders.*, NJW 1983, S. 2550; *D. Pirson*, FS E. Ruppel, 1968, S. 302f.; *E. Stein*, DVBl. 1969, S. 56; *E. Wufka*, ZevKR 16 (1971),

Übertragen im eigentlichen Sinne wird dabei allerdings lediglich eine auch im staatlichen Rechtsbereich wirksame »öffentlich-rechtliche« *Gestaltungsform*[27]. Sie enthebt die Kirchen und Religionsgemeinschaften, soweit diese sich ihrer bei der Regelung ihrer Dienste bedienen, des von der staatlichen Rechtsordnung allgemein für Dienstverhältnisse abgesteckten arbeits- und sozialrechtlichen Rahmens[28]. Keineswegs ist indes damit die notwendige Konsequenz[29] verbunden, auch die im staatlichen Rechtskreis beachtliche Sachzuständigkeit der betreffenden religiösen Verbände und ihre Befugnis zur *konkreten Ausgestaltung* des Amts- und Dienstrechts als auf konstitutiver staatlicher Verleihung beruhend zu qualifizieren[30]. Denn es muß insoweit die Tragweite des religiösen Selbstbestimmungsrechts in Rechnung gestellt werden, das durch Artt. 140 GG/137 Abs. 3 WRV auch für den Bereich der kirchlichen Dienste garantiert und – wie auch in bezug auf andere Korporationsrechte – von Absatz 5 des Art. 137 WRV lediglich ergänzt, nicht aber modifiziert oder eingeschränkt wird.

S. 200; *K. Obermayer*, ZevKR 18 (1973), S. 251; *J. Jurina*, Der Rechtsstatus der Kirchen und Religionsgemeinschaften, 1972, S. 126; *ders.*, Essener Gespräche 10 (1976), S. 70 FN 62, S. 74 f.; *ders.*, Das Dienst- und Arbeitsrecht im Bereich der Kirchen, 1979, S. 64, 65; *R. Richardi*, ZevKR 19 (1974), S. 288; *W. Bogs*, ZevKR 20 (1975), S. 78; *U. Steiner*, JuS 1980, S. 344; *ders.*, Offene Rechtsschutzprobleme im Verhältnis von Staat und Kirchen, 1981, S. 7; *ders.*, NJW 1983, S. 2560; *ders.*, NVwZ 1989, S. 411 f.; *D. Ehlers*, ZevKR 27 (1982), S. 281; *W.-R. Schenke*, BK (Zweitbearb. Dez. 1982), Rdnr. 181 zu Art. 19 Abs. 4 GG; *ders.*, FS H. J. Faller, 1984, S. 138; *A. v. Campenhausen*, Staatskirchenrecht, 2. Aufl. 1983, S. 130; *A. Pahlke*, Kirche und Koalitionsrecht, 1983, S. 102.

[27] *K. Hesse*, FS W. Weber, 1974, S. 458; *Chr. Link*, Rechtsgutachten I (1977), S. 101 f.; *K.-H. Kästner*, JuS 1977, S. 719; *ders.*, JöR NF 27 (1978), S. 281; *D. Ehlers*, ZevKR 27 (1982), S. 281; *ders.*, ZevKR 32 (1987), S. 166, 168; *ders.*, JuS 1989, S. 367, 370; *M. Sachs*, DVBl. 1989, S. 493.

[28] Dies ist – soweit ersichtlich – unbestritten. Vgl. statt anderer *R. Richardi*, ZevKR 19 (1974), S. 288; *K. Schlaich*, JZ 1980, S. 212; *H. Weber*, NJW 1980, S. 1042; *A. v. Campenhausen*, Staatskirchenrecht, 2. Aufl. 1983, S. 130.

[29] Anders *W.-R. Schenke*, FS H. J. Faller, 1984, S. 139; wohl auch *F. Kirchhof*, Private Rechtsetzung, 1987, wenn er davon ausgeht, die Kirchen könnten kraft ihres Status als Körperschaften des öff. Rechts nur »öffentliches« Recht erzeugen (*ders.*, aaO. S. 104, 105; vgl. auch S. 107).

[30] Auf dieser Auffassung beruht freilich – dann konsequenterweise – die Kritik *Hermann Webers* an der im B. des *BVerfG* v. 21. 9. 1976 (BVerfGE 42, 312 [322]) enthaltenen zutreffenden Aussage, es werde durch § 135 Satz 2 BRRG »nicht ›ermächtigt‹ und staatliche Gesetzgebungsmacht übertragen, sondern lediglich darauf verwiesen, daß von Staats wegen nichts im Wege steht, daß die Kirchen ihre Dienstverhältnisse entsprechend den Regelungen des öffentlichen Dienstrechts des Staates gestalten und dabei in gewissem Umfang auf staatliches Recht verweisen«; vgl. *H. Weber*, ZevKR 22 (1977), S. 364 (insoweit kommentarlos in der Darstellung der E. demgegenüber *ders.*, JuS 1977, S. 259).

3. *Kirchlicher Dienst und seine Ausgestaltung als religiöse »Eigenangelegenheit«*

Demgemäß geht es fehl, aus der staatlichen Verleihung der Dienstherrenfähigkeit den Schluß abzuleiten, die betreffenden religiösen Dienstherren betätigten bei der allgemeinen normativen Ordnung ihrer Dienste oder bei der konkreten Regelung von Einzelfällen Befugnisse, die von staatlicher Gewalt hergeleitet seien[31]. Denn kirchlicher Dienst erhält seine sachliche und rechtliche Eigenart von der spezifischen Aufgabenstellung und verfassungsrechtlichen Einordnung der Kirchen und Religionsgemeinschaften her, deren Funktionen von denen des Säkularstaats prinzipiell getrennt sind. Er ist demgemäß dem Grunde nach nicht »öffentlicher Dienst« im allgemeinen Verständnis staatlichen Rechts[32], mögen auch in Einzelfragen (der Anrechenbarkeit von Dienstzeiten oder von Bezügen u. a.) nach geltendem staatlichem Recht und nach den abgeschlossenen Staatskirchenverträgen Differenzierungen erforderlich sein[33].

Im kirchlichen Dienst liegen die Dinge grundlegend anders als dort, wo ein religiöser Verband (etwa im Kirchensteuerwesen oder bei der Erfüllung nichtreligiöser Funktionen im Begräbniswesen) Aufgaben wahrnimmt, die an sich dem Säkularstaat zustehen und von diesem konstitutiv übertragen worden sind[34]. Zuvörderst in den Verkündigungs-, Leitungs- und Seelsorge-

---

31 In diesem Sinne aber im Blick auf das kirchl. Dienstrecht insbes. seit Jahren *Hermann Weber: ders.*, Die Religionsgemeinschaften als Körperschaften des öff. Rechts, 1966, S. 113f.; *ders.*, NJW 1967, S. 1645; *ders.*, Grundprobleme des Staatskirchenrechts, 1970, S. 64f.; *ders.*, ZevKR 15 (1970), S. 54, 56f.; *ders.*, ZevKR 17 (1972), S. 411ff.; *ders.*, ZevKR 22 (1977), S. 362f.; *ders.*, NJW 1980, S. 1042f.; *ders.*, ZevKR 28 (1983), S. 15; *ders.*, NJW 1989, S. 2223, 2225, 2227. Im übrigen *W. Martens*, Öffentlich als Rechtsbegriff, 1969, S. 150ff.; *J. Jurina*, Der Rechtsstatus der Kirchen und Religionsgemeinschaften, 1972, S. 123ff., sowie *ders.*, HdbStKirchR I, S. 598f., und *ders.*, Essener Gespräche 10 (1976), S. 75 (differenzierend aber *ders.*, Das Dienst- und Arbeitsrecht im Bereich der Kirchen, 1979, S. 65, 99f., 106ff.); *O. Bachof*, in: H. J. Wolff / ders., Verwaltungsrecht I, 9. Aufl. 1974, S. 375; *U. Steiner*, JuS 1980, S. 344 (nicht ganz eindeutig *ders.*, Offene Rechtsschutzprobleme im Verhältnis von Staat und Kirchen, 1981, S. 8f.; dezidiert aber wiederum *ders.*, NVwZ 1989, S. 413); *W.-R. Schenke*, BK (Zweitbearb. Dez. 1982), Rdnr. 182 zu Art. 19 Abs. 4 GG; *ders.*, FS H. J. Faller, 1984, S. 138f.; *E. Schmidt-Aßmann*, M-D (24. Lieferung Jan. 1985), Rdnr. 115 zu Art. 19 Abs. 4 GG; im Blick auf die *vermögensrechtliche* Seite »öffentlich-rechtlicher« kirchlicher Dienstverhältnisse *A. v. Campenhausen*, Staatskirchenrecht, 2. Aufl. 1983, S. 80, 139f.

32 *D. Scheven*, ZBR 1964, S. 289ff.; *J. Isensee*, Hdb. des Verfassungsrechts, 1983, S. 1150; wohl auch *A. v. Campenhausen*, Staatskirchenrecht, 2. Aufl. 1983, S. 131; anders noch *K. Hesse*, JöR NF 10 (1961), S. 50f.

33 Dazu näher *J. Frank*, ZevKR 10 (1963/64), S. 289ff.; *ders.*, ZevKR 11 (1964/65), S. 289ff.; *ders.*, ZevKR 14 (1968/69), S. 149ff.; *ders.*, HdbStKirchR I, S. 709ff.; *ders.*, ZevKR 26 (1981), S. 53ff.; *D. Scheven*, ZBR 1964, S. 292f.; *H. Weber*, Die Religionsgemeinschaften als Körperschaften des öff. Rechts, 1966, S. 116ff.; *A. v. Campenhausen*, Staatskirchenrecht, 2. Aufl. 1983, S. 132ff. Vgl. aus der Rspr. z.B. *VGH Mannheim*, B. v. 8. 1. 1988, ZevKR 34 (1989), 69.

34 Vgl. dazu S. 116ff.

funktionen der geistlichen Ämter verwirklichen sich die Kirchen ihrem Auftrag gemäß. Aber auch in der Ausgestaltung ihrer sonstigen Dienste sorgen sie nach jeweiligem eigenem Verständnis für das personelle Substrat, dessen sie zur Erfüllung ihrer religiösen Aufgaben bedürfen, welche in der Wurzel »eigene«, dem Funktionskreis des Säkularstaats nicht zugehörende Aufgaben sind.

Zu Recht wird deshalb die *Ämterhoheit* als ein Herzstück des religiösen Selbstbestimmungsrechts begriffen[35]. Die staatliche Verfassung selbst bringt die insoweit zu beachtende alleinige Sachzuständigkeit der Kirchen und Religionsgemeinschaften in der von Artt. 140 GG/137 Abs. 3 Satz 2 WRV normierten Spezifikation des allgemeinen Selbstbestimmungsrechts[36] zum Ausdruck. Konsequenterweise verzichtet der Staat in § 135 BRRG auf eine eigene normative Ausgestaltung der Rechtsverhältnisse von Beamten und Seelsorgern, die durch »öffentlich-rechtliche Religionsgesellschaften und ihre Verbände« beschäftigt werden. Zutreffend hat das Bundesverfassungsgericht[37] darauf hingewiesen, daß § 135 Satz 2 BRRG nicht im Sinne konsti-

---

[35] Statt anderer *K. Hesse*, Rechtsschutz durch staatl. Gerichte im kirchl. Bereich, 1956, S. 69, 143; *ders.*, JöR NF 10 (1961), S. 44, 45; *ders.*, HdbStKirchR I, S. 421; *P. Mikat*, Kirchen und Religionsgemeinschaften (1960), S. 182 f.; *E. Ruppel*, FS R. Smend, 1962, S. 355 f.; *D. Scheven*, ZBR 1964, S. 291 f.; *J. Listl*, Das Grundrecht der Religionsfreiheit, 1971, S. 387; *J. Frank*, HdbStKirchR I, S. 674 ff. m. w. N. – Aus der insoweit im Grundsatz eindeutigen und geschlossenen Rspr.: *BVerfG*, B. v. 17. 2. 1965, BVerfGE 18, 385 (386); B. v. 21. 9. 1976, BVerfGE 42, 312 (322, 335); B. v. 28. 11. 1978, KirchE 17, 120 (121); B. v. 12. 2. 1981, KirchE 18, 390 (391); B. v. 1. 6. 1983, NJW 1983, 2569; B. v. 5. 7. 1983, NJW 1983, 2569 (2569); *BVerwG*, U. v. 25. 3. 1966, BVerwGE 24, 1 (7); U. v. 27. 10. 1966, BVerwGE 25, 226 (230); U. v. 15. 12. 1967, BVerwGE 28, 345 (349); U. v. 25. 10. 1968, BVerwGE 30, 326 (330 f.); U. v. 21. 11. 1980, KirchE 18, 326 (327, 328); U. v. 25. 11. 1982, BVerwGE 66, 241 (243 f., 250 f.); U. v. 25. 11. 1982, NJW 1983, 2582 (2582); *BGH*, U. v. 3. 11. 1955, BGHZ 18, 373 (375); U. v. 17. 12. 1956, BGHZ 22, 383 (391 f.); U. v. 16. 3. 1961, BGHZ 34, 372 (374); *BAG*, U. v. 21. 10. 1970, KirchE 11, 342 (345 f.); *BSG*, U. v. 29. 3. 1962, KirchE 6, 54 (60); U. v. 27. 4. 1972, KirchE 12, 472 (476); U. v. 18. 12. 1974, KirchE 14, 207 (209); *BFH*, U. v. 16. 2. 1979, KirchE 17, 179 (181); *VG Hannover*, U. v. 17. 1. 1963, KirchE 6, 200 (202 f.); *OVG Lüneburg*, U. v. 18. 2. 1964, KirchE 7, 33 (43); *VG Minden*, B. v. 31. 8. 1966, KirchE 8, 155 (156); *VGH Mannheim*, U. v. 15. 11. 1968, KirchE 10, 225 (227 f.); *OVG Berlin*, U. v. 19. 6. 1969, KirchE 10, 410 (413 f.); *VG Minden*, B. v. 26. 3. 1970, KirchE 11, 173 (178 f.); *OVG Berlin*, U. v. 19. 8. 1970, KirchE 11, 265 (268); *OVG Münster*, B. v. 1. 7. 1971, KirchE 12, 200 (211); *VG Aachen*, U. v. 27. 6. 1972, KirchE 12, 503 (506); *VGH Mannheim*, B. v. 24. 7. 1973, KirchE 13, 323 (325 f.); B. v. 20. 8. 1974, KirchE 14, 138 (140); *VG Minden*, B. v. 7. 12. 1976, KirchE 15, 442 (443); *OVG Münster*, U. v. 9. 2. 1978, KirchE 16, 292 (302); U. v. 9. 2. 1978, KirchE 16, 318 (320 f.); *VG Hannover*, U. v. 10. 3. 1978, KirchE 16, 340 (341); *VGH München*, B. v. 20. 4. 1978, KirchE 16, 361 (364); *VG Arnsberg*, U. v. 25. 1. 1979, KirchE 17, 173 (176); *VGH München*, U. v. 25. 2. 1980, KirchE 18, 25 (29); *VG Arnsberg*, U. v. 19. 2. 1981, KirchE 18, 406 (408); *LG Mainz*, U. v. 24. 3. 1983, MDR 1984, 511; *VG Stuttgart*, U. v. 14. 7. 1983, NVwZ 1985, 138 (138).

[36] *K. Hesse*, HdbStKirchR I, S. 421; *A. v. Campenhausen*, Staatskirchenrecht, 2. Aufl. 1983, S. 79.

[37] *BVerfG*, B. v. 21. 9. 1976, BVerfGE 42, 312 (322). – Kritisch *H. Weber*, ZevKR 22 (1977),

tutiver Übertragung staatlicher Gesetzgebungsmacht zu verstehen sei[38], sondern als freies Anheimgeben einer in der Sache an das staatliche Recht angelehnten eigenständigen kirchlichen Normierung[39]. Der qualitative Bezug zum Kreis der genuin *eigenen* Angelegenheiten bleibt erhalten, mögen sich auch die Kirchen bzw. Religionsgemeinschaften in Form »öffentlich-rechtlich« strukturierter Dienstverhältnisse einer spezifischen vom Staat entlehnten Gestaltungsform bedienen.

Man trägt der bestehenden religionsrechtlichen Lage nach alledem nur dann hinreichend Rechnung, wenn man zwischen der Dienstherren*fähigkeit* und der Dienstherren*funktion* scharf unterscheidet; letztere wird durch die »öffentlich-rechtliche« Gestaltungsmöglichkeit in bedeutsamer Weise instrumental *ergänzt*, aber keineswegs über den bereits im religiösen Selbstbestimmungsrecht gemäß Artt. 140 GG/137 Abs. 3 WRV enthaltenen Status hinaus *bedingt*. Soweit in kirchlichen »öffentlich-rechtlichen« Dienstverhältnissen (im Rahmen des Dienstes als Pfarrer oder Priester gleichermaßen wie in Beamtenverhältnissen) Maßnahmen getroffen werden, haben diese demgemäß die Qualität eigenständiger Akte der betreffenden Kirche, nicht jedoch beruhen sie auf übertragener *staatlicher* Dienstherrenfunktion und -gewalt.

4. Handeln im religiösen Eigenbereich und »unmittelbare Wirkungen im staatlichen Rechtskreis«

Ob eine Materie zu den eigenen Angelegenheiten einer Kirche oder Religionsgemeinschaft zählt, muß in der säkularen Verfassungsordnung des Grundgesetzes aus dem jeweiligen Gegenstand und seinem Verhältnis zur religiösen Aufgabenstellung bestimmt werden, wie sie in der Sicht des betreffenden religiösen Verbandes besteht. Ohne Belang ist insoweit die Frage, ob kirchliches Handeln unmittelbare Wirkungen im staatlichen Rechtskreis äußert. Auch wenn letzteres zutrifft, gewinnt das fragliche Wirken nicht bereits deshalb ohne weiteres die Qualität »öffentlicher Gewalt«.

Die gegenteilige Auffassung, wie sie von der Rechtsprechung vielfältig

---

S. 363 f.; *U. Steiner*, Offene Rechtsschutzprobleme im Verhältnis von Staat und Kirchen, 1981, S. 8 f.

38 So verstehen die Vorschrift *W. Martens*, Öffentlich als Rechtsbegriff, 1969, S. 151; *K. Obermayer*, Die verwaltungsgerichtl. Normenkontrolle (I) [1970], S. 152; *ders.*, ZevKR 18 (1973), S. 252; wohl auch *K. Schlaich*, JZ 1980, S. 212. Demgegenüber wie hier *J. Frank*, HdbStKirchR I, S. 682; dem Grunde nach ferner *E. Friesenhahn*, Essener Gespräche 10 (1976), S. 163 f., 176 f. [Aussprache].

39 Die Kirche kann – von § 135 Satz 2 BRRG her betrachtet – frei entscheiden, *ob* und *wie* sie sich an das staatl. Beamtenrecht anlehnen will; insoweit zutreffend *BVerwG*, U. v. 25. 11. 1982, BVerwGE 66, 241 (245).

praktiziert wird[40], beruht im wesentlichen auf einer nach geltendem Staatskirchenrecht durchaus fragwürdigen Folgerung: Geht man davon aus, daß im sogenannten »rein innerkirchlichen« Bereich keinesfalls »öffentliche« im Sinne von staatlicher Gewalt ausgeübt wird, so erscheint die Annahme konsequent, dem sei nicht mehr so, wenn die »rein innerkirchliche« Sphäre verlassen wird; hier könne eine Kirche oder Religionsgemeinschaft nicht mehr aus ihrem Selbstbestimmungsrecht heraus, sondern allenfalls auf Grund staatlich verliehener *Autonomie* wirksam handeln[41].

Einer solchen Differenzierung steht zunächst vom tatsächlichen Befund her die Beobachtung entgegen, daß es – auch bei Maßnahmen aus dem sogenannten »inneren« Kirchenbereich – kaum Fälle gibt, in denen bei genauerer Betrachtung kein Bezug zu Positionen der »weltlichen« Rechtsordnung (und damit doch wohl ein Verlassen der »rein innerkirchlichen« Sphäre) festzustellen wäre[42]. Im übrigen wird hierbei die Grundsatzfunktion und Tragweite des verfassungsrechtlich garantierten Selbstbestimmungsrechts verfehlt. Ihm geht es nicht um die *Ausgrenzung* eines freien Wirkungsbereiches der Kirchen und Religionsgemeinschaften als »Enklave« im säkularstaatlichen Rechtssystem, sondern im Gegenteil um die Gewährleistung freier Entfaltung des religiösen Wirkens *innerhalb dieser Ordnung*[43]. Da die Kirchen und Religionsgemeinschaften, soweit sie von den damit gegebenen Möglichkeiten Gebrauch machen, notwendigerweise vielfältige Rechtsbeziehungen zu Subjekten der säkularen Rechts- und Gesellschaftsordnung eingehen, liegt es auf der Hand, daß ihr Handeln in mannigfaltiger Hinsicht unmittelbar auch »weltliche« Auswirkungen zeitigt. Im Kontext der Artt. 140 GG/137 Abs. 3 WRV löst dies keine negativen Rückwirkungen auf den maßgeblichen Sachzusammenhang zur eigenen Aufgaben- und damit Selbstbestimmungssphäre der religiösen Verbände aus.

---

[40] Vgl. S. 198 ff., 212 ff.

[41] So die Vertreter der »Bereichslehre«; ferner *A. v. Campenhausen*, Staatskirchenrecht, 2. Aufl. 1983, wenn er (S. 139 f.) davon ausgeht, daß Kirchen und Religionsgemeinschaften originär nur »für den internen Kirchenbereich kraft Kirchenrechts Normen setzen« könnten, während die Wirksamkeit kirchlicher Akte im Rahmen der »weltlichen« Rechtsordnung auf staatlich verliehener Autonomie beruhe (vgl. dort auch S. 80). Wäre dem tatsächlich so, erstreckte sich freilich der Bereich kirchlicher *Autonomie* auf Kosten des *Selbstbestimmungsrechts* weit über die Sphäre der vermögensrechtlichen Bezüge kirchlichen Dienstes hinaus; denn angesichts der vielfältigen Verflechtungen des kirchlichen Wirkens mit dem staatlichen Rechtskreis und der hiermit notwendig verbundenen unmittelbaren Relevanz kirchlichen Handelns – und damit auch kirchlichen Rechts – in der »weltlichen« Ordnung bliebe als Regelungsbereich lediglich kirchenintern wirkender und demzufolge nach der zitierten Auffassung *originär kirchlicher* Normsetzung nur noch ein sehr kleiner Sektor übrig.

[42] Vgl. dazu auch S. 134 ff., 199 ff., 202 ff., 208 ff., 212 ff., 234.

[43] *M. Heckel*, VVDStRL 26 (1968), S. 40 ff.; vgl. im übrigen auch unten S. 147 ff., 151 f., 175 f., 180, 202 ff., 214, 215, 219, 223, 224 ff., 230, 254 ff., 258 ff., 266.

5. Kirchliches Recht und »öffentliches Recht« im Sinne staatlicher Rechtskategorien

Auch soweit »weltliche« Rechtspositionen unmittelbar berührt werden, lebt die Kirche in der normativen und in der im Einzelfall erfolgenden konkreten Ausgestaltung ihrer Ämter und Dienste nach originärem Kirchenrecht, nicht nach von staatlicher Gewalt abgeleitetem Recht. Lediglich rechtstechnische, aber keine qualitative Bedeutung hat dabei die Frage, ob in den sachlichen Regelungen weitgehend oder sogar umfassend auf das Beamtenrecht, wie es im staatlichen Bereich gilt, verwiesen worden ist[44]. Für die Anwendbarkeit des Art. 19 Abs. 4 GG bedeutet dies, daß einschlägige Entscheidungen und Maßnahmen der Kirchen trotz etwaiger äußerlicher Affinität der Rechts- und Gestaltungsformen nur formal, nicht aber materiell »öffentlich-rechtlich« im Sinne der Kategorien staatlicher Rechtsordnung getroffen werden; denn letztere können auf die kirchliche Sphäre nicht ohne weiteres übertragen werden[45].

Eben ein solcher (staats)kirchenrechtlich prekärer Begriff der »Öffentlichrechtlichkeit« aber liegt zugrunde, wenn im Blick auf den kirchlichen Dienst aus einer »Verleihung oder Anerkennung einer öffentlich-rechtlichen Rechtsmacht« die Folgerung abgeleitet wird, hieraus ergebe sich für das Dienstrecht der Kirchen »die Qualität von Normen, aus deren Anwendung öffentlich-rechtliche Streitigkeiten im Sinne des § 40 Abs. 1 VwGO entspringen können und deren Vollzug öffentliche Gewalt im Sinne des Art. 19 Abs. 4 GG ebenso wie im Sinne des § 90 Abs. 1 BVerfGG zum Einsatz bringt«[46]. Hiervon abgesehen würde der in der neueren Betrachtung des Art. 19 Abs. 4 GG geklärte Bezug des Tatbestandsmerkmals »öffentliche Gewalt« auf *staatliche* Befugnisse erneut relativiert, wollte man auch eine staatliche *Anerkennung* (externer) »öffentlich-rechtlicher Rechtsmacht« für die Anwendung genügen lassen.

---

[44] Ohne daß es auf den Grad einer etwaigen Anlehnung an die staatl. Regelung ankäme, ist z. B. kirchl. Besoldungsrecht also nicht »staatliches Besoldungsrecht im kirchlichen Gewande« (*BVerwG*, U. v. 15. 12. 1967, BVerwGE 28, 345 [350]).

[45] *P. Mikat*, Kirchl. Streitsachen vor den Verwaltungsgerichten (1963), S. 324 f.; *D. Scheven*, ZBR 1964, S. 291; *H. Weber*, Die Religionsgemeinschaften als Körperschaften des öff. Rechts, 1966, S. 88 f.; *A. Hollerbach*, Essener Gespräche 1 (1969), S. 57 f.; *W. Martens*, Öffentlich als Rechtsbegriff, 1969, S. 144 f.; *J. Jurina*, Der Rechtsstatus der Kirchen und Religionsgemeinschaften, 1972, S. 36 ff., 39 f.; *W. Rüfner*, Essener Gespräche 7 (1972), S. 11 f.; *ders.*, HdbStKirchR I, S. 768 f.; *K.-H. Kästner*, JuS 1977, S. 719; *ders.*, JöR NF 27 (1978), S. 281. – Anders demgegenüber von der Annahme eines »öff.-rechtl. Gesamtstatus« der Kirchen her noch *H. Marré / K.-E. Schlief*, NJW 1965, S. 1515 f.; *H. Marré*, Zs. für Politik 13 (1966), S. 389 f. Abweichend wohl auch *F. Kirchhof*, Private Rechtsetzung, 1987, S. 103 mit FN 10, sowie S. 104, 105, 107.

[46] *U. Steiner*, Offene Rechtsschutzfragen im Verhältnis von Staat und Kirchen, 1981, S. 8; im gleichen Sinne noch *ders.*, NVwZ 1989, S. 412.

a) Lücke im staatlichen Rechtssystem?

Zwischen originär-kirchenrechtlichen Regelungen des eigenen religiösen Aufgabenkreises einerseits und »öffentlich-rechtlichen« Normen im Sinne der Kategorien staatlichen Rechts andererseits ist, wie gesagt, eine grundsätzliche qualitative Differenzierung erforderlich. Keineswegs entsteht hierbei im Blick auf den Eigenrechtsbereich der Kirchen und Religionsgemeinschaften eine bedenkliche Lücke im staatlichen Rechtssystem[47], die dadurch gefüllt werden müßte, daß man den betreffenden religiösen Verbänden eine (mit dem Körperschaftsstatus und der Dienstherrenfähigkeit verbundene) Befugnis zuzusprechen hätte, Recht zu setzen, das sozusagen »quasi-staatlichen« Charakter aufwiese.

Eine derartige »Konstruktion«[48] der Geltung von Kirchenrecht als weltliches Recht, also einer Art von »Doppelwirkung«[49] bestimmter Teile des kirchlichen Rechts, das insoweit als *kirchliches* und gleichermaßen als *weltliches* (staatliches) Recht anzuwenden wäre, dürfte bereits dem Grunde nach der erforderlichen Grundlage in der verfassungsmäßigen Rechtsordnung entbehren. Denn Kirchen und Religionsgemeinschaften unterliegen der staatlichen Verfassung, ihr Status wird durch das staatliche Recht konkretisiert. Sie könnten Recht (wenn auch nur faktisch) »staatlicher« Qualität allenfalls erlassen, sofern sie verfassungsgemäß ausdrücklich hierzu ermächtigt wären – insbesondere unter Vermeidung eines Verstoßes gegen das in Artt. 140 GG/137 Abs. 1 WRV verankerte Verfassungsprinzip der Trennung von Staat und Kirche. Nach geltender Rechtslage ist das Zuständigkeits- und Kompetenzverhältnis zwischen dem Staat und den seiner Hoheitsgewalt unterliegenden religiösen Verbänden klar abgeschichtet und abgestuft. Es würde überspielt, nähme man an, die »mit der Gewährleistung der Eigenschaft als Körperschaft des öffentlichen Rechts verbundene Freistellung vom staatlichen Arbeitsrecht« beinhalte auf der Ebene formeller Normgebungskompetenz (also nicht bloß im Sinne materieller Beachtlichkeit kirchlichen Rechts in der staatlichen Rechtsordnung) stillschweigend »gleichzeitig eine begrenzte Ermächtigung zu einer auch für den staatlichen Bereich verbindlichen Rechtssetzung«[50].

Nach gegenwärtiger Religionsverfassung steht Kirchen und Religionsgemeinschaften als wesentlicher Bestandteil ihres Selbstbestimmungsrechts die Befugnis zu, selbst und sowohl sachlich als auch formell unabhängig vom

---

[47] So aber insbes. *D. Pirson*, FS E. Ruppel, 1968, S. 303, auf der Grundlage des von ihm angenommenen »Kollisionsverhältnisses von kirchlichem und weltlichem Recht« (aaO. S. 284).

[48] *D. Pirson*, FS E. Ruppel, 1968, S. 305.

[49] *D. Pirson*, FS E. Ruppel, 1968, S. 304, 305.

[50] *D. Pirson*, FS E. Ruppel, 1968, S. 305.

Staate Recht zu setzen[51]. Diese Befugnis ist aber eindeutig beschränkt auf den Kreis *ihrer Angelegenheiten*, sie bezieht sich also ausschließlich auf eine Ausgestaltung der internen kirchlichen Rechtsordnung. Auf Grund der Innehabung eines Status als Körperschaft des öffentlichen Rechts, durch welchen keine Inkorporation der religiösen Verbände in den Kreis der Träger mittelbarer Staatsverwaltung erfolgt, ändert sich an dieser Rechtslage nichts.

b) Kirchenrecht im staatlichen Rechtsleben

Geht man von einer solchermaßen formell klar abgeschichteten Befugnis zur Rechtssetzung aus, so entsteht trotz der Freistellung »öffentlich-rechtlichen« kirchlichen Dienstes vom allgemeinen staatlichen Arbeits- und Sozialrecht im Blick auf die »weltlichen« Rechtsaspekte einschlägiger Dienstverhältnisse kein rechtsfreier Raum; wäre er gegeben, müßte er freilich aus der Sicht des sozialen Rechtsstaats zweifellos Bedenken erregen. Doch ergibt sich die unverzichtbare rechtsstaatliche Ausgestaltung als Konsequenz der Verfassungsgarantie des religiösen Selbstbestimmungsrechts und der darin anerkannten Eigenständigkeit der kirchlichen Rechtsordnung[52]: Wenn einmal auf Grund der mit der Korporationsqualität verbundenen Dienstherrenfähigkeit der Schritt hinein in die »öffentlich-rechtliche« Ausgestaltung des kirchlichen Dienstes getan ist, muß das eigene Amts- und Dienstrecht der Kirchen im Bereich des staatlichen Rechts (als Kirchenrecht) anerkannt und (als Kirchenrecht) angewandt werden[53].

Im übrigen bezieht sich – entgegen einer allerdings ziemlich weit verbreiteten Auffassung – der in Artt. 140 GG/137 Abs. 3 WRV enthaltene Schrankenvorbehalt auf den *gesamten* Bereich der eigenen Angelegenheiten, also gerade auch auf die Sphäre eigenständiger rechtlicher Regelung. Die Grundprinzipien und auch Einzelregelungen rechtsstaatlicher Ordnung setzen sich

[51] Artt. 140 GG/137 Abs. 3 Satz 1 WRV: »Jede Religionsgesellschaft *ordnet* ... ihre Angelegenheiten selbständig innerhalb der Schranken des für alle geltenden Gesetzes.« *J. Jurina*, Der Rechtsstatus der Kirchen und Religionsgemeinschaften, 1972, S. 68f.; *K. Hesse*, HdbStKirchR I, S. 422; *A. v. Campenhausen*, Staatskirchenrecht, 2. Aufl. 1983, S. 79; *D. Ehlers*, ZevKR 32 (1987), S. 164f.

[52] *M. Heckel*, Summum ius – summa iniuria (1963), S. 255 FN 71; *U. Scheuner*, HdbSt KirchR I, S. 75; *K. Hesse*, ibd. S. 422f.; *A. Hollerbach*, Hdb. des Staatsrechts, Bd. VI, 1989, S. 562 Rdnr. 10; *BVerfG*, B. v. 17. 2. 1981, BVerfGE 57, 220 (244); (unter zu enger Begrenzung auf einen »Kernbereich der eigenen Angelegenheiten«) *J. Jurina*, Der Rechtsstatus der Kirchen und Religionsgemeinschaften, 1972, S. 70, 77ff., 113ff., und *ders.*, HdbStKirchR I, S. 598, 600ff.

[53] Die erforderliche Differenzierung zwischen der mit der Korporationsqualität verknüpften *Dienstherrenfähigkeit* und der auf Artt. 140 GG/137 Abs. 3 WRV beruhenden Kompetenz zur *eigenständigen rechtlichen Regelung* des »öffentlich-rechtlichen« Dienstverhältnisses wird – allerdings unter fragwürdiger Benutzung des Begriffs der »autonomen« Rechtssetzung – zutreffend zugrunde gelegt vom *LSG Essen* im U. v. 29. 1. 1980, KirchE 18, 4 (5f.).

im kirchenrechtlichen Kontext über diese Schrankenklausel durch. Dabei ist selbstverständlich vorausgesetzt, daß die Geltung einschlägiger staatlicher Regelungen für den Wirkungsbereich der Kirchen und Religionsgemeinschaften nicht bereits normativ ausgeschlossen ist[54]; ferner, daß der Freiheitsgehalt der Garantie des religiösen Selbstbestimmungsrechts im Rahmen verfassungsgemäßer Rechtsanwendung angemessen berücksichtigt wird.

c) *Kirchenrecht vor staatlichen Gerichten*

Auch für die Befürchtung, es entstehe eine rechtsstaatlich untragbare Rechtsschutzlücke, soweit man kirchlichem Dienstrecht originären Charakter zugestehe, besteht kein Anlaß[55]. Denn dieses Bedenken fußt auf der verfehlten Annahme, staatliche Gerichte könnten Rechtsschutz allenfalls insofern gewähren, als sie *staatliches* Recht anzuwenden hätten[56], nicht aber, soweit kirchliches Recht einschlägig sei. Eine solche Auffassung wird aus einer institutionellen Konfrontation der staatlichen und der kirchlichen Wirkungssphäre im Sinne einer Alternativität gespeist statt aus ihrer sachlichen gegenseitigen Zuordnung; sie vermag, worauf noch zurückzukommen sein wird[57], weder aus justizverfassungsrechtlichen Gründen oder Gesichtspunkten des allgemeinen Prozeßrechts noch unter staatskirchenrechtlichen Aspekten zu überzeugen. Vielmehr besteht kein Anlaß, staatlichen Gerichten dem Grunde nach die Befugnis zur Anwendung von Kirchenrecht zu

---

54 Das ist z. B. in § 135 Satz 1 BRRG für die Vorschriften dieses Gesetzes der Fall.

55 Anders *J. Jurina*, Der Rechtsstatus der Kirchen und Religionsgemeinschaften, 1972, S. 125, wenn er zunächst – zweifellos zu Recht – die Justizgewährungsverpflichtung des Staates zugunsten »weltlicher« Rechtspositionen seiner Bürger herausstellt, dann aber die Auffassung vertritt, ein solcher gerichtlicher Schutz könne »für die geistlichen Amtsträger der Kirchen und Religionsgemeinschaften nur dann wirksam geschehen, wenn die vermögensrechtliche Seite ihrer mit den Kirchen und Religionsgemeinschaften geschlossenen Dienstverträge nicht ins eigenständige kirchliche Recht entlassen wird, sondern innerhalb des staatlichen Rechts verbleibt«.

56 So *P. Mikat*, Kirchl. Streitsachen vor den Verwaltungsgerichten (1963), S. 324 f., 342 FN 101; *D. Scheven*, ZBR 1964, S. 292; *D. Pirson*, FS E. Ruppel, 1968, S. 279, 297 f., 305; *J. Jurina*, Der Rechtsstatus der Kirchen und Religionsgemeinschaften, 1972, S. 142, 143 (der freilich »um der Effektivität des Rechtsschutzes willen« im Rahmen von Rechtsschutzbegehren mit vermögensrechtlichem – und damit seiner Auffassung nach dem staatl. Recht zuzurechnendem – Streitgegenstand eine inzidente Prüfung originären Kirchenrechts für möglich erachtet: aaO. S. 144 f. FN 31); *H. Maurer*, FS Chr.-F. Menger, 1985, S. 285, 299 f. und passim; *M. Sachs*, DVBl. 1989, S. 494, 495. Nicht eindeutig *D. Ehlers*, JuS 1989, S. 367, 372 f. – *J. Isensee*, Gedächtnisschrift für L.-J. Constantinesco, 1983, S. 306, sowie *G. Winands*, DÖV 1986, S. 100 und 101, verweisen auf die Beschränkung der staatl. Gerichte auf »weltliche Rechtsmaßstäbe«, was freilich gleichermaßen im Sinne eines Ausschlusses der Anwendbarkeit originären Kirchenrechts wie lediglich im Sinne eines Ausschlusses religiöser Kriterien im Rahmen staatsgerichtlicher Prüfungsbefugnis verstanden werden kann. – Vgl. im übrigen die Nachw. aus der (der erwähnten Auffassung allerdings nur vereinzelt zuneigenden) Rspr. unten auf S. 175 in Anm. 5.

57 S. 174 ff.

versagen. Demgemäß wäre Rechtsschutz durch staatliche Gerichte jedenfalls nicht deshalb ausgeschlossen, weil ein Rechtsschutzbegehren anhand originären kirchlichen Dienstrechts zur Entscheidung stünde.

6. *»Amtsrecht« und »Dienstrecht«*

a) Relativität einer Differenzierung

Maßnahmen von Kirchen oder Religionsgemeinschaften im Rahmen der mit dem Körperschaftsstatus verbundenen Befugnis, ihre Dienste »öffentlich-rechtlich« auszugestalten, werden, wie gesagt, auf Grund ihrer verfassungsrechtlich gewährleisteten Eigenrechtsmacht getroffen; sie ergehen nicht als Akte (unmittelbar oder mittelbar) »öffentlicher Gewalt« im Sinne des staatlichen Rechts.

Unter dem Aspekt der Anwendbarkeit des Art. 19 Abs. 4 GG kommt es insoweit auf eine Differenzierung zwischen Amts- und Dienstrechtsstreitigkeiten nicht an[58]. Denn das sogenannte Dienstrecht, d.h. der Normenbereich, der die konkrete Ausgestaltung »öffentlich-rechtlich« strukturierter kirchlicher Dienstverhältnisse regelt und insbesondere auch den Bestand erworbener subjektiver Rechte des einzelnen Bediensteten (im Blick auf Besoldungs- und Versorgungsansprüche usw.) umfaßt, weist keinen geringeren qualitativen Bezug zum »eigenen Aufgabenbereich« der Kirchen auf als das Amtsrecht; es entfaltet demgemäß dem Grunde nach[59] keine mindere Funktion. Soweit sich Amtsrecht und Dienstrecht kirchenrechtlich überhaupt klar voneinander abschichten lassen, haben sie jedenfalls in ihrer gegenseitigen Bezogenheit aufeinander gleichermaßen eine dem Auftrag der Kirche gemäße Ordnung kirchlicher Dienste zu gewährleisten[60]. Demzufolge wird auch das Dienstrecht in vollem Umfang von der in Artt. 140 GG/137 Abs. 3 WRV verankerten Ämterhoheit erfaßt und von den Kirchen als Dienstherren auf Grund originärer Rechtsmacht geordnet[61].

---

58 Anders diejenigen, die kirchl. Dienstverhältnisse in *dienstrechtlicher* Hinsicht dem (staatlich-)öffentlichen Recht zuordnen; vgl. S. 123 Anm. 31.

59 Durchaus differenziert stellt sich andererseits die *Nähe* verschiedener Dienstrechtskomplexe zum religiösen »proprium« dar; die insoweit zu beachtenden Abstufungen entscheiden aber nicht über die prinzipielle Zugehörigkeit des Dienstrechts zum Kreis eigener kirchlicher Angelegenheiten, sondern sie wirken sich auf die Tragweite des relig. Selbstbestimmungsrechts nach Artt. 140 GG/137 Abs. 3 WRV im konkreten Einzelfall aus. Dazu auch sogleich unten S. 136; vgl. ferner S. 262 ff.

60 Zutreffend insoweit die Bemerkungen bei *D. Scheven*, ZBR 1964, S. 292, der allerdings die *vermögensrechtliche* Seite zu Unrecht abweichend beurteilt (S. 292 f.).

61 Daß das Dienstrecht gleichermaßen wie das Amtsrecht zu den eigenen Angelegenheiten der Kirchen und Religionsgemeinschaften zu zählen ist, entspricht zu Recht seit langem herrschender Meinung in der höchstrichterl. Rspr.: *BVerfG*, B. v. 21. 9. 1976, BVerfGE 42, 312

b) Zum Beispiel: Amtszucht und Lehrzucht

Das scheinbar naheliegende Kriterium »unmittelbarer Wirkungen in der Rechtssphäre der Betroffenen« (und damit im staatlichen Rechtskreis) rechtfertigt – entgegen verbreiteter Auffassung – eine zwischen Amts- und Dienstrechtsstreitigkeiten differenzierende Lösung der Rechtsschutzproblematik in der Regel nicht. Dies läßt sich im Bereich der evangelischen Kirchen am Disziplinar- (bzw. Amtszucht-)wesen einerseits sowie an den Lehrbeanstandungsverfahren andererseits exemplifizieren. Zufolge einer im wissenschaftlichen Schrifttum geäußerten Betrachtung sollen letztere eindeutig der (staatlich unüberprüfbaren) Sphäre kirchlicher Lehre und Ämterhoheit zugehören, während die Verhängung von Amtszuchtmaßnahmen als Ausübung staatsabgeleiteter Befugnisse und damit als »öffentliche Gewalt« zu qualifizieren sei[62]. Diese Abschichtung erweist sich bei näherer Betrachtung als sachlich schwerlich angemessen und rechtlich fragwürdig.

Zunächst deutet sie die Qualität kirchlicher Amtszucht zu stark nach den Maßstäben staatlichen Beamtenrechts – was freilich kaum verwundert; denn die einschlägigen kirchlichen Regelungen erscheinen dem normativen Befund nach in vielfacher Hinsicht als außerordentlich eng[63] an das Disziplinarverfahrensrecht des Staates angelehnt. Doch ist die kirchliche Wahrung der Amtszucht zutiefst *geistlich* verwurzelt. Sie darf jedenfalls im Rahmen der Rechtsschutzfrage nicht einer an der staatlichen Handhabung orientierten formal-institutionellen Betrachtung zum Opfer gebracht werden. Die Existenz und Anwendung kirchlichen Amtszuchtrechts spiegelt die Grundprobleme kirchlichen Rechts- und Amtsverständnisses und der theologischen

---

(335ff.); B. v. 28. 11. 1978, KirchE 17, 120 (121); B. v. 1. 6. 1983, NJW 1983, 2569; B. v. 5. 7. 1983, NJW 1983, 2569 (2569); *BVerwG*, U. v. 27. 10. 1966, BVerwGE 25, 226 (230); U. v. 15. 12. 1967, BVerwGE 28, 345 (349); U. v. 25. 10. 1968, BVerwGE 30, 326 (330f.); U. v. 25. 11. 1982, BVerwGE 66, 241 (243, 250f.); U. v. 25. 11. 1982, NJW 1983, 2582 (2582); *BGH*, U. v. 3. 11. 1955, BGHZ 18, 373 (375); U. v. 17. 12. 1956, BGHZ 22, 383 (391f.); U. v. 16. 3. 1961, BGHZ 34, 372 (374). – Anders demgegenüber der *StGH Bremen* in seiner (vom *BVerfG* mit dem zitierten B. v. 21. 9. 1976 aufgehobenen) E. v. 15. 1. 1975, KirchE 14, 216 (221), der in den eigenen Angelegenheiten der Kirchen »die kirchlich-geistliche und die staatlich-weltliche Komponente« unterscheiden will und zu ersterer Sphäre »das geistliche Amt« rechnet, zu letzterer »das kirchliche Dienstverhältnis«, das »in seiner Ausgestaltung als öffentlich-rechtliches Dienstverhältnis in den staatlichen Bereich hinein« rage.

[62] Ganz deutlich erweist sich diese Differenzierung in den Darlegungen *H. Webers*, NJW 1980, S. 1042f., sowie *U. Steiners*, JuS 1980, S. 342ff. (insbes. S. 344f.), zu den im Vorprüfungsverfahren ergangenen Beschlüssen des *BVerfG* v. 28. 11. 1978 (KirchE 17, 120) und v. 6. 4. 1979 (KirchE 17, 209), von denen der erste eine kirchl. Maßnahme der Amtszucht (Entfernung aus dem Dienst) und der zweite eine im Lehrbeanstandungsverfahren getroffene Feststellung bekenntniswidriger Lehre zum Gegenstand hatte. Vgl. ferner *H. Weber*, NJW 1989, S. 2227.

[63] Dem Ansatz nach nicht zu Unrecht kritisch *A. Stein*, Evang. Kirchenrecht, 2. Aufl. 1985, S. 115f., wenn er von »teilweise zu weitgehender Anpassung an das Beamtenrecht des Staates« spricht.

Anfragen an die äußere Rechtsgestalt der Kirche wider; dies haben nicht zuletzt die im evangelischen Raum geführten Diskussionen[64] um seine Neugestaltung Anfang der 60er Jahre verdeutlicht.

Bei aller *äußerlicher* Nähe der kirchlichen Amtszuchtordnungen zu den staatlichen Disziplinarvorschriften sind erstere ebenso wie die Amtspflichten, deren Einhaltung sie gewährleisten sollen, notwendig vom Wesen kirchlichen Dienstes als brüderlicher Dienstgemeinschaft[65] her zu qualifizieren, können sie nur vor dem Hintergrund ihrer Bezogenheit auf den Auftrag der Kirche (in »rechtstranszendenter«[66] Bedeutung) angemessen erfaßt werden[67]. Dies gilt für den Zweck des kirchlichen Amtszuchtverfahrens gleichermaßen wie für seine konkrete Ausgestaltung. Hier liegt qualitativ der entscheidende Unterschied zum Disziplinarverfahren staatlichen Rechts; als Selbstverständnis der Kirche ist er bereits im Vorspruch des Disziplinargesetzes der EKD vom 11. März 1955[68] verdeutlicht:

> »... Eine Ordnung der kirchlichen Amtsdisziplin ist nötig, um die Gemeinden vor Ärgernis und Unfrieden zu bewahren, eine rechte Amtsführung zu fördern und das Amt vor schlechter Ausübung, Mißbrauch und Entwürdigung zu schützen. In der Kirche Jesu Christi darf das Evangelium nicht anders verkündigt werden als in steter Heiligung des persönlichen und des amtlichen Lebens. Die Kirche ist dafür verantwortlich, daß dem Ernst dieser Verpflichtung nicht Abbruch geschehe. Aber sie wird dem, der sich verfehlt hat, auch zeigen müssen, daß sie ihn dennoch als Bruder achtet und ihm wieder zurechthelfen will. Denn die Liebe ist des Gesetzes Erfüllung (Röm. 13, 10). Bei der Ausübung der Amtsdisziplin sollen alle Beteiligten eingedenk sein, daß ihr Tun ein Handeln vor dem Angesicht Gottes ist, der ein Gott der Liebe, der Gerechtigkeit und der Wahrheit ist. Hierauf zielen die Maßnahmen der folgenden Ordnung ab ... «

Trotz aller ganz einschneidender Konsequenzen, die eine kirchliche Amtszuchtmaßnahme im »weltlichen« Rechtskreis des von ihr Betroffenen auszulösen vermag, gehört sie untrennbar zum genuin *kirchlichen* Ämterwesen, ist sie wie dieses als Kernbestandteil der »eigenen Angelegenheiten« zu betrachten[69] und unterliegt sie deshalb originärer kirchlicher Rechtssetzungsbefugnis. Auch kirchliche Amtszucht- bzw. Disziplinarverfügungen werden folg-

---

64 Vgl. statt anderer *H. Wiesner*, Grundfragen aus dem kirchl. Disziplinarrecht, 1960, einerseits, sowie *E. Ruppel*, FS R. Smend, 1962, S. 349ff., andererseits; ferner *H. Engelhardt*, AöR 86 (1961), S. 334ff.

65 Probleme wirft freilich die konkrete Tragweite dieser Qualifikation in den Einzelfragen des kirchl. Dienstes auf; dazu *H.-U. Evers*, ZevKR 9 (1962/63), S. 79f., am Beispiel des Akteneinsichtsrechts.

66 *R. Smend*, ZevKR 7 (1959/60), S. 283 und 284.

67 Das betont zu Recht auch *E. Ruppel*, FS R. Smend, 1962, S. 358.

68 ABl. EKD S. 84, 288.

69 Ebenso *K. Hesse*, Rechtsschutz durch staatl. Gerichte im kirchl. Bereich, 1956, S. 143, sowie *E. Ruppel*, FS R. Smend, 1962, S. 355f.; der Sache nach wohl auch *W. Rüfner*,

lich nicht in Ausübung »öffentlicher« im Sinne von staatsabgeleiteter Gewalt erlassen.

Was die Konsequenzen im »weltlichen« Rechtskreis der Betroffenen angeht, liegen die Dinge bei der Verhängung von Maßnahmen der Amtszucht vielfach nicht wesentlich anders als bei kirchlichen *Lehrzuchtentscheidungen*. Sachlich bestehen zwischen Lehrzucht und Amtszucht freilich grundlegende Differenzen[70], mögen auch in der Praxis die Konturen bisweilen verfließen. Jedenfalls spiegeln die Lehrzuchtordnungen die Bezogenheit kirchlichen Dienstes auf die auftragsgemäße Verkündigung des Evangeliums auch in verfahrensrechtlicher Hinsicht deutlicher wider, als dies bisher durchweg in den kirchlichen Amtszuchtordnungen gelungen ist. Zu Recht erkennen deshalb auch Autoren, die im Blick auf Amtszuchtmaßnahmen von der Ausübung staatsabgeleiteter Gewalt ausgehen, den originär kirchlichen Charakter kirchlicher Lehrzuchtentscheidungen an[71]. Doch zeigt sich alsbald die Fragwürdigkeit einer differenzierenden Behandlung von Amtszucht- und Lehrzuchtentscheidungen, soweit die Frage der Ausübung »öffentlicher Gewalt« betroffen ist; denn Lehrzuchtentscheidungen vermögen sich – nicht anders als Amtszuchtentscheidungen – unmittelbar im »weltlichen« Rechtskreis eines Betroffenen schmerzlich spürbar auszuwirken[72].

§ 19 Abs. 1 des Kirchengesetzes der VELKD über das Verfahren bei Lehrbeanstandungen vom 16. Juni 1956 i. d. F. der Bekanntmachung vom 3. Januar 1983 (ABl. VELKD S. 284)[73] normiert, daß »aufgrund des Beschlusses nach § 16 Abs. 1 ... der Betroffene mit dem Tage der Zustellung des Spruches alle ihm aus der Ordination *und aus seinem kirchlichen Amt oder Auftrag* zustehenden Rechte«[74] verliere[75]. Diese Vorschrift findet ihre Entsprechung in Lehrzuchtordnungen evangelischer Lan-

HdbStKirchR I, S. 780 f. – Aus der Rspr. *BVerfG*, B. v. 28. 11. 1978, KirchE 17, 120 (121 f.); B. v. 30. 3. 1984, DÖV 1984, 974 (975); *OVG Münster*, U. v. 9. 2. 1978, KirchE 16, 318 (320).

70 Dies verkennt *H. Engelhardt*, AöR 86 (1961), S. 337, wenn er meint, es sei »eine Trennung aus grundsätzlichen Erwägungen nicht mehr geboten«.

71 So *U. Steiner*, JuS 1980, S. 344 f., wenn er darlegt, die rechtliche Verbindlichkeit einer kirchlichen Lehrzuchtentscheidung könne »nur innerkirchlich-originär begründet werden«; vgl. dort auch S. 346. Etwas vorsichtiger, aber in der Sache übereinstimmend, *H. Weber*, NJW 1980, S. 1043: Es erscheine »vertretbar, die Feststellung des Spruchkollegiums ... als ausschließlich innerkirchliche Maßnahme anzusehen«.

72 Diese Auswirkungen zieht allerdings das *BVerfG* in seinem – eine Lehrbeanstandungsentscheidung aus dem Bereich der VELKD betreffenden – B. v. 6. 4. 1979 (KirchE 17, 209 [210]) nicht einmal ansatzweise in Betracht.

73 Sachlich übereinstimmend § 21 Abs. 1 Satz 1 der vorhergehenden Fassung des Gesetzes.

74 Hervorhebung nicht im Gesetz.

75 § 16 Abs. 1 des Kirchengesetzes über das Verfahren bei Lehrbeanstandungen i. d. F. der Bekanntmachung v. 3. 1. 1983: »Kommt das Spruchkollegium aufgrund der mündlichen Verhandlung zu der Feststellung, daß der Betroffene öffentlich durch Wort oder Schrift in der Darbietung der christlichen Lehre oder in seinem gottesdienstlichen Handeln in entscheidenden Punkten in Widerspruch zum Bekenntnis der evangelisch-lutherischen Kirche getreten ist und daß er beharrlich daran festhält, so stellt es dies in einem Spruch fest ... «

deskirchen, welche der VELKD nicht angehören[76]. Es wird damit eine kraft Gesetzes eintretende *rechtsgestaltende* Wirkung der kirchlichen Lehrzuchtentscheidung für den Bereich subjektiver Dienstrechte des Betroffenen verfügt.

Der zu den genuin »eigenen« kirchlichen Angelegenheiten zählende Spruch über die Einhaltung der Grenzen auftragsgemäßer Lehre nach dem Maßstab der Heiligen Schrift und des Bekenntnisses entfaltet mithin unter bestimmten Voraussetzungen durchaus »unmittelbare Wirkungen« im staatlichen Rechtskreis[77] – nicht anders, als dies bei Maßnahmen kirchlicher Amtszucht der Fall sein wird. An dieser Sachlage ändert sich dem Grunde nach auch dann nichts, wenn die dienstrechtlichen Konsequenzen eines den Vorwurf der Irrlehre bestätigenden Spruches, wie in den zitierten Ordnungen über das Verfahren bei Lehrbeanstandungen teilweise vorgesehen[78], durch die kirchliche Verwaltung *festzustellen* sind. Denn diese Feststellung ist nach den maßgebenden Normen, was ihre Bedeutung für den Eintritt der fraglichen »unmittelbaren Wirkungen im staatlichen Rechtsbereich« angeht, lediglich von deklaratorischer, nicht aber von konstitutiver Qualität[79].

Beide Ausprägungen kirchlicher Ämterhoheit, die offensichtlich »rein

---

76 Etwa § 36 Abs. 1 des Kirchl. Gesetzes – Ordnung für Lehrverfahren – v. 19. 10. 1976 (KGVBl. S. 131) [Evang. Landeskirche in Baden]: »Mit der Rechtskraft der Feststellung ... verliert der Betroffene die in der Ordination begründeten Rechte und endet das Dienstverhältnis. Alle kirchlichen Beauftragungen erlöschen. Die bisherigen Bezüge verbleiben dem Betroffenen bis zum Ablauf des zweiten Monats, der auf den Eintritt der Rechtskraft folgt.« – § 12 Abs. 1 der Lehrzuchtordnung der Evang. Landeskirche in Württemberg v. 10. 4. 1959 i. d. F. des kirchl. G. v. 10. 7. 1971 (ABl. Bd. 44 S. 411): »Trifft das Spruchkollegium die Feststellung ..., so verliert der Betroffene die Rechte, die ihm deshalb zustehen, weil er bisher oder früher ein kirchliches Amt bekleidet hat. Handelt es sich um einen Pfarrer, so verliert er auch die durch die Ordination vermittelten Rechte.« – § 29 Abs. 1 der Ordnung des Verfahrens bei der Beanstandung ordinierter Diener am Wort (Lehrbeanstandungsordnung) v. 27. 6./10. 7. 1963 (KABl. S. 471) [Evang. Kirche von Westfalen]: »Hat die Spruchkammer eine Feststellung ... getroffen, so verliert der Betroffene mit dem Tage der Zustellung des Spruches die in der Ordination begründeten Rechte und scheidet aus dem Dienst der Kirche aus. Die bisherigen Bezüge verbleiben dem Betroffenen bis zum Ablauf des zweiten Monats, der auf die Zustellung des Spruches folgt.«

77 Das räumt auch *U. Steiner*, JuS 1980, S. 345, ein – ausdrücklich ohne seine Bewertung von kirchl. Lehrzuchtentscheidungen als »innerkirchlich-originär« (vgl. oben S. 134 Anm. 71) deshalb in Frage zu stellen. Damit dürfte aber die Konsistenz des in der bisherigen Diskussion in den Vordergrund geschobenen Differenzierungskriteriums der »unmittelbaren Wirkungen im staatlichen Rechtsbereich« von einem profilierten Vertreter eben dieser Auffassung selbst relativiert werden.

78 Etwa in § 36 Abs. 2 der Ordnung für das Lehrverfahren der Evang. Landeskirche in Baden oder in § 29 Abs. 2 der Lehrbeanstandungsordnung der Evang. Kirche von Westfalen, jeweils in den soeben in Anm. 76 zitierten Fassungen.

79 Der insoweit nicht ohne weiteres eindeutige Satz 2 des § 21 Abs. 1 der früheren Fassung des Kirchengesetzes der VELKD über das Verfahren bei Lehrbeanstandungen v. 16. 6. 1956 (»Die hierzu erforderlichen Anordnungen trifft die Kirchenleitung.«) findet sich in § 19 Abs. 1 der jetzt geltenden Fassung nicht mehr. Ob unter der früheren Gesetzeslage die von *H. Weber*, NJW 1980, S. 1043, vertretene Interpretation, »daß dienstrechtliche Folgerungen sich aus der Feststellung selbst noch nicht ergeben, vielmehr in jedem einzelnen Fall besonderer Anordnung der

kirchliche« Handhabung der *Lehrzucht* einerseits und die Wahrung der *Amtszucht* andererseits, sind somit nach Maßgabe ihrer Konsequenzen nur scheinbar jeweils bestimmten Sphären im Verhältnis von Staat und Kirchen zuzuordnen. Eine Abschichtung der Rechtsschutzfrage nach dem mit »unmittelbaren Wirkungen im staatlichen Rechtsbereich« verquickten Maßstab der Ausübung »öffentlicher Gewalt« jedenfalls muß fragwürdige Resultate zeitigen. Nur eine für sämtliche einschlägigen Maßnahmen der Kirchen bzw. Religionsgemeinschaften einheitliche Entscheidung der Kompetenzfrage wird der Realität gerecht und führt damit auch zu einer verfassungsrechtlich angemessenen Berücksichtigung der Interessenlage aller Beteiligten.

c) Die Reichweite staatlichen Rechtsschutzes

Eine Differenzierung zwischen amts- und dienstrechtlichen Maßnahmen führt nach alledem für die Frage der Anwendbarkeit des Tatbestandsmerkmals »öffentliche Gewalt« im Sinne des Art. 19 Abs. 4 GG (und ebenso des § 90 Abs. 1 BVerfGG) nicht weiter. Doch sei zur Vermeidung von Mißverständnissen darauf hingewiesen, daß eine Unterscheidung beider Aspekte kirchlichen Dienstes für die Reichweite staatlicher Rechtsschutzgewährung durchaus von Belang sein kann[80]. Denn amts- und dienstrechtliche Maßnahmen können sich je nach Lage des Falles von unterschiedlicher Brisanz und Relevanz für die betreffende Kirche oder Religionsgemeinschaft bzw. für den beteiligten Bediensteten darstellen.

Plakativ ausgedrückt: Es wird für die Kirche ihrem religiösen Selbstverständnis nach unerträglicher sein, die *Amtsenthebung* eines Pfarrers wegen der Verbreitung von Irrlehren gerichtlich in Frage gestellt zu sehen, als die gebotenen finanziellen Konsequenzen aus den von dem Betroffenen erworbenen *Besoldungs- bzw. Versorgungsansprüchen* ziehen zu müssen. Andererseits kann der einzelne Bedienstete von einer kirchlich verfügten Amtsenthebung persönlich nachhaltig betroffen sein; wesentlich schwerer noch aber vermag ihn und gegebenenfalls seine Familie der Verlust der erworbenen Dienstrechte existentiell zu treffen. Nach der Interessenlage ist insoweit zwischen den amts- und dienstrechtlichen Aspekten eines Streitfalles zu differenzieren. Doch entfaltet diese Abschichtung keine Relevanz auf der Kompetenz- (Zulässigkeits-)Ebene einschlägiger Rechtsschutzbegehren, sondern im Rahmen der Prüfungs- und Entscheidungsbefugnisse staatlicher Gerichte in Kirchensachen – also auf der Ebene der Begründetheit.

Kirchenleitung bedürfen (und damit erst diese Anordnungen in den weltlichen Status des Betroffenen eingreifen)«, der ratio legis entsprach, mag deshalb gegenwärtig dahinstehen.

[80] Dazu bereits *K.-H. Kästner*, Die Verwaltung 10 (1977), S. 78f.; *ders.*, JöR NF 27 (1978), S. 272.

7. Kirchliches Dienstrecht und Anwendungsbereich des Art. 19 Abs. 4 GG

Auch dienstrechtliche Maßnahmen von Kirchen oder Religionsgemeinschaften im Rahmen »öffentlich-rechtlicher« Dienstverhältnisse unterfallen hiernach nicht der Gerichtsschutzgarantie des Art. 19 Abs. 4 GG. Die Frage nach der Anwendbarkeit dieser Verfassungsnorm auf *vermögensrechtliche Ansprüche* von Kirchenbeamten ist vom Bundesverwaltungsgericht als »höchstrichterlich noch nicht hinreichend geklärt« bezeichnet[81] und im Anschluß hieran auch vom Bundesverfassungsgericht ausdrücklich offengelassen worden[82]. Sie ist nach dem Gesagten zu verneinen[83].

Daraus darf dann allerdings nicht ohne weiteres die Folgerung abgeleitet werden, daß insoweit staatlicher Gerichtsschutz endgültig zu versagen sei. Vielmehr muß sich alsbald die Frage nach sonstigen Grundlagen rechtsstaatlicher Judikatur in Kirchensachen anschließen[84]. Vor allem darauf, daß diese Frage unterlassen wurde, dürfte die in der bisherigen Praxis deutliche fragwürdige Tendenz zur Rechtsschutzverweigerung in Streitigkeiten aus dem kirchlichen Dienst zurückzuführen sein – und weniger auf eine »unkritische Einordnung des kirchlichen Beamtenrechts in den Bereich innerkirchlicher Angelegenheiten«[85]. Verkürzt man nicht vorschnell die Betrachtungsebene, lassen sich durchaus auch von der Bejahung weitgehender kirchlicher Eigenrechtsmacht her (und ohne einen Rückgriff auf fragwürdige Behelfe wie eine *analoge Anwendung* des Art. 19 Abs. 4 GG[86]) Resultate erzielen, die den Erfordernissen des sozialen Rechtsstaats gleichermaßen Genüge leisten wie dem Freiheitsanspruch der Kirchen und Religionsgemeinschaften.

8. Verfassungsbeschwerden

Da amtsrechtliche und gleichermaßen dienstrechtliche Maßnahmen von Kirchen und Religionsgemeinschaften nach alledem nicht als Ausübung »öffentlicher Gewalt« zu qualifizieren sind, ist nach Maßgabe von § 90 Abs. 1

---

81 *BVerwG*, U. v. 15. 12. 1967, BVerwGE 28, 345 (348). Ausdrücklich offengelassen vom BVerwG dann auch durch U. v. 25. 10. 1968, BVerwGE 30, 326 (327); U. v. 25. 11. 1982, BVerwGE 66, 241 (249 f.); U. v. 25. 11. 1982, NJW 1983, 2582 (2583).

82 *BVerfG*, B. v. 1. 6. 1983, NJW 1983, 2569; B. v. 5. 7. 1983, NJW 1983, 2569 (2570); B. v. 30. 3. 1984, DÖV 1984, 974 (975).

83 So im Ergebnis (freilich mit anderem dogmatischem Ansatz) auch *J. Listl*, Das Grundrecht der Religionsfreiheit, 1971, S. 417; *ders.*, DÖV 1984, S. 588 [Anm.]; *ders.*, DÖV 1989, S. 415, 416. Anders konsequenterweise *H. Weber*, NJW 1989, S. 2225, 2227.

84 Das betont für den Fall, daß Art. 19 Abs. 4 GG ausgeschlossen wird, zu Recht auch *H. Weber*, NJW 1967, S. 1642, 1643; *ders.*, NJW 1989, S. 2219.

85 *H. Weber*, NJW 1967, S. 1645.

86 So *VGH Mannheim*, U. v. 20. 5. 1980, KirchE 18, 165 (172, 173 f., 178).

BVerfGG *unmittelbar gegen sie* auch eine Verfassungsbeschwerde zum Bundesverfassungsgericht nicht statthaft[87]. Gegen diesbezügliche Entscheidungen *staatlicher Gerichte* freilich kann selbstverständlich nach Maßgabe der allgemeinen Zulässigkeitskriterien Verfassungsbeschwerde erhoben werden – mag geltend gemacht werden, daß sich das Gericht zu Unrecht für unzuständig erklärt oder daß es anderweitig im Rahmen einer prozeßrechtlichen Entscheidung gegen Grundrechte verstoßen habe, mag auch gerügt werden, daß in der Sachentscheidung gegen verfassungsbeschwerdefähige Rechte verstoßen worden sei.

In letztgenannter Hinsicht werden sich die Erfolgsaussichten einer Verfassungsbeschwerde dann allerdings vielfach in Grenzen halten. Denn Kirchen und Religionsgemeinschaften unterliegen grundsätzlich keiner stärkeren Grundrechtsbindung[88], als diese für andere Rechtssubjekte gegeben ist, welche nicht zum Kreis der Träger öffentlicher Gewalt im Sinne des geltenden Verfassungsrechts zählen. Dies gilt auch dort, wo religiöse Verbände als Körperschaften des öffentlichen Rechts eigene Angelegenheiten (und mithin auch Fragen kirchlichen Dienstes) »öffentlich-rechtlich« regeln.

---

[87] Dem *Ergebnis* nach verdient die einschlägige st. Rspr. des *BVerfG* deshalb Zustimmung: B. v. 28. 11. 1978, KirchE 17, 120; B. v. 6. 4. 1979, KirchE 17, 209; B. v. 30. 3. 1984, DÖV 1984, 974 (dazu auch *R. Zuck*, Das Recht der Verfassungsbeschwerde, 2. Aufl. 1988, Rdnr. 425). – Für eine *analoge Anwendbarkeit* des § 90 Abs. 1 BVerfGG hingegen *VGH Mannheim*, U. v. 20. 5. 1980, KirchE 18, 165 (178), der insoweit sein Plädoyer für eine Analogie aus Art. 19 Abs. 4 GG (oben Anm. 86) durchaus konsequent – freilich in der Sache deshalb nicht überzeugender – fortführt.

[88] Zur Problematik *K.-H. Kästner*, JuS 1977, S. 715 ff. m. w. N.

Zehntes Kapitel

Kirchen und Religionsgemeinschaften unter der staatlichen Justizhoheit

I. Grundsatz und Ausnahme in der Kompetenzproblematik

1. Staatliche Gerichtsschutzgewährung als Grundprinzip

Umfassender Rechtsschutz durch *staatliche* Gerichte in allen Bereichen der Rechtsordnung stellt, wie im achten Kapitel erörtert, den »Normalfall« dar; er findet seine verfassungsrechtliche Grundlage unmittelbar in der Rechtswahrungsaufgabe und auch der sozialen Schutzverpflichtung des sozialen Rechtsstaats und hat in Art. 92 GG eine normative Verfestigung erfahren[1]. In seiner konkreten Realisierung und praktischen Ausprägung kann das Rechtsschutzprinzip dann freilich je nach den Gegebenheiten des einzelnen Sachbereichs der Ausgestaltung und gegebenenfalls auch Einschränkung zugänglich sein. Doch bedürfen solche Modifikationen ihrerseits einer eindeutigen rechtlichen Grundlage. Der soziale Rechtsstaat darf sich seiner ihm wesensgemäßen Befugnis und Verpflichtung zur Gewährleistung effektiver Rechtspflege allenfalls nach Maßgabe seiner verfassungsmäßigen Rechtsordnung enthoben sehen. Nur in diesem Rahmen können individuelle Auffassungen Beteiligter über »justizfreie Bereiche« bzw. kann ein diesbezüglicher »Justizverzicht« des Staates für die Reichweite staatlicher Justizgewährung von Belang sein.

Eine den Verfassungsprinzipien des sozialen Rechtsstaats verpflichtete Betrachtung von Rechtsschutzfragen muß deshalb zunächst am *Grundprin-*

---

[1] Auf Art. 92 GG als normativen Ausdruck des rechtsstaatl. Justizanspruchs haben im Rahmen der staatskirchenrechtl. Rechtsschutzdiskussion auch hingewiesen *U. Scheuner*, DÖV 1967, S. 591; *ders.*, VVDStRL 26 (1968), S. 141 f. (Aussprache); *H. Quaritsch*, ibd. S. 143; *A. Hollerbach*, ibd. S. 143; *A. v. Campenhausen*, FS E. Ruppel, 1968, S. 267 mit FN 35; *ders.*, Staatskirchenrecht, 2. Aufl. 1983, S. 202; *ders.*, AöR 112 (1987), S. 627 mit FN 13; *J. Jurina*, Der Rechtsstatus der Kirchen und Religionsgemeinschaften, 1972, S. 142, 144, 148; *Chr. Link*, Neuere Entwicklungen und Probleme (1973), S. 37.

zip ansetzen[2], soll die fundamentale innere Verknüpfung von Rechtsstaats- und Rechtsschutzgarantie nicht vorschnell relativiert werden. Leider hat die Diskussion der staatskirchenrechtlichen Rechtsschutzproblematik diesen Grundsatz vielfach nicht beherzigt, sondern den umgekehrten Weg eingeschlagen: Die Rechtsschutzfrage wurde in Angriff genommen mit der Suche nach einer positivrechtlich verankerten speziellen Eröffnung staatlicher Gerichtszuständigkeit gegenüber den Kirchen (bzw. Religionsgemeinschaften) in deren »eigenen Angelegenheiten«[3].

2. *Religiöses Selbstbestimmungsrecht und sonstige Freiheitsgewährleistungen*

Gesichtspunkte, die für die Kompetenz staatlicher Gerichte von Belang sind, ergeben sich regelmäßig nicht pauschal und kategorisch aus bestimmten Prinzipien, beispielsweise aus einem Grundsatz »der Autonomie«[4], »der Selbstbestimmung« usw. Denn diese Grundsätze sind in ihrer Ausformung unter dem Grundgesetz ihrerseits von der rechtsstaatlichen Verfassungsordnung aufgenommen. Sie wirken also nicht als quasi externe Faktoren verdrängend auf diese ein. Vielmehr weisen sie entsprechend ihrem spezifischen Wirkungsgebiet eine jeweils eigene Charakteristik und eine spezielle Tragweite auf; deren Relevanz für das Problem staatlicher Rechtsprechungskompetenz kann folglich auch nur im Zugriff auf die Besonderheiten des konkreten Sachgebiets zutreffend erfaßt werden. Das kommunale Selbstverwaltungsrecht, die Freiheit der politischen Parteien, die Vereinsautonomie, die Tarifautonomie der Sozialpartner und das religionsrechtliche Selbstbestimmungsrecht – um einige wichtige Beispiele zu nennen – weisen in der Statuierung bestimmter Freiheits- und Entfaltungsgarantien eine *äußerliche* Verwandtschaft auf. Sie sind innerlich aber nach historischer Entwicklung, grundsätzlicher Relation zur staatlichen Gewalt und materieller Reichweite

2 Darauf verweist auch *U. Scheuner*, VVDStRL 26 (1968), S. 141 f. (Aussprache), im Blick auf die Betrachtung des Rechtsschutzes kirchl. Bediensteter.

3 Deutlich formuliert wird dieses dogmatische Vor- (bzw. Miß-)verständnis in einer Urteilsbegründung des *VGH Mannheim*: »Es bestehen keine positiv-rechtlichen Vorschriften, die für Streitigkeiten des kirchlichen Verwaltungsrechts und insbesondere für Streitigkeiten auf dem Gebiet des öffentlich-rechtlichen kirchlichen Dienstrechts den Rechtsweg zu den staatlichen Verwaltungsgerichten ausdrücklich und besonders begründen.« (*VGH Mannheim*, U. v. 20. 5. 1980, KirchE 18, 165 [167f.]). Es liegt ferner der (angesichts der Fragestellung und der in ihr verdeutlichten Betrachtung von Grundsatz und Ausnahme) problematischen Projektion der staatskirchenrechtl. Rechtsschutzfrage auf Art. 6 Abs. 1 der Konvention zum Schutze der Menschenrechte und Grundfreiheiten v. 4. 11. 1950 [BGBl. 1952 II, S. 685, 953] zugrunde, wie sie im U. des *BVerwG* v. 25. 11. 1982 (BVerwGE 66, 241 [245 f.]) vorgenommen wird.

4 So aber die Tendenz bei *K. Merkel*, Verfassungsrechtl. Aspekte der privaten Strafgewalt, 1974, S. 192 ff.

deutlich unterschieden; deshalb verbietet sich eine pauschale Ableitung von Schlußfolgerungen im Blick auf die gerichtliche Prüfungskompetenz und -reichweite[5]. Zu Recht ist gerade im Zusammenhang der staatskirchenrechtlichen Rechtsschutzdiskussion darauf hingewiesen worden, daß jedenfalls in anderen Bereichen autonomer Verbandsgestaltung das grundsätzlich bestehende staatliche Rechtsprechungsmonopol seit jeher anerkannt ist[6].

Der säkulare Rechtsstaat »verleiht« den Kirchen und Religionsgemeinschaften nicht einen Status freier Selbstbestimmung, wie dies in den Fällen staatsabgeleiteter *Autonomie* dem Grunde nach der Fall ist. Vielmehr erkennt er die originäre Eigengewalt der religiösen Verbände an, die er, was deren eigene Aufgaben betrifft, *vorfindet*, nicht jedoch *überträgt*. Dies folgt zwangsläufig aus der für die weltliche Staatsgewalt gegebenen Unverfügbarkeit und Unerbringbarkeit der religiösen Aufgaben[7], welcher der moderne Rechtsstaat verfassungsrechtlich Rechnung zu tragen hat. Im historischen Prozeß der Säkularisierung mußte diese Sachlage zu einer zunehmenden rechtlichen Ablösung der Kirchen vom Staat führen, wie sie im Falle anderer – mit Autonomie begabter – Verbände in dieser ausgeprägten Form gerade nicht festgestellt werden kann[8]. Die geltende Religionsverfassung würde hiernach in ihrem Zentrum verfehlt, wollte man den »spezifischen staatskirchenrechtlichen Rechtsstand«[9] des Selbstbestimmungsrechts der Kirchen und Religionsgemeinschaften ohne weiteres mit anderen Freiheitsgewährleistungen gleichsetzen[10].

---

5 Im einzelnen sind die einschlägigen Rechtsschutzprobleme differenziert zu betrachten – ohne freilich die durchgängige Grundsatzproblematik des Prinzips »Justizfreiheit« einzelner Sachgebiete zu verkennen. Vgl. (zu Gewerkschaftsausschlüssen und ihrer Gerichtsüberprüfung) *W. Zöllner*, Zur Frage des Gewerkschaftsausschlusses wegen gewerkschaftsschädigender Kandidatur bei Betriebsratswahlen, 1983, S. 30ff. m. w. N.; (zu Parteiausschlüssen) *H. Schiedermair*, AöR 104 (1979), S. 200ff. m. w. N.; (zu Vereinsstrafen und -entscheidungen) *K. Vieweg*, JZ 1984, S. 167ff. m. w. N.

6 *Chr. Link*, Neuere Entwicklungen und Probleme (1973), S. 35.

7 Gerade dieses Verhältnis prinzipieller Fremdheit des säkularstaatl. Aufgabenkreises einerseits und der relig. Aufgabenstellung andererseits, wie es den Prozeß der Säkularisierung materiell motiviert und inhaltlich bestimmt hat, begründet die spezifische Qualität des relig. Selbstbestimmungsrechts im Vergleich zu anderen Freiheitsgewährleistungen der geltenden Verfassungs- und Rechtsordnung. Hierzu *M. Heckel*, ZRG Kan. Abt. LXVI (1980), S. 127ff.; *ders.*, Das Säkularisierungsproblem in der Entwicklung des dt. Staatskirchenrechts (1984), S. 70ff.; *U. Scheuner*, HdbStKirchR I, S. 9f.; *A. Pahlke*, Kirche und Koalitionsrecht, 1983, S. 72f.

8 Auf die Gegenläufigkeit der staatskirchenrechtl. Entwicklung zu derjenigen im kommunalen Bereich, wo eine Tendenz zur zunehmenden *Inkorporierung* der Kommunalverbände in den staatl. Aufgaben- und Funktionsbereich zu beobachten ist, weist zu Recht *G. Dürig*, M-D (Erstbearb. 1959), Rdnr. 39 zu Art. 19 Abs. 3 [ebenso Rdnr. 41 in der Bearb. Mai 1977], hin.

9 *A. Hollerbach*, VVDStRL 26 (1968), S. 87.

10 Zutreffend *K. Hesse*, Rechtsschutz durch staatl. Gerichte im kirchl. Bereich, 1956, S. 78, freilich vom koordinationsrechtl. Standpunkt aus. Vgl. im übrigen *R. Richardi*, Kollektivgewalt

Auf das Kompetenzproblem bezogen heißt dies, daß in seinem Kontext argumentative Bezugnahmen auf »benachbarte« Freiheitsgarantien allenfalls unter deutlicher Bewußtmachung ihrer begrenzten Aussagekraft angezeigt sein dürften. Ausblicke solcher Art, wie sie beispielsweise für das Verhältnis der *Vereinsautonomie* bzw. vereinsinterner Rechtsbehelfe zur staatlichen Jurisdiktion[11] vorgenommen worden sind[12], vermögen freilich allgemeine Grunderkenntnisse der verbandsrechtlichen Einordnung von Kirchen und Religionsgemeinschaften in das staatliche Rechtssystem zu erhellen. Zu Recht hat man darauf hingewiesen, daß die Kirchen und Religionsgemeinschaften prinzipiell beanspruchen können, jedenfalls nicht schlechter behandelt zu werden als andere Verbände[13] – wie auch umgekehrt das staatskirchenrechtliche Ordnungsgefüge, was manche seiner Strukturprinzipien angeht, in seiner paradigmatischen Bedeutung für einen adäquaten Status der Verbände im freiheitlichen pluralistischen Gemeinwesen nicht unterschätzt werden darf[14].

Im einzelnen mag die Diskussion über die Reichweite des »Verbands«-Charakters der Kirchen[15] im vorliegenden Rahmen auf sich beruhen. Faktisch jedenfalls kann nicht geleugnet werden, daß die Kirchen in der Öffentlichkeit neben anderen gesellschaftlich relevanten Verbänden wirken und daß sich insoweit in bezug auf die Freiheit der Entfaltung, auf staatliche Förderung und verwandte Fragen, auch bezüglich des Problems staatlicher (Rechtsprechungs-)Ingerenz, Parallelprobleme stellen. Doch muß Klarheit darüber bestehen, daß die religiösen Verbände von der Verfassung ausdrücklich gerade in ihrer Eigenart aufgenommen[16] und einer spezifischen rechtlichen Ausgestaltung unterstellt sind; diese Sach- und Rechtslage darf durch

---

und Individualwille, 1968, S. 68f.; *R. Scholz*, Koalitionsfreiheit als Verfassungsproblem, 1971, S. 169f.; *K. Hesse*, HdbStKirchR I, S. 409 FN 1; *A. Pahlke*, Kirche und Koalitionsrecht, 1983, S. 72.

[11] Überblick über die Problematik bei *K. Vieweg*, JZ 1984, S. 167ff. m. w. N.

[12] *A. v. Campenhausen*, Staatskirchenrecht, 2. Aufl. 1983, S. 212ff.

[13] So dem Grunde nach bereits *G. J. Ebers*, Staat und Kirche im neuen Deutschland, 1930, S. 293, 298f. Im übrigen *W. Kewenig*, Essener Gespräche 6 (1972), S. 28; *A. v. Campenhausen*, Staatskirchenrecht, 2. Aufl. 1983, S. 212f.

[14] *K. G. Meyer-Teschendorf*, Staat und Kirche im pluralistischen Gemeinwesen, 1979, passim, insbes. S. 119ff. zum Korporationsstatus; *ders.*, AöR 103 (1978), S. 289ff. – Kritisch *G. Schmidt-Eichstaedt*, Der Staat 21 (1982), S. 423ff.

[15] Eingehend hierzu *K. G. Meyer-Teschendorf*, Staat und Kirche im pluralistischen Gemeinwesen, 1979, S. 53ff.

[16] Darauf, es sei »die Kenntnis von der Eigenart der Kirchen ... die Grundlage, auf der allein die Aufgaben des Staatskirchenrechts gelöst werden können«, weist zutreffend *M. Heckel*, VVDStRL 26 (1968), S. 21, hin.

Querverbindungen und Erwägungen allgemein vereins- bzw. verbänderechtlicher Natur nicht relativiert werden[17].

Ausschließlich die *Religionsverfassung* selbst vermag deshalb letztlich zur Klärung der Frage beizutragen, welche Dimension der Freiheitsraum der Kirchen und Religionsgemeinschaften in der Verfassungsordnung des Grundgesetzes aufweist – im vorliegenden Zusammenhang also: wie das Verhältnis zwischen allgemeiner staatlicher Justizhoheit und -verpflichtung einerseits und religiösem Freiheitsanspruch andererseits zu beurteilen ist.

II. Religiöse Freiheitsgarantie und staatliche Justizhoheit

1. Staatliche Justizhoheit und originäre Gewalt der Kirchen und Religionsgemeinschaften

a) Die »Einigungstheorie«

Auf dem Boden der erwähnten[18] Koordinationsrechtslehre, welche seit den 50er Jahren die Beantwortung der Rechtsschutzfrage in der wissenschaftlichen Diskussion und insbesondere nachhaltig in der Rechtspraxis geprägt hat, schien allerdings die Erstreckung des skizzierten »rechtsstaatlichen Normalfalles« auf den Bereich der geltenden Staatskirchenverfassung prinzipiell ausgeschlossen zu sein. Diese Lehre ging davon aus, daß sich unter dem Grundgesetz Staat und Kirchen als gleichrangige Mächte gegenüberstünden, zwischen denen nicht mehr der einseitige Souveränitätsanspruch der staatlichen Gewalt, sondern allenfalls vertragliche Einigungen als Grundlage autoritativer staatlicher Konfliktentscheidungskompetenzen in Kirchensachen in Betracht kämen. Aus dieser Perspektive kehrte sich die Problematik in der Tat um: Es war nicht mehr zu begründen, ob und warum eine staatsgerichtliche Kompetenz (ausnahmsweise) *nicht* bestand, sondern vielmehr zu klären, aus welchem Titel der Staat im Einzelfall seine Befugnis zur Judikatur *positiv* herzuleiten vermochte.

---

[17] Dieser spezifische (religions)verfassungsrechtl. Befund wird zumindest terminologisch verdeckt, wenn *P. Schlosser*, Vereins- und Verbandsgerichtsbarkeit, 1972, S. 136, von – wenn auch rechtlich besonders qualifizierter – »Vereinsgerichtsbarkeit bei religiösen Vereinigungen« spricht und bereits vorher (aaO. S. 135) mit dem relig. Selbstbestimmungsrecht eine eigenständige »Vereinsnormgebung« und »Vereinsrechtsprechung« in Zusammenhang bringt; aufgenommen wird diese Terminologie von *R. Stober*, NJW 1979, S. 2007. Auch dann, wenn sich (wie im Fall *LG Kassel*, U. v. 7. 1. 1983, ZevKR 31 [1986], 362, wo das Gericht [S. 367] von »irgendwelchen vereinsinternen Gerichten der Kl.« spricht) eine relig. Gemeinschaft als e. V. konstituiert hat, sollte diese Ausdrucksweise vermieden werden, um der Gefahr staatskirchenrechtlicher Mißverständnisse und Verkürzungen zu entgehen.

[18] Vgl. S. 76ff.

Dem trug die »Einigungstheorie« Rechnung, die anhand von Streitigkeiten aus dem kirchlichen Dienstrecht entwickelt und dezidiert vor allem vom Bundesgerichtshof[19] und vom Bundesverwaltungsgericht[20], aber auch von anderen Gerichten[21] seit Jahren der Rechtsprechung in Kirchensachen zugrundegelegt worden ist. Seit den 50er Jahren hat sie auch in der wissenschaftlichen Literatur Terrain gewonnen[22]. Danach sollte sich die reguläre Zuständigkeit staatlicher Gerichte zur Entscheidung in Angelegenheiten der Kirchen nicht mehr aus der allgemeinen Justizhoheit ableiten; sie sollte vielmehr auf einer – im Einzelfall jeweils zu ermittelnden – ausdrücklichen oder konkludenten *Einigung* zwischen dem Staat und der betreffenden Kirche über die Entscheidungskompetenz staatlicher Gerichte beruhen.

Diese Auffassung fußte auf der Prämisse, daß im Zeitalter einer »loyalen Partnerschaft« zwischen Staat und Kirchen, die sich dyarchisch gegenüberstünden, die staatliche Rechtshoheit über die Kirchen für den Bereich ihrer Angelegenheiten weggefallen sei[23]. Das staatliche Recht könne mithin

---

19 *BGH*, U. v. 18.2. 1954, BGHZ 12, 321 (325); U. v. 17.12. 1956, BGHZ 22, 383 (392); U. v. 16.3. 1961, BGHZ 34, 372 (374); U. v. 7.5. 1962, LM Nr. 7 zu § 40 VwGO; U. v. 19.9. 1966, BGHZ 46, 96 (99ff.); U. v. 28.9. 1967, KirchE 9, 233 (234f.).

20 *BVerwG*, U. v. 27.10. 1966, BVerwGE 25, 226 (231ff.); U. v. 15.12. 1967, BVerwGE 28, 345 (346, 348); U. v. 25.10. 1968, BVerwGE 30, 326 (327f.); U. v. 25.11. 1982, BVerwGE 66, 241 (247ff.).

21 Andeutungsweise *BVerfG*, B. v. 30.3. 1984, DÖV 1984, 974 (975); vgl. im übrigen *VG Frankfurt a. M.*, U. v. 22.3. 1967, KirchE 9, 76 (78); *OVG Lüneburg*, U. v. 5.9. 1967, KirchE 9, 223 (224f.); U. v. 30.1. 1969, KirchE 10, 276 (279); U. v. 26.3. 1969, KirchE 10, 357 (359f.); *VG Minden*, B. v. 26.3. 1970, KirchE 11, 173 (179f.); *KG Berlin*, B. v. 22.9. 1970, KirchE 11, 288 (302) [im Blick auf die Prüfungsbefugnis der staatl. Gerichte bezüglich kirchl. Rechts]; *VG Minden*, B. v. 7.12. 1976, KirchE 15, 442 (444); *OVG Münster*, U. v. 9.2. 1978, KirchE 16, 292 (306; die Anwendbarkeit der »Einigungstheorie« auf *vermögensrechtliche* Ansprüche wird offengelassen auf S. 309); (nicht eindeutig) *VGH Mannheim*, U. v. 20.5. 1980, KirchE 18, 165 (168); *OVG Lüneburg*, U. v. 23.4. 1985, ZevKR 31 (1986), 235 (236).

22 *K. Hesse*, Rechtsschutz durch staatl. Gerichte im kirchl. Bereich, 1956, S. 76f., 83f., 95f., 97; *M. Herr-Beck*, Die Frage nach der Zulässigkeit des staatl. Rechtsweges für Entscheidungen der Kirchenbehörden, 1958, S. 20f., 22, 24, 89; *H. Maurer*, JZ 1967, S. 408ff. [Anm.]; *G. Meier*, DVBl. 1967, S. 705f. mit FN 25, S. 707; auch in der Darstellung bei *K. Stern*, Verwaltungsprozessuale Probleme in der öff.-rechtl. Arbeit, 6. Aufl. 1987, S. 36, wird diese Auffassung noch deutlich.

23 *K. Hesse*, Rechtsschutz durch staatl. Gerichte im kirchl. Bereich, 1956, S. 72ff.; *G. Dürig*, M-D (Erstbearb. 1958), Rdnr. 20 zu Art. 19 Abs. 4; *H. Maurer*, Die Verwaltungsgerichtsbarkeit der evang. Kirche, 1958, S. 150ff., und *ders.*, DÖV 1960, S. 752 (stärker differenzierend jetzt *ders.*, FS Chr.-F. Menger, 1985, S. 289ff.); *R. Richardi*, Kollektivgewalt und Individualwille, 1968, S. 66, verneint für den »innerkirchlichen Bereich« die Unterstellung der Kirchen unter die staatl. Rechtsordnung; aus jüngerer Zeit noch auf dem Boden dieser Auffassung offenbar *R. Wassermann*, Kommentar zum GG, 1984, Rdnr. 45 zu Art. 19 Abs. 4 (»Bei den Eigenangelegenheiten der Kirche fehlt es an der Rechtshoheit des Staates ... Die nicht in den Staat inkorporierten, sondern neben ihm stehenden Kirchen mit eigenem Status haben einen eigenen Rechtsbereich, in dem sie für Rechtsschutz sorgen.«).

im kirchlichen Bereich keine Verbindlichkeit kraft einseitiger Setzung mehr beanspruchen[24]. Vielmehr obliege es der Kirche, *selbst* handelnd »die grundlegenden Prinzipien unserer Ordnung ... zu respektieren und nach Möglichkeit auch in ihrem Bereich zu realisieren«[25]. Der Staat könne den Kirchen für ihren Eigenbereich demgemäß seine Gerichtsbarkeit nicht mehr aufzwingen, sondern lediglich anbieten; in § 135 Satz 2 BRRG sei dies geschehen. Folglich hänge die Kompetenz staatlicher Gerichte in Kirchensachen dem Grunde nach davon ab, ob die betreffende Kirche von diesem Angebot Gebrauch gemacht habe oder nicht. Erst durch *kirchliche* Willensbekundung werde der staatliche Rechtsweg konstitutiv eröffnet. Die Gegenüberstellung von Staat und Kirchen als gleichrangige Hoheitssubjekte mündete in die Annahme der Konkurrenz zweier gegeneinander abzugrenzender *Rechtssysteme*[26] des staatlichen und des kirchlichen Bereichs. Dem korrespondierte die Präsumtion zweier von Rechts wegen ebenfalls gegeneinander abgeschotteter *Rechtsschutzsysteme*.

b) Koordination und Subordination in der Religionsverfassung

Durch die »Einigungstheorie« wurde in der Rechtsschutzfrage das allgemeine Postulat eines verfassungsrechtlich nicht nur angemessenen, sondern vielmehr von Rechts wegen gebotenen Vertragsstaatskirchenrechts[27] konkretisiert. Für weite Teile des materiellen Religionsrechts entsprach dies immerhin im Ansatz den politischen Verhältnissen[28], wie sie in den 50er

---

24 *H. Maurer*, Die Verwaltungsgerichtsbarkeit der evang. Kirche, 1958, S. 151 f.; *ders.*, DÖV 1960, S. 752; wohl auch noch, wenngleich nicht ganz eindeutig, *K. Hesse*, Partnerschaft zwischen Kirche und Staat? (1965), S. 134, wenn er davon spricht, es erwüchsen nach dem Fortfall der staatl. Kirchenhoheit Bindungen der Kirchen »heute nicht mehr aus formellen staatlichen Hoheitsbefugnissen, sondern nur noch aus vertraglicher Abrede, aus einseitiger, *von den Kirchen als verbindlich anerkannter* (!) staatlicher Rechtssetzung und dem ... ›für alle geltenden Gesetz‹« [Hervorhebung und Ausrufezeichen nicht im Original].

25 *H. Maurer*, Die Verwaltungsgerichtsbarkeit der evang. Kirche, 1958, S. 151.

26 Auf dieser Grundlage insbes. *D. Pirson*, Universalität und Partikularität der Kirche, 1965, S. 188 ff.; *ders.*, FS E. Ruppel, 1968, S. 277 ff.; weniger deutlich *ders.*, FS H. Liermann, 1964, S. 188, 192 f.

27 Dazu vor allem *S. Grundmann*, ÖAfKR 13 (1962), S. 288 ff., 294 ff.

28 Daß die Neuinterpretation der durch Art. 140 GG inkorporierten Artikel der WRV in der Tat weniger *rechtliche* als *politische* Wurzeln aufwies, hat ausdrücklich *S. Grundmann*, JZ 1966, S. 81 f., vermerkt. Hinreichend als Problem und Postulat verdeutlicht wurde das Erfordernis einer dezidierten Besinnung auf den »juristischen« Gehalt staatskirchenrechtlicher Befunde freilich erst im Zuge der in den 60er Jahren geführten Grundsatzdiskussion – von Seiten der »Bereichslehre« (programmatisch *H. Quaritsch* im Titel seines Besprechungsaufsatzes »Zurück zur juristischen Methode im Staatskirchenrecht«, NJW 1967, S. 764), aber durchaus auch auf dem Boden einer eher »traditionalistischen« Betrachtung: So durch *K. Hesse*, VVDStRL 26 (1968), S. 137 [Aussprache], wenn er gerade im Blick auf die Staatskirchenrechtslehre nach 1949 und unter Hinweis auf seinen eigenen früheren Standpunkt die »Gefahr« anspricht, »daß die

Jahren im Verhältnis von Staat und Kirchen tatsächlich zu beobachten waren. Denn den Kirchen war in der Nachkriegssituation bei der Erneuerung von Staat und Gesellschaft eine stabilisierende, wertgebende und integrierende Funktion zugefallen, die sich nicht in einer Einwirkung auf das öffentliche Bewußtsein im Sinne der »Wahrung und Festigung der religiösen und sittlichen Grundlagen des menschlichen Lebens«[29] erschöpfte. Die Kirchen traten vielmehr ganz konkret auf dem Feld der politischen Praxis in ein Verhältnis der Partnerschaft zum Staat[30]. Es äußerte sich in der inhaltlich prägenden Einflußnahme auf den Erlaß staatlicher Normen[31] und insbesondere darin, daß der Staat zunehmend dazu überging, über die vielfältig institutionalisierte Kooperation mit den Kirchen[32] hinaus Materien beiderseitigen Interesses statt durch einseitige Normsetzung im Wege staatskirchenvertraglicher Abmachung zu regeln[33].

Die gleichwertige Nebeneinandersetzung von Gesetz und Vertrag mochte in der Praxis allerdings von unterschiedlicher kirchenpolitischer Motivation bestimmt sein.

---

jeweilige staatskirchen*politische* Lage als staatskirchen*rechtliche* Lage angesehen« werde [Hervorhebungen im Original].

29 Art. 41 Abs. 1 Verf. Rh.-Pf. v. 18. 5. 1947; ähnlich Art. 4 Abs. 2 Verf. B.-W. v. 11. 11. 1953.

30 Zur Stellung der Kirchen in den Anfangsjahren der Bundesrepublik Deutschland im Kontext der geschichtlichen Situation sowie im Spannungsfeld theologischer und politischer Faktoren *H. Maier*, HdbStKirchR I, S. 88ff.; *ders.*, Geschichte in Wissenschaft und Unterricht 14 (1963), S. 752ff.; *ders.*, Staat und Kirche in Deutschland (1965), S. 120ff.; *P. Mikat*, Kirchen und Religionsgemeinschaften (1960), S. 136ff.; *ders.*, HdbStKirchR I, S. 134; *F. Spotts*, The Churches and Politics in Germany, 1973, S. 51ff.; *M. Greschat*, Kirche und Öffentlichkeit in der dt. Nachkriegszeit (1979).

31 So beruhte die Formulierung der Kirchenartikel der Bay. Verfassung v. 2. 12. 1946 auf einer Übereinkunft mit den Kirchen: *K. Hesse*, JöR NF 10 (1961), S. 15 FN 19, unter Verweis auf den Sten. Bericht über die Verhandlungen des Verfassungsausschusses, sowie *A. Hollerbach*, HdbStKirchR I, S. 234f. (zurückhaltender zu den Auswirkungen der kirchl. Einflußnahme *B. Beutler*, Das Staatsbild in den Länderverfassungen, 1973, S. 126, 127).

32 *G. D. Belemann*, Kirchl. Beteiligung an staatl. Einrichtungen, 1967; *P. v. Tiling*, Die Mitwirkung der Kirchen im staatl. Bereich, 1968; *ders.*, ZevKR 14 (1968/69), S. 238ff., 259ff.; *R. Albrecht*, Die Stellung der Kirchen und kirchl. Organisationen, 1971; *K. Hesse*, Partnerschaft zwischen Kirche und Staat? (1965), S. 138ff.; *W. Rüfner*, Militärseelsorge 14 (1972), S. 278ff.; *ders.*, HdbStKirchR II, S. 839ff.; *R. Wegener*, Staat und Verbände im Sachbereich Wohlfahrtspflege, 1978, insbes. S. 224ff. – Zu den Verbindungsstellen zwischen Staat und Kirchen *H. Kunst*, HdbStKirchR II, S. 273ff., sowie *W. Wöste*, ibd. S. 285ff.

33 Umfassende Textausgabe mit Materialien jetzt bei *J. Listl* (Hrsg.), Konkordate und Kirchenverträge, Bd. I und II, 1987. – Zur Entwicklung des Staatskirchenvertragsrechts *A. Hollerbach*, JöR NF 17 (1968), S. 117ff.; *ders.*, Hdb. des Staatsrechts, Bd. VI, 1989, S. 497ff. Rdnrn. 48ff.; *Chr. Link*, Neuere Entwicklungen und Probleme (1973), S. 38ff.; *K.-H. Kästner*, JöR NF 27 (1978), S. 261ff., 295f. – Zu den einschlägigen Grundfragen und Rechtsproblemen eingehend *A. Hollerbach*, Verträge zwischen Staat und Kirche, 1965, sowie *A. Albrecht*, Koordination von Staat und Kirche in der Demokratie, 1965 (vgl. zur staatskirchenrechtl. Gegenposition die Rezension beider Bücher durch *H. Quaritsch*, Der Staat 5 [1966], S. 451ff.); ferner *A. Hollerbach*, HdbStKirchR I, S. 267ff.; *ders.*, Hdb. des Staatsrechts, Bd. VI, 1989, S. 503ff. Rdnrn. 60ff.; *A. v. Campenhausen*, Staatskirchenrecht, 2. Aufl. 1983, S. 105ff.

Sie konnte durchaus auch Distanz zum Bereich des Religiösen widerspiegeln – wie beispielsweise Art. 50 Abs. 1 der Verfassung des Landes Hessen vom 1. Dezember 1946: »Es ist Aufgabe von Gesetz *oder* Vereinbarung, die staatlichen und kirchlichen Bereiche klar gegeneinander abzugrenzen«[34]. Im allgemeinen freilich dokumentierte sie ein dezidiert »vertragsgeneigtes« staatliches Selbstverständnis den Kirchen gegenüber[35].

Unter verfassungsrechtlichen Gesichtspunkten ist die Koordinationsrechtslehre in den vergangenen Jahrzehnten zu Recht grundsätzlicher Kritik unterzogen worden, die im vorliegenden Zusammenhang nicht erneut aufzunehmen[36], jedoch in ihrem für die staatskirchenrechtliche Rechtsschutzfrage wesentlichen Ergebnis zu registrieren ist. Dem Grunde nach wurde im dogmatischen Gewand dieser Lehre eine verfassungsrechtliche Überhöhung der religionspolitischen Realität der 50er Jahre vorgenommen, die nicht zuletzt aus der Sicht der Kirchen selbst durch einschlägige Grundauffassungen begünstigt worden war[37]. Demgegenüber hat sich gezeigt, daß die »reine« Koordinationsrechtsauffassung das rechtsstaatlich-freiheitliche Ordnungsmodell ebenso verfehlte wie andererseits unter umgekehrten Vorzeichen auch die Gegenposition eines *formellen* Souveränitätsbegriffs; denn die *Entgegensetzung* von Koordination und Subordination im Sinne einer strikten Alternativität entspricht nicht der Religionsverfassung des Grundgesetzes.

Der geltenden Verfassung geht es nicht mehr bzw. nicht primär um die Ausweitung oder Eingrenzung von »Herrschaft« des Säkularstaats über den Bereich des Religiösen. Vielmehr sucht sie nach einer auf der Gemeinwohlfunktion des Staates fundierten sachbezogenen Zuordnung von Staat und Kirchen bzw. Religionsgemeinschaften[38], welche die aus dem 19. Jahrhun-

[34] Hervorhebung nicht im Verfassungstext.

[35] Nicht zu Unrecht konnte *K. Hesse* unter dem Eindruck der bisherigen Staatskirchenrechtspraxis Mitte der 60er Jahre bemerken, es seien »nicht mehr die einseitige staatliche Rechtsetzung, sondern Vertrag und Vereinbarung ... die typischen Gestaltungsformen des heutigen Staatskirchenrechts« (*ders.*, Partnerschaft zwischen Kirche und Staat? [1965], S. 132).

[36] Zusammenfassend *K. G. Meyer-Teschendorf*, Staat und Kirche im pluralistischen Gemeinwesen, 1979, S. 3ff. m. w. N.; vgl. im übrigen zur wiss. Diskussion die Nachweise bei *K.-H. Kästner*, JöR NF 27 (1978), S. 270 FN 263.

[37] Insbes. die röm.-kath. Auffassung vom Wesen der Kirche als »societas perfecta« (in ihrer geschichtl. Dimension nunmehr eingehend dargestellt von *J. Listl*, Kirche und Staat in der neueren kath. Kirchenrechtswissenschaft, 1978, S. 104ff.; vgl. ferner *P. Mikat*, HdbStKirchR I, S. 160ff.) fand ihre staatsrechtl. Entsprechung in der Koordinationsrechtslehre; letztere kam freilich auch dem nach dem II. Weltkrieg gewandelten Selbstverständnis in Kreisen der evang. Kirchen gegenüber der »Öffentlichkeit« und dem Staat entgegen (dazu *H. Simon*, HdbStKirchR I, S. 197ff.; *M. Greschat*, Kirche und Öffentlichkeit in der dt. Nachkriegszeit [1979], S. 100ff.). Vgl. zum Grundsatzbefund auch *K. G. Meyer-Teschendorf*, Staat und Kirche im pluralistischen Gemeinwesen, 1979, S. 4f.

[38] *R. Smend*, ZevKR 1 (1951), S. 12f., wenn er hervorhebt, es könne »nur eine inhaltliche

dert überkommenen formal-etatistischen Instrumentarien institutioneller Eingriffszuständigkeiten und Kontrollmechanismen des Staatskirchenrechts überwindet. Konkretisiert wird dieses neue Zuordnungssystem durch eine Gemengelage sowohl subordinationsrechtlicher als auch koordinationsrechtlicher Aspekte[39], die sich nicht gegenseitig aufheben oder gegeneinander ausgespielt werden dürfen. So sorgt der säkulare Rechtsstaat gerade in der sachgerecht abgestuften Realisierung *beider* Prinzipien – der Subordination wie auch der Koordination – für eine angemessene Zuordnung der Aufgaben und Funktionen des Staates und der religiösen Verbände. Er schafft damit einen Status materieller Freiheit des Religiösen, ohne dieses aus den unverzichtbaren formellen und sachlichen Bindungen der staatlichen Ordnung zu verdrängen oder zu entlassen.

c) Rechtsschutzgewährung als staatliche Gemeinwohlfunktion

Auf die Frage, wer im Konfliktfall die erforderliche letztverbindliche Konkretisierung des religions(verfassungs)rechtlich »Richtigen« autoritativ vorzunehmen hat, kann deshalb heute die Antwort nicht mehr lauten: »Niemand«[40], wie man dies noch vor dem Hintergrund der überwundenen reinen Koordinationsrechtsauffassung vertreten mochte. Vielmehr läßt die geltende Justiz- und Religionsverfassung jedenfalls dem Ansatz nach nur eine Lösung zu: *Die Letztentscheidung erfolgt durch den Staat vermittels seiner unabhängigen und im Rahmen der Verfassung judizierenden Gerichte.* Diese eindeutig subordinationsrechtlich geprägte Beantwortung des Problems formeller Rechtsprechungskompetenz in Kirchensachen drängt sich unabweisbar auf, macht man Ernst mit der »Re-Sozialisierung«[41] der geltenden Staatskirchen-

Wesensbestimmung des Staats, die damit zugleich seine gerade der Kirche gegenüber selbstverständlich vorausgesetzte Selbstbegrenzung enthielte, ... der alten wie der heutigen grundsätzlichen Rechtslage der Kirche gegenüber dem Staat ihren rechtlichen Raum und ihre gesunde Grenze geben«; *K. Hesse*, ZevKR 6 (1957/58), S. 180f., gegen *Herbert Krüger* [ZevKR 6 (1957/58), S. 75f.]; *ders.*, HdbStKirchR I, S. 416f., 419ff.; *ders.*, Grundzüge des Verfassungsrechts, 15. Aufl. 1985, Rdnrn. 468f.; *A. Hollerbach*, Verträge zwischen Staat und Kirche, 1965, S. 120f.; *M. Heckel*, Staat – Kirche – Kunst, 1968, S. 252; *A. v. Campenhausen*, Staatskirchenrecht, 2. Aufl. 1983, S. 85ff.; *K.-H. Kästner*, Die Verwaltung 10 (1977), S. 74; *ders.*, JöR NF 27 (1978), S. 271, 273f.; *K. G. Meyer-Teschendorf*, Staat und Kirche im pluralistischen Gemeinwesen, 1979, S. 18f. Zusammengefaßt wird der Kern dieses Verständnisses verfassungsgemäßer staatlicher Gewalt vom *BVerfG* im B. v. 21. 9. 1976, BVerfGE 42, 312 (332): »Das Grundgesetz hat nicht eine virtuell allumfassende Staatsgewalt verfaßt, sondern den Zweck des Staates materialiter auf die Wahrung des Gemeinwohls beschränkt, in dessen Mitte Freiheit und soziale Gerechtigkeit stehen.«

39 *M. Heckel*, Staat – Kirche – Kunst, 1968, S. 254f.

40 *K. Hesse*, Rechtsschutz durch staatl. Gerichte im kirchl. Bereich, 1956, S. 76.

41 *R. Herzog*, JuS 1969, S. 400.

rechtsordnung im Sinne ihrer prinzipiellen Einbettung in das übrige vom Grundgesetz vorgegebene System der Zuordnung von Staat und Gesellschaft. Die tendenzielle Herausnahme des Staatskirchenrechts aus dem allgemeinen staatsrechtlichen Kontext[42], wie sie die frühere Koordinationsrechtslehre verkörperte, muß endgültig überwunden werden.

Bezogen auf die Kompetenzproblematik korrespondiert dies mit der Erkenntnis, daß es sich bei der letztverbindlichen Gewährung effektiven Rechtsschutzes im Wirkungsbereich religiöser Verbände nicht um eine *religiöse Eigenaufgabe* handelt; vielmehr geht es um eine ganz zentrale *Gemeinwohlfunktion des Verfassungsstaats*. Dieser Funktion konnte und wollte sich der Staat auch durch die Schaffung einer freiheitlichen Religionsverfassung nicht begeben. Denn er garantiert nicht nur zufolge seines säkularen Charakters und seines Freiheitsmodells die »staatsfreie« Selbstentfaltung des Religiösen, sondern er gewährleistet als sozialer Rechtsstaat auch *selbst* die Realisierung dieser Garantie – und zieht ihr die im Interesse angemessener Ordnung des Gemeinwesens erforderlichen Grenzen.

Es ist, wie gesagt, davon auszugehen, daß sich unter dem Grundgesetz (nicht nur im Blick auf das Staatskirchenrecht) staatliche Souveränität nach Maßgabe der Verfassung sachbezogen[43] konkretisiert[44]. In der Konsequenz dieser Erkenntnis liegt es, daß der freiheitliche Säkularstaat sich einerseits im Rahmen der Artt. 140 GG/137 Abs. 3 WRV auf seine von der Sache her vorgegebenen Grenzen beschränkt und auf eine materielle hoheitliche Ingerenz in den ihm fremden religiösen Eigenbereich verzichtet, indem er die kirchliche Eigengewalt als originär und dem Staate vorgegeben anerkennt. Doch hat er andererseits *seine* eigenen Schutz- und Ordnungsaufgaben ungeschmälert zu erfüllen. Mehr noch: Da der Staat als Garant des inneren Rechtsfriedens eine materiell rechtsstaatliche Ordnung gewährleisten muß, tritt die *Staatsbezogenheit* des der Judikative anvertrauten Wächter- und Entscheidungsamtes auch in Kirchensachen besonders deutlich hervor. Diese genuin staatliche Rechtsprechungsfunktion überwölbt auch die Garantie religiöser Selbstbestimmung. Sie gehört nicht zum Aufgaben- und Zuständigkeitsbereich der betroffenen religiösen Verbände und steht folglich auch keineswegs zu deren Disposition. Die Kirchen und Religionsgemeinschaften

[42] *K. G. Meyer-Teschendorf*, Staat und Kirche im pluralistischen Gemeinwesen, 1979, S. 5f., 7, 13.

[43] Nachw. auf S. 147f. in Anm. 38. Vgl. ferner *R. Bäumlin*, Staat, Recht und Geschichte, 1961, S. 19f.; *R. Smend*, ZevE 6 (1962), S. 67f., 70, 75 und passim; *P. Häberle*, AöR 92 (1967), S. 270, 271, 279f., 281, 285; *A. Hollerbach*, VVDStRL 26 (1968), S. 59 mit FN 13; *A. Rinken*, Das Öffentliche als verfassungstheoretisches Problem, 1971, S. 284f.

[44] *P. Häberle*, AöR 92 (1967), S. 270: » ... in der Erfüllung eines normativ geregelten Kompetenzauftrags durch den Staat, in der Wahrnehmung sachlicher (Gemeinwohl-)Aufgaben, in Rechtssetzung und Rechtsfindung, in der Erfüllung des Rechtsberufs ... «.

können eben ihre Freiheit im Staate nur von der staatlichen Verfassung her – und damit auch nur nach Maßgabe der in dieser verkörperten Funktionenzuordnung – in Anspruch nehmen.

2. *Hoheitlicher Justizanspruch und »Unterwerfung« der religiösen Verbände unter die staatliche Judikatur*

Nach geltendem Verfassungsrecht definiert der Staat die Aufgaben und Kompetenzen *seiner* zur Rechtsprechung aufgerufenen Organe gegenüber dem Wirkungsbereich der Kirchen und Religionsgemeinschaften im verfassungsrechtlichen Rahmen selbst (einseitig). Auch unter der freiheitlichen Religionsverfassung des Grundgesetzes – und damit allerdings auch ausschließlich in den durch diese abgesteckten Grenzen – reklamiert er noch das »iudicium finium regundorum« für sich[45]. Staatliche Judikatur gründet sich als Staatsfunktion ausschließlich auf die staatliche Verfassungs- und Rechtsordnung und ist auch in ihrer prinzipiellen Reichweite nur von dieser bestimmt.

Kirchen und Religionsgemeinschaften gegenüber liegen die Dinge nicht anders als im Verhältnis zu anderen Rechtssubjekten, welche staatlicher Rechtshoheit unterliegen: Der Staat ist bei der Realisierung seines rechtsstaatlichen Justizanspruchs, soweit dieser erhoben wird, nicht von einem *Einverständnis* der betroffenen religiösen Verbände abhängig. Andererseits können Kirchen und Religionsgemeinschaften der staatlichen Judikative nicht Rechtsschutzmöglichkeiten oder prozessuale Gestaltungen »aufdrängen«, die vom staatlichen Recht her nicht vorgesehen sind[46].

Diesem Grundsatz trug der Bundesfinanzhof in seinem Urteil vom 1. Dezember

---

45 Diese bereits anfangs der 50er Jahre von *J. Heckel* (FS E. Kaufmann, 1950, S. 95) und *R. Smend* (ZevKR 1 [1951], S. 12) formulierte Erkenntnis hat insbes. *U. Scheuner* zu Recht mehrfach bekräftigt: *ders.*, ZevKR 6 (1957/58), S. 357 FN 46; *ders.*, ZevKR 7 (1959/60), S. 257; *ders.*, Rechtsgrundlagen der Beziehungen von Kirche und Staat (1962), S. 175. Vgl. ferner *M. Heckel*, ZRG Kan. Abt. LXVI (1980), S. 141.

46 Davon ging (im Blick auf die Rechtswegfrage im engeren Sinne) im Zuge der Vorarbeiten zum BRRG zutreffend auch die *Kirchenkanzlei der EKD* aus, wenn von ihr in einem an den Bundesinnenminister gerichteten Schreiben vom 13. November 1953 darauf hingewiesen wurde, es könnten »durch kirchliche Rechtsetzung ... keine Bestimmungen über den Rechtsweg und über Prozeßvoraussetzungen getroffen werden ... «; Text bei *O. v. Harling*, NJW 1967, S. 2300. Auch der *BGH* verwies – allerdings unter fragwürdiger Einbindung dieser Aussage in den Kontext der Koordinationsrechtslehre und der von ihm vertretenen »Einigungstheorie« – dem Grunde nach zutreffend ausdrücklich darauf, es könne »die Kirche staatliche Jurisdiktion in ihren eigenen Angelegenheiten nur in Anspruch nehmen ... , solange und soweit der Staat hiermit einverstanden ist« (*BGH*, U. v. 19. 9. 1966, BGHZ 46, 96 [101]). Im gleichen Sinne *H. Maurer*, FS Chr.-F. Menger, 1985, S. 301.

1982[47] Rechnung, nachdem er festgestellt hatte, daß ihm in Kirchenumlagenangelegenheiten nach bayerischem *Landesrecht* nicht gemäß Art. 99 GG »für den letzten Rechtszug« die Entscheidung zugewiesen sei. Zutreffend wies das Gericht darauf hin, daß zu einer solchen Zuweisung jedenfalls nicht die Evangelisch-Lutherische Kirche in Bayern ermächtigt gewesen sei[48], die in ihrem *Kirchengesetz* über die Erhebung von Kirchensteuern normiert hatte: »Gegen das Urteil des Finanzgerichts ist die Revision unter den Voraussetzungen der §§ 115, 116 der Finanzgerichtsordnung zulässig, über die der Bundesfinanzhof entscheidet.«

Anders sah die Rechtslage etwa das Verfassungs- und Verwaltungsgericht der VELKD in seinem Urteil vom 12. November 1969[49]. Es ging – insoweit durchaus in Übereinstimmung mit der die Judikatur der staatlichen Gerichte prägenden »Einigungstheorie« – von einem Verfügungsrecht der *Kirche* über die Eröffnung staatlicher Rechtsschutzmöglichkeiten im kirchlichen Dienstrecht aus[50]. Deshalb maß es kirchlichen Gesetzen, welche auf den Rechtsweg zu den staatlichen Gerichten verwiesen, konstitutive Bedeutung zu[51]: Es hänge von den Tatbeständen des *kirchlichen* Rechts und deren engerer oder weniger enger Auslegung ab, ob überhaupt der Weg vor die *staatlichen* Gerichte in Betracht komme[52].

Eine Unterordnung der Funktion staatlicher Gerichte in Kirchensachen unter eine diesbezügliche kirchliche Willensäußerung mochte sich zwar aus koordinationsrechtlicher Perspektive als konsequent aufdrängen. Mit der Überwindung dieser staatskirchenrechtlichen Grundkonzeption in der wissenschaftlichen Diskussion der vergangenen Jahrzehnte hat die »Einigungstheorie« aber ihre vermeintliche verfassungsrechtliche Basis verloren. Aus heutiger Sicht dürfte schwerlich zu verkennen sein, daß staatliche Rechtsprechung in Kirchensachen auf der verfassungsrechtlichen Einbindung der Kirchen und Religionsgemeinschaften in den staatlichen Hoheitsverband beruht. Weder erscheint sie von Verfassungs wegen als Ergebnis einer *Abspra-*

47 *BFH*, U. v. 1. 12. 1982, BStBl. II 1983, 278.

48 *BFH*, U. v. 1. 12. 1982, BStBl. II 1983, 278 (280).

49 *Verfassungs- und Verwaltungsgericht der VELKD*, U. v. 12. 11. 1969, DVBl. 1971, 117.

50 *Verfassungs- und Verwaltungsgericht der VELKD*, U. v. 12. 11. 1969, DVBl. 1971, 117 (119): »Für eine Einschränkung der Zuständigkeit der kirchlichen Gerichte besteht auch keine Veranlassung, wenn man berücksichtigt, daß es dem kirchlichen Gesetzgeber freigestanden hätte, im Rahmen der Eigenständigkeit der Kirchen ... die Zuständigkeit der staatlichen Gerichte ganz auszuschließen ...«

51 *Verfassungs- und Verwaltungsgericht der VELKD*, U. v. 12. 11. 1969, DVBl. 1971, 117 (118) unter Bezugnahme auf eine (für vermögensrechtl. Ansprüche der Inhaber kirchlicher Amts- und Dienststellungen) im *kirchlichen* Recht enthaltene Zuständigkeitsregelung zugunsten der staatl. Gerichte: »Im vorliegenden Falle wäre der Rechtsweg zu den staatlichen Gerichten danach nur gegeben, wenn der Anspruch der Kl. trotz des entgegenstehenden Wortlauts in ihrem Klageantrag als Zahlungsklage anzusehen wäre.«

52 Auf gleicher dogmatischer Grundlage wurde auch in der Literatur dem Rechtshof der Ev.-luth. Landeskirche Hannovers als Vorinstanz attestiert, dieser habe »erfreulicherweise nicht die Gelegenheit wahrgenommen, den staatlichen Rechtsweg auch noch durch eine restriktive Auslegung kirchlicher Rechtsnormen weiter einzuengen«; *E. Wufka*, DVBl. 1971, S. 119 [Anm.].

che zwischen dem Staat und dem betroffenen religiösen Verband über die staatliche Kompetenz zur Judikatur, noch entfaltet eine ausdrückliche (einseitige) *Unterwerfung* der Kirchen und Religionsgemeinschaften unter die staatliche Gerichtsbarkeit insoweit konstitutive Bedeutung. »Kirchengesetze bestimmen«, wie Axel von Campenhausen zutreffend bemerkt hat, »den Umfang der Zuständigkeit von Kirchengerichten, den der staatlichen Gerichte vermögen sie weder zu eröffnen noch auszuschließen«[53].

Bezugnahmen auf den durch staatliche Gerichte gewährten Rechtsschutz, welche das Recht der evangelischen Landeskirchen in unterschiedlicher Diktion enthält[54], sind deshalb in ihrer Bedeutung zu relativieren. Normen solchen Inhaltes düften sich zwar bisweilen noch als eine Umsetzung der skizzierten koordinationsrechtlichen Grundauffassungen darstellen, möglicherweise auch als eine Konsequenz des kirchlichen Bestrebens, »die Vollstreckbarkeit der ergehenden Leistungsurteile zu gewährleisten«[55]. Nicht

[53] *A. v. Campenhausen*, Staatskirchenrecht, 2. Aufl. 1983, S. 212.

[54] Klar bringt die von der staatl. Verfassung her vorgegebene Rechtslage Art. 77 Abs. 3 der Verf. der Evang.-Luth. Kirche in Bayern v. 20. 11. 1971 (KABl. S. 287) zum Ausdruck: »Die Zuständigkeit staatlicher Gerichte wird durch den kirchlichen Rechtsschutz nicht berührt.«; ähnlich für den Bereich der Evang. Landeskirche in Baden das Kirchl. Gesetz über die Ordnung der kirchl. Verwaltungsgerichtsbarkeit v. 16. 4. 1970 (KGVBl. S. 53), wenn dort in § 14 die Aufzählung der Zuständigkeiten des kirchl. Verwaltungsgerichts eingeleitet wird mit der Bemerkung: »Das Verwaltungsgericht entscheidet unbeschadet der Zuständigkeit staatlicher Gerichte ... «; im Sinne eines Vorrangs etwaiger ausschließlicher staatl. Rechtsschutzmöglichkeiten noch darüber hinausgehend § 8 Abs. 1 des Kirchengesetzes der Lippischen Landeskirche v. 10. 6. 1980 für die Gemeinsame Verwaltungsgerichtsbarkeit in der Lippischen Landeskirche und der Evang.-reformierten Kirche in Nordwestdeutschland (Ges. u. VOBl. Bd. 7 S. 89): »Der Rechtsweg zum Kirchlichen Verwaltungsgericht ist für alle Streitigkeiten nichtverfassungsrechtlicher Art der kirchlichen Verwaltung gegeben, soweit nicht ein ausschließlich staatlicher oder ein anderer kirchlicher Rechtsweg gegeben ist.« – Nicht eindeutig in ihrer intendierten Tragweite stellt sich demgegenüber die Regelung dar, die in § 71 Abs. 2 des Kirchenbeamtengesetzes der VELKD v. 25. 6. 1980 (ABl. VELKD Bd. V S. 197) i. d. F. v. 5. 3. 1986 (ABl. VELKD Bd. VI S. 30) enthalten ist: »Für die Klärung von vermögensrechtlichen Ansprüchen aus dem Kirchenbeamtenverhältnis ist der Rechtsweg zu den staatlichen Verwaltungsgerichten gegeben.«; vgl. ferner § 68 Abs. 1 des Kirchenbeamtengesetzes der Evang. Landeskirche in Württemberg v. 26. 3. 1968 (ABl. Bd. 43 S. 75): »Kirchenbeamte, Ruhestandsbeamte, frühere Kirchenbeamte und Hinterbliebene können die sich aus dem Kirchenbeamtenverhältnis ergebenden Ansprüche im Wege der Klage vor den staatlichen Verwaltungsgerichten geltend machen.« Ähnlich § 22 des Kirchengesetzes über die Besoldung der Pastoren und Kirchenbeamten in der Nordelbischen Ev.-Luth. Kirche v. 19. 11. 1977 (GVOBl. S. 243): »Den Besoldungsempfängern steht für Klagen aufgrund von Ansprüchen nach besoldungsrechtlichen Vorschriften der Rechtsweg zu den staatlichen Verwaltungsgerichten offen.« Vgl. ferner für den Bereich der Ev.-luth. Landeskirche Hannovers § 5 des Rechtshofgesetzes v. 26. 1. 1968 (KABl. S. 37) sowie § 15 Abs. 2 des Kirchengesetzes zur Ergänzung und Ausführung des Pfarrergesetzes i. d. F. v. 20. 6. 1966 (KABl. S. 93); zur Entstehungsgeschichte dieser Vorschriften [auf die sich das soeben (S. 151) angesprochene Urteil des *Verfassungs- und Verwaltungsgerichts der VELKD* v. 12. 11. 1969, DVBl. 1971, 117, bezog] *E. Wufka*, DVBl. 1971, S. 120 [Anm.].

[55] *Verfassungs- und Verwaltungsgericht der VELKD*, U. v. 12. 11. 1969, DVBl. 1971, 117 (119).

zuletzt aber kommt in solchen Vorschriften ein entspanntes Verhältnis der Kirchen zur Rechtsschutzfrage zum Ausdruck. Denn aus der Sicht der evangelischen Kirchen sollte – als Konsequenz ihrer rechtlichen Verfaßtheit – ein in ihrem Wirkungsbereich entstehendes Begehren nach effektivem Rechtsschutz und dessen gerichtliche Realisierung heute keineswegs mehr als dem Grunde nach[56] fragwürdig erscheinen; im Raum der Römisch-katholischen Kirche liegen die Dinge nicht anders[57]. Jedenfalls dürfte die Bereitschaft der Kirchen, sich in das staatliche Rechtsschutzsystem spannungslos einzufügen, in höherem Maße ausgeprägt sein, als dies die staatlichen Gerichte bisweilen wahrnehmen – profitieren doch nicht zuletzt die Kirchen selbst ganz beträchtlich von staatsgerichtlichem Schutz.

Wie auch die Motive der erwähnten kirchlichen Normsetzung beschaffen seien: Kirchliche Normen, die auf staatlichen Rechtsschutz Bezug nehmen, dokumentieren (deklaratorisch) die staatsverfassungsrechtlich vorgegebene Erstreckung der staatlichen Judikatur auch auf Kirchensachen[58]; sie stellen insoweit immerhin klar, daß seitens der betreffenden Kirche der staatliche Justizanspruch nicht in Zweifel gezogen wird[59]. Hingegen vermögen sie – selbst wenn die Kirche dies beabsichtigen sollte – keine *konstitutive* Bedeutung für die Zuständigkeit der Staatsgerichte in Kirchensachen zu entfalten. Demgemäß kommt es für die Grundsatzfrage des Bestehens staatlicher Rechtsprechungskompetenz[60] auf die (engere oder weitere) tatbestandliche Fassung des einschlägigen Kirchenrechts nicht an.

Abzulehnen sind deshalb heute alle Versuche, den staatlichen Justizanspruch auf eine »Einigung« zwischen Staat und Kirche gründen zu wollen. Sie gehen, soweit sie auf der traditionellen koordinationsrechtlichen Grund-

---

56 Unbeschadet allerdings der Probleme, die sich vom Rechts- und vom Selbstverständnis der Kirchen her im Blick auf den Bestand und das Wirken *kirchlicher* Gerichtsbarkeit ergeben; vgl. dazu die Nachweise oben auf S. 22 in Anm. 26.

57 *H. Schmitz*, FS K. Mörsdorf, 1969, S. 746: »Daß der im Dienst der Kirche Tätige, ob Laie oder Kleriker, ein rechtliches Sicherungsbedürfnis hat und nach dem Schutz seiner Rechte fragt, kann ihm nur negativ angerechnet werden, wenn man Recht in der Kirche ablehnt oder nicht bereit ist, daraus, daß es in der Kirche Recht gibt, die notwendigen Folgerungen zu ziehen, wozu ein *umfassender Rechtsschutz* gehört.« [Hervorhebung im Original].

58 Über diese Dokumentation einer »Unterwerfung« des betreffenden kirchl. Wirkens unter die staatl. Judikatur hinaus kann nicht davon ausgegangen werden, daß sich die Kirchen im Blick auf einschlägige Gerichtsverfahren durch den Erlaß solcher Normen ihres allgemeinen religionsverfassungsrechtl. Status, insbes. der durch die Garantie des relig. Selbstbestimmungsrechts statuierten Bindungen der Staatsgerichte, hätten ganz oder teilweise begeben wollen; zutreffend *K. Hesse*, Rechtsschutz durch staatl. Gerichte im kirchl. Bereich, 1956, S. 96 FN 46.

59 Darin sehen *W. v. Ammon / R. Rusam*, Verf. der Evang.-Luth. Kirche in Bayern, 2. Aufl. 1985, S. 193, die Bedeutung von Art. 77 Abs. 3 der Kirchenverfassung.

60 Zur prozessualen Einzelfrage, ob vor Anrufung der staatl. Gerichte das Durchlaufen eines kirchl. Rechtsweges als Zulässigkeitsvoraussetzung (des staatl. Rechtsschutzes) gefordert werden kann bzw. muß, Nachweise oben auf S. 58 in Anm. 25; vgl. ferner unten S. 171.

lage beruhen, von einem inzwischen obsoleten staatskirchenrechtlichen Grundmodell aus[61].

3. Normative »Zurücknahme« des hoheitlichen staatlichen Justizanspruchs?

Regelungen staatlichen Rechts, die einen vollständigen oder teilweisen »Verzicht« auf den rechtsstaatlichen Justizanspruch enthielten, sind nach Inkrafttreten des Grundgesetzes nicht erlassen worden. Soweit man in der bisherigen Betrachtung der staatskirchenrechtlichen Rechtsschutzfrage diesbezügliche Ansatzpunkte zu finden glaubte, beruhte dies auf einer Verkennung bzw. Überdehnung des jeweiligen Normgehalts.

a) § 25 Abs. 2 MRVO Nr. 165

§ 25 Abs. 2 MRVO Nr. 165[62] wurde in den 50er Jahren teilweise im Sinne einer Grundsatzentscheidung über die Justitiabilität kirchlicher Akte mißverstanden[63]. Doch war der begrenzte Aussagegehalt dieser Vorschrift nicht zuletzt ihrem systematischen Zusammenhang mit Abs. 1 zu entnehmen: Die Norm enthielt keine allgemeine Zurücknahme des staatlichen Justizanspruchs in Kirchensachen, sondern eine *Rechtswegregelung*, welche im Falle eines Ausschlusses der Anrufung staatlicher *Verwaltungsgerichte* anderweitigen staatlichen Rechtsschutz unberührt ließ[64].

[61] Bereits in den 60er Jahren stieß die Rspr. des *BGH* und des *BVerwG* denn auch zu Recht (allerdings in der Judikatur im wesentlichen ergebnislos) auf Bedenken der Wissenschaft: *K. Hesse*, JZ 1961, S. 450 [Anm.]; *Herbert Krüger*, DÖV 1961, S. 727; *E.-W. Fuß*, ibd. S. 739; *P. Mikat*, Kirchl. Streitsachen vor den Verwaltungsgerichten (1963), S. 318 ff.; *G. Scheffler*, MDR 1965, S. 627; *A. v. Campenhausen*, DVBl. 1967, S. 731 ff. [Anm.]; *ders.*, FS E. Ruppel, 1968, S. 263 ff.; *H. Weber*, NJW 1967, S. 1642 f.; *D. Scheven*, ZBR 1967, S. 163 [Anm.]; *A. Hollerbach*, VVDStRL 26 (1968), S. 71 ff. (insbes. S. 73 f.), dessen engagierte Kritik auch in der Aussprache (aaO. S. 139 ff.) von mehreren Rednern ausdrücklich unterstützt wurde; *J. Frank*, ZevKR 14 (1968/69), S. 146 f.

[62] § 25 Abs. 2 MRVO Nr. 165: »Verwaltungsbehörde im Sinne dieser Verordnung ist jede mit Aufgaben der öffentlichen Verwaltung im Geltungsbereich dieser Verordnung betraute deutsche Stelle, ohne Rücksicht auf ihre Rangstufe oder Besetzung, jedoch mit Ausnahme der Gerichte und Amtsstellen der Religionsgesellschaften.«

[63] Kategorisch in diesem Sinne insbes. das *BVerwG* in seinem U. v. 17. 12. 1954, KirchE 2, 413 (415: »§ 25 Abs. 2 MRVO Nr. 165 schließt gegen sämtliche Verwaltungsakte von Amtsstellen der Religionsgesellschaften die Anrufung jedweder staatlichen Gerichtsbarkeit aus.«; 416 f.). Gegen diese – vor allem für den Kirchensteuerbereich folgenschwere – Auffassung wurde denn auch zu Recht alsbald Kritik angemeldet: *Chr.-F. Menger*, MDR 1955, S. 512 ff.; *W. Weber*, NJW 1955, S. 725 f. [Anm.]; *W. Tietgen*, DVBl. 1955, S. 324 ff. [Anm.]; *K. Hesse*, ZevKR 4 (1955), S. 333 ff. [Anm.]; *ders.*, Rechtsschutz durch staatl. Gerichte im kirchl. Bereich, 1956, S. 102 f.

[64] Dies galt auch für den – etwa im Kirchensteuerwesen gegebenen – Fall der Ausübung »öffentlicher Gewalt« durch die Kirchen, für welchen (sofern man nicht mit einer in den 50er

b) § 135 Satz 2 BRRG

Ähnliches gilt für § 135 Satz 2 BRRG, der insbesondere von der Rechtsprechung zu Unrecht als Ausdruck eines (die Kirchen nicht bindenden) *Angebots* staatlicher Gerichtsbarkeit aufgefaßt worden ist[65]. Auf das insoweit bestehende Mißverständnis hat man ohne nachhaltige Wirkung anhand der Entstehungsgeschichte bereits in den 60er Jahren hingewiesen[66]. Die Vorschrift sollte nicht die allgemeine staatliche Justizhoheit in dienstrechtlichen Angelegenheiten der Kirchen und Religionsgemeinschaften in Frage stellen, sondern setzte die staatliche Kompetenz zur Judikatur voraus. Sie räumte den betreffenden religiösen Verbänden lediglich die Möglichkeit ein, selbst eine Wahl des *Rechtsweges* vorzunehmen[67]: den Verwaltungsrechtsweg anstelle des nach überkommener Rechtslage gegebenen Zivilrechtswegs zu eröffnen.

4. Der staatliche Justizanspruch im Regelungsbereich von Staatskirchenverträgen

Auch soweit sich der Staat durch den Abschluß eines Staatskirchenvertrages auf die Ebene der Koordination mit einer Kirche bzw. Religionsgemein-

Jahren verbreiteten Ansicht den Verwaltungsrechtsweg vermittels einer teleologisch-einschränkenden Auslegung des §25 Abs. 2 MRVO Nr. 165 insoweit ohnehin offenhielt: *K. Hesse*, Rechtsschutz durch staatl. Gerichte im kirchl. Bereich, 1956, S. 102 m. w. N.) jedenfalls Art. 19 Abs. 4 GG den Weg vor die ordentlichen Gerichte garantierte. Dazu *O. Bachof*, Die verwaltungsgerichtl. Klage auf Vornahme einer Amtshandlung, 1951, S. 37; *D. Scheven*, ZevKR 4 (1955), S. 179f.; *K. Hesse*, Rechtsschutz durch staatl. Gerichte im kirchl. Bereich, 1956, S. 103.

65 Im Einklang mit einer in der Rspr. verbreiteten Betrachtungsweise (vgl. auch *BVerwG*, U. v. 15. 12. 1967, BVerwGE 28, 345 [347]) plakativ dargelegt vom *BGH* im U. v. 19. 9. 1966, BGHZ 46, 96 (101). Dezidiert diesem Ansatz zustimmend *H. Maurer*, JZ 1967, S. 409 [Anm.]; auf der Basis der »Angebotstheorie« ferner *H.-U. Evers*, FS E. Ruppel, 1968, S. 345ff., sowie *H. J. Wolff*, Verwaltungsrecht I, 7. Aufl. 1968, S. 298, und 8. Aufl. 1971, S. 327 (anders *O. Bachof* in der 9. Aufl. 1974, S. 375). Ähnlich bereits vorher *D. u. U. Mann*, DVBl. 1962, S. 246f., wenn sie (aaO. S. 246) darlegen, § 135 BRRG überlasse »den Kirchen – wie aus Satz 2 der Vorschrift zu folgern ist – die Eröffnung des Rechtsweges für die Ansprüche ihrer Amtsträger durch Kirchengesetz«. Nunmehr einschränkend im Sinne eines Vorrangs allgemeiner (vor allem verfassungsrechtlicher) *Regelungen* der staatl. Gerichtskompetenz und eines »subsidiären« *Angebots* staatlichen Rechtsschutzes durch § 135 Satz 2 BRRG *H. Maurer*, FS Chr.-F. Menger, 1985, S. 301; für eine praktische Relevanz des § 135 Satz 2 BRRG als »Angebotsnorm« im erwähnten Sinne würde hiernach freilich nur noch wenig Raum verbleiben.

66 *O. v. Harling*, NJW 1967, S. 2299f.

67 Zutreffend wies bereits *K. Hesse*, JZ 1961, S. 450 [Anm.], darauf hin, daß § 135 BRRG »keinesfalls als Kompetenzabgrenzungsnorm verstanden werden« könne. In diesem Sinne ferner *P. Mikat*, Kirchl. Streitsachen vor den Verwaltungsgerichten (1963), S. 319f.; *A. v. Campenhausen*, DVBl. 1967, S. 733 [Anm.]; *ders.*, FS E. Ruppel, 1968, S. 268f.; *ders.*, ZevKR 17 (1972), S. 133f.; *ders.*, Staatskirchenrecht, 2. Aufl. 1983, S. 205f.; *H. Weber*, NJW 1968, S. 1345 [Anm.]; *J. Frank*, ZevKR 14 (1968/69), S. 146f.; *D. Ehlers*, ZevKR 27 (1982), S. 280; *ders.*, JuS 1989, S. 366; *W. Knüllig*, ZevKR 27 (1982), S. 351.

schaft begeben hat, ist keineswegs von einem prinzipiellen Entfallen des hoheitlichen staatlichen Justizanspruchs auszugehen. Die Rechtslage stellt sich insoweit nicht anders dar als in sonstigen Sachbereichen, in denen der Staat im Rahmen der geltenden innerstaatlichen Rechtsordnung vertragliche Bindungen eingeht. Denn auch auf religionsrechtlichem Gebiet erfolgt der Vertragsschluß nicht außerhalb der Staatsverfassung, sondern innerhalb des durch das Grundgesetz konstituierten formellen und materiellen Kompetenz- und Ordnungsgefüges.

In der neueren Staatskirchenrechtslehre ist die Erkenntnis deutlich herausgearbeitet worden, daß es sich beim Staatskirchenvertrag nicht um die Gestaltung eines Rechtsverhältnisses »des Staates zu einer seiner hoheitlichen Einwirkung entzogenen Macht« handelt[68]. Die staatliche Verfassungsordnung überlagert auch nach dem Inkrafttreten des Vertrages das durch diesen begründete Koordinationsverhältnis, ohne freilich andererseits damit die sachliche Vertragsbindung zu relativieren[69]. Es besteht deshalb kein Anlaß, daran zu zweifeln, daß die allgemeinen Rechtsbehelfe des staatlichen Rechtsschutzsystems nach Maßgabe der für sie geltenden Vorschriften auch zur Durchsetzung staatskirchenvertraglicher Abmachungen zur Verfügung stehen[70]. Im Konflikt ist somit die Möglichkeit gegeben, Ansprüche aus Staatskirchenverträgen gerichtlich klären zu lassen und durchzusetzen, soweit sie klagbar sind.

Die meisten für das Verhältnis von Staat und Kirchen in der Bundesrepu-

---

[68] So aber noch *D. Pirson*, FS H. Liermann, 1964, S. 185, im Rahmen einer Einordnung der Staatskirchenverträge unter dem GG in eine koordinationsrechtl. geprägte Betrachtung des Verhältnisses von Staat und Kirchen.

[69] Diese inzwischen herrschende Auffassung ist für die staatskirchenrechtl. Rechtsschutzproblematik in grundsätzlicher Hinsicht von Belang, sie beantwortete bisher aber vor allem die alte Streitfrage nach der Befugnis des Gesetzgebers, bei fortbestehendem Staatskirchenvertrag ein materiell vertragswidriges Gesetz zu erlassen: Der Gesetzgeber ist durch die Vertragsgeltung formell nicht gebunden, er *kann* also eine vertragswidrige Norm erlassen (anders früher *A. Hollerbach*, Verträge zwischen Staat und Kirche, 1965, insbes. S. 158ff., der seine Auffassung dann freilich teilweise modifizierte – *ders.*, VVDStRL 26 [1968], S. 82ff. – und sich inzwischen der herrschenden Lehre weitgehend angenähert hat – *ders.*, HdbStKirchR I, S. 286; *ders.*, Hdb. des Staatsrechts, Bd. VI, 1989, S. 511f. Rdnr. 73); eine einschlägige ausdrückliche verfassungsrechtl. Regelung kann die gesetzgeberischen Gestaltungsmöglichkeiten allerdings beschneiden (*A. Hollerbach*, Hdb. des Staatsrechts, Bd. VI, 1989, S. 511 Rdnr. 73). In jedem Falle steht aber die Vertragsgeltung als solche nicht zur Disposition des Gesetzgebers (anders *H. Quaritsch*, FS F. Schack, 1966, S. 139f., zumindest im Blick auf Staatskirchenverträge mit evang. Kirchen); der staatl. Gesetzgeber *darf* deshalb in Anbetracht der bestehenden vertragl. Bindung vertragswidrige Gesetze nicht erlassen, will er nicht gegen den Vertrag verstoßen. Dazu *U. Scheuner*, FS E. Ruppel, 1968, S. 324ff.; *ders.*, HdbStKirchR I, S. 49 mit FN 137; *K. Obermayer*, BK (Zweitbearb. Okt. 1971), Rdnr. 97 zu Art. 140 GG; *ders.*, DÖV 1967, S. 15; *A. v. Campenhausen*, Staatskirchenrecht, 2. Aufl. 1983, S. 111f. m. w. N.; *K.-H. Kästner*, Die Verwaltung 10 (1977), S. 71f.; *BVerfG*, U. v. 26. 3. 1957, BVerfGE 6, 309 (346f., 363).

[70] Dazu *A. Hollerbach*, Verträge zwischen Staat und Kirche, 1965, S. 261ff.

blik Deutschland maßgeblichen Staatskirchenverträge sowie einige zwischen Staat und Kirchen abgeschlossene Verwaltungsabkommen enthalten freilich *Freundschaftsklauseln*[71]. Teilweise wurden auch *Schiedsvereinbarungen*[72] getroffen. Doch deuten solche Abmachungen keineswegs darauf hin, daß die

---

71 Art. 33 Abs. 2 des Reichskonkordats v. 20. 7. 1933 [*W. Weber* (Hrsg.), Die dt. Konkordate und Kirchenverträge der Gegenwart, Bd. I, 1962, S. 14ff. (29)]; Art. 15 § 1 des Bay. Konkordats v. 29. 3. 1924 [*W. Weber*, aaO. S. 40ff. (51)]; Art. 31 Abs. 1 des Bay. Kirchenvertrages v. 15. 11. 1924 [*W. Weber*, aaO. S. 152ff. (158)]; Art. 24 Abs. 1 des Pfälzischen Kirchenvertrages v. 15. 11. 1924 [*W. Weber*, aaO. S. 162ff. (166)]; Art. 13 des Preuß. Konkordats v. 14. 6. 1929 [*W. Weber*, aaO. S. 67ff. (76)]; Art. 12 des Preuß. Kirchenvertrages v. 11. 5. 1931 [*W. Weber*, aaO. S. 168ff. (171)]; Art. XII des Bad. Konkordats v. 12. 10. 1932 [*W. Weber*, aaO. S. 100ff. (108)]; Art. IX des Bad. Kirchenvertrages v. 14. 11. 1932 [*W. Weber*, aaO. S. 189ff. (193)]; Art. 22 des Niedersächs. Kirchenvertrages v. 19. 3. 1955 [*W. Weber*, aaO. S. 212ff. (219)]; § 8 des Vertrages über das Bistum Essen v. 19. 12. 1956 [*W. Weber*, aaO. S. 90ff. (92)]; Art. 27 des Vertrages über die evang. Militärseelsorge v. 22. 2. 1957 [*W. Weber*, aaO. S. 132ff. (139)]; Art. 28 des Kirchenvertrages Schleswig-Holsteins v. 23. 4. 1957 [*W. Weber*, aaO. S. 234ff. (243)]; § 2 des Änderungsvertrages Nordrhein-Westfalens zum Preuß. Kirchenvertrag v. 9. 9. 1957 [*W. Weber*, aaO. S. 185f. (186)]; Art. 13 des Lippischen Kirchenvertrages v. 6. 3. 1958 [*W. Weber*, aaO. S. 260ff. (264)]; Art. 23 des Hess. Kirchenvertrages v. 18. 2. 1960 [*W. Weber*, aaO. S. 272ff. (279)]; § 11 Abs. 3 der Vereinbarung über die staatl. Mitwirkung bei der Bildung und Veränderung kath. Kirchengemeinden in N.-W. v. 8./18./20./22./25. 10. 1960 [*W. Weber*, aaO. S. 96ff. (99)]; Art. 29 des Vertrages des Landes Rh.-Pf. mit den Evang. Landeskirchen in Rh.-Pf. v. 31. 3. 1962 [*W. Weber* (Hrsg.), Die dt. Konkordate und Kirchenverträge der Gegenwart, Bd. II, 1971, S. 195ff. (202)]; § 5 Abs. 1 der Vereinbarung zwischen dem Freistaat Bayern und der Evang.-Luth. Kirche in Bayern v. 4./28. 12. 1962 [AkKR 132 (1963), S. 252ff. (253)], sowie § 4 Abs. 1 der Vereinbarung zwischen dem Freistaat Bayern und den sieben kath. Diözesen in Bayern v. 5./6./28. 2. 1963 [AkKR 132 (1963), S. 225ff. (227)]; Art. VII des Vertrages des Landes Hessen mit den Kath. Bistümern in Hessen v. 4. 7. 1963 [*W. Weber*, aaO. (Bd. II), S. 61ff. (64)]; Art. 19 Abs. 1 Satz 2 des Niedersächs. Konkordats v. 26. 2. 1965 [*W. Weber*, aaO. (Bd. II), S. 67ff. (78)]; Art. 15 des Ergänzungsvertrages zum Niedersächs. Kirchenvertrag v. 4. 3. 1965 [*W. Weber*, aaO. (Bd. II), S. 175ff. (178)]; Art. 4 des Vertrages über die Kath.-theol. Fakultät der Univ. Regensburg v. 2. 9. 1966 [*W. Weber*, aaO. (Bd. II), S. 25ff. (26)]; Art. 3 des Vertrages über die Evang.-theol. Fakultät der Univ. München v. 20. 6. 1967 [*W. Weber*, aaO. (Bd. II), S. 147f. (148)]; Ziffer VI Abs. 4 Satz 2 der Vereinbarung über Fragen der Lehrerausbildung in N.-W. v. 21./22. 4. 1969 [*W. Weber*, aaO. (Bd. II), S. 128ff. (130)]; Art. 3 des Vertrages zur Ergänzung und Änderung der konkordatären Bestimmungen in Rh.-Pf. v. 29. 4. 1969 [*W. Weber*, aaO. (Bd. II), S. 133ff. (135)]; § 6 Abs. 1 Satz 2 der Vereinbarung über Fragen der Lehrerausbildung in N.-W. v. 28. 11./29. 12. 1969 [*W. Weber*, aaO. (Bd. II), S. 191ff. (192)]; Art. 6 des Kooperationsvertrages zwischen dem Land Rh.-Pf. und der Diözese Trier v. 28. 9. 1970 [*W. Weber*, aaO. (Bd. II), S. 139f. (140)]; Art. 6 des Vertrages über den Kath.-theol. Fachbereich der Univ. Augsburg v. 12. 11. 1970 [*W. Weber*, aaO. (Bd. II), S. 41ff. (43)]. Zu Freundschaftsklauseln in Verwaltungsabkommen vgl. *A. Hollerbach*, Verträge zwischen Staat und Kirche, 1965, S. 251 FN 3.

72 Art. 12 Abs. 2 Satz 2 sowie Art. 14 Abs. 4 Satz 2 des Kirchenvertrages Schleswig-Holsteins v. 23. 4. 1957 [*W. Weber* (Hrsg.), Die dt. Konkordate und Kirchenverträge der Gegenwart, Bd. I, 1962, S. 234ff. (239, 240)] i. V. m. § 10 der Zusatzvereinbarung zu diesem Vertrag v. 23. 4. 1957 [*W. Weber*, aaO. S. 244ff. (245)]; Art. 4 Abs. 3 Satz 2 des Vertrages des Landes Rh.-Pf. mit den Evang. Landeskirchen in Rh.-Pf. v. 31. 3. 1962 [*W. Weber* (Hrsg.), Die dt. Konkordate und Kirchenverträge der Gegenwart, Bd. II, 1971, S. 195ff. (197)] i. V. m. dem Schlußprotokoll zu diesem Vertrag [*W. Weber*, aaO. (Bd. II), S. 203ff. (204)]. Vgl. ferner die bei *A. Hollerbach*, Verträge zwischen Staat und Kirche, 1965, S. 19 mit FN 4 sowie S. 52f. (Nr. 3), nachgewiesenen Schiedsvereinbarungen.

Vertragspartner im Prinzip von einer Unzuständigkeit staatlicher Gerichte zur autoritativen Entscheidung über Vertragskonflikte ausgegangen seien[73]. Vertragsklauseln der genannten Art erfassen sachlich die grundsätzliche staatskirchenrechtliche Kompetenzfrage gar nicht. Sie suchen vielmehr – bezogen und begrenzt auf das konkrete Vertragsverhältnis – im voraus angemessene Lösungsmethoden und -kriterien für Meinungsverschiedenheiten festzulegen, die künftig im Zusammenhang mit dieser Vereinbarung möglicherweise entstehen. Es kann demnach allenfalls um die Frage gehen, inwieweit die fraglichen Klauseln als Resultat freier vertraglicher Einigung die Entscheidungskompetenz der staatlichen Gerichte im Blick auf das *spezielle Vertragsverhältnis* entfallen lassen. Insoweit ist ihre Tragweite je nach Vertragsinhalt im Einzelfall durchaus differenziert zu beurteilen.

Die *Freundschaftsklauseln* verweisen die Vertragspartner für den Fall eines Konfliktes ausdrücklich auf friedliche Einigung, auf den Versuch einer »amicabilis compositio«[74]. In ihnen tritt das Bestreben zutage, das Verhältnis des Säkularstaats zu den Kirchen und Religionsgemeinschaften seines Territoriums soweit als möglich nach dem Prinzip rechtlich geordneter freiheitlicher Kooperation zu gestalten. Die erforderlichen Regelungen sollen weniger in der Konfrontation dekretiert bzw. im Streitverfahren autoritativ festgelegt als vielmehr tunlichst im gegenseitigen Konsens fixiert werden. Diese Intention entspricht der geltenden Religionsverfassung und liegt dem Regelungsinstrument »Staatskirchenvertrag« überhaupt zugrunde. Die Partner des Staatskirchenvertrages sind dazu aufgerufen, auch im Streitfall ihre Meinungsverschiedenheit im Geiste des abgeschlossenen Vertrages loyal zu diskutieren und im Rahmen des Zumutbaren zugunsten einer *Einigung* auf streitige Entscheidung zu verzichten. Führt dieser Weg freilich nicht zur Beilegung des Konfliktes, so kann regelmäßig nicht davon ausgegangen werden, daß durch die Vereinbarung einer Freundschaftsklausel nach dem Willen der Vertragsschließenden die Inanspruchnahme *gerichtlicher Ent-*

---

[73] Ein Indiz für ein solches Grundverständnis der Vertragspartner von Staatskirchenverträgen leitet freilich *D. Pirson*, FS H. Liermann, 1964, S. 185, im Gegenschluß daraus ab, daß Art. 10 Abs. 2 des Niedersächs. Kirchenvertrages v. 19. 3. 1955 [*W. Weber* (Hrsg.), Die dt. Konkordate und Kirchenverträge der Gegenwart, Bd. I, 1962, S. 212ff. (216)] sowie Art. 3 Abs. 2 des Hess. Kirchenvertrages v. 18. 2. 1960 [*W. Weber*, aaO. S. 272ff. (273)] ausdrücklich festlegen, es entscheide über staatliche Einsprüche gegen (die vermögensrechtliche Vertretung betreffende) kirchliche Normen auf Klage der jeweiligen Kirche das zuständige OVG bzw. OLG. Doch handelt es sich hier lediglich um vertragliche Rechtsschutzkonkretisierungen im Blick auf ein spezifisches – besonders problembeladenes – Sondergebiet des Verhältnisses von Staat und Kirchen; es dürfte daraus schwerlich ein überzeugender Anhaltspunkt für ein allgemeines Vorverständnis der Vertragspartner – betreffend die Justitiabilität staatskirchenvertraglicher Abmachungen schlechthin – zu entnehmen sein.

[74] Dazu im einzelnen *A. Hollerbach*, Verträge zwischen Staat und Kirche, 1965, S. 250ff.

scheidung schlechterdings hätte ausgeschlossen werden sollen. Die allgemeinen Rechtsschutzmöglichkeiten werden durch Klauseln der genannten Art deshalb dem Grunde nach nicht beschnitten oder aufgehoben[75].

Soweit in Staatskirchenverträgen *Schiedsvereinbarungen* oder anderweitige Klauseln über den Gerichtsschutz enthalten sind[76], binden diese nach Maßgabe ihrer rechtlichen Tragweite die Vertragspartner in der Rechtsschutzfrage. Sie können insoweit durchaus die Zulässigkeit einer Anrufung von Staatsgerichten ausschließen[77]. Ob bzw. inwieweit diese Konsequenz im Einzelfall gewollt und rechtsgültig vereinbart ist, muß anhand der konkreten Vereinbarung ermittelt werden. Jedenfalls handelt es sich insoweit um eine auf den *Sachbereich des vorliegenden Staatskirchenvertrages* beschränkte Konkretisierung des Regelungswillens der Vertragspartner, nicht aber um eine verallgemeinerungsfähige Aussage über die *prinzipielle* Tragweite des rechtsstaatlichen Justizanspruchs in Kirchensachen.

5. *Konsequenzen*

Nach alledem stellt sich nicht (mehr) die Frage, *ob* der soziale Rechtsstaat des Grundgesetzes auch gegenüber Kirchen und Religionsgemeinschaften dem Grunde nach zu Recht die Kompetenz zur Gewährung von Rechtsschutz durch seine Gerichte beansprucht; vielmehr besteht die Aufgabe, die *Reichweite* dieses Anspruches zu konkretisieren. Auszugehen ist hierbei, wie bereits gesagt, ausschließlich vom staatlichen Recht.

Zu erörtern bleibt im Folgenden: Welche Relevanz weist die Funktion *kirchlicher Gerichte* für die staatskirchenrechtliche Gerichtsschutzproblematik auf? Welchen Einschränkungen und Modifikationen unterliegt der staatliche Justizanspruch im Bereich des Religiösen auf Grund *immanenter sachlicher Grenzen*, die die Judikatur der Staatsgerichte möglicherweise in gewissen religionsbezogenen Streitsachen vollständig oder teilweise nicht durchgreifen lassen? Welche Grenzen schließlich folgen aus der *Garantie religiöser Selbstbestimmung*, die als zentrales Strukturelement der geltenden Religionsverfassung auch für die staatskirchenrechtliche Rechtsschutzfrage besondere Relevanz beansprucht?

---

[75] Zutreffend *A. Hollerbach*, Verträge zwischen Staat und Kirche, 1965, S. 254; *ders.*, HdbStKirchR I, S. 289.

[76] Dazu näher *A. Hollerbach*, Verträge zwischen Staat und Kirche, 1965, S. 255ff.

[77] *A. Hollerbach*, Verträge zwischen Staat und Kirche, 1965, S. 257, 261; *H. Engelhardt*, Die Kirchensteuer, 1968, S. 181; *H. Weber*, HdbStKirchR I, S. 755.

Elftes Kapitel

Kirchliche Gerichtsbarkeit und staatliche Justizaufgabe

I. *Staatliche Rechtsschutzgarantie und innerkirchliche Judikatur*

Es bleibt die Frage, ob bzw. inwieweit sich der rechtsstaatliche Justizanspruch in Kirchensachen erledigt, wenn Rechtsschutz durch Organe kirchlicher Gerichtsbarkeit gewährt wird. Vor allem in der älteren Literatur zur Kompetenzproblematik[1] ist im Blick auf Verwaltungsrechtsstreitigkeiten die Auffassung vertreten worden, kirchlichen Gerichten komme möglicherweise die Qualität als »besondere Verwaltungsgerichte« im Sinne von § 22 Abs. 1 VGG[2] bzw. als »andere bestehende Gerichte« im Sinne von § 22 Abs. 3 MRVO Nr. 165[3] zu; auch auf Grund kirchengesetzlicher Zuweisung könne daher die Judikatur staatlicher Gerichte *abschließend* durch kirchengerichtliche Rechtsschutzgewährung ersetzt werden, sofern letztere bestimmten rechtsstaatlichen Qualitätserfordernissen entspreche[4]. Diese Lehre war zwar bereits damals durchaus bestritten[5] und wurde auch nach Inkrafttreten des § 40 VwGO weithin nicht mehr aufrechterhalten[6]. Aber in der Praxis der

---

[1] Aus neuerer Zeit in diesem Sinne noch *O. Friedrich*, Einführung in das Kirchenrecht, 2. Aufl. 1978, S. 556; *C. H. Ule*, Verwaltungsprozeßrecht, 8. Aufl. 1983, S. 43 ff.; *K. Stern*, Verwaltungsprozessuale Probleme in der öff.-rechtl. Arbeit, 6. Aufl. 1987, S. 53.

[2] § 22 Abs. 1 VGG: »Das Verwaltungsgericht entscheidet über die Anfechtung von Verfügungen der Verwaltungsbehörden und von sonstigen Verwaltungsakten (Anfechtungssachen) sowie in anderen Streitigkeiten des öffentlichen Rechts (Parteistreitigkeiten), soweit nicht besondere Verwaltungsgerichte ... zu entscheiden haben.«

[3] § 22 Abs. 3MRVO Nr. 165: »Die Zuständigkeit der Landesverwaltungsgerichte ist ausgeschlossen in Angelegenheiten, die durch Gesetz den ordentlichen Gerichten oder einem anderen bestehenden Gericht zugewiesen sind.«

[4] In diesem Sinne vor allem *D. Scheven*, Der Verwaltungsrechtsschutz im kirchl. Bereich, 1954, S. 109 ff.; *ders.*, ZevKR 4 (1955), S. 188 ff.; *K. Hesse*, DVBl. 1955, S. 590 ff.; *ders.*, Rechtsschutz durch staatl. Gerichte im kirchl. Bereich, 1956, S. 116 ff., 126; *C. H. Ule*, Verwaltungsgerichtsbarkeit, 2. Aufl. 1962, S. 103 f.

[5] Kritisch *U. Scheuner*, ZevKR 6 (1957/58), S. 359; *O. Bachof*, DÖV 1958, S. 558; *H. Maurer*, Die Verwaltungsgerichtsbarkeit der evang. Kirche, 1958, S. 152 FN 53; *ders.*, DÖV 1960, S. 753; *K. A. Bettermann*, Die Grundrechte III/2, 1959, S. 630 mit FN 577; *H. H. Rupp*, AöR 85 (1960), S. 163 f.

[6] *K. Hesse*, JöR NF 10 (1961), S. 79 f., unter zutreffendem Verweis darauf, daß der Rechtsweg

staatlichen Gerichte hat sie bis in die Gegenwart hinein zu der Ansicht geführt, eine staatsgerichtliche Zuständigkeit zur Entscheidung entfalle jedenfalls dann, wenn hinreichender Rechtsschutz durch kirchliche Gerichte zur Verfügung stehe[7].

1. *Rechtsverwirklichung innerhalb der kirchlichen Ordnung*

Der soziale Rechtsstaat des Grundgesetzes ist, wie gesagt, zur Gewährung effektiven Rechtsschutzes in allen Bereichen seiner Verfassungsordnung nicht nur berechtigt, sondern verpflichtet[8]; diese Justizaufgabe kann *formell* nur durch staatliche bzw. zumindest staatsabgeleitete Gerichte verfassungsgemäß erfüllt werden[9]. Die Frage nach dem grundsätzlichen Bestehen staatlicher Kompetenz zur Judikatur in Kirchensachen darf deshalb nicht mit Erwägungen über die *sachliche* Qualität von Rechtsverwirklichungsmöglichkeiten vermengt werden, welche die Kirchen bzw. Religionsgemeinschaften selbst zur Verfügung stellen.

Keinesfalls kann gegenwärtig – zumindest im Blick auf die »großen« Kirchen und Religionsgemeinschaften in der Bundesrepublik Deutschland – davon ausgegangen werden, es bestehe in deren innerer Ordnung ein rechts- bzw. rechtsschutzfreier Raum. Im Gegenteil hat in den vergangenen Jahrzehnten innerkirchlicher Gerichtsschutz vor allem im Raum der evangelischen Kirchen und der Römisch-katholischen Kirche in Theorie und Praxis zunehmendes Gewicht gewonnen[10]. Insoweit mag es von Interesse sein, inwieweit die jeweiligen Gerichte nach Befugnissen, Status, Zusammensetzung und Verfahren dem allgemeinen staatsverfassungsrechtlichen Standard von »Gerichtsbarkeit« entsprächen[11], sofern säkularstaatliche Maßstäbe an

---

vor die allg. Verwaltungsgerichte nach § 40 VwGO nur noch durch eine ausdrückliche bundes- oder landesgesetzliche Zuweisung an ein anderes Gericht ausgeschlossen werden kann.

7 *BGH*, U. v. 16. 3. 1961, BGHZ 34, 372 (374, 375); zugrundegelegt im U. v. 7. 5. 1962, LM Nr. 7 zu § 40 VwGO, sowie im U. v. 28. 11. 1962, BGHZ 38, 289 (295); *BVerwG*, U. v. 25. 11. 1982, BVerwGE 66, 241 (248 f.) auf der Grundlage seiner Beurteilung des § 135 Satz 2 BRRG als »Angebot« staatlichen Rechtsschutzes in Kirchensachen (vgl. oben S. 155); *OVG Münster*, B. v. 20. 1. 1964, KirchE 7, 14 (16, 17 f., 19); *OVG Lüneburg*, U. v. 18. 2. 1964, KirchE 7, 33 (34, 37); U. v. 5. 9. 1967, KirchE 9, 223 (225); *VGH Mannheim*, U. v. 20. 5. 1980, KirchE 18, 165 (passim; Revision und Verfassungsbeschwerde blieben erfolglos: *BVerwG*, U. v. 25. 11. 1982, NJW 1983, 2582, sowie *BVerfG*, B. v. 5. 7. 1983, NJW 1983, 2569); *BAG*, B. v. 25. 4. 1989, NJW 1989, 2284 (2285). – Offengelassen wird die Möglichkeit eines Ersatzes staatlichen Rechtsschutzes durch kirchlichen vom *BVerfG*, B. v. 1. 6. 1983, NJW 1983, 2569 (2569); B. v. 5. 7. 1983, NJW 1983, 2569 (2570); *BVerwG*, U. v. 1. 8. 1958, BVerwGE 7, 189 (190).

8 Vgl. S. 100 f.

9 Dazu S. 111 ff.

10 Vgl. dazu S. 21 und 22 mit Anm. 20 und 26.

11 Zu Fragen solcher Art im Kontext der staatskirchenrechtl. Rechtsschutzproblematik *D. Scheven*, Der Verwaltungsrechtsschutz im kirchl. Bereich, 1954, S. 110 ff.; *ders.*, ZevKR 4

sie anzulegen wären. Diese Fragestellung drängt sich unter mannigfachen Aspekten auf: im Hinblick auf ihre Rechtsbindung bzw. Bindung an das Bekenntnis, auf das richterliche Prüfungsrecht, auf eine Trennung der Judikative von der verwaltenden Tätigkeit, auf persönliche Unabhängigkeit der Richter, auf Gewährleistung rechtlichen Gehörs der Beteiligten, auf die Vollstreckbarkeit der gerichtlichen Entscheidungen usw.

Doch kommt es für die Frage nach der Erfüllung der vom Grundgesetz vorgegebenen *staatlichen* Justizgewährungsaufgabe darauf letztlich nicht an[12]. Denn die Garantie staatsrichterlichen Wirkens steht nicht in einem Verhältnis der Alternativität oder Subsidiarität zu anderweitigen Wegen der Rechtsverwirklichung, sondern sie ist von diesen sowohl im positiven wie im negativen Sinne unabhängig. Weder schließt die verfassungsrechtliche Gewährleistung effektiven staatlichen Gerichtsschutzes nicht-staatsrichterliche Rechtsdurchsetzungsmöglichkeiten aus[13], noch wird sie selbst dem Grunde nach durch deren Existenz relativiert oder gar beschränkt.

2. *Zur »bürgerlichen Wirksamkeit« kirchlicher Rechtspflege*

Maßgebend für die staatskirchenrechtliche Kompetenzproblematik kann demgemäß nicht die Existenz qualifizierter kirchlicher Rechtsschutzgewährung sein, sondern allein die Frage, inwieweit letztere das verfassungsrechtliche Rechtsschutzpostulat zu erfüllen vermag. Insoweit ist aus der Perspektive des Grundgesetzes zunächst entscheidend die Prüfung kirchlicher Judikatur auf das grundlegende Wesensmerkmal der *Staatlichkeit* bzw. jedenfalls *Staatsabgeleitetheit* hin – und an den insoweit maßgeblichen Merkmalen[14]

(1955), S. 190ff.; *K. Hesse*, DVBl. 1955, S. 591f.; *ders.*, Rechtsschutz durch staatl. Gerichte im kirchl. Bereich, 1956, S. 120ff.; *U. Hartmann*, Die Zuständigkeit staatl. Verwaltungsgerichte in Kirchensachen, 1955, S. 124ff.; *E. Glasow*, Die Anfechtbarkeit kirchl. Verwaltungsakte, 1956, S. 59ff.; *K. Hansch*, Die Disziplinargerichtsbarkeit in der evang. Kirche, 1961, S. 136; *D. u. U. Mann*, DVBl. 1962, S. 244; *P. Häberle*, JZ 1966, S. 384ff.; *H.-J. Schleicher*, Staatl. Rechtsprechungsmonopol und kirchl. Gerichtsbarkeit, 1968, S. 76ff.; *G. Schmidt-Eichstaedt*, Kirchen als Körperschaften des öff. Rechts?, 1975, S. 73ff.; *D. Ehlers*, ZevKR 27 (1982), S. 277f.; *ders.*, JuS 1989, S. 367; *W. Knüllig*, ZevKR 27 (1982), S. 357; *OVG Münster*, B. v. 20. 1. 1964, KirchE 7, 14 (18f.); *VGH Mannheim*, U. v. 20. 5. 1980, KirchE 18, 165 (175ff.) (dazu kritisch *S. Uibel*, DVBl. 1981, S. 37f. [Anm.]). – Grundsätzlich zu einschlägigen Problemen *H. Ph. Meyer*, FS E. Ruppel, 1968, S. 252ff.; *K. Mörsdorf*, Essener Gespräche 7 (1972), S. 119ff. [Aussprache]; *H. Maurer*, ZevKR 17 (1972), S. 71ff.

12 Zutreffend *K. A. Bettermann*, Die Grundrechte III/2, 1959, S. 795; *H. Weber*, Die Religionsgemeinschaften als Körperschaften des öff. Rechts, 1966, S. 137f.; *U. Steiner*, NVwZ 1989, S. 414f.

13 Dies dürfte unbestritten sein; vgl. nur *W. Dütz*, Rechtsstaatl. Gerichtsschutz im Privatrecht, 1970, S. 107; *D. Lorenz*, Der Rechtsschutz des Bürgers und die Rechtsweggarantie, 1973, S. 14.

14 Als Grundvoraussetzung für die Anerkennung einer in diesem Sinne den Anforderungen

fehlt es: Im Zeichen der durch Artt. 140 GG/137 Abs. 1 WRV dokumentierten institutionellen Trennung des Säkularstaats von den religiösen Verbänden haben ausschließlich die Kirchen selbst zufolge des ihnen in Artt. 140 GG/137 Abs. 3 WRV garantierten Selbstbestimmungsrechts über die Errichtung, Besetzung und Funktion ihrer Gerichte zu entscheiden[15]. Deshalb verbietet sich auch dann, wenn kirchliche Judikatur materiell sämtlichen Erfordernissen rechtsstaatlicher Gerichtsbarkeit gerecht wird, die Annahme, ihr komme ohne weiteres die Qualität als »staatlich« bzw. »vom Staate abgeleitet« und damit als Rechtsprechung *im Sinne des Art. 92 GG* zu[16].

Insoweit ist auch im Rahmen der staatskirchenrechtlichen Rechtsschutzfrage die angemessene Konsequenz aus der Säkularisierung des Staates und seiner Funktionen zu ziehen: Die Kirchen haben hierdurch in Angelegenheiten, welche dem staatlichen Justizanspruch unterfallen, ihre früheren Kompetenzen zur Ausübung einer »bürgerlich wirksamen« Gerichtsbarkeit, d.h. zur *im formellen Sinne* endgültigen gerichtlichen Dezision, bereits seit langem verloren. Sinnfällig zum Ausdruck kam diese Tatsache in § 15 Abs. 3 des Gerichtsverfassungsgesetzes i.d.F. vom 27. Januar 1877[17], wenn dort (nach einem Verweis auf das staatliche Rechtsprechungsmonopol im ersten Absatz[18]) normiert war: »Die Ausübung einer geistlichen Gerichtsbarkeit in weltlichen Angelegenheiten ist ohne bürgerliche Wirkung ... « Im Rahmen der Rechtsvereinheitlichung nach dem Zweiten Weltkrieg ist § 15 GVG zwar im Jahre 1950 lapidar und ersatzlos aufgehoben worden[19]; doch geschah dies

des Grundgesetzes entsprechenden Judikatur (in allen Zweigen der Gerichtsbarkeit: *BVerfG*, B. v. 9. 11. 1955, BVerfGE 4, 331 [344]) ist neben der Fundierung im *staatlichen Recht* in jedem Falle eine hinreichende Bindung an den Staat zu fordern, die sich in einer maßgeblichen Einflußnahme auf die *personelle Besetzung* erweist (*BVerfG*, B. v. 21. 10. 1954, BVerfGE 4, 74 [92]; B. v. 24. 11. 1964, BVerfGE 18, 241 [253f.]; B. v. 11. 6. 1969, BVerfGE 26, 186 [194f.]; B. v. 17. 12. 1969, BVerfGE 27, 312 [320]; B. v. 30. 5. 1978, BVerfGE 48, 300 [315]).

15 Auch vermittels der Schrankenklausel der Artt. 140 GG/137 Abs. 3 WRV kommt es insoweit nicht einmal ansatzweise zum Versuch staatlicher Ingerenz, da sich die auf die Organisation und Funktion der Gerichtsbarkeit beziehenden Normen sowohl der Justizverfassung des Grundgesetzes als auch des einfachen Rechts von vornherein nur auf *staatliche* Judikatur beziehen.

16 Über die insoweit erforderliche formelle Differenzierung zwischen kirchlicher und staatlicher Gerichtsbarkeit besteht seit langem breiter Konsens. Statt anderer *K. A. Bettermann*, Die Grundrechte III/2, 1959, S. 630; *K. Stern*, Staatsrecht, Bd. II, 1980, S. 924ff., 927; *E. Eyermann / L. Fröhler*, VwGO, 8. Aufl. 1980, Rdnr. 99 zu § 40; *W.-R. Schenke*, BK (Dez. 1982), Rdnr. 50 zu Art. 19 Abs. 4 GG; *ders.*, FS H. J. Faller, 1984, S. 136; *F. O. Kopp*, VwGO, 7. Aufl. 1986, Rdnr. 53 zu § 40.

17 RGBl. S. 41.

18 § 15 Abs. 1 GVG i.d.F. v. 27. 1. 1877: »Die Gerichte sind Staatsgerichte.«

19 Art. 1 Ziff. 13 des G. zur Wiederherstellung der Rechtseinheit auf dem Gebiete der Gerichtsverfassung, der bürgerl. Rechtspflege, des Strafverfahrens und des Kostenrechts v. 12. 9. 1950 [BGBl. S. 455]: »§ 15 wird aufgehoben.«

nicht, um eine Änderung der Rechtslage herbeizuführen, sondern deshalb, weil die Aussage der fraglichen Vorschrift als unter dem Grundgesetz *selbstverständlich* bewertet wurde[20]. Im Zeichen institutioneller Trennung von Staat und Kirche dürfte es in der Tat keiner ausdrücklichen normativen Bekräftigung mehr bedürfen, daß der Säkularstaat die Realisierung des rechtsstaatlichen Justizanspruchs ausschließlich seinem eigenen Funktionsbereich zurechnet und sie nicht zur Disposition der Kirchen und Religionsgemeinschaften bzw. ihrer Gerichte stellt.

Doch muß zur Vermeidung von Mißverständnissen gleichzeitig betont werden, daß die Entscheidungen der kirchlichen Gerichte keineswegs jeglicher Relevanz im Rahmen staatlichen Rechts entbehren[21]. Denn nicht anders als sonstige kirchliche Rechtsakte des »Ordnens und Verwaltens« der eigenen Angelegenheiten (Artt. 140 GG/137 Abs. 3 WRV) vermag die Gerichtsbarkeit der Kirchengerichte in der staatlichen Rechtsordnung unmittelbare Wirkungen zu erzeugen[22]; sie ist insofern selbstverständlich *materiell* »bürgerlich wirksam«[23].

---

[20] Unmißverständlich insoweit die Amtl. Begründung zu Art. 1 Nr. 12 des Entwurfs (Dt. Bundestag, I. Wahlperiode 1949, Anlage I zur Drucks. Nr. 530, S. 6 der Begründung): »§ 15 ist heute ohne sachliche Bedeutung. Er ist im Kampf des Staates gegen Beeinträchtigungen seiner Justizhoheit durch die Patrimonialgerichtsbarkeit, Privatgerichtsbarkeit und kirchliche Gerichtsbarkeit entstanden. Diese Auseinandersetzungen gehören der Vergangenheit an. Die alleinige und unbeschränkte Zuständigkeit des Staates, für seinen Bereich Gerichtsbarkeit zu üben, ist unbestritten. Deshalb kann § 15 aufgehoben werden.« – Diese Grunderkenntnis ergab sich aus der aktuellen Zuordnung von Staat und relig. Verbänden eigentlich von selbst. Auf sie ist denn auch alsbald nach der Aufhebung der Vorschrift und auch danach noch öfter hingewiesen worden (*E. Kern*, Staat und Kirche in der Gegenwart, 1951, S. 104; *K. Hesse*, DVBl. 1955, S. 591 [zu § 15 Abs. 1 GVG]; *ders.*, Rechtsschutz durch staatl. Gerichte im kirchl. Bereich, 1956, S. 116f. [zu § 15 Abs. 3 GVG]; *U. Scheuner*, ZevKR 6 [1957/58], S. 359; *H. Maurer*, Die Verwaltungsgerichtsbarkeit der evang. Kirche, 1958, S. 139; *A. v. Campenhausen*, FS E. Ruppel, 1968, S. 268 FN 43; *ders.*, ZevKR 17 [1972], S. 131 FN 16; *H. Weber*, Die Religionsgemeinschaften als Körperschaften des öff. Rechts, 1966, S. 138; *ders.*, DVBl. 1970, S. 255; *G. Scheffler*, Staat und Kirche, 2. Aufl. 1973, S. 256). Doch wurde ihr in den wiss. Stellungnahmen zur staatskirchenrechtl. Rechtsschutzfrage und in der Gerichtspraxis dann nicht durchweg hinreichende Beachtung zuteil (vgl. im letztgenannten Kontext z.B. *OLG Hamm*, U. v. 17. 2. 1971, KirchE 12, 52 [53f.], sowie *LG München I*, U. v. 15. 11. 1973, KirchE 13, 377 [379]).

[21] So aber wohl *E. Kern*, Staat und Kirche in der Gegenwart, 1951, S. 104, wenn er darlegt, der Staat erkenne geistliche Gerichtsbarkeit für seinen Bereich nicht an; mißverständlich im übrigen die dem Wortlaut des § 15 Abs. 3 a. F. entlehnte Bemerkung, die Ausübung kirchlicher Gerichtsbarkeit entbehre »der bürgerlichen Wirkung« (*H. Weber*, Die Religionsgemeinschaften als Körperschaften des öff. Rechts, 1966, S. 136; *A. v. Campenhausen*, FS E. Ruppel, 1968, S. 268; *W. Dütz*, Rechtsstaatl. Gerichtsschutz im Privatrecht, 1970, S. 35), sofern sie nicht in ihrer materiellen Tragweite konkretisiert – und damit freilich auch relativiert – wird (was im übrigen *A. v. Campenhausen* alsbald auch tat: *ders.*, ZevKR 17 [1972], S. 131 Fn 16).

[22] Beispielsweise dann, wenn ein Diözesan-Disziplinargericht einen Kirchenbeamten wegen eines Dienstvergehens zu einer Gehaltskürzung verurteilt und damit in den – auf den staatsbürgerl. Status bezogenen und der staatl. Rechtsordnung zuzurechnenden – individuellen Rechtskreis des Betroffenen einwirkt; dies verkennt das *BVerfG*, wenn es im B. v. 30. 3. 1984, DÖV

II. Rechtliche Rahmenbedingungen kirchlicher Rechtsprechung

An der dargelegten Rechtslage ändert sich nichts auf Grund der Tatsache, daß die Kirchen und Religionsgemeinschaften unter dem Grundgesetz spezifische Rechte und ein hohes Maß an freier Selbstentfaltung genießen. Denn das verfassungsrechtliche Postulat strikt *staatsbezogener* Realisierung der rechtsstaatlichen Gerichtsschutzaufgabe wird durch die einschlägigen Normen der Staatskirchenverfassung nicht berührt.

1. Der religiöse Körperschaftsstatus

Ohne Belang ist in diesem Zusammenhang der in Artt. 140 GG/137 Abs. 5 WRV den religiösen Verbänden garantierte bzw. angebotene Status als Körperschaften des öffentlichen Rechts. Denn diese Rechtsqualität vermittelt den betreffenden Kirchen und Religionsgemeinschaften, wie bereits dargelegt[24], nicht die Möglichkeit zur Ausübung übertragener staatlicher bzw. »öffentlicher« Gewalt im Sinne einer Gleichstellung mit sonstigen Körperschaften des öffentlichen Rechts. Der religiöse Korporationsstatus wird vielmehr nur in seiner Einbettung in den Kontext des übrigen Staatskirchenrechts zutreffend verstanden.

Insoweit freilich fehlt jeglicher Anhaltspunkt für die Annahme, Art. 137 Abs. 5 WRV bzw. seine Inkorporation in das Grundgesetz hätten die Abschichtung der jeweils staatlichen bzw. kirchlichen Justizzuständigkeit in Frage gestellt, welche 1919 und 1949 längst erreicht war und sich in der bereits erwähnten Vorschrift des § 15 GVG dokumentierte. Das in Art. 137 Abs. 1 WRV verfassungskräftig statuierte Prinzip der institutionellen Trennung von Staat und Kirche und nicht zuletzt die Tatsache, daß – als genuine Staatsbefugnis – das Recht der Besteuerung in Abs. 6 dieser Vorschrift *ausdrücklich* übertragen wird, sprechen eindeutig für das Gegenteil: Auch den religiösen Körperschaften des öffentlichen Rechts gegenüber behauptet der

---

1984, 974 (974), lapidar bemerkt, es sei »eine kirchliche Disziplinarmaßnahme nicht Sache des Staates; sie berührt seinen Zuständigkeitsbereich nicht«. – Vgl. auch unten S. 202 ff., 212 ff.

[23] Fragwürdig deshalb die – in einer formalen Entgegensetzung des sog. »innerkirchlichen« und des »staatlichen« Funktionsbereichs wurzelnde – Auffassung des *BVerfG*, es könnten Rechtsakte der kirchl. Gerichte »grundsätzlich nur die innerkirchliche Sphäre treffen, nicht hingegen den außerhalb liegenden öffentlich-rechtlichen Rechtskreis des Staatlichen« (*BVerfG*, B. v. 12.2. 1981, KirchE 18, 390 [390]); eine entsprechende Bewertung hatte unverkennbar bereits der vorangegangenen E. des *BVerwG* (U. v. 21.11. 1980, KirchE 18, 326 [327 ff.]) zugrundegelegen.

[24] Vgl. S. 118 ff., 121 f., 128 f.

soziale Rechtsstaat des Grundgesetzes nach Maßgabe der Verfassung dem Grunde nach seine hoheitlichen Funktionen. Die Befugnis zur Ausübung von Gerichtsbarkeit im Sinne des Art. 92 GG gehört weder traditionell noch gegenwärtig zum Bestand der religiösen Korporationsrechte[25].

2. *Das Selbstbestimmungsrecht der Kirchen und Religionsgemeinschaften*

Auch der Verfassungsgarantie des Selbstbestimmungsrechts der Kirchen und Religionsgemeinschaften lassen sich im Kontext der Rechtsschutzfrage keine Aufschlüsse über das Verhältnis kirchlicher und staatlicher Gerichtsbarkeit entnehmen[26]. In der wissenschaftlichen Diskussion ist dies allerdings teilweise anders gesehen worden[27]. Doch drohten hier zwei Betrachtungsebenen zu verfließen, die gegeneinander abzuschichten sind.

Einerseits kann es nach gegenwärtiger Verfassungslage keinem Zweifel mehr unterliegen, daß – wie andere Äußerungsformen religiöser Selbstbestimmung auch – die kirchliche Gerichtsbarkeit in ihrem Bestand und in ihrer Funktion als spezifische Ausprägung des »Verwaltens«[28] von der Verfassungsgarantie der Artt. 140 GG/137 Abs. 3 WRV umfaßt wird[29]. Den Kirchen und Religionsgemeinschaften ist insoweit die Möglichkeit eingeräumt, für den gesamten Bereich ihrer »eigenen Angelegenheiten«[30] nach Maßgabe

---

[25] Zutreffend *H. Weber*, DVBl. 1970, S. 255; *W. Rüfner*, HdbStKirchR I, S. 789. Entgegen *H.-J. Schleicher*, Staatl. Rechtsprechungsmonopol und kirchl. Gerichtsbarkeit, 1968, S. 91 f., dürfte (so selbstverständlich sie heute auch erscheint) eine solche Klarstellung der Tragweite des relig. Körperschaftsstatus freilich keineswegs entbehrlich sein, sofern man die Gleichwertigkeit zwischen Justiz- und Religionsverfassung des GG nicht verkennt (vgl. auch sogleich unten S. 169 bei und in Anm. 41). Zu Recht hat *M. Sachs*, DVBl. 1989, S. 489, darauf hingewiesen, der Fortbestand des relig. Körperschaftsstatus begründe »für die betroffenen Körperschaften jedenfalls keine Teilhabe an der Staatsgewalt mit ihrem Gewaltmonopol« und könne »daher als solcher jedenfalls nicht eine Sonderstellung für eine Gerichtsbarkeit dieser ›Kirchen‹ i. e. S. begründen«.

[26] So auch im Ergebnis *O. v. Harling*, NJW 1967, S. 2299; *H. Weber*, DVBl. 1970, S. 254; *W. Rüfner*, HdbStKirchR I, S. 789.

[27] *G. A. Vischer*, Evang.-Luth. Kirchenzeitung 10 (1956), S. 23; *C. H. Ule*, Verwaltungsgerichtsbarkeit, 2. Aufl. 1962, S. 103 f.; *ders.*, Verwaltungsprozeßrecht, 8. Aufl. 1983, S. 43 f.; *R. Richardi*, Arbeitsrecht in der Kirche, 1984, S. 194; *H. Maurer*, FS Chr.-F. Menger, 1985, S. 300.

[28] *H. Maurer*, Die Verwaltungsgerichtsbarkeit der evang. Kirche, 1958, S. 140; *K. Hesse*, HdbStKirchR I, S. 424; *D. Ehlers*, ZevKR 32 (1987), S. 164.

[29] *BVerfG*, B. v. 12. 2. 1981, KirchE 18, 390 (390). Im Ergebnis so auch *M. Sachs*, DVBl. 1989, S. 490, der die Befugnis zur Ausübung kirchlicher Gerichtsbarkeit allerdings als Folgekompetenz der Berechtigung religiöser Verbände zur normativen Regelung ihrer Angelegenheiten zuordnet; *H. Weber*, NJW 1989, S. 2226.

[30] Also nicht bloß in einem »Kernbereich der eigenen Angelegenheiten«; zu eng insoweit *J.*

der in Art. 137 Abs. 3 WRV enthaltenen Schrankenklausel frei zu entscheiden, ob Kirchengerichte errichtet werden[31], welche Zuständigkeiten diesen im einzelnen eingeräumt sind, wie ihr Verfahren ausgestaltet wird usw. Bestand und Funktion der kirchlichen Gerichtsbarkeit beruhen in diesem Rahmen auf *eigenständigem* vom Staate anerkanntem Recht der Kirchen bzw. Religionsgemeinschaften; sie stellen sich also nicht als vom Staate abgeleitet[32] dar. Der verfassungsrechtliche Befund läßt den religiösen Verbänden insoweit auf dem Felde der Judikatur in eigenen Angelegenheiten weiten Raum freier Entfaltung.

Doch ist in der Garantie des religiösen Selbstbestimmungsrechts zugleich eine für die staatskirchenrechtliche Rechtsschutzfrage grundlegende Begrenzung enthalten. Nach ihr verbietet sich die schlichte Schlußfolgerung von der Selbst*ordnungs*befugnis der Kirchen und Religionsgemeinschaften auf ihre (im Sinne der staatlichen Verfassung) abschließende Selbst*entscheidungs*befugnis[33]. Denn nach gegenwärtigem Verständnis nimmt die Garantie des religiösen Selbstbestimmungsrechts die Kirchen nicht vollständig aus der staatlichen Ordnung heraus[34]. Gewährleistet wird das selbständige Ordnen und Verwalten – und damit auch die selbständige Gerichtsbarkeit – den Kirchen und Religionsgemeinschaften in *ihren (eigenen) Angelegenheiten*. Dieses Tatbestandsmerkmal bedeutet Entfaltungsraum und Begrenzung religiöser Freiheit zugleich, wobei im vorliegenden Zusammenhang vor allem letztere Qualität bedeutsam wird: Macht man Ernst mit der Qualifizierung effektiver letztverbindlicher Rechtsschutzgewährung auch in Kirchensachen als spezifischer Gemeinwohlfunktion des säkularen sozialen Rechtsstaats[35], so kann es sich bei *dieser* (staatsverfassungsrechtlich fundierten) Rechtsschutzgewährung nicht um eine *Eigenangelegenheit* im Sinne des religiösen

---

Jurina, HdbStKirchR I, S. 599, 601. Zu Unrecht (freilich auf der Basis der von ihm vertretenen »Bereichslehre« konsequent) beschränkt den Funktionsbereich der kirchl. Gerichtsbarkeit auf das »forum internum der Kirchen« auch *H. Weber*, DVBl. 1970, S. 254.

31 Auch die Einführung einer kirchl. *Arbeitsgerichtsbarkeit* mit Zuständigkeit für kirchliche Dienstverhältnisse stellt sich insoweit als vom relig. Selbstbestimmungsrecht getragen dar. Den diesbezüglichen Erwägungen bei *A. v. Campenhausen*, AöR 112 (1987), S. 651 f., ist deshalb zuzustimmen, wobei freilich gleichzeitig betont werden muß, daß es auch in diesem Zusammenhang bei dem vorliegend skizzierten Verhältnis von kirchlicher und staatlicher Rechtspflege bleibt; für eine *staatsverdrängende* Arbeitsgerichtsbarkeit der Kirchen besteht deshalb nach geltendem Recht kein Raum.

32 Vgl. auch oben S. 129 bei und in Anm. 52.

33 Paradigmatisch wird dieses in der Wurzel koordinationsrechtlich fundierte und insbes. in der Rspr. verbreitete Argumentationsmuster beim *BGH* im U. v. 16. 3. 1961, BGHZ 34, 372 (374), deutlich.

34 Zutreffend *W. Rüfner*, HdbStKirchR I, S. 789.

35 Vgl. S. 148 ff.

Selbstbestimmungsrechts handeln[36]. Sie wird mithin von der Garantie der Artt. 140 GG/137 Abs. 3 WRV von vornherein nicht erfaßt.

Kirchliche und staatliche Gerichtsbarkeit sind charakterisiert durch tiefe wesensgemäße Unterschiede nach der Motivation der Errichtung, nach der Grundlegung und der Ausrichtung ihrer Aufgaben, nach den für ihr Wirken zu beachtenden rechtlichen bzw. außerrechtlichen Maßstäben usw. Sie haben in der Verfassungsordnung des Grundgesetzes verschiedene Funktionssphären auszufüllen. Diese mögen sich zwar zufolge der Einbeziehung des Religiösen in die allgemeine Rechtsordnung *der Wirkung nach* berühren oder gar überschneiden; doch ist zwischen ihnen im Blickwinkel der staatlichen Verfassung *dem Grunde nach* strikt zu differenzieren. Angesichts der erwähnten funktionsbezogenen Unterschiede hat man das Verhältnis staatlicher und kirchlicher Gerichtsbarkeit schwerlich im Sinne einer *Konkurrenz*[37] zu verstehen; eher schon stellt es sich als *Koexistenz* dar, welche maßgeblich auf einer sachangemessenen Abschichtung der jeweiligen staatlichen bzw. kirchlichen Justizaufgaben und -zuständigkeiten beruht.

III. Übertragung staatlicher Justizbefugnisse auf Kirchen oder Religionsgemeinschaften

Nach alledem könnten kirchliche Gerichte allenfalls dann abschließenden Rechtsschutz gewähren, wenn ihnen eine solche Funktion vom Staat *übertragen* wäre. Freilich mag man Zweifel hegen, ob nach geltender Verfassungslage eine Übertragung seiner Rechtsschutzaufgabe durch den Staat auf kirchliche Gerichte tatsächlich »nicht für ausgeschlossen zu halten«[38] wäre.

Bedenken ergeben sich diesbezüglich allerdings weniger aus dem staatskirchenrechtlichen *Trennungsprinzip*, wie es in Artt. 140 GG/137 Abs. 1 WRV verankert ist. Denn auch im Zeichen des institutionellen Auseinandertretens von Staat und Kirchen bleibt unter dem Grundgesetz durchaus Raum für eine Kooperation von Staat und religiösen Verbänden[39] und in diesem Rah-

---

[36] Oben S. 149.

[37] So aber *H. Maurer*, ZevKR 17 (1972), S. 69; *ders.*, FS Chr.-F. Menger, 1985, S. 300; wohl auch *M. Sachs*, DVBl. 1989, S. 493f., der von prinzipiell voneinander geschiedenen Funktionssphären kirchlicher und staatlicher Gerichtsbarkeit ausgeht.

[38] Diese Auffassung deutet *A. Hollerbach*, VVDStRL 26 (1968), S. 73, an, ohne sie freilich im einzelnen zu entwickeln. Ähnlich *H. Maurer*, FS Chr.-F. Menger, 1985, S. 299, wenn er äußert, es sei »eine staatlich vorgesehene Delegation an kirchliche Gerichte ... prinzipiell durchaus möglich, wenn die kirchlichen Gerichte den staatlichen Gerichten gleichwertig sind«.

[39] Die Formalisierung des Trennungsgedankens, wie ihr in der staatskirchenrechtl. Diskussion seit Mitte der 60er Jahre aufs neue das Wort geredet worden ist, vermochte dieser Rechtslage freilich nicht gerecht zu werden; vgl. auch *K.-H. Kästner*, JöR NF 27 (1978), S. 278f.

men auch für eine sachangemessene Übertragung staatlicher Aufgaben auf die Kirchen, sofern diese in der Lage sind, die betreffenden Funktionen auszufüllen.

Fraglich erscheint die grundsätzliche Legalität einer Abgabe der rechtsstaatlichen Justizfunktion an kirchliche Gerichte vielmehr aus der Perspektive des *Justizverfassungsrechts*: Zufolge des in Art. 92 GG verfassungskräftig verankerten staatlichen Justizmonopols können Zuständigkeitsübertragungen zwischen verschiedenen Gerichtsbarkeiten ohne Verstoß gegen das Grundgesetz prinzipiell nur *innerhalb des staatlichen Rechtsschutzsystems* – also nur an Gerichte im Sinne der Artt. 92 und 97 GG – erfolgen. Zu Recht ist der Vorbehalt gesetzlicher Zuweisung von Streitigkeiten an »ein anderes Gericht« in § 40 Abs. 1 Satz 1 VwGO denn auch im Sinne einer Begrenzung auf staatliche Gerichte verstanden worden[40]. Die Judikative der Kirchen hat indes, wie erwähnt, strikt nichtstaatlichen Charakter. Daraus folgt, daß eine abschließende Zuweisung rechtsstaatlicher Gerichtsschutzfunktionen an sie allenfalls im Wege einer *Modifizierung des staatlichen Justizmonopols* rechtens erfolgen könnte. Dies setzte eine hinreichend eindeutige normative Regelung *auf der Ebene der Verfassung* voraus[41]. Im Grundgesetz sind Normen, die so verstanden werden könnten, weder in der Justizverfassung noch – wie erwähnt – in den religionsrechtlichen Vorschriften enthalten.

Im übrigen bedürfte eine Übertragung staatlicher Justizfunktionen auf kirchliche Gerichte jedenfalls einer *ausdrücklichen Normierung* staatlichen Rechts[42]. Dieses Erfordernis korrespondiert mit der Tatsache, daß eine Veränderung von Justizzuständigkeiten im Lichte des Rechtsstaatsprinzips von grundsätzlicher Bedeutung ist[43] und demgemäß einer eindeutigen normati-

---

40 *K. Redeker / H.-J. v. Oertzen*, VwGO, 8. Aufl. 1985, Rdnr. 39 zu § 40; *F. O. Kopp*, VwGO, 7. Aufl. 1986, Rdnr. 53 zu § 40. – Anders *H. Maurer*, DÖV 1960, S. 753; wohl auch *ders.*, FS Chr.-F. Menger, 1985, S. 299; *C. H. Ule*, Verwaltungsgerichtsbarkeit, 2. Aufl. 1962, S. 103; *ders.*, Verwaltungsprozeßrecht, 8. Aufl. 1983, S. 43.

41 Zutreffend *H. Weber*, DVBl. 1970, S. 255. – Vollständig außer acht gelassen wurde die Relevanz des Art. 92 GG noch in der Diss. von *U. Hartmann*, Die Zuständigkeit staatl. Verwaltungsgerichte in Kirchensachen, 1955, wenn dieser (aaO. S. 138) davon ausging, eine staatsverdrängende Übertragung von Rechtsprechungsfunktionen auf kirchl. Verwaltungsgerichte sei denkbar durch »die Aufnahme der kirchlichen Verwaltungsgerichtsbarkeit in Staatskirchenverträge, denen allerdings ein staatliches Mantelgesetz zur Seite treten müßte«, oder aber »selbstverständlich durch einfache Delegation in Form eines staatlichen Gesetzes«. Umgekehrt an einer Verabsolutierung des in Art. 92 GG enthaltenen staatl. Rechtsprechungsmonopols leiden die Darlegungen bei *H.-J. Schleicher*, Staatl. Rechtsprechungsmonopol und kirchl. Gerichtsbarkeit, 1968, S. 90f. Er zieht (wie auch bereits *H. Weber* aaO. zu Recht bemerkt hat) die Möglichkeit einer Modifikation des Art. 92 GG auf der Ebene der Verfassung selbst und somit auch vermittels der – den übrigen Normen gleichrangigen – *Religionsverfassung* von vornherein nicht hinreichend in Betracht.

42 Statt anderer *U. Steiner*, NVwZ 1989, S. 415.

43 *A. Hollerbach*, VVDStRL 26 (1968), S. 73.

ven Grundlage bedarf. Dem entspricht im Funktionsbereich der Verwaltungsgerichtsbarkeit § 40 Abs. 1 VwGO. Soweit diese Vorschrift auf Kirchensachen anwendbar ist, läßt sich angesichts ihres diesbezüglich klaren Wortlauts[44] weder im Wege der Auslegung[45] noch auf Grund von Analogie-Überlegungen[46] die Auffassung halten, es sei von einer *stillschweigenden*[47] Übertragung staatlicher Rechtsprechungsfunktionen auf kirchliche Gerichte bestimmter Qualität auszugehen; erst recht verbietet sich danach die Annahme, eine solche Funktionsübertragung könne auf Grund *kirchenrechtlicher* Regelung wirksam geschehen[48]. Sollte eine Übertragung überhaupt verfassungsgemäß erfolgen dürfen (was freilich, wie gesagt, nach geltender Verfassung zu bezweifeln ist), so setzte sie jedenfalls eine ausdrückliche staatsgesetzliche Regelung voraus – und an einer solchen fehlt es gegenwärtig[49].

Nach alledem mögen kirchliche Gerichte durchaus effektiven[50] und angesichts ihrer gesteigerten »Sachnähe« zur Verfahrensmaterie[51] sachlich über-

---

[44] Auf die insoweit zweifelsfreie Fassung des § 40 VwGO wiesen zu Recht alsbald nach Inkrafttreten *H. H. Rupp*, AöR 85 (1960), S. 163, sowie *H. Maurer*, DÖV 1960, S. 753, hin; vgl. neuestens wieder *D. Ehlers*, JuS 1989, S. 367.

[45] Anders *C. H. Ule*, Verwaltungsgerichtsbarkeit, 2. Aufl. 1962, S. 103 f., (und nach wie vor *ders.*, Verwaltungsprozeßrecht, 8. Aufl. 1983, S. 43 f.), der aus Artt. 140 GG/137 Abs. 3 WRV das Erfordernis einer verfassungskonformen Auslegung ableitet, derzufolge auch eine *kirchengesetzliche* Regelung ausreiche. Diese Auffassung rief zu Recht alsbald Widerspruch hervor (*P. Mikat*, Kirchl. Streitsachen vor den Verwaltungsgerichten [1963], S. 320 mit FN 18); denn sie beruhte, wie gezeigt (oben S. 166 ff.), auf einer Verkennung der Tragweite des relig. Selbstbestimmungsrechts für das Verhältnis der kirchlichen zur staatlichen Gerichtsbarkeit.

[46] So *VGH Mannheim*, U. v. 20. 5. 1980, KirchE 18, 165 (170 f., 174 f.).

[47] Dazu treffend *P. Mikat*, Kirchl. Streitsachen vor den Verwaltungsgerichten (1963), S. 317 f.

[48] So aber im Blick auf § 40 Abs. 1 VwGO nach wie vor die oben auf S. 160 in Anm. 1 Genannten.

[49] Zutreffend herausgestellt auch bei *H. H. Rupp*, AöR 85 (1960), S. 162; *H. Weber*, Die Religionsgemeinschaften als Körperschaften des öff. Rechts, 1966, S. 137.

[50] Diesen Aspekt betont besonders *W. Rüfner*, HdbStKirchR I, S. 780, wenn er der Frage maßgebliche Bedeutung zumißt, ob »die kirchlichen Instanzen ihrer Aufgabe, den Geistlichen eine effektive Sicherung der sozialstaatlich unverzichtbaren Rechte zu gewähren, ... gerecht würden«. Eine Prüfung kircheneigenen Rechtsschutzes auf seine Qualität hin mag zwar für die Überlegung von Belang sein, ob die gegenwärtig unverkennbare Zurückhaltung der staatl. Gerichte gegenüber Kirchensachen als *faktisch* untragbar zu beurteilen ist; hingegen kommt ihr für die Konkretisierung des *verfassungsrechtlich gebotenen* Standards staatlicher Gerichtsschutzgewährung kein ausschlaggebendes Gewicht zu.

[51] Im Lichte der bestehenden eindeutigen Verfassungs- und Gesetzeslage ist dieser – sachlich nicht zu bestreitende – Gesichtspunkt für die Reichweite und die Modalitäten der staatl. Justizgewährungsaufgabe und -kompetenz in ihrem Verhältnis zur kirchl. Judikatur nicht von Belang; bereits *innerhalb der staatlichen Rechtspflege* vermag die »Sachnähe« eines Gerichtszweiges eine bestehende normative Kompetenzregelung nicht zu überspielen (*BVerwG*, U. v. 27. 4. 1984, BVerwGE 69, 192 [197]; *F. O. Kopp*, VwGO, 7. Aufl. 1986, Rdnr. 51 zu § 40). Zu Recht geht deshalb *K. Hesse*, JöR NF 10 (1961), S. 80, davon aus, die Zuständigkeit eines kirchl. Verwaltungsgerichts könne trotz seiner »Sachnähe« die Zuständigkeit der staatl. Verwaltungsgerichte nicht ausschließen.

zeugenden Rechtsschutz gewähren. Sofern freilich dieser kirchengerichtliche Spruch den jeweiligen Konflikt aus der Sicht des Rechtsschutzsuchenden nicht zufriedenstellend klärt, kommt ihm in der staatlichen Rechts- und Justizordnung keine höhere Dignität zu als sonstigen Akten kirchlicher Gewalt[52], welche im Streitfall nach Maßgabe des geltenden Rechts staatsgerichtlicher Dezision unterliegen[53]. Kirchengerichte können dann dem Gerichtsschutzpostulat des Grundgesetzes letztverbindlich nicht Genüge leisten[54]. Sie unterfallen vielmehr in ihren Entscheidungen selbst der staatlichen Judikatur: im Rahmen der allgemeinen Möglichkeit, gegen kirchliche Maßnahmen Rechtsschutz durch die Staatsgerichte zu begehren, nicht jedoch im Sinne eines formellen prozessualen Instanzenzuges[55].

Abzuschichten von der kompetenzrechtlichen Dimension des Verhältnisses staatlicher und kirchlicher Gerichtsbarkeit ist die Problematik, ob bzw. inwieweit das Durchlaufen eines bestehenden kirchlichen Rechtszuges als *Zulässigkeitsvoraussetzung* im Rahmen der Anrufung staatlicher Gerichte statuiert werden kann[56]. Insofern geht es zwar letztlich auch im Kontext staatlicher Rechtsschutzgewährung um eine Beachtung der Existenz und des Wirkens kirchlicher Judikative. Doch handelt es sich nicht um eine prinzipielle Ortsbestimmung staatlicher Rechtspflege in ihrem Verhältnis zur kirchlichen und damit um ein justizverfassungs- bzw. staatskirchenrechtliches Grundsatzproblem, sondern um eine prozeßrechtliche Spezialfrage. Sie zieht – recht gewichtet – jedenfalls nicht die prinzipielle *Kompetenz* staatlicher Gerichtsbarkeit zur Rechtsprechung in religiösen Angelegenheiten in Zweifel. Ob sie, wie dies in der bisherigen Diskussion zum Teil geschehen ist, sachlich als Konkretisierung des für eine unmittelbare Inanspruchnahme staatlicher Gerichte erforderlichen Rechtsschutzbedürfnisses zutreffend eingeordnet (und bejaht) wird, kann mangels einschlägiger positivrechtlicher Anhaltspunkte durchaus fraglich erscheinen; doch mag diese Problematik im vorliegenden Zusammenhang auf sich beruhen.

---

52 In diesem – formellen – Sinne kommt den Entscheidungen der kirchl. Gerichte in der Tat »nur kirchliche Wirkung« zu, wie *K. Hesse*, HdbStKirchR I, S. 424, zutreffend bemerkt. Vgl. ferner *M. Sachs*, DVBl. 1989, S. 494 mit FN 72 und 73.

53 In diesem Sinne auch *H. Weber*, NJW 1989, S. 2227. Die Problematik der Mobilisierung der »Rechtsprechung gegen die Rechtsprechung« (*K. Hesse*, Rechtsschutz durch staatl. Gerichte im kirchl. Bereich, 1956, S. 91) erledigt sich mit der Erkenntnis, daß die kirchl. Gerichte keine Gerichtsbarkeit *im Sinne des Art. 92 GG* ausüben (vgl. auch oben S. 163 bei und in Anm. 16).

54 Davon geht zu Recht auch *W.-R. Schenke*, FS H. J. Faller, 1984, S. 143, aus.

55 Zutreffend *W. Rüfner*, HdbStKirchR I, S. 788; gegen seine vorangehende Bemerkung, es hätten »die staatlichen Gerichte ... keine Möglichkeit, die Entscheidungen kirchlicher Gerichte [scil. im sog. innerkirchlichen Bereich; *Anm. d. Verf.*] zu überprüfen, allenfalls kann eine Inzidentprüfung in Ausnahmefällen in Frage kommen«, sind in dieser allgemeinen Form freilich Bedenken zu erheben.

56 Vgl. die Nachweise oben auf S. 58 in Anm. 25.

Zwölftes Kapitel

Säkularstaatliche Ordnung und staatliche Gerichtsbarkeit in Religionssachen

I. Der Wirkungsbereich der staatlichen Rechtsordnung als Grenze des staatlichen Justizanspruchs

Der rechtsstaatliche Justizanspruch hat instrumentale Funktion zur verfassungsgemäßen Gewährleistung einer gerechten *staatlichen* Rechtsordnung und -praxis. Demgemäß bezieht er sich – unbeschadet etwaiger weiterer, aus Artt. 140 GG/137 Abs. 3 WRV zu entnehmender Grenzen – von der *Justizverfassung* her allenfalls auf solche Angelegenheiten der Kirchen und Religionsgemeinschaften, die eine rechtliche Beziehung zu eben dieser staatlichen Rechtsordnung besitzen, mag diese Beziehung auch stärker oder schwächer ausgeprägt, enger oder weiter erscheinen. Nach dem Ende des »christlichen Staates« und insbesondere nach dem Wegfall des landesherrlichen Kirchenregiments und der besonderen staatlichen Kirchenaufsicht kann diese (für den Justizanspruch des Staates konstitutive) Beziehung zwischen dem staatlichen und dem institutionell-religiösen Aufgaben- und Rechtsbereich keinesfalls mehr ausschließlich *kirchenpolitischer* Art oder von der *Religionsfürsorge* geprägt sein; sie muß vielmehr unmittelbar »weltlich«-rechtlichen Charakter haben. Stellt sich heraus, daß eine religiöse Angelegenheit keinerlei Bezug solcher Qualität zur staatlichen Rechtsordnung aufweist, zählt sie deshalb von vornherein nicht zum Kompetenzbereich der Staatsgerichte.

Die Frage nach dem Vorliegen von Rechten, die den Schutz der staatlichen Verfassungs- und Rechtsordnung genießen, ist deshalb nicht nur *spezifisch verfahrensrechtlich* von Belang – im Rahmen der Prüfung der Klagebefugnis (z.B. gemäß § 42 Abs. 2 VwGO[1]) im Einzelfall. Sie hat bereits dem Grunde nach ausschlaggebende Bedeutung für den *Wirkungsbereich des staatlichen*

---

[1] Vgl. insoweit im Blick auf Kirchensachen vor den allg. Verwaltungsgerichten *D. Ehlers*, JuS 1989, S. 371 f.

Justizanspruchs in Angelegenheiten der Kirchen und Religionsgemeinschaften[2]. Soweit solche Rechte bzw. deren Verletzung nicht geltend gemacht werden können, griffe die gleichwohl erfolgende Erhebung eines Rechtsschutzbegehrens vor staatlichen Gerichten bereits dem Grunde nach über den Funktionsbereich staatlicher Judikative hinaus.

Diese Sachlage wird insbesondere vielfach bei Rechtsschutzbegehren gegeben sein, die sich auf den im engeren Sinne geistlichen Bereich des Wirkens religiöser Verbände beziehen. Soweit *unmittelbar* Fragen der Liturgie bzw. des Kultus im Streit stehen, soweit die »Richtigkeit« theologischer Auffassungen im Rahmen der Lehre umstritten ist, soweit es um die Zulassung zu Sakramenten bzw. kirchlichen Amtshandlungen geht u. ä., wird nur in ganz speziellen Konstellationen das Berührtsein eines »weltlich« relevanten Rechts überhaupt geltend gemacht werden können. Doch kommen solche Sachlagen durchaus vor (z. B. im Fall der möglichen Verletzung des Elternrechts durch eine eigenmächtig bzw. gegen den erklärten Willen eines Elternteils vorgenommene Taufe; oder im Fall möglicher Verletzung des Persönlichkeitsrechts durch eine Kanzelabkündigung, durch die veröffentlichte Kritik der Kirchenleitung an der Amtsführung eines Pfarrers usw.). Es ist dann *justizverfassungsrechtlich* geboten, die Inanspruchnahme von Rechtsschutz durch staatliche Gerichte für zulässig zu erachten. Kann sich der Rechtsschutzsuchende im Blick auf den Gegenstand des Verfahrens eines durch die staatliche Rechtsordnung geschützten Rechts bzw. seiner Verletzung berühmen, so darf seine Klage oder sein Antrag nicht deshalb als unzulässig beurteilt werden, weil sich das Rechtsschutzbegehren auf die Wirkungssphäre einer Kirche oder Religionsgemeinschaft bezieht – mag diese auch ganz zentral betroffen sein.

Keine Sachentscheidungsvoraussetzung stellt hingegen die Verletzung eines *Schrankengesetzes* i. S. d. Artt. 140 GG/137 Abs. 3 WRV dar; weder die ausdrückliche Behauptung noch die stillschweigende Geltendmachung einer solchermaßen qualifizierten Rechtsverletzung ist für die Zulässigkeit der Anrufung eines Staatsgerichts zu fordern. Zu Unrecht ist auf ein solches Zulässigkeitskriterium in Wissenschaft und Gerichtspraxis – nach Maßgabe des jeweiligen Verständnisses des Schrankenvorbehalts – mehr oder minder dezidiert abgehoben worden[3]. Dies wäre nur dann sachangemessen, wenn nach geltender Verfassungslage aus dem Wirken von Kirchen und Religions-

---

2 Dazu auch *D. Ehlers*, ZevKR 27 (1982), S. 287 f.; *ders.*, JuS 1989, S. 371; *U. Steiner*, NVwZ 1989, S. 414.

3 *U. Scheuner*, ZevKR 3 (1953/54), S. 357 f.; *K. Hesse*, DVBl. 1955, S. 65; *ders.*, Rechtsschutz durch staatl. Gerichte im kirchl. Bereich, 1956, S. 95 f.; *H. Johnsen*, Nachprüfbarkeit kirchl. Rechtshandlungen durch staatl. Gerichte, 1956, S. 188; *W. Jung*, Staat und Kirche im kirchl. Friedhofswesen, 1966, S. 152 ff.; *F.-G. v. Busse*, Gemeinsame Angelegenheiten von Staat und

gemeinschaften bestimmte religiöse Angelegenheiten oder einzelne Bereiche abgeschichtet werden könnten, welche auch im Falle unmittelbarer Auswirkungen im staatlichen Rechtskreis *absolut* »staatsfest« wären; oder wenn manchen staatlich erlassenen Gesetzen die Tauglichkeit als Schrankennormen i. S. d. Artt. 140 GG/137 Abs. 3 WRV prinzipiell abginge. Beide Annahmen würden indes der Verfassungsgarantie des Selbstbestimmungsrechts der religiösen Verbände nicht gerecht.

Denn unter dem Grundgesetz kommt – dem Grunde nach – *jeder* allgemein geltenden Vorschrift der staatlichen Rechtsordnung die Qualität als potentielle Schrankennorm zu; und es unterliegen die Kirchen und Religionsgemeinschaften – ebenfalls dem Grunde nach – in der Regelung des *gesamten* Kreises ihrer »eigenen« Angelegenheiten dem verfassungsmäßigen Schrankenvorbehalt. Deshalb ist die *Möglichkeit* der Verletzung einer Schrankennorm ohne weiteres in der Geltendmachung des Bestehens bzw. der Verletzung eines Rechtes, das den Schutz der staatlichen Rechtsordnung genießt, mit enthalten. Die Frage, ob die betreffende staatliche Vorschrift tatsächlich als Schrankengesetz durchgreift, bildet kein Kriterium der *Zulässigkeit*, sondern ein solches der *Begründetheit* des zur gerichtlichen Entscheidung gestellten Rechtsschutzbegehrens. Sie ist als Frage der konkreten Tragweite des religiösen Selbstbestimmungsrechts vom Gericht jeweils im Einzelfall zu beantworten, was durch Abwägung zwischen dem Schutzzweck der fraglichen Norm einerseits und der materiellen Bedeutung des von dem betroffenen religiösen Verband erhobenen Freiheitsanspruchs andererseits zu erfolgen hat.

II. Kirchenrecht vor staatlichen Gerichten

Für die Zulässigkeit eines Rechtsschutzbegehrens aus dem Wirkungskreis von Kirchen oder Religionsgemeinschaften erforderlich – aber auch ausreichend – ist nach alledem die Geltendmachung der Verletzung eines Rechtes, welches den Schutz der staatlichen Rechtsordnung genießt. Keine ausschlaggebende Bedeutung in diesem Zusammenhang entfaltet die Frage nach dem *Ursprung* der für die gerichtliche Entscheidung maßgeblichen Rechtsgrundlagen. Denn soweit staatlichen Gerichten nach Maßgabe der geltenden Justiz- und Religionsverfassung eine Kompetenz zur Ausübung von Rechtsprechungsfunktionen zukommt, ist ihnen auch die Anwendung von Rechtsnormen, die durch Kirchen oder Religionsgemeinschaften erlassen

Kirche, 1978, S. 300 FN 153; *A. Hollerbach*, Hdb. des Staatsrechts, Bd. VI, 1989, S. 551 Rdnr. 149; *VG Hamburg*, U. v. 29. 4. 1980, KirchE 18, 153 (158).

wurden, nicht verschlossen. Es besteht deshalb keine Veranlassung, den Kompetenzbereich seinerseits von der Qualität des für den Prozeßgegenstand einschlägigen Rechts abhängig zu machen und anzunehmen, die staatlichen Gerichte könnten in Kirchensachen Rechtsschutz allenfalls insoweit gewähren, als sie *staatliches Recht* anzuwenden hätten. In der bisherigen wissenschaftlichen Diskussion hat man die Dinge freilich bisweilen so gesehen[4]. Die Rechtsprechung verhält sich, wie eingangs dieses Buches bereits erwähnt, *faktisch* tendenziell reserviert. Eine *grundsätzliche* Ablehnung der Anwendbarkeit kirchlichen Rechts ist in der Gerichtspraxis allerdings nur vereinzelt geäußert worden[5]. In den verschiedensten rechtlichen Zusammenhängen haben staatliche Gerichte vielmehr Kirchenrecht seit langem herangezogen und angewandt[6].

1. *Kirchliches Recht in der staatlichen Rechtsordnung*

Diese Handhabung wäre allerdings fragwürdig, wenn sich das Grundverhältnis zwischen der staatlichen Rechtsordnung und den jeweiligen Rechtskreisen der Kirchen und Religionsgemeinschaften als ein solches gegenseiti-

---

[4] Vgl. die Nachweise oben auf S. 130 in Anm. 56.

[5] So z.B. *BGH*, U. v. 17.12. 1956, BGHZ 22, 383 (390f.); *VG Frankfurt a. M.*, U. v. 22.3. 1967, KirchE 9, 76 (78); *VG Minden*, B. v. 26.3. 1970, KirchE 11, 173 (179); *LAG Hannover*, B.v. 20.3. 1983, ZevKR 29 (1984), 620 (621); *VGH München*, U. v. 18.12. 1985, BayVBl. 1986, 271 (273).

[6] Aus der höchstrichterl. Rspr. *BVerfG*, B. v. 17.2. 1965, BVerfGE 18, 385 (388); B. v. 16.10. 1968, BVerfGE 24, 236 (248); B. v. 21.9. 1976, BVerfGE 42, 312 (343f.); B. v. 11.10. 1977, BVerfGE 46, 73 (93); B. v. 25.3. 1980, BVerfGE 53, 366 (403); B. v. 30.3. 1984, DÖV 1984, 974 (975); B. v. 4.6. 1985, BVerfGE 70, 138 (166, 170f., 172); *BGH*, U. v. 18.2. 1954, BGHZ 12, 321 (325) [allerdings mit dogmatisch fragwürdigem Begründungsansatz bei der »Einigungstheorie«]; U. v. 13.7. 1954, BGHZ 14, 294 (296); U. v. 26.4. 1956, BGHSt 9, 140 (141); U. v. 27.11. 1957, BGHZ 26, 116 (118ff.); U. v. 3.5. 1966, BGHSt 21, 64 (65); U. v. 19.9. 1966, BGHZ 46, 96 (99f., 103); U. v. 25.2. 1972, KirchE 12, 377 (382); B. v. 10.7. 1972, EGE XII 34 (35f.); U. v. 22.2. 1974, KirchE 14, 21 (30); *BVerwG*, U. v. 29.5. 1964, BVerwGE 18, 341 (344); U. v. 17.9. 1964, BVerwGE 19, 252 (258, 263); U. v. 27.10. 1966, BVerwGE 25, 226 (232f.) [wo das Gericht ein »Schweigen des Kirchenrechts« konstatiert]; U. v. 15.12. 1967, BVerwGE 28, 345 (346ff.); U. v. 25.10. 1968, BVerwGE 30, 326 (327, 328, 328ff., 336f.); U. v. 14.7. 1971, BVerwGE 38, 264 (265f.); B. v. 18.12. 1973, KirchE 13, 423 (430); U. v. 18.2. 1977, BVerwGE 52, 104 (113); U. v. 21.11. 1980, KirchE 18, 326 (329f.); U. v. 25.11. 1982, BVerwGE 66, 241 (248f.); U. v. 25.11. 1982, NJW 1983, 2582 (2583); U. v. 25.5. 1984, NJW 1985, 393 (396); B. v. 10.8. 1989, ZevKR 35 (1990), 57 (58f.); *BAG*, B. v. 19.12. 1969, KirchE 11, 112 (115ff.); U. v. 21.10. 1970, KirchE 11, 342 (346ff.); B. v. 6.12. 1977, KirchE 16, 254 (260f.); U. v. 25.4. 1978, KirchE 16, 367 (368, 374); U. v. 4.3. 1980, KirchE 18, 41 (46ff.); U. v. 27.4. 1983, NJW 1983, 2600 (2601); U. v. 31.10. 1984, NJW 1985, 1855 (1856f.); *BSG*, U. v. 20.4. 1972, KirchE 12, 434 (440ff.); U. v. 27.4. 1972, KirchE 12, 472 (476ff.); U. v. 19.8. 1975, KirchE 15, 13 (18ff.); U. v. 31.3. 1976, KirchE 15, 239 (240ff.); *BFH*, U. v. 9.2. 1951, KirchE 1, 147 (153); U. v. 20.3. 1953, KirchE 2, 42 (44f.); Vorbescheid v. 21.3. 1969, KirchE 10, 349 (352ff.); U. v. 20.10. 1972, KirchE 13, 56 (57); U. v. 26.9. 1979, KirchE 17, 318 (321); U. v. 4.5. 1983, NJW 1983, 2604 (2604f.).

ger Sonderung (wenn nicht gar Abschottung) darstellte. Doch ist unter dem Grundgesetz das Gegenteil der Fall: Der soziale Rechtsstaat gewährleistet den religiösen Verbänden ein Optimum freiheitlicher Entfaltung. Das geschieht dadurch, daß er die konkreten Gestaltungsformen ihres Wirkens keineswegs aus seiner Ordnung ausgrenzt, sondern dieses Wirken soweit als möglich in seine Rechtsordnung integriert. Dabei vermeidet der Staat allerdings in den Sachfragen, die zufolge seiner Säkularität nicht seines Amtes sind, unangemessene Einflußnahme auf das Selbstverständnis der Kirchen und Religionsgemeinschaften. Statt dessen respektiert er die religiöse Entfaltungsfreiheit; dies geschieht nicht zuletzt auch dadurch, daß ausdrücklich auf das kirchliche Recht verwiesen wird[7] – durch vertragliche Geltungsvereinbarung[8] oder in Gestalt einer mehr oder minder ausdrücklichen Bezugnahme in staatlichen Normen[9].

Recht, welches durch Kirchen bzw. Religionsgemeinschaften gesetzt wurde, kann sich im übrigen – was im vorliegenden Kontext der Vollständigkeit halber erwähnt sei – auch auf Grund einer Verweisung *ausländischen Rechts* als anwendbar erweisen, sofern letzteres im Rahmen des Rechtsvollzugs durch deutsche Gerichte herangezogen wird. Dies ist insbesondere im Familienrecht nicht selten der Fall; zu erinnern ist an die bereits im vierten Kapitel erwähnten Beispielsfälle bestimmter Formen der Eheschließung, spezifischer Eheverbote, mehrfacher Eheverhältnisse, religiöser Prägung des Ehescheidungsrechts usw.[10].

Wird die Staatskirchenrechtsordnung des Grundgesetzes also in vielfältiger Hinsicht durch eine Bezugnahme bzw. Verweisung auf das kirchliche Selbstverständnis geprägt, so bedeutet dies für die praktische Rechtsanwendung im einzelnen, daß aus der Sicht der geltenden Religionsverfassung eine nach Maßgabe der »für alle geltenden Gesetze« erfolgende Berücksichtigung

[7] Grundlagen und Genzen der Anknüpfung des staatl. Rechts an das kirchl. Selbstverständnis und an kirchl. Normen werfen im Prinzipiellen und vor allem im Konkreten allerdings durchaus Probleme auf; darauf ist im vorliegenden Rahmen nicht näher einzugehen. Dazu einerseits *D. Pirson*, FS E. Ruppel, 1968, S. 277ff.; *H. Mayer-Scheu*, Grundgesetz und Parität, 1970, S. 162, 176, 178, 181f., 286, und andererseits *M. Heckel*, HdbStKirchR I, S. 503ff., 510f.; *ders.*, ZRG Kan. Abt. LXVI (1980), S. 139ff.; *ders.*, Die theol. Fakultäten im weltl. Verfassungsstaat, 1986, S. 29f.; *ders.*, FS P. Mikat, 1989, S. 559f.; *U. Scheuner*, ibd. S. 40f.; *E.-L. Solte*, Theologie an der Universität, 1971, S. 125ff.; *K. Schlaich*, Neutralität als verfassungsrechtl. Prinzip, 1972, S. 199f.; *E. Ruppel*, FS K. Michaelis, 1972, S. 276ff.; *A. v. Campenhausen*, Staatskirchenrecht, 2. Aufl. 1983, S. 74ff.; *BVerfG*, B. v. 16.10. 1968, BVerfGE 24, 236 (248); B. v. 31.3. 1971, BVerfGE 30, 415 (422).

[8] So in Art. 12 Abs. 1 des Preuß. Konkordats v. 14.6. 1929 [*W. Weber* (Hrsg.), Die dt. Konkordate und Kirchenverträge der Gegenwart, Bd. I, 1962, S. 67ff. (75)] und in Art. 19 des Reichskonkordats v. 20.7. 1933 [*W. Weber*, aaO. S. 14ff. (22)].

[9] Beispielsweise im Recht der Kirchensteuererhebung. Dazu *A. v. Campenhausen*, HdbStKirchR I, S. 613f. mit FN 19; *ders.*, Staatskirchenrecht, 2. Aufl. 1983, S. 149f., 164; *BVerfG*, B. v. 31.3. 1971, BVerfGE 30, 415 (422).

[10] Oben S. 48 Anm. 61ff.

der Äußerungsformen religiöser Selbstbestimmung durch staatliche Instanzen nicht nur *ermöglicht*, sondern geradezu zwingend *vorgezeichnet*[11] ist. Die geltende Verfassung gibt nicht nur der formalen Überlagerung, sondern der gegenseitigen Durchdringung kirchlichen und staatlichen Rechts Raum. Demgemäß müssen die staatlichen Gerichte dort, wo es im Rahmen ihrer allgemeinen Rechtsprechungsfunktionen sachlich auf Kirchenrecht ankommt, dieses auch anwenden[12]. Dieses Postulat ergibt sich aus Gründen ordnungsgemäßer Erfüllung der von der rechtsstaatlichen Verfassung statuierten Gerichtsaufgaben; es ist also unabhängig davon, ob die betreffende Kirche bzw. Religionsgemeinschaft dies »erwartet«[13]. Welche Normen im Rahmen der Gerichtsentscheidung jeweils heranzuziehen sind, richtet sich – in Kirchensachen nicht anders als in sonstigen Prozessen vor den staatlichen Gerichten – nach der Art des vorliegenden gerichtlichen Verfahrens, nach dessen Gegenstand und nach dem dafür geltenden materiellen Recht; nicht aber hängt unter dem Grundgesetz umgekehrt das prinzipielle Bestehen der gerichtlichen Rechtsschutzaufgabe vom Ursprung des einschlägigen Rechts ab.

2. *Staatsabgeleitetes und originäres Kirchenrecht*

Ohne Belang ist es insoweit für die Anwendungskompetenz, ob die fraglichen Normen nach Maßgabe einer *in der staatlichen Rechtsordnung wurzelnden* Rechtssetzungsbefugnis erlassen worden sind (so z.B. im Bereich

[11] Was allerdings nicht mit einer undifferenzierten »Konfessionalisierung« der Auslegung staatlichen Rechts verwechselt werden darf, wie sie der geltenden Verfassungsordnung nicht entspräche. Zu Recht betonen dies *U. Scheuner*, ZevKR 7 (1959/60), S. 257f.; *K. W. Nörr*, JZ 1966, S. 547; *M. Heckel*, ZevKR 12 (1966/67), S. 33f.; *H. Weber*, Grundprobleme des Staatskirchenrechts, 1970, S. 28f.; *A. v. Campenhausen*, Staatskirchenrecht, 2. Aufl. 1983, S. 76f.; *BVerfG*, B. v. 20. 12. 1960, BVerfGE 12, 45 (54).

[12] *U. Scheuner*, ZevKR 3 (1953/54), S. 359; *E. Ruppel*, FS K. Michaelis, 1972, S. 280; *K. Hesse*, ZevKR 11 (1964/65), S. 342; *J. Jurina*, Der Rechtsstatus der Kirchen und Religionsgemeinschaften, 1972, S. 145 FN 31; *J. Frank*, HdbStKirchR I, S. 699; *W. Rüfner*, ibd. S. 767; *A. v. Campenhausen*, Staatskirchenrecht, 2. Aufl. 1983, S. 140 (für »autonom« erlassenes Kirchenrecht); *H. Weber*, NJW 1989, S. 2220, 2221 f., 2224, 2225 f. (der allerdings mißverständlich davon spricht, es hätten »die Staatsgerichte kirchliches Recht anzuwenden und auszulegen wie staatliches Recht«; sollte er damit eine »säkulare« Inhaltsbestimmung kirchlichen Rechts meinen, wäre ihm nachdrücklich zu widersprechen; vgl. dazu auch unten S. 183 mit Anm. 33); *LG Memmingen*, B. v. 23. 10. 1989, NJW 1990, 2069. Von der Anwendbarkeit kirchlichen Rechts vor staatlichen Gerichten geht offenbar auch das *AG Bonn* im U. v. 7. 3. 1989, NJW-RR 1990, 156, aus – das in der Sache freilich nicht zu billigen ist (vgl. unten S. 255 Anm. 61).

[13] Diesem Gesichtspunkt gesteht offenbar das *BVerwG* in seinem U. v. 25. 11. 1982, NJW 1983, 2582 (2583), Relevanz zu. – Im Ergebnis wie hier auch *A. v. Campenhausen*, Staatskirchenrecht, 2. Aufl. 1983, S. 140, allerdings unter Bezug auf die seiner Auffassung nach im relig. Körperschaftsstatus staatlich verliehene *Autonomie* zur Rechtssetzung.

der Kirchensteuer oder in den »weltlichen« Bezügen des Bestattungswesens) oder ob sie auf Grund *originärer* Rechtssetzungsmacht und ohne Bezug zur staatlichen Hoheitsgewalt im Rahmen des religiösen Selbstbestimmungsrechts zustande kamen. Letzteres ist, wie bereits im neunten Kapitel erörtert, überall dort der Fall, wo Kirchen und Religionsgemeinschaften in der Erledigung ausschließlich eigener Angelegenheiten Recht setzen (im Bereich der inneren Kirchenverfassung, bei der Festlegung der konkreten Kirchenorganisation, in der Ausgestaltung ihrer Ämter und Dienste usw.).

Im letztgenannten Kontext, im Bereich der eigenen Angelegenheiten, obliegt es den religiösen Verbänden, ihre Rechtsordnung nach Maßgabe »der Schranken des für alle geltenden Gesetzes« frei von säkularstaatlicher Einmischung zu gestalten. Ihnen kommt damit nicht nur die freie Entscheidung darüber zu, ob überhaupt Rechtsnormen erlassen werden sollen; sie haben auch die Alleinzuständigkeit dafür, diese Normen nach eigenem Selbstverständnis dem geistlichen Auftrag zuzuordnen, den Geltungsanspruch des kirchlichen Rechts nach seinen rechtstheologischen Grundlagen[14] zu ordnen, seine religiöse Tragweite zu konkretisieren, daraus Folgerungen für die nach Buchstaben und Geist sachgerechte Auslegung und Anwendung in der Kirche abzuleiten. Im Blick auf das Rechtsverständnis und die Rechtspraxis der einzelnen Kirchen und Religionsgemeinschaften führt diese Sachlage zu einer starken äußerlichen Differenzierung; überdies wurden und werden die einschlägigen Fragen auch noch innerhalb der einzelnen Kirchen kontrovers beantwortet[15]. All dies mündet in zum Teil grundlegende Unterschiede der Eigenart kirchlichen Rechts im Vergleich zu Rechtsnormen staatlichen Rechtsverständnisses[16]. Der Intention der rechtsstaatlichen Religionsverfassung des freiheitlichen Staates entspricht die damit skizzierte Sachlage durchaus; doch hat sie zwangsläufig eine beträchtliche Komplexität zur Folge, welche staatlicherseits die Anwendung von Kirchenrecht im Einzelfall nicht eben erleichtert und einer Neigung zur Abkopplung Vorschub leistet.

---

[14] So findet das evang. Kirchenrecht, soweit es sich auf die »äußere« Kirchenordnung bezieht, im reformatorischen Verständnis seinen Rechtsgrund und seine Verpflichtungskraft nicht in einem hoheitlichen Normbefehl, sondern in der brüderlichen Liebe der Gläubigen; *M. Heckel*, Summum ius – summa iniuria (1963), S. 262f.; *ders.*, NJW 1983, S. 2523.

[15] Vgl. z.B. aus dem Bereich des evang. Kirchenrechts die »Bestandsaufnahme« bei *R. Smend*, ZevKR 6 (1957/58), S. 225ff.

[16] Dazu im Kontext des Rechts der großen Kirchen *K. Hesse*, Rechtsschutz durch staatl. Gerichte im kirchl. Bereich, 1956, S. 47f. m.w.N.; *M. Heckel*, Summum ius – summa iniuria (1963), S. 243f., 245f. mit FN 21, 247 FN 26, 249 mit FN 37, 250, 256ff., 258f., 262, 264, 265f.; *A. Hollerbach*, Verträge zwischen Staat und Kirche, 1965, S. 89ff.; *ders.*, HdbStKirchR I, S. 283, 284; *W. Martens*, Öffentlich als Rechtsbegriff, 1969, S. 139, 144 mit FN 392; *J. Jurina*, Der Rechtsstatus der Kirchen und Religionsgemeinschaften, 1972, S. 16f., 78f., 84ff., 119; *W. Maurer*, EvStL, 2. Aufl. 1975, Sp. 1225f.

Dies wird noch verstärkt durch äußere Faktoren. Denn auf der staatlichen Ebene hat die nach dem Zweiten Weltkrieg betont gepflegte »Nähe« zu den Kirchen inzwischen einer wachsenden Distanz bzw. Indifferenz gegenüber kirchlichen Phänomenen Platz gemacht. Nicht zuletzt die im Bewußtsein und im Verhalten weiter Kreise der Gesellschaft zunehmende »Entkirchlichung« und die damit einhergehende Abnahme der politischen Bedeutung der Kirchen mindert jedenfalls in der Praxis der staatlichen Organe vielfach die Akzeptanz kirchlichen Selbstverständnisses und seiner institutionellen Ausprägungen, mithin auch des Kirchenrechts.

Die Reflexion über die Identität der Kirche und ihres Rechts hat vor allem im Bereich der evangelischen Kirchen Tradition. Sie wurzelt in den kirchenpolitischen und rechtlichen Entwicklungen der vergangenen Jahrzehnte und ist in ganz verschiedenartigem Kontext immer aufs neue erforderlich geworden: Angesichts der Besorgnis über die mit dem Staatskirchentum im 19. Jahrhundert einhergehende Gefahr der »Verweltlichung«; in der Diskussion über die vor diesem Hintergrund formulierte These Rudolph Sohms vom Widerspruch zwischen dem Wesen der Kirche und ihrem Recht[17]; in der innerkirchlichen Krise des Kirchenkampfes; und in den rechtstheologischen Kontroversen nach 1945. In der Nachkriegszeit hat insbesondere die Auseinandersetzung mit dem Rechtsbegriff Rudolph Sohms zu vertieften Diskussionen über die Wesensbestimmung kirchlichen Rechts und seine theologischen Grundlagen geführt. Die Eigenständigkeit des kirchlichen Rechtsbegriffs gegenüber dem staatlichen wurde zu Recht betont[18]. Dies hat in der Rechtspraxis die Zurückhaltung gegenüber einer Heranziehung von Kirchenrecht im staatlichen Rechtsvollzug tendenziell verstärkt[19]. Legitimiert hat es sie freilich nicht. Denn aus der unverkennbaren Wesensverschiedenheit des (bekenntnisbestimmten) Kirchenrechts und des (bekenntnisneutralen, säkularen) staatlichen Rechts in den Grundlagen und Grundpositio-

[17] *Rudolph Sohm* (1841–1917) ging von einem spirituellen Kirchen- und einem säkularen Rechtsbegriff aus (*ders.*, Kirchenrecht, Bd. I, 1892, S. 1: »Das Wesen der Kirche ist geistlich; das Wesen des Rechts ist weltlich.«; zu seinem Rechtsbegriff näher *ders.*, Kirchenrecht, Bd. II, 1923, S. 48ff.) und formulierte auf dieser Grundlage seine vieldiskutierte und inzwischen klassische These: »Das Kirchenrecht steht mit dem Wesen der Kirche in Widerspruch.« (*ders.*, aaO., Bd. I, S. 1; S. 533: »Die Kirche Gottes ist frei von ihrer Vergangenheit, von allem, was menschlich in der Geschichte gestaltet ist. Darum ist sie frei von jeglichem Recht.«; *ders.*, aaO., Bd. II, S. 47: »... solches ... Kirchenrecht und kirchliches Recht, wie es von unserer Kirchenrechtswissenschaft gelehrt wird, hat es in Wahrheit niemals gegeben.«). Zur Auseinandersetzung mit Sohm Nachw. bei *S. Grundmann*, Der Luth. Weltbund, 1957, S. 51 FN 9.

[18] Vor allem in der »dualistischen« Kirchenrechtsauffassung, wie sie von *Johannes Heckel* entwickelt worden ist; zusammenfassend *S. Grundmann*, Der Luth. Weltbund, 1957, S. 54ff. m.w.N.

[19] Zu Recht kritisch merken die Konsequenzen einer mit der Betonung der Eigenständigkeit kirchlicher Ordnung einhergehenden »Selbstisolierung« der Kirchen in der staatl. Verfassungs- und Rechtsordnung an *U. Scheuner*, ZevKR 10 (1963/64), S. 60; *K. Hesse*, AöR 84 (1959), S. 367; *ders.*, ZevKR 11 (1964/65), S. 341 ff.

nen[20] folgt keineswegs, daß staatliche Gerichte nicht gehalten oder gar außerstande wären, originäres Kirchenrecht anzuwenden, soweit es im Rahmen verfassungsgemäßer Judikatur in Kirchensachen von Belang ist.

Die zwischen kirchlichem und staatlichem Recht von der Kirchenrechtslehre her unverkennbar vorhandenen prekären Probleme angemessener Zuordnung[21] spielen im vorliegenden Zusammenhang keine Rolle. Denn die staatliche Judikative hat ihre Kompetenzen nicht nach dem Maß *kirchlicher Rechtstheorie*, sondern ausschließlich vom einschlägigen *staatlichen Recht* her in Anspruch zu nehmen. Legt man die insoweit maßgebliche Elle der Staatsverfassung an, so besteht das Hauptproblem in staatskirchenrechtlicher Hinsicht nicht in der Frage, ob vorhandenes und einschlägiges Kirchenrecht im Rahmen der gerichtlichen Entscheidung anzuwenden ist. Die Schwierigkeit liegt vielmehr im Erfordernis innerer »Richtigkeit« der Rechtsanwendung begründet: Das Gericht hat den in den einschlägigen Kirchenrechtsnormen enthaltenen Selbstordnungswillen des betreffenden religiösen Verbandes zutreffend zu ermitteln und sodann dem Ordnungsanspruch des staatlichen Rechts angemessen zuzuordnen. Denn die staatliche Verfassung hat in Artt. 140 GG/137 Abs. 3 WRV keinen Zweifel daran gelassen, daß einerseits die Selbstordnungsbefugnis der Kirchen und Religionsgemeinschaften (was »ihre Angelegenheiten« angeht) auch im staatlichen Rechtskreis anzuerkennen und im Rechtsvollzug konkret zu beachten ist. Doch wird andererseits die Rechtshoheit des Staates auch in religiösen Angelegenheiten dem Grunde nach weiterhin aufrechterhalten; sie setzt sich im Einzelfall nach Maßgabe der »für alle geltenden Gesetze« durch.

Die Schwierigkeiten der realen Tragweite vorhandenen Kirchenrechts im Rechtsschutzverfahren vor staatlichen Gerichten erweisen sich somit weniger im Prinzipiellen als im Einzelfall in der Sache selbst. Kompetenzrechtlich ist davon auszugehen, daß deutsche Gerichte, die je nach Lage des Falles sogar *ausländisches Recht*, d.h. Recht fremder Hoheitsträger, anzuwenden haben[22], ihren Entscheidungen nach Maßgabe der Verfassung auch originäres Kirchenrecht zugrundezulegen vermögen (und zufolge ihrer Bindung an Gesetz und Recht auch zugrundelegen *müssen*). Wenn es auch nicht staatlichen Ursprungs ist, sondern von einem der Hoheitsgewalt der Bundesrepu-

---

20 *M. Heckel*, Summum ius – summa iniuria (1963), S. 254 ff.

21 Dazu *R. Bäumlin*, FS R. Smend, 1962, S. 3 ff.

22 Auf diese Parallele verweist auch *J. Jurina*, Der Rechtsstatus der Kirchen und Religionsgemeinschaften, 1972, S. 145 FN 31. Freilich darf sie nur cum grano salis in Betracht gezogen werden; denn auch originäres kirchliches Recht ist, soweit es für religiöse Verbände in der Bundesrepublik Deutschland gilt, trotz seiner Herkunft aus einer *nichtstaatlichen* Quelle selbstverständlich nicht »ausländisches Recht« (wie *O. Rauch*, Die arbeitsrechtl. Sonderstellung der Angestellten und Arbeiter im kirchl. Dienst, 1962, S. 42 FN 240, offenbar annimmt).

blik Deutschland unterliegenden Rechtssubjekt herrührt, so entstammt es doch eigener vom Staate in Artt. 140 GG/137 Abs. 3 WRV anerkannter Rechtssetzungsbefugnis.

3. Probleme der Ermittlung und Anwendung kirchlichen Rechts

Es obliegt dem staatlichen Gericht auch in Kirchensachen, das im Einzelfall maßgebliche Recht *von Amts wegen* zu ermitteln (§ 293 ZPO[23]) und seine inhaltliche Tragweite für den zur Entscheidung stehenden Sachverhalt zu konkretisieren. Zufolge ihrer Bindung an Gesetz und Recht haben die Staatsgerichte in diesem Rahmen[24] kirchliches Recht auch auf seine Gültigkeit hin zu überprüfen[25], da sie ohne Verstoß gegen ihre Pflichten nur gültiges Recht anzuwenden vermögen[26]. Als Maßstab der Prüfung steht ihnen – neben staatlichem Recht, soweit es nach Maßgabe der Artt. 140 GG/137 Abs. 3 WRV als »für alle geltendes Gesetz« durchgreift[27] – im Rahmen dieser streng rechtlichen Prüfung freilich ausschließlich bestehendes höherrangiges kirch-

[23] Insoweit handelt es sich, wie bereits soeben in Anm. 22 hervorgehoben, nicht um »ausländisches Recht«, wohl aber um sonstiges inländisches Recht, das der Richter nicht ohne weiteres kennen muß (hierzu *P. Hartmann*, in: Baumbach/Lauterbach, ZPO, 47. Aufl. 1989, Anm. 1 B zu § 293 ZPO). Zur Tragweite der sich aus § 293 ZPO ergebenden prozessualen Verpflichtung, welche nach Maßgabe von § 173 VwGO auch im verwaltungsgerichtl. Verfahren zu beachten ist (dazu *BVerwG*, U. v. 8. 5. 1984, NVwZ 1985, 411), aus neuerer Zeit *BGH*, U. v. 20. 3. 1980, BGHZ 77, 32 (38) m. w. N.; U. v. 16. 10. 1986, NJW 1987, 591; U. v. 24. 3. 1987, NJW 1988, 648; U. v. 29. 6. 1987, NJW 1988, 647.

[24] Anders liegen die Dinge, wie (S. 232 ff.) noch darzulegen sein wird, im Blick auf *abstrakte Normenkontrollen*; sie sind den staatl. Gerichten im Bereich *originären* Kirchenrechts versagt.

[25] Im Ergebnis insoweit zutreffend *E. Forsthoff*, ZevKR 1 (1951), S. 288 f. Nicht haltbar ist freilich seine Begründung, wenn er darauf abhebt, es unterlägen kirchl. Rechtsvorschriften »als Ausfluß des autonomen Satzungsrechts der Kirche als Körperschaft des öffentlichen Rechts von jeher der gerichtlichen Nachprüfung«; denn beim Korporationsstatus der relig. Verbände handelt es sich angesichts seiner Querverbindungen zur Garantie des Selbstbestimmungsrechts um eine *staatskirchenrechtliche* Rechtsqualität (vgl. dazu oben S. 118 ff. sowie – zur originären Rechtssetzungskompetenz der Kirchen und Religionsgemeinschaften im Bereich ihrer eigenen Angelegenheiten – unten S. 233 f.). Undifferenzierte Schlüsse vom Rechtsstatus »allgemeiner« Körperschaften des öff. Rechts auf den der relig. Korporationen verbieten sich deshalb.

[26] Dies verkennt die Praxis der Rspr., soweit dort die Befugnis der staatlichen Gerichte zur Überprüfung der Gültigkeit kirchlichen Rechts verneint (vor allem *BGH*, U. v. 18. 2. 1954, BGHZ 12, 321 [323 ff.]; vgl. ferner *BVerfG*, B. v. 5. 7. 1983, NJW 1983, 2569 [2569 f.]; B. v. 30. 3. 1984, DÖV 1984, 974 [975]; *BVerwG*, B. v. 3. 10. 1977, KirchE 16, 188 [188 f.]) oder offengelassen wird (*BGH*, U. v. 16. 3. 1961, BGHZ 34, 372 [375]). – Zutreffend geht demgegenüber das *BVerwG* im B. v. 18. 9. 1989, NVwZ 1990, 359, davon aus, daß kirchliche Kirchensteuervorschriften auf ihre Gültigkeit hin (hier: auf die ordnungsgemäße Veröffentlichung hin) überprüfbar seien.

[27] Auf diese Schranke der kirchl. Normsetzung verweisen zu Recht auch *U. Scheuner*, ZevKR 3 (1953/54), S. 357; *W. Weber*, NJW 1954, S. 1284 [Anm.]; *K. Hesse*, Rechtsschutz durch staatl. Gerichte im kirchl. Bereich, 1956, S. 129 f.; *A. v. Campenhausen*, HdbStKirchR I, S. 648 ff.; *H. Weber*, NJW 1989, S. 2224, 2225; *BVerfG*, B. v. 31. 3. 1971, BVerfGE 30, 415 (422).

liches Recht zur Verfügung[28]. Hingegen sind die Gerichte des säkularen Staates durch die Verfassungsgarantie des religiösen Selbstbestimmungsrechts bereits dem Grunde nach strikt daran gehindert, kirchliches Recht *religiös* zu hinterfragen. Theologische Erwägungen liegen »jenseits der Kompetenz einer staatlichen Stelle«[29]. Auch dort, wo eine einschlägige Hinterfragung im Kontext der Rechtsanwendung von Belang wäre, sind die Staatsgerichte daher an die im Erlaß der betreffenden Kirchenrechtsnorm verkörperte Eigenentscheidung der beteiligten Kirche oder Religionsgemeinschaft gebunden.

Insbesondere Fragen des Bekenntnisses, wie sie etwa im Recht der Kirchenmitgliedschaft für die Kirchensteuererhebung Bedeutung entfalten, sind insoweit der Dezision der Staatsgerichte entzogen[30]. Ebensowenig kommt es ihnen zu, die Notwendigkeit bzw. Legitimität kirchlichen Rechts unter theologischen Aspekten zu bewerten[31].

---

28 Anders *K. Hesse*, Rechtsschutz durch staatl. Gerichte im kirchl. Bereich, 1956, S. 129, der davon ausgeht, es seien die staatl. Gerichte »nicht befugt, kirchliches Recht inzidenter auf seine formelle und inhaltliche Vereinbarkeit mit der Kirchenverfassung zu prüfen«. Wenn er dies aus dem relig. Selbstbestimmungsrecht und der daraus folgenden Befugnis der Kirche folgert, »daß die Kirche für den Staat verbindlich bestimmt, was kraft kirchlichen Rechts rechtens ist«, so dürfte hier nicht hinreichend zwischen der Norm*setzung* und der Norm*anwendung* differenziert werden. Ohne Zweifel gehört erstere zu den Angelegenheiten, welche kirchlicher Selbstbestimmung unterliegen. Doch entfaltet einmal erlassenes Kirchenrecht – auch Kirchenverfassungsrecht –, solange es nicht von der Kirche aufgehoben wird, auf Grund seines objektiven Bestehens normative Bedeutung; diese kann ohne Verstoß gegen den kirchl. Freiheitsanspruch auch von staatl. Gerichten konkretisiert werden – vorbehaltlich freilich einer hinreichenden Berücksichtigung der besonderen Qualität des Kirchenrechts bei der Rechtsanwendung (vgl. dazu S. 183 f.).

29 *K. Hesse*, HdbStKirchR I, S. 441. – Dezidiert in diesem Sinne ferner *M. Heckel*, Die theolog. Fakultäten im weltl. Verfassungsstaat, 1986, S. 26 f.

30 Vgl. dazu *A. v. Campenhausen*, HdbStKirchR I, S. 653 f.; *H. Weber*, NJW 1989, S. 2222. – Auch *kirchliche* Gerichte aus dem Bereich der evang. Kirche sind im übrigen unbeschadet ihrer Bindung an das Bekenntnis (*H. Maurer*, Die Verwaltungsgerichtsbarkeit der evang. Kirche, 1958, S. 55 ff.; *H. Ph. Meyer*, FS E. Ruppel, 1968, S. 252 ff.) in ihrer Prüfungsbefugnis, was Bekenntnisfragen angeht, beschränkt; *H. Maurer*, aaO. S. 114 f.

31 Davon geht zutreffend *A. v. Campenhausen*, HdbStKirchR I, S. 646 FN 6, im Blick auf die mitgliedschaftsrechtliche Relevanz der Taufe aus; grundsätzlich zur Problematik *M. Heckel*, Die theolog. Fakultäten im weltl. Verfassungsstaat, 1986, S. 150 ff., 194 f. Im gleichen Sinne hat der *VGH Mannheim* im U. v. 19. 7. 1984, JZ 1985, 943 (948), zu Recht betont, es sei im Blick auf eine dem relig. Selbstbestimmungsrecht zuzurechnende (den Bekenntnischarakter einer Theolog. Fakultät schützende) Normgebung dem staatlichen Gericht »eine inhaltliche Überprüfung ... etwa dahin, ob oder inwieweit diese zur Wahrung des ›theologischen Profils‹ wirklich nötig ist oder nicht, ob die Abgrenzung von Ausnahmen ›sachbezogen‹ ist und ähnliche ›Hinterfragungen‹«, verschlossen, »da es sich anderenfalls zum Richter über das konfessionelle Selbstverständnis ... aufwerfen und in den Schutzbereich des Art. 140 GG i. V. m. Art. 137 Abs. 3 WRV eindringen würde«.

In der Praxis sehen sich staatliche Richter in Kirchensachen bekanntlich oft mit den Schwierigkeiten der Konkretisierung des »für alle geltenden (staatlichen) Gesetzes« konfrontiert. Als noch problematischer aber kann sich im Einzelfall die Aufgabe erweisen, festzustellen, ob bzw. mit welchem Regelungsgehalt die betreffende Kirche oder Religionsgemeinschaft selbst geltende Normen erlassen hat, die für die Entscheidung von Belang sein können. Dabei ist insbesondere eine zutreffende Abschichtung *rechtlicher* Regelungen von solchen Aussagen vorzunehmen, die zwar einen Anspruch auf Beachtung als theologischer Lehrsatz bzw. pastorale Bewertung oder Richtlinie erheben, nicht aber normativen Charakter im eigentlichen Sinne von Kirchenrecht besitzen. Gerade hier wird der staatliche Richter nicht selten gefordert von den erwähnten Erkenntnisproblemen mannigfacher Art, was den Bestand, die Grundsatzqualität, die inhaltliche Tragweite der fraglichen Normen[32] anbelangt. Diese Fragen bedürfen jedoch ungeachtet ihrer Komplexität angesichts der Rechtsbindung der Judikative bereits aus *justizverfassungsrechtlichen* Gründen einer angemessenen Bewältigung. Nicht minder aber ist letztere auch aus Gründen der *Religionsverfassung* geboten, welche eine sorgfältige Ermittlung und Berücksichtigung des in der Normsetzung verkörperten religiösen Selbstverständnisses der betreffenden Kirche oder Religionsgemeinschaft erfordert. Dies steht einer »objektivierenden« (und damit notgedrungen sachwidrig säkularisierenden[33]) Inhaltsbestimmung nach dem Maß staatlicher Rechtsanwendungsmethoden prinzipiell entgegen.

---

32 Das sachgerechte Verständnis des kirchl. Rechts aus der Perspektive säkularstaatlicher Rechtsvorstellung wirft zweifellos Schwierigkeiten auf. Doch dürfte eine Entgegensetzung des staatl. Rechts und des Kirchenrechts unter dem Aspekt rationaler Erfaßbarkeit der Regelungsgegenstände an der Realität kirchlicher Rechtsordnung – über die Grenzen der Konfessionen hinweg – im wesentlichen vorbeigehen. Unbeschadet der spezifischen Natur des von ihm zitierten Beispiels (Exorzismus im kanon. Recht) überzeugt die diesbezügliche Differenzierung bei *H. Wagner*, AcP 165 (1965), S. 522, deshalb nicht (»Das moderne Gesetz bleibt ... voll auf der rationalen Ebene und im begrifflich Mitteilbaren. Kirchliches Recht mag sich mit nicht rational Erfahrbarem befassen ... «).

33 Keinen Widerspruch hierzu stellt das zutreffende Postulat einer Inhaltsbestimmung des kirchlichen Rechts »nach der juristischen Methode« (*D. Ehlers*, FS K. Obermayer, 1986, S. 284) dar. Denn in diese Inhaltsbestimmung müssen (nicht anders als bei der Anwendung der »juristischen Methode« im Staatskirchenrecht; vgl. oben S. 51) die sachbezogenen »außerjuristischen« Faktoren einbezogen werden – wie dies im übrigen bei der Konkretisierung des Rechts in anderem (nicht religionsbezogenem) Kontext gleichermaßen der Fall ist. – Freilich ringt, wie *M. Heckel*, Summum ius – summa iniuria (1963), S. 246, zu Recht hervorhebt, auch die evang. Kirchenrechtswissenschaft als solche ständig um den rechten Weg zwischen der Scylla unangemessener *Sakralisierung* und der Charybdis einer *Säkularisierung* des Kirchenrechts. *K. Schlaich*, EvStL, 3. Aufl. 1987, Sp. 1677, geht nicht fehl, wenn er in der evang. Kirchenrechtslehre eine Tendenz zur »Theologisierung« des Kirchenrechts unter Vernachlässigung der Rechtsdogmatik und -systematik registriert.

Ungeachtet der äußerlichen rechtstechnischen Form, die (beispielsweise im kirchlichen Beamtenrecht) bisweilen dem entsprechenden staatlichen Recht sehr stark angeglichen ist, gilt: Kirchliches Recht erschließt sich zutreffend nur dann, wenn man es in seiner Verwurzelung im geistlichen Wesens- und Funktionsbereich der betreffenden Kirche oder Religionsgemeinschaft konkretisiert, wenn man sich sein Verhältnis zum jeweiligen religiösen Bekenntnis verdeutlicht, wenn man das Spannungsfeld zwischen religiös vorgegebenen Ordnungszielen einerseits und dem rechtlichen Ordnungsinstrumentarium andererseits angemessen auflöst. Dieser Aufgabe werden die säkularstaatlichen Gerichte vielfach nicht gewachsen sein. Doch zeigt das staatliche Prozeßrecht wiederum in § 293 ZPO den Maßstab dafür auf, wie in der Bewältigung dieser Problematik von den staatlichen Gerichten zu verfahren ist. Auch hier können – und müssen – sie sich, soweit erforderlich, aller ihnen zur Verfügung stehenden Erkenntnisquellen bedienen. Gerade im Blick auf das dem staatlichen Richter vom Bestand, von den Wesensmerkmalen und von den Anwendungsgrundsätzen her fremde Kirchenrecht wird sich dabei in vielen Fällen die Einholung eines *Rechtsgutachtens* als erforderlich erweisen[34]; so wird die bestehende Rechtslage zutreffend erkannt und insbesondere in ihrem spezifischen Bezug zum Religiösen nicht verfehlt.

Auch in diesem das staatsgerichtliche Verfahren betreffenden Kontext verläuft die entscheidende Grenzlinie zwischen verfassungsgemäßer Achtung des religiösen Freiheitsraums einerseits und unzulässiger staatlicher Ingerenz andererseits im Raum der Sachentscheidung, nicht auf der Ebene der Kompetenz zur Judikatur. Nicht schon bei der Zulässigkeitsprüfung, sondern erst im Rahmen der Begründetheit des jeweiligen Rechtsschutzbegehrens – und damit in jedem Falle neu und je nach Sachlage ganz spezifisch gelagert – stellt sich konkret das Problem der rechtlichen Entscheidungsmaßstäbe. Erst dort ist je nach Verfahrensgegenstand eine Entfaltung der Tragweite einschlägigen Kirchenrechts fällig, wird das staatliche Gericht somit auch mit der Aufgabe konfrontiert, der Verfassungsgarantie religiöser Freiheit und ihren Konsequenzen in der praktischen Rechtsanwendung hinreichend Rechnung zu tragen. Gelingt dies, so kann in einer solchermaßen zutreffenden Anwendung kirchlichen Rechts keine Beeinträchtigung religiöser Freiheit liegen. Daher besteht kein Anlaß, dem *Kompetenzbereich* staatlicher Gerichte von vornherein solche Sachen zu entziehen, bei denen im

---

[34] So verfuhr beispielsweise das *ArbG Würzburg* im Rahmen eines Kündigungsschutzprozesses, in dem es auf die kirchenrechtl. Beurteilung des Zusammenlebens der Leiterin eines röm.-kath. Kindergartens mit einem geschiedenen Mann ankam (U. v. 25. 4. 1979, KirchE 17, 227 [233 f.]).

Rahmen der *Sachentscheidung* eine mehr oder minder umfangreiche Anwendung von Kirchenrecht erforderlich wird[35].

III. Religiöse Fragen vor den Gerichten des säkularen Staates

Damit steht freilich noch nicht fest, welche Konsequenzen sich unter Kompetenzgesichtspunkten ergeben, wenn staatliche Gerichte im Rahmen ihrer Judikatur mit *religiösen Fragen* bzw. mit dem Erfordernis *religionsbezogener Definitionen* konfrontiert werden; dies ist, wie im vierten Kapitel skizziert, nicht selten der Fall. Ulrich Scheuner hat darauf hingewiesen, geistliche Fragen seien »überhaupt staatlicher Kontrolle entzogen«[36], und damit auf die Säkularität des Staates und auf die Grenzen des Prüfungs- und Erkenntnishorizonts seiner Instanzen angespielt. Doch fragt es sich, mit welcher Tragweite die in der Verfassungsordnung konkretisierte sachliche Distanz des Säkularstaates zum Religiösen im Bereich der Judikatur wirksam wird. Gäbe es ein *absolutes Verfassungsprinzip* der Säkularität des Staates auch unter dem Grundgesetz[37], so wären dem justizverfassungsrechtlich fundierten Aufgaben- und Kompetenzbereich staatlicher Gerichte religiöse Fragen möglicherweise bereits auf der Ebene der Verfassung dem Grunde nach entzogen. Diese Erkenntnis nötigt dazu, sich über die Konsequenzen und Resultate des geschichtlichen Prozesses der Säkularisierung des Staates in der Verfassungsordnung der Bundesrepublik Deutschland Rechenschaft abzulegen[38].

---

35 Insoweit zutreffend *K. A. Bettermann*, Die Grundrechte III/2, 1959, S. 794.

36 *U. Scheuner*, DÖV 1967, S. 591; vgl. dort auch S. 590 FN 61. Ähnlich ferner *H. Engelhardt*, DRiZ 1979, S. 267, 269, wenn er darlegt, von theologischen Erkenntnissen, die in einer bestimmten Frage (hier: Abweichung vom evang.-luth. Bekenntnis) von den hierzu berufenen kirchl. Instanzen getroffen wurden, habe der Jurist ohne eigene Sachprüfung auszugehen.

37 Für Österreich hat *Inge Gampl* den Grundsatz der Säkularität des Staates ausdrücklich als »Staatsfundamentalnorm« qualifiziert; *dies.*, Österreichisches Staatskirchenrecht, 1971, S. 13f., 16, 35 und passim.

38 Die folgenden Darlegungen im Text und in den Fußnoten stimmen teilweise mit Überlegungen überein, die in eine Auseinandersetzung mit der Problematik der Reichweite sachlicher säkularstaatlicher Definitionskompetenz im Blick auf religionsbezogene Tatbestandsmerkmale des staatl. Rechts einzubringen waren; *K.-H. Kästner*, ZevKR 34 (1989), S. 260ff.

1. *Säkularisierung des Staates und Verfassungsordnung*

Ungeachtet der ausdrücklichen Anrufung Gottes in der Präambel des Grundgesetzes versteht sich die Bundesrepublik Deutschland nicht als in spezifischer Weise[39] religiös determiniert[40]. Die Aufgabenstellung des Staates ist eindeutig auf das »Diesseits« gerichtet[41]; die Sorge für das geistliche Wohl und Seelenheil der Bürger[42] und für das Wohlergehen der »rechten« Religion und Kirchlichkeit ist nicht mehr seines Amtes; staatliche *cura religionis* gehört in Deutschland spätestens seit 1919 der Geschichte an[43]. Weder maßt sich der Staat des Grundgesetzes ein Urteil über die »richtige« Religion bzw. den »richtigen« Glauben[44] an, noch vermag er von Rechts wegen die Glaubensinhalte der verschiedenen Bekenntnisse zu definieren[45] oder zu werten. In seiner Rechtsordnung, in seinen Institutionen und in deren Wirken identifiziert er sich selbst nicht mit einer bestimmten religiösen Überzeugung oder

---

[39] Etwa als »christlicher Staat« in einem über äußerliche »christlich-abendländische« *Kulturbezüge* hinausgehenden Sinne. So aber die Tendenz bei *W. Hamel*, Die Grundrechte IV/1, 1960, S. 37ff. (77ff.); hierzu kritisch *K. Hesse*, ZevKR 11 (1964/65), S. 355 FN 53.

[40] Anders *F. v. Schlabrendorff* in seiner abw. Meinung zu *BVerfG*, B. v. 11. 4. 1972, BVerfGE 33, 23 (39ff.), wenn er u. a. unter Verweis auf die Präambel des GG und die geschichtl. Tradition des dt. Volkes eine Aufrechterhaltung der »religiösen Grundlage« des Eides auch im staatl. Wirkungsbereich fordert (aaO. S. 41) und auf ein »religiöses Minimum« verweist, »auf das kein Staat ohne Gefahr seiner Existenz verzichten darf« (aaO. S. 41f.). – Kritisch zu seinem Ansatz auch *M. Heckel*, ZRG Kan. Abt. LXVI (1980), S. 10; *J. Isensee*, Wer definiert die Freiheitsrechte?, 1980, S. 9 FN 4.

[41] Zu »weltlichen« Bezügen in der Staats(zweck)lehre der Aufklärung *M. Heckel*, Das Säkularisierungsproblem in der Entwicklung des dt. Staatskirchenrechts (1984), S. 35ff. (56ff.); *Chr. Link*, Christentum und moderner Staat (1984), S. 110ff.

[42] Zutreffend versteht das *BVerfG* die Gewährleistung der Freiheitsrechte als »Ausdruck dafür, daß das Grundgesetz den Staat nicht als den Hüter eines Heilsplans versteht, kraft dessen er legitimiert erschiene, dem Menschen die Gestaltung seines Lebens bis in die innersten Bereiche des Glaubens und Denkens hinein verordnen zu dürfen« (*BVerfG*, B. v. 21. 9. 1976, BVerfGE 42, 312 [332]).

[43] *M. Heckel*, Die theolog. Fakultäten im weltl. Verfassungsstaat, 1986, S. 23ff.; vgl. auch *BVerfG*, B. v. 8. 2. 1977, BVerfGE 44, 37 (52, 56f.). – Fragwürdig *BVerwG*, U. v. 29. 5. 1964, BVerwGE 18, 341 (344f.), wenn dort das »Vertrauen in die Autorität der Kirche und ihre Ordnung« (aaO. S. 345) als Schutzgut des Wirkens *staatlicher* Gewalt statuiert wird.

[44] *E.-L. Solte*, Theologie an der Universität, 1971, spricht (S. 45) zutreffend von »dem in der Frage nach der religiösen Wahrheit zur Maßstablosigkeit verpflichteten Staat«; vgl. dort auch S. 57. Ferner *P. Mikat*, Zur rechtl. Bedeutung relig. Interessen (1973), S. 326; *M. Heckel*, HdbStKirchR I, S. 506; *ders.*, Säkularisierung. Staatskirchenrechtl. Aspekte einer umstrittenen Kategorie, in: ZRG Kan. Abt. LXVI (1980), S. 1ff. (23, 135); *K. G. Meyer-Teschendorf*, Staat und Kirche im pluralistischen Gemeinwesen, 1979, S. 100. – Anders *F. v. Schlabrendorff* in seiner abw. Meinung zu *BVerfG*, B. v. 11. 4. 1972, BVerfGE 33, 23 (36f.), wenn er eine »arge Mißdeutung der Bergpredigt und des Begriffes ›Glaube‹« (aaO. S. 37) in der Entscheidung der Mehrheit des Senats kritisiert.

[45] *BVerfG*, B. v. 17. 12. 1975, BVerfGE 41, 65 (84).

ihrer institutionellen Ausprägung[46]. Er tritt im Rahmen der rechtlichen Konfrontation und Kooperation dem Grunde nach allen Kirchen oder Religionsgemeinschaften seines Territoriums in – was ihre religiöse Individualität betrifft – gleicher Nähe bzw. Distanz gegenüber[47].

Diese grundsätzliche Stellung dem Religiösen gegenüber liegt dem Prinzip der Trennung von Staat und Kirche zugrunde, wie es in Artt. 140 GG/137 Abs. 1 WRV normiert ist. Sie begründet die Tatsache, daß unter dem Grundgesetz bundesrechtlich[48] nicht die Kategorie der »aufgenommenen« bzw. »anerkannten« Religionsgemeinschaft statuiert wird, wie sie in Deutschland aus dem preußischen Allgemeinen Landrecht[49] bekannt ist, wie sie gegenwärtig noch das geltende österreichische Staatskirchenrecht prägt[50] und wie sie in bundesrechtlich wie kantonal vielfältig abgestufter Bedeutung in der Figur der »öffentlich-rechtlichen Anerkennung« auch im schweizerischen Staatskirchenrecht entgegentritt[51]. Das deutsche Recht knüpft vielmehr (unbeschadet allerdings der Statuierung eines nach Maßgabe der Artt. 140 GG/ 137 Abs. 5 WRV selektiv zugeteilten staatskirchenrechtlichen Korporationsstatus) an einen *allgemeinen* undifferenzierten Begriff der »Religionsgesellschaft« bzw. »Religionsgemeinschaft« an[52]. Die fraglichen Vereinigungen legen sich diese Qualifikation nach eigenem Verständnis selbständig bei. Rechtliche Differenzierungen zwischen ihnen sind zwar nicht ausgeschlossen, sie bedürfen aber jeweils der sachlichen Rechtfertigung und können verfassungsmäßig jedenfalls nicht aus einem formellen Akt staatlicher »Auf-

---

46 Näher entfaltet wird dies von *M. Heckel*, ZRG Kan. Abt. LXVI (1980), S. 9f., 12 (am Beispiel der Eidesproblematik), 16ff. (am Beispiel der »Christlichkeit« der Schule), 134f., 139f.

47 Vgl. zusammenfassend auch *M. Heckel*, ZRG Kan. Abt. LXVI (1980), S. 133ff.

48 Anders noch im Recht einiger Bundesländer: Vgl. Art. 4ff. Verf. B.-W. (»Kirchen« und »anerkannte Religions- und Weltanschauungsgemeinschaften«); Art. 142f. Bay. Verf. (»Kirchen und anerkannte Religionsgemeinschaften«); Art. 63 Brem. LVerf. (»anerkannte Religions- und Weltanschauungsgemeinschaften«).

49 Das Allgemeine Landrecht für die Preußischen Staaten von 1794 unterschied zwischen *Kirchengesellschaften* (d.h. »Religionsgesellschaften, welche sich zur öffentlichen Feyer des Gottesdienstes verbunden haben«; § 11 II 11 pr. ALR) und *geistlichen Gesellschaften* (»Diejenigen, welche zu gewissen andern besondern Religionsübungen vereinigt sind«; § 12 II 11 pr. ALR); während zu letzteren »die vom Staate aufgenommenen Stifter, Klöster und Orden« (§ 939 II 11 pr. ALR) zählten, war die – auf die örtlichen kirchl. Gemeinden bezogene – Kategorie der *Kirchengesellschaften* gestuft in »die vom Staate ausdrücklich aufgenommenen« mit den Rechten »privilegirter Corporationen« (§ 17 II 11 pr. ALR), die »geduldeten« (§§ 20ff. II 11 pr. ALR) und die »unerlaubten« Kirchengesellschaften; zur Entwicklung der Begrifflichkeit *K.-H. Kästner*, HRG IV (28. Lieferung 1987), Sp. 874ff.

50 Vgl. im einzelnen *I. Gampl*, Österreichisches Staatskirchenrecht, 1971, S. 127ff.; im knappen Überblick zur Anerkennung und ihren Konsequenzen *dies.*, JöR NF 21 (1972), S. 237ff.

51 Dazu *J. G. Fuchs*, Die öff.-rechtl. Anerkennung von Kirchen und Religionsgemeinschaften (1985).

52 Dazu auch *BVerfG*, B. v. 28.4. 1965, BVerfGE 19, 1 (9f.); B. v. 19. 10. 1971, BVerfGE 32, 98 (106).

nahme« abgeleitet werden[53]. Der Verzicht des Staates auf eine Identifizierung mit einem bestimmten religiösen Bekenntnis seines Territoriums liegt der verfassungsrechtlichen Garantie des religiösen Selbstbestimmungsrechts (Artt. 140 GG/137 Abs. 3 WRV) für *alle* Kirchen und Religionsgemeinschaften zugrunde – ohne Differenzierung nach Alter, Mitgliederzahl, sozialer Bedeutung, Bekenntnis usw. Er bildet schließlich die Grundlage einerseits des verfassungsrechtlichen Verbots der Differenzierung aus religiösen Gründen, wie es in Art. 3 Abs. 3 GG, in Art. 33 Abs. 3 GG sowie in Artt. 140 GG/136 Abs. 2 WRV zum Ausdruck kommt, und andererseits des Verfassungsgebots paritätischer Behandlung sämtlicher Kirchen und Religionsgemeinschaften.

Die Säkularität des Staates erweist sich nicht zuletzt in der terminologischen Ausgestaltung der religionsrechtlichen Ordnung. Hier nimmt das Bestreben des Gesetzgebers Gestalt an, der ungehinderten individuellen und institutionellen Entfaltung verschiedenster Glaubensrichtungen im Geltungsbereich des Grundgesetzes einen Freiraum zu schaffen. Dies wird ermöglicht durch einen weitgehenden Verzicht auf bekenntnismäßig präjudizierte Begrifflichkeit in den staatlichen Rechtsvorschriften, die vielmehr in der Ausgestaltung religionsrechtlich bedeutsamer Sachverhalte[54] der individuellen Ausfüllung Raum lassen. Will der freiheitliche Rechtsstaat nicht in später Reaktivierung eines *ius reformandi* den Ertrag des jahrhundertelangen Ringens um die Religions- und Weltanschauungsfreiheit in eine leere Formalgarantie verflüchtigen, so darf er sich keine Sachkompetenz anmaßen, was die religiöse Wahrheitsfrage betrifft; er muß vielmehr insoweit die Entscheidung der individuellen Auffassung betroffener Rechtssubjekte überlassen[55]. Dabei erspart er gleichzeitig auf der Ebene der Rechtsanwendung dem Verwaltungsjuristen oder Richter die Überforderung[56], der er unterläge, sollte er auch in Problemen der Theologie und des Glaubens autoritativ entscheiden.

Mehr als der allgemeine säkularitätsbezogene Rahmen für die Ausgestaltung der religionsrechtlichen Normgebung und Praxis ist mit alledem freilich nicht abgesteckt. Die mit der Qualifizierung als »säkular« vorgenommene Kennzeichnung des Staatswesens als in seinen Grundlagen und Aufgaben auf das »Weltliche« bezogen ist anhand der Verfassung und der übrigen Rechts-

---

53 *BVerfG*, B. v. 28. 4. 1965, BVerfGE 19, 1 (10).

54 Beispielsweise im Bereich des kirchl. Stiftungswesens; vgl. dazu *W.-A. Achilles*, Die Aufsicht über die kirchl. Stiftungen der evang. Kirchen, 1986, S. 144 ff.

55 Anders wohl *I. Staff*, Zum Thema (1984), S. 23 f.

56 Auf »mehr rechtstechnische Begriffsunschärfen«, die bei der Rechtsanwendung zu einer Überforderung des Richters führten, weist im Blick auf die Religions- und Weltanschauungsdelikte des Strafrechts *A. Eser*, HdbStKirchR II, S. 837, hin.

ordnung näher zu konkretisieren (und unter Umständen auch zu korrigieren), soweit sie im Rahmen einer bestimmten Problemstellung der rechtlichen Argumentation nutzbar gemacht werden soll. Aus gutem Grund hat insoweit freilich die Wissenschaft und – sieht man von einigen diffusen und juristisch wenig ergiebigen Beschwörungen des Säkularisierungsgesichtspunkts in der Rechtsprechung des Bundesverfassungsgerichts[57] ab – im wesentlichen auch die Gerichtspraxis der Versuchung widerstanden, auf das *Prinzip der Säkularität* als solches in der Weise zu rekurrieren[58], wie dies beispielsweise im Hinblick auf die argumentative »Verselbständigung« des *Neutralitätsgrundsatzes* seit Mitte der 60er Jahre zu beobachten war und mit Recht kritisch vermerkt worden ist[59]. In der Tat fehlt dem Rückgriff auf ein kategorisches Prinzip der Säkularität im Rahmen der Anwendung staatlichen religionsbezogenen Rechts der Bundesrepublik Deutschland die erforderliche normative Basis[60].

Erst anhand ihrer *einzelnen Rechtsbezüge* läßt sich vielmehr entscheiden, welche Tragweite der Säkularisierung des Staates zukommt. Bezüglich der Verfassung der Bundesrepublik Deutschland und der auf ihr beruhenden einfachen Rechtsordnung ist jedenfalls zu konstatieren, daß die »Säkularität des Staates« in ihr nicht im Sinne einer konkreten Maxime enthalten ist, wie man sie etwa in der Sozialstaatlichkeit und der Rechtsstaatlichkeit vorfindet. Sie überwölbt die Verfassungsordnung des Grundgesetzes und auch das einfache Recht vielmehr lediglich im Sinne eines motivierenden und inhaltsbestimmenden Prinzips, das konkrete Konturen für die Verfassungs- und Rechtspraxis nur mittelbar nach Maßgabe der von der Legislative vorgenommenen jeweiligen normativen Ausformungen gewinnt.

So unzweifelhaft das Prinzip der Säkularität des Staates als solches die geltende Rechtsordnung der Bundesrepublik Deutschland *prinzipiell* prägt, so sicher kann es mangels eines scharf umrissenen Säkularitätsbegriffs und mangels einer diesbezüglichen kategorischen normativen Festlegung des Verfassungs- und Gesetzgebers bloß indirekt in Gestalt der einschlägigen Normen konkret »dingfest« gemacht werden – somit nur im Wege der Auslegung nach allgemeinen juristischen Methoden. Je nach dem Normzu-

---

57 Dazu im einzelnen *M. Heckel*, ZRG Kan. Abt. LXVI (1980), S. 8, 131.

58 Vgl. zur in Wissenschaft und Gerichtspraxis spürbaren Zurückhaltung gegenüber einer *ausdrücklichen* argumentativen Verwendung des Säkularisierungsgesichtspunkts und zum Ausweichen auf eine »verdeckte« Bezugnahme *M. Heckel*, ZRG Kan. Abt. LXVI (1980), S. 21f., 23f.

59 *K. Schlaich*, Neutralität als verfassungsrechtliches Prinzip, 1972, S. 12ff.

60 Zu Recht nennt deshalb *Martin Heckel* »die Destruktion undefinierter, genereller Säkularisierungsthesen ... ein Desiderat der Disziplin«; *ders.*, Das Säkularisierungsproblem in der Entwicklung des dt. Staatskirchenrechts (1984), S. 71.

sammenhang tritt es hierbei offener oder verdeckter entgegen und ist es mit anderen Grundprinzipien und Einzelvorschriften staatlicher Ordnung abzugleichen, soweit diese im Kontext des Religionsrechts in verfahrensrechtlicher oder materieller Hinsicht ebenfalls Geltung beanspruchen. Das Prinzip der *Einheit der Verfassung*, das der Auslegung des Grundgesetzes zugrunde zu legen ist, schließt es hier wie in anderen Zusammenhängen aus, einzelne Normierungen bzw. einzelne im Wege der Auslegung aus Normen zu entnehmende Gesichtspunkte zu isolieren oder zu verabsolutieren.

Die Bedeutung einer Auslegung der religionsrechtlichen Vorschriften des Grundgesetzes, die die Normsystematik nicht zerreißt, sondern gebührend in Rechnung stellt, hat sich deutlich in der staatskirchenrechtlichen Diskussion seit den 60er Jahren erwiesen. Hier wurde ein aus dem Zusammenhang der staatskirchenrechtlichen Normen herausgelöstes *Trennungsprinzip* in das Postulat einer durchgreifenden Privatisierung des Religiösen umgemünzt. Dies entsprach indes weder der tatsächlichen Stellung der Kirchen und Religionsgemeinschaften in der Staats- und Gesellschaftsordnung der Bundesrepublik Deutschland, noch wurde es dem Freiheitsverständnis der gegenwärtig geltenden Religionsverfassung gerecht.

2. *Religiöse Bezüge im säkularstaatlichen Rechts- und Justizsystem*

Mustert man die Rechtsordnung der Bundesrepublik Deutschland im einzelnen, so erweist es sich, daß ihr – unbeschadet der sachlichen Distanz des Staates von den konkreten Ausformungen des Religiösen – religiöse Bezüge durchaus nicht fremd sind. Vielmehr konfrontiert sie die Rechtsanwendung in vielfältiger Hinsicht mit einschlägigen Fragen; denn nur so läßt sich die faktisch unabweisbare[61] Gemengelage »weltlichen« Rechtslebens und religiöser Aspekte wenigstens vom normativen Ansatz her bewältigen. Wo Religion rechtliche Relevanz entfaltet, ist auch die im Wesenskern säkular geprägte Rechtsordnung gefordert – und das Recht der Bundesrepublik Deutschland stellt sich dieser Aufgabe.

Dabei kann sich die Ordnungs- und Befriedungsaufgabe staatlichen Rechtsvollzugs unmittelbar auf *religiöse Entscheidungen* erstrecken; solche Fälle kommen allerdings nicht häufig vor.

Dies ist der Fall beispielsweise im Bereich der *religiösen Erziehung von Kindern*, in dem nach Maßgabe von § 2 RKEG im Falle mangelnder Einigkeit der Sorgeberechtigten auf Antrag dem Vormundschaftsrichter das »letzte Wort« zukommt. Der Staat nimmt in diesem Sachbereich keineswegs ein seiner prinzipiellen Säkularität wider-

[61] Nur in den (wenigen) Materien, in denen nach geltendem Recht tatsächlich eine *strikte* Trennung des Staatlichen vom Religiösen durchgeführt ist, kann sich der Staat »schlichtweg der religiösen Phänomene und Probleme entschlagen«; *M. Heckel*, Die theolog. Fakultäten im weltl. Verfassungsstaat, 1986, S. 25.

streitendes religiöses Mandat für sich in Anspruch; dies ergibt sich unmißverständlich bereits aus § 7 Satz 2 RKEG, wonach (unbeschadet der Regelung des § 1666 BGB) kein gerichtliches Tätigwerden von Amts wegen erfolgt. Doch verbietet es die staatliche Justizgewährungsaufgabe, die insoweit vor allem in dem in Art. 6 Abs. 2 GG verankerten Wächteramt und in der Sozialstaatlichkeit wurzelt, die Betroffenen im Falle mangelnder Einigung sich selbst und ihrem Konflikt zu überlassen. Insbesondere gilt dies im Blick auf das Kind. Denn für dessen Persönlichkeitsentwicklung stellt die religiöse Prägung einen maßgeblichen Faktor dar; sie erscheint nach dem Menschenbild, wie es der Staats- und Verfassungsordnung des Grundgesetzes zugrundeliegt, als solche[62] deshalb auch aus der Sicht des religiös und weltanschaulich neutralen Säkularstaates keineswegs als rechtlich irrelevant[63].

Freilich konfrontiert der staatliche Gesetzgeber den Vormundschaftsrichter in der Übertragung von Entscheidungsgewalt bezüglich der religiösen Erziehung von Kindern mit einer sachlich heiklen Aufgabe; als Organ der staatlichen Judikative darf er sich ihrer infolge der religiösen und weltanschaulichen Neutralität des Staates keineswegs dadurch entledigen, daß er dem aus seiner individuellen Sicht »richtigen« Bekenntnis den Zuschlag erteilt. Doch dürfte das insoweit ohne Frage bestehende Dilemma zufriedenstellend nicht dadurch zu beheben sein, daß man Zweifel an der *Justitiabilität* des Streites über die religiöse Erziehung von Kindern äußert[64] und damit einem partiellen Zurückweichen des sozialen Rechtsstaates vor seiner auch insoweit bestehenden Justizgewährungsaufgabe[65] das Wort redet. Vielmehr gilt es, sich die Gründe justitieller staatlicher Eingriffe in den Bereich der Personensorge – und in diesem Rahmen auch in die religiöse Erziehung – in Erinnerung zu rufen: Es geht nicht darum, daß der Staat irgendwelche von seinen Organen für richtig oder wünschenswert befundene *religiöse Inhalte* durchsetzt[66]; vielmehr versucht er, das *Wohl des Kindes* (in »säkularem« Verständnis[67]) soweit als rechtlich/gerichtlich erreichbar zu sichern. Besinnt und beschränkt sich der staatliche Richter im konkreten

---

62 Also – was zur Vermeidung von Mißverständnissen klargestellt werden soll – in abstrakter Form, nicht jedoch in Form einer spezifischen persönlichen relig. Ausrichtung (im Sinne einer Konkretisierung auf eine bestimmte Religion bzw. ein bestimmtes Bekenntnis); letztere bleibt nach Maßgabe von Art. 4 Abs. 1 und 2 GG prinzipiell der individuellen Entscheidung vorbehalten und gehört nicht zum Aufgaben- und Funktionsbereich des Säkularstaats.

63 Auf diesen Aspekt hebt zu Recht *J. Gernhuber*, Lb. des Familienrechts, 3. Aufl. 1980, S. 821, ab.

64 In diesem Sinne jedenfalls für die Erstbestimmung der relig. Erziehung *F. W. Bosch*, FamRZ 1959, S. 410f.; *J. Schwoerer*, NJW 1959, S. 2091; *H. Heußner*, FamRZ 1960, S. 10; *W. Hofmann*, FamRZ 1965, S. 63f.; wohl auch *H. Peters*, Die Grundrechte IV/1, 1960, S. 393 FN 80, sowie *LG Bad Kreuznach*, B. v. 12. 11. 1956, FamRZ 1957, 326 (327); unklar *H. Glässing*, FamRZ 1962, S. 351.

65 Zu Recht weist *H. Lange*, NJW 1961, S. 1892, auf den Umstand hin, daß im Konfliktfall »das Kindeswohl eine Entscheidung erfordert, die gegenwärtig auf andere Weise als durch das VormG nicht getroffen werden kann«. (Abkürzung im Original).

66 Dies dürfte *W. Hofmann*, FamRZ 1965, S. 63f., in seiner auf Art. 4 Abs. 1 und 2 GG abhebenden Argumentation nicht hinreichend berücksichtigen.

67 Insoweit zutreffend *H. Glässing*, FamRZ 1962, S. 351, wenn er darlegt, es müsse »der Begriff ›Kindeswohl‹ in dem Sinne verstanden werden, daß er für den Richter nur Zweckmäßigkeitsfragen vom Standpunkt der Erziehung und Entwicklung des Kindes umfaßt, religiöse Gesichtspunkte wie das Kindeswohl im Hinblick auf sein Seelenheil aber nicht in Betracht zu ziehen sind, da der Richter dafür nicht kompetent ist«.

Fall auf Kriterien der letztgenannten Zielrichtung[68], die inhaltlich nicht spezifisch religiös ausgerichtet sind, so dürfte sich auch ein Konflikt aus dem Bereich der religiösen Erziehung von Kindern durch ihn materiell einigermaßen zufriedenstellend lösen lassen – soweit dies bei autoritativen vormundschaftsgerichtlichen Entscheidungen in Personensorgesachen dem Grunde nach überhaupt erreichbar ist.

Religiöse Bezüge spielen ferner eine Rolle im staatlichen Rechtsleben dort, wo das staatliche Recht (im Kirchensteuerwesen, in der Kirchengutsgarantie, im Blick auf den Religionsunterricht, auf die Theologischen Fakultäten usw.) auf *Kirchenrecht* verweist[69] und insofern die in diesem verkörperten Sach- und Vorfragen religiöser Natur in sich aufnimmt. Soweit hiernach Normen kirchlichen Rechts von staatlichen Instanzen anzuwenden sind, sieht sich der Rechtsanwender notgedrungen auch mit den einschlägigen religionsbezogenen Fragen konfrontiert – die in diesem Rahmen überdies jeweils spezifisch auf die Eigenart und das Selbstverständnis der betreffenden Kirche bzw. Religionsgemeinschaft ausgerichtet sind.

Schließlich weist auch das *staatliche Recht* selbst in mannigfacher Hinsicht Bezüge zum Religiösen – in seiner individuellen und seiner institutionellen Ausprägung – auf; freilich haben solche Bezüge in diesem Kontext regelmäßig abstrakten Charakter, sind also nicht auf ein bestimmtes religiöses Bekenntnis ausgerichtet. Wo der staatliche Gesetzgeber im Tatbestand von Normen auf religiöse Sachverhalte Bezug nimmt, ergibt sich im Rahmen der Anwendung des fraglichen Rechts das Erfordernis, die betreffenden Tatbestandsmerkmale inhaltlich zu konkretisieren und allgemeiner Methodik gemäß eine Subsumtion des zur Entscheidung stehenden Sachverhalts vorzunehmen.

Diese Aufgabe stellt sich zunächst im *Verfassungsrecht* überall dort, wo es auf das Attribut »religiös« ankommt (etwa im Zusammenhang des Art. 4 GG bezüglich des Tatbestandsmerkmals des *religiösen Bekenntnisses* in Absatz 1) oder wo von »Religion« die Rede ist (z. B. der *Religionsausübung* in Art. 4 Abs. 2 GG). Hier setzt der normative Befund eine Abschichtung zu sonstigen (im Verständnis der Verfassung »nicht-religiösen«) Überzeugungen bzw. Verhaltensweisen voraus. Im übrigen kommt es (unbeschadet der Gleichstellung von Religions- und Weltanschauungsgemeinschaften in Artt. 140 GG/137 Abs. 7 WRV) auf die Qualifizierung von Vereinigungen als *Religionsgesellschaften* (bzw. *Kirchen oder Religionsgemeinschaften*[70]) an. Das ist der Fall beispielsweise im Rahmen von Artt. 140 GG/137 Abs. 3 WRV; hier wird überdies in jedem Anwendungsfall noch eine weitere religionsbezogene Dezi-

---

68 Darauf hebt die nunmehr ganz herrschende Meinung ab. Vgl. statt anderer *H. Lange*, NJW 1961, S. 1892; *J. Gernhuber*, Lb. des Familienrechts, 3. Aufl. 1980, S. 820f. m. w. N.; *U. Diederichsen*, in: Palandt, BGB, 48. Aufl. 1989, Anm. 3 zu § 2 RKEG.

69 Dazu S. 176.

70 Vgl. zu dieser Differenzierung die Nachw. auf S. 3 in Anm. 1, ferner z. B. § 52 Abs. 2 UrhG.

sion insofern erforderlich, als es um die Anerkennung einer im Streit befindlichen Tätigkeit als »eigene« (»ihre«) der betreffenden Kirche oder Religionsgemeinschaft geht, d.h. als unmittelbar ihr religiös bestimmtes Wirken betreffende, da sich die Selbstbestimmungsgarantie nur auf solche Materien bezieht.

Zahlreich sind die Fälle, in denen im *einfachen Recht* religionsbezogene Tatbestandsmerkmale eine Rolle spielen. Was das Strafrecht betrifft, so ist in Abkehr von der früheren spezifisch religionsbezogenen Schutzrichtung der Religionsdelikte zwar inzwischen eine »Inhaltsentleerung«[71] hin zum *öffentlichen Frieden* als Schutzgut eingetreten[72] und konsequenterweise durch das Erste Strafrechtsreformgesetz vom 25. Juni 1969[73] im wesentlichen[74] eine tatbestandliche Gleichstellung von Religion und Weltanschauung vorgenommen worden. Dies enthebt den Strafrichter jedoch nicht der Aufgabe, im Einzelfall eine diesbezügliche Konkretisierung der einschlägigen Tatbestandsmerkmale vorzunehmen. Im übrigen wird eine solche Konkretisierung überall dort fällig, wo nach gesetzlichen Vorschriften bestimmte Vergünstigungen ausdrücklich *Kirchen* bzw. *Religionsgemeinschaften*, vielfach sogar ausschließlich solchen mit dem Status von Körperschaften des öffentlichen Rechts[75], zugute kommen, wo sie nur für »kirchliche Zwecke« usw. gewährt werden bzw. sich nur auf »Geistliche«, »Kirchendiener« usw. beziehen: So erstreckt sich die in § 11 Abs. 1 Nr. 1–3 WPflG bzw. § 10 Abs. 1 Nr. 1–3 ZDG statuierte Befreiung bestimmter Funktionsträger vom Wehr- bzw. Zivildienst[76] nur auf Geistliche der evangelischen bzw. römisch-katholischen Kirche sowie sonstiger »Bekenntnisse«, d.h. *Religionsgemeinschaften*; sie gilt hingegen – was man angesichts des eindeutigen Wortlauts und der Systematik der Vorschrift auch im Wege »berichtigender« Auslegung schwerlich mit Recht wird überspielen können[77] – nicht für *Weltanschauungsvereinigungen*[78]. Andere Beispiele

---

71 *A. Eser*, HdbStKirchR II, S. 836.

72 *A. Eser*, HdbStKirchR II, S. 824ff., 836; *Th. Lenckner*, in: Schönke-Schröder, StGB, 23. Aufl. 1988, Rdnr. 2 der Vorbem. zu §§ 166ff.; *K. Lackner*, StGB, 17. Aufl. 1987, Anm. 1 zu § 166.

73 §§ 166f. StGB i.d.F. v. 25. 6. 1969 (BGBl. I S. 645) beziehen weltanschauliche Bekenntnisse und Vereinigungen ausdrücklich ein.

74 Konkret und ausschließlich auf *Religion* beziehen sich tatbestandlich nach wie vor § 243 Abs. 1 Nr. 4, § 304 und § 306 Nr. 1 StGB. Allerdings läßt sich der Gedanke des § 243 Abs. 1 Nr. 4 StGB, da es sich hierbei nur um ein *Regelbeispiel* handelt, auch auf den Diebstahl vergleichbarer Kultgegenstände von Weltanschauungsvereinigungen übertragen (*A. Eser*, in: Schönke-Schröder, StGB, 23. Aufl. 1988, Rdnr. 34 zu § 243; *K. Lackner*, StGB, 17. Aufl. 1987, Anm. 4d zu § 243).

75 Noch enger – und damit in der Anwendung freilich auch weniger komplex – das (bis 31. 12. 1976 geltende) Steueranpassungsgesetz v. 16. 10. 1934 (RGBl. I S. 925) in seinem § 19 Abs. 1: »Kirchlich sind solche Zwecke, durch deren Erfüllung eine *christliche* Religionsgesellschaft des öffentlichen Rechts ausschließlich und unmittelbar gefördert wird.« (Hervorhebung nicht im Gesetzestext).

76 Vgl. dazu die Nachw. auf S. 41 in Anm. 28.

77 So aber *K. Obermayer*, DVBl. 1981, S. 617f., der aus der Prämisse, dem bekenntnisneutralen Staat stünden keine Kriterien für die Abgrenzung zwischen »Religion« und »Weltanschauung« zur Verfügung, folgert, es bleibe nur die Möglichkeit, »einen einheitlichen Begriff der ›Religions- bzw. Weltanschauungsgemeinschaft‹ (als ›Bekenntnisgemeinschaft‹ oder ›Religionsgemeinschaft im weiteren Sinne‹) anzuerkennen« [aaO. S. 618; Anführungszeichen innerhalb des Zitats im Original].

78 *BVerwG*, U. v. 14. 11. 1980, BVerwGE 61, 152 (154ff.); *J. Müller-Volbehr*, JuS 1981, S. 729.

für die Relevanz »kirchlichen« bzw. »religiösen« Handelns oder einschlägiger »Zwecke« ergeben sich im Blick auf die Befreiung[79] von bestimmten Steuern[80] und von Justizkosten[81] bzw. Verwaltungsgebühren[82], auf die Möglichkeit der Gewährung von Sonderurlaub für kirchliche Zwecke im Beamtenrecht[83], auf den Vorrang der Forderungen der Kirchen im Konkurs[84], auf die Begünstigung kirchlicher Zwecke im Urheberrecht[85]; zu denken ist ferner an das Zeugnisverweigerungsrecht Geistlicher

---

[79] Zur prinzipiellen Verfassungsmäßigkeit solcher Befreiungen (freilich ohne weitere Begründung) *BVerwG*, U. v. 23. 4. 1971, BVerwGE 38, 76 (80).

[80] Vgl. z. B. § 52 Abs. 2 Nr. 1 AO 1977 (»Förderung der Religion«) sowie die Legaldefinition in § 54 Abs. 1 AO 1977 (»Eine Körperschaft verfolgt kirchliche Zwecke, wenn ihre Tätigkeit darauf gerichtet ist, eine Religionsgemeinschaft, die Körperschaft des öffentlichen Rechts ist, selbstlos zu fördern.«); § 3 Abs. 1 Nr. 4 VermögensteuerG (»Religionsgesellschaften, die Körperschaften des öffentlichen Rechts sind, sowie ihre Einrichtungen«); § 3 Abs. 1 Nr. 5 GrundsteuerG v. 7. 8. 1973 (»Dienstgrundstücke und Dienstwohnungen der Geistlichen und Kirchendiener der Religionsgesellschaften, die Körperschaften des öffentlichen Rechts sind, und der jüdischen Kultusgemeinden«); § 4 a UmsatzsteuerG i. V. m. § 51, § 52 Abs. 2 Nr. 1 und § 54 AO 1977; § 3 Abs. 1 Nr. 6 VergnügungssteuerG N.-W. (»Veranstaltungen von Religionsgesellschaften des öffentlichen Rechts oder ihrer Organe, die unmittelbar kirchlichen Zwecken dienen oder deren Ertrag unmittelbar kirchlichen Zwecken zugeführt wird«); § 3 Nr. 1 VergnügungssteuerG Saarland (»mildtätige oder kirchliche Zwecke«). – Vgl. im übrigen zur Entwicklung der Rspr. betreffend Steuerbegünstigungen *religiöser* Zwecke und zu den einschlägigen Konkretisierungsproblemen *BFH*, U. v. 21. 8. 1953, KirchE 2, 142; U. v. 12. 2. 1954, KirchE 2, 186; U. v. 23. 7. 1954, KirchE 2, 308; U. v. 23. 7. 1954, KirchE 2, 314; U. v. 16. 9. 1955, KirchE 3, 131; U. v. 23. 12. 1955, KirchE 3, 238; U. v. 14. 11. 1958, KirchE 4, 365; U. v. 10. 7. 1959, KirchE 5, 65; U. v. 16. 7. 1965, KirchE 7, 223; U. v. 30. 7. 1965, KirchE 7, 229; U. v. 9. 7. 1971, KirchE 12, 237; U. v. 12. 1. 1973, KirchE 13, 116; U. v. 21. 11. 1974, KirchE 14, 192; U. v. 16. 5. 1975, KirchE 14, 270; U. v. 8. 10. 1975, KirchE 15, 52; U. v. 23. 2. 1979, KirchE 17, 192; *VG Berlin*, U. v. 2. 9. 1960, KirchE 5, 219; *FG Hannover*, U. v. 11. 9. 1962, KirchE 6, 138; *FG Karlsruhe*, U. v. 17. 12. 1964, KirchE 7, 146; *FG Münster*, U. v. 11. 12. 1969, KirchE 11, 86; *FG Hannover*, U. v. 12. 12. 1969, KirchE 11, 105 (aufgehoben vom *BFH* mit U. v. 9. 7. 1971, KirchE 12, 233); *FG Hannover*, U. v. 14. 4. 1972, KirchE 12, 424; *FG Neustadt a. d. Weinstraße*, U. v. 26. 10. 1972, KirchE 13, 60; *FG Düsseldorf*, U. v. 26. 11. 1975, KirchE 15, 115 (aufgehoben vom *BFH* mit U. v. 16. 2. 1979, KirchE 17, 179); *FG Münster*, U. v. 23. 11. 1978, KirchE 17, 117; *FG Kassel*, U. v. 25. 3. 1982, ZevKR 28 (1983), 300.

[81] Dazu *OLG Hamm*, B. v. 1. 8. 1961, KirchE 5, 68 (aufgehoben vom *BVerfG* mit B. v. 28. 4. 1965, BVerfGE 19, 1).

[82] Die Rechtslage gestaltet sich insoweit in den verschiedenen Bundesländern sehr unterschiedlich. Vgl. z. B. für Baden-Württemberg § 7 LGebG i. V. m. der VO des Kultusministeriums über die Befreiung der Kirchen und anderer Religionsgesellschaften von der Entrichtung der Verwaltungsgebühren nach dem Landesgebührengesetz v. 19. 3. 1962 (GBl. S. 18), ergänzt durch VO v. 18. 1. 1963 (GBl. S. 26); ferner § 7 LGebG i. V. m. der VO des Innenministeriums über die Befreiung der Kirchen und anderer Religionsgesellschaften von der Entrichtung von Baugebühren v. 5. 7. 1962 (GBl. S. 81). – Zur Problematik der sachlichen Gebührenbefreiung gemäß § 5 Abs. 1 Nr. 7 LGebG für eine kirchl. Baumaßnahme *VGH Mannheim*, U. v. 27. 1. 1983 (2 S 886/82; unv.).

[83] § 7 Satz 1 Nr. 7 der VO über Sonderurlaub für Bundesbeamte und Richter im Bundesdienst i. d. F. der Bekanntmachung v. 13. 11. 1980. Dazu *BVerwG*, U. v. 13. 11. 1984, ZBR 1985, 108.

[84] § 61 Abs. 1 Nr. 3 KO.

[85] § 46 Abs. 1 UrhG (Sammlung »nur für den Kirchen-, Schul- und Unterrichtsgebrauch«) sowie § 52 Abs. 2 UrhG, der die Zulässigkeit einer (vergütungspflichtigen) öffentlichen Wiedergabe eines erschienenen Werkes »bei einem Gottesdienst oder einer kirchlichen Feier der

im Prozeß[86], ihre gesetzliche Herausnahme aus dem Kreis der ins Amt eines Schöffen zu Berufenden[87] oder ihre Möglichkeit, kommunale Ehrenämter abzulehnen[88].

3. *Legalität und Grenzen religionsbezogener staatlicher Judikatur*

Anhand der Rechtsrelevanz religiöser Phänomene in der freiheitlichen Staats- und Gesellschaftsordnung erweist es sich, daß die Befassung staatlicher Gerichte mit religiösen Fragen bzw. religionsbezogenen Problemen im Verfassungs- und Rechtssystem der Bundesrepublik Deutschland zum »Normalzustand« zu zählen ist; keineswegs erscheint sie als systemwidrig und insofern tendenziell fragwürdig. Demgemäß besteht auch nicht der mindeste Anlaß, die *Kompetenz* staatlicher Gerichte zur Rechtsprechung nach dem Maß eines stärkeren oder schwächeren Bezugs des jeweiligen Verfahrensgegenstandes zum Religiösen zu differenzieren. Im Gegenteil erwachsen dem sozialen Rechtsstaat auch auf diesem Felde vielfältige Rechtsschutzaufgaben: Er hat religiöses Wirken zu schützen, ebenso aber auch gegebenenfalls Rechtsbeeinträchtigungen durch religiöse Betätigung zu beseitigen, er hat die Durchsetzung subjektiver Rechte gegenüber religiösen Verbänden zu gewährleisten, hat im Einzelfall die Tragweite einer Berufung auf religionsbezogene Tatbestände staatlichen Rechts zu konkretisieren usw. Auch den damit an sie herangetragenen Funktionen muß sich die säkularstaatliche Justiz von Verfassungs wegen stellen; sie darf sich nicht in Anbetracht der in ihnen vielfach enthaltenen Probleme gleichsam präventiv auf der Zulässigkeitsebene gegen sie abschotten.

Soweit die staatlichen Gerichte im ihnen obliegenden Rechtsvollzug mit religiösen Phänomenen oder religionsbezogenen Definitionsproblemen befaßt werden, erhebt sich vor allem die Frage nach der *sachlichen Prüfungs- und Entscheidungsbefugnis* – fehlt ihnen doch infolge der Säkularisierung des modernen Verfassungsstaates die Sachkompetenz zur Entscheidung der spezifisch religiösen Fragen. Insoweit mag man eine gewisse Konkurrenz der rechtsstaatlichen und säkularstaatlichen Aspekte konstatieren. Doch ändert dies nichts am verfassungsrechtlichen Gewicht der gemäß Art. 20 Abs. 3 GG den Gerichten obliegenden Verpflichtung zur Rechtsanwendung und damit

Kirchen oder Religionsgemeinschaften« statuiert (zur Vorgängervorschrift *BVerfG*, B. v. 25. 10. 1978, BVerfGE 49, 382).

[86] § 383 Abs. 1 Nr. 4 ZPO, § 53 Abs. 1 Nr. 1 StPO. – Zum Zeugnisverweigerungsrecht Geistlicher *OLG Nürnberg*, B. v. 23. 11. 1962, KirchE 6, 168; *LG Nürnberg-Fürth*, Zwischenurteil v. 10. 7. 1964, KirchE 7, 87; *LG Bochum*, B. v. 24. 4. 1973, KirchE 13, 227; *LG Hagen*, B. v. 27. 12. 1974, KirchE 14, 213. Vgl. ferner *BVerfG*, B. v. 19. 7. 1972, BVerfGE 33, 367.

[87] § 34 Abs. 1 Nr. 6 GVG.

[88] Vgl. beispielsweise § 16 Abs. 1 Satz 2 Nr. 1 GemO B.-W.

auch zur Normdefinition, die ihrerseits auf grundlegende Schutzzwecke sozial- und rechtsstaatlichen Charakters bezogen ist: auf die Wahrung des innerstaatlichen Rechtsfriedens; auf die Durchsetzung unverzichtbarer rechtlicher Schranken religiöser Betätigung; auf den Vollzug der normativen Entscheidungen der staatlichen Legislative, welcher der staatlichen Rechtssetzungshoheit korrespondiert; überhaupt auf die Realisierung der materiellen verfassungsrechtlichen Schutzziele, vor allem des Gleichheitssatzes – in seiner allgemeinen Wendung sowie in Gestalt des religionsrechtlichen Grundsatzes der Parität.

Auch hier gilt, was in anderen Zusammenhängen über das Spannungsfeld der Justiz- und der Religionsverfassung zu sagen war: Die Problematik gerichtlicher Befassung mit religiösen Fragen wirkt sich nicht auf der Ebene prinzipieller *Zuständigkeit* der staatlichen Gerichte zur Judikatur aus, sondern im Rahmen der Dezision über die *materielle Rechtslage* im konkreten Verfahren. Hier ist der Ort, wo im Rahmen der Definition und Anwendung staatlichen Rechts ein tragbarer Ausgleich zwischen der dem sozialen Rechtsstaat zustehenden Kompetenz-Kompetenz einerseits und seiner sachlichen Distanz zum Religiösen andererseits gefunden werden muß[89]. Hier geht es um die Grenzen gerichtlicher Beurteilung der »Plausibilität« einer Berufung auf das Grundrecht der Religionsfreiheit[90]. Hier ist von staatlichen Gerichten die reale Tragweite der Verfassungsgarantie religiöser Selbstbestimmung hinreichend zu achten, wenn sie im Rahmen der Anwendung staatlichen oder kirchlichen Rechts mit religiösen Vorfragen konfrontiert werden: beispielsweise in der Konkretisierung der »eigenen« Angelegenheiten der religiösen Verbände, etwa des Tatbestandsmerkmals der »Seelsorge« im Kontext des Zeugnisverweigerungsrechts Geistlicher.

Anders freilich ist die Zulässigkeit einer Anrufung staatlicher Gerichte zu beurteilen, wenn in dem fraglichen Verfahren um religiöse Fragen gestritten werden soll, ohne daß diese einen Bezug zum staatlichen Recht aufweisen. Staatsgerichte sind für Begehren solcher Art von vornherein nicht zuständig. Dies folgt aus der eingangs dieses Kapitels erörterten Zuordnung rechtsstaatlicher Gerichtsfunktionen zum Geltungsanspruch der staatlichen Rechtsordnung. »Rein« kircheninterne Streitigkeiten entziehen sich eben staatsgerichtlicher Zuständigkeit, mögen sie auch einen kirchenrechtlichen Hintergrund aufweisen und insofern durchaus dezidiert *juristischer* Natur sein. Letztlich hängt die angemessene Lösung der Kompetenzproblematik in

---

[89] Zu dieser Problematik *J. Isensee*, Wer definiert die Freiheitsrechte?, 1980; *K.-H. Kästner*, ZevKR 34 (1989), S. 260ff.

[90] Dazu *A. v. Campenhausen*, Hdb. des Staatsrechts, Bd. VI, 1989, S. 413 Rdnr. 70 mit zahlr. Nachw. in FN 224.

solchen Fällen davon ab, ob die Schlüsselfrage nach der Betroffenheit »weltlicher« Rechtspositionen zutreffend beantwortet wird; damit wird sich das folgende Kapitel zu befassen haben.

Im übrigen ist staatlichen Gerichten selbstverständlich allgemein eine »rechtsfreie« Erörterung religiöser Gesichtspunkte verwehrt, d.h. eine Befassung, die nicht im Kontext eines Rechtsvollzugs erfolgt. Dies folgt zunächst dem Grunde nach daraus, daß die gerichtlichen Funktionen im gewaltenteilenden Rechtsstaat prinzipiell auf die *Anwendung des Rechts* auf bestimmte zur Entscheidung anstehende Sachverhalte bezogen sind. Gerichtsschutz als Verfassungsgarantie und Rechtsprechung als staatliche Aufgabe korrespondieren mit dem Bestand materiellen Rechts, dessen Verwirklichung sie dienen sollen[91]. Sowenig es hiernach zum Aufgabenbereich staatlicher Gerichte gehört, abstrakt (ohne konkreten *rechtlichen* Bezug in einem anstehenden Verfahren) beispielsweise medizinische Sachfragen zu beurteilen oder technische Sicherheitsprobleme zu erörtern, sowenig obliegt es ihnen im Rahmen ihres verfassungsrechtlich vorgegebenen Funktionsbereichs, sich religiösen Fragen zu widmen, sofern diese außerhalb eines in einem anhängigen Verfahren relevanten rechtlichen Zusammenhanges stehen. Abgesehen von dieser aus dem allgemeinen Funktionsrahmen der Judikative abzuleitenden Folgerung ist überdies auch hier maßgebend, daß der Staat infolge der Säkularisierung in prinzipieller institutioneller und sachlicher Distanz zum Religiösen steht. Ihm und seinen Organen ist es deshalb schlechterdings verwehrt, sich religiösen Fragen zu widmen oder sich insoweit gar formell autoritative Entscheidungsgewalt anzumaßen, sofern nicht der Rahmen *seiner* verfassungsgemäßen Funktionen diese Materie als solche mit umgreift. Im Wirkungsbereich der Judikative ist letzteres indes außerhalb der *Rechtsanwendung* unter keinen Umständen der Fall.

---

[91] Vgl. auch *D. Lorenz*, Der Rechtsschutz des Bürgers und die Rechtsweggarantie, 1973, S. 11 m.w.N., 14ff.

Dreizehntes Kapitel

Schutzgüter der sozialstaatlichen Rechtsordnung im Wirkungsbereich der religiösen Verbände

I. »Wirkungen im staatlichen Rechtsbereich« als Maßstab

Das Handeln eines religiösen Verbandes, welches keinerlei Auswirkungen in der staatlichen Rechtsordnung erzeugt, keinesfalls »säkular-staatliche Belange berührt«[1], verbleibt, wie gesagt, in justizverfassungsrechtlicher Hinsicht vollständig in der »internen« Sphäre der jeweiligen Kirche bzw. Religionsgemeinschaft. Es unterfällt insoweit von vornherein nicht dem rechtsstaatlichen Justizanspruch. Die neuere Rechtspraxis hat demgemäß dem Grunde nach zu Recht die staatliche Gerichtsbarkeit nicht auf solche Maßnahmen von Kirchen erstreckt, welche keine unmittelbaren Rechtswirkungen im staatlichen Rechtsbereich entfalteten.

Dieser Maßstab wird in der Rechtsprechung bereits frühzeitig angedeutet[2]. Er hat sich aber auf breiter Linie in der Judikatur des Bundesverfassungsgerichts[3] (das ihn in neuerer Zeit ausdrücklich als Element seiner »ständigen Rechtsprechung« qualifiziert hat[4]) und der sonstigen Gerichte[5] erst mit dem Zurücktreten der Koordinationslehre

---

1 *J. Isensee*, Gedächtnisschrift für L.-J. Constantinesco, 1983, S. 306.

2 *OVG Lüneburg*, U. v. 28. 6. 1954, KirchE 2, 280 (285) [unter fragwürdigem argumentativem Ansatz bei der *Kirchenmitgliedschaft*].

3 *BVerfG*, B. v. 31. 3. 1971, BVerfGE 30, 415 (422: kirchl. Besteuerungsrecht als »ein vom Staat abgeleitetes und in den weltlichen Bereich hineinwirkendes Hoheitsrecht«); B. v. 21. 9. 1976, BVerfGE 42, 312 (334 [»Eine Regelung, die keine unmittelbaren Rechtswirkungen in den staatlichen Zuständigkeitsbereich hat, bleibt eine ›innere kirchliche Angelegenheit‹ auch dann, wenn sie dorthin mittelbare Auswirkungen hat.«], 338); B. v. 28. 11. 1978, KirchE 17, 120 (121); B. v. 6. 4. 1979, KirchE 17, 209 (210); B. v. 1. 9. 1980, KirchE 18, 251 (252f.: »Eine Maßnahme der Kirche, die keine unmittelbaren Rechtswirkungen im staatlichen Zuständigkeitsbereich entfaltet, stellt sich jedenfalls als innere kirchliche Angelegenheit dar.«); B. v. 12. 2. 1981, KirchE 18, 390 (390, 391); B. v. 1. 6. 1983, NJW 1983, 2569; B. v. 5. 7. 1983, NJW 1983, 2569 (2569); B. v. 30. 3. 1984, DÖV 1984, 974 (974).

4 *BVerfG*, B. v. 1. 6. 1983, NJW 1983, 2569; B. v. 5. 7. 1983, NJW 1983, 2569 (2569).

5 *BVerwG*, U. v. 27. 10. 1966, BVerwGE 25, 226 (229); U. v. 16. 12. 1966, BVerwGE 25, 364 (365); U. v. 21. 11. 1980, KirchE 18, 326 (327, 328); U. v. 25. 11. 1982, BVerwGE 66, 241 (242f., 245, 246f.); U. v. 7. 10. 1983, BVerwGE 68, 62 (63); *BSG*, U. v. 22. 11. 1974, KirchE 14, 200 (202); *BGH*, U. v. 19. 6. 1981, KirchE 18, 492 (498); *BAG*, B. v. 11. 3. 1986, ZevKR 32

seit Mitte der 60er Jahre durchgesetzt. Ausgangspunkt der neueren Praxis war insoweit die häufig zitierte, an eine Äußerung Paul Mikats[6] anknüpfende Formel des Bundesverfassungsgerichts aus dem Jahre 1965: »Nur soweit die Kirchen vom Staat verliehene Befugnisse ausüben *oder soweit ihre Maßnahmen den kirchlichen Bereich überschreiten oder in den staatlichen Bereich hineinreichen,* betätigen die Kirchen mittelbar auch staatliche Gewalt mit der Folge, daß ihre Selbstbestimmung eine in der Sache begründete Einschränkung erfährt.«[7] Diese Feststellung wird dann ergänzt durch die bereits erwähnte Aussage, es entscheide sich »die Frage, ob eine kirchliche Maßnahme dem innerkirchlichen Bereich zuzurechnen ist oder sich auf vom Staat verliehene Befugnisse gründet *oder den staatlichen Bereich berührt* ... – soweit nicht eine Vereinbarung zwischen Kirche und Staat erfolgt ist – danach, was materiell, der Natur der Sache oder Zweckbeziehung nach *als eigene Angelegenheit der Kirche anzusehen ist*«[8].

Fragwürdig in der bisherigen Behandlung der Problematik staatlichen Rechtsschutzes in Angelegenheiten der Kirchen und Religionsgemeinschaften war weniger der genannte Maßstab selbst als vielmehr die Unsicherheit in seiner *Handhabung*. Denn er setzt zunächst das Bewußtsein voraus, daß es sich bei ihm um ein Kriterium der säkular-staatlichen Justizverfassung handelt, nicht primär um ein solches des Staatskirchenrechts – obgleich es mittelbar einen Bezug zum religiösen Selbstbestimmungsrecht aufweist. Und ferner muß die praktische Anwendung des genannten Maßstabes das Bestehen bzw. Nichtbestehen »weltlicher« Rechtswirkungen religionsbezogenen Handelns ermitteln in sorgfältiger Prüfung des fraglichen Sachverhalts auf seine faktische und rechtliche Tragweite hin. Beiden Desideraten ist die bisherige Rechtspraxis allerdings nicht durchweg gerecht geworden. Vor allem werden nicht selten die beiden Fragen vermischt bzw. verwechselt, ob eine Angelegenheit (1.) zum »Eigenbereich« der betreffenden Kirche bzw. Religionsgemeinschaft gehört und ob sie (2.) Wirkungen im staatlichen Rechtsbereich auslöst. Beides ist jedoch scharf zu trennen. Im übrigen hat die Gerichtspraxis *tatsächlich* vorhandene unmittelbare »weltliche« Rechtswir-

(1987), 88 (90); *OVG Münster*, U. v. 18. 1. 1965, KirchE 7, 148 (149); *VG Bremen*, Vorbescheid v. 20. 8. 1965, KirchE 7, 240 (241); *VG Berlin*, U. v. 14. 1. 1971, KirchE 12, 27 (29); *OLG Oldenburg*, B. v. 19. 7. 1971, KirchE 12, 274 (277); *VG Aachen*, U. v. 18. 1. 1972, KirchE 12, 355 (357); U. v. 27. 6. 1972, KirchE 12, 503 (505); *VG Hannover*, U. v. 19. 2. 1975, KirchE 14, 249 (249f.); *VGH München*, U. v. 25. 2. 1980, KirchE 18, 25 (29, 33); *VG Hamburg*, U. v. 29. 4. 1980, KirchE 18, 153 (157); *OVG Lüneburg*, U. v. 26. 1. 1984, ZevKR 30 (1985), 426 (428); *OVG Koblenz*, B. v. 29. 4. 1985, DÖV 1986, 115 (115).

6 *P. Mikat*, Kirchen und Religionsgemeinschaften (1960), S. 180: »Wenn also das Selbstbestimmungsrecht der Religionsgemeinschaften grundsätzlich unbegrenzt ist, so findet es doch eine in der Natur der Sache begründete *Einengung*, soweit Akte des Ordnens und Verwaltens über den inneren Bereich der eigenen Angelegenheiten hinausgehen und den staatlichen Bereich berühren oder in ihn hineinreichen.« (Hervorhebung im Original).

7 *BVerfG*, B. v. 17. 2. 1965, BVerfGE 18, 385 (387; Hervorhebung nicht im Original).

8 *BVerfG*, B. v. 17. 2. 1965, BVerfGE 18, 385 (387; Hervorhebung nicht im Original).

kungen religionsbezogenen Handelns nicht immer in ihrer gesamten Tragweite berücksichtigt, ja sie nicht selten sogar vollständig ignoriert.

1. Staatlicher und religiöser Aufgabenbereich

Ein zutreffendes Urteil über die Relevanz einer Materie für den staatlichen Aufgaben- und Rechtsbereich hängt zunächst davon ab, daß dessen Konturen nach Umfang und Reichweite hinreichend geklärt sind. Insoweit erscheint der Versuch, die staatlichen Zuständigkeiten vom Umfang der »eigenen Angelegenheiten« der Kirchen und Religionsgemeinschaften her zu bestimmen[9], als bereits im Ansatz verfehlt.

Die Aufgaben und Befugnisse des sozialen Rechtsstaats, wie ihn das Grundgesetz konstituiert, ergeben sich unmittelbar aus der (weltlichen) Verfassung. Sie ist bestimmt vom Prinzip institutioneller Trennung zwischen dem Staat und den religiösen Verbänden (Artt. 140 GG/137 Abs. 1 WRV). Das führt zwar nicht zur Beziehungslosigkeit zwischen diesen, doch gilt dem Grunde nach: Sowenig der säkulare Staat der Gegenwart die Befugnis für sich in Anspruch nehmen darf, seinerseits von Rechts wegen das Wirken religiöser Verbände der Sache nach positiv zu definieren, sowenig hängt umgekehrt der Umfang seiner eigenen Aufgaben und Zuständigkeiten von demjenigen der Kirchen und Religionsgemeinschaften ab. Die Reichweite der Staatsfunktionen kann demgemäß zutreffend auch nicht im Wege der »Subtraktionsmethode« vom Wirkungsbereich der religiösen Verbände her entwickelt werden. Vielmehr ist der Umfang der vom Staat in Anspruch zu nehmenden Aufgaben und Befugnisse ausschließlich nach säkularen Kriterien und unter Anwendung der einschlägigen Festlegungen *staatlichen* Rechts[10] zu bestimmen, wozu die jeweils zuständigen staatlichen Instanzen berufen sind. Die gegebene Rechtslage wird dabei maßgeblich von der freiheitlichen Religionsverfassung geprägt, welche dem religiösen Wirkungsanspruch weiten Raum läßt; nicht minder aber sind sonstige Festlegungen der geltenden Verfassung von Belang. Dies führt im Ergebnis entweder zu einer ausschließlichen Sachzuständigkeit jeweils des Staates bzw. religiöser Instanzen oder aber zu einer Überlagerung der Zuständigkeiten. Über *Rechtsbeziehungen* der jeweiligen Funktionssphären ist damit freilich noch nicht entschieden.

---

[9] So geht freilich offenbar das *BVerfG* in seiner soeben bei Anm. 8 zitierten Definition vor (vgl. dort die Hervorhebung); hier wird der Kreis der dem Selbstbestimmungsrecht unterfallenden »eigenen Angelegenheiten« als Kriterium für eine »Berührung« des staatlichen Bereichs statuiert.

[10] So auch *A. v. Campenhausen*, AöR 112 (1987), S. 653.

Als verfehlt ist die in der Rechtspraxis verbreitete Auffassung zu betrachten, die Frage der Beziehung einer Angelegenheit zum institutionell-religiösen »Eigenbereich« mit der Suche nach Wirkungen der Materie im staatlichen Rechtskreis zu vermengen: jedenfalls eine sogenannte »innerkirchliche Sphäre« sei als solche schlechterdings durch das Fehlen unmittelbarer Rechtswirkungen in der staatlichen Ordnung qualifiziert. Dieser Betrachtung liegt unverkennbar die Vorstellung gegenseitiger *Exklusivität* der jeweiligen Sphären zugrunde. Der Kreis der »eigenen Angelegenheiten« der Kirchen und Religionsgemeinschaften wird als ein in sich geschlossener Rechts- und Sachbereich verstanden, der zum staatlichen Zuständigkeitsbereich prinzipiell keine unmittelbaren rechtlichen Verbindungen aufweisen könne.

Deutlich wird dies nicht zuletzt in der Ansicht, daß die staatliche Rechtsordnung im »innerkirchlichen Bereich« prinzipiell keinerlei *Schrankenwirkung* nach Maßgabe der Artt. 140 GG/137 Abs. 3 WRV zu entfalten vermöge. Sie ist seit Jahren in Literatur und Rechtsprechung mit unterschiedlicher Begründung und Nachhaltigkeit vertreten worden[11] – auf der Basis der

---

[11] Aus dem Schrifttum statt anderer *G. Dürig*, M-D (Erstbearb. 1958), Rdnr. 20 zu Art. 19 Abs. 4 GG; *H. Maurer*, Die Verwaltungsgerichtsbarkeit der evang. Kirche, 1958, S. 151 f.; *ders.*, DÖV 1960, S. 752; *ders.*, DVBl. 1961, S. 626; *H. Quaritsch*, Der Staat 1 (1962), S. 295; *P. Mikat*, Das Verhältnis von Kirche und Staat, 1964, S. 21; *H. Weber*, Die Religionsgemeinschaften als Körperschaften des öff. Rechts, 1966, S. 38 ff.; *ders.*, Grundprobleme des Staatskirchenrechts, 1970, S. 44 ff.; *ders.*, DVBl. 1970, S. 251 und passim.

Ganz dezidiert auf dieser Linie seit langem die weit überwiegende Judikatur der verschiedenen Gerichtszweige und Instanzen: *BVerfG*, B. v. 17. 2. 1965, BVerfGE 18, 385 (388); B. v. 21. 9. 1976, BVerfGE 42, 312 (334, 338); B. v. 11. 10. 1977, BVerfGE 46, 73 (95); B. v. 6. 4. 1979, KirchE 17, 209 (210); B. v. 13. 12. 1983, BVerfGE 66, 1 (20); offengelassen wird die Tragweite der Freistellung der relig. Verbände vom »für alle geltenden Gesetz« allerdings im B. v. 31. 3. 1971, BVerfGE 30, 415 (422), im B. v. 25. 3. 1980, BVerfGE 53, 366 (399 f.), sowie im B. v. 12. 2. 1981, KirchE 18, 390 (391); *BVerwG*, U. v. 27. 10. 1966, BVerwGE 25, 226 (229 f.); die Frage wird offengelassen im U. v. 15. 12. 1967, BVerwGE 28, 345 (349), und im U. v. 25. 10. 1968, BVerwGE 30, 326 (331; vgl. dort aber auch S. 338 f.), doch weist das Gericht im U. v. 25. 11. 1982, BVerwGE 66, 241 (244 f.), ausdrücklich darauf hin, es habe sich der Rspr. des BVerfG angeschlossen; ebenfalls klar im genannten Sinne U. v. 21. 11. 1980, KirchE 18, 326 (328); *BGH*, U. v. 17. 12. 1956, BGHZ 22, 383 (390); *BSG*, U. v. 29. 3. 1962, KirchE 6, 54 (60); *BAG*, B. v. 11. 3. 1986, ZevKR 32 (1987), 88 (90); *LG Münster*, U. v. 2. 12. 1957, KirchE 4, 248 (258); *OVG Lüneburg*, U. v. 18. 2. 1964, KirchE 7, 33 (36); *OVG Münster*, U. v. 18. 1. 1965, KirchE 7, 148 (149, 152); *VG Bremen*, Vorbescheid v. 20. 8. 1965, KirchE 7, 240 (241, 242); *OVG Berlin*, U. v. 19. 6. 1969, KirchE 10, 410 (413); B. v. 19. 8. 1970, KirchE 11, 265 (267); U. v. 13. 10. 1970, KirchE 11, 327 (330); *OVG Münster*, B. v. 1. 7. 1971, KirchE 12, 200 (212); *OLG Frankfurt a. M.*, B. v. 22. 11. 1971, KirchE 12, 324 (327); *VG Würzburg*, U. v. 7. 6. 1972, KirchE 12, 491 (498); *VG Hannover*, U. v. 19. 2. 1975, KirchE 14, 249 (249 f.); *VG Köln*, U. v. 16. 6. 1975, KirchE 14, 306 (308); *VG Minden*, B. v. 7. 12. 1976, KirchE 15, 442 (445: offengelassen); *OVG Münster*, U. v. 23. 8. 1977, KirchE 16, 166 (169 f.); *LAG Hamm*, U. v. 3. 11. 1977, KirchE 16, 216 (223); *OVG Münster*, U. v. 9. 2. 1978, KirchE 16, 292 (303 f.); *VG Hannover*, U. v. 14. 3. 1978, KirchE 16, 342 (347, 348 f.); *VGH München*, B. v. 20. 4. 1978, KirchE 16, 361 (363); *VG Minden*, U. v. 13. 12. 1978, KirchE 17, 129 (131 f.); *VG Arnsberg*, U. v. 25. 1. 1979, KirchE 17, 173 (176 f.); *OLG Hamm*, B. v. 20. 12. 1979, KirchE 17, 398 (400 f.); *VGH München*, U. v. 25. 2. 1980,

Koordinationsrechtslehre gleichermaßen wie von Anhängern der »Bereichslehre«. Diese Auffassung bezieht sich auf die normativen Maßstäbe zur Prüfung der *Rechtmäßigkeit* religiösen Handelns; doch wird sie im Rückschluß dann häufig auf dessen sachliche *Tragweite* übertragen: Aus der vermeintlichen grundsätzlichen Nichtanwendbarkeit staatlicher Schrankennormen wird gefolgert, die im »innerkirchlichen Bereich« angesiedelte Maßnahme sei ihrerseits schlechterdings ungeeignet, tatsächlich unmittelbare Rechtswirkungen in der staatlichen Rechtsordnung auszulösen[12].

Wenn man den institutionell-religiösen und den staatlichen Eigenbereich dergestalt trennt und entgegensetzt, so mündet dieser Ansatz ebenso wie in anderen staatskirchenrechtlichen Fragen auch für die Kompetenzproblematik folgerichtig in eine dogmatische Unterscheidung von »kirchlichen«, »staatlichen« und »gemischten« Angelegenheiten[13]. In gewissen Fallkonstellationen mag das durchaus zu brauchbaren Ergebnissen führen; auf die Masse der Fragen bezogen droht jedoch dadurch eine sach- und verfassungsgerechte Lösung allzuleicht an einem unangemessenen Schematismus zu scheitern.

2. *Staatlich-rechtliche Bezüge »eigener« Angelegenheiten*

a) *Religiöser Wirkungskreis und säkularstaatliche Ordnung*

Das Ordnen und Verwalten »ihrer Angelegenheiten« durch Kirchen und Religionsgemeinschaften *kann* sich in seinen rechtlichen Konsequenzen vollständig auf den religiösen Raum beschränken; dies wird regelmäßig etwa im Bereich der Verwaltung der Sakramente oder im Blick auf die geistlichen Aspekte der Lehre usw. der Fall sein. Ausnahmslos gilt dies allerdings keineswegs. Denn der Bereich der »eigenen Angelegenheiten« im Sinne der Artt. 140 GG/137 Abs. 3 WRV ist weder auf die rein geistliche Sphäre noch

KirchE 18, 25 (28, 29, 32 f.); B. v. 14. 3. 1980, KirchE 18, 66 (67); *VG Hamburg*, U. v. 29. 4. 1980, KirchE 18, 153 (157); *LAG Düsseldorf*, U. v. 3. 10. 1980, KirchE 18, 285 (288); *OVG Lüneburg*, U. v. 26. 1. 1984, ZevKR 30 (1985), 426 (428); *VG München*, U. v. 12. 12. 1984, BayVBl. 1985, 281 (282); *OVG Koblenz*, B. v. 29. 4. 1985, DÖV 1986, 115 (116).

[12] Ganz deutlich wird diese argumentative Vermengung zweier an sich eindeutig zu unterscheidender Betrachtungsebenen im U. des *BVerwG* v. 21. 11. 1980, KirchE 18, 326. – Vgl. auch unten S. 206 ff. sowie (zu dem genannten U. des BVerwG) S. 211 f.

[13] So *H. Maurer*, Die Verwaltungsgerichtsbarkeit der evang. Kirche, 1958, S. 148 ff., 155 f., der die Rechtsschutzproblematik vor dem Hintergrund einer Unterscheidung des »internen kirchlichen Bereichs«, der der Kirche »vom Staat übertragenen oder überlassenen Angelegenheiten« sowie schließlich der »externen kirchlichen Beziehungen« behandelt. Vgl. ferner *J. Listl*, Das Grundrecht der Religionsfreiheit, 1971, S. 396, der die Eröffnung des staatl. Rechtsweges in Friedhofssachen ausdrücklich aus dem Charakter des Begräbniswesens als »gemeinschaftlicher Aufgabe« von Staat und Kirche ableitet.

auf solche Aspekte des Wirkens religiöser Verbände beschränkt, die ausschließlich »interne« Bezüge aufweisen[14]. Das religiöse Selbstbestimmungsrecht hat nicht den Charakter einer Ausgrenzungsfreiheit. In der Religionsverfassung des Grundgesetzes ist das formale Trennungsdenken einer strikten Scheidung der Zuständigkeits- und Hoheitsbereiche von Staat und Kirchen, welches noch das Zeitalter der Staatskirchenhoheit prägte, endgültig überwunden. Stattdessen wird in Artt. 140 GG/137 Abs. 3 WRV der mannigfaltigen rechtlichen und praktischen Einbindung des Wirkens von Kirchen und Religionsgemeinschaften in die Gestaltungsmöglichkeiten (und freilich auch manche Grenzen) der rechtsstaatlichen Ordnung der Weg geebnet[15]. Demgemäß praktizieren die religiösen Verbände nicht (mehr) auf Grund des ihnen gewährleisteten Selbstbestimmungsrechts »neben« bzw. außerhalb der staatlichen Rechtsordnung ein davon abzuschirmendes in sich geschlossenes Rechtsleben. Sie agieren vielmehr (allerdings auf Grund eigenen – von der staatlichen Verfassung anerkannten – Rechts) *innerhalb der »weltlichen« Gesellschaft und ihrer Ordnung*, deren Gestaltungsformen sie sich bedienen und deren Bindungen sie andererseits nach Maßgabe des geltenden Rechts unterliegen.

Zweifelhaft erscheint deshalb die gerade in der Rechtsschutzdiskussion entwickelte Annahme, Akten kirchlicher Gewalt wachse ohne weiteres die Qualität »staatlicher«[16] oder jedenfalls »mittelbar staatlicher«[17] Gewalt zu, sofern sie unmittelbar im staatlichen Rechtskreis relevant seien. Ebenso umgekehrt: nur Maßnahmen ohne unmittelbaren »weltlichen« Rechtsbezug könnten der Eigensphäre von Kirchen oder Religionsgemeinschaften ohne Einschränkung zugerechnet werden. Demgegenüber ist zu betonen, daß weder die sachliche Beziehung einer Angelegenheit zum »eigenen« Wirkungskreis eines religiösen Verbandes noch die formelle Zuständigkeit einer religiösen Institution zur Aufgabenerfüllung oder die Anwendbarkeit von

---

[14] Gegenüber einer Verkennung der Artt. 140 GG/137 Abs. 3 WRV in Gestalt ihrer vermeintlichen »räumlichen Beschränkung auf das forum internum« (so ausdrücklich *H. Säcker*, DVBl. 1969, S. 5) wurde die aktuelle Tragweite des relig. Selbstbestimmungsrechts mit wünschenswerter Deutlichkeit insbes. herausgestellt von *M. Heckel*, VVDStRL 26 (1968), S. 34 f., 40 f. Hingegen hat *M. Sachs*, DVBl. 1989, S. 490, neuerdings wieder die Auffassung vertreten, es seien »eigene Angelegenheiten der Religionsgesellschaften solche ..., die nur ihre eigene Rechtssphäre berühren, nicht aber die anderer Personen einschließlich des Staates selbst«, und es bedeute »die Berührung von Drittrechten zugleich, daß es sich um eine Materie des staatlichen Bereichs handelt« (ganz dezidiert dort S. 492: »Regelungen, durch die Interessen Unbeteiligter oder solche der Allgemeinheit selbst berührt werden, überschreiten bereits den Bereich der eigenen Angelegenheiten.«).

[15] Vgl. auch S. 126 mit Anm. 43.

[16] So die Argumentationsgrundlage bei *G. Meier*, DVBl. 1967, S. 707 ff.

[17] Davon geht das *BVerfG* in seiner seither häufig zitierten Formel aus dem Jahr 1965 (oben S. 199 Anm. 7) aus.

Kirchenrecht[18] in einem maßgeblichen inneren Zusammenhang zum Bestehen bzw. Fehlen unmittelbarer Wirkungen in der staatlichen Rechtsordnung stehen. Umgekehrt nimmt letztere ja, wie im vorigen Kapitel erwähnt, ihrerseits auch in mannigfacher Weise auf kirchenrechtliche Normierungen Bezug und entfaltet unmittelbare Konsequenzen im Funktionsbereich der religiösen Verbände, ohne deshalb selbst »kirchlichen« Charakter anzunehmen. Es sollte sich daher eigentlich die Erkenntnis von selbst verstehen, daß auch ein Handeln der religiösen Verbände durchaus unmittelbar »weltliche« Rechtswirkungen erzeugen kann[19], ohne daß daraus eine Spannung (geschweige denn ein Widerspruch) zur religiösen Verwurzelung bzw. zur Qualität der fraglichen Materien als »eigener« entstünde. Analoge Überschneidungen der Sachbezüge kommen bekanntlich in anderen Sachbereichen (z.B. im Vereinsrecht) gleichermaßen vor.

Die Tatsache etwa, daß in einem gerichtlichen Verfahren ausschließlich Untergliederungen einer Kirche bzw. Religionsgemeinschaft gegeneinander streiten, mag als gewisses Indiz für ein Fehlen unmittelbarer Bezüge zum staatlichen Rechtskreis herangezogen werden – eine *abschließende* Antwort auf diese Frage vermittelt sie jedoch nicht. Vielmehr bedarf es insoweit einer Konkretisierung der Rechtsqualität bzw. Rechtsfähigkeit der Beteiligten und einer materiellen Analyse des Streitgegenstandes im Hinblick auf seine »weltliche« Rechtsrelevanz. Auf die tatsächliche Natur des fraglichen Rechtsverhältnisses kommt es an. Nur wenn es sich bei beiden Hauptbeteiligten des Prozesses um rechtlich unselbständige Untergliederungen einer Kirche bzw. Religionsgemeinschaft handelt oder wenn es (was anhand des *Einzelfalles* zu prüfen und zu begründen wäre!) dem Prozeßgegenstand nach ausschließlich um interne (Rechts-)Probleme eines religiösen Verbandes geht, wird ein staatliches Gericht seine Kompetenz von vornherein zu Recht verneinen.

Ein Streit um die *Teilung einer Kirchengemeinde* zum Beispiel kann sich in den intern-kirchenrechtlichen Aspekten erschöpfen und insoweit vor staatlichen Gerichten unzulässig sein. Aber ein im Rahmen der Zulässigkeit beachtlicher Bezug zur staatlichen Rechtsordnung ergäbe sich, sofern säkular-rechtliche Bezüge der Abwicklung und der Konsequenzen der Teilung im Streit stünden (vor allem solche bürgerlichrechtlicher Natur: Eigentum und seine Übertragung, Haftung für Verbindlichkeiten usw.).

---

[18] Dies verkennt das *BSG*, wenn es pauschal darauf abhebt, »daß auf dem Kirchenrecht beruhende innerkirchliche Maßnahmen ... in dem auch das Sozialversicherungsrecht umfassenden staatlichen Zuständigkeitsbereich keine unmittelbaren Rechtswirkungen entfalten können« (*BSG*, U. v. 22. 11. 1974, KirchE 14, 200 [202]).

[19] Dies betonen auch *S. Grundmann*, JZ 1966, S. 84; *A. Hollerbach*, AöR 92 (1967), S. 108f.; *ders.*, VVDStRL 26 (1968), S. 72; *A. v. Campenhausen*, Staatskirchenrecht, 2. Aufl. 1983, S. 89; *ders.*, AöR 112 (1987), S. 653; *D. Ehlers*, ZevKR 32 (1987), S. 162. Bereits im Ansatz grundsätzlich anders *M. Sachs*, DVBl. 1989, S. 490, 492.

In der bisherigen Gerichtspraxis ist überwiegend freilich einer eher formalen Sicht der Vorzug gegeben worden. Angesichts des Systems der Trennung von Staat und Kirche (Artt. 140 GG/137 Abs. 1 WRV) im Ansatz durchaus zutreffend hat man die »Scheidung der inneren Ordnung der Kirchen von der Sphäre der staatlichen Regelungen des gesellschaftlichen Zusammenlebens«[20] postuliert; daraus ist dann aber nicht selten die Vorstellung abgeleitet worden, diese prinzipielle Scheidung setze sich auch auf der Ebene der *Rechtsfolgen* von Maßnahmen der Kirchen und Religionsgemeinschaften ohne weiteres fort. Von dieser Grundannahme her scheint die in der Rechtsprechung vorgenommene Gegenüberstellung eines »innerkirchlichen« (gemeint ist dabei: »eigenen« i.S.d. Artt. 140 GG/137 Abs. 3 WRV) Bereichs einerseits und der Maßnahmen andererseits, welche »in den staatlichen Rechtsbereich hineinreichen«, folgerichtig zu sein. Doch erweist sie sich angesichts der vielfältigen Verflochtenheit des institutionell-religiösen und des staatlich-gesellschaftlichen Bereichs in den meisten Fällen als fragwürdig. Sieht man die einschlägige Judikatur auf die vorliegende Frage hin durch, so ergeben sich neben einigen (wenigen) Fällen, in welchen staatlich-rechtliche Bezüge religiöser Maßnahmen zu Recht verneint worden sind, zahlreiche gerichtliche Entscheidungen, in denen eine ausschließlich innerkirchliche Relevanz zwar kategorisch behauptet wurde, die Tatsachen dieser Annahme aber eindeutig widersprachen.

Im Ergebnis zutreffend – allerdings mit fragwürdiger Argumentation[21] – hat etwa das Bundesverfassungsgericht dem Urteil eines kirchlichen Verfassungs- und Verwaltungsgerichts über die kirchenrechtliche Berechtigung der Teilung einer Kirchengemeinde ausschließlich innerkirchliche Relevanz zugemessen[22]. Auf gleicher Ebene lagen einschlägige Entscheidungen verschiedener Verwaltungsgerichte, die sich auf die kircheninterne Durchführung kirchlicher Wahlen bezogen[23], auf die innerkirchliche Zuweisung von Finanzmitteln an einzelne Kirchengemeinden[24], auch auf die Weigerung einer evangelischen Kirchenleitung, einem Kirchenmitglied detaillierte Auskünfte über die kirchlichen Finanzverhältnisse zu erteilen[25], oder auf *kircheninterne* Aspekte der Kirchenmitgliedschaft bzw. eines Kirchenaustritts[26].

20 *OVG Lüneburg*, U. v. 18. 2. 1969, KirchE 10, 314 (322).

21 Dazu *A. Hollerbach*, AöR 92 (1967), S. 108f.; *A. v. Campenhausen*, Staatskirchenrecht, 2. Aufl. 1983, S. 89f.; *ders.*, AöR 112 (1987), S. 653.

22 *BVerfG*, B. v. 17. 2. 1965, BVerfGE 18, 385 (388).

23 *VG München*, U. v. 18. 3. 1963, KirchE 6, 224 (226) [Wahl zum Vorstand einer Israelitischen Kultusgemeinde und diesbezüglicher Spruch des Schiedsgerichts des Landesverbandes der Israelitischen Kultusgemeinden]; *VG Köln*, U. v. 16. 6. 1975, KirchE 14, 306 (308f.) [Wahl zum Kirchenvorstand einer röm.-kath. Kirchengemeinde], bestätigt durch *OVG Münster*, U. v. 23. 8. 1977, KirchE 16, 166 (168, 170, 171). – Anders mit fragwürdiger Argumentation *VG Oldenburg*, U. v. 8. 5. 1973, KirchE 13, 265 (267).

24 *OVG Lüneburg*, U. v. 30. 5. 1979, KirchE 17, 244 (246).

25 *VG Braunschweig (I. Kammer Lüneburg)*, U. v. 20. 1. 1972, KirchE 12, 366 (367).

26 *BVerwG*, U. v. 23. 2. 1979, KirchE 17, 183 (185ff.); *VG Frankfurt a. M.*, U. v. 26. 8. 1970,

Gerade an der *Mitgliedschaft* wird ganz deutlich, daß mit der Identifizierung einer Angelegenheit als »eigener« der betreffenden Kirche oder Religionsgemeinschaft noch nichts über deren »weltlich«-rechtliche Tragweite feststeht, sondern daß es insoweit ganz wesentlich auf ihre tatsächlichen Auswirkungen ankommt; denn die Mitgliedschaft hat einerseits engsten Bezug zum genuinen Eigenbereich der religiösen Verbände, sie zeitigt aber andererseits (nicht nur im Kirchensteuerrecht) eine Fülle von Wirkungen im staatlichen Rechtsbereich. Oder: Zweifellos trifft die Aussage zu, die kirchliche Entschließung über die Einführung einer *eigenen Gerichtsbarkeit* sei rein innerkirchlicher Natur; sie vermag aber im Blick auf die Rechtsschutzfrage in die Irre zu führen, wenn die Konsequenzen dieser Entschließung für den staatlichen Rechtsbereich unzutreffend beurteilt werden[27]. Ferner: So korrekt die in der Rechtsprechung formulierte Erkenntnis erscheint, daß ebenso wie die Gestaltung ihrer *Verfassung*[28] auch die Bestimmung ihrer *internen Organisation* allein Sache der betreffenden Kirche bzw. Religionsgemeinschaft ist[29], sowenig vermag andererseits die Folgerung zu überzeugen, daß *sämtliche* Organisationsmaßnahmen ohne weiteres rein innerkirchlicher Natur seien[30]. Und: Ganz selbstverständlich gehören *Lehre und Kultus* zum engsten Zentralbereich des Selbstbestimmungsrechts der Kirchen und Religionsgemeinschaften; doch folgt daraus keineswegs, daß pauschal davon die Rede sein könnte, *alle* einschlägigen Äußerungsformen religiösen Lebens seien ihrem Charakter nach ausschließlich rein innerkirchlich[31] und entbehrten durchweg jeglicher Relevanz für den staatlichen Rechtskreis; vielmehr ist eine Prüfung vonnöten, ob die betreffende Kirche mit einer solchen genuin »eigenen« Handlung den Adressaten tatsächlich »*nur* auf religiösem Gebiet anspricht«[32] oder

KirchE 11, 274 (275f.); *VG Würzburg*, U. v. 12. 12. 1973, KirchE 13, 409 (413f.); *OLG Hamm*, B. v. 15. 2. 1977, KirchE 16, 64 (69).

[27] So beim *VG Düsseldorf* im U. v. 27. 6. 1963, KirchE 6, 305 (309) [JZ 1965, 25 m. Anm. *W. Thieme*].

[28] Zutreffend *OVG Lüneburg*, U. v. 25. 5. 1977, KirchE 16, 130 (133f.).

[29] Zutreffend insoweit *OVG Münster*, U. v. 23. 8. 1977, KirchE 16, 166 (168f. mit zahlr. Nachw.); *VG Hannover*, U. v. 14. 3. 1978, KirchE 16, 342 (348f.).

[30] So aber der argumentative Ansatz beim *OLG Hamburg* im B. v. 21. 6. 1982, NJW 1983, 2572 (2573), wenn es den Wechsel der Eigentumsverhältnisse zwischen kirchl. Körperschaften als ausschließlich »innerkirchlich« qualifiziert. Zu pauschal auch *O. R. Kissel*, GVG, Rdnrn. 214f. zu § 13. – Zu Recht weist demgegenüber *A. v. Campenhausen*, AöR 112 (1987), S. 653, darauf hin, es könne sich »selbstverständlich ... eine organisatorische Maßnahme der Kirche im Geltungsbereich des staatlichen Rechts auswirken«; vgl. ferner *A. Hollerbach*, AöR 92 (1967), S. 108f.

[31] So aber *OVG Koblenz*, U. v. 28. 11. 1977, KirchE 16, 246 (248); *VG Hannover*, U. v. 14. 3. 1978, KirchE 16, 342 (347); *OVG Lüneburg*, U. v. 26. 1. 1984, ZevKR 30 (1985), 426 (428).

[32] *VG Hamburg*, U. v. 29. 4. 1980, KirchE 18, 153 (157). – Hervorhebung im Original.

nicht doch eine unmittelbare Wirkung in der staatlichen Rechtssphäre auslöst[33].

Abgesehen von den Extrembeispielen *strafbarer Handlungen* im Rahmen gottesdienstlicher oder sonstiger kultischer Feiern können »weltliche« Wirkungen etwa auch von einer im engsten Sinne geistlichen Maßnahme wie einer *Taufe* ausgehen, sofern sie ohne Zustimmung eines Personensorgeberechtigten erfolgt und insoweit möglicherweise das in Art. 6 Abs. 2 GG garantierte Elternrecht verletzt[34]. Eine unmittelbar liturgischen Zwecken dienende Maßnahme wie das *Läuten von Kirchenglocken* kann, worauf das Bundesverwaltungsgericht[35] zu Recht ausdrücklich aufmerksam macht, mit Abwehransprüchen der Nachbarn kollidieren. Im Ergebnis zutreffend ist ferner angesichts des darin liegenden Eingriffs in die persönliche Rechtssphäre der Betroffenen einer namentlichen *Kanzelabkündigung* ausgetretener Kirchenmitglieder der Charakter als »rein innerkirchlich« abgesprochen worden[36].

In der Breite ist freilich, wie erwähnt, die Neigung der Gerichte unverkennbar, das Augenmerk allzu stark auf den kirchlichen »Eigencharakter« einer fraglichen Angelegenheit und weniger auf das tatsächliche Ausmaß ihrer »weltlichen« Rechtsfolgen zu richten. Das gilt beispielsweise für die einschlägigen Bemerkungen des Bundesverfassungsgerichts zu § 1 des (bremischen) Kirchengesetzes über die Rechtsstellung der in eine staatliche gesetzgebende Körperschaft gewählten Angehörigen des kirchlichen Dienstes vom 28. März 1973, durch den eine Inkompatibilität von kirchlichem Amt und politischem Mandat statuiert wurde. Das Gericht vertrat die Auffassung, die Vorschrift regele »eine innere Angelegenheit der Kirche, die jedenfalls keine unmittelbare Rechtswirkung – allenfalls eine mittelbar faktische Wirkung – im staatlichen Zuständigkeitsbereich« entfalte[37]. Der zitierten Entscheidung des Bundesverfassungsgerichts ist zwar *im Ergebnis* beizupflichten. Doch wird die Formel von der »mittelbar faktischen Wirkung« der Inkompatibilitätsregelung deren Konsequenzen im staatlichen Rechtskreis schwerlich gerecht, insbesondere wenn man Art. 48 Abs. 2 GG im Blick hat.

Auf gleicher Ebene lag es, wenn Gerichte der an die Öffentlichkeit gedrungenen kirchenamtlichen Bewertung religiöser Äußerungen eines Pfarrers als »Irrlehre« jegliche Relevanz im staatlichen Rechtsbereich von vornherein absprachen. Hier wurde die – ohne Zweifel ausschließlich im Zuständigkeitsbereich der Kirche liegende – *theologische Bewertung* ohne weiteres mit der auf rein »weltlicher« Ebene liegenden Frage vermengt, ob aus der Sicht der staatlichen Rechtsordnung von einer individuellen Ehrverletzung auszugehen sei[38]. Es wurde vom Fehlen staatsgerichtli-

33 Zutreffend im Ansatz *BVerwG*, U. v. 16. 12. 1966, BVerwGE 25, 364 (365), das allerdings im Sinne der »Bereichslehre« von »Außenwirkung« spricht und überdies als Beispiel keinen Fall unmittelbarer, sondern lediglich mittelbarer Wirkung religiöser Lehre im staatl. Rechtsbereich anführt [Lehre der Zeugen Jehovas und allg. Wehrpflicht].

34 So lagen die Dinge im Fall *VG Koblenz*, B. v. 4. 10. 1975, KirchE 15, 50.

35 *BVerwG*, U. v. 7. 10. 1983, BVerwGE 68, 62 (63).

36 *VG Stuttgart*, U. v. 25. 5. 1973, KirchE 13, 270 (273); die dort gegebene Begründung erweckt freilich Bedenken.

37 *BVerfG*, B. v. 21. 9. 1976, BVerfGE 42, 312 (338).

38 Ganz deutlich beim *BVerwG* im U. v. 25. 11. 1982, BVerwGE 66, 241 (246 f.: »Auch wenn staatlicher Rechtsschutz gegen ehrverletzende, unwahre oder kreditschädigende Äußerungen einer Kirche oder einer Religionsgemeinschaft gegenüber einer Privatperson zu gewähren ist

cher Befugnis, die kirchliche Stellungnahme auf ihre *sachliche Richtigkeit* hin zu überprüfen, ohne weiteres auf die Unmöglichkeit einer Rechtsverletzung geschlossen. In einer weitgehend säkularisierten Gesellschaft mag zwar eine von einer Kirchenleitung vorgenommene Bewertung als »Irrlehrer« vielleicht von vielen nicht mehr als sonderlich ehrenrührig betrachtet werden; daß sie das Persönlichkeitsrecht des Betroffenen aber gar nicht berühre, wird man dennoch schwerlich zu Recht behaupten können.

Eine ähnliche Einengung der Perspektive kennzeichnete die ausschließliche Einordnung einer kirchlichen *Prüfungsentscheidung*[39] oder der Entschließung der Kirche über den *Widerruf der missio canonica*[40] bzw. über die *Anerkennung als Katechetin*[41] in den »innerkirchlichen« Bereich. Die Gerichte gingen dabei von der zutreffenden Erkenntnis aus, daß in den genannten Fällen *sachlich* das »letzte Wort« der jeweiligen Kirche zustand; sie widmeten aber der durch die kirchliche Maßnahme durchaus unmittelbar tangierten außerkirchlichen Rechtssphäre der Betroffenen von vornherein nicht die erforderliche Beachtung.

Das Oberverwaltungsgericht Münster rechnete auch eine das *Bestehen oder Nichtbestehen eines kirchlichen Dienstverhältnisses* betreffende Feststellungsklage ohne weiteres dem »innerkirchlichen« Bereich zu. Es erklärte deshalb den Rechtsweg zu den staatlichen Gerichten als verschlossen[42], ohne in Erwägung zu ziehen, daß mit dem Bestand des fraglichen Dienstverhältnisses auch Rechtspositionen angesprochen waren, welche in der individuellen Rechtssphäre des Rechtsschutzsuchenden – und damit eindeutig außerhalb des Eigenrechtsbereichs der beklagten Kirche – lagen.

Der Bundesgerichtshof schließlich bezeichnete es zwar ausdrücklich als »Postulat rechtsstaatlichen Denkens«, daß auch für *Schadensersatzansprüche wegen Amtspflichtverletzungen kirchlicher Beamter* Gerichtsschutz zu gewähren sei. Er leitete die Kompetenz staatlicher Gerichte aber nicht von dem der Kirche zuzurechnenden Eingriff in den Schutz- und Ordnungsbereich der staatlichen Rechtsordnung her, sondern vom Fehlen einer einschlägigen – auf kirchlichen Rechtsschutz gerichteten – kirchenrechtlichen Regelung[43].

b) Insbesondere: Amts- und dienstrechtliche Maßnahmen

Die Verschiebung der Prüfungsperspektive – von den *tatsächlichen rechtlichen Auswirkungen* streitiger Angelegenheiten hin zu deren *Sachgrundlage* in der »kircheneigenen« Sphäre – zieht fragwürdige Konsequenzen nach

[actio negatoria], ist gegen die Behauptung der Beklagten der Rechtsweg nicht gegeben, da die Äußerung sich nur auf innerkirchliche Angelegenheiten bezieht, nämlich die Beurteilung theologischer Auffassungen des Klägers durch die Beklagte ... Die Behauptung beschränkt sich auch in ihrer Bedeutung und in ihren Auswirkungen auf innerkirchliche Fragen; sie beeinträchtigt den Kläger nicht in seinen Persönlichkeitsrechten und hat – außerhalb des Bereichs der Beklagten – keine nachteiligen Folgen für ihn.«). Entsprechend in der Argumentation bereits die Vorinstanz (*OVG Münster*, U. v. 9. 2. 1978, KirchE 16, 292 [307]).

39 *OVG Berlin*, U. v. 13. 10. 1970, KirchE 11, 327 (329).

40 *VG Aachen*, U. v. 27. 6. 1972, KirchE 12, 503 (506).

41 *VG Stuttgart*, U. v. 14. 7. 1983, NVwZ 1985, 138 (138).

42 *OVG Münster*, U. v. 9. 2. 1978, KirchE 16, 292 (306).

43 *BGH*, U. v. 17. 12. 1956, BGHZ 22, 383 (388f.).

sich. Dies erweist sich besonders deutlich auf dem seit Jahren ständig umstrittenen Problemfeld des staatlichen Rechtsschutzes gegen amts- und dienstrechtliche Maßnahmen von Kirchen. Denn die Beurteilung solcher Maßnahmen kann je nach Lage des Falles das kirchliche Selbstbestimmungsrecht gleichermaßen nachhaltig berühren wie den individuellen Lebenskreis des betroffenen Bediensteten, welcher seine Existenzgrundlage (und, soweit vorhanden, auch die seiner Familie) auf den Kirchendienst gegründet hat.

Hier liegt der Schlüssel zu einer sachgerechten, den verfassungsmäßigen Aufgaben des sozialen Rechtsstaats genügenden Lösung nicht darin, sich mit einer pauschalierenden Zuordnung der Angelegenheit zum genuin »eigenen« Bereich, nämlich zur kirchlichen Ämterhoheit, zu begnügen. So wichtig die Wahrung dieses zum Kernbestand des religiösen Selbstbestimmungsrechts zählenden[44] kirchlichen Funktionsbereichs einerseits zu nehmen ist, sowenig kann sie doch andererseits die sich aufdrängenden »weltlich«-rechtlichen Implikationen überspielen. Zwar ist es auf der Grundlage der Artt. 140 GG/137 Abs. 3 Satz 2 WRV ausschließlich Sache der betreffenden Kirche bzw. Religionsgemeinschaft, selbst die Voraussetzungen für die Übertragung und Innehabung ihrer Ämter zu konkretisieren[45]; die materielle Prüfungsbefugnis der staatlichen Gerichte wird hierdurch deutlich eingeschränkt. Doch dürfte es andererseits keiner Hervorhebung mehr bedürfen, daß unter dem Grundgesetz auch den bei einer Kirche oder Religionsgemeinschaft beschäftigten Amtsträgern und Bediensteten der staatsbürgerliche Status als Bürger und Subjekt »weltlichen« Rechts erhalten bleibt[46] – unabhängig von ihrer Funktion und von der konkreten rechtlichen Ausgestaltung des Dienstverhältnisses. Amts- und dienstrechtliche Maßnahmen eines religiösen Verbandes können insofern in individuelle Rechte eingreifen und beachtliche Relevanz im staatlichen Rechtskreis entfalten[47].

Über diesen Grundtatbestand sind die Gerichte leider vielfach[48] in rechts- und sozialstaatlich bedenklicher Weise hinweggegangen[49], wenn es darum ging, ob we-

---

[44] Vgl. S. 124 bei und in Anm. 35 sowie S. 211.

[45] Insoweit zutreffend *OVG Berlin*, U. v. 13. 10. 1970, KirchE 11, 327 (331 f.).

[46] Darauf, daß »auch der Kirchenangehörige oder kirchliche Bedienstete ... ›Weltkind‹ und Bürger« bleibe, weist zu Recht *A. Hollerbach*, VVDStRL 26 (1968), S. 72, hin; im gleichen Sinne *M. Heckel*, Staat – Kirche – Kunst, 1968, S. 202. Zur Rechtsschutzaufgabe des Staates zugunsten kirchlicher Bediensteter im Blick auf deren bürgerlichen Status auch *W. Knüllig*, ZevKR 27 (1982), S. 356 f.; vgl. ferner *D. Ehlers*, ibd. S. 287. – Hierzu auch sogleich unten S. 212 ff.

[47] Vgl. auch *A. v. Campenhausen*, Staatskirchenrecht, 2. Aufl. 1983, S. 212.

[48] Allerdings nicht durchweg; anders *OVG Münster*, U. v. 9. 2. 1978, KirchE 16, 292 (308 f.); B. v. 28. 2. 1978, KirchE 16, 336 (338); *VG Arnsberg*, U. v. 19. 2. 1981, KirchE 18, 406 (408 f.). Vgl. bereits früher die einschlägigen Bemerkungen des *OVG Lüneburg* im U. v. 18. 2. 1964, KirchE 7, 33 (37).

[49] Kritisch insoweit der Rspr. gegenüber auch *U. Steiner*, JuS 1980, S. 342 ff. (344 ff.); *ders.*,

nigstens für *vermögensrechtliche Ansprüche* von Pfarrern und Kirchenbeamten staatlicher Rechtsschutz dem Grunde nach zu gewähren sei. Aber auch in nichtvermögensrechtlicher Hinsicht wurde bestehenden Rechtspositionen der Betroffenen nicht immer die erforderliche Beachtung geschenkt: beispielsweise, indem die *Umsetzung* eines schwerbehinderten kirchlichen Bediensteten auf einen mit räumlichen Erschwernissen versehenen anderen Dienstposten unter Verweis auf die kirchliche Organisations- und Ämterhoheit als rein innerkirchliche Maßnahme[50] qualifiziert wurde.

Das Bundesverwaltungsgericht hat ganz pauschal darauf abgehoben, es seien »Maßnahmen, die den amts- und dienstrechtlichen Status eines Geistlichen betreffen ... ausschließlich Sache der Kirchen ... «, und es werde »der staatliche Zuständigkeitsbereich ... insoweit nicht berührt«[51]. Auch das Bundesverfassungsgericht vertritt diese Perspektive ausdrücklich[52] und blendet die staatliche Rechtsschutzsphäre und -aufgabe insoweit weitgehend aus. Diese höchstrichterliche Bewertung wirkt sich umso folgenschwerer für die Betroffenen aus, als nicht nur die allgemeinen dienstrechtlichen Aspekte einer Tätigkeit für die Kirchen ohne rechtsschutzrelevante Bezüge zum staatlichen Rechtskreis sein sollen, sondern sogar auch *disziplinarrechtliche Maßnahmen*[53], ohne daß nach der tatsächlichen Tragweite der Sanktionen[54] im einzelnen differenziert wird. Andere Gerichte haben letzteren Gesichtspunkt aller-

---

Offene Rechtsschutzprobleme im Verhältnis von Staat und Kirchen, 1981, passim; *ders.*, NJW 1983, S. 2560f.; *D. Ehlers*, ZevKR 27 (1982), S. 275ff.; *W. Knüllig*, ibd. S. 350ff.; *A. v. Campenhausen*, Staatskirchenrecht, 2. Aufl. 1983, S. 198ff. m. w. N.; *ders.*, AöR 112 (1987), S. 646ff.; *H. Weber*, NJW 1983, S. 2551. – Ausdrücklich der Linie der höchstrichterl. Rspr. im kirchl. Amts- und Dienstrecht zustimmend hingegen *J. Listl*, FS J. Broermann, 1982, S. 847ff.; *ders.*, DÖV 1984, S. 587ff. [Anm.]; *ders.*, DÖV 1989, S. 409ff.

50 *VG Minden*, B. v. 7. 12. 1976, KirchE 15, 442 (443f.). – Differenzierend dieses Gericht dann aber in der E. zur Hauptsache: U. v. 13. 12. 1978, KirchE 17, 129 (131, 133).

51 *BVerwG*, U. v. 21. 11. 1980, KirchE 18, 326 (328).

52 *BVerfG*, B. v. 28. 11. 1978, KirchE 17, 120 (121); B. v. 12. 2. 1981, KirchE 18, 390 (391).

53 *BVerfG*, B. v. 28. 11. 1978, KirchE 17, 120 (121) unter argumentativem Verweis auf die der Disziplinarmaßnahme »zugrundeliegenden disziplinarrechtlichen Erwägungen«; ganz deutlich im B. v. 30. 3. 1984, DÖV 1984, 974 (974: »Ihrer Natur nach ist eine kirchliche Disziplinarmaßnahme nicht Sache des Staates; sie berührt seinen Zuständigkeitsbereich nicht, ist vielmehr dem Bereich des Selbstverwaltungs- und Selbstbestimmungsrechts der Kirche zuzurechnen ... «). – Auf der gleichen Perspektive beruht die – zwar nicht auf eine Disziplinarmaßnahme im engeren Sinne, jedoch auf eine für den Betroffenen gleichermaßen einschneidende Maßnahme bezogene – vom *BVerfG* im B. v. 1. 6. 1983, NJW 1983, 2569, geäußerte Auffassung, daß »die Wahl der Verfahrensart durch die Kirche [scil. die Wahl zwischen Versetzungs- und Lehrbeanstandungsverfahren; *Anm. d. Verf.*] dem rein innerkirchlichen Bereich zuzurechnen« sei.

54 Je nach Art und Umfang der fraglichen kirchl. Disziplinarmaßnahme kann es um fühlbare materielle Eingriffe in die individuelle Rechtssphäre des Betroffenen gehen. So lag dem zitierten B. des *BVerfG* v. 30. 3. 1984 (oben Anm. 53) immerhin eine Gehaltskürzung für die Dauer von drei Jahren zugrunde. – In seinem B. v. 28. 11. 1978 (oben Anm. 53) rechnet das *BVerfG* ausdrücklich die Regelungsbefugnis betreffend den Verlust vermögensrechtlicher Ansprüche als Folge einer disziplinarrechtlichen Entfernung aus dem Dienst (sachlich zu Recht) der kirchl. Ämterhoheit zu; daß damit dem betroffenen Bediensteten u. U. die Existenzgrundlage entzogen werden und inwieweit unter diesem Gesichtspunkt der soziale Rechtsstaat in seiner Justizgewährungsaufgabe gefordert sein kann, wird allerdings als Problem nicht einmal ansatzweise angesprochen.

dings vereinzelt angesprochen[55]; doch blieben solche Ansätze in der Breite der Rechtsprechung bisher ohne nachhaltige Wirkung.

c) Prozessuale Beteiligung Außenstehender

Als fragwürdig erweist sich die Schlußfolgerung vom »kirchlichen« Charakter einer Materie auf das Fehlen säkularstaatlicher Rechtsrelevanz und Gerichtszuständigkeit erst recht in den Fällen, in denen eine dem »Eigenbereich« einer Kirche oder Religionsgemeinschaft zuzurechnende Streitigkeit Auswirkungen auf Personen zeitigt, welche keine unmittelbare Rechtsbeziehung zu dem betreffenden religiösen Verband unterhalten. Hier geht es ganz offensichtlich fehl, die Zulässigkeit eines von dem Nichtmitglied verfolgten Rechtsschutzbegehrens mit der Begründung zu verneinen, der Streit sei wegen seines sachlichen Bezuges zum Bereich des religiösen Selbstbestimmungsrechts der beteiligten Kirche oder Religionsgemeinschaft ausschließlich »innerkirchlicher« Natur.

So argumentierte freilich das Bundesverwaltungsgericht[56] im Blick auf die vermeintliche Unzulässigkeit der Klage eines Rechtsanwaltes, der keiner evangelischen Kirche angehörte und dem deshalb auf Grund kirchlichen Rechts durch ein kirchliches Verwaltungsgericht die Zulassung als Prozeßbevollmächtigter im Rechtsstreit eines evangelischen Pfarrers verweigert worden war. Das Bundesverwaltungsgericht ging dabei sachlich durchaus zutreffend von der Erwägung aus, zum Bereich der kirchlichen Ämterhoheit zähle auch die Regelung des *kirchlichen* Verfahrens zur Entscheidung einschlägiger Streitigkeiten. Doch schlug es auch die Zulassung des kirchenfremden Rechtsanwaltes ohne weiteres dem rein »innerkirchlichen« Bereich zu, ohne der Frage unmittelbarer Auswirkungen der kirchlichen Regelung im staatlichen Rechtsbereich Relevanz für die Kompetenzproblematik beizumessen[57] – nämlich der Möglichkeit (!) einer Verletzung der nach Maßgabe von Art. 12 GG und § 3 BRAO bestehenden Eigenrechtssphäre des Rechtsanwaltes. Der Hinweis des Gerichts, die staatliche Regelung über das anwaltliche Vertretungsrecht greife angesichts des religiösen Selbstbestimmungsrechts gegenüber der Kirche nicht durch[58], traf zwar im Ergebnis zu. Doch handelte es sich hierbei nicht um eine Frage der Zulässig-

---

55 So der *VGH Mannheim*, U. v. 15. 11. 1968, KirchE 10, 225 (228). Sehr pauschal in der Bewertung der kirchl. Disziplinargewalt *OVG Münster*, U. v. 9. 2. 1978, KirchE 16, 318 (320 f.), wo die Konsequenzen für den Betroffenen aber wenigstens ansatzweise durchklingen.

56 *BVerwG*, U. v. 21. 11. 1980, KirchE 18, 326 (327, 328 f.).

57 Die Auswirkungen der fraglichen E. zog das *BVerfG* in seinem B. v. 12. 2. 1981, mit dem die u. a. gegen das U. des BVerwG v. 21. 11. 1980 (oben Anm. 56) gerichtete Verfassungsbeschwerde nicht zur Entscheidung angenommen wurde, zwar in Erwägung; doch wurde ihre Tragweite pauschal verkürzt: es handele sich, »soweit derartige Entscheidungen kirchlicher Verwaltungsgerichte Dritte an der Übernahme bestimmter Mandate hindern, ... lediglich um *mittelbare* Auswirkungen, die an dem Charakter als innere Angelegenheit der Kirche nichts ändern« (*BVerfG*, B. v. 12. 2. 1981, KirchE 18, 390 [391]; Hervorhebung nicht im Original).

58 *BVerwG*, U. v. 21. 11. 1980, KirchE 18, 326 (329 f.).

keit des fraglichen Rechtsschutzbegehrens, sondern um eine solche der Begründetheit[59].

II. Religiöse Bindung und Individualrechtsschutz

1. Religiöser Freiheitsbereich und bürgerlicher Status

Wenn die Gerichte in manchen Sachbereichen dazu neigen, eine individuelle Rechtsbetroffenheit durch Maßnahmen von Kirchen und Religionsgemeinschaften zu ignorieren, so dürften nicht selten diffuse Vorstellungen darüber eine Rolle spielen, welche Wirkungen im Rechtskreis der betroffenen Staatsbürger sich aus deren *Mitgliedschaft* in dem jeweiligen religiösen Verband oder aus dem zu diesem bestehenden *Dienstverhältnis* usw. ergeben. Mehr oder weniger bewußt scheint gerade in der Rechtsprechung immer noch die Vorstellung zu obwalten, es entstehe durch bestimmte engere, die persönliche Sphäre gestaltende Rechtskontakte eine Art (staatlich) rechtsfreien Raumes, ein Verhältnis der »Innerkirchlichkeit« zwischen der betreffenden Kirche oder Religionsgemeinschaft und ihrem Mitglied bzw. Bediensteten; es werde dadurch eine direkte Betroffenheit weltlich relevanter subjektiver Rechte – und somit eine Zuständigkeit staatlicher Justiz – in vielen Fällen von vornherein ausgeschlossen[60].

Dieses Verständnis orientiert sich im Ansatz unverkennbar an geschichtlich überkommenen, unter dem Grundgesetz jedoch obsoleten Immunitätsvorstellungen[61]. In der Rechtswirklichkeit freilich lassen sich bei gewissen Maßnahmen religiöser Institutionen Wirkungen im staatlichen Rechtsbereich schlechterdings nicht übersehen. Doch sucht man dieser Sachlage durch eine Differenzierung zwischen »unmittelbaren« und »mittelbaren«

---

59 Davon war allerdings vorher der *VGH München* in einer ähnlich gelagerten Streitigkeit zu Recht ausgegangen: B. v. 20.4. 1978, KirchE 16, 361, sowie U. v. 25.2. 1980, KirchE 18, 25 (ebenso bereits die Vorinstanz, *VG München*, U. v. 26.7. 1978, KirchE 17, 11).

60 Vgl. die Argumentation des *VG Bremen* im Vorbescheid v. 20.8. 1965, KirchE 7, 240 (241); unscharf in der Tragweite die Bemerkung des *VG Stuttgart* im U. v. 25.5. 1973, es gehörten »zu den rein innerkirchlichen Angelegenheiten ... auch die Beziehungen der Kirche zu ihren Mitgliedern« (KirchE 13, 270 [272]); ähnlich *VG Hannover*, U. v. 19.2. 1975, KirchE 14, 249 (250). Vgl. ferner die einleitende Darlegung bei *E. Eyermann / L. Fröhler*, VwGO, 8. Aufl. 1980, Rdnr. 82 zu § 42, die staatl. Jurisdiktion sei ausgeschlossen, » ... soweit es sich um Maßnahmen zur Regelung der Beziehungen der Angehörigen einer Religionsgemeinschaft untereinander oder zur Gemeinschaft selbst handelt ... «; in der Folge wird dann das Erfordernis des Schutzes *subjektiver Rechte* auch im Blick auf Mitglieder einer Kirche oder Religionsgemeinschaft freilich klargestellt (vgl. insbes. Rdnr. 83 aaO.).

61 Darauf verweist auch *A. v. Campenhausen*, ZevKR 17 (1972), S. 128 (ebenso *ders.*, Staatskirchenrecht, 2. Aufl. 1983, S. 199); kritisch dieser Bewertung gegenüber *J. Listl*, DÖV 1984, S. 587.

bzw. »faktischen« Rechtswirkungen Rechnung zu tragen. In der neueren Rechtsprechung mündet dies häufig in die Bewertung ein, es bleibe »eine Maßnahme, die keine unmittelbaren Rechtswirkungen in den staatlichen Zuständigkeitsbereich hat, ... eine ›innere kirchliche Angelegenheit‹ auch dann, wenn sie dorthin mittelbare Auswirkungen hat«[62].

Offensichtlich erfordert diese Aussage klare und rechtlich tragbare Vorstellungen darüber, wie diese »unmittelbaren« Rechtswirkungen von den lediglich »mittelbaren« oder »faktischen« zu unterscheiden seien. Angesichts der für die Rechtsschutzsuchenden vielfach einschneidenden Konsequenzen dieser Differenzierung wäre eine konkrete und befriedigende Definition umso dringender erforderlich. Die einschlägige Rechtsprechung bleibt sie jedoch fast durchweg schuldig. Vielmehr werden die im staatlichen Rechtsbereich eintretenden Auswirkungen von Maßnahmen der Kirchen und Religionsgemeinschaften allzuoft *ohne weitere Begründung* auf der Ebene von bloßen Rechtsreflexen angesiedelt, die dann unter Rechtsschutzgesichtspunkten irrelevant sein sollen.

Als Beispiel für eine unzureichende sachliche Begründung der erwähnten (Ab-) Qualifizierung von Rechtswirkungen sei hier der erwähnte Beschluß des Bundesverfassungsgerichts vom 12. Februar 1981[63] genannt, in dem es um die Nichtzulassung eines bekenntnisfremden Rechtsanwaltes als Bevollmächtigter in einem kirchlichen Rechtsschutzverfahren ging. Die Hinderung des Anwaltes (als eines »Dritten« im Verhältnis zwischen der Kirche und ihrem Bediensteten), das Mandat zu übernehmen, bewertete das Gericht ohne weitere Begründung als lediglich »mittelbare« Auswirkung, die an dem »innerkirchlichen« Charakter der Angelegenheit nichts ändere[64]; Art. 12 GG und § 3 BRAO wurden nicht einmal erwähnt.

Vielfach wird verkannt, daß nach Maßgabe des staatlichen Rechts auch innerhalb des Eigenbereichs der religiösen Verbände *subjektive Rechte* bestehen können, welche möglicherweise durch eine Maßnahme der betreffenden Kirche bzw. Religionsgemeinschaft (auch etwa durch die Entscheidung eines kirchlichen Gerichts[65]) unmittelbar beeinträchtigt werden. Die individuelle Rechtssphäre des einzelnen Mitglieds einerseits und der Wirkungsbereich des verfassungsrechtlich garantierten religiösen Selbstbestimmungsrechts andererseits können sich materiell zwar decken; sie müssen aber als

---

[62] *BVerwG*, U. v. 25. 11. 1982, BVerwGE 66, 241 (245) unter Verweis auf den bereits erwähnten B. des *BVerfG* v. 21. 9. 1976, BVerfGE 42, 312 (334; vgl. dort ferner S. 338); im gleichen Sinne auch *VGH München*, U. v. 25. 2. 1980, KirchE 18, 25 (29).

[63] *BVerfG*, B. v. 12. 2. 1981, KirchE 18, 390. – Vgl. oben S. 211 Anm. 57.

[64] *BVerfG*, B. v. 12. 2. 1981, KirchE 18, 390 (391).

[65] Diese möglicherweise gegebene Einwirkung auf die individuelle Rechtssphäre übergeht das *BVerfG* mit seiner Bemerkung, es könnten Entscheidungen kirchlicher Gerichte »grundsätzlich nur die innerkirchliche Sphäre treffen, nicht hingegen den außerhalb liegenden öffentlich-rechtlichen Rechtskreis des Staatlichen« (*BVerfG*, B. v. 12. 2. 1981, KirchE 18, 390 [390]).

solche jeweils in ihrer rechtlichen Tragweite getrennt betrachtet und realisiert werden[66]. Weder bedingen sie einander, noch relativieren sie sich gegenseitig. Erst recht gilt dies naturgemäß, soweit es um subjektive Rechte von *Dritten* geht, die nicht in einem Mitgliedschafts- bzw. Beschäftigungsverhältnis usw. zu der betreffenden Kirche oder Religionsgemeinschaft stehen.

Die Kirchen und Religionsgemeinschaften haben unter dem Grundgesetz keinen Status rechtlicher Exemtion inne. Es fehlt deshalb jegliche Voraussetzung für die Annahme, auf Grund einer engen kirchenrechtlichen Beziehung zu einem religiösen Verband, etwa durch den Erwerb bzw. die Aufrechterhaltung der *Mitgliedschaft*, durch die *Teilnahme am Kultus*, durch den *Eintritt in ein Dienstverhältnis* »öffentlich-rechtlicher« oder privatrechtlicher Art usw. werde der allgemeine staatsbürgerliche Status einer Person gemindert oder gar eliminiert[67]. Für eine verhältnismäßig lockere rechtliche Beziehung gilt dies in gleichem Maße wie im Blick auf lebenslange Bindungen, welche die gesamte Persönlichkeit erfassen: Auch die Geistlichen und die Ordensangehörigen verbleiben (nicht zuletzt als Konsequenz der Gewährleistung negativer Religionsfreiheit) aus der Sicht der staatlichen Verfassungsordnung in ihrem staatsbürgerlichen Grundverhältnis; die *Schutzgarantien*, welche der Rechtsstaat seinen Bürgern gewährt, kommen ihnen dabei weiterhin ungeschmälert zugute[68] – ebenso, wie sie umgekehrt den allgemeinen staatsbürgerlichen *Pflichten und Bindungen* unterliegen (unbeschadet etwaiger vom Staat ausdrücklich normierter Exemtionen, z. B. des Geistlichenprivilegs im Wehr- und Zivildienstrecht[69]).

Auf Grund seines bürgerlichen Status können dem einzelnen auch gegenüber religiösen Verbänden allgemeine Abwehr- bzw. Unterlassungsansprü-

---

[66] Davon geht im argumentativen Ansatz auch das *BVerwG* im U. v. 2. 5. 1967, KirchE 9, 99 (106), aus.

[67] Zutreffend die diesbezügliche Bemerkung des *BVerwG* im U. v. 16. 12. 1966, BVerwGE 25, 364 (365: »Nicht jede Maßnahme einer kirchlichen Stelle, gerichtet an ein Kirchenmitglied und religiös begründet, ist deshalb nur eine innerkirchliche.«). Vgl. ferner *VG Braunschweig (I. Kammer Lüneburg)*, U. v. 4. 11. 1966, KirchE 8, 219 (220f.) [im Blick auf Rechtsschutzbegehren der Kirchen gegenüber ihren Mitgliedern]; *VG Aachen*, U. v. 18. 1. 1972, KirchE 12, 355 (357); U. v. 27. 6. 1972, KirchE 12, 503 (505).

[68] Das betont zu Recht *M. Heckel*, Staat – Kirche – Kunst, 1968, S. 202. Vgl. auch *A. Hollerbach*, VVDStRL 26 (1968), S. 72; *D. Ehlers*, ZevKR 27 (1982), S. 287; *W. Knüllig*, ibd. S. 356f. Anders wohl *M. Sachs*, DVBl. 1989, S. 491, auf der Basis seines Verständnisses der »eigenen« religiösen Angelegenheiten als solcher des »intrapersonalen Bereichs« und seiner Annahme, eine Erstreckung dieses (nach ihm staatlicher Ingerenz absolut verschlossenen) Bereichs auf andere Beteiligte könne auch »durch deren willentlichen Eintritt in die kirchliche Sphäre vermittelt« werden; es sei »die Überschreitung der einzelpersonalen Sphäre ... durch den Willen des Mitglieds, das der Gesellschaft kraft seiner religiösen Vereinigungsfreiheit angehört, legitimiert (und durch den Wegfall dieses Willens auflösend bedingt)«; vgl. dort auch S. 495.

[69] § 11 Abs. 1 Nrn. 1–3 WPflG und § 10 Abs. 1 Nrn. 1–3 ZDG; vgl. dazu auch S. 41 Anm. 28.

che usw. zustehen, ferner, je nach Lage des Falles, speziell *erworbene* Rechte. Letzteres ist der Fall beispielsweise als Konsequenz einer Ernennung des Betreffenden zum Kirchenbeamten oder seiner Einstellung in den kirchlichen Dienst auf Grund eines privatrechtlichen Dienstvertrages. Rechte, die der Bedienstete hierdurch erwirbt, *verpflichten* die jeweilige Kirche oder Religionsgemeinschaft von Rechts wegen und unterliegen demgemäß insoweit einer Garantie effektiven, nach Maßgabe der Gesetze erfolgenden Gerichtsschutzes.

Dieser Befund, was den Bestand und die rechtsstaatliche Tragweite subjektiver Rechte angeht, wird auch durch die verfassungsrechtliche Gewährleistung des Selbstbestimmungsrechts der Kirchen und Religionsgemeinschaften nicht relativiert oder gar eliminiert. Denn die Artt. 140 GG/137 Abs. 3 WRV ordnen die religiösen Verbände mit ihrem Freiheitsanspruch den auch ihnen gegenüber weiterbestehenden unverzichtbaren Belangen staatlicher Rechts- und Friedensordnung zu[70]. Auch in den Angelegenheiten der Kirchen und Religionsgemeinschaften beanspruchen hiernach auf jeden Fall grundlegende Wesensmerkmale gerechter Ordnung ungeschmälerte Geltung[71] – so die Prinzipien der Durchsetzbarkeit bestehender Rechte und der gegenseitigen Bindung von Vertragspartnern an gültige vertragliche Abmachungen. Zumindest von den im deutschen Rechtsbereich herkömmlichen religiösen Verbänden wird dies auch keineswegs in Zweifel gezogen; dem Recht der Kirchen selbst sind die genannten Prinzipien nicht fremd[72].

Ebenso, wie die Kirchen und Religionsgemeinschaften im Verhältnis zu anderen Rechtssubjekten Gerichtsschutz ihrer eigenen Rechte erwarten können und tatsächlich in Anspruch nehmen, sind auch sie selbst durch Rechte anderer verpflichtet und gebunden. Dies gilt ungeachtet dessen, ob sie im eigenen Wirkungskreis bei der Begründung des fraglichen Rechts(verhältnisses) von staatlich übertragenen spezifischen Gestaltungsformen (etwa bei Inanspruchnahme der Dienstherreneigenschaft) oder von allgemeinen Gestaltungsmitteln des staatlichen Rechts (so beim Abschluß von Individualar-

---

70 Dazu auch S. 254 ff.

71 Diese Bindung an *grundlegende Wesensmerkmale gerechter Ordnung*, von deren Durchsetzbarkeit der Freiheitsanspruch der relig. Verbände nach Grundsatz und Reichweite seinerseits abhängig ist, darf freilich nicht ohne weiteres in die Annahme umgemünzt werden, auch in Angelegenheiten der Kirchen und Religionsgemeinschaften beanspruchten »elementare Grundrechte« oder die in den Grundrechten zum Ausdruck kommende »Wertordnung« oder »verfassungsrechtliche Grundentscheidungen« (das Demokratieprinzip, der Gewaltenteilungsgrundsatz usw.) unmittelbar Geltung. Vgl. zu dieser Problematik *K.-H. Kästner*, JuS 1977, S. 720 f. m. w. N.

72 Zum Rechtsschutzprinzip und zur Legitimität des rechtl. Sicherungsbedürfnisses eines kirchl. Bediensteten, »ob Laie oder Kleriker«, auch – aus der Sicht des kanon. Rechts – *H. Schmitz*, FS K. Mörsdorf, 1969, S. 46 f.

beitsverträgen[73]) Gebrauch gemacht haben, ob eine direkte oder indirekte Bezugnahme auf das staatliche Recht erfolgt ist oder ob sich das fragliche Rechtsverhältnis ausschließlich nach Kirchenrecht bestimmt. Auch bei einer rein kirchenrechtlichen Ausgestaltung[74] kann der Kirchenbeamte, Vertragspartner usw. Rechte innehaben und insoweit gerichtliche Durchsetzbarkeit erwarten.

Gleiches gilt dann, wenn nicht *erworbene* Rechte, sondern solche rechtlichen Anspruchs- bzw. Abwehrpositionen in Frage stehen, die dem Betreffenden kraft seines bürgerlichen Status ohne weiteres zukommen. Rechtsschutz durch staatliche Gerichte wäre beispielsweise zu gewähren für das Begehren nach Abwehr einer unberechtigten mitgliedschaftlichen Inanspruchnahme seitens einer Kirche oder Religionsgemeinschaft, soweit der weltliche Rechtsbereich (einschließlich des individuellen Persönlichkeitsrechts) betroffen ist[75], ebenso zum Schutz vor ungewollten Beeinträchtigungen der körperlichen Integrität im Rahmen des Kultus usw.

In den aufgeführten Fällen kann es sachlich freilich nicht selten zu einer Konfrontation des religiösen Selbstbestimmungsrechts einerseits und der Rechtsschutzgewährung durch staatliche Instanzen andererseits kommen. Es unterliegt keinem Zweifel, daß hierbei dem religiösen Freiheitsanspruch von Verfassungs wegen keinesfalls minderer Rang zukommt als dem individuellen Schutzbedürfnis und der rechtsstaatlichen Justizgewährleistungspflicht; dieser Freiheitsanspruch darf deshalb nicht einfach übergangen werden. Nicht weniger verfehlt wäre es aber, wollte man die Spannungslage durch eine *umgekehrte* Verengung der verfassungsrechtlichen Perspektive lösen. Eben dieser Fehler schliche sich ein, wenn man die fragliche Angelegenheit ohne weiteres einem – vorgeblich staatsgerichtlicher Zuständigkeit schlechterdings entzogenen – »internen Bereich« der betreffenden Kirche oder Religionsgemeinschaft zuordnete; nach Maßgabe einer schematischen (und in der Sache zudem vielfach unhaltbaren) Bereichsscheidungstheorie würden so die individuellen Rechte und deren Gerichtsschutzbedürftigkeit mißachtet.

---

[73] Auf die Inanspruchnahme staatlich-rechtlicher Gestaltungsmittel beim Abschluß von Individualarbeitsverträgen wird im Blick auf die Frage des Schutzes erworbener Rechte überwiegend in der arbeitsrechtl. Diskussion abgehoben. Vgl. *R. Richardi*, Arbeitsrecht in der Kirche, 1984, S. 13ff., 35.

[74] Auch im kirchl. Recht ist der Abschluß von Verträgen nicht ausgeschlossen; zutreffend *H. Maurer*, FS Chr.-F. Menger, 1985, S. 298 FN 59.

[75] *A. v. Campenhausen*, Staatskirchenrecht, 2. Aufl. 1983, S. 143; *W.-R. Schenke*, BK (Zweitbearb. Dez. 1982), Rdnr. 189 zu Art. 19 Abs. 4 GG; *H. Weber*, NJW 1983, S. 2546; *H. Maurer*, FS Chr.-F. Menger, 1985, S. 293 FN 38.

Die Praxis der Rechtsprechung hat der rechtsstaatlichen Aufgabe effektiven Gerichtsschutzes subjektiver Rechte freilich, wie die bereits erwähnten Beispiele[76] belegen, in Verfahren staatskirchenrechtlichen Einschlags vielfach nicht die gebotene Beachtung zuteil werden lassen. Ein besonders instruktives Beispiel hierfür bietet eine Entscheidung des Verwaltungsgerichts Frankfurt a. M. aus dem Jahre 1967[77]: Es handelte sich um die Klage eines 1945 ohne Versorgung aus dem Kirchendienst entlassenen Beamten auf Wiedereinstellung und Zubilligung eines Übergangsgeldes, hilfsweise auf Versetzung in den Ruhestand und Gewährung eines Übergangsgeldes. Obgleich feststand, daß für das Begehren keine *kirchengerichtliche* Zuständigkeit gegeben war, und obwohl sowohl der Kläger als auch die Beklagte (die Evangelische Kirche in Deutschland) übereinstimmend eine staatsgerichtliche Entscheidung begehrten, wies das Verwaltungsgericht die Klage mit der Begründung ab, daß eine Zuständigkeit staatlicher Gerichte schlechterdings auch dann zu verneinen sei, wenn es an innerkirchlichen Rechtsschutzmöglichkeiten fehle.

Mit dieser Entscheidung ging das Gericht über eine in der Judikatur seit längerem verbreitete Auffassung, die eine verdrängende Zuständigkeit kirchlicher Gerichte annimmt, noch hinaus. Es stellte die Frage gerichtlicher Rechtsschutzgewährung zur Disposition der *Kirche* und entließ kirchliche Beamte – jedenfalls im Blick auf staatliche Judikatur – ausdrücklich in die Rechtsschutzlosigkeit: »Es ist den Religionsgesellschaften überlassen, zu bestimmen, ob die Auslegung und Anwendung der kirchengesetzlichen Normen ausschließlich den kirchlichen Exekutivorganen zustehen soll oder ob im Interesse der Amtsträger die Möglichkeit der Nachprüfung durch ein unabhängiges kirchliches Organ (Kirchengericht) eröffnet werden soll. Das für alle geltende Gesetz verlangt nicht, daß den kirchlichen Amtsträgern wegen ihrer etwaigen Ansprüche gegen die Religionsgesellschaft eine gerichtliche Nachprüfung gewährleistet sein müsse. Es läßt den Religionsgesellschaften vielmehr freie Hand, zu bestimmen, ob sie ihren Amtsträgern überhaupt konkrete Ansprüche einräumen wollen und ob, wenn dies geschieht, die abschließende Entscheidung über die Ansprüche der kirchlichen Exekutive oder aber einem Kirchengericht gebührt. Weder aus Art. 19 Abs. 4 GG noch aus Art. 33 GG läßt sich eine Rechtsweggarantie zugunsten kirchlicher Amtsträger entnehmen ... Soweit eine kirchengerichtliche Zuständigkeit für Streitigkeiten aus kirchlichen Amtsverhältnissen nicht begründet ist, bewendet es bei der Entscheidung des kirchlichen Exekutivorgans. Für eine subsidiäre staatliche Gerichtsbarkeit ist kein Raum, und zwar auch dann nicht, wenn die Religionsgesellschaft bereit ist, sich dieser zu unterwerfen ... «[78]

2. *Zur Relevanz der Kirchenmitgliedschaft*

a) *»Immanente« Rechtsschutzminderung?*

Ohne Belang für den staatlichen Schutz subjektiver Rechte erscheint grundsätzlich die Frage, ob der (die) betreffende Rechtsschutzsuchende *Mitglied* der in Anspruch genommenen Kirche oder Religionsgemeinschaft

76 Vgl. S. 207f., 209f., 211f., 213.

77 *VG Frankfurt a. M.*, U. v. 22. 3. 1967, KirchE 9, 76. Kritisch auch *H. Weber*, NJW 1967, S. 1644; *A. v. Campenhausen*, FS E. Ruppel, 1968, S. 264f.

78 *VG Frankfurt a. M.*, U. v. 22. 3. 1967, KirchE 9, 76 (77f.).

ist[79] bzw. ob er (sie) diese Mitgliedschaft freiwillig begründet hat und aufrechterhält. Wenn darauf hingewiesen wurde[80], eine Rechtsschutzbeschränkung gegenüber den Kirchen sei dadurch gerechtfertigt, daß sich »der Betroffene ... jeder ihrer Maßnahmen, ohne Unterschied, ob sie rechtmäßig sind oder nicht, durch den Kirchenaustritt nach Maßgabe der staatlichen Gesetze entziehen« könne, so vermag dieser Gesichtspunkt höchstens für solche kirchlichen Maßnahmen zuzutreffen, die sich in ihren Auswirkungen mit einem etwaigen Austritt tatsächlich *erledigen*. Allenfalls insoweit entsprechen sich die (aus der Sicht des staatlichen Rechts erforderliche) Selbstbestimmtheit und Freiwilligkeit der Kirchenmitgliedschaft einerseits und die Legitimität weitestgehender Beachtung kirchlicher Eigenständigkeit andererseits[81].

Im allgemeinen kann der Verweis auf die Freiwilligkeit der Mitgliedschaft eine Beschneidung gerichtlichen Schutzes des bürgerlichen Rechtsstatus aber nicht rechtfertigen. Denn er ersetzt eine am verfassungsrechtlichen Befund orientierte Auseinandersetzung mit der Rechtsschutzproblematik durch den Gedanken einer Art von »Selbstgefährdung« im Blick auf prinzipiellen gerichtlichen Schutz individueller Rechte. Diese Argumentation bedeutet vom Ansatz her die Selbstaufgabe des Rechtsstaats; sie müßte im übrigen – träfe sie zu – jeden Denkenden davon abhalten, sich in die Mitgliedschaft bzw. in die Dienste einer Kirche oder Religionsgemeinschaft zu begeben, sofern er Wert auf eine rechtlich gesicherte Position legt.

Auf dieser Basis argumentierte die Rechtsprechung ausdrücklich denn auch nur vereinzelt; so beispielsweise (wie bereits an anderer Stelle dieser Arbeit zitiert) das Oberverwaltungsgericht Berlin: »Wer sich ... des staatlichen Rechtsschutzes begibt, muß ... in Kauf nehmen, daß ihm im Streitfalle ein solcher nicht gewährt werden kann.«[82]

Die Argumentation mit der Kirchenmitgliedschaft erweckt im übrigen deshalb Bedenken, weil sie sachfremde Gesichtspunkte miteinander verknüpft. Denn zum einen geht es in den allermeisten der fraglichen Fälle weder positiv noch negativ um Fragen der Mitgliedschaft als solcher (z. B. um

---

[79] Bereits vom Ansatz her fragwürdig deshalb die Argumentation bei *M. Herr-Beck*, Die Frage nach der Zulässigkeit des staatl. Rechtsweges für Entscheidungen der Kirchenbehörden, 1958, S. 27f. Neuerdings im Sinne einer diesbezüglichen Differenzierung wieder *M. Sachs*, DVBl. 1989, S. 491 (vgl. dazu oben auf S. 214 Anm. 68).

[80] *K. Hesse*, Rechtsschutz durch staatl. Gerichte im kirchl. Bereich, 1956, S. 96f.

[81] Eine solche Korrelation betont das *BVerfG* in seinem B. v. 21. 9. 1976, BVerfGE 42, 312 (332).

[82] *OVG Berlin*, U. v. 13. 10. 1970, KirchE 11, 327 (335f.); ebenso vorher im B. v. 19. 8. 1970, KirchE 11, 265 (268).

die theologisch und kirchenrechtlich wirksame Spendung der Taufe). Vielmehr handelt es sich überwiegend schlicht um das Begehren, gerichtlich einen Abwehr-, Leistungs- oder Feststellungsanspruch usw. zu realisieren, dessen sich der Rechtsschutzsuchende berühmt – und zwar unabhängig von den spezifischen religionsverfassungsrechtlichen Aspekten der Verfahrensbeteiligung eines religiösen Verbandes und einer bestehenden oder fehlenden Mitgliedschaft in diesem! Die in dem Gerichtsverfahren relevanten Rechte mögen zwar in ihrer Entstehung maßgeblich von der religiösen Mitgliedschaft abhängig gewesen sein (etwa, weil die Kirche für eine bestimmte Funktion nur Mitglieder einstellt); hat der Betroffene ein solches Recht (beispielsweise einen Besoldungsanspruch) aber einmal erworben, so wirkt es als solches, sofern es nicht *ausdrücklich* unter der Bedingung des Fortbestehens der religiösen Mitgliedschaft steht[83], prinzipiell unabhängig von letzterer – unbeschadet selbstverständlich einer etwaigen Möglichkeit des betreffenden religiösen Verbandes, das Recht durch Entlassung *hinfort* zum Erlöschen zu bringen.

Eine Auffassung jedenfalls, welche bei Rechten, die im Verhältnis zu Kirchen oder Religionsgemeinschaften bestehen, von einer »immanenten« Bedingung des Fortbestehens der Mitgliedschaft ausginge, liefe auf eine Exemtion der Kirchen und Religionsgemeinschaften von grundlegenden Bindungen der rechtsstaatlichen Ordnung hinaus. Auch enthielte dieser Ansatz einen zumindest mittelbar ausgeübten staatlichen Druck zur Beibehaltung der religiösen Mitgliedschaft; weder mit Art. 4 GG noch mit den Artt. 140 GG/137 Abs. 1 und 3 WRV könnte dies in Einklang gebracht werden. Im übrigen bedeutete eine wie auch immer begründete, als »rechtsimmanent« vorausgesetzte Verknüpfung der Gerichtsschutzproblematik mit der Mitgliedschaft in einer Kirche oder Religionsgemeinschaft aus der Sicht der staatlichen Verfassungsordnung eine auf das religiöse Bekenntnis bezogene Relativierung des allgemeinen bürgerlichen Rechtsstatus, welche von vornherein gegen Art. 3 Abs. 3 GG sowie gegen Artt. 140 GG/136 Abs. 2 WRV verstieße[84].

---

83 Inwieweit eine solche Bedingung rechtlich zulässig wäre, wäre eine Frage der Begründetheit des jeweiligen Rechtsschutzbegehrens, nicht aber ein Gesichtspunkt der Zulässigkeit einer Inanspruchnahme der staatl. Gerichte.

84 Auf den im sozialen Rechtsstaat selbstverständlichen, aber im Rahmen der staatskirchenrechtl. Rechtsschutzdiskussion gleichwohl einer Bekräftigung bedürftigen verfassungsrechtl. Grundsatz, daß »die Grundlagen der bürgerlichen Ordnung und des politischen Zusammenlebens einheitlich für alle Bürger bestimmt werden«, weist *U. Scheuner*, ZevKR 7 (1959/60), S. 257, zu Recht hin; ferner *ders.*, DÖV 1967, S. 591, zu Art. 136 Abs. 2 WRV und seiner Relevanz für die Reichweite der staatl. Gerichtsbarkeit in Religionssachen.

b) Stillschweigender Verzicht auf staatlichen Rechtsschutz?

Es kann auch in aller Regel keineswegs davon ausgegangen werden, der Betroffene habe durch die Eingehung der Mitgliedschaft bzw. deren Aufrechterhaltung oder durch den Eintritt in den Dienst der betreffenden Kirche oder Religionsgemeinschaft usw. auf Rechtsschutz durch staatliche Gerichte konkludent verzichtet bzw. er habe sich der *abschließenden* Judikatur kirchlicher Gerichte stillschweigend unterstellt.

Eine solche Betrachtung scheitert von vornherein daran, daß nach allgemeinen rechtsstaatlichen Prinzipien unter dem Grundgesetz ein *stillschweigender* Verzicht auf staatlichen Rechtsschutz unbeachtlich ist, sobald sich der Betreffende nicht (mehr) selbst an diesen Verzicht zu halten bereit ist. Die Abrede, staatlichen Rechtsschutz definitiv durch die endgültige Entscheidung nichtstaatlicher Gerichte zu ersetzen, stellt einen privatautonomen Eingriff in die justizverfassungsrechtliche Normallage und einen Verzicht auf den »gesetzlichen« (und damit im Kontext des Rechtsschutzmonopols jedenfalls *staatlichen*) Richter im Sinne des Art. 101 Abs. 1 Satz 2 GG dar. Sie könnte allenfalls dann Beachtung verlangen, wenn sie bewußt, freiwillig und eindeutig getroffen worden wäre. In Sonderbereichen mag dies anders sein: Im Handelsverkehr etwa kann nach Maßgabe der jeweils üblichen Geschäftspraktiken von einer diesbezüglichen Erwartungshaltung der Beteiligten und damit von einer sachlichen Berechtigung erleichterter Formerfordernisse ausgegangen werden. Liegen solche besonderen Umstände aber nicht vor, versagt die geltende deutsche Rechtsordnung einer *stillschweigenden* Verlagerung der Rechtsschutzfunktion auf nichtstaatliche Spruchkörper grundsätzlich die Anerkennung.

Normativ zum Ausdruck kommt dieses rechtsstaatliche Grundprinzip etwa im Ausdrücklichkeitserfordernis bei *arbeitsrechtlichen Schiedsklauseln* (§ 101 Abs. 1 und 2 ArbGG) oder in zivilprozessualen Regelungen über die Formbedürftigkeit von *Schiedsabreden*, die nicht im Rahmen von Handelsgeschäften zwischen Vollkaufleuten getroffen werden (vgl. § 1027 Abs. 1 ZPO sowie ferner z. B. Art. II Abs. 1 und 2 des Übereinkommens über die Anerkennung und Vollstreckung ausländischer Schiedssprüche vom 10. Juni 1958 [BGBl. 1961 II, S. 121] und Art. I Abs. 2 Buchst. a des Europäischen Übereinkommens über die internationale Handelsschiedsgerichtsbarkeit vom 21. April 1961 [BGBl. 1964 II, S. 425]). Zwar beruht das Wirken kirchlicher Gerichte auf der Anerkennung originärer Kirchengewalt und der Gewährleistung religiöser Selbstbestimmung; bereits deshalb verbietet sich ihre Gleichsetzung mit *Schiedsgerichten* – von denen sie sich im übrigen auch qualitativ-prozeßrechtlich unterscheiden[85]. Doch entspräche sich im Falle einer Schiedsabrede einerseits und einer etwaigen Übereinkunft über die abschließende Zuständigkeit der Kirchengerichtsbarkeit andererseits jedenfalls die grundsätzliche prozessuale Folgerung: der Ausschluß staatsgerichtlicher Dezision[86]. Identisch wäre damit in beiden Fällen auch das Bedürfnis nach einer Gewährleistung des rechtsstaatlichen Minimums, welches durch Ausdrücklichkeits- bzw. Formgebote (etwa auch im Schriftformerfordernis für Zuständigkeitsvereinbarungen gemäß § 38 Abs. 2 und 3 ZPO) gesichert wird.

Es besteht keinerlei Sachgrundlage für die Annahme, im Rahmen der staatskirchenrechtlichen Rechtsschutzfrage sei eine Ausdrücklichkeit des Verzichts auf staatliche Judikatur entbehrlich, da hier nach den besonderen Umständen des religiösen Mitgliedschafts- bzw. Dienstverhältnisses von einem einschlägigen »Vorverständnis« des angeblich auf staatlichen Rechtsschutz Verzichtenden ausgegangen werden könne. Insoweit kommt es nicht auf die Ansicht der betroffenen Kirche oder Religionsgemeinschaft an, welche eine Inanspruchnahme säkularer autoritativer Entscheidungsgewalt durchaus als der spezifischen geistlichen Bindung inadäquat beurteilen mag – aus theologischen Erwägungen im allgemeinen religiösen Kontext oder speziell im Rahmen qualifizierter Sonderverhältnisse (im Ordensbereich, im Priester- bzw. Pfarrerverhältnis usw.). Von der staatlichen Rechtsschutzverpflichtung her kann vielmehr maßgebend allein das individuelle Verständnis des betreffenden Rechtsschutzsuchenden sein.

Insoweit freilich dürfte es keineswegs der Lebenserfahrung entsprechen, nähme man an, daß der »Durchschnittsbürger« mit der Mitgliedschaft in einer Kirche oder Religionsgemeinschaft bzw. mit dem Eintritt in deren Dienste unter gegenwärtigen Zeitumständen aus dem allgemeinen rechtsstaatlichen Ordnungs- und Schutzsystem heraustreten wolle. Seine Zuwendung zu einem bzw. sein Verbleiben in einem religiösen Verband wird vielmehr (hoffentlich) vorwiegend *religiös* motiviert und geprägt sein, nicht aber von etwaigen damit verbundenen »weltlich«-gesellschaftlichen Aspekten und Konsequenzen bestimmt. Um *Rechtsschutzfragen* jedenfalls wird es dabei in der Regel weder unter positiven noch unter negativen Vorzeichen gehen. Die Tatsache, daß der Betroffene von der *Existenz* einer eigenen Kirchengerichtsbarkeit wußte, kann diesen Befund allenfalls dann relativieren, wenn ihm

---

85 Dazu *K. Hesse*, DVBl. 1955, S. 590; *ders.*, Rechtsschutz durch staatl. Gerichte im kirchl. Bereich, 1956, S. 118f.; *Chr. Link*, Neuere Entwicklungen und Probleme (1973), S. 35; *D. Ehlers*, ZevKR 27 (1982), S. 278; *ders.*, JuS 1989, S. 367f. – Vgl. auch unten S. 222f.

86 Unbeschadet freilich der fortbestehenden Überprüfbarkeit schiedsgerichtlicher Entscheidungen nach Maßgabe von § 1041 ZPO und § 110 ArbGG.

gleichzeitig zweifelsfrei bekannt war, daß das Bestehen dieser Gerichtsbarkeit im Blick auf die staatliche Judikative *rechtsschutzmindernde Konsequenzen* nach sich ziehe. Insoweit jedoch ist – wie nicht zuletzt die einschlägige jahrzehntelange Diskussion aufweist – die bestehende Rechtslage keineswegs eindeutig. Es kann folglich von einem solchen »Vorverständnis« des Kirchenmitglieds bzw. -bediensteten nicht ausgegangen werden.

c) »Statutarische« Rechtsschutzverlagerung?

Bleibt man einmal bei der cum grano salis gerechtfertigten Parallelbetrachtung zu nichtstaatlichen *Schiedsgerichten*, so verbietet es sich im staatskirchenrechtlichen Kontext, von einer »statutarischen« (hier: *kirchenrechtlichen*) Etablierung einer eigenen Gerichtsbarkeit auszugehen, welche staatliche Judikatur verdränge und welcher das Mitglied in »Verbandssachen« ohne weitere individuelle Willensbetätigung auf Grund der Mitgliedschaft unterstehe. Denn im vorliegenden Kontext liegen die Dinge anders als bei der Sanktionierung statutarischer Schiedsgerichtsklauseln in § 1048 ZPO oder bei der Vorschrift des § 14 ParteiG über die Etablierung und Funktion von Parteischiedsgerichten.

Insoweit mag die rechtliche Tragweite des § 1048 ZPO dahingestellt bleiben. Immerhin hat Peter Schlosser mit guten Gründen gegenüber der bisher herrschenden Lehre und Rechtsprechung[87] das rechtsstaatliche Desiderat *freiwilliger Unterwerfung* des Betroffenen unter einen satzungsmäßigen Ausschluß staatsgerichtlicher Entscheidung hervorgehoben[88]. Jedenfalls besteht bereits von der Reichweite der etwaigen Verdrängung staatlichen Gerichtsschutzes her ein bedeutsamer Unterschied. Denn die zivilprozessual zugelassene Schiedsgerichtsbarkeit soll zwar staatsgerichtliche Judikatur ersetzen (§§ 1027a, 1040ff. ZPO); sie judiziert insoweit aber nach Maßgabe von § 1041 ZPO immerhin unter bestimmten Aspekten unter dem Vorbehalt einer letztgültigen Entscheidung staatlicher Gerichte[89]. Anders bei der staatskirchenrechtlichen Kompetenzfrage: Hier geht es um das Problem einer angeblichen *vollständigen und abschließenden* Ersetzung staatlicher Gerichtsbarkeit durch kirchliche Rechtsprechung.

Im übrigen liegt der justizrechtliche Gehalt des § 14 ParteiG oder statutarischer Schiedsgerichtsklauseln im Sinne des § 1048 ZPO im Grunde fest; diese

---

[87] Darstellung bei *P. Schlosser*, Kommentar zur ZPO, Rdnrn. 5ff. zu § 1048 ZPO m.w.N.

[88] *P. Schlosser*, Kommentar zur ZPO, Rdnr. 11 zu § 1048 ZPO; vgl. auch *L. Vollmer*, Satzungsmäßige Schiedsklauseln, 1970, S. 122f. (allerdings mit fragwürdiger Beschränkung auf »sozial bedeutsame« Vereine).

[89] Zur staatsgerichtlichen Überprüfbarkeit von Entscheidungen der Parteischiedsgerichte (bzw. Parteischiedskommissionen) *BGH*, U. v. 2.7.1979, JZ 1980, 106.

Eindeutigkeit geht andererseits kirchenrechtlichen Vorschriften über die kirchliche Gerichtsbarkeit gerade ab. Enthält eine Vereinssatzung oder ein Parteistatut die Zuweisung bestimmter Streitigkeiten an eine Schiedsgerichtsbarkeit, so besteht infolge der prozeßrechtlich konkretisierten Qualität der Schiedsgerichte kein Zweifel über die Tragweite der betreffenden Klauseln und der Beschränkungen, welchen die Vereins- bzw. Parteimitglieder hiernach hinsichtlich ihres Rechtsschutzes unterliegen sollen; fraglich kann nur sein, inwieweit diese Statuierung im konkreten Streitfall durchgreift.

Hingegen läuft aus der Perspektive des geltenden staatlichen Verfassungsrechts die Frage nach den Konsequenzen kirchenrechtlicher Bestimmungen über Kirchengerichte auf eine *sachbezogene Zuordnung* staatlicher und kirchlicher Funktionen hinaus; gerade daraus erwächst ja zu einem guten Stück die langjährige Umstrittenheit der Rechtsschutzproblematik. Denn Kirchengerichte sind zwar keine staatlichen Spruchkörper; andererseits sind sie aber jedenfalls *Gerichte*, keine *Schiedsinstanzen*. Im Blick auf sie existiert keine für die staatliche Rechtsanwendung ohne weiteres maßgebende definitionsgemäße Rang- bzw. Verhältnisbestimmung gegenüber der staatlichen Gerichtsbarkeit. Im Gegenteil wird von Kirchenrechtsvorschriften evangelischer Kirchen die Funktion staatlicher Gerichte *neben* der kirchlichen Gerichtsbarkeit ausdrücklich anerkannt[90] (und damit die Rangfrage kirchlicherseits offengehalten). Zu Recht; denn maßgeblich ist hierfür letztlich die Perspektive der staatlichen Rechtsordnung. Nur aus einer Einordnung der kirchlichen Gerichte in den allgemeinen Kontext der geltenden Justiz- und Religionsverfassung[91] lassen sich abschließende Folgerungen für die Qualifizierung der Kirchengerichtsbarkeit in ihrem Verhältnis zur staatlichen Judikatur ziehen.

Aus der bloßen kirchenrechtlich sanktionierten Existenz und Funktion kirchlicher Gerichte jedenfalls ergibt sich noch kein definitiver Befund. Ein Verweis auf eine angebliche (vermittels der Mitgliedschaft bestehende) Bindung des Kirchenmitglieds durch die einschlägige *Kirchenrechtslage* führt für die Lösung des Kompetenzproblems im Konfliktfall mithin letztlich nicht weiter, sondern lediglich auf die allgemeine verfassungsrechtliche Problematik zurück.

---

90 Vgl. S. 152f.

91 Dazu S. 160ff.

Vierzehntes Kapitel

Freiheit und Kontrolle religiöser Verbände im sozialen Rechtsstaat

I. Rechtssicherung durch Rechtskontrolle im Wirkungsbereich der Staatskirchenverfassung

Eine Sicht, die Freiheitsverbürgungen einerseits und rechtsstaatliche Kontrollfunktionen andererseits entgegensetzt, verfehlt die Grundstruktur des bestehenden Verfassungssystems. Es will – nicht nur im Staatskirchenrecht – größtmögliche Entfaltung individueller und institutioneller Freiheit gerade nicht durch eine Ausgrenzung »staatsfreier« Sphären gewährleisten; vielmehr geht es um die Konstituierung einer *freiheitlichen Gesamtordnung*[1], zu deren integrierenden Bestandteilen auch eine funktionstüchtige Rechtspflege zu zählen ist. Deren gewährleistende und dienende Funktion wird prozeßrechtlich durch Kontrollmechanismen in Form der jeweils vorgesehenen Instanzenzüge und der Möglichkeit der Verfassungsbeschwerde garantiert; materiell-rechtlich kommt dieser Grundzug insbesondere in der bereits angesprochenen strikten Bindung der Judikative an Gesetz und Recht (Artt. 1 Abs. 3 sowie 20 Abs. 3 GG) zum Ausdruck. Zwar wird auch hierdurch die Gefahr von Fehlgriffen und Irrtümern der Gerichte im konkreten Fall nicht vollständig gebannt; die Dinge liegen insoweit bei der Rechtsprechung in religiösen Angelegenheiten nicht anders als dort, wo in den sonstigen Bereichen der Rechtsordnung Recht gesprochen wird. Doch bestehen immerhin nach Maßgabe des einschlägigen Rechts institutionalisierte Möglichkeiten einer »Nachbesserung« fehlerhafter Judikate.

Der Bereich des Staatskirchenrechts profitiert von dem durch die staatlichen Gerichte vermittelten Rechtsschutz in gleichem Maße wie die übrigen Sparten des Rechtslebens. Dies erweist nicht zuletzt die Inanspruchnahme der staatlichen Gerichte seitens der Kirchen und Religionsgemeinschaften

---

[1] *K. Hesse*, FS R. Smend, 1962, S. 85 ff.; *ders.*, Grundzüge des Verfassungsrechts, 15. Aufl. 1985, S. 75 Rdnr. 191.

zur Durchsetzung ihrer vertraglichen Rechte, ihrer Abwehr- bzw. Leistungsansprüche usw. Im übrigen kämen verfassungsrechtliche Freiheitsgewährleistungen, wie sie den Kirchen und Religionsgemeinschaften zur Verfügung stehen, über den Standard verfassungs- und religionspolitischer Programmsätze schwerlich hinaus, wäre im Konfliktfall nicht ein Rückgriff auf gerichtliche Entscheidung möglich (wovon insbesondere die Kirchen seit 1949 auch häufig mit Erfolg Gebrauch gemacht haben). Keinesfalls also kann von einem Bruch oder Gegensatz zwischen dem Regelungsbereich bzw. den Grundprinzipien der staatskirchenrechtlichen Ordnung einerseits und dem staatlichen Rechtsschutzprinzip und -system andererseits ausgegangen werden. Im Gegenteil besteht eine umfassende »Einordnung des Staatskirchenrechts in das Gefüge des vom Grundgesetz konstituierten sozialen Rechtsstaats«[2]. Durch dessen Gerichtsbarkeit werden den Kirchen und Religionsgemeinschaften zwar bisweilen Lasten und Beschränkungen auferlegt; doch genießen die religiösen Verbände andererseits selbst *staatlichen* Schutz – nicht zuletzt nach Maßgabe der bisherigen richterlichen Konkretisierung und Fortbildung des Staatskirchenrechts.

Wie auch in der übrigen Rechtsordnung hat die Rechtsprechung auf dem Felde des Religionsrechts im Gegensatz zu einem verbreiteten (Vor-)Urteil nicht in erster Linie *rechtsbegrenzende*, sondern vielmehr *rechtssichernde* Aufgaben zu erfüllen. Das wird durch die bisherigen Erfahrungen insbesondere mit der höchstrichterlichen Judikatur auch anschaulich dokumentiert. Freilich schließt diese Erkenntnis die Bestimmung von *Grenzen staatlicher Gerichtsbarkeit* im religiösen Bereich ebensowenig aus wie die Möglichkeit von *Freiheitsverkürzungen durch richterlichen Spruch* und das Erfordernis wirksamer Vorkehrungen hiergegen. Jedoch gehören solche Gefahren zum Umfeld jeglicher Tätigkeit staatlicher Gerichte in der gesamten Rechtsordnung; sie können deshalb schwerlich als Indiz einer Einschränkung der justizrechtlichen Normallage auf dem Gebiet des Staatskirchenrechts taugen. Nicht gering geachtet werden dürfen im Gegenteil die materiellrechtlichen Konsequenzen des durch Artt. 140 GG/137 Abs. 3 WRV garantierten Selbstbestimmungsrechts der Kirchen und Religionsgemeinschaften. Der Tatsache, daß »die staatlichen Organe, im besonderen die staatlichen Gerichte, in keinem Fall von dieser Bestimmung, an die sie gebunden sind, absehen können«[3], sollte eingedenk sein, wer sich die grundsätzliche Einbindung religiöser Verbände in den Funktionsbereich staatlicher Gerichte nur mit Unbehagen vorzustellen vermag, weil er sie als potentielle Beschränkung religiöser Selbstbestimmung empfindet.

---

[2] *A. Hollerbach*, HdbStKirchR I, S. 260.

[3] *K. Hesse*, HdbStKirchR I, S. 416.

II. Staatskirchenaufsicht und Rechtsprechung

1. Der Wegfall der staatlichen Kirchenaufsicht

In den Jahren nach dem Zweiten Weltkrieg war vereinzelt noch von einem Fortbestand der altüberkommenen kirchenhoheitlichen staatlichen Aufsicht über Kirchen und Religionsgemeinschaften in ihrer Eigenschaft als Körperschaften des öffentlichen Rechts gesprochen worden[4]. Aber alsbald hatte sich als Gemeingut staatskirchenrechtlicher Betrachtung[5] die zutreffende Erkenntnis verfestigt, daß unter dem Grundgesetz die Vorstellung einer besonderen Kirchenhoheit und damit auch einer speziellen Aufsicht des Staates über religiöse Verbände endgültig der Vergangenheit angehöre[6]. Damit könnte es im vorliegenden Zusammenhang sein Bewenden haben, bestünde nicht jedenfalls äußerlich eine Affinität zwischen aufsichtlicher und gerichtlicher Kontrolle – zumindest aus der Perspektive des jeweils betroffenen religiösen Verbandes. Es verwundert deshalb nicht, daß auch in der staatskirchenrechtlichen Rechtsschutzdiskussion entsprechende Querverbindungen hergestellt worden sind. Die Kompetenzproblematik staatlicher Gerichtsbarkeit in Angelegenheiten der Kirchen und Religionsgemeinschaften kann aber nur dann verfassungsgemäß gelöst werden, wenn Klarheit herrscht über die Abgrenzung der *staatsgerichtlichen* Kontroll- und Entscheidungsfunktionen einerseits und der *staatskirchenaufsichtlichen* Überwachung des Wirkens religiöser Verbände andererseits.

Die Gerichtsbarkeit hat diesem Erfordernis vielfach nicht Rechnung getragen. Ohnehin lassen sich bereits im Blick auf das Fortbestehen einer besonderen Staatskirchenaufsicht in der Nachkriegsrechtsprechung Unsicherheiten nicht verkennen.

---

[4] *H. Nawiasky / C. Leusser*, Die Verf. des Freistaates Bayern, 1948, S. 226; *F. Giese*, Staatskirchenrecht, 3. Aufl. 1949, S. 246 (»abgeschwächte Staatskirchenhoheit mit erweiterter kirchlicher Selbständigkeit«), 262, 269ff. [differenzierend *ders.*, VVDStRL 11 (1954), S. 230f. (Aussprache)]; *F. Zimmermann*, Staat und Religionsgemeinschaften (1952), S. 500; *W. Merk*, VVDStRL 11 (1954), S. 235 (Aussprache). – *W. Weber*, VVDStRL 11 (1954), S. 168ff., spricht einerseits (S. 168) von einem »System staatlicher Genehmigungs-, Einspruchs-, Aufsichts- und Beanstandungsrechte ... in seinen an sich unbestreitbar fortgeltenden Teilen«, weist aber andererseits (S. 170) darauf hin, »daß die Kirchen ... aus den historischen Bindungen an die Reste der staatlichen Kirchenhoheit entlassen ... worden sind«; vgl. auch S. 176.

[5] *M. Heckel*, Staat – Kirche – Kunst, 1968, S. 203 FN 633, konstatiert knapp und zutreffend, daß »über das Ende einer besonderen Kirchenaufsicht ... heute Einmütigkeit in der Literatur« bestehe.

[6] Statt anderer *U. Scheuner*, HdbStKirchR I, S. 13f., sowie *E. Friesenhahn*, ibd. S. 576ff., beide m. w. N.

Diese Judikatur betraf freilich im wesentlichen Rechtsfälle, die sich noch auf ältere, in die Kirchenorganisation eingreifende Gesetze bezogen (so das preußische Staatsgesetz, betreffend die Kirchenverfassungen der evangelischen Landeskirchen, vom 8. April 1924[7], das preußische Gesetz über die Verwaltung des katholischen Kirchenvermögens vom 24. Juli 1924[8] sowie das preußische Staatsgesetz, betreffend Anordnung kirchlicher Neu- und Reparaturbauten in den katholischen Diözesen, vom 24. November 1925[9]).

Im übrigen haben sich die Gerichte, von vereinzelten Ausnahmen abgesehen[10], zwar zu Recht in großer Zahl ausdrücklich der Auffassung angeschlossen, daß unter dem Grundgesetz nicht mehr von einer besonderen Staatskirchenaufsicht ausgegangen werden könne[11]. Doch hat die Judikatur diese

---

[7] GS. S. 221. – Dazu *LG Bielefeld*, U. v. 13. 10. 1953, KirchE 2, 179 (181 f.); *OVG Lüneburg*, U. v. 25. 10. 1954, KirchE 2, 345 (350 f.); *VG Frankfurt a. M.*, U. v. 13. 12. 1955, KirchE 3, 230 (235).

[8] GS. S. 585. – Dazu *BGH*, U. v. 28. 10. 1955, BGHSt 8, 273 (277); *OVG Münster*, U. v. 18. 1. 1965, KirchE 7, 148 (153), bestätigt durch *BVerwG*, U. v. 16. 12. 1966, BVerwGE 25, 364 (367 f.); *VG Aachen*, U. v. 18. 1. 1972, KirchE 12, 355 (358 f.). Das *LG Bonn*, U. v. 20. 7. 1976, KirchE 15, 292 (294), attestiert dem pr. G. v. 24. 7. 1924 ganz pauschal, daß seine »Verfassungsmäßigkeit keinem ernstlichen Zweifel unterliegt«; diesbezüglich Bedenken hingegen bei *VG Köln*, U. v. 16. 6. 1975, KirchE 14, 306 (309 f. m. w. N.), sowie *OVG Münster*, U. v. 23. 8. 1977, KirchE 16, 166 (170 f. m. w. N.). – Vgl. auch *VG Oldenburg*, U. v. 8. 5. 1973, KirchE 13, 265 (267 f.), zu einer kirchliche Wahlen betreffenden Vorschrift des Oldenburgischen G. v. 28. 4. 1924.

[9] GS. S. 161. – Dazu *LVG Arnsberg*, Teilurteil v. 27. 11. 1957, KirchE 4, 200 (206).

[10] *LG Berlin*, B. v. 10. 6. 1952, KirchE 1, 289 (290) [»in gewissem Umfange der Staatsaufsicht unterworfen«]; *OLG Bremen*, U. v. 4. 6. 1953, KirchE 2, 91 (107 f.) [Rechtfertigung »kirchenregimentlicher« Maßnahmen (!) des Brem. Regierenden Bürgermeisters zur Wiederherstellung geordneter rechtlicher Verhältnisse in der Brem. Evang. Kirche nach dem Ende des II. Weltkriegs]; *KG Berlin*, U. v. 1. 7. 1955, KirchE 3, 102 (106); *VG Schleswig*, U. v. 23. 11. 1976, KirchE 15, 409 (412) [Aufsicht des Landes als Korrelat (!) zur staatskirchenvertraglich übernommenen Schutzverpflichtung bezügl. der Bekenntnisfreiheit]; *LG Frankfurt a. M.*, U. v. 28. 4. 1978, KirchE 16, 383 (389) [»Als Körperschaft des öffentlichen Rechtes untersteht sie (scil. eine Religionsgemeinschaft; *Anm. des Verf.*) einer besonderen über die Grenzen der Vereinsaufsicht hinausgehenden Beaufsichtigung durch den Staat.«].

[11] *BVerfG*, B. v. 17. 2. 1965, BVerfGE 18, 385 (386 f.); B. v. 31. 3. 1971, BVerfGE 30, 415 (428); *Bay. VerfGH*, E. v. 11. 4. 1980, KirchE 18, 125 (140); *BVerwG*, U. v. 27. 10. 1966, BVerwGE 25, 226 (229); U. v. 16. 12. 1966, BVerwGE 25, 364 (368); *BGH (Senat für Anwaltssachen)*, B. v. 17. 5. 1976, BGHZ 66, 283 (284); *BSG*, B. v. 10. 12. 1979, KirchE 17, 380 (381). Aus der übrigen Gerichtsbarkeit unklar noch *LG Essen*, U. v. 20. 7. 1948, KirchE 1, 16 (22 ff., insbes. 24). Vgl. dann aber *VG Berlin*, U. v. 16. 1. 1953, KirchE 2, 1 (4); *KG Berlin*, B. v. 20. 2. 1953, KirchE 2, 17 (25); *OVG Berlin*, U. v. 25. 2. 1953, KirchE 2, 26; *LVG Schleswig*, U. v. 8. 1. 1954, KirchE 2, 182 (184 f.); *OLG Schleswig*, U. v. 29. 12. 1954, KirchE 2, 417 (420 f.); *LVG Hannover*, B. v. 6. 6. 1956, KirchE 3, 307 (309); U. v. 8. 3. 1957, KirchE 4, 28 (34); *LG Dortmund*, B. v. 19. 10. 1961, KirchE 5, 337 (339 f.); *OVG Münster*, U. v. 14. 2. 1962, KirchE 6, 3 (12); U. v. 18. 1. 1965, KirchE 7, 148 (149, 152); *OVG Berlin*, U. v. 13. 10. 1970, KirchE 11, 327 (330); *FG Münster*, U. v. 18. 3. 1971, KirchE 12, 57 (60); *OLG Oldenburg*, B. v. 19. 7. 1971, KirchE 12, 274 (278); *OVG Münster*, U. v. 23. 8. 1977, KirchE 16, 166 (168); U. v. 9. 2. 1978, KirchE 16, 292 (301); *VG Braunschweig*, U. v. 11. 4. 1979, KirchE 17, 211 (212); *VGH München*, U. v. 25. 2. 1980, KirchE 18, 25 (28, 32).

Erkenntnis andererseits ausgesprochen[12] oder auch stillschweigend in ein Argument zur Lösung der Kompetenzfrage umgemünzt.

Auch im Schrifttum ist in den 50er Jahren nicht immer klar unterschieden worden[13] zwischen der Ausübung besonderer staatlicher Kirchenaufsicht einerseits und staatlicher Gerichtsbarkeit andererseits. Dies stieß bereits damals auf Kritik[14]. Stimmen aus neuerer Zeit lassen eine eindeutige terminologische Abgrenzung jedoch ebenfalls vermissen. So wurde die Tätigkeit staatlicher Gerichte, soweit sie kirchliche Rechtsnormen oder Maßnahmen kirchlicher Organe anhand der »für alle geltenden Gesetze« (Artt. 140 GG/ 137 Abs. 3 WRV) überprüfen, als »Verfassungsaufsicht« qualifiziert[15]; so wurde die Meinung vertreten, daß »jede Kompetenz staatlicher Stellen zur Beurteilung kirchlicher Amtshandlungen, ob intendiert oder nicht, als Ausübung staatlicher Hoheitsgewalt zugleich eine Art von Staatsaufsicht enthält«[16]; so wurde im Blick auf die Rechtsprechung von »mittelbarer Staatsaufsicht« gesprochen[17]; so wurde eine Rechtsprechungszuständigkeit staatlicher Gerichte in eigenen Angelegenheiten der Kirchen gar als »archaisches Relikt einer vergangenen staatlichen Kirchenhoheit und staatlichen Ingerenz in den kirchlichen Raum« bewertet[18].

2. *»Aufsicht« und »Rechtsprechung«*

Geht man von der geschichtlichen Erfahrung aus, so erscheinen heute im Zusammenhang mit staatlicher Gerichtsbarkeit in Religionssachen Assoziationen zur Ausübung staatlicher Kirchenaufsicht nicht unverständlich – wurde doch die richterliche Funktion vor 1919 einbezogen in die Betrachtung der besonderen staatlichen Kirchenhoheit (in Form des *ius inspiciendi cavendi*) und ihrer Abgrenzung zu den allgemeinen Hoheitsaufgaben und

---

12 So z.B. *LVG Hannover*, B. v. 6.6. 1956, KirchE 3, 307 (309); *OVG Berlin*, U. v. 13.10. 1970, KirchE 11, 327 (330 f.).

13 *F. Giese*, Staatskirchenrecht, 3. Aufl. 1949, S. 273 f.; *E. Glasow*, Die Anfechtbarkeit kirchl. Verwaltungsakte, 1956, S. 41 f. (vgl. aber auch S. 57 f.); *M. Herr-Beck*, Die Frage nach der Zulässigkeit des staatl. Rechtsweges für Entscheidungen der Kirchenbehörden, 1958, S. 81 f.; *W. Thieme*, AöR 80 (1955/56), S. 447. Nicht eindeutig *U. Scheuner*, ZevKR 3 (1953/54), S. 357, der »Aufsicht« und »Jurisdiktion« zwar unterscheidet, beide aber in einem Zuge nennt.

14 *D. Scheven*, Der Verwaltungsrechtsschutz im kirchl. Bereich, 1954, S. 54 f.; *ders.*, ZevKR 4 (1955), S. 178; *U. Hartmann*, Die Zuständigkeit staatl. Verwaltungsgerichte in Kirchensachen, 1955, S. 28.

15 *E. Friesenhahn*, HdbStKirchR I, S. 578 f.

16 *W. Rüfner*, HdbStKirchR I, S. 759.

17 *W. Rüfner*, Rechtsschutz gegen kirchl. Rechtshandlungen (1983), S. 132; *G. Winands*, DÖV 1986, S. 100.

18 *J. Listl*, DÖV 1984, S. 589; wörtlich und zustimmend zitiert wird seine Bewertung vom *OVG Lüneburg* im U. v. 23.4. 1985, ZevKR 31 (1986), 235 (236).

-befugnissen des Staates[19]. In der Diskussion um die »Korrelatentheorie« unter der Weimarer Verfassung[20] hat man dann freilich die *Staatsaufsicht* im engeren Sinne bereits klar von staatlicher *Rechtsprechung* abgeschichtet[21].

Auch heute ist eine Unterscheidung beider Instrumentarien einer staatlichen Beurteilung religiösen Wirkens vonnöten. Beim Bemühen um eine Differenzierung handelt es sich nicht nur um ein »Spiel mit Worten«[22], sondern um die zwingende Folgerung aus der Tatsache, daß das Kirchenaufsichts-Argument in die Rechtsschutzdiskussion eingeführt wurde und hier auch nicht ohne Wirkung blieb. Ließe sich der heute unbestreitbare Fortfall besonderer staatlicher Kirchenhoheit ohne weiteres auf die Rechtsschutzfrage übertragen, so müßte er deren Lösung präjudizieren. Tatsächlich aber droht die Heranziehung dieses Gesichtspunkts die Problematik staatlicher Gerichtsbarkeit in Kirchensachen von vornherein unangemessen zu verkürzen: Sie reduziert zwangsläufig die komplexe Gemengelage der einschlägigen justizverfassungsrechtlichen und staatskirchenrechtlichen Aspekte auf eine allzu glatte Schlußfolgerung von der Aufsichtsfreiheit hin zur Justizfreiheit der Kirchen und Religionsgemeinschaften.

Zwar lassen sich in Kirchensachen gewisse Parallelen zwischen Staatsaufsicht einerseits und rechtsprechender Tätigkeit andererseits in der Tat nicht übersehen – realisieren sich beide doch im Ergebnis durch eine autoritative Beurteilung von Maßnahmen religiöser Verbände seitens staatlicher Instanzen. Insoweit mag man beide Funktionen dem Oberbegriff einer »allgemeinen Staatsaufsicht« im Sinne der regulären Rechtswahrungsfunktion des Staates zuordnen[23]. Doch bleibt dieser Aspekt sehr stark dem

---

19 *C. Sartorius*, Die staatl. Verwaltungsgerichtsbarkeit auf dem Gebiete des Kirchenrechts, 1891, S. 1ff. (2, 4f.); vgl. im übrigen *P. Hinschius*, Allg. Darstellung der Verhältnisse von Staat und Kirche, 1883, S. 266ff., 318ff.; *W. Kahl*, Lehrsystem des Kirchenrechts und der Kirchenpolitik, 1. Hälfte, 1894, S. 309ff., 354ff., 369. – *U. Stutz*, Kirchenrecht, 1914, S. 407f., zitiert in seiner Aufzählung von Aufsichtsmitteln Strafbestimmungen, erwähnt im übrigen die Ausübung von Gerichtsbarkeit aber nicht.

20 Bejahend *F. Giese*, Staats-Kirchenrecht, 1924, S. 222, 227ff.; *P. Schoen*, Das neue Verfassungsrecht der evang. Landeskirchen, 1929, S. 33ff.; *E. Forsthoff*, Die öff. Körperschaft, 1931, S. 115ff.; *G. Anschütz*, Die Verf. des Dt. Reichs v. 11. August 1919, 14. Aufl. 1933, S. 637f. m. w. N. – Ablehnend *A. Lilienthal*, Die Staatsaufsicht über die Religionsgesellschaften, 1925, S. 68; *J. Löhr*, Ist eine staatl. »Kirchenhoheit« und eine besondere Staatsaufsicht über die Kirche mit der dt. Reichsverfassung vereinbar?, 1927, insbes. S. 36ff.; *H. Rieder*, Staat und Kirche nach modernem Verfassungsrecht, 1928, S. 14ff., 39ff., 46ff.; *G. J. Ebers*, Staat und Kirche im neuen Deutschland, 1930, S. 299ff.

21 Anders allerdings noch *F. Giese*, Staats-Kirchenrecht, 1924, S. 233f. (der diese Sicht, wie bereits erwähnt, auch in der 3. Aufl. 1949, S. 273f., beibehielt).

22 *W. Thieme*, AöR 80 (1955/56), S. 447.

23 So wohl *W. Thieme*, AöR 80 (1955/56), S. 447; *E. Friesenhahn*, HdbStKirchR I, S. 579;

Äußerlichen, Formalen verhaftet; sachlich führt er in der Rechtsschutzfrage nicht weiter.

Setzt man staatliche Kirchenaufsicht mit rechtsprechender Tätigkeit gleich, so werden die grundlegenden strukturellen Unterschiede zwischen *Aufsicht* einerseits (als Instrument einer Binnenkontrolle im Rahmen bestimmter miteinander verknüpfter rechtlicher Aufgaben- und Zuständigkeitsfelder) und *Gerichtsbarkeit* andererseits[24] (als Ausübung externer Kontrolle im Rahmen der Gewaltenteilung) übergangen.

Im übrigen ist, wenn auf den Wegfall der Staatsaufsicht verwiesen wird, in der Regel die *besondere Kirchenaufsicht bzw. Kirchenhoheit* gemeint, welche die »Korrelatentheorie« im Blick hatte und die unter dem Grundgesetz in der Tat allgemein überwunden ist. Von dieser Frage besonderer Kirchenhoheit muß aber die Rechtsschutzproblematik klar abgegrenzt werden[25]. Der soziale Rechtsstaat des Grundgesetzes gründet seinen Justizanspruch gegenüber den Kirchen und Religionsgemeinschaften nicht mehr auf eine kirchenhoheitliche Stellung, wie sie der »christliche Staat« in seinen religiösen Staatszielen und seiner Souveränitätsvorstellung praktizierte. Das Zeitalter des *recursus ab abusu* gehört endgültig der Geschichte an. Vielmehr ſußt auch den religiösen Verbänden gegenüber die Ausübung staatlicher Gerichtsbarkeit ausschließlich auf der allgemeinen Rechtswahrungsaufgabe und Friedensfunktion des Staates. Demgemäß geht es auch bei der staatskirchenrechtlichen Kompetenzproblematik ganz grundsätzlich um die Frage nach der Einordnung der Kirchen und Religionsgemeinschaften in die *allgemeine staatliche Hoheitsordnung*: um die Frage nach der Reichweite der allgemeinen Justizhoheit, wie sie für alle Rechtssubjekte Geltung beansprucht, welche staatlicher Gewalt nach Maßgabe der Verfassung unterworfen sind.

Schließlich: Rechtsprechende Tätigkeit hat unter dem Grundgesetz spezi-

---

W. Rüfner, HdbStKirchR I, S. 759; *ders.*, Rechtsschutz gegen kirchl. Rechtshandlungen (1983), S. 132; *G. Winands*, DÖV 1986, S. 100.

[24] Darauf, daß »die staatliche Gerichtsbarkeit ... kein Mittel der Staatsaufsicht, sondern eine Rechtskontrolle durch unabhängige Gerichte« sei, weist bereits *D. Scheven*, ZevKR 4 (1955), S. 178, hin. Ähnlich (»das Staatsgericht ... kein Instrument unzulässiger Ingerenz, sondern eine streitentscheidende Instanz«) auch *H. Weidemann*, DVBl. 1970, S. 332; zustimmend *P. v. Tiling*, ZevKR 16 (1971), S. 209, sowie *E. Wufka*, DVBl. 1971, S. 121. Im gleichen Sinne ferner *Chr. Link*, Neuere Entwicklungen und Probleme (1973), S. 36f.; *A. Pahlke*, Kirche und Koalitionsrecht, 1983, S. 258. – Ausdrücklich gegen eine solche Differenzierung *H. Maurer*, FS Chr.-F. Menger, 1985, S. 290, mit der Auffassung, die Abschichtung gerichtlicher Kontrolle von sonstiger staatlicher Ingerenz beruhe »letztlich auf überholten Vorstellungen des 19. Jahrhunderts, die den Staat auf die Exekutive bezogen und ihr überhöht die Gerichtsbarkeit gegenüberstellten«.

[25] Zur Abschichtung »besonderer« von »allgemeiner« Kirchenhoheit auch *K. Hesse*, Rechtsschutz durch staatl. Gerichte im kirchl. Bereich, 1956, S. 13f. mit FN 46, S. 77; *Herbert Krüger*, ZevKR 6 (1957/58), S. 72f.

fische rechtsstaatliche Funktionen zu erfüllen. Sie erschöpft sich (außer bei Durchführung abstrakter Normenkontrolle) nicht in der Aufgabe *objektiver Rechtmäßigkeitsprüfung* und Sicherung des Rechtsfriedens zur Wahrung des staatlichen Gemeinwohls – wenn diese Funktion unter rechtsstaatlichen Gesichtspunkten auch keineswegs gering geachtet werden darf. Aus dem Prinzip materieller Rechtsstaatlichkeit wächst den Gerichten vielmehr als wesentliche Aufgabe auch die der *Wahrung individuellen Rechtsschutzes* zu. Diese Funktion schließt eine argumentative Gleichsetzung von Staatsaufsicht und Gerichtskontrolle bereits vom Ansatz her aus. Nicht zuletzt im Blick auf die Grundrechtsgarantien des bürgerlichen Status, vor allem des Menschenrechts auf personale Würde, haben die Gerichte insoweit eine *spezifische* individualbezogene Verantwortung. Die Rechtsprechung selbst scheint sie freilich nicht immer sonderlich stark gewichtet zu haben, wie vor allem Entscheidungen in dienstrechtlichen Streitigkeiten von Geistlichen und Kirchenbeamten erweisen.

Unter geänderten verfassungsrechtlichen Voraussetzungen und bei gewandeltem Staatsverständnis erfahren auch traditionelle staatliche Funktionen qualitative Wandlungen[26]; sie können dann nicht mehr nach den Maßstäben vergangener Zeiten beurteilt werden, mögen auch die äußeren Formen entsprechende Assoziationen nahelegen. Deshalb besagt der Hinweis auf den Wegfall der Staatsaufsicht für die Frage nach der Gerichtskompetenz allgemein nicht mehr als die Erkenntnis, daß nach 1949 grundlegende Wandlungen in der gegenseitigen Zuordnung von Staat und Kirchen bzw. Religionsgemeinschaften eingetreten sind. Damit ist indes lediglich der staatskirchenrechtliche »Hintergrund« der Rechtsschutzproblematik umrissen (der freilich für eine sachgerechte Lösung in die Betrachtung einbezogen werden muß). Nimmt man konkret die Rechtsschutzfrage in den Blick, so legt der Wegfall der besonderen staatlichen Kirchenaufsicht es nahe, im Gegensatz zu der verbreiteten bisherigen Argumentation erst recht für eine Zuständigkeit der Staatsgerichte zu plädieren. Denn unter dem Gesichtspunkt einer hinreichenden Erfüllbarkeit der Rechtswahrungsaufgabe des sozialen Rechtsstaats ist der staatlichen Judikatur in Kirchensachen nunmehr, da die überkommenen »Aufsichts-«Mittel obsolet sind, eine *gesteigerte Relevanz und Legitimität* zugewachsen[27].

---

26 Hierzu *K. Hesse*, FS R. Smend, 1962, S. 71 ff.

27 Das bemerkt zu Recht *Hans F. Zacher*, VVDStRL 26 (1968), S. 145 [Aussprache]. Insoweit zustimmend auch *A. v. Campenhausen*, ZevKR 17 (1972), S. 135; *ders.*, Staatskirchenrecht, 2. Aufl. 1983, S. 207; *ders.*, AöR 112 (1987), S. 629.

3. Die abstrakte Kontrolle kirchlichen Rechts

a) Kirchenrecht in »eigenen« Angelegenheiten

Für die Beantwortung der Kompetenzfrage ist der Hinweis auf den Wegfall der staatlichen Kirchenaufsicht nach 1949 unmittelbar insoweit bedeutsam, als staatliche Gerichte der Sache nach nicht »aufsichtsähnliche« Funktionen wahrnehmen dürfen. Das wäre der Fall im Rahmen einer *abstrakten Normenkontrolle* kirchlichen Rechts, soweit dieses auf Grund der von der Verfassung in Artt. 140 GG/137 Abs. 3 WRV anerkannten originären Gewalt der Kirchen bzw. Religionsgemeinschaften gesetzt ist. Recht solcher Qualität liegt, wie bereits erörtert[28], nicht nur im engeren »geistlichen« Bereich (z. B. im Sakramentenrecht) vor, sondern überall dort, wo religiöse Verbände »eigene« Angelegenheiten normativ regeln (etwa im Recht der geistlichen Ämter, im sonstigen Dienstrecht usw.). Bezogen auf originäres Kirchenrecht ist die Vornahme einer abstrakten Normenkontrolle den staatlichen Gerichten von Verfassungs wegen verwehrt.

Daß die religiösen Verbände auch in ihrer Normsetzung an die Schranke des »für alle geltenden Gesetzes« gebunden sind, steht außer Frage und wirkt sich spürbar aus, sobald es – auch vor staatlichen Gerichten – um die Rechtmäßigkeit konkreter Maßnahmen geht, die auf dem fraglichen Kirchenrecht beruhen. Zur Klärung der Rechtslage erfordert hier die in Artt. 140 GG/137 Abs. 3 WRV enthaltene Schrankenklausel eine inzidente Überprüfung der maßgeblichen kirchlichen Rechtsgrundlagen, sofern deren Vereinbarkeit mit staatlichem Schrankenrecht in Zweifel steht[29]. Doch kann andererseits von dieser *materiellen* Bindung der Kirchen und Religionsgemeinschaften nicht ohne weiteres auf ihre *formelle* Unterworfenheit unter eine abstrakte staatliche Normenkontrolle geschlossen werden[30]. Denn eine solche Normenkontrolle hätte den Charakter einer speziellen Beaufsichtigung der Kirchen, die – wie erwähnt – der Religionsverfassung des Grundgesetzes nicht mehr entspricht.

Für gerichtliche Kontrollen solcher Art im religiösen Eigenbereich findet

---

[28] S. 119f., 121f., 123ff., 127ff., 178.

[29] Vgl. auch S. 181.

[30] So aber der Ansatz bei *W. Jung*, Staat und Kirche im kirchl. Friedhofswesen, 1966, S. 149, 160ff., sowie bei *F.-G. v. Busse*, Gemeinsame Angelegenheiten von Staat und Kirche, 1978, S. 300f., der (aaO. S. 300) davon ausgeht, daß es sich bei den die Bestattung als solche betreffenden kirchl. Funktionen im Begräbniswesen nicht um eine vom Staat abgeleitete Materie handele, sondern um eine »eigene Angelegenheit« des betreffenden relig. Verbandes. Ebenso im Blick auf kirchl. Monopolfriedhöfe *W. Hofmann*, BayVBl. 1963, S. 346, mit fragwürdigem Rückgriff auf Art. 19 Abs. 4 GG.

sich im übrigen auch keine normative Grundlage im einschlägigen Recht des Bundes und der Länder. Bei dem durch die Kirchen bzw. durch Religionsgemeinschaften *originär* gesetzten[31] Recht handelt es sich weder um »Bundesrecht«[32] noch um »Landesrecht«. Art. 93 Abs. 1 Nr. 2 GG und § 13 Nr. 6 i. V. m. §§ 76 ff. BVerfGG bzw. entsprechende Normen der Bundesländer (z. B. Art. 68 Abs. 1 Nr. 2 Verf. B.-W. und § 8 Abs. 1 Nr. 2 StGHG B.-W.) beziehen sich deshalb bereits ihrem Tatbestand nach nicht auf originäres Kirchenrecht. Auch für eine Anwendung des § 47 VwGO ist insoweit kein Raum[33].

Anders wird die Rechtslage nach § 47 VwGO freilich – von ihrem Standpunkt aus konsequenterweise – von Vertretern der »Bereichslehre« im Blick auf Recht beurteilt, das von den Kirchen als *Körperschaften des öffentlichen Rechts* gesetzt wird[34]. Wie in anderen Zusammenhängen des Staatskirchenrechts vermag diese Auffassung allerdings auch hier nicht zu überzeugen. Wenn darauf hingewiesen wurde[35], daß zwar »die mit dem Körperschaftsstatus versehenen Kirchen nicht in die Landesstaatsgewalt eingegliedert sind«, daß aber »ihr öffentlich-rechtlicher Status doch gemäß Art. 140 GG i. V. m. Art. 137 Abs. 5 WRV auf landesrechtlicher Anerkennung bzw. Verleihung« beruhe, so ist dem zwar in letzterer Aussage beizupflichten. Doch gilt dies nicht mehr für die daraus abgeleitete Folgerung, es müßten »auch kirchliche Rechtsvorschriften in gleicher Weise dem Landesrecht i. S. des § 47 VwGO zugerechnet werden wie die Normen, die von den landesunmittelbaren juristischen Personen des öffentlichen Rechts erlassen worden sind«; denn

31 Anders bei Kirchenrecht, das auf Grund staatlich verliehener Befugnisse erlassen wird. So ist kirchliches *Steuerrecht* im Sinne des einschlägigen Verfahrensrechts als »Landesrecht« anzusehen. *BVerwG*, B. v. 6. 6. 1968, KirchE 10, 91 (92); U. v. 18. 2. 1977, BVerwGE 52, 104 (113); B. v. 4. 5. 1977, KirchE 16, 106 (106); *BFH*, U. v. 20. 10. 1972, KirchE 13, 56 (58); *VG Hannover*, U. v. 27. 2. 1969, KirchE 10, 326 (328) [allerdings mit unzutreffendem pauschalem Ansatz bei der *Körperschaftsqualität* der Kirche]; *VG Kassel*, U. v. 4. 11. 1969, KirchE 11, 59 (59).

32 Zu Recht verneint deshalb das *BVerwG* in st. Rspr. die Revisibilität kirchlichen Rechts: U. v. 29. 5. 1964, BVerwGE 18, 341 (342); U. v. 17. 9. 1964, BVerwGE 19, 252 (258, 263); U. v. 15. 12. 1967, BVerwGE 28, 345 (348) [allerdings dort unter unzutreffender Bejahung der Revisibilität kirchlichen *Beamtenrechts*]; U. v. 18. 2. 1977, BVerwGE 52, 104 (113); U. v. 25. 11. 1982, BVerwGE 66, 241 (248); U. v. 25. 11. 1982, NJW 1983, 2582 (2583).

33 *F. O. Kopp*, VwGO, 7. Aufl. 1986, Rdnr. 15 zu § 47, im Blick auf »innerkirchliches Recht«, wobei freilich die konkrete Tragweite dieser Qualifikation offenbleibt; wohl auch (wenngleich nicht ganz eindeutig) *G. Meier*, DVBl. 1967, S. 708, soweit er sich auf »kirchliche Gesetze unmittelbar« bezieht; *VGH Kassel*, B. v. 2. 7. 1979, KirchE 17, 262 (264 f.) [mit zweifelhafter Begründung]; *VGH München*, U. v. 25. 2. 1980, KirchE 18, 25 (26).

34 *H. Weber*, Die Religionsgemeinschaften als Körperschaften des öff. Rechts, 1966, S. 147; *F. Müller*, DÖV 1968, S. 629; *K. Obermayer*, Die verwaltungsgerichtl. Normenkontrolle (I) [1970], S. 153.

35 *K. Obermayer*, Die verwaltungsgerichtl. Normenkontrolle (I) [1970], S. 153.

hier wird zu Unrecht eine qualitative Gleichstellung der Rechtssetzung religiöser Körperschaften des öffentlichen Rechts mit derjenigen sonstiger (mittelbar staatlicher) Korporationen vorgenommen. Letztere können auf Grund staatlich übertragener *Autonomie* Normen erlassen. Hingegen beruht die Rechtssetzungsbefugnis der religiösen Körperschaften des öffentlichen Rechts in »eigenen« Angelegenheiten nach wie vor auf ihrer *originären Kirchengewalt*[36] – trotz der mit dem Korporationsstatus verbundenen »öffentlich-rechtlichen« Gestaltungsmöglichkeiten. Diese Normgebung weist also dem Grunde nach keinen Bezug zur Landesstaatsgewalt auf. Gerade hier zeigt sich rechtstechnisch einer der wesentlichen Unterschiede »allgemeiner« Körperschaften des öffentlichen Rechts zu den religiösen Korporationen, der es rechtfertigt, mit der inzwischen herrschenden Meinung im Blick auf letztere von *Körperschaften des öffentlichen Rechts sui generis* zu sprechen[37].

Als verfehlt erscheint insoweit die Argumentation der Entscheidung des Oberverwaltungsgerichts Lüneburg vom 26. Januar 1984[38], mit der das Gericht die Beitragsordnung einer evangelischen Kirchengemeinde für den von dieser betriebenen Kindergarten der Normenkontrolle nach § 47 VwGO unterwirft. Zwar wird zu Recht darauf hingewiesen[39], daß der Betrieb eines kirchlichen Kindergartens im Sachbereich Jugendwohlfahrtspflege erfolge und daß die kirchliche Beitragsordnung Wirkungen in der Rechtssphäre der Benutzer und damit in der staatlichen Verfassungs- und Rechtsordnung entfalte. Doch handelt es sich beim religiös motivierten Engagement im Kindergartenwesen gleichwohl um eine »eigene« Angelegenheit der Kirche, bei der Beitragsordnung mithin um *originäres* Kirchenrecht. Dieses muß sich gemäß Artt. 140 GG/137 Abs. 3 WRV zwar materiell innerhalb der Schranke des »für alle geltenden Gesetzes« halten; es unterliegt aber, wie gesagt, deshalb nicht der Überprüfung durch staatliche Gerichte im Wege der abstrakten Normenkontrolle.

Wenn das Oberverwaltungsgericht Lüneburg darlegt, es bestehe »kein hinreichender rechtfertigender Grund, autonome Satzungen der Kirchen, soweit sie den Kernbereich kirchlicher Betätigung verlassen und in den staatlichen Bereich hineinwirken, der Normenkontrolle zu entziehen und anders als etwa autonome Satzungen der übrigen öffentlich-rechtlichen Körperschaften des Landesrechts (!) zu behandeln«[40], so ermangelt diese Erwägung der nach geltendem Staatskirchenrecht erforderlichen Differenzierung zwischen *religiösen* Körperschaften des öffentlichen Rechts und sonstigen Korporationen. Sie verfehlt im übrigen von ihrer Argumentationsgrundlage her das religiöse Selbstbestimmungsrecht, wie es im Grundgesetz gewährleistet ist,

---

[36] Vgl. auch S. 119 f., 121 f., 123 ff., 127 ff., 178.

[37] Dazu S. 118 ff.

[38] *OVG Lüneburg*, U. v. 26. 1. 1984, ZevKR 30 (1985), 426.

[39] *OVG Lüneburg*, U. v. 26. 1. 1984, ZevKR 30 (1985), 426 (429).

[40] *OVG Lüneburg*, U. v. 26. 1. 1984, ZevKR 30 (1985), 426 (429). – Ausrufezeichen nicht im Original.

und stellt das hiernach vorgezeichnete Verhältnis von Regel und Ausnahme bezüglich der staatlichen Aufsichtsbefugnisse im Wirkungsbereich der Kirchen und Religionsgemeinschaften auf den Kopf.

b) Kirchenrecht im Autonomiebereich

Anders liegen die Dinge demgegenüber dort, wo Kirchen bzw. Religionsgemeinschaften im Rahmen der Ausfüllung staatsabgeleiteter Funktionen[41] Recht setzen. Denn hier wird die Rechtssetzungsbefugnis vom Staat hergeleitet, da es sich dabei nicht um »eigene« Angelegenheiten der religiösen Verbände handelt[42], welche von deren Selbstbestimmungsrecht umfaßt würden. Werden Kirchen oder Religionsgemeinschaften staatliche Befugnisse übertragen und nehmen die betreffenden religiösen Verbände solche Funktionen in Anspruch, so wachsen den zuständigen staatlichen Instanzen ohne weiteres die damit verknüpften Aufsichts- und Kontrollrechte zu. Normen, die in diesem Rahmen durch Kirchen bzw. Religionsgemeinschaften erlassen werden, beruhen auf *Autonomie*. Sie sind nach Maßgabe der allgemeinen Bestimmungen einer abstrakten Normenkontrolle durch die staatlichen Verfassungs- bzw. Oberverwaltungsgerichte zugänglich.

In diesem Sinne unterliegen Rechtsnormen einer Kirche oder Religionsgemeinschaft, die die Erhebung von *Kirchensteuer* betreffen[43], der abstrakten Normenkontrolle durch staatliche Gerichte[44]. Gleiches gilt für kirchliche *Friedhofsordnungen* insoweit – aber auch nur insoweit[45] –, als sie Regelungen treffen, welche sich auf die vom Staat abgeleiteten »säkularen«[46] (nicht die religiösen Bezüge der Bestattung betreffenden) Funktionen im Begräbniswesen beziehen. Hierbei handelt es sich in jedem Fall um eine von den Kirchen wahrgenommene *staatliche* Aufgabe – mag es um einen kirchlichen Monopolfriedhof gehen oder auch um einen kirchlichen Friedhof, neben dem noch ein kommunaler Friedhof vorhanden ist. Es besteht deshalb kein

---

41 Vgl. S. 116ff.

42 Nicht entscheidend ist insoweit das Kriterium »staatlicher Außenwirkung«, auf das offenbar *G. Meier*, DVBl. 1967, S. 708, abhebt.

43 Ein diesbezügliches Normenkontrollverfahren lag dem B. des *VGH Kassel* v. 2.7. 1979, KirchE 17, 262, zugrunde; der Antrag wurde (mit im einzelnen allerdings anfechtbarer Begründung) zu Recht als nach Maßgabe von § 47 VwGO a. F. statthaft angesehen (aaO. S. 264 ff.).

44 Insoweit zutreffend auch *K. Obermayer*, Die verwaltungsgerichtl. Normenkontrolle (I) [1970], S. 152; die von ihm aaO. ferner angeführte kirchl. Regelung des Rechts »der Geistlichen und der Kirchenbeamten in Anlehnung an die Rechtsgrundsätze des staatlichen Beamtenrechts« freilich beruht – wie soeben bemerkt (vgl. S. 234) – nicht auf staatlich verliehener *Autonomie*, sondern auf der *originären kirchlichen Ämterhoheit*.

45 Auch die enge Verzahnung kirchlicher und staatlicher Materien im Bereich der »gemeinsamen Angelegenheit« Begräbniswesen rechtfertigt keine staatliche Aufsicht über originäres Kirchenrecht, das trotz des engen Sachzusammenhangs materiell durchaus von solchen kirchlichen Normen abgeschichtet werden kann, welche staatlich übertragene Funktionen betreffen.

46 Vgl. dazu S. 117f.

Anlaß, nach Maßgabe dieser Unterscheidung in Verfahren abstrakter Normenkontrolle die Zulässigkeitsfragen[47] differenzierend zu beantworten, wie dies in einem Beschluß des Verwaltungsgerichtshofs München aus dem Jahre 1963[48] geschehen ist und auch in der Literatur vertreten wurde[49].

---

47 Anders möglicherweise bei den »Rechtsmaßstäben« der Überprüfung, die beim Vorliegen eines Monopolcharakters des kirchl. Friedhofs denen entsprechen, die auch an eine kommunale Friedhofssatzung anzulegen wären; *F.-G. v. Busse*, Gemeinsame Angelegenheiten von Staat und Kirche, 1978, S. 301. Vgl. dazu auch S. 118 Anm. 9.

48 *VGH München*, B. v. 24. 6. 1963, KirchE 6, 257 (257ff.).

49 *W. Hofmann*, BayVBl. 1963, S. 346.

Fünfzehntes Kapitel

Religiöse Freiheit und rechtsstaatlicher Justizauftrag unter dem Grundgesetz

I. Bereichsbezogene Differenzierung

Die grundlegende Bedeutung des religiösen Selbstbestimmungsrechts für die verfassungsgemäße Zuordnung staatlicher und religiöser Funktionen steht außer Frage; sie ist auch in der bisherigen Diskussion der staatskirchenrechtlichen Rechtsschutzproblematik durchweg nicht verkannt worden. Kein Konsens besteht allerdings darüber, wie die Konfrontation der institutionellen religiösen Freiheitsgarantie mit dem staatlichen Justizanspruch verfassungsgemäß aufzulösen sei. Die wissenschaftliche Literatur und die gerichtliche Praxis sind dabei im wesentlichen von der zutreffenden Erkenntnis ausgegangen, daß der Grad der Nähe bzw. Ferne einer Angelegenheit zum religiösen Auftrag einer Kirche oder Religionsgemeinschaft durchaus Bedeutung für die rechtsprechende Tätigkeit staatlicher Gerichte in Kirchensachen entfalten kann. Fraglich muß freilich erscheinen, inwieweit die Entfaltung religiöser Freiheit tatsächlich zu einer endgültigen Abschichtung und Ablehnung der staatlichen Gerichtskompetenz im religiösen »Eigenbereich« führen darf, wie dies in der bisherigen Handhabung vielfach angenommen wurde.

Auf Grund des verfassungsrechtlichen Selbstbestimmungsrechts der Kirchen und Religionsgemeinschaften sind im Schrifttum als staatlicher Rechtsprechungskompetenz schlechterdings entzogen jedenfalls »innerkirchliche« Materien angesehen worden[1] (bzw. – anders formuliert – dem »inneren

[1] So mit teils sehr unterschiedlicher Begründung und Reichweite *H. Maurer*, Die Verwaltungsgerichtsbarkeit der evang. Kirche, 1958, S. 148ff.; *P. Mikat*, Kirchen und Religionsgemeinschaften (1960), S. 190f.; *ders.*, Kirchl. Streitsachen vor den Verwaltungsgerichten (1963), S. 324f.; *K. Hesse*, JöR NF 10 (1961), S. 78; *U. Scheuner*, DÖV 1967, S. 591; *A. v. Campenhausen*, FS E. Ruppel, 1968, S. 270; *H.-U. Evers*, ibd. S. 337ff., insbes. S. 343; *D. Pirson*, ibd. S. 301; *J. Jurina*, Der Rechtsstatus der Kirchen und Religionsgemeinschaften, 1972, S. 141ff.; *H. Weber*, Die Religionsgemeinschaften als Körperschaften des öff. Rechts, 1966, S. 144f.; *ders.*, DVBl. 1970, S. 252; *ders.*, HdbStKirchR I, S. 732; *ders.*, NJW 1989, S. 2219, 2221, 2226; *W. Rüfner*, ibd.

Bereich der eigenen Angelegenheiten«[2], der Sphäre der »eigenständigen Kirchengewalt und des inneren Kirchenrechts«[3], dem »Kernbereich der eigenen Angelegenheiten«[4], dem »Zentralbereich der kirchlichen Eigenständigkeit«[5] oder dem »originären Bereich der Kirche«[6] zugehörige, »rein religiöse«[7] usw. Sachen). Insoweit ist man in der wissenschaftlichen Literatur bisher nicht selten sachlich vom prinzipiellen Zurückweichen der staatlichen Rechtsschutzordnung vor einer bestimmten Sphäre ausgegangen, welche ausschließlich der Ordnungs- und Entscheidungszuständigkeit der betreffenden Kirche bzw. Religionsgemeinschaft unterliegen soll. Doch ist gerade in neuerer Zeit eine zunehmende Zurückhaltung vor dem argumentativen Rückgriff auf griffige, plakative Formeln[8] nicht zu verkennen. Dies hängt mit den sich aufdrängenden Konkretisierungsproblemen[9] wohl ebenso zusammen wie mit den unverkennbaren dogmatischen und praktischen Schwächen einer formalen Abschichtung bestimmter Bereiche des religiösen Selbstbestimmungsrechts. Diese Schwächen treten gerade in der greifbaren Anwendung auf einen konkreten Problemkomplex wie den der staatskirchenrechtlichen Rechtsschutzfrage ganz deutlich hervor.

In der Rechtsprechung erfreut sich die Argumentation mit der Zugehörigkeit einer Angelegenheit zum »innerkirchlichen Bereich« demgegenüber seit längerem anhaltender Beliebtheit. Im Spannungsfeld zwischen religiöser Freiheit und staatlicher Justizaufgabe greifen viele Gerichte zu diesem Begriff wie zu einem Zauberwort, welches die Problematik staatsgerichtlicher Kompetenz in Angelegenheiten religiöser Verbände ganz elegant und schein-

---

S. 763, 764, 779; *O. R. Kissel*, GVG, 1981, Rdnrn. 214f. zu § 13; *W.-R. Schenke*, BK (Zweitbearb. Dez. 1982), Rdnr. 178 zu Art. 19 Abs. 4 GG; *W. Rüfner*, Rechtsschutz gegen kirchl. Rechtshandlungen (1983), S. 126, 131f.; *A. v. Campenhausen*, Staatskirchenrecht, 2. Aufl. 1983, S. 208; *J. Isensee*, Gedächtnisschrift für L.-J. Constantinesco, 1983, S. 306; *W.-R. Schenke*, FS H. J. Faller, 1984, S. 141; *G. Winands*, DÖV 1986, S. 100; *M. Sachs*, BayVBl. 1987, S. 463, 464, 465 [Anm.]; *ders.*, DVBl. 1989, S. 493f. (für den Regelungsbereich kirchlichen Rechts, den er [aaO. S. 490, 492, 494] von der Wirkungssphäre der staatl. Rechtsordnung und der staatl. Judikative strikt abgrenzen will); *H.-J. Papier*, Hdb. des Staatsrechts, Bd. VI, 1989, S. 1245 Rdnr. 25; *E. Sperling*, BayVBl. 1989, S. 43.

2 *P. Mikat*, Kirchen und Religionsgemeinschaften (1960), S. 180.

3 *H. Weber*, DVBl. 1970, S. 252.

4 *J. Jurina*, Der Rechtsstatus der Kirchen und Religionsgemeinschaften, 1972, S. 64 und passim; *A. Elgeti*, ZevKR 34 (1989), S. 166 (»Kernbereich des kirchlichen Selbstbestimmungsrechts«).

5 *W. Rüfner*, HdbStKirchR I, S. 779.

6 *W.-R. Schenke*, BK (Zweitbearb. Dez. 1982), Rdnr. 178 zu Art. 19 Abs. 4 GG.

7 *W. Rüfner*, HdbStKirchR I, S. 764; *J. Isensee*, Gedächtnisschrift für L.-J. Constantinesco, 1983, S. 306.

8 So spricht *A. v. Campenhausen*, AöR 112 (1987), S. 647, zu Recht vom »verfehlten Begriff der ›innerkirchlichen Angelegenheiten‹«.

9 Vgl. S. 244ff.

bar zwangsläufig zu klären scheint. Zunächst wird nach der Zuordnung der jeweiligen Streitsache zum »innerkirchlichen Bereich« gefragt, wobei die Abgrenzungskriterien zur übrigen Wirkungssphäre von Kirchen und Religionsgemeinschaften allerdings vielfach diffus bleiben. Dies gilt insbesondere im Blick auf den allgemeinen Begriff der »eigenen Angelegenheiten«, wie er Artt. 140 GG/137 Abs. 3 WRV zugrunde liegt. Eine der bestehenden Religionsverfassung Genüge leistende sachliche Differenzierung zwischen »innerkirchlichen« und »eigenen« Angelegenheiten[10] wird oft ersetzt[11] durch eine weitgehend unreflektierte Anknüpfung an geschichtlich überkommene, seit 1919 aber überwundene formale Abgrenzungen zwischen staatlicher und kirchlicher Aufgaben- und Einflußsphäre in religiösen Angelegenheiten, zwischen »sacra interna« und »sacra externa«. Oder aber man orientiert sich im wesentlichen an traditionalistischen, meist nicht hinterfragten Vorstellungen von den aus der Perspektive einer »weltlichen« Instanz (!) im eigentlichen Sinne *geistlichen* kirchlichen Aufgaben[12]. Scheint der eindeutig »innerkirchliche« Charakter einer Sache nach dieser Methode einmal ermittelt, so wird von ihm ohne weiteres auf eine justizrechtliche Exemtion geschlossen, die sich aus der verfassungsrechtlichen Garantie des religiösen Selbstbestimmungsrechts ergeben soll. Hier wird die gerichtliche Rechtskontrolle mit materieller Fremdbestimmung der religiösen Verbände gleichgesetzt.

Dieser Begründungsansatz zeigt sich beispielsweise in der vom Bundesverfassungsgericht geäußerten (und sachlich bereits vorher auch von anderen Gerichten vertretenen[13]) Bewertung, es würde »die von der Verfassung anerkannte Eigenständigkeit und Unabhängigkeit der kirchlichen Gewalt ... geschmälert werden, wenn der Staat seinen Gerichten das Recht einräumen würde, innerkirchliche Maßnahmen,

[10] Ganz deutlich in der vom *BVerfG* 1965 aufgestellten Formel, auf die andere Gerichte seither zur Definition des »innerkirchlichen Bereichs« häufig zurückgegriffen haben: »Die Frage, ob eine kirchliche Maßnahme dem innerkirchlichen Bereich (!) zuzurechnen ist oder sich auf vom Staat verliehene Befugnisse gründet oder den staatlichen Bereich berührt, entscheidet sich – soweit nicht eine Vereinbarung zwischen Kirche und Staat erfolgt ist – danach, was materiell, der Natur der Sache oder Zweckbeziehung nach als eigene Angelegenheit (!) der Kirche anzusehen ist.« (*BVerfG*, B. v. 17. 2. 1965, BVerfGE 18, 385 [387; Ausrufezeichen nicht im Original]); ebenso *BVerfG*, B. v. 5. 7. 1983, NJW 1983, 2569. – Von der Eigenschaft einer Angelegenheit als »eigener« der Kirche kurzerhand auf ihren »innerkirchlichen« Charakter schließt auch das *OVG Münster* im U. v. 9. 2. 1978, KirchE 16, 292 (302: »Die ... Maßnahmen der Beklagten, deren Aufhebung der Kläger begehrt, sind auf Grund der Ämterhoheit der Kirchen ergangen und damit dem innerkirchlichen Bereich zuzurechnen.«).

[11] Zu Recht kritisch im Blick auf die Rspr. des BVerfG insoweit *S. Grundmann*, JZ 1966, S. 84.

[12] Vgl. S. 249 ff.

[13] *BGH*, U. v. 17. 12. 1956, BGHZ 22, 383 (390; 393: » ... entziehen sich als ausschließlich dem innerkirchlichen Bereich angehörend jedweder Beurteilung durch die staatlichen Gerichte«); U. v. 16. 3. 1961, BGHZ 34, 372 (373 f.; 374: »In den so abgegrenzten Hoheitsbereich der Kirchen darf und kann der Staat rechtens nicht eindringen ... «).

die im staatlichen Zuständigkeitsbereich keine unmittelbaren Rechtswirkungen entfalten, auf ihre Vereinbarkeit mit dem Grundgesetz zu prüfen ... «[14]. Der konkrete Fall (Verfassungsbeschwerde einer evangelischen Kirchengemeinde gegen den Beschluß der Kirchenleitung, sie in zwei Gemeinden aufzuteilen, und gegen ein diesen Beschluß bestätigendes Urteil des kirchlichen Verfassungs- und Verwaltungsgerichts) wies in der Tat ausschließlich »innerkirchlichen« Charakter auf[15]. Das Bundesverfassungsgericht kam hier trotz seines fragwürdigen Argumentationsansatzes zu einer im Ergebnis zutreffenden Entscheidung. Freilich wurde seine zitierte Bewertung von anderen Gerichten alsbald aufgenommen und auf anders gelagerte (und weniger eindeutig »innerkirchliche«) Fälle übertragen[16].

Die Grundsatzbewertung, daß der sogenannte »innerkirchliche« Bereich staatlich justizfrei sei, entspricht inzwischen ständiger Rechtsprechung des Bundesverfassungsgerichts. Sie liegt Beschlüssen vom 28. November 1978[17] und vom 12. Februar 1981[18] zugrunde und wurde im übrigen auch in ihren Folgerungen mehrfach[19] ausdrücklich bekräftigt. Deutlich erweist sich dabei, daß die Exemtion des »innerkirchlichen« Bereichs von staatlicher Justizhoheit im Grunde nicht mehr materiell *begründet*, sondern als vermeintli-

14 *BVerfG*, B. v. 17. 2. 1965, BVerfGE 18, 385 (387f.); vgl. auch B. v. 21. 9. 1976, BVerfGE 42, 312 (333f.).

15 Darauf weist auch *P. Häberle*, ZevKR 11 (1964/65), S. 399, hin.

16 So vom *BVerwG* im U. v. 27. 10. 1966, BVerwGE 25, 226 (229f.); in dieser Sache, bei der es um die Klage eines Geistlichen auf Feststellung des Fortbestehens seines Dienstverhältnisses zur beklagten Landeskirche sowie – hilfsweise – um damit zusammenhängende vermögensrechtl. Ansprüche ging, verweist das BVerwG ausdrücklich auf die vom *BVerfG* im B. v. 17. 2. 1965 (BVerfGE 18, 385 [387f.]) geäußerte Auffassung. Vgl. ferner *BVerwG*, U. v. 16. 12. 1966, BVerwGE 25, 364 (365); U. v. 21. 11. 1980, KirchE 18, 326 (327f.) [die Verfassungsbeschwerde wurde nicht zur Entscheidung angenommen: *BVerfG*, B. v. 12. 2. 1981, KirchE 18, 390]; *BVerwG*, U. v. 25. 11. 1982, BVerwGE 66, 241 (243); *OVG Berlin*, U. v. 19. 8. 1970, KirchE 11, 265 (267f.); U. v. 13. 10. 1970, KirchE 11, 327 (330f.).

17 *BVerfG*, B. v. 28. 11. 1978, KirchE 17, 120 (NJW 1980, 1041 m. Anm. *H. Weber*; vgl. auch *U. Steiner*, JuS 1980, S. 342ff.).

18 *BVerfG*, B. v. 12. 2. 1981, KirchE 18, 390.

19 *BVerfG*, B. v. 6. 4. 1979, KirchE 17, 209 (210: »Die in dem Bereich der innerkirchlichen Angelegenheiten zu treffenden Entscheidungen ... sind nicht Sache des Staates. Ihre Vereinbarkeit mit dem Grundgesetz kann deshalb im vorliegenden Fall nicht geprüft werden ... «) [zu diesem B. auch die Anm. von *H. Weber*, NJW 1980, S. 1042f., sowie der Beitrag von *U. Steiner*, JuS 1980, S. 342ff.]; *BVerfG*, B. v. 1. 6. 1983, NJW 1983, 2569 (» ... entzieht sich ... einer Nachprüfung durch staatliche Gerichte, weil die Wahl der Verfahrensart durch die Kirche dem rein innerkirchlichen Bereich zuzurechnen ist und ein Ausspruch eines staatlichen Gerichts hierüber zu einem Eingriff in das Recht der Kirche zur selbständigen Verwaltung ihrer eigenen Angelegenheiten führen müßte«); *BVerfG*, B. v. 5. 7. 1983, NJW 1983, 2569 (»Die Rechtsauffassung des BVerwG, daß die im staatlichen Zuständigkeitsbereich keine unmittelbaren Rechtswirkungen entfaltenden Regelungen oder Maßnahmen der Kirchen aufgrund des den Religionsgemeinschaften in Art. 140 GG i. V. mit Art. 137 III WRV garantierten Selbstverwaltungs- und Selbstbestimmungsrechts keine der Überprüfung durch staatliche Gerichte zugängliche Akte ›öffentlicher Gewalt‹ i. S. von Art. 19 IV GG seien, entspricht der ständigen Rechtsprechung des BVerfG ... «). – Vgl. zu den beiden letztgenannten Entscheidungen auch *U. Steiner*, NJW 1983, S. 2560f.

cher Bestandteil des religiösen Selbstbestimmungsrechts einfach *postuliert* wird.

So verweist das Gericht in einem Beschluß aus dem Jahre 1984, bei dem es um die Verfassungsbeschwerde eines Kirchenbeamten gegen das Urteil eines Diözesan-Disziplinargerichts ging, zunächst zutreffend auf das Wesen und die Grundlagen des kirchlichen Disziplinarrechts: »Es wurzelt ... als Teil des kirchlichen Amtsrechts im geistlichen Wesen der Kirche und bildet einen Kernpunkt ihres Selbstbestimmungsrechts; es gehört zu den eigenen Angelegenheiten, deren Ordnung allein der Kirche zukommt.«[20] Eben dieser Charakter kirchlichen Disziplinarrechts als Ausdruck und Bestandteil des religiösen Selbstbestimmungsrechts wird dann im nächsten Satz als praktisch ausschließliches *Argument* für den nachhaltigen Ausschluß der Angelegenheit aus der gerichtlichen Zuständigkeit des Staates herangezogen: »Danach (!) ist es dem Bundesverfassungsgericht verwehrt, das Urteil des kirchlichen Disziplinargerichts als solches und kirchenrechtliche Disziplinarbestimmungen verfassungsrechtlich zu prüfen. Aus Art. 92 GG folgt nichts anderes ... «[21]

Diese Entscheidung mag vom *Ergebnis* her zu billigen sein, weil die Erfolglosigkeit der Verfassungsbeschwerde des betreffenden Kirchenbeamten im konkreten Fall zwingend war. Sie illustriert aber beispielhaft die Neigung, das Selbstbestimmungsrecht der Kirchen und Religionsgemeinschaften einerseits und die rechtsprechende Funktion staatlicher Gerichte andererseits nicht einander sachlich zuzuordnen, sondern sie im Sinne eines vermeintlichen Gegensatzes gegenüberzustellen; aus dem isolierten religiösen Selbstbestimmungsrecht werden dann Folgerungen für die Reichweite staatlicher Gerichtsbarkeit abgeleitet. Das Bundesverfassungsgericht liegt mit diesem Ansatz auf der Linie der übrigen Rechtsprechung; er entspricht einem seit Jahren verbreiteten Argumentationsraster anderer Gerichte beim Ausschluß von Amts- und teils auch Dienstrechtsstreitigkeiten der Pfarrer bzw. Priester und der Kirchenbeamten[22] sowie sonstiger Rechtsschutzbe-

[20] *BVerfG*, B. v. 30. 3. 1984, DÖV 1984, 974 (975).

[21] *BVerfG*, B. v. 30. 3. 1984, DÖV 1984, 974 (975). – Ausrufezeichen nicht im Original.

[22] *BGH*, U. v. 16. 3. 1961, BGHZ 34, 372 (373 f.); vorausgesetzt im U. v. 7. 5. 1962, LM Nr. 7 zu § 40 VwGO; offengelassen (wegen Verweisung der Sache an das VG) im U. v. 19. 9. 1966, BGHZ 46, 96 (105); *BVerwG*, U. v. 27. 10. 1966, BVerwGE 25, 226 (229 f.); vorausgesetzt im U. v. 15. 12. 1967, BVerwGE 28, 345 (346 ff.); vorausgesetzt im U. v. 25. 10. 1968, BVerwGE 30, 326 (327 f.); U. v. 25. 11. 1982, BVerwGE 66, 241 (242 f., 244, 246 f., 250 f.); U. v. 25. 11. 1982, NJW 1983, 2582; *BAG*, U. v. 7. 2. 1990, NJW 1990, 2082. – Aus der übrigen Rspr.: *VG Kassel*, U. v. 20. 9. 1951, KirchE 1, 185 (187 f., 189, 191); *VG Berlin*, U. v. 16. 1. 1953, KirchE 2, 1 (4 ff.); *VG Düsseldorf*, U. v. 27. 6. 1963, KirchE 6, 305 (308 f.); *VG Minden*, B. v. 31. 8. 1966, KirchE 8, 155 (156); *VG Frankfurt a. M.*, U. v. 22. 3. 1967, KirchE 9, 76 (77); *VGH Mannheim*, U. v. 15. 11. 1968, KirchE 10, 225 (227 f.); *VG Berlin*, U. v. 14. 2. 1969, KirchE 10, 307 (311, 312); *OVG Berlin*, U. v. 19. 6. 1969, KirchE 10, 410 (412 ff.); *VG Minden*, B. v. 26. 3. 1970, KirchE 11, 173 (178 f.); *OVG Berlin*, U. v. 19. 8. 1970, KirchE 11, 265 (267 f.); *VGH Mannheim*, B. v. 20. 8. 1974, KirchE 14, 138 (140 ff.); *VG Minden*, B. v. 7. 12. 1976, KirchE 15, 442 (443 f.); *OVG Münster*, U. v. 9. 2. 1978, KirchE 16, 292 (302 f., 306, 307); U. v. 9. 2. 1978, KirchE 16, 318 (320 ff.); *VG Minden*, U. v. 13. 12. 1978, KirchE 17, 129 (131, 133); *VG Arnsberg*, U. v. 25. 1.

gehren mit mehr oder weniger unmittelbarem Bezug zum sogenannten »inneren Kirchenbereich«[23] aus dem staatlichen Rechtsschutzsystem.

1979, KirchE 17, 173 (176); *VGH Mannheim*, U. v. 20.5. 1980, KirchE 18, 165 (170); *VG Arnsberg*, U. v. 19.2. 1981, KirchE 18, 406 (408); (nicht eindeutig, aber mit Neigung zur prinzipiellen Versagung des staatl. Rechtsschutzes) *OVG Lüneburg*, U. v. 23.4. 1985, ZevKR 31 (1986), 235 (235f.); *OVG Bremen*, B. v. 4.5. 1988, ZevKR 34 (1989), 59 (60).

[23] *BGH*, U. v. 17.12. 1956, BGHZ 22, 383 (390, 393) [hier: Amtspflichtverletzung durch Kirchenbeamten]; U. v. 25.2. 1972, KirchE 12, 377 (382) [hier: Einsetzung kirchl. Organe, Kompetenzbestimmung]; (vorausgesetzt vom) *BVerwG*, U. v. 16.12. 1966, BVerwGE 25, 364 (365) [hier: staatsgerichtl. Zuständigkeit betr. kirchl. Friedhof]; U. v. 21.11. 1980, KirchE 18, 326 (327: »... innerkirchliche Maßnahmen, die gemäß Art. 140GG in Verbindung mit Art. 137 Abs. 3 WRV dem staatlichen Zuständigkeitsbereich entzogen sind. Maßnahmen im innerkirchlichen Bereich sind keine Ausübung öffentlicher [staatlicher] Gewalt im Sinne des Art. 19 Abs. 4GG und unterfallen deswegen auch nicht der staatlichen Rechtsschutzgarantie.«) [hier: Zurückweisung eines Rechtsanwalts als Prozeßbevollmächtigter durch kirchl. Gerichte]; (vorausgesetzt im) B. v. 31.5. 1990, NJW 1990, 2079 (2080: » ... Streitigkeiten im religiösen internen Autonomiebereich ... insoweit ... , als die innerkirchlichen Angelegenheiten den staatlichen Rechtskreis nicht berühren«); (vorausgesetzt vom) *Bay. VerfGH*, E. v. 25.5. 1970, KirchE 11, 213 (217) [hier: verfassungsgerichtl. Kontrollbefugnis im Recht der Kirchensteuer]; (vorausgesetzt vom) *BAG*, U. v. 4.3. 1980, KirchE 18, 41 (48) [»rein innerkirchliche Angelegenheit, die als solche der Beurteilung der staatlichen Gerichte entzogen ist«]; *OVG Lüneburg*, U. v. 18.2. 1964, KirchE 7, 33 (36: » ... da, wo die Kirche den Menschen nur auf religiösem Gebiet anspricht und es sich um Maßnahmen zur Regelung der Beziehungen der Religionsgemeinschaften untereinander oder zur Gemeinschaft selbst handelt, ist die staatliche Jurisdiktion ausgeschlossen.«); *VG Arnsberg*, U. v. 11.3. 1964, KirchE 7, 50 (50f.) [»innerkirchliche Angelegenheit, die nach Art. 140 des Grundgesetzes i.V.m. Artikel 137 der Weimarer Reichsverfassung der Staatsgerichtsbarkeit entzogen ist«]; (vorausgesetzt vom) *OVG Münster*, U. v. 11.12. 1964, KirchE 7, 135 (138) [hier: staatsgerichtl. Zuständigkeit betr. kirchl. Friedhof], sowie U. v. 18.1. 1965, KirchE 7, 148 (149, 151) [hier: Überprüfbarkeit kirchl. Friedhofsordnung]; (offengelassen vom) *OLG Braunschweig*, B. v. 20.1. 1965, KirchE 7, 155 (156) [hier: *positive* Feststellung der Kirchenmitgliedschaft]; (vorausgesetzt vom) *OVG Lüneburg*, U. v. 11.5. 1965, KirchE 7, 196 (196) [hier: staatsgerichtl. Zuständigkeit betr. kirchl. Friedhof]; *VG Bremen*, Vorbescheid v. 20.8. 1965, KirchE 7, 240 (241) [hier: Ausschluß aus Religionsgemeinschaft]; *VG Braunschweig*, U. v. 4.11. 1966, KirchE 8, 219 (220) [»das innere Leben der Kirchen der staatlichen Jurisdiktion entzogen ... «]; (vorausgesetzt vom) *OVG Lüneburg*, U. v. 25.10. 1967, KirchE 9, 257 (259) [hier: Justitiabilität der Heranziehung zu Kirchensteuer]; (vorausgesetzt vom) *VGH München*, B. v. 28.3. 1968, KirchE 10, 44 (44) [hier: staatsgerichtl. Zuständigkeit betr. Begehren nach Auskunft aus Kirchenbüchern]; *VG Kassel*, U. v. 23.9. 1969, KirchE 11, 31 (33) [» ... rein innerkirchl. Angelegenheit, die der Kontrolle durch die staatlichen Gerichte entzogen ist ... «]; *OVG Berlin*, U. v. 13.10. 1970, KirchE 11, 327 (329ff.) [hier: Kirchl. Prüfungsentscheidung in der Zweiten theolog. Prüfung]; *VG Berlin*, U. v. 14.1. 1971, KirchE 12, 27 (28f.) [hier: presserechtl. Begehren nach Zuleitung kirchl. Bekanntmachungen]; (vorausgesetzt vom) *OLG Frankfurt a. M.*, B. v. 22.11. 1971, KirchE 12, 324 (327) [hier: justizrechtl. Bedeutung des »modifizierten« Kirchenaustritts]; *VG Braunschweig*, U. v. 20.1. 1972, KirchE 12, 366 (367) [hier: Begehren nach Auskunft über kirchl. Finanzverhältnisse]; *VG Kassel*, U. v. 28.3. 1972, KirchE 12, 402 (403) [»rein innerkirchl. Angelegenheit, die der Kontrolle durch die staatlichen Gerichte entzogen ist«]; *VG Würzburg*, U. v. 7.6. 1972, KirchE 12, 491 (492) [»Tätigkeit der Kirche, die nicht nur innerkirchl. Belange betrifft, ... nicht der Kontrolle durch staatl. Gerichte entzogen«]; *VG Aachen*, U. v. 27.6. 1972, KirchE 12, 503 (504f.) [hier: Entziehung der missio canonica]; *LG Hagen*, B. v. 17.10. 1972, KirchE 13, 52 (53) [hier: gerichtl. Feststellung des Bestehens der Kirchenmitgliedschaft]; (vorausgesetzt vom) *VGH Kassel*, U. v. 3.5. 1973, KirchE 13, 239 (241) [hier: Justitiabilität der Heranziehung zu Kirchensteuer]; *VG Oldenburg*,

Erneut verdeutlicht wurde dieser Befund beispielsweise vom Bundesarbeitsgericht in einem Beschluß vom 11. März 1986[24], bei dem es um die arbeitsgerichtliche Überprüfung der Wählbarkeit eines im Bereich der kirchlichen Diakonie (Diakonisches Werk der EKD) angestellten Mitarbeiters zu der bei seiner Beschäftigungsstelle gebildeten Mitarbeitervertretung ging. Maßgeblich für den Streit war eine Norm der *Ordnung für die Mitarbeitervertretungen in diakonischen Einrichtungen*, wonach nur solche Mitarbeiter zur Mitarbeitervertretung wählbar sind, die am Wahltag einer Kirche angehören, welche in der Arbeitsgemeinschaft christlicher Kirchen in der Bundesrepublik Deutschland und Berlin (West) mitarbeitet. Diese Voraussetzung erfüllte der den Rechtsstreit führende Mitarbeiter nicht. Bei einer solchen Rechts- und Sachlage war die Problematik, wie sie sich dem Bundesarbeitsgericht darstellte, offenkundig: ein Spruch, der die Wählbarkeit des Arbeitnehmers trotz fehlender Kirchenmitgliedschaft festgestellt hätte, wäre mit dem kirchlichen Selbstbestimmungsrecht in Konflikt geraten, das gerade die eigenständige Gestaltung des Mitarbeitervertretungsrechts garantiert. Das Gericht löste diese prozessuale Zwangslage, vom Ergebnis her zutreffend, indem es dem Diakonischen Werk das »letzte Wort« in der religiös begründeten Festlegung der Wählbarkeitsvoraussetzungen beließ; es tat dies jedoch nicht unter Verweis auf eine Beschränkung der gerichtlichen Überprüfungsbefugnis, also auf der Ebene der Begründetheit des Rechtsschutzbegehrens, sondern auf der *Zulässigkeitsebene*, indem

U. v. 8. 5. 1973, KirchE 13, 265 (266 f.) [hier: Wahl zum Kirchenausschuß]; *VG Stuttgart*, U. v. 25. 5. 1973, KirchE 13, 270 (272: » ... Art. 140 GG i. V. mit Art. 137 Abs. 3 WRV ... Dieser Verfassungsregelung ist zu entnehmen, daß für rein innerkirchliche Angelegenheiten der Rechtsweg zu den staatl. Gerichten ausgeschlossen sein soll ... «, 273, 274) [hier: Klage gegen Kanzelabkündigungen ausgetretener Kirchenglieder und auf *kirchliche* Feststellung der Rechtswidrigkeit solcher Maßnahmen]; *VG Hannover*, U. v. 19. 2. 1975, KirchE 14, 249 (249 f.) [hier: Ausschluß aus Religionsgemeinschaft]; *VG Köln*, U. v. 16. 6. 1975, KirchE 14, 306 (307 ff.) [hier: Wahl zum Kirchenvorstand]; *OVG Münster*, U. v. 27. 1. 1976, KirchE 15, 198 (199) [»rein innerkirchliche Angelegenheiten, die gemäß Art. 140 GG in Verbindung mit Art. 137 Abs. 3 WRV staatlicher Jurisdiktion entzogen sind«]; U. v. 23. 8. 1977, KirchE 16, 166 (168 ff.) [hier: Wahl zum Kirchenvorstand]; *OVG Koblenz*, U. v. 28. 11. 1977, KirchE 16, 246 (248) [»innerkirchliche Angelegenheiten«]; *VGH München*, B. v. 20. 4. 1978, KirchE 16, 361 (364: » ... Kernbestand des kirchlichen Selbstbestimmungsrechts ... Der Rechtsweg zu den staatlichen Gerichten ist insoweit grundsätzlich nicht eröffnet ... «) [hier: kirchl. Ämterwesen]; *VG Braunschweig*, U. v. 11. 4. 1979, KirchE 17, 211 (211: »innere Angelegenheit des Beklagten [Bistum], für die wegen der Eigenständigkeit der Kirchen in ihren eigenen Angelegenheiten der Rechtsweg zu den staatlichen Gerichten nicht gegeben ist«); *OVG Lüneburg*, U. v. 30. 5. 1979, KirchE 17, 244 (246, 248) [hier: innerkirchl. Verteilung von Finanzmitteln]; *VGH Kassel*, B. v. 2. 7. 1979, KirchE 17, 262 (265: » ... innerkirchliche Angelegenheiten ... , über welche der Staat wegen des aus Art. 140 GG in Verbindung mit Art. 137 Abs. 1 WRV ableitbaren Prinzips der Nichtidentifikation ... keine Rechtsprechungsgewalt besitzt«); *VGH München*, U. v. 25. 2. 1980, KirchE 18, 25 (29 f.: » ... Kernbestand des kirchlichen Selbstbestimmungsrechts ... Der Rechtsweg zu den staatlichen Gerichten ist insoweit nicht eröffnet ... «) [hier: kirchl. Ämterwesen]; B. v. 19. 7. 1985, BayVBl. 1986, 596 (»Fragen der inneren Selbstverwaltung der Religionsgesellschaft«); *OVG Lüneburg*, U. v. 10. 6. 1988, ZevKR 34 (1989), 206 (207 f.) [207: »Kernbereich ihrer innerkirchlichen Angelegenheiten (Glaubenslehre, Seelsorge, Amtsrecht der Pfarrer, Gemeindeteilungen und ähnliches)«].

[24] *BAG*, B. v. 11. 3. 1986, ZevKR 32 (1987), 88; vgl. hierzu in der Sache auch *J. E. Christoph*, ZevKR 32 (1987), S. 47 ff. – Die Rspr. wird fortgeführt vom *BAG* im B. v. 25. 4. 1989, NJW 1989, 2284.

es die Zuständigkeit staatlicher Arbeitsgerichte für einschlägige Anträge schlechterdings verneinte.

Die Vorinstanz[25] hatte dasselbe Ergebnis, vom Ansatz her gleichlaufend mit der Sicht des Bundesarbeitsgerichts und der herrschenden Auffassung in der übrigen Rechtsprechung, recht knapp im wesentlichen damit begründet, es sei »bei Streitigkeiten, bei denen es ausschließlich um die Anwendung kirchlichen Mitarbeitervertretungsrechts geht, ... die Zuständigkeit staatlicher Gerichte generell ausgeschlossen«[26]. Deutlicher zusammengefaßt und dargestellt werden nun beim Bundesarbeitsgericht die dogmatischen Voraussetzungen dieser Judikatur. Es weist darauf hin, daß »das Selbstbestimmungsrecht der Kirchen und Religionsgemeinschaften ... nur in Ausnahmefällen zu einer Einschränkung des staatlichen Rechtsschutzes« führe: »Ausgenommen von der staatlichen Gerichtsbarkeit sind innerkirchliche Maßnahmen, die im staatlichen Zuständigkeitsbereich keine unmittelbaren Rechtswirkungen entfalten. Bei diesen innerkirchlichen Angelegenheiten sind die Kirchen nicht an das für alle geltende Gesetz gebunden ... Zu dem innerkirchlichen Bereich, in dem staatliche Gerichtsbarkeit in das Selbstbestimmungsrecht der Kirchen nicht eingreifen kann, gehören vor allem geistlich-seelsorgerische Angelegenheiten, Maßnahmen der Kirchenverfassung und -organisation ... Nach Art. 137 III S. 2 WRV gehört zum innerkirchlichen, nicht nachprüfbaren Bereich auch das kirchliche Ämterrecht. Jede Religionsgesellschaft verleiht ihre Ämter ohne Mitwirkung des Staates oder der bürgerlichen Gemeinde. Staatliche Gerichte dürfen die Besetzung kirchlicher Ämter nicht kontrollieren ... «[27] »Staatliche Gesetzgebung und Rechtsprechung müssen es den Religionsgesellschaften ermöglichen, ihre Einrichtungen unter dem besonderen kirchlichen Aspekt und nach kirchlichem Selbstverständnis zu ordnen. Kirchliche Einrichtungen müssen vom Staat in ihrer Eigenständigkeit respektiert werden ... Dazu gehört auch der Verzicht des Staates auf Kontrolle der von den Kirchen insoweit erlassenen Bestimmungen ... «[28] Auch eine im Hinblick auf die Tragweite des Gleichheitssatzes im kirchlichen Mitarbeitervertretungsrecht nach Auffassung des Bundesarbeitsgerichts vorzunehmende Güterabwägung führe »dazu, staatlichen Rechtsschutz bei der Nachprüfung von Wählbarkeitsvorschriften – auch im Hinblick auf eine Verletzung von Art. 3 GG – zu versagen. Dies ist eine rein innerkirchliche Angelegenheit ...«[29]

II. Die »Innerkirchlichkeit« von Materien als Kriterium staatlicher Kompetenz zur Judikatur

1. Sachprobleme angemessener Abgrenzung

Das Attribut »innerkirchlich« erbringt im Rahmen der Kompetenzproblematik zumeist nur einen relativen Fortschritt an Erkenntnis; denn es *löst*

[25] *LAG Hannover*, B. v. 20. 3. 1983, ZevKR 29 (1984), 620.
[26] *LAG Hannover*, B. v. 20. 3. 1983, ZevKR 29 (1984), 620 (621).
[27] *BAG*, B. v. 11. 3. 1986, ZevKR 32 (1987), 88 (90).
[28] *BAG*, B. v. 11. 3. 1986, ZevKR 32 (1987), 88 (92).
[29] *BAG*, B. v. 11. 3. 1986, ZevKR 32 (1987), 88 (93).

nicht die komplexe Fragestellung nach der staatsgerichtlichen Entscheidungszuständigkeit in Religionsangelegenheiten, sondern *verlagert* sie lediglich in nicht minder vielschichtige religionsrechtliche Abgrenzungs- und Definitionsfragen[30].

Im Lichte der Definitionsproblematik erscheint die Anknüpfung an einen »innerkirchlichen« oder ähnlich qualifizierten Bereich bei der Lösung der staatskirchenrechtlichen Kompetenzfrage als prekär. Dies darf um so weniger unterschätzt werden, als in der Rechtsprechung insoweit keineswegs eine vorsichtige bzw. restriktive Handhabung zu finden ist. Vielmehr hat insbesondere das Bundesverfassungsgericht den Begriff der »Innerkirchlichkeit« bestimmter Materien zunehmend ausgeweitet, und andere (Oberste Bundes- wie auch Instanz-) Gerichte sind ihm darin ohne weiteres gefolgt[31]. In Anbetracht der schwerwiegenden Konsequenzen, die sich für den einzelnen Rechtsschutzsuchenden aus dem »innerkirchlichen« Charakter ergeben sollen, stellt sich die doppelte Frage, (1.) wodurch sich sachlich diese Qualität vom Kreis der übrigen Angelegenheiten der Kirchen oder Religionsgemeinschaften abzuheben vermag und (2.) wer im Streitfalle dazu berufen ist, die Zugehörigkeit einer fraglichen Materie zu diesem »innerkirchlichen« Funktionsbereich definitiv zu klären.

a) Traditionelle Katalogisierung »geistlicher« Aufgaben

Übereinstimmung besteht im wesentlichen darüber, daß eine Zuständigkeit der staatlichen Gerichte in *rein religionsbestimmten* Fragen bzw. in einem »Kernbereich der eigenen Angelegenheiten«[32] abzulehnen sei, der sich in etwa als ein Bündel genuin religiöser, ausschließlich auf den geistlichen Auftrag der jeweiligen Kirche bzw. Religionsgemeinschaft bezogener[33] Funktionen bestimmen ließe[34]. Zu diesem »Kernbereich« bzw. rein inner-

[30] Diese Verlagerung konstatiert (von der »Bereichslehre« her zustimmend) auch *H. Weber*, DVBl. 1970, S. 251.

[31] Dazu auch *A. v. Campenhausen*, AöR 112 (1987), S. 634, 646f.

[32] *J. Jurina*, Der Rechtsstatus der Kirchen und Religionsgemeinschaften, 1972, S. 64 und passim. Von einem »Kernbereich kirchlichen Wirkens« spricht das *ArbG Darmstadt* im U. v. 2. 12. 1976, KirchE 15, 426 (438), und rechnet dazu »Seelsorge, Verkündigung und Hilfeleistung«; ähnlich *OVG Lüneburg*, U. v. 26. 1. 1984, ZevKR 30 (1985), 426 (428).

[33] Weiter ausholend bezieht sich das *OVG Lüneburg* im U. v. 29. 1. 1957, KirchE 4, 18 (21), auf »Angelegenheiten, die unmittelbar kirchlichen Zwecken dienen«, und listet dann als Beispiele »alle Angelegenheiten des Kultus, Dogmas und der inneren Organisation der Kirchen« auf.

[34] Zu einer solchermaßen stark eingegrenzten Definition der Angelegenheiten, welche staatlicher Rspr. von vornherein entzogen sein sollen, tendiert insbes. die neuere Literatur, soweit sie sich nicht (wie *O. R. Kissel*, GVG, 1981, Rdnrn. 214f. zu § 13) in der Kompetenzfrage im wesentlichen auf der Linie der Rspr. bewegt; statt anderer *J. Isensee*, Gedächtnisschrift für L.-J. Constantinesco, 1983, S. 306: »Glaubenswahrheit, Sakramentenwesen, Gottesdienst, innerkirchliche Organisation oder kirchliche Ämterordnung in ihren geistlichen Aspekten«.

kirchlichen Bereich werden, traditionell überkommener[35] Aufzählung entsprechend, »die Glaubenslehre der Kirchen und Religionsgemeinschaften, ihr Gottesdienst, die Verwaltung der Sakramente, die Kirchenverfassung, die Ordnung der geistlichen Ämter sowie der Status der Mitglieder ... «[36] gerechnet.

Freilich handelt es sich hierbei lediglich um eine Aufzählung, die sich sehr stark am Bild der Kirchen und der in Deutschland herkömmlich bekannten Religionsgemeinschaften orientiert. Auf andere religiöse Verbände, welchen gleichermaßen das Selbstbestimmungsrecht in ihren Angelegenheiten gewährleistet ist, kann sie nicht ohne weiteres übertragen werden. Im übrigen liegt damit, worauf bereits Konrad Hesse zu Recht aufmerksam gemacht hat[37], lediglich eine deskriptive *Katalogisierung* genuin religiöser Funktionen vor, die sich auf das Herkommen berufen kann, welche als solche aber keine materiellen Kriterien aufnimmt. Aus ihr lassen sich deshalb weder eindeutige rechtliche Konsequenzen ableiten (im vorliegenden Zusammenhang also eine verfassungsrechtlich gesicherte Aussage über die Legalität staatlicher Rechtsprechung in den fraglichen Angelegenheiten), noch hilft sie gerade in den *Zweifels- und Streitfällen* der Zuordnung zum religiösen bzw. »weltlichen« Bereich weiter. Die Rechtsschutzproblematik entzündet sich regelmäßig aber gerade nicht an den eindeutigen Fällen, in denen es tatsächlich und offenkundig um ausschließlich interne Angelegenheiten der Kirchen und Religionsgemeinschaften geht. Hier mag man zwar im Zweifel sein über den zutreffenden dogmatischen Begründungsansatz, der die staatsgerichtliche Befugnis zur autoritativen Entscheidung in der Sache ausschließt – über das Prinzip »Justizfreiheit« *im Ergebnis* hingegen wohl kaum. Leider aber stellen solche eindeutig kircheninternen Sachen in der Praxis der zur gerichtlichen Entscheidung gestellten Angelegenheiten die seltene Ausnahme dar.

b) Abgrenzung nach der »Natur der Sache« oder der »Zweckbeziehung«

Eine taugliche sachliche Abgrenzungsformel meinte und meint man in der Feststellung zu finden, der »innerkirchliche« Charakter einer Angelegenheit entscheide sich »danach, was materiell, der Natur der Sache oder Zweckbeziehung nach als eigene Angelegenheit der Kirche anzusehen« sei[38].

---

[35] *G. J. Ebers*, Staat und Kirche im neuen Deutschland, 1930, S. 259ff.; *G. Anschütz*, Die Verf. des Dt. Reichs, 14. Aufl. 1933, S. 636; *H. Maurer*, Die Verwaltungsgerichtsbarkeit der evang. Kirche, 1958, S. 148; *P. Mikat*, Kirchen und Religionsgemeinschaften (1960), S. 182ff.; *H. Quaritsch*, Der Staat 1 (1962), S. 295.

[36] *J. Jurina*, Der Rechtsstatus der Kirchen und Religionsgemeinschaften, 1972, S. 64.

[37] *K. Hesse*, HdbStKirchR I, S. 426f.

[38] *BVerfG*, B. v. 17. 2. 1965, BVerfGE 18, 385 (387); B. v. 21. 9. 1976, BVerfGE 42, 312 (334); B. v. 28. 11. 1978, KirchE 17, 120 (121); B. v. 6. 4. 1979, KirchE 17, 209 (210); B. v. 1. 9. 1980,

Damit ist auch äußerlich der Bogen zwischen den vermeintlich gerichtsfesten sogenannten »innerkirchlichen« und den »eigenen« Angelegenheiten (Artt. 140 GG/137 Abs. 3 WRV) geschlossen. Dies verwundert nicht; denn die Kompetenzproblematik spiegelt dem Grunde nach nichts anderes wider als allgemein das Ringen um die recht verstandene Dimension des institutionellen religiösen Selbstbestimmungsrechts. Insoweit bedeutet die Suche nach einem eindeutig abgrenzbaren »Innenbereich« der Kirchen und Religionsgemeinschaften nichts anderes als einen Rückgriff auf das überkommene Arsenal dogmatischer Versuche, das heikle Verhältnis zwischen der staatlichen Hoheitsgewalt und dem religiösen Freiheitsanspruch zu objektivieren und in eine *Formel* einzufangen. Weder die Fragestellung noch die herkömmlichen Ansätze zu ihrer Lösung haben sich dabei wesentlich verändert.

Das eigentliche Kardinalproblem liegt darin, wer im Zweifel den gegenständlichen Umfang kirchlicher Selbstbestimmung zu definieren vermöge, und nach welchen Kriterien im übrigen diese Definition vorzunehmen sei. Im Nachklang der alten staatskirchenhoheitlichen Betrachtungsweise hatte Gerhard Anschütz zu Art. 15 der Preußischen Verfassungsurkunde vom 31. Januar 1850[39] die Lehre entwickelt, daß die Abgrenzung des Kreises der »eigenen Angelegenheiten« der Kirchen als reine *Gesetzesanwendung* in vollem Umfang der prinzipiell unbeschränkten Dezision staatlicher Instanzen, vor allem der Gerichte, überlassen sei. Diese Auffassung hielt er auch zu Art. 137 Abs. 3 WRV aufrecht[40]. Demgegenüber gingen zunächst Wilhelm Kahl[41] und dann andere[42], insbesondere ganz entschieden Godehard Josef

KirchE 18, 251 (252); B. v. 5. 7. 1983, NJW 1983, 2569. In der übrigen Rspr. wurde die Formel aufgenommen: *BVerwG*, U. v. 21. 11. 1980, KirchE 18, 326 (327); *VGH München*, B. v. 20. 4. 1978, KirchE 16, 361 (363); U. v. 25. 2. 1980, KirchE 18, 25 (28 f.); *OVG Koblenz*, B. v. 29. 4. 1985, DÖV 1986, 115.

39 Art. 15 der Verfassungsurkunde für den Preuß. Staat v. 31. 1. 1850 (GS. S. 17): »Die evangelische und die römisch-katholische Kirche, so wie jede andere Religionsgesellschaft, ordnet und verwaltet ihre Angelegenheiten selbständig und bleibt im Besitz und Genuß der für ihre Kultus-, Unterrichts- und Wohlthätigkeitszwecke bestimmten Anstalten, Stiftungen und Fonds.« (*E. R. Huber / W. Huber* [Hrsg.], Staat und Kirche im 19. und 20. Jh., Bd. II, 1976, S. 37).

40 *G. Anschütz*, Die Verfassungs-Urkunde für den Preuß. Staat, Bd. 1, 1912, S. 307: »Darüber, was zu diesen Angelegenheiten gehört ..., entscheidet ... unter Ausschluß jedes Widerspruchsrechts der Kirche der Staat allein, der Staat, dessen Gesetzen ..., dessen Gerichtsbarkeit und Aufsichtsgewalt die Kirche unterworfen ist.«; *ders.*, Die Verf. des Dt. Reichs, 14. Aufl. 1933, S. 635. – Auf gleicher Linie *PrOVG*, U. v. 14. 6. 1927, PrOVGE 82, 196 (204 f.); *RG*, U. v. 12. 11. 1941, RGZ 168, 143 (156). – Neuerdings hieran wieder anknüpfend *J. Wieland*, Der Staat 25 (1986), S. 342 ff.

41 *W. Kahl*, Lehrsystem des Kirchenrechts und der Kirchenpolitik, 1. Hälfte, 1894, S. 284 f.; *ders.*, Staat und Kirche (1920), S. 138; *ders.*, AöR 43 (1922), S. 119.

42 *A. Lilienthal*, Die Staatsaufsicht über die Religionsgesellschaften, 1925, S. 25 ff.; *J. Löhr*, Ist eine staatl. »Kirchenhoheit« und eine besondere Staatsaufsicht über die Kirche mit der dt. Reichsverfassung vereinbar?, 1927, S. 39 ff.; *P. Schoen*, Das neue Verfassungsrecht der evang.

Ebers[43], von einer »materiell« vorgegebenen Abgrenzung des kirchlichen bzw. staatlichen Aufgabenbereichs aus, die einseitiger staatlicher Definition entzogen sei; vielmehr sollte sich die Zuordnung der einzelnen Materien an der »Natur der Sache« bzw. an der »Zweckbeziehung« oder »Zweckbestimmung« entscheiden. Die staatskirchenrechtliche Lehre nach 1949[44] nahm diesen Ansatz auf, der der koordinationsrechtlichen Betrachtung entgegenkam. Vor allem Paul Mikat[45] und im übrigen auch die Gerichtspraxis[46] haben ihn im Sinne einer »objektiven« Abgrenzung des staatlichen bzw. des kirchlichen Aufgaben- und Hoheitsbereiches entfaltet.

Hinsichtlich der sachgerechten Bestimmung des Kreises »eigener Angelegenheiten« nach Artt. 140 GG/137 Abs. 3 WRV führt der Rückgriff auf die sogenannte »Natur der Sache« bzw. die »Zweckbeziehung« einer Materie letztlich nicht weiter; auch in kompetenzrechtlicher Hinsicht liegen die Dinge nicht anders. Denn eine »objektivierte« Abgrenzung zeitigt klare Resultate allenfalls in mehr oder weniger eindeutigen Fällen, wie sie von der soeben unter (a) bereits erwähnten Katalogisierung abgedeckt werden. Für Sachlagen freilich, über deren Zuordnung sachlich ohnehin kein ernsthafter Zweifel besteht, bedarf es der Formel letztlich nicht. In den kontroversen Bereichen hingegen, in den häufig vorkommenden Grenz- und Überschneidungsfällen staatlicher und kirchlicher Aufgaben, führt sie lediglich auf das Grundproblem des »*Quis iudicabit?*« zurück, ohne es tatsächlich zu lösen[47].

Landeskirchen in Preußen, 1929, S. 24f. (der eine *materielle* Bindung des *formell* selbst zur Abgrenzung der kirchlichen »eigenen Angelegenheiten« berufenen Staates annimmt); *E. R. Huber*, Verträge zwischen Staat und Kirche im Dt. Reich, 1930, S. 37.

43 *G. J. Ebers*, Staat und Kirche im neuen Deutschland, 1930, S. 258ff.; *ders.*, Artikel 137, 138, 140, 141 (1930), S. 389ff.

44 *H. Holtkotten*, BK (Erstbearb.), Anm. II 5b zu Art. 140 GG; *E. Beulcke*, ZevKR 6 (1957/58), S. 147. Zumindest vom Ergebnis seiner eigenen Definition her sieht sich auch noch *K. Hesse*, Rechtsschutz durch staatl. Gerichte im kirchl. Bereich, 1956, S. 68, im Einklang mit der Lehre von der objektiv-materiellen Abgrenzbarkeit; insoweit kritisch hingegen inzwischen *ders.*, HdbStKirchR I, S. 427f.

45 *P. Mikat*, Kirchen und Religionsgemeinschaften (1960), S. 182ff. Ferner *U. Bertermann*, MDR 1966, S. 881; *G. Meier*, DVBl. 1967, S. 706.

46 Frühzeitig in diesem Sinne *VG Berlin*, U. v. 16. 1. 1953, KirchE 2, 1 (4). Vgl. im übrigen die oben auf S. 246f. in Anm. 38 aufgeführten Entscheidungen sowie *BVerfG*, B. v. 25. 3. 1980, BVerfGE 53, 366 (410) [abw. Meinung]; *BFH*, U. v. 28. 2. 1969, KirchE 10, 335 (338); *LSG Essen*, U. v. 1. 7. 1963, KirchE 6, 267 (274f.); *VG Berlin*, U. v. 14. 1. 1971, KirchE 12, 27 (29) [mit einer Mischung der Argumentation aus der »Natur der Sache oder aus der Zweckbeziehung« einerseits und dem Hinweis auf fehlende Rechtswirkungen im staatl. Bereich andererseits]; *VG Köln*, U. v. 16. 6. 1975, KirchE 14, 306 (308, 309); *OVG Münster*, U. v. 23. 8. 1977, KirchE 16, 166 (171).

47 Nicht zu Unrecht bemerkt denn auch *O. Bachof* (in: H. J. Wolff /ders., Verwaltungsrecht I, 9. Aufl. 1974, S. 375), es handele sich um »kaum mehr als eine Leerformel«.

Gerade diese Frage aber muß beantwortet werden[48]; denn erst in der praktischen Umsetzung – also vermittels autoritativer Entscheidungsprozesse – realisiert sich die Dimension des Selbstbestimmungsrechts, wie es von Verfassungs wegen den Kirchen und Religionsgemeinschaften garantiert ist. Bleibt die Formel von der »Natur der Sache oder Zweckbeziehung« aber gerade in den *Zweifelsfällen* die Antwort darauf schuldig, wer den religiösen bzw. staatlich-weltlichen Sachbezug verbindlich zu definieren hat, so versagt sie auch als angemessenes Lösungskriterium für die gerichtliche Kompetenzproblematik.

Auch aus einem weiteren Gesichtspunkt, dessen sich die Gerichtsbarkeit allerdings nur in den wenigsten Fällen recht bewußt zu sein scheint, wirft die Formel von der »Natur der Sache« mehr Fragen auf, als sie löst. Denn die staatlichen Gerichte stehen bei der Prüfung ihrer prinzipiellen Entscheidungskompetenz in Angelegenheiten der Kirchen und Religionsgemeinschaften vor einem Dilemma. Einerseits steht fest, daß sie die Kompetenzfrage prozeßrechtlich nicht offenlassen dürfen; es handelt sich dabei im Blick auf das einzelne Rechtsschutzbegehren um ein Zulässigkeitskriterium von zentraler Bedeutung, dessen Bestehen als Voraussetzung jeglicher weiterer gerichtlicher Funktion in der betreffenden Sache *vom Gericht* definitiv geklärt werden muß. Andererseits scheuen sich die staatlichen Richter – durchaus zu Recht – vor unziemlichen Übergriffen in die Sphäre der religiösen Verbände, die ihnen vom Gegenstand her ohnehin vielfach fremd anmutet und welche überdies von der Verfassung mit einer spezifischen institutionellen Freiheitsgarantie ausgestattet ist. Sie greifen deshalb gern zu einem griffigen Abgrenzungskriterium, das ihnen eine sachgerechte Erfüllung ihrer prozessualen Entscheidungsaufgabe zu ermöglichen scheint, ohne sie näher mit der religiösen Materie als solcher zu konfrontieren. Freilich ist diese willkommene Hilfe nur eine scheinbare. Denn die staatlichen Gerichte belasten sich bei der Anwendung der Formel von der »Natur der Sache bzw. Zweckbeziehung« auf der Zuständigkeitsebene gerade mit einem der problematischsten Aspekte der sachlichen Prüfungsbefugnis säkular-staatlicher Gerichtsbarkeit.

Bei der Abgrenzung nach der »Natur der Sache bzw. Zweckbeziehung« findet, was die »Innerkirchlichkeit« einer Materie angeht, nicht eine streng *objektive* Prüfung statt, die lediglich ein Ergebnis ermittelt, welches sich aus Sachgesichtspunkten eigentlich ohnehin »von selbst« versteht. Vielmehr handelt es sich bei der Frage nach dem Grad der »Religionsbezogenheit« eines Gegenstandes, je nachdem, ob sie aus der soziologischen, theologi-

[48] So auch *J. Jurina*, Der Rechtsstatus der Kirchen und Religionsgemeinschaften, 1972, S. 61 ff.; *K. Hesse*, HdbStKirchR I, S. 427.

schen, kirchenrechtlichen oder staatsrechtlichen Perspektive gestellt wird, um eine durch die Wert- und Beurteilungsmaßstäbe des jeweiligen Ansatzes geprägte und mithin *relative* Betrachtung[49]. Die Verfassung stellt es den Kirchen und Religionsgemeinschaften frei, welche Dogmen, liturgischen und caritativen Aufgaben und Formen, rechtlichen Institutionen und Normen sie für notwendig halten, konzipieren und realisieren wollen, um ihrem religiösen Auftrag nachzukommen. Demgemäß beantworten sich einschlägige Fragen aus der (nicht selten bekanntlich ja sogar kirchenintern heftig umstrittenen) Sicht der betreffenden Kirche bzw. Religionsgemeinschaft möglicherweise grundlegend anders als aus dem Blickwinkel eines staatlichen Gerichts: ob überhaupt – oder jedenfalls in welchem Maße – eine Aufgabe, eine Einzelmaßnahme oder ein abgegebenes Werturteil zentrale Bedeutung unter religiösen Gesichtspunkten aufweist, welches dabei die prägenden geistlichen Motive und Bezüge sind, inwieweit darauf das Prädikat »innerkirchlich« zutrifft und welche Tragweite letztere Qualifikation konkret besitzt. Das Ergebnis im Einzelfall ist demgemäß in der Regel nicht absolut vorgegeben. Es resultiert letztlich daraus, welche der jeweils relativ sachangemessenen und damit auch lediglich relativ »richtigen« Beurteilungen – die »weltliche« oder diejenige der betreffenden Kirche bzw. Religionsgemeinschaft – sich durchzusetzen vermag.

Dieser komplexen und prekären Sachlage, in der sich die Freiheitsfrage der rechtsstaatlichen Religionsverfassung ganz greifbar widerspiegelt, wird eine von staatlichen Gerichten aus eigenem juristischem Blickwinkel undifferenziert und kategorisch verlautbarte Bewertung bestimmter Materien als »zum eigentlichen Aufgabenkreis der Religionsgemeinschaft« gehörend[50] schwerlich gerecht. Die griffige Formel von der »Natur der Sache bzw. Zweckbeziehung« allerdings scheint dafür eine hinreichende sachliche Legitimation zu liefern. Soll der Rückgriff auf dieses Kriterium in gerichtlichen Entscheidungen nicht zum bloßen Füllwerk und zur Leerformel verkommen, muß sich das staatliche Gericht aber Rechenschaft darüber ablegen, daß es sich bei der Beurteilung der »Innerkirchlichkeit« einer Angelegenheit nach Maßgabe der

[49] *K. Schlaich*, Neutralität als verfassungsrechtliches Prinzip, 1972, S. 161.

[50] So ausdrücklich das *BVerfG* im B. v. 6. 4. 1979, KirchE 17, 209 (210: »Zu den innerkirchlichen Angelegenheiten gehört insbesondere der eigentliche Aufgabenkreis der Religionsgemeinschaften wie Gottesdienst, Glaubenslehre und Sakramentenlehre.«). – In gleichem Sinne *VG Arnsberg*, U. v. 25. 1. 1979, KirchE 17, 173 (176: » ... der eigentliche geistliche Aufgabenkreis der Religionsgesellschaften wie Gottesdienst, Glaubenslehre und Sakramentenverwaltung ...«); U. v. 19. 2. 1981, KirchE 18, 406 (408). Das *OVG Lüneburg* differenziert mit sachlich gleichem Ansatz zwischen einem »Kernbereich kirchlicher Betätigung«, zu dem es »insbesondere den Bereich der Glaubenslehre, der Verkündigung des Wortes Gottes, der Sakramentenspendung, Seelsorge usw.« rechnet, und sonstigen Maßnahmen der Kirchen: U. v. 26. 1. 1984, ZevKR 30 (1985), 426 (428).

»Natur der Sache bzw. Zweckbeziehung« tatsächlich um eine religionsbezogene *Dezision* handelt. Unter dem Grundgesetz freilich ist eine mehr oder minder fürsorgliche staatliche Bewertung der religiösen Legitimität und Wertigkeit bestimmter Maßnahmen von Kirchen oder Religionsgemeinschaften ausgeschlossen, auch wenn sie im Gewande einer prozessual-kompetenzrechtlichen Entscheidung stattfände. Denn dies würde eine aktualisierte Form staatsgerichtlicher *cura religionis* traditionellen Musters darstellen, wie sie ehedem die Sorge christlicher Obrigkeit für die Funktionsmöglichkeiten »wahrer« geistlicher Gewalt und deren Grenzen betraf[51].

Sieht man einmal von der Frage ab, was die spezifische Qualität einer Materie als »innerkirchlich« rechtlich überhaupt auszutragen vermag, so gilt jedenfalls: Will ein staatliches Gericht eine einschlägige Beurteilung vornehmen, so setzt dies bereits von der Sache her eine kritische Reflexion der eigenen theologischen Kompetenz und der angewandten Kriterien voraus. Im übrigen aber ist eine strikte Beachtung der verfassungsrechtlich vorgegebenen Grenzen staatsgerichtlicher Prüfungs- und Entscheidungsbefugnis in religiösen Fragen[52] vonnöten. Die herkömmliche Praxis dürfte sich freilich dieser Problematik sowie der einschlägigen Maßstäbe und Beschränkungen in den meisten Fällen kaum deutlich bewußt gewesen sein.

Im übrigen ist darauf hinzuweisen, daß die Formel von der »Natur der Sache oder Zweckbeziehung« in ihrem Verhältnis zur staatlichen Verfassung problematisch erscheint. Denn dieses Kriterium verleitet allzuleicht zu dem Trugschluß, die Zuordnung zwischen der institutionell-religiösen und der staatlichen Gewalt erfolge auf einer *außerhalb der Verfassung vorgegebenen* Basis[53]. In der Tat wird zwar die Eigenrechtsmacht der Kirchen und Religionsgemeinschaften materiell von der staatlichen Ordnung vorgefunden und in Artt. 140 GG/137 Abs. 3 WRV anerkannt – nicht also verliehen. Aber die Konkretisierung der Tragweite des religiösen Selbstbestimmungsrechts im Einzelfall hat von der staatlichen Religionsverfassung her zu erfolgen; sie ist demgemäß nach Maßgabe der in dieser statuierten Methoden und Kriterien vorzunehmen. Die damit gegebene Rechtslage wird verfehlt, wenn man das Prinzip der »Natur der Sache oder Zweckbeziehung« als außerverfassungsrechtlichen Maßstab konkretisiert und ihn der staatskirchenrechtlichen Ordnung des Grundgesetzes sozusagen von außen aufpfropft.

---

[51] Vgl. *M. Heckel*, EvStL, 3. Aufl. 1987, Bd. I, Sp. 425 f. m. w. N.

[52] Dazu S. 63 ff.

[53] Dazu und zum Folgenden *P. Häberle*, ZevKR 11 (1964/65), S. 400.

2. *Die Garantie des religiösen Selbstbestimmungsrechts*

a) *Problematik einer differenzierenden Freiheitskonzeption*

Die Einführung einer kompetenzrechtlich relevanten Kategorie der »Innerkirchlichkeit« von Materien in die Rechtsschutzdiskussion verweist auf die Schlüsselfrage der geltenden staatskirchenrechtlichen Ordnung schlechthin: auf die zutreffende Konkretisierung der Garantie religiöser Selbstbestimmung als der »lex regia«[54] der Religionsverfassung. Denn so verbreitet die Differenzierung zwischen bestimmten Sphären des Wirkens religiöser Verbände nunmehr seit langem in der Rechtspraxis auch sein mag, sowenig enthebt sie der Überlegung, ob damit tatsächlich der Struktur des bestehenden staatskirchenrechtlichen Systems hinreichend Rechnung getragen wird – insbesondere inwieweit diese Handhabung dem Desiderat einer befriedigenden Zuordnung staatlicher und religiöser Aufgaben und Zuständigkeiten sowie dem verfassungsrechtlichen Gebot individueller und kollektiver Religionsfreiheit Genüge tut.

Unverkennbar weist der Begriff der »innerkirchlichen Angelegenheiten«, wie bereits erwähnt, zumindest terminologisch auf die 1919 endgültig abgelöste Epoche der Staatskirchenhoheit zurück. Diese hatte sich der Unterscheidung zwischen »inneren« und »äußeren« kirchlichen Angelegenheiten (»sacra interna« und »sacra externa«) bedient[55], um gewisse Angelegenheiten der staatlichen Ingerenz zu entziehen. Aber was bedeutet unter dem Grundgesetz im Zeichen des von den Kirchen erhobenen und auch in der gesellschaftlichen Realität praktizierten *Öffentlichkeitsanspruchs*[56] noch die Qualifizierung einer Angelegenheit als »innerkirchlich«? Handelt es sich dabei schlicht um eine Fortführung und Aktualisierung altehrwürdiger Abgrenzungsformeln, die ihre Funktion unter vergangenen staatskirchenrechtlichen Voraussetzungen durchaus erfüllt haben mögen, welche die Rechtslage unter dem Grundgesetz jedoch bereits im Ansatz verfehlen müßten? Die argumentative Handhabung dieser Einstufung deutet auf einen solchen historischen Rückgriff tatsächlich nicht selten hin. Der bisherige terminologische Gebrauch des Begriffs »innerkirchlich« im Rahmen der Kompetenzproblematik variiert dabei je nach dem staatskirchenrechtlichen Vorverständnis, von dem her die Rechtsschutzfragen in Angriff genommen werden: Bisweilen umfaßt er nur einen ganz begrenzten Ausschnitt aus dem allgemeinen Kreis

---

[54] *J. Heckel*, FS E. Kaufmann, 1950, S. 85; *M. Heckel*, ZevKR 12 (1966/67), S. 35 FN 7; *A. v. Campenhausen*, Staatskirchenrecht, 2. Aufl. 1983, S. 78; *A. Hollerbach*, Hdb. des Staatsrechts, Bd. VI, 1989, S. 534 Rdnr. 114.

[55] *W. Kahl*, Lehrsystem des Kirchenrechts und der Kirchenpolitik, 1. Hälfte, 1894, S. 284 ff.; *ders.*, Staat und Kirche (1920), S. 138 ff.

[56] Vgl. S. 6 Anm. 5.

der »eigenen Angelegenheiten« der Kirchen und Religionsgemeinschaften, oft werden aber auch die »innerkirchlichen« mit den »eigenen Angelegenheiten« im Sinne der Artt. 140 GG/137 Abs. 3 WRV weitgehend oder vollständig identifiziert.

Tatsächlich stellt die Definitionsproblematik den sachlichen Schwachpunkt dar, unter dem die Argumentation mit der Qualität einer Angelegenheit als »innerkirchlich« leidet. Gelingt eine befriedigende Abgrenzung von den sonstigen »eigenen« Angelegenheiten der Kirchen und Religionsgemeinschaften nicht, so mündet der Verweis auf vorgeblich (staats-)justizfreie »innerkirchliche« Materien schlicht in eine Reaktivierung der überwundenen koordinationsrechtlichen Annahme, die Kirchen seien in ihrem *gesamten Eigenbereich* staatlicher Hoheit prinzipiell ledig. Soll »innerkirchlich« aber einen spezifischen »staatsfesten« *Kernbereich* der Aufgaben religiöser Verbände bezeichnen, so stellt sich die Frage nach den Kriterien der Abgrenzung, die – wie gezeigt – jedenfalls bislang nicht überzeugend entwickelt worden sind.

Zweifelhaft erscheint im übrigen die verfassungsrechtliche Legitimation der Spezifizierung eines *engeren* religiösen Wirkungskreises mit besonderer freiheitsrechtlicher Dignität. Denn die Garantie der Selbstbestimmung religiöser Verbände ist in Artt. 140 GG/137 Abs. 3 WRV für den *gesamten* Kreis der »eigenen Angelegenheiten« ausgesprochen worden. Dabei stellt sich das religiöse Engagement der Kirchen und Religionsgemeinschaften in der säkularen Gesellschaft gegenwärtig nicht nur als außerordentlich umfassend und vielgestaltig dar, es unterliegt mit den gesellschaftlichen Wandlungen auch selbst Veränderungen. Deshalb bedürfte die Heraushebung eines besonderen Aufgabenkreises mit spezieller religionsverfassungsrechtlicher Qualität einer überzeugenden Begründung, an welcher es bisher fehlt. Sollten solchermaßen verfassungsrechtlich privilegierte religiöse Tätigkeitsfelder tatsächlich existieren, so bedürfte überdies die Frage einer Antwort, wie es dann quantitativ und qualitativ um die Selbstbestimmung in den sonstigen »eigenen« Angelegenheiten der Kirchen und Religionsgemeinschaften bestellt sei. Kurz: Da die Garantie des religiösen Selbstbestimmungsrechts im geltenden Verfassungsrecht weder nach spezifischen Materien noch nach bestimmten Kirchen bzw. Religionsgemeinschaften[57] abgestuft ist, dürfte sich aus

57 Während nach 1949 zunächst von den zwischen den Kirchen und Religionsgemeinschaften nach Größe, öffentlicher Relevanz usw. *faktisch* bestehenden Unterschieden stärker auf eine gebotene *rechtliche* Differenzierung im Verständnis insbesondere der Absätze 3 und 5 der Artt. 140 GG/137 WRV geschlossen wurde (*R. Smend*, ZevKR 2 [1952/53], S. 375 ff.; *K. Hesse*, Rechtsschutz durch staatl. Gerichte im kirchl. Bereich, 1956, S. 79 ff.), dürfte inzwischen Einigkeit darüber bestehen, daß das relig. Selbstbestimmungsrecht – unbeschadet der Tatsache, daß es für unterschiedliche Kirchen bzw. Religionsgemeinschaften notwendigerweise auch *materiell*

Artt. 140 GG/137 Abs. 3 WRV schwerlich ein Indiz für eine *formell* differenzierende Behandlung des religiösen Freiheitsanspruchs ableiten lassen.

b) Die Selbstbestimmungsgarantie im Spannungsfeld staatlicher und religiöser Funktionen

Im Lichte der Artt. 140 GG/137 Abs. 3 WRV erscheint im übrigen, was die justitielle Kompetenzfrage anbelangt, die dem »Bereichsdenken« zugrundeliegende Entgegensetzung institutionell-religiöser Freiheit einerseits und rechtsstaatlicher Gerichtstätigkeit in Religionssachen andererseits keineswegs als gerechtfertigt. Denn insoweit besteht von Verfassungs wegen kein Gegensatz. Die Verbürgung des religiösen Selbstbestimmungsrechts im Grundgesetz bezweckt, wie bereits mehrfach betont, nicht die Konstituierung eines verfassungsrechtlichen Status isolierender *Exemtion* der Kirchen und Religionsgemeinschaften von den Existenzbedingungen der staatlichen Verfassungs- und Rechtsordnung, sondern gerade die freiheitliche Einbettung religiösen Wirkens in diese Ordnung: Religiöse Selbstbestimmung unter dem Grundgesetz bedeutet nicht Freiheit der Kirchen und Religionsgemeinschaften *vom* Staat, sondern ihre Freiheit *im* Staat und seiner Ordnung[58]. Daraus folgt, daß sich die reale Tragweite des religiösen Selbstbestimmungsrechts nicht isoliert und unabhängig von letzterer bestimmen läßt; vielmehr wirken die allgemeinen verfassungsrechtlichen Vorgaben und die funktionellen Strukturen der konkreten Staatsordnung auf den Gehalt institutioneller religiöser Freiheit prägend ein. Die Kirchen und Religionsgemeinschaften entfalten ihr religiöses Leben nicht im leeren Raum, sondern innerhalb der Spannungslagen der bestehenden Gesellschaftsordnung. Dem trägt, wie bereits im vorigen Kapitel ausgeführt, die Verfassung Rechnung, indem sie die religiösen Verbände nicht nur mit Entfaltungsfreiheit ausstattet, sondern sie auch von den rechtsstaatlichen Instrumentarien zur Aufrechterhaltung von Rechtsfrieden und Rechtssicherheit nicht isoliert – zu ihren Gunsten wie zu ihren Lasten.

---

unterschiedliche Bedeutung gewinnt (zutreffend *M. Heckel*, HdbStKirchR I, S. 498f. mit FN 71, S. 503, 542) – dem Grunde nach allen relig. Verbänden gleichmäßig, »formalparitätisch« garantiert ist: *M. Heckel*, HdbStKirchR I, S. 486, 492f.; *E. Friesenhahn*, ibd. S. 547; *J. Jurina*, ibd. S. 593ff.; *U. Scheuner*, Symposion für A. Füllkrug, 1979, S. 9, 13; *A. v. Campenhausen*, Staatskirchenrecht, 2. Aufl. 1983, S. 69, 78; *H. Weber*, NJW 1983, S. 2543.

[58] Konzis verdeutlicht dies nach Grundsatz und allgemeinen Konsequenzen *M. Heckel*, VVDStRL 26 (1968), S. 40ff., und *ders.*, HdbStKirchR I, S. 509, 538f. Klargestellt wird die Einbindung des relig. Selbstbestimmungsrechts in die staatl. Ordnung, die Tatsache, »daß den Kirchen mit dem Selbstverwaltungsrecht kein umfassendes privilegium negativum, keine Rechtstellung nach Art der völkerrechtlichen Exterritorialität verliehen wird«, nicht zuletzt durch die in Artt. 140 GG/137 Abs. 3 WRV enthaltene Schrankenklausel, wie *D. Pirson*, Universalität und Partikularität der Kirche, 1965, S. 200f., zu Recht betont.

Zwischen den staatlichen Ordnungszielen einerseits und der Aufgabenerfüllung religiöser Verbände nach Maßgabe ihres Selbstverständnisses andererseits besteht zufolge der Säkularisierung ein schwer lösbares[59] Spannungsverhältnis. Es hat die Geschichte des deutschen Staatskirchenrechts durch die Jahrhunderte hindurch in wechselnden Sachzusammenhängen geprägt und aktualisiert sich im säkularen Staatswesen der Gegenwart nicht minder nachhaltig. Insoweit dient die Garantie des religiösen Selbstbestimmungsrechts in Artt. 140 GG/137 Abs. 3 WRV nicht einer Harmonisierung bzw. Verdrängung des bestehenden Konfliktpotentials, indem die in der Wurzel unterschiedlichen Aufgaben und Zuständigkeitssphären mehr oder minder säuberlich voneinander *abgeschichtet* werden[60]. Die Religionsverfassung läßt die Spannungslage vielmehr bestehen und versucht von diesem Ausgangspunkt her einen gerechten, praktikablen Zustand materialer Kompetenzordnung zu schaffen, in welchem beide legitimen Anliegen – die Ordnungs- und Friedensfunktion des säkularen sozialen Rechtsstaates gleichermaßen wie die freie Realisierung religiöser Aufgaben – zu einem tragbaren Ausgleich gebracht werden, ohne daß einer der betroffenen Lebensbereiche sein proprium aufgeben muß.

Vor allem die in Artt. 140 GG/137 Abs. 3 WRV enthaltene *Schrankenklausel* dient einer auf die jeweils sachlich berührten Interessen bezogenen und ihnen angemessenen Zuordnung der divergierenden Aufgaben und Schutzgüter[61]. Allerdings läßt sich auch auf diesem Wege keine »kollisionslose Harmonie«[62] religiöser und staatlicher Ordnungsziele und -wege herbeiführen. Doch verspricht ein solcher rechtsstaatlich-freiheitlicher Ausgleich der Interessen noch am ehesten eine Annäherung an das komplexe[63] Ziel einer

---

59 Insoweit ist *J. Wieland*, Der Staat 25 (1986), S. 322, in der Analyse (nicht allerdings in den von ihm vertretenen Folgerungen) zuzustimmen.

60 So aber der Grundansatz bei *J. Wieland*, Der Staat 25 (1986), S. 342 ff.

61 *R. Smend*, JZ 1956, S. 52; *K. Hesse*, JöR NF 10 (1961), S. 26 f.; *ders.*, ZevKR 11 (1964/65), S. 357; *ders.*, Partnerschaft zwischen Kirche und Staat? (1965), S. 134 ff.; *ders.*, HdbStKirchR I, S. 419 ff.; *U. Scheuner*, Symposion für A. Füllkrug, 1979, S. 21; *A. v. Campenhausen*, Staatskirchenrecht, 2. Aufl. 1983, S. 85, 87; *BVerfG*, B. v. 25.3. 1980, BVerfGE 53, 366 (400 f.). – Als neueres Beispiel für eine grundlegende Verkennung dieser Sach- und Rechtslage mag das verfehlte U. des *AG Bonn* v. 7. 3. 1989, NJW-RR 1990, 156, genannt werden; der Richter lehnt hier eine Anwendbarkeit des § 721 ZPO als »für alle geltendes Gesetz« vorschnell und ohne sachliche Begründung ab.

62 *D. Pirson*, Universalität und Partikularität der Kirche, 1965, S. 201.

63 Gerade im Spannungsfeld kirchlicher Selbstbestimmung einerseits und staatlichen Arbeitsrechts (insbes. des Kündigungsschutz- und Betriebsverfassungsrechts) andererseits hat sich diese Komplexität in den letzten Jahren vielfältig aktualisiert. Nach dem Maßstab des GG, das (betrachtet man es nicht segmentiert) weder die Freiheit religiöser Entfaltung noch die Wahrung etwa damit kollidierender sozialstaatlicher Schutzzwecke absolut setzt, haben sich dabei abstrakte, kategorische Akzentuierungen in die eine wie in die andere Richtung als prekär erwie-

»Konkordanz zwischen staatlicher und kirchlicher Ordnung«[64]. Die Grenzlinie zwischen religiöser Freiheit und legitimer staatlicher Ingerenz steht nach geltender Religionsverfassung nicht (in Gestalt abgegrenzter Zuständigkeitsfelder) ein für allemal fest[65]. Sie ist vielmehr anhand der unterschiedlichen Lebenssachverhalte immer aufs neue zu konkretisieren[66], indem der in einem potentiell anwendbaren »für alle geltenden Gesetz« verkörperte staatliche Schutz- und Ordnungsanspruch in seiner Tragweite bestimmt und diese sodann in ihrem Verhältnis zu dem im Einzelfall betroffenen religiösen Schutzgut aktualisiert und eingegrenzt wird[67]. Dabei handelt es sich zweifellos um ein prekäres Unterfangen; denn es gilt einerseits die materiellen Schutz- und Freiheitsbedürfnisse der Kirchen und Religionsgemeinschaften zu sichern und *gleichzeitig* der Grundaufgabe rechtsstaatlicher Gewalt Rechnung zu tragen, die Rechtsordnung zu wahren und individuellen Rechtsschutz zu gewährleisten. Befriedigende Resultate lassen sich hierbei – was inzwischen verbreiteter Auffassung in der Staatskirchenrechtslehre der Bundesrepublik Deutschland entspricht[68] und im vorliegenden Zusammenhang nicht weiter zu vertiefen ist – nur durch einen Abgleich der jeweiligen Sacherfordernisse und mithin vermittels einer *Abwägung* zwischen den kollidierenden Interessen erzielen[69]. Freilich wohnen auch einem solchen Vorgehen mögliche Fehlerquellen inne. Doch trägt es der Inkorporation des religionsrechtlichen Freiheitsprinzips in die Verfassungsordnung des Grundgesetzes jedenfalls sachangemessener Rechnung, als dies formale Zuständigkeitsabgrenzungen vermögen.

---

sen. Nur eine sachbezogene und differenzierende Zuordnung *konkreter* Interessen verspricht auch hier verfassungsrechtlich angemessene Lösungen.

64 *BVerfG*, B. v. 21. 9. 1976, BVerfGE 42, 312 (340).

65 Davon geht aber offenbar *J. Wieland*, Der Staat 25 (1986), S. 342ff., aus. Wenn er der Auffassung ist, die Verfassung spreche »von den Angelegenheiten der Religionsgesellschaften als einem objektiven Begriff« (aaO. S. 345), so vereinfacht er in der darin enthaltenen Fiktion »eindeutiger« Normativierbarkeit unangemessen die historisch wie auch gegenwärtig komplexe Zuordnungsproblematik säkularstaatlicher und religiöser Aufgaben.

66 Zutreffend *M. Heckel*, VVDStRL 26 (1968), S. 47f.; *A. Hollerbach*, Hdb. des Staatsrechts, Bd. VI, 1989, S. 535 Rdnr. 116.

67 Dazu grundsätzlich bereits *M. Heckel*, VVDStRL 26 (1968), S. 42ff.

68 Nachw. hierzu bei *K.-H. Kästner*, JöR NF 27 (1978), S. 274 FN 285. Dazu im übrigen *U. Steiner*, Offene Rechtsschutzprobleme im Verhältnis von Staat und Kirchen, 1981, S. 10; *ders.*, NVwZ 1989, S. 412; *D. Ehlers*, ZevKR 27 (1982), S. 284f.; *ders.*, JuS 1989, S. 369; *A. v. Campenhausen*, Staatskirchenrecht, 2. Aufl. 1983, S. 88f., 92ff.; *ders.*, AöR 112 (1987), S. 634f., 648; *H. Maurer*, FS Chr.-F. Menger, 1985, S. 293; *D. Ehlers*, ZevKR 32 (1987), S. 170, 185; *A. Hollerbach*, Hdb. des Staatsrechts, Bd. VI, 1989, S. 536f. Rdnr. 119; *R. Zippelius*, BK (Drittbearb. Dez. 1989), Rdnr. 90 zu Art. 4 GG; *A. Elgeti*, ZevKR 34 (1989), S. 148. Nicht gradlinig, aber tendenziell auch in Richtung der »Abwägungslehre« die neuere Rspr. des *BVerfG*: B. v. 25. 3. 1980, BVerfGE 53, 366 (401); B. v. 13. 12. 1983, BVerfGE 66, 1 (22); B. v. 4. 6. 1985, BVerfGE 70, 138 (167); B. v. 14. 5. 1986, BVerfGE 72, 278 (289).

69 Anders neuerdings wieder *J. Wieland*, Der Staat 25 (1986), S. 346ff.

c) Der Schrankenvorbehalt der Artt. 140 GG/137 Abs. 3 WRV

Die herkömmliche Auffassung faßt das Problem staatlicher Gerichtskompetenz in Kirchensachen als Anwendungsfall der Frage nach der Bindung von Kirchen und Religionsgemeinschaften an die staatlichen »Schrankengesetze« auf. Sie verneint eine solche Bindung im »innerkirchlichen Bereich« und kommt demgemäß zum Ausschluß staatlicher Judikatur in dieser Sphäre. Dieses Ergebnis kann nicht überzeugen, auch wenn man die erwähnte gängige Fragestellung zugrunde legt: Entgegen der Ansicht der »Bereichslehre« bezieht sich der Schrankenvorbehalt ebenso wie die Freiheitsgarantie dem Grunde nach auf sämtliche Ausprägungen religiösen Wirkens; es gilt jeweils, seine Tragweite im konkreten Einzelfall zu ermitteln. Insoweit ist im Rahmen der staatskirchenrechtlichen Kompetenzproblematik auszugehen von der überragenden Bedeutung der Aufgabe und Befugnis rechtsstaatlicher Judikative zur Gewährung effektiven Rechtsschutzes in allen Angelegenheiten, die einen konkreten Rechtsbezug zur staatlichen Ordnung aufweisen[70]. Die Frage, ob die Verfassungsgarantie rechtsstaatlichen Gerichtsschutzes mitsamt ihren justizrechtlichen Konkretisierungen als »Schranke« im Sinne der Artt. 140 GG/137 Abs. 3 WRV tauglich und wirksam ist, muß dann uneingeschränkt bejaht werden[71]. Denn ein etwaiges Bestreben religiöser Verbände, von rechtsstaatlicher justitieller Ingerenz in ihren Angelegenheiten schlechterdings frei zu bleiben, vermag sich gegenüber dem verfassungsrechtlichen Gerichtsschutzprinzip nicht durchzusetzen.

Im Blick auf den gerechtfertigten Freiheitsanspruch der Kirchen und Religionsgemeinschaften besteht durchweg kein Anlaß für ein Zurückweichen der für den sozialen Rechtsstaat konstitutiven staatlichen Justizfunktion. Denn die Gerichte sind *in ihrer Entscheidung* wie an die übrige Verfassung, so auch an deren religionsrechtliche Normen und überdies selbstverständlich an das einfache (Religions-)Recht gebunden[72]; sie haben in diesem Rahmen in jedem Einzelfall erneut dem religiösen Freiheitsanspruch angemessen Rechnung zu tragen. Die Freiheitsgarantie der Religionsverfassung entfaltet in Kirchensachen vor den Gerichten ausschlaggebende Bedeutung – freilich nicht im Blick auf formelle Kompetenzfragen, sondern jeweils im Rahmen der Sachentscheidung[73]. Zwar zeigt ein Blick auf die Geschichte,

---

[70] Vgl. dazu S. 99 ff., 111 ff., 172 ff.

[71] Anderer Ansicht *L. Renck*, BayVBl. 1984, S. 714: »Die Rechtsschutzgarantie des die Religionsfreiheit im weitesten Maße grundrechtlich gewährleistenden Rechtsstaates gilt nicht im Selbstbestimmungsbereich der Religionsgesellschaften. Sie kann nicht gelten, weil es sonst wieder von staatlicher Macht abhängen würde, ob und inwieweit Religion frei ausgeübt wird.«

[72] Dazu S. 114 f., 224.

[73] Vgl. auch S. 89 f., 114 f., 136, 174, 180, 184, 196, 209, 211 f., 225, 243, 260 f., 264.

daß Gerichtstätigkeit durchaus zu religionspolitischen Zwecken mißbraucht worden ist und bisweilen kirchenfeindliche Konsequenzen gezeitigt hat[74]. Doch ist die aktuelle Problematik staatlicher Gerichtskompetenz in Kirchensachen anhand der geltenden Verfassungslage und im Lichte der gegenwärtigen Rechtspraxis zu diskutieren; insoweit steht diese Betrachtung nicht anders als sonstige rechtswissenschaftliche Untersuchungen unter der Prämisse der Rechtstreue derer, die sie in die Tat umzusetzen haben. In der Bundesrepublik Deutschland ist es nach 1949 wie in anderen Rechtsgebieten so auch in Kirchensachen durchaus zu Fehlentscheidungen einzelner Gerichte gekommen; dies bietet indes keinen Anlaß, grundsätzlich daran zu zweifeln, daß die Judikative im Blick auf Zuständigkeit, Verfahren und materielle Maßstäbe der Entscheidung ihre im Grundgesetz statuierte Bindung an Gesetz und Recht auch in religiösen Angelegenheiten ernst nimmt. Geht man hiervon aus, so ergibt sich, daß die bloße Tatsache der prinzipiellen Unterworfenheit unter rechtsstaatliche Gerichtsfunktionen Kirchen oder Religionsgemeinschaften keinesfalls in ihrer verfassungsgemäßen Freiheit beeinträchtigt. Der Justizanspruch des Staates begegnet ihnen insoweit nicht anders als sonstigen staatlicher Hoheit unterworfenen Rechtssubjekten, und er setzt sich im Blick auf die Kompetenzfrage in allen Bereichen religiösen Wirkens mit Bezügen zum »weltlichen« Recht durch – zugunsten der Kirchen und Religionsgemeinschaften wie auch in der Gewährung von Rechtsschutz ihnen gegenüber.

III. Staatliche Gerichtskompetenz in Kirchensachen als Strukturelement der religiösen Freiheitsgarantie

1. Selbstbestimmungsrecht und Gerichtsschutzprinzip

Führt auch, wie dargelegt, bereits die Betrachtung des Kompetenzproblems unter dem Blickwinkel der »Schrankenbindung« zu einem eindeutigen (bejahenden) Ergebnis, so erscheint es gleichwohl angebracht, einige weitere Überlegungen zum Verhältnis zwischen dem religiösen Selbstbestimmungsrecht und dem rechtsstaatlichen Gerichtsschutzprinzip anzustellen. Denn es fragt sich, ob der Justizanspruch des Staates unter dem Stichwort »Schranke« tatsächlich verfassungsgemäß klassifiziert wird. Näher läge es, nach geltendem Recht davon auszugehen, daß das Gerichtsschutzpostulat und die dieses konkretisierende staatliche Justizordnung nicht dem religiösen Selbstbestimmungsrecht als »Schranke« gegenüberstehen, sondern letzteres von

[74] Dazu S. 27ff.

vornherein überlagern bzw. durchdringen: Daß sie mithin bei einer gegenwartsgerechten Betrachtung des Staatskirchenrechts bereits dem *Tatbestand* der Garantie der Artt. 140 GG/137 Abs. 3 WRV immanent erscheinen.

Vor allem spricht hierfür die Tatsache, daß das religiöse Selbstbestimmungsrecht kein der Rechtsordnung isoliert eingepflanztes »Privileg« bedeutet. Vielmehr stellt es sich als konsequenter Ausfluß des Freiheitsprinzips im Religiösen in seiner organischen Einbindung in die Verfassungsordnung des säkularen und sozialen Rechtsstaats dar. Rechtsstaat in dieser Gestalt aber heißt nicht zuletzt »Justizstaat«[75]. Macht man Ernst mit einer ganzheitlichen Betrachtung der Verfassung, so darf diese Grundstruktur auch im Rahmen der Zuordnung des staatlichen Rechtsschutzes zur institutionellen religiösen Freiheitsgarantie nicht außer Betracht bleiben. Religiöse Selbstbestimmung wird eben vom Grundgesetz nicht im rechtsfreien bzw. rechtsbindungsfreien (und damit als Konsequenz auch nicht rechtsschutzfreien) Raum der geltenden Verfassungsordnung garantiert, sondern in Gestalt einer Einbindung in deren Strukturen[76]. Wie sie materielle Entfaltung nur erlangen kann, wenn sie von der Garantie autoritativer (staatsgerichtlicher!) Durchsetzung getragen wird, so kann sie in heutigem Verständnis von der staatlichen Ordnungs- und Rechtswahrungsaufgabe nicht abgekoppelt werden. Diesen prinzipiellen Grundzug bringt die Verfassung selbst in der Existenz der Schrankenklausel der Artt. 140 GG/137 Abs. 3 WRV zum Ausdruck: Religiöse Selbstbestimmung ist nur »innerhalb der Schranken des für alle geltenden Gesetzes« garantiert. Dieser Vorbehalt ist der Freiheitsgarantie nicht schlicht als äußere Beschränkung hinzugefügt. Er rechtfertigt sie vielmehr auch im Lichte der säkularstaatlichen Gemeinwohlfunktion und *qualifiziert* sie insoweit, wie er sie gleichzeitig *modifiziert*. Freiheitsgarantie und Schrankenvorbehalt sind untrennbar aufeinander bezogen[77]. Denn nur auf der Basis einer angemessenen Zuordnung religiöser Intentionen zur unverzichtbaren Ordnung des Verfassungsstaates vermag sich Freiheit des Religiösen legal und legitim innerhalb dieses Gemeinwesens zu aktualisieren.

Wenn die Verfassung, wie geschehen, die religiöse Selbstbestimmung nur im Rahmen bestimmter rechtlicher Schranken garantiert, nimmt sie den Wirkungsbereich der Kirchen und Religionsgemeinschaften folglich bereits im Ansatz gerade nicht aus der Kompetenzsphäre der staatlichen Gerichte heraus. Deren (je nach Lage des Falles kirchliche Selbstentfaltung sicherndes

[75] Vgl. S. 12, 14, 97ff.

[76] Vgl. S. 126 mit Anm. 43.

[77] Zu dieser inneren Beziehung, die den Geltungsanspruch staatlicher normativer Schranken gegenüber der relig. Selbstentfaltung einerseits legitimiert, ihn aber andererseits auch relativiert, *M. Heckel*, VVDStRL 26 (1968), S. 43f.; *J. Jurina*, Der Rechtsstatus der Kirchen und Religionsgemeinschaften, 1972, S. 55; *K. Hesse*, HdbStKirchR I, S. 420f.

und auch beschränkendes) autoritatives Wirken ist vielmehr schon *in der Freiheitsgarantie* vorausgesetzt. Auch in einem »inneren Kernbereich« religiöser Betätigung erübrigt sich die damit angesprochene Aufgabe staatlicher Judikatur nicht – ausgenommen die Fälle, in denen der Wirkungsbereich des Staates schlechterdings nicht berührt ist und in welchen sein Justizanspruch mithin entfällt[78]. Dort, wo aus der Sicht der Staatsverfassung die staatliche Rechtsordnung *im Ergebnis* keinerlei Wirkkraft beanspruchen kann, weil die betroffenen säkularstaatlichen Schutzfunktionen sich gegenüber dem religiösen Freiheitsanspruch letztlich nicht durchsetzen, müßte im Konfliktfall zumindest diese Sach- und Rechtslage gerichtlich definitiv geklärt werden. Die konkrete Reichweite legaler Selbstbestimmung der Kirchen und Religionsgemeinschaften führt in verschiedenem Kontext zu unterschiedlichen rechtlichen Konsequenzen. Denn religiöse Freiheit verwirklicht sich in der Verfassungsordnung des Grundgesetzes »dynamisch« durch Einräumung freier Entfaltung in den verschiedensten Sachbeziehungen; Inhalt und Grenzen der Selbstbestimmung sind deshalb in jedem Normbereich, ja in jedem Einzelfall erneut und differenziert zu konkretisieren. Wer sonst könnte diese Aufgabe erfüllen, wenn nicht die im gewaltenteilenden Rechtsstaat hierzu verfassungsgemäß berufene staatliche Judikative?

In diesem Sinne mag das rechtlich verfaßte Wirken staatlicher Justiz in Kirchensachen die Kirchen und Religionsgemeinschaften in ihrem Entfaltungsanspruch tatsächlich *beschränken* – »Schranke« im technischen Sinne der Artt. 140 GG/137 Abs. 3 WRV ist es nicht. Vielmehr handelt es sich beim Justizanspruch des Staates um ein rechtsstaatliches Strukturelement, das der religiösen Freiheitsgarantie voraus- und zugrundeliegt – auch ohne daß dies normativ ausdrücklich statuiert wurde. Die Judikatur der Staatsgerichte bildet die Brücke zur realen Entfaltung religiöser Selbstbestimmung in der Rechtspraxis; sie steht demgemäß formell nicht in Spannung oder gar in Widerspruch zur Verfassungsgarantie, sondern sie ergänzt und entfaltet letztere: Selbstbestimmung der Kirchen und Religionsgemeinschaften unter dem Grundgesetz »lebt«, soweit es zu Konflikt und Kollision mit dem staatlichen Ordnungsanspruch kommt, ausschließlich in der ungeschmälerten und verfassungsgemäßen Wahrnehmung der justitiellen rechtsstaatlichen Aufgaben seitens der Gerichte.

Freilich entfaltet, wie erwähnt, das durch den Schrankenvorbehalt qualifizierte religiöse Selbstbestimmungsrecht im Blick auf die Gerichtstätigkeit eine doppelte Wirkung. Einerseits legitimiert und bestärkt es rechtsstaatli-

[78] Vgl. dazu S. 115, 172f., 196f., 198, 204, 246.

che Judikatur in Kirchensachen; andererseits wird die Rechtsprechung dadurch in der Sache modifiziert und beschränkt. Dies folgt aus der Mehrschichtigkeit der Schrankenklausel: Sie statuiert einen Verfassungsvorbehalt staatlicher normativer Eingriffe in die religiöse Selbstentfaltung, gleichzeitig aber begrenzt sie auch diese Eingriffe dem Grunde und der konkreten Tragweite nach. Im Einzelfall ist in diesem Zusammenhang den Staatsgerichten die komplexe Aufgabe gestellt, der religiösen Freiheitsgarantie gegenüber dem staatlichen Recht materiell zur Entfaltung zu verhelfen. In der Sachentscheidung über das konkrete Rechtsschutzbegehren realisiert sich in Wahrheit die Tragweite religiöser Freiheit, wie die Verfassung sie in Artt. 140 GG/137 Abs. 3 WRV garantiert[79] – nicht vermittels einer quasi präventiven Ausblendung bestimmter Sachbereiche auf der Zuständigkeitsebene, welche diese Materien letztlich gerichtsfrei und damit notgedrungen auch in der »weltlichen« Ordnung unter dem Blickwinkel verfassungsgemäßer Rechtswahrung *schutzlos* stellt.

2. *Staatliche Gerichtskompetenz im eigenen Aufgabenbereich von Kirchen und Religionsgemeinschaften*

a) Grundsatz

Mag man nun staatliche Gerichtstätigkeit, wie in der vorliegenden Arbeit, als Strukturprinzip religiöser Freiheit ansehen oder sie als deren »Schranke« qualifizieren – in jedem Falle erweist sich das Kompetenzproblem religionsverfassungsrechtlich von deutlich geringerer Problematik und Brisanz, als dies vor allem in der Praxis der Rechtsprechung bisher angenommen worden ist. Insbesondere kann, wie gesagt, von einem in der Wurzel bestehenden Spannungsverhältnis bzw. Gegensatz zwischen rechtsstaatlicher Judikatur in Kirchensachen und religiöser Freiheit nicht ausgegangen werden. In sämtlichen Bezügen religiösen Wirkens erfordert und legitimiert die Kirchenfreiheit unter dem Grundgesetz vielmehr die Entscheidungs- und Befriedungsfunktion der staatlichen Gerichte, soweit letztere sich in verfassungsgemäßem Rahmen hält – soweit also die Staatsgerichte ihre justizverfassungsrechtlichen Aufgabenbegrenzungen und ebenso ihre religionsverfassungsrechtlichen Bindungen und Beschränkungen in der Sache beachten. Auch im genuin »eigenen« Bereich der Kirchen und Religionsgemeinschaften erfährt die *Kompetenz* staatlicher Gerichte zur Judikatur dem Grunde nach keine

[79] Zu Recht weist deshalb *A. v. Campenhausen*, AöR 112 (1987), S. 636, darauf hin, es müsse im Blick auf das religiöse Selbstbestimmungsrecht »die verfassungsrechtlich gebotene Beschränkung der Zuständigkeit staatlicher Gerichte ... jeweils bei der Prüfung der Begründetheit der Klage zum Tragen gebracht werden«.

Einschränkung, sofern es um Rechte geht, welche den Schutz rechtsstaatlicher Ordnung genießen.

b) Zum Beispiel: Rechtsschutzbegehren aus dem kirchlichen Amts- und Dienstrecht

Verdeutlicht seien die Konsequenzen an der bislang vor allem problematisierten Frage staatlichen Rechtsschutzes im kirchlichen Amts- und Dienstrecht. Kirchliche Dienstverhältnisse gehören, wie bereits ausgeführt, ohne Rücksicht auf die (privatrechtliche oder »öffentlich-rechtliche«) Rechtsform ihrer Ausgestaltung als Ausprägungen der Ämterhoheit dem Kreis der *eigenen Angelegenheiten* von Kirchen bzw. Religionsgemeinschaften an, der auf Grund originärer Kirchengewalt selbständig geregelt werden kann[80]. Aspekte des geistlichen »Amts«verhältnisses und des äußeren »Dienst«verhältnisses stehen dabei nach Grundlage und konkreter Ausformung in enger Verbindung. Deshalb kann im konkreten Streitfall der Versuch einer klaren Abschichtung Schwierigkeiten begegnen[81]; nicht zu Unrecht ist darauf hingewiesen worden, daß sich im Blick auf den kirchlichen Dienst auch Klagen vermögensrechtlichen Zuschnitts vielfach als »versteckte Statusklagen« darstellen[82], weil sie sich von der Vorfrage nach dem amtsrechtlichen Status des Klägers nicht trennen lassen. Kirchliche Dienstverhältnisse können im übrigen in vielfältiger Hinsicht Wirkungen im staatlichen Rechtsbereich auslösen – mag es um die prinzipielle Innehabung des »Amtes« gehen oder auch um konkrete Einzelansprüche vermögensrechtlicher oder nichtvermögensrechtlicher Natur[83]. Demgemäß besteht kein Grund, in der *Kompetenzfrage* danach zu differenzieren, ob es sich um eine Amtsrechtsstreitigkeit (etwa um einen Streit um Statusfragen) handelt oder um ein Rechtsschutzbegehren, das rein oder vorwiegend dienstrechtlichen Zuschnitts ist.

Auf alle Aspekte kirchlicher Dienstverhältnisse gleichermaßen erstreckt sich die Rechtsschutzfunktion staatlicher Gerichte nach Maßgabe der Justiz-

---

80 Davon ging durchaus konsequent die Beschwerdeführerin im Verfahren über die Verfassungsbeschwerde der Orthop. Anstalten Volmarstein aus, wie der Begründung des B. des *BVerfG* v. 17. 2. 1981, BVerfGE 57, 220 (231 f.), zu entnehmen ist.

81 Zu den Abgrenzungsproblemen im Einzelfall auch *A. Hollerbach*, Hdb. des Staatsrechts, Bd. VI, 1989, S. 552 Rdnr. 153; *D. Ehlers*, JuS 1989, S. 370 FN 53; *U. Steiner*, NVwZ 1989, S. 412. Beide Aspekte kirchlichen Dienstes sind jedoch gleichwohl nach Möglichkeit zu differenzieren. Denn die materielle Interessenlage, wie sie für die Tragweite des relig. Selbstbestimmungsrechts im konkreten Rechtsstreit (auf der Begründetheitsebene) von Belang ist, erscheint in den amtsrechtlichen Bezügen regelmäßig anders gewichtet als in dienstrechtlicher Hinsicht. Vgl. auch oben S. 136.

82 *H. Maurer*, JZ 1967, S. 409 [Anm.].

83 Dazu auch S. 206 ff., 208 ff.

verfassung und des einschlägigen Verfahrensrechts[84]. Hiermit erledigen sich für die staatlichen Gerichte jedenfalls auf der Zulässigkeitsebene Überlegungen über eine Differenzierung zwischen *unmittelbarer Prüfung* und *Inzidentprüfung* von Statusfragen – eine Unterscheidung, welche im Blick auf das Sachproblem, die hinreichende Gewährleistung religiöser Selbstbestimmung, ohnehin der Überzeugungskraft ermangelt. Und es wird überdies die bereits erwähnte[85] Gefahr sachlich ungereimter Zuständigkeitsabschichtungen nach dem Maß der äußeren Rechtsform vermieden.

Evangelische Pfarrer etwa genießen insoweit dem Grunde nach gleichen Rechtsschutz, ob sie nun im üblichen – »öffentlich-rechtlichen« – Pfarrerdienstverhältnis tätig sind oder ob sie in einem privatrechtlichen Anstellungsverhältnis zur Kirche stehen oder ob sie (wie die Militärgeistlichen[86] und teilweise die Anstaltsseelsorger[87]) im Rahmen eines *staatlichen* Beamtenverhältnisses fungieren. Gerade am letztgenannten Sachzusammenhang zeigt sich die Fragwürdigkeit einer unterschiedlichen prozessualen Behandlung der aufgezählten äußerlich-formal verschiedenen Pfarrerdienstverhältnisse: Gegenüber staatlich angestellten Militär- und Anstaltsgeistlichen könnte im Falle amtsrechtlicher Maßnahmen des Dienstherrn Rechtsschutz nach Maßgabe von Art. 19 Abs. 4 GG ohnehin nicht ausgeschlossen werden[88]. Andererseits sind die *Sachkonsequenzen* des religiösen Selbstbestimmungsrechts im Blick auf die geistliche Tätigkeit und die Kriterien ihrer Beurteilung in diesen »gemeinsamen Angelegenheiten« zwischen Staat und Kirche keineswegs anders beschaffen als bei einem unmittelbar kirchlichen Anstellungsverhältnis; sie verlangen mithin auch in einem vordergründig gegen die staatliche Gewalt gerichteten Rechtsschutzverfahren gebührende Beachtung[89].

---

84 Im Ergebnis (nicht allerdings durchweg im dogmatischen Ansatz) wie hier *H. Weber*, NJW 1967, S. 1645 f.; *ders.*, ZevKR 15 (1970), S. 57; *ders.*, NJW 1980, S. 1042 f. [Anm.]; *ders.*, NJW 1989, S. 2225; *H. Engelhardt*, DRiZ 1979, S. 270; *U. Steiner*, JuS 1980, S. 345 f.; *ders.*, Offene Rechtsschutzprobleme im Verhältnis von Staat und Kirchen, 1981, S. 12 ff.; *ders.*, NJW 1983, S. 2560; *ders.*, NVwZ 1989, S. 412; *D. Ehlers*, ZevKR 27 (1982), S. 286; *ders.*, JuS 1989, S. 369 f.; *W.-R. Schenke*, BK (Zweitbearb. Dez. 1982), Rdnrn. 186 ff. zu Art. 19 Abs. 4 GG; *ders.*, FS H. J. Faller, 1984, S. 141 ff.; *OVG Lüneburg*, U. v. 18. 2. 1964, KirchE 7, 33 (37 f.). – Für die Unzulässigkeit von *Statusklagen* hingegen *A. v. Campenhausen*, FS E. Ruppel, 1968, S. 274; *ders.*, AöR 112 (1987), S. 648; *W. Rüfner*, HdbStKirchR I, S. 777 ff.

85 S. 92 f.

86 Zur Rechtsstellung der Militärgeistlichen *R. Seiler*, HdbStKirchR II, S. 690 ff.; *A. v. Campenhausen*, Staatskirchenrecht, 2. Aufl. 1983, S. 116.

87 Dazu *K. Albrecht*, HdbStKirchR II, S. 704 m. w. N.

88 Zur Erledigung des Zuständigkeitsproblems in den sog. »gemeinsamen Angelegenheiten« zutreffend *P. Mikat*, Kirchl. Streitsachen vor den Verwaltungsgerichten (1963), S. 337 f.

89 Auch im Kontext sonstiger konfessionell gebundener Staatsämter (z. B. im Blick auf die beamtenrechtliche Stellung von Hochschullehrern an Theolog. Fakultäten staatlicher Universitäten) aktualisiert sich, da die Inhaber solcher Ämter Staatsbeamte sind, die Tragweite des relig. Selbstbestimmungsrechts von vornherein nicht auf der Zulässigkeitsebene von Rechtsschutzverfahren, sondern im Rahmen der Sachentscheidung.

Durch die bloße Tatsache staatsgerichtlicher Verhandlung und Entscheidung über ein Rechtsschutzbegehren aus dem kirchlichen Amtsrecht (das beispielsweise auf die *Feststellung* des Bestehens eines Pfarrerdienstverhältnisses oder auf die *Aufhebung* der Entlassung gerichtet ist) kann die verfassungsgemäße Freiheit der betroffenen Kirche noch nicht beeinträchtigt werden; denn ein etwaiger kirchlicher Wunsch nach Justizfreiheit wäre, wie dargelegt[90], von der Verfassungsgarantie des religiösen Selbstbestimmungsrechts nicht gedeckt. Freilich müßte es im Lichte der Artt. 140 GG/137 Abs. 3 WRV als bedenklich erscheinen, wollte ein staatliches Gericht einer beklagten Kirche einen nach deren Einschätzung untragbaren Geistlichen »aufzwingen«, indem es die maßgeblichen, nur aus dem religiösen Selbstverständnis heraus zu entwickelnden Eignungskriterien selbst statuierte oder indem es sein eigenes Auswahlermessen an die Stelle desjenigen des kirchlichen Dienstherren setzte. Hier wird sich die staatliche Rechtspflege in vielen Fällen mit komplexen Problemen der Tragweite kirchlicher (normativer, verwaltungsmäßiger oder auch theologischer) Entscheidungen im Kontext staatlicher Rechtsordnung konfrontiert sehen; sie wird möglicherweise sogar unterschiedlichen Bewertungen religiöser Fragen durch verschiedene Instanzen im Schoße der betroffenen Kirche gegenüberstehen und sich darüber klar werden müssen, wem im Rahmen staatlicher Judikatur das »letzte Wort« zuzugestehen ist; und sie wird mit den erwähnten Schwierigkeiten sachgerechter Anwendung kirchlichen Rechts[91] ringen müssen.

Je nach Lage des Falles stellen sich auf dem Felde der geistlichen Ämter die Sachprobleme als außergewöhnlich komplex dar, erweist sich die Verknüpfung des Streitgegenstandes mit dem religiösen Selbstverständnis der Kirche als besonders elementar. Im Grunde handelt es sich aber auch dann nur um eine pointierte Ausprägung des allgemeinen Erfordernisses, die Verfassung – hier in Gestalt des religiösen Selbstbestimmungsrechts im Sachbereich kirchlicher Dienste – adäquat in die Praxis des Rechtslebens umzusetzen. Die Rechtsprechung der Arbeitsgerichte stellt sich dieser Aufgabe, von einzelnen Ausnahmen abgesehen, nunmehr dem Ansatz nach zutreffend (wenngleich mit sachlich teilweise durchaus fragwürdigen Resultaten) im Rahmen der *Sachentscheidung* über arbeitsrechtliche Schutzbegehren. Es ist kein tragfähiger Grund dafür ersichtlich, die Problematik in Rechtsstreitigkeiten aus dem Bereich kirchlicher Dienste, soweit nicht das Aufgabengebiet der Arbeitsgerichtsbarkeit betroffen ist, von vornherein der *Zulässigkeitsebene* zuzuschreiben, wenn es um amtsrechtliche Aspekte – insbesondere Statusfragen – geht.

90 S. 257f. Vgl. zum Grundsatzbefund S. 126 mit Anm. 43.

91 Dazu S. 4, 181ff.

Keine spezifischen Probleme ergeben sich in Streitigkeiten aus dem kirchlichen Amts- und Dienstrecht im Hinblick auf das statthafte Rechtsschutzziel bzw. die Grenzen gerichtlicher Entscheidung. Dabei geht es vor allem um die Frage, ob staatliche Gerichte in einschlägigen Sachen auf eine bloße *Feststellung* der Rechtslage (etwa der Rechtswidrigkeit einer Entlassung) beschränkt sind; ob sie auch *gestaltende Entscheidungen* treffen (also beispielsweise eine kirchliche Entlassungsverfügung aufheben) dürfen; ob sie schließlich Kirchen bzw. Religionsgemeinschaften zu einem bestimmten Verhalten (z.B. zur Einstellung einer bestimmten Person) *verpflichten* dürfen. Die hiermit angesprochenen Probleme lassen sich – nicht anders als die Frage nach der konkreten Reichweite des religiösen Selbstbestimmungsrechts überhaupt – nicht allgemein beantworten. Sie stellen sich vielmehr in jedem einzelnen gerichtlichen Verfahren differenziert je nach dem Gegenstand und dem Inhalt des insoweit einschlägigen und im Lichte der Artt. 140 GG/137 Abs. 3 WRV anwendbaren Rechts. Sofern die Entscheidung eines staatlichen Gerichts in Kirchensachen nach Maßgabe des relevanten prozessualen und materiellen Rechts rechtmäßig ist, kann sie keinen Verstoß gegen das den Kirchen und Religionsgemeinschaften garantierte Selbstbestimmungsrecht enthalten. Kurz: Die Reichweite des Ausspruches staatlicher Gerichte in Rechtsstreitigkeiten aus dem kirchlichen Amts- und Dienstrecht sowie in sonstigen Kirchensachen unterliegt keinen weitergehenden Begrenzungen, als diese in dem jeweils einschlägigen nach Maßgabe der Artt. 140 GG/137 Abs. 3 WRV anzuwendenden prozessualen und materiellen Recht ohnehin statuiert sind.

Soweit hiernach normativ – im Lichte der Religionsverfassung zulässigerweise (!) – eine *zwingende Rechtsfolge* festgelegt ist, beeinträchtigt ein staatliches Gericht den betroffenen religiösen Verband nicht unangemessen, wenn es diese zwingende Rechtsfolge bindend ausspricht. Grenzen richterlicher Dezision werden – im Religionsrecht nicht anders als in anderen Rechtsgebieten – im übrigen durch die beschränkte gerichtliche Überprüfbarkeit der Inanspruchnahme von *Beurteilungs- bzw. Ermessensspielräumen* gekennzeichnet, welche nach materiellem Recht bestehen. Gerade im kirchlichen Ämterwesen sind solche (nach kirchlichem Recht eingeräumte) Ermessensspielräume besonders von Belang, da sich in ihnen die zum Kernbestand des Selbstbestimmungsrechts zählende kirchliche Ämterhoheit realisiert. Geht es um einschlägige Fragen, darf das staatliche Gericht die kirchliche Entscheidung selbstverständlich nicht durch eine eigene Ermessensbetätigung überspielen.

3. Schluß

Es gilt somit, die Frage nach der Kompetenz staatlicher Gerichte zur Rechtsschutzgewährung in Kirchensachen mancher unangebrachter Überhöhungen zu entkleiden, mit welchen sie gerade nach 1949 befrachtet worden ist. Bei ihr handelt es sich um nichts anderes als um eine (freilich besonders komplexe) Konkretisierung der im Grundgesetz allgemein angelegten Aufgabe sachgerechter Zuordnung religiöser Freiheit zu den unverzichtbaren Ordnungsfunktionen des sozialen Rechtsstaates, in dessen Verfassungssystem die Kirchen und Religionsgemeinschaften eingebunden sind. Führt man die Kompetenzfrage auf diese Qualität zurück, so erzielt man zweifellos keine Vereinfachung in den einschlägigen Sachproblemen. Im Gegenteil werden diese, soweit sie bislang mit der Decke scheinbar zwangsläufiger Zuständigkeitsabgrenzungen zugedeckt und deshalb nicht sachlich in Angriff genommen, sondern formal ausgegrenzt wurden, erst voll in den Blickwinkel der justitiellen Rechtsanwendung gelangen. Doch verspricht nur dieser nicht selten beschwerliche Weg zu dem durch das Grundgesetz vorgegebenen Ziel zu führen: zur Gewährleistung realer verfassungsgemäßer kirchlicher Freiheit nicht *trotz*, sondern *vermittels* rechtsstaatlicher Justiz.

Literaturverzeichnis

I. Quellen und Materialien

Verhandlungen des Deutschen Bundestages, I. Wahlperiode 1949. Anlagen zu den Stenographischen Berichten, Drucksachen Nr. 351 bis 600 (2. Teil). Bonn 1950

Entstehungsgeschichte der Artikel des Grundgesetzes, im Auftrage der Abwicklungsstelle des Parlamentarischen Rates und des Bundesministers des Innern auf Grund der Verhandlungen des Parlamentarischen Rates bearbeitet von K.-B. v. Doemming, R. W. Füsslein und W. Matz. Jahrbuch des öffentlichen Rechts der Gegenwart, hrsg. von G. Leibholz und H. v. Mangoldt. Neue Folge Bd. 1, Tübingen 1951

Huber, Ernst Rudolf / Huber, Wolfgang (Hrsg.), Staat und Kirche im 19. und 20. Jahrhundert. Dokumente zur Geschichte des deutschen Staatskirchenrechts. Bd. I–IV, Berlin 1973–1988

Listl, Joseph (Hrsg.), Die Konkordate und Kirchenverträge in der Bundesrepublik Deutschland. Textausgabe für Wissenschaft und Praxis. Bd. I und II, Berlin 1987

Weber, Werner (Hrsg.), Staatskirchenrecht. Textausgabe der neueren staatskirchenrechtlichen Bestimmungen mit Verweisungen und einem Sachverzeichnis sowie mit einleitenden und verbindenden Bemerkungen. München und Berlin 1936

–, Die deutschen Konkordate und Kirchenverträge der Gegenwart. Textausgabe mit den amtlichen Begründungen sowie mit Ergänzungsbestimmungen, vergleichenden Übersichten, Schrifttumshinweisen und einem Sachverzeichnis. Bd. I, Göttingen 1962; Bd. II, Göttingen 1971

II. Schrifttum

Achilles, Wilhelm-Albrecht, Die Aufsicht über die kirchlichen Stiftungen der evangelischen Kirchen in der Bundesrepublik Deutschland. Tübingen 1986

Achterberg, Norbert, Deutschland nach 30 Jahren Grundgesetz, in: VVDStRL, Heft 38, Berlin und New York 1980, S. 55 ff.

–, Kommentierung von Art. 92, in: BK (Zweitbearbeitung April 1981)

Alberts, Hans W., Neue Religionen und Beamtenrecht – Sannyasin als Lehrer?, in: NVwZ 1985, S. 92 ff.

Albrecht, Alfred, Koordination von Staat und Kirche in der Demokratie. Eine juristische Untersuchung über die allgemeinen Rechtsprobleme der Konkordate zwischen der katholischen Kirche und einem freiheitlich-demokratischen Staat. Freiburg, Basel, Wien 1965

Albrecht, Karl, Anstaltsseelsorge, in: HdbStKirchR II, S. 701 ff.

Albrecht, Rüdiger, Die Stellung der Kirchen und kirchlichen Organisationen in staatlichen Räten, Ausschüssen und dergleichen Gremien in der Bundesrepublik Deutschland. Diss. iur. Tübingen 1971

von Ammon, Wilhelm / Rusam, Reinhard, Verfassung der Evangelisch-Lutherischen Kirche in Bayern vom 20. November 1971. 2. Aufl., München 1985

Anschütz, Gerhard, Die Verfassungs-Urkunde für den Preußischen Staat vom 31. Januar 1850. Ein Kommentar für Wissenschaft und Praxis. Erster Band. Berlin 1912

–, Die Verfassung des Deutschen Reichs vom 11. August 1919. 14. Aufl., Berlin 1933
Assenmacher, Günther, Die Wehrpflichtbefreiung der Geistlichen. Nach dem katholischen Kirchenrecht und dem Staatskirchenrecht der Bundesrepublik Deutschland. Berlin 1987
Aymans, Winfried, Laien als kirchliche Richter? Erwägungen über die Vollmacht zu geistlicher Rechtsprechung, in: AkKR 144 (1975), S. 3ff.
Bachof, Otto, Die verwaltungsgerichtliche Klage auf Vornahme einer Amtshandlung. Zugleich eine Untersuchung über den öffentlichrechtlichen Folgenbeseitigungsanspruch nach Aufhebung eines rechtswidrigen Verwaltungsaktes. Tübingen 1951
–, Rechtsnatur, zulässiger Inhalt und gerichtliche Anfechtung von Friedhofsordnungen (dargestellt am Kunststeinverbot). Ein Rechtsgutachten, in: AöR 78 (1952/53), S. 82ff.
–, Begriff und Wesen des sozialen Rechtsstaates, in: VVDStRL, Heft 12, Berlin 1954, S. 37ff.
–, Rezension von: K. Hesse, Der Rechtsschutz durch staatliche Gerichte im kirchlichen Bereich (1956), in: DÖV 1958, S. 557f.
–, Verfassungsrecht, Verwaltungsrecht, Verfahrensrecht in der Rechtsprechung des Bundesverwaltungsgerichts. Band I, 3. Aufl., Tübingen 1966
–, Beitrag zur Aussprache über die Referate von R. Bernhardt und N. Achterberg, in: VVDStRL, Heft 38, Berlin und New York 1980, S. 157ff.
–, Hände weg vom Grundgesetz! Änderungen von Rechtsweggarantie und Asylrecht?, in: Das akzeptierte Grundgesetz. Festschrift für Günter Dürig zum 70. Geburtstag, hrsg. von H. Maurer in Verbindung mit P. Häberle, W. Schmitt Glaeser und W. Graf Vitzthum. München 1990, S. 319ff.
Badura, Peter, Staatsrecht. Systematische Erläuterung des Grundgesetzes für die Bundesrepublik Deutschland. München 1986
Bäumlin, Richard, Staat, Recht und Geschichte. Eine Studie zum Wesen des geschichtlichen Rechts, entwickelt an den Grundproblemen von Verfassung und Verwaltung. Zürich 1961
–, Staatslehre und Kirchenrechtslehre, über gemeinsame Fragen ihrer Grundproblematik, in: Staatsverfassung und Kirchenordnung. Festgabe für Rudolf Smend zum 80. Geburtstag am 15. Januar 1962, hrsg. von K. Hesse, S. Reicke und U. Scheuner. Tübingen 1962, S. 3ff.
Baldus, Manfred, Gottesdienstliche Handlungen als Störungen der Sonntagsruhe, in: DÖV 1971, S. 338ff.
Baur, Fritz, Betriebsjustiz, in: JZ 1965, S. 163ff.
Becker, Hans-Jürgen, Art. »Klerus«, in: HRG, Bd. 2, 1978, Sp. 876ff.
Belemann, Gerd Dieter, Kirchliche Beteiligung an staatlichen Einrichtungen. Diss. iur. Bonn 1967
Berchtenbreiter, Angelika, Kündigungsschutzprobleme im kirchlichen Arbeitsverhältnis. Zur Festlegung kirchenspezifischer Loyalitätspflichten und ihrer staatsgerichtlichen Kontrolle. Heidelberg 1984
Bertermann, Udo, Zum Selbstbestimmungsrecht der Religionsgemeinschaften, in: MDR 1966, S. 881ff.
Bethge, Herbert, Grundrechtsverwirklichung und Grundrechtssicherung durch Organisation und Verfahren, in: NJW 1982, S. 1ff.
–, Grundrechte und gerichtlicher Schutz, in: KritV 73 (1990), S. 9ff.
Bettermann, Karl August, Die Unabhängigkeit der Gerichte und der gesetzliche Richter, in: Die Grundrechte. Handbuch der Theorie und Praxis der Grundrechte, hrsg. von K. A. Bettermann, H. C. Nipperdey und U. Scheuner. Dritter Band, 2. Halbband. Berlin 1959, S. 523ff.
–, Der Schutz der Grundrechte in der ordentlichen Gerichtsbarkeit, in: Die Grundrechte. Handbuch der Theorie und Praxis der Grundrechte, hrsg. von K. A. Bettermann, H. C. Nipperdey und U. Scheuner. Dritter Band, 2. Halbband. Berlin 1959, S. 779ff.
Beulcke, Eckart, Bonner Grundgesetz und die Parität der Kirchen, in: ZevKR 6 (1957/58), S. 127ff.
Beutler, Bengt, Das Staatsbild in den Länderverfassungen nach 1945. Berlin 1973
Blomeyer, Arwed, Gewissensprivilegien im Vertragsrecht?, in: JZ 1954, S. 309ff.
Böckenförde, Ernst-Wolfgang, Religionsfreiheit und öffentliches Schulgebet. Eine Auseinan-

dersetzung mit dem Urteil des Hess. Staatsgerichtshofs vom 27. 10. 1965 – P. St. 388, in: DÖV 1966, S. 30ff.

–, Entstehung und Wandel des Rechtsstaatsbegriffs, in: Festschrift für Adolf Arndt zum 65. Geburtstag, hrsg. von H. Ehmke, C. Schmid und H. Scharoun. Frankfurt a. M. 1969, S. 53ff.

–, Vorläufige Bilanz im Streit um das Schulgebet. Zum Urteil des BVerwG v. 30. 11. 1973 – VII C 59.72, in: DÖV 1974, S. 253ff.

Bogs, Harald, Probleme des Geistlichenprivilegs im Wehrrecht, in: Der Staat 9 (1970), S. 43ff.

Bogs, Walter, Welche Folgen für die Rechtsstellung der Kirche, ihrer Pfarrer und Beamten hätte deren Überführung in die Sozialversicherung?, in: ZevKR 20 (1975), S. 77ff.

Bohatec, Josef, Das Territorial- und Kollegialsystem in der holländischen Publizistik des XVII. Jahrhunderts, in: ZRG Kan. Abt. XXXV (1948), S. 1ff.

Bosch, Friedrich Wilhelm, Zum Urteil des Bundesverfassungsgerichts vom 29. Juli 1959, in: FamRZ 1959, S. 406ff.

Bosch, Friedrich Wilhelm / Habscheid, Walther J., Vertragspflicht und Gewissenskonflikt, in: JZ 1954, S. 213ff.

–, Nochmals: Vertragspflicht und Gewissenskonflikt, in: JZ 1956, S. 297ff.

Brandl, Alfons, Rechtsfragen der res sacra, in: BayVBl. 1982, S. 331f.

Brecher, Fritz, Grundrechte im Betrieb, in: Festschrift für Hans Carl Nipperdey zum 70. Geburtstag, hrsg. von R. Dietz und H. Hübner. Bd. II, München und Berlin 1965, S. 29ff.

von Busse, Franz-Georg, Gemeinsame Angelegenheiten von Staat und Kirche. Religionsunterricht – Kirchensteuer – Anstaltsseelsorge – Friedhofswesen – Theologische Fakultäten/ Fachbereiche nach der Bayerischen Verfassung. München 1978

Frhr. von Campenhausen, Axel, Anmerkung zum Urteil des BVerwG vom 27. 10. 1966 – II C 98.64 –, in: DVBl. 1967, S. 731ff.

–, Rezension von: H. Weber, Die Religionsgemeinschaften als Körperschaften des öffentlichen Rechts im System des Grundgesetzes (1966), in: ZevKR 13 (1967/68), S. 211ff.

–, Der Rechtsschutz der kirchlichen Bediensteten, in: Festschrift für Erich Ruppel zum 65. Geburtstag am 25. Januar 1968, hrsg. von H. Brunotte, K. Müller und R. Smend. Hannover, Berlin und Hamburg 1968, S. 262ff.

–, Grundgesetz und Kirche. Anmerkungen zu den Auseinandersetzungen des Staatskirchenrechts, in: BayVBl. 1968, S. 221ff.

–, Staatliche Rechtsschutzpflicht und kirchliche Autonomie, in: ZevKR 17 (1972), S. 127ff.

–, Rechtsprobleme des kirchlichen Glockengeläuts, in: DVBl. 1972, S. 316ff.

–, Beitrag zur Aussprache über das Referat von E. Ruppel, in: Essener Gespräche 7 (1972), S. 71f.

–, Staatskirchenrechtliche Probleme der Kirchenmitgliedschaft, in: HdbStKirchR I, S. 645ff.

–, Der Austritt aus den Kirchen und Religionsgemeinschaften, in: HdbStKirchR I, S. 657ff.

–, Kommentierung der Artikel 142 bis 143 Abs. 2 und 144 bis 147, in: Die Verfassung des Freistaates Bayern. Kommentar. 2. Aufl., hrsg. von C. Leusser und E. Gerner, bearbeitet von K. Schweiger und H. Zacher unter Mitarbeit von A. Frhr. v. Campenhausen und F.-G. v. Busse. 1.–5. Lieferung, München 1976

–, Neue Religionen im Abendland. Staatskirchenrechtliche Probleme der Muslime, der Jugendsekten und der sogenannten destruktiven religiösen Gruppen, in: ZevKR 25 (1980), S. 135ff.

–, Aktuelle Probleme des Geistlichenprivilegs im Wehrrecht, in: DVBl. 1980, S. 578ff.

–, Verfassungsrechtliche Gesichtspunkte zur Rechtslage der neuen Religionen. idea-Dokumentation Nr. 19/82. Wetzlar 1982

–, Staatskirchenrecht. Ein Studienbuch. 2. Aufl., München 1983

–, Das Staatskirchenrecht in der Rechtsprechung der Landesverfassungsgerichte, in: Landesverfassungsgerichtsbarkeit. Teilband III: Verfassungsauslegung. In Gemeinschaft mit O. Bachof, W. K. Geck und J. Schmidt hrsg. von Chr. Starck und K. Stern. Baden-Baden 1983, S. 403ff.

–, Die Verantwortung der Kirche und des Staates für die Regelung von Arbeitsverhältnissen im kirchlichen Bereich, in: Essener Gespräche 18 (1984), S. 9ff.

–, Zum Lebenswerk von Ulrich Scheuner, zur politischen Betätigung von Geistlichen und zu anderen kirchenrechtlichen Einzelfragen, in: ZevKR 32 (1987), S. 68ff.

–, Der staatliche Rechtsschutz im kirchlichen Bereich, in: AöR 112 (1987), S. 623ff.

–, Religionsfreiheit, in: Handbuch des Staatsrechts der Bundesrepublik Deutschland, hrsg. von J. Isensee und P. Kirchhof. Bd. VI: Freiheitsrechte. Heidelberg 1989, S. 369ff.

–, Die Kirchen unter dem Grundgesetz 1949–1989, in: R. Morsey / K. Repgen (Hrsg.), Christen und Grundgesetz. Paderborn, München, Wien, Zürich 1989, S. 71ff.

–, Religiöse Wirtschaftsbetriebe als Idealvereine?, in: NJW 1990, S. 887f.

Christoph, Joachim E., Rechtsnatur und Geltungsbereich des kirchlichen Mitarbeitervertretungsrechts, in: ZevKR 32 (1987), S. 47ff.

Conradt, Georg / Piechulek, Günther, Kann ein evang. Geistlicher seine Versetzung in den Warte- oder Ruhestand vor den Verwaltungsgerichten anfechten?, in: JR 1953, S. 168ff.

Dickmann, Fritz, Der Westfälische Frieden. Münster 1959

Diederichsen, Uwe, Kommentierung des RKEG, in: Palandt, Bürgerliches Gesetzbuch, 48. Aufl., München 1989, S. 1672ff.

Dolde, Klaus-Peter, Grundrechtsschutz durch einfaches Verfahrensrecht?, in: NVwZ 1982, S. 65ff.

Dreier, Ralf, Das kirchliche Amt. Eine kirchenrechtstheoretische Studie. München 1972

Dürig, Günter, Grundrechte und Zivilrechtsprechung, in: Vom Bonner Grundgesetz zur gesamtdeutschen Verfassung. Festschrift zum 75. Geburtstag von Hans Nawiasky, hrsg. von Th. Maunz. München 1956, S. 157ff.

–, Kommentierung von Art. 19 Abs. 4, in: M-D (Erstbearbeitung 1958)

–, Kommentierung von Art. 19 Abs. 3, in: M-D (Erstbearbeitung 1959)

–, Kommentierung von Art. 19 Abs. 3, in: M-D (Mai 1977)

Dütz, Wilhelm, Rechtsstaatlicher Gerichtsschutz im Privatrecht. Zum sachlichen Umfang der Zivilgerichtsbarkeit. Bad Homburg v. d. H., Berlin, Zürich 1970

–, Gewerkschaftliche Betätigung in kirchlichen Einrichtungen. Königstein/Ts. 1982

–, Kirchliche Festlegung arbeitsvertraglicher Kündigungsgründe?, in: NJW 1990, S. 2025ff.

Ebers, Godehard Josef, Staat und Kirche im neuen Deutschland. München 1930

–, Artikel 137, 138, 140, 141. Religionsgesellschaften, in: Die Grundrechte und Grundpflichten der Reichsverfassung. Kommentar zum zweiten Teil der Reichsverfassung, hrsg. von H. C. Nipperdey. Zweiter Band: Artikel 118–142. Berlin 1930, S. 361ff.

–, Grundriß des Katholischen Kirchenrechts. Rechtsgeschichte und System. Wien 1950

Echterhölter, Rudolf, Das öffentliche Recht im nationalsozialistischen Staat. (Quellen und Darstellungen zur Zeitgeschichte: Die deutsche Justiz und der Nationalsozialismus. Bd. II). Stuttgart 1970

Ehlers, Dirk, Staatlicher Rechtsschutz gegenüber den Religionsgemeinschaften in amts- und dienstrechtlichen Angelegenheiten, in: ZevKR 27 (1982), S. 269ff.

–, Rechtstheologische und säkulare Aspekte des evangelischen Kirchenrechts, in: Rechtsstaat, Kirche, Sinnverantwortung. Festschrift für Klaus Obermayer zum 70. Geburtstag, hrsg. von R. Bartlsperger, D. Ehlers, W. Hofmann und D. Pirson. München 1986, S. 275ff.

–, Die gemeinsamen Angelegenheiten von Staat und Kirche, in: ZevKR 32 (1987), S. 158ff.

–, Der staatliche Gerichtsschutz in kirchlichen Angelegenheiten – BVerwG, NJW 1983, 2580, und BVerwG, NJW 1983, 2582, in: JuS 1989, S. 364ff.

Elgeti, Axel, Rechtsprobleme bei Kindergärten in kirchlicher Trägerschaft, in: ZevKR 34 (1989), S. 144ff.

Engelhardt, Hanns, Die Kirchensteuer in der Bundesrepublik Deutschland. Bad Homburg v. d. H., Berlin, Zürich 1968

–, Ketzer, Kirche, Grundgesetz, in: DRiZ 1979, S. 267ff.

Engstfeld, Paul A. u. a., (Hrsg.), Juristische Probleme im Zusammenhang mit den sogenannten neuen Jugendreligionen. München 1981

Ennuschat, Jörg, Betrifft die Erzwingung des Flaggengrußes bei einem Zeugen Jehovas dessen religiöse Identität?, in: NVwZ 1990, S. 37

Erichsen, Hans-Uwe, Anmerkung zum Beschluß des BVerwG vom 10. 7. 1986 – 7 B 27.86 –, in: DVBl. 1986, S. 1203 f.

Erler, Adalbert, Kirchenrecht. 5. Aufl., München 1983

Eser, Albin, Strafrechtlicher Schutz des religiösen Friedens, in: HdbStKirchR II, S. 821 ff.

–, Kommentierung von § 243 StGB, in: Schönke-Schröder, Strafgesetzbuch. Kommentar. 23. Aufl., München 1988, S. 1608 ff.

Evers, Hans-Ulrich, Vom kirchenregimentlichen zum bruderschaftlichen Pfarrerdienstrecht – dargestellt am Sachproblem der Einsicht in die Personalakten, in: ZevKR 9 (1962/63), S. 68 ff.

–, Das Verhältnis der kirchlichen zur staatlichen Gerichtsbarkeit, in: Festschrift für Erich Ruppel zum 65. Geburtstag am 25. Januar 1968, hrsg. von H. Brunotte, K. Müller und R. Smend. Hannover, Berlin und Hamburg 1968, S. 329 ff.

–, Beitrag zur Aussprache über die Referate von M. Heckel und A. Hollerbach, in: VVDStRL, Heft 26, Berlin 1968, S. 139 ff.

Eyermann, Erich / Fröhler, Ludwig, Verwaltungsgerichtsordnung. Kommentar. 8. Aufl., München 1980

Fahrnberger, Gerhard, Die Weiheverfahren, in: HdbKathKR S. 999 ff.

Fischer, Erwin, Das Verhältnis von Staat und Kirche in der Rechtsprechung des Bundesverwaltungsgerichts, in: Verwaltungsrecht zwischen Freiheit, Teilhabe und Bindung. Festgabe aus Anlaß des 25jährigen Bestehens des Bundesverwaltungsgerichts, hrsg. von O. Bachof, L. Heigl und K. Redeker. München 1978, S. 183 ff.

–, Trennung von Staat und Kirche. Die Gefährdung der Religions- und Weltanschauungsfreiheit in der Bundesrepublik. 3. Aufl., Frankfurt a. M. 1984

Flatten, Heinrich, Das Eheverfahren, in: HdbKathKR S. 984 ff.

Forsthoff, Ernst, Die öffentliche Körperschaft im Bundesstaat. Eine Untersuchung über die Bedeutung der institutionellen Garantie in den Artikeln 127 und 137 der Weimarer Verfassung. Tübingen 1931

–, Gutachten zur Rechtsgültigkeit der Westfälischen Ordnung für das Verfahren bei Verletzung der Amtspflichten von Geistlichen vom 1. 9. 1945, in: ZevKR 1 (1951), S. 287 ff.

Frank, Johann, Geschichte und neuere Entwicklung des Rechts der kirchlichen Beamten, in: ZevKR 10 (1963/64), S. 264 ff.

–, Zur Rechtswirksamkeit der kirchlichen Ruhensvorschriften, in: ZevKR 11 (1964/65), S. 280 ff.

–, Nochmals: Zur Rechtswirksamkeit der kirchlichen Ruhensvorschriften, in: ZevKR 14 (1968/69), S. 145 ff.

–, Dienst- und Arbeitsrecht, in: HdbStKirchR I, S. 669 ff.

–, Entwicklungen und Probleme des kollektiven Arbeitsrechts in der evangelischen Kirche, in: RdA 1979, S. 86 ff.

–, Kirchlicher Körperschaftsstatus und neuere staatliche Rechtsentwicklung. Landgerichtspräsident Heinrich Hoppe, Lüneburg, zum 60. Geburtstag am 21. 2. 1981, in: ZevKR 26 (1981), S. 51 ff.

Franz, Wolfgang, Zu Rechtsfragen im Zusammenhang mit sogenannten Jugendreligionen. Neues aus Rechtsprechung und Schrifttum, in: NVwZ 1985, S. 81 ff.

Friedrich, Manfred, Rudolf Smend 1882–1975, in: AöR 112 (1987), S. 1 ff.

Friedrich, Peter, Anmerkung zum Beschluß des BVerfG vom 26. 1. 1978 – 1 BvR 1200/77 –, in: NJW 1978, S. 1151

Friedrich, Otto, Einführung in das Kirchenrecht. 2. Aufl., Göttingen 1978

Friesenhahn, Ernst, Über Begriff und Arten der Rechtsprechung unter besonderer Berücksichtigung der Staatsgerichtsbarkeit nach dem Grundgesetz und den westdeutschen Landesverfassungen, in: Festschrift Richard Thoma zum 75. Geburtstag am 19. Dezember 1949. Tübingen 1950, S. 21 ff.

–, Die Kirchen und Religionsgemeinschaften als Körperschaften des öffentlichen Rechts, in: HdbStKirchR I, S. 545 ff.

–, Beiträge zur Aussprache über das Referat von Th. Mayer-Maly, in: Essener Gespräche 10 (1976), S. 163f., 176f.

Fuchs, Johannes Georg, Die öffentlich-rechtliche Anerkennung von Kirchen und Religionsgemeinschaften nach dem neueren schweizerischen Staatskirchenrecht, in: Privatrecht, öffentliches Recht, Strafrecht. Grenzen und Grenzüberschreitungen. Festgabe zum Schweizerischen Juristentag 1985, hrsg. von der Juristischen Fakultät der Universität Basel. Basel, Frankfurt am Main 1985, S. 93ff.

Fuß, Ernst-Werner, Grundrechtsgeltung für Hoheitsträger?, in: DVBl. 1958, S. 739ff.

–, Kirche und Staat unter dem Grundgesetz, in: DÖV 1961, S. 734ff.

Gallhoff, Hermann, Pfarrer und höchste geistliche Amtsträger in der evangelischen Kirche. Ihre rechtlichen Beziehungen untereinander. Heidelberg 1968

Gampl, Inge, Österreichisches Staatskirchenrecht. Wien, New York 1971

–, Die Rechtsstellung der Kirchen und Religionsgesellschaften in Österreich, in: Jahrbuch des öffentlichen Rechts der Gegenwart, hrsg. von G. Leibholz. Neue Folge Bd. 21, Tübingen 1972, S. 231ff.

Geiger, Willi, Die Grundrechte in der Privatrechtsordnung. Stuttgart 1960

–, Die Rechtsprechung des Bundesverfassungsgerichts zum kirchlichen Selbstbestimmungsrecht, in: ZevKR 26 (1981), S. 156ff.

Gernhuber, Joachim, Lehrbuch des Familienrechts. 3. Aufl., München 1980

Giese, Friedrich, Staats-Kirchenrecht, in: A. M. Koeniger / ders., Grundzüge des katholischen Kirchenrechts und des Staatskirchenrechts. Bonn 1924, S. 171ff.

–, Staatskirchenrecht, in: A. M. Koeniger / ders., Grundzüge des katholischen Kirchenrechts und des Staatskirchenrechts. 3. Aufl., Augsburg-Göggingen 1949, S. 211ff.

–, Beitrag zur Aussprache über die Referate von W. Weber und H. Peters, in: VVDStRL, Heft 11, Berlin 1954, S. 229ff.

Glässing, H., Kann der Vormundschaftsrichter die Erstbestimmung der Religion des Kindes vornehmen?, in: FamRZ 1962, S. 350ff.

Glasow, Ernst, Die Anfechtbarkeit kirchlicher Verwaltungsakte. Diss. iur. Würzburg 1956

Goerlich, Helmut, Grundrechte als Verfahrensgarantien. Ein Beitrag zum Verständnis des Grundgesetzes für die Bundesrepublik Deutschland. Baden-Baden 1981

–, Res sacrae und Rechtsweg. Bemerkungen zum Urteil des BVerwG vom 7. 10. 1983 – 7 C 44.81 –, in: JZ 1984, S. 221ff.

Greschat, Martin, Kirche und Öffentlichkeit in der deutschen Nachkriegszeit (1945–1949), in: Kirchen in der Nachkriegszeit. Vier zeitgeschichtliche Beiträge. Göttingen 1979, S. 100ff.

Grundmann, Siegfried, Der Lutherische Weltbund. Grundlagen, Herkunft, Aufbau. Köln, Graz 1957

–, Das Verhältnis von Staat und Kirche auf der Grundlage des Vertragskirchenrechts, in: ÖAfKR 13 (1962), S. 281ff.

–, Das Bundesverfassungsgericht und das Staatskirchenrecht, in: JZ 1966, S. 81ff.

–, Art. »Vertragskirchenrecht«, in: EvStL, 1. Aufl. 1966, Sp. 2378ff.

–, Die Rechtsprechung des Bundesverfassungsgerichts in Kirchensteuersachen und das Staatskirchenrecht, in: JZ 1967, S. 193ff.

–, Laizistische Tendenzen im deutschen Staatskirchenrecht?, in: Kirche und Staat. Festschrift für Bischof D. Hermann Kunst D. D. zum 60. Geburtstag am 21. Januar 1967, hrsg. von K. Aland und W. Schneemelcher. Berlin 1967, S. 126ff.

Guber, Tillo, Religiöse Geschäftsbetriebe als Idealvereine?, in: NVwZ 1990, S. 40ff.

Habscheid, Walther J., Arbeitsverweigerung aus Glaubens- und Gewissensnot?, in: JZ 1964, S. 246ff.

Häberle, Peter, Kirchliche Gewalt als öffentliche und »mittelbar« staatliche Gewalt. Zum Beschluß des BVerfG vom 17. 2. 1965, in: ZevKR 11 (1964/65), S. 395ff.

–, Berufsgerichte als »staatliche« Gerichte. Gedanken zum Beschluß des BVerfG vom 24. 11. 1964, in: DÖV 1965, S. 369ff.

–, »Gemeinrechtliche« Gemeinsamkeiten der Rechtsprechung staatlicher und kirchlicher Gerichte? Die Bindung an das Gesetz und das richterliche Prüfungsrecht, in: JZ 1966, S. 384 ff.
–, Zur gegenwärtigen Diskussion um das Problem der Souveränität, in: AöR 92 (1967), S. 259 ff.
–, Exzessive Glaubenswerbung in Sonderstatusverhältnissen – BVerwGE 30, 29, in: JuS 1969, S. 265 ff.
–, Grundrechte im Leistungsstaat, in: VVDStRL, Heft 30, Berlin 1972, S. 43 ff.
–, Die Menschenwürde als Grundlage der staatlichen Gemeinschaft, in: Handbuch des Staatsrechts der Bundesrepublik Deutschland, hrsg. von J. Isensee und P. Kirchhof. Bd. I: Grundlagen von Staat und Verfassung. Heidelberg 1987, S. 815 ff.
Hamann, Andreas, Das Grundgesetz für die Bundesrepublik Deutschland vom 23. Mai 1949. Ein Kommentar für Wissenschaft und Praxis. 2. Aufl., Neuwied und Berlin 1961
Hamann, Andreas (jun.) / Lenz, Helmut, Das Grundgesetz für die Bundesrepublik Deutschland vom 23. Mai 1949. Ein Kommentar für Wissenschaft und Praxis. 3. Aufl., Neuwied und Berlin 1970
Hamel, Walter, Glaubens- und Gewissensfreiheit, in: Die Grundrechte. Handbuch der Theorie und Praxis der Grundrechte, hrsg. von K. A. Bettermann, H. C. Nipperdey und U. Scheuner. Vierter Band, 1. Halbband, 2. (gegenüber der 1. Aufl. 1960 unveränderte) Aufl., Berlin 1972, S. 37 ff.
–, Die Bekenntnisfreiheit in der Schule. Zum Urteil des Hessischen Staatsgerichtshofes über das Schulgebet, in: NJW 1966, S. 18 ff.
Hanau, Peter, Die neue Rechtsprechung zur gewerkschaftlichen Betätigung im Betrieb, in: Das Arbeitsrecht der Gegenwart. Jahrbuch für das gesamte Arbeitsrecht und die Arbeitsgerichtsbarkeit. Nachschlagewerk für Wissenschaft und Praxis, hrsg. von G. Müller. Bd. 17, Berlin 1980, S. 37 ff.
Hansch, Karl, Die Disziplinargerichtsbarkeit in der evangelischen Kirche. Göttingen 1961
von Harling, Otto, Der Rechtsschutz im kirchlichen Amtsrecht, in: NJW 1967, S. 2299 f.
Hartmann, Peter, Kommentierung von § 293 ZPO, in: Zivilprozeßordnung mit Gerichtsverfassungsgesetz und anderen Nebengesetzen, (Kommentar) begründet von A. Baumbach, fortgeführt von W. Lauterbach, nunmehr verfaßt von Jan Albers und Peter Hartmann. 47. Aufl., München 1989, S. 894 ff.
Hartmann, Ulrich, Die Zuständigkeit staatlicher Verwaltungsgerichte in Kirchensachen, zugleich ein Beitrag zur Rechtsform der Kirche. Diss. iur. Heidelberg 1955
Heckel, Johannes, Das staatskirchenrechtliche Schrifttum der Jahre 1930 und 1931, in: Verwaltungsarchiv 37 (1932), S. 280 ff.
–, Cura religionis – Ius in sacra – Ius circa sacra (aus: Festschrift für U. Stutz, Kirchenrechtliche Abhandlungen Heft 117/118, Stuttgart 1938). Sonderausgabe, 2. Aufl., Darmstadt 1962
–, Melanchthon und das heutige deutsche Staatskirchenrecht, in: Um Recht und Gerechtigkeit. Festgabe für Erich Kaufmann zu seinem 70. Geburtstage – 21. September 1950 – überreicht von Freunden, Verehrern und Schülern. Stuttgart und Köln 1950, S. 83 ff.
–, Lex charitatis. Eine juristische Untersuchung über das Recht in der Theologie Martin Luthers. 2. Aufl., hrsg. von M. Heckel. Köln, Wien 1973
Heckel, Martin, Staat und Kirche nach den Lehren der evangelischen Juristen Deutschlands in der ersten Hälfte des 17. Jahrhunderts. (Erstveröffentlichung in: ZRG Kan. Abt. XLII [1956], S. 117 ff., und XLIII [1957], S. 202 ff.). München 1968
–, Autonomia und Pacis Compositio. Der Augsburger Religionsfriede in der Deutung der Gegenreformation, in: ZRG Kan. Abt. XLV (1959), S. 141 ff.
–, Parität, in: ZRG Kan. Abt. XLIX (1963), S. 261 ff.
–, Summum ius – summa iniuria als Problem reformatorischen Kirchenrechts, in: Summum ius summa iniuria. Individualgerechtigkeit und der Schutz allgemeiner Werte im Rechtsleben. Tübingen 1963, S. 240 ff.
–, Zur Entwicklung des deutschen Staatskirchenrechts von der Reformation bis zur Schwelle der Weimarer Verfassung, in: ZevKR 12 (1966/67), S. 1 ff.
–, Staat – Kirche – Kunst. Rechtsfragen kirchlicher Kulturdenkmäler. Tübingen 1968

–, Die Kirchen unter dem Grundgesetz, in: VVDStRL, Heft 26, Berlin 1968, S. 5ff.
–, Zum Sinn und Wandel der Freiheitsidee im Kirchenrecht der Neuzeit, in: ZRG Kan. Abt. LV (1969), S. 395ff.
–, Zur Historiographie des Westfälischen Friedens. Die Bedeutung des Werkes von Fritz Dickmann für die deutsche Verfassungs- und Kirchenrechtsgeschichte, in: ZRG Kan. Abt. LVII (1971), S. 322ff.
–, Staat und Kirchen in der Bundesrepublik. Staatskirchenrechtliche Aufsätze 1950–1967, in: ZevKR 18 (1973), S. 22ff.
–, Die religionsrechtliche Parität, in: HdbStKirchR I, S. 445ff.
–, Staatskirchenrechtliche Dimensionen. Ulrich Scheuners Schriften zum Staatskirchenrecht, in: DÖV 1975, S. 39ff.
–, Der praktische Fall – Öffentliches Recht: Das Geistlichenprivileg im Wehrrecht, in: JuS 1976, S. 450ff.
–, Itio in partes. Zur Religionsverfassung des Heiligen Römischen Reiches Deutscher Nation, in: ZRG Kan. Abt. LXIV (1978), S. 180ff.
–, Säkularisierung. Staatskirchenrechtliche Aspekte einer umstrittenen Kategorie, in: ZRG Kan. Abt. LXVI, 1980, S. 1ff.
–, Das Säkularisierungsproblem in der Entwicklung des deutschen Staatskirchenrechts, in: Christentum, Säkularisation und modernes Recht, hrsg. von L. L. Vallauri und G. Dilcher. Baden-Baden, Milano 1981, Bd. 2, S. 873ff. (auch in: Christentum und modernes Recht. Beiträge zum Problem der Säkularisierung, hrsg. von G. Dilcher u. I. Staff. Frankfurt am Main 1984, S. 35ff.)
–, Luther und das Recht. Zur Rechtstheologie Martin Luthers und ihren Auswirkungen auf Kirche und Reich, in: NJW 1983, S. 2521ff.
–, Anmerkung zum Urteil des VGH Mannheim vom 19. 7. 1984 – 9 S 2239/82 –, in: JZ 1985, S. 948ff.
–, Die theologischen Fakultäten im weltlichen Verfassungsstaat. Tübingen 1986
–, Art. »Cura religionis«, in: EvStL, 3. Aufl. 1987, Bd. I, Sp. 425f.
–, Art. »Episkopalsystem«, in: EvStL, 3. Aufl. 1987, Bd. I, Sp. 728ff.
–, Art. »Ius circa sacra«, in: EvStL, 3. Aufl. 1987, Bd. I, Sp. 1408ff.
–, Art. »Territorialsystem«, in: EvStL, 3. Aufl. 1987, Bd. II, Sp. 3600ff.
–, Kulturkampfaspekte. Der Kulturkampf als Lehrstück modernen Staatskirchenrechts, in: Staat, Kirche, Wissenschaft in einer pluralistischen Gesellschaft. Festschrift zum 65. Geburtstag von Paul Mikat, hrsg. von D. Schwab, D. Giesen, J. Listl und H.-W. Strätz. Berlin 1989, S. 545ff.
Hemmrich, Ulfried, Kommentierung von Art. 140, in: Grundgesetz-Kommentar, hrsg. von I. v. Münch. Bd. 3, 2. Aufl., München 1983
Herr-Beck, Maria, Die Frage nach der Zulässigkeit des staatlichen Rechtsweges für Entscheidungen der Kirchenbehörden, beantwortet auf Grund des neuen Rechtsverhältnisses zwischen Staat und Kirche in der Bundesrepublik. Diss. iur. Mainz 1958
Herzog, Roman, Der demokratische Verfassungsstaat in Deutschland – Entwicklung und Ausblick, in: JuS 1969, S. 397ff.
–, Kommentierung von Art. 92, in: M-D (Lieferung August 1971)
–, Kommentierung von Art. 20, in: M-D (Lieferung September 1980)
Hesse, Konrad, Anmerkung zum Beschluß des Hanseatischen OLG zu Hamburg vom 26. 10. 1954 – 1 W 124/54 –, in: DVBl. 1955, S. 64f.
–, Kirchliche und staatliche Verwaltungsgerichtsbarkeit, in: DVBl. 1955, S. 589ff.
–, Anmerkung zum Urteil des BVerwG vom 17. 12. 1954 – V C 27/54 –, in: ZevKR 4 (1955), S. 333ff.
–, Der Rechtsschutz durch staatliche Gerichte im kirchlichen Bereich. Zugleich ein Beitrag zur Frage des rechtlichen Verhältnisses von Staat und Kirche in der Gegenwart. Göttingen 1956
–, Staatskirchenrechtliche Voreiligkeiten? Zu Herbert Krügers Besprechung ZevKR 6, 72ff., in: ZevKR 6 (1957/58), S. 177ff.

–, Rezension von: S. Grundmann, Der Lutherische Weltbund (1957), in: AöR 84 (1959), S. 364 ff.
–, Die Entwicklung des Staatskirchenrechts seit 1945, in: Jahrbuch des öffentlichen Rechts der Gegenwart, hrsg. von G. Leibholz. Neue Folge Bd. 10, Tübingen 1961, S. 3 ff.
–, Anmerkung zum Urteil des BGH vom 16. 3. 1961 – III ZR 17/60 –, in: JZ 1961, S. 450
–, Der Rechtsstaat im Verfassungssystem des Grundgesetzes, in: Staatsverfassung und Kirchenordnung. Festgabe für Rudolf Smend zum 80. Geburtstag am 15. Januar 1962, hrsg. von K. Hesse, S. Reicke und U. Scheuner. Tübingen 1962, S. 71 ff.
–, Freie Kirche im demokratischen Gemeinwesen. Zur Gegenwartslage des Verhältnisses von Staat und Kirche in der Bundesrepublik, in: ZevKR 11 (1964/65), S. 337 ff.
–, Partnerschaft zwischen Kirche und Staat? Zur heutigen staatskirchenrechtlichen Lage in der Bundesrepublik, in: Das Verhältnis von Kirche und Staat. Erwägungen zur Vielfalt der geschichtlichen Entwicklung und gegenwärtigen Situation. (Studien und Berichte der Katholischen Akademie in Bayern, hrsg. von K. Forster, Heft 30). Würzburg 1965, S. 127 ff.
–, Beitrag zur Aussprache über die Referate von M. Heckel und A. Hollerbach, in: VVDStRL, Heft 26, Berlin 1968, S. 137 f.
–, Das Selbstbestimmungsrecht der Kirchen und Religionsgemeinschaften, in: HdbStKirchR I, S. 409 ff.
–, Grundrechtsbindung der Kirchen?, in: Im Dienst an Recht und Staat. Festschrift für Werner Weber zum 70. Geburtstag, hrsg. von H. Schneider und V. Götz. Berlin 1974, S. 447 ff.
–, Grundrechte: Bestand und Bedeutung, in: Handbuch des Verfassungsrechts der Bundesrepublik Deutschland, hrsg. von E. Benda, W. Maihofer und H.-J. Vogel unter Mitwirkung von K. Hesse. Berlin, New York 1983, S. 79 ff.
–, Grundzüge des Verfassungsrechts der Bundesrepublik Deutschland. 15. Aufl., Heidelberg 1985

Heußner, Hermann, Über die Auswirkungen des Gleichberechtigungsurteils des Bundesverfassungsgerichts vom 29. 7. 1959. Ein Beitrag zur Frage der »Bindungskraft« verfassungsgerichtlicher Entscheidungen, zum Recht der religiösen Kindererziehung und zur gesetzlichen Neuregelung im Bereich der elterlichen Gewalt, in: FamRZ 1960, S. 6 ff.

Heyde, Wolfgang, Die Rechtsprechung, in: Handbuch des Verfassungsrechts der Bundesrepublik Deutschland, hrsg. von E. Benda, W. Maihofer und H.-J. Vogel unter Mitwirkung von K. Hesse. Berlin, New York 1983, S. 1199 ff.

Hildebrandt, Wolfgang, Die Bedeutung geistlicher Gerichtsbarkeit in weltlichen Angelegenheiten nach Gerichtsverfassungsgesetz § 15 III (Geschichte – Rechtsvergleichung – Bedeutung). Diss. iur. Freiburg i. Br. 1931

Hinschius, Paul, Allgemeine Darstellung der Verhältnisse von Staat und Kirche, in: Handbuch des Oeffentlichen Rechts der Gegenwart in Monographien, hrsg. von H. Marquardsen. I. Bd., 1. Halbbd., Freiburg i. Br. und Tübingen 1883, S. 187 ff.
–, System des katholischen Kirchenrechts mit besonderer Rücksicht auf Deutschland. Bd. V und VI, Berlin 1893 und 1897

Hoffmann, Georg, Art. »Gerichtsbarkeit, kirchliche« (IV), in: EvStL, 2. Aufl. 1975, Sp. 827 ff.

Hofmann, Werner, Normenkontrolle bei ortskirchlichen Satzungen, in: BayVBl. 1963, S. 345 ff.
–, Die religiöse Kindererziehung in verfassungsrechtlicher Sicht, in: FamRZ 1965, S. 61 ff.

Holl, Karl, Luther und das landesherrliche Kirchenregiment (1911), in: ders., Gesammelte Aufsätze zur Kirchengeschichte. Bd. I: Luther. 6. Aufl., Tübingen 1932, S. 326 ff.

Hollerbach, Alexander, Verträge zwischen Staat und Kirche in der Bundesrepublik Deutschland. Frankfurt am Main 1965
–, Das Staatskirchenrecht in der Rechtsprechung des Bundesverfassungsgerichts, in: AöR 92 (1967), S. 99 ff.
–, Die Kirchen unter dem Grundgesetz, in: VVDStRL, Heft 26, Berlin 1968, S. 57 ff.
–, Die neuere Entwicklung des Konkordatsrechts, in: Jahrbuch des öffentlichen Rechts der Gegenwart, hrsg. von G. Leibholz. Neue Folge Bd. 17, Tübingen 1968, S. 117 ff.

–, Die Kirchen als Körperschaften des öffentlichen Rechts, in: Essener Gespräche 1 (1969), S. 46ff.

–, Die verfassungsrechtlichen Grundlagen des Staatskirchenrechts, in: HdbStKirchR I, S. 215ff.

–, Die vertragsrechtlichen Grundlagen des Staatskirchenrechts, in: HdbStKirchR I, S. 267ff.

–, Das Staatskirchenrecht in der Rechtsprechung des Bundesverfassungsgerichts (II), in: AöR 106 (1981), S. 218ff.

–, Grundlagen des Staatskirchenrechts, in: Handbuch des Staatsrechts der Bundesrepublik Deutschland, hrsg. von J. Isensee und P. Kirchhof. Bd. VI: Freiheitsrechte. Heidelberg 1989, S. 471ff.

–, Der verfassungsrechtliche Schutz kirchlicher Organisation, in: Handbuch des Staatsrechts der Bundesrepublik Deutschland, hrsg. von J. Isensee und P. Kirchhof. Bd. VI: Freiheitsrechte. Heidelberg 1989, S. 557ff.

–, Freiheit kirchlichen Wirkens, in: Handbuch des Staatsrechts der Bundesrepublik Deutschland, hrsg. von J. Isensee und P. Kirchhof. Bd. VI: Freiheitsrechte. Heidelberg 1989, S. 595ff.

–, Entwicklungen im Verhältnis von Staat und Kirche, in: Verfassungsrecht zwischen Wissenschaft und Richterkunst. Konrad Hesse zum 70. Geburtstag. In Verbindung mit P. Häberle, A. Hollerbach, W. Fiedler und F. Müller hrsg. von H.-P. Schneider und R. Steinberg. Heidelberg 1990, S. 73ff.

Holtkotten, Hans, Kommentierung von Art. 140, in: BK (Erstbearbeitung 1950ff.)

Honecker, Martin, Cura religionis Magistratus Christiani. Studien zum Kirchenrecht im Luthertum des 17. Jahrhunderts, insbesondere bei Johann Gerhard. München 1968

Huber, Ernst Rudolf, Verträge zwischen Staat und Kirche im Deutschen Reich. Breslau 1930

–, Verfassungsrecht des Großdeutschen Reiches. 2. Aufl. der »Verfassung«. Hamburg 1939

–, Deutsche Verfassungsgeschichte seit 1789. Bd. IV: Struktur und Krisen des Kaiserreichs. Stuttgart, Berlin, Köln, Mainz 1969

Hummel, Reinhart, Die sogenannten Jugendreligionen als religiöse und gesellschaftliche Phänomene, in: Essener Gespräche 19 (1985), S. 64ff.

Ipsen, Hans Peter, Beitrag zur Aussprache über die Referate von M. Heckel und A. Hollerbach, in: VVDStRL, Heft 26, Berlin 1968, S. 118f.

Isensee, Josef, Staatsleistungen an die Kirchen und Religionsgemeinschaften, in: HdbStKirchR II, S. 51ff.

–, Wer definiert die Freiheitsrechte? Selbstverständnis der Grundrechtsträger und Grundrechtsauslegung des Staates. Heidelberg, Karlsruhe 1980

–, Die Finanzquellen der Kirchen im deutschen Staatskirchenrecht. Rechtsgrundlagen und Legitimationsgedanken, in: JuS 1980, S. 94ff.

–, Öffentlicher Dienst, in: Handbuch des Verfassungsrechts der Bundesrepublik Deutschland, hrsg. von E. Benda, W. Maihofer und H.-J. Vogel unter Mitwirkung von K. Hesse. Berlin, New York 1983, S. 1149ff.

–, Rechtsschutz gegen Kirchenglocken. Rechtsweg und Rechtsqualifikation bei Nachbarklagen auf Unterlassung kirchlicher Immissionen, in: Rechtsvergleichung, Europarecht und Staatenintegration. Gedächtnisschrift für Léontin-Jean Constantinesco, hrsg. von G. Lüke, G. Ress und M. R. Will. Köln, Berlin, Bonn, München 1983, S. 301ff.

–, Kirchliche Loyalität im Rahmen des staatlichen Arbeitsrechts. Verfassungsrechtliche Aspekte des kirchlichen Arbeitsverhältnisses, in: Rechtsstaat, Kirche, Sinnverantwortung. Festschrift für Klaus Obermayer zum 70. Geburtstag, hrsg. von R. Bartlsperger, D. Ehlers, W. Hofmann und D. Pirson. München 1986, S. 203ff.

Jansen, Paul, FGG. Kommentar. Dritter Band, 2. Aufl., Berlin 1971

Jellinek, Walter, In welcher Weise empfiehlt es sich, die Gesetzgebung über die Verwaltungsgerichtsbarkeit zu vereinheitlichen?, in: Verhandlungen des 38. Deutschen Juristentages in Frankfurt a. M. 1950. Tübingen 1951, D S. 2ff.

–, Beitrag zur Aussprache über die Referate von F. Klein und H. Herrfahrdt, in: VVDStRL, Heft 8, Berlin 1950, S. 159ff.

–, Beitrag zur Aussprache über die Referate von W. Weber und H. Peters, in: VVDStRL, Heft 11, Berlin 1954, S. 237f.

Johnsen, Hartmut, Nachprüfbarkeit kirchlicher Rechtshandlungen durch staatliche Gerichte. Diss. iur. Bonn 1956

Jung, Winfried, Staat und Kirche im kirchlichen Friedhofswesen. Diss. iur. Göttingen 1966

Jurina, Josef, Der Rechtsstatus der Kirchen und Religionsgemeinschaften im Bereich ihrer eigenen Angelegenheiten. Berlin 1972

–, Die Religionsgemeinschaften mit privatrechtlichem Rechtsstatus, in: HdbStKirchR I, S. 587ff.

–, Dienst- und Arbeitsrecht in der katholischen Kirche, in: Essener Gespräche 10 (1976), S. 57ff.

–, Das Dienst- und Arbeitsrecht im Bereich der Kirchen in der Bundesrepublik Deutschland. Berlin 1979

–, Kirchenfreiheit und Arbeitsrecht, in: Demokratie in Anfechtung und Bewährung. Festschrift für Johannes Broermann, hrsg. von J. Listl und H. Schambeck. Berlin 1982, S. 797ff.

Kägi, Werner, Zur Entwicklung des schweizerischen Rechtsstaates seit 1848, in: ZSR 71 (1952), S. 173ff.

Kästner, Karl-Hermann, Die Geltung von Grundrechten in kirchlichen Angelegenheiten, in: JuS 1977, S. 715ff.

–, Rudolf Smend (1882–1975). Recht im Staat und in der Kirche, in: Lebensbilder zur Geschichte der Tübinger Juristenfakultät, hrsg. von F. Elsener aus Anlaß des 500jährigen Bestehens der Fakultät. Tübingen 1977, S. 135ff.

–, Staat und Kirche – heute, in: Die Verwaltung 10 (1977), S. 67ff.

–, Die Entwicklung des Staatskirchenrechts seit 1961, in: Jahrbuch des öffentlichen Rechts der Gegenwart, hrsg. von G. Leibholz. Neue Folge Bd. 27, Tübingen 1978, S. 239ff.

–, Art. »Parität«, in: HRG, Bd. 3, 1984, Sp. 1512ff.

–, Art. »Religionsgesellschaft«, in: HRG, Bd. 4 (28. Lieferung 1987), Sp. 874ff.

–, »Säkulare« Staatlichkeit und religionsrechtliche Ordnung in der Bundesrepublik Deutschland. Bemerkungen zur Tragweite des Säkularitätsprinzips für die Definition religionsbezogener Tatbestandsmerkmale staatlichen Rechts, in: ZevKR 34 (1989), S. 260ff.

Kahl, Wilhelm, Lehrsystem des Kirchenrechts und der Kirchenpolitik. Erste Hälfte: Einleitung und allgemeiner Teil. Freiburg i. Br. und Leipzig 1894

–, Staat und Kirche, in: Handbuch der Politik, hrsg. von G. Anschütz u. a. Bd. I: Die Grundlagen der Politik. 3. Aufl., Berlin und Leipzig 1920, S. 126ff.

–, Das Reichsgericht und der braunschweigische Kirchenverfassungsstreit, in: AöR 43 (1922), S. 115ff.

Kaiser, Matthäus, Einführung einer Verwaltungsgerichtsbarkeit in der katholischen Kirche?, in: Essener Gespräche 7 (1972), S. 92ff.

Kalisch, Werner, Grund- und Einzelfragen des kirchlichen Dienstrechts, in: ZevKR 2 (1952/53), S. 24ff.

Katholnigg, Oskar, Katholische Kirche und Rechtsweg. Diss. iur. Frankfurt am Main 1960

Kaufmann, Ekkehard, Glaube – Irrtum – Recht. Zum Lehrzuchtverfahren in der evangelischen Kirche unter besonderer Berücksichtigung des Falles Richard Baumann. Stuttgart 1961

Kaufmann, Horst, Die Einrede der entgegenstehenden Gewissenspflicht, in: AcP 161 (1962), S. 289ff.

Keidel, Theodor / Kuntze, Joachim / Winkler, Karl, Freiwillige Gerichtsbarkeit. Teil B: Handausgabe des Beurkundungsgesetzes mit Erläuterungen. 12. Aufl., München 1986

Kerbusch, Hermann, Anmerkung zum Urteil des BVerwG vom 23. 2. 1979 – 7 C 32.78 –, in: DÖV 1980, S. 873f.

Kern, Eduard, Staat und Kirche in der Gegenwart. Hamburg, Berlin, Bonn 1951

Kewenig, Wilhelm, Das Grundgesetz und die staatliche Förderung der Religionsgemeinschaften, in: Essener Gespräche 6 (1972), S. 9ff.

Kind, Walter, Die rechtlichen Grenzen der Glaubenswerbung. Besteht eine staatliche Eingriffs-

pflicht bei exzessiver Glaubenswerbung im allgemeinen Freiheitsstatus bzw. bei Sonderstatusverhältnissen? Diss. iur. Bonn 1975
Kirchhof, Ferdinand, Private Rechtsetzung. Berin 1987
Kissel, Otto Rudolf, Gerichtsverfassungsgesetz. München 1981
Klein, Friedrich, Tragweite der Generalklausel im Art. 19 Abs. 4 des Bonner Grundgesetzes, in: VVDStRL, Heft 8, Berlin 1950, S. 67 ff.
Knüllig, Werner, Kirchliche Versorgungskassen für Pfarrer und Kirchenbeamte – Gründung, Aufsicht, Organisation, Finanzausstattung, Vermögensanlage, Rechtsweg, Versorgungsanspruch –, in: ZevKR 27 (1982), S. 337 ff.
Körner, Joachim, Das Verhältnis von Staat und Kirche im Spiegel der Judikatur seit 1930. Diss. iur. Erlangen 1961
Köttgen, Arnold, Kirche im Spiegel deutscher Staatsverfassung der Nachkriegszeit, in: DVBl. 1952, S. 485 ff.
Kopp, Ferdinand O., Aktuelle Probleme des Geistlichenprivilegs im Wehrrecht – Erwiderung zum Beitrag von von Campenhausen zum selben Thema in DVBl. 1980, 578 –, in: DVBl. 1980, S. 826 ff.
–, Geistlichenprivileg gem. § 11 I Nr. 3 WPflG für »Sekten«?, in: NVwZ 1982, S. 178 ff.
–, Verwaltungsgerichtsordnung. 7. Aufl., München 1986
–, Religionsgemeinschaften als wirtschaftliche Vereine i. S. von § 22 BGB?, in: NJW 1989, S. 2497 ff.
Kotzur, Hubert, Kollisionsrechtliche Probleme christlich-islamischer Ehen, dargestellt am Beispiel deutsch-maghrebinischer Verbindungen. Tübingen 1988
Krämer, Achim, Verfassungsrechtliche und staatskirchenrechtliche Probleme kirchlicher Gerichtsbarkeit, in: DVBl. 1981, S. 1 ff.
Kraft, Alfons, Rechtspflicht und Gewissenspflicht, in: AcP 163 (1964), S. 472 ff.
Krüger, Herbert, Rezension von: Konrad Hesse, Der Rechtsschutz durch staatliche Gerichte im kirchlichen Bereich (1956), in: ZevKR 6 (1957/58), S. 72 ff.
–, Verfassungsänderung und Verfassungsauslegung, in: DÖV 1961, S. 721 ff.
–, Allgemeine Staatslehre. 2. Aufl., Stuttgart, Berlin, Köln, Mainz 1966
–, Rechtsstaat – Sozialstaat – Staat, oder: Rechtsstaat + Sozialstaat ergeben noch keinen Staat. Hamburg 1975
Krüger, Hildegard, Grenzen der Zumutbarkeit aus Gewissensgründen im Arbeitsrecht, in: RdA 7 (1954), S. 365 ff.
Kuhlmann, Hartmut, Anmerkung zum Beschluß des LG Braunschweig vom 14. 9. 1983 – 8 T 477/83 –, in: ZevKR 30 (1985), S. 238 ff.
Kunig, Philip, Das Rechtsstaatsprinzip. Überlegungen zu seiner Bedeutung für das Verfassungsrecht der Bundesrepublik Deutschland. Tübingen 1986
Kunst, Hermann, Verbindungsstellen zwischen Staat und Kirchen: Evangelische Kirche, in: HdbStKirchR II, S. 273 ff.
Kuper, Bernd-Otto, Betriebliche und überbetriebliche Mitwirkung im kirchlichen Dienst, in: RdA 1979, S. 93 ff.
Lackner, Karl, Strafgesetzbuch mit Erläuterungen. 17. Aufl., München 1987
Lange, Hermann, Die Lücke im Kindschaftsrecht, in: NJW 1961, S. 1889 ff.
Laubinger, Hans-Werner, Grundrechtsschutz durch Gestaltung des Verwaltungsverfahrens, in: Verwaltungsarchiv 73 (1982), S. 60 ff.
Laufs, Adolf, Eduard Lasker und der Rechtsstaat, in: Der Staat 13 (1974), S. 365 ff.
–, Die rechtsstaatlichen Züge des Bismarck-Reiches, in: Rechtshistorische Studien. Hans Thieme zum 70. Geburtstag zugeeignet von seinen Schülern. Köln, Wien 1977, S. 72 ff.
Leisner, Walter, Grundrechte und Privatrecht. München 1960
–, Karitas – innere Angelegenheit der Kirchen, in: DÖV 1977, S. 475 ff.
–, Verfassungskonflikt zwischen Kirchen und Gewerkschaften. – Gewerkschaftliches Zugangsrecht zu karitativen Einrichtungen der Kirchen?, in: BayVBl. 1980, S. 321 ff.

Lenckner, Theodor, Kommentierung der §§ 166ff. StGB, in: Schönke-Schröder, Strafgesetzbuch. Kommentar. 23. Aufl., München 1988, S. 1175ff.
Lerche, Peter, Zum »Anspruch auf rechtliches Gehör«, in: ZZP 78 (1965), S. 1ff.
–, Vorbereitung grundrechtlichen Ausgleichs durch gesetzgeberisches Verfahren, in: ders. / W. Schmitt Glaeser / E. Schmidt-Aßmann, Verfahren als staats- und verwaltungsrechtliche Kategorie. Heidelberg 1984, S. 97ff.
Lilienthal, A., Die Staatsaufsicht über die Religionsgesellschaften nach Artikel 137 der Reichsverfassung. Berlin 1925
Link, Christoph, Neuere Entwicklungen und Probleme des Staatskirchenrechts in Deutschland, in: I. Gampl / ders., Deutsches und österreichisches Staatskirchenrecht in der Diskussion. Paderborn 1973, S. 25ff.
–, Religionsunterricht, in: HdbStKirchR II, S. 503ff.
–, Rechtsgutachten I, in: Kirchliches Amt und politisches Mandat. Dokumentation zum Bremer Verfassungsrechtsstreit. Entscheidungen und Texte, zusammengestellt und eingeleitet von D. Dahrmann. Hannover 1977, S. 86ff.
–, Herrschaftsordnung und bürgerliche Freiheit. Grenzen der Staatsgewalt in der älteren deutschen Staatslehre. Wien – Köln – Graz 1979
–, Die aktuellen verfassungs- und vertragsrechtlichen Grundlagen des Staatskirchenrechts, in: Staat und Kirche. Referate der Tagung der Deutschen Richterakademie in Trier vom 6. bis 12. November 1983, hrsg. vom Bayerischen Staatsministerium der Justiz (hektographiert), S. 27ff.
–, Christentum und moderner Staat. Zur Grundlegung eines freiheitlichen Staatskirchenrechts im Aufklärungszeitalter, in: Christentum und modernes Recht. Beiträge zum Problem der Säkularisierung, hrsg. von G. Dilcher und I. Staff. Frankfurt am Main 1984, S. 110ff.
–, Anmerkung zum Urteil des BVerwG vom 2. 9. 1983 – 7 C 169.81 –, in: JZ 1985, S. 38ff.
–, Anfänge des Rechtsstaatsgedankens in der deutschen Staatsrechtslehre des 16. bis 18. Jahrhunderts, in: Die Rolle des Juristen bei der Entstehung des modernen Staates, hrsg. von R. Schnur. Berlin 1986, S. 775ff.
–, Der Rechtsstatus der Theologischen Fakultäten, in: Theologische Rundschau 53 (1988), S. 405ff.
Listl, Joseph, Das Grundrecht der Religionsfreiheit in der Rechtsprechung der Gerichte der Bundesrepublik Deutschland. Berlin 1971
–, Staat und Kirche in der Bundesrepublik Deutschland. Wandlungen und neuere Entwicklungstendenzen im Staatskirchenrecht, in: Stimmen der Zeit 191 (1973), S. 291ff.
–, Glaubens-, Gewissens-, Bekenntnis- und Kirchenfreiheit, in: HdbStKirchR I, S. 363ff.
–, Kirche und Staat in der neueren katholischen Kirchenrechtswissenschaft. Berlin 1978
–, Staat und Kirche bei Ulrich Scheuner (1903–1981), in: Demokratie in Anfechtung und Bewährung. Festschrift für Johannes Broermann, hrsg. von J. Listl und H. Schambeck. Berlin 1982, S. 827ff.
–, Glaubens-, Gewissens-, Bekenntnis- und Kirchenfreiheit, in: Staat und Kirche. Referate der Tagung der Deutschen Richterakademie in Trier vom 6. bis 12. November 1983, hrsg. vom Bayerischen Staatsministerium der Justiz (hektographiert), S. 49ff.
–, Anmerkung zum Urteil des BVerwG vom 25. 11. 1982 – 2 C 21.78 –, in: DÖV 1984, S. 587ff.
–, Die Aussagen des Codex Iuris Canonici vom 25. Januar 1983 zum Verhältnis von Kirche und Staat, in: Essener Gespräche 19 (1985), S. 9ff.
–, Die Arbeitsverhältnisse der kirchlichen Dienstnehmer in der Rechtsprechung der Gerichte der Bundesrepublik Deutschland, in: Jahrbuch für christliche Sozialwissenschaften, hrsg. von A. Rauscher. 27. Bd., Münster 1986, S. 131ff.
–, Das kirchliche Besteuerungsrecht in der neueren Rechtsprechung der Gerichte der Bundesrepublik Deutschland, in: Staat, Kirche, Wissenschaft in einer pluralistischen Gesellschaft. Festschrift zum 65. Geburtstag von Paul Mikat, hrsg. von D. Schwab, D. Giesen, J. Listl und H.-W. Strätz. Berlin 1989, S. 579ff.
–, Staatliche und kirchliche Gerichtsbarkeit, in: DÖV 1989, S. 409ff.

–, Ein Monument deutscher Staatsrechtslehre II. Zum Erscheinen der Bände III und VI des Handbuchs des Staatsrechts der Bundesrepublik Deutschland von Isensee / Kirchhof, in: DÖV 1989, S. 807ff.

Löhr, Joseph, Ist eine staatliche »Kirchenhoheit« und eine besondere Staatsaufsicht über die Kirche mit der deutschen Reichsverfassung vereinbar? Paderborn 1927

Löwisch, Manfred, Einrichtungen der Religionsgemeinschaften i.S. des § 118 Abs. 2 BetrVG und des § 112 BPersVG, in: AuR 1979 (Sonderheft »Kirche und Arbeitsrecht«), S. 33f.

Lorenz, Dieter, Der Rechtsschutz des Bürgers und die Rechtsweggarantie. München 1973

–, Schulgebet und Toleranz – BVerwG, NJW 1974, 574, in: JuS 1974, S. 436ff.

–, Der grundrechtliche Anspruch auf effektiven Rechtsschutz, in: AöR 105 (1980), S. 623ff.

Loschelder, Wolfgang, Staatliche und kirchliche Kulturverantwortung auf dem Gebiet des Denkmalschutzes, in: Staat, Kirche, Wissenschaft in einer pluralistischen Gesellschaft. Festschrift zum 65. Geburtstag von Paul Mikat, hrsg. von D. Schwab, D. Giesen, J. Listl und H.-W. Strätz. Berlin 1989, S. 611ff.

Lüdicke, Klaus, Von Nutzen für die Kirche? Chancen einer kirchlichen Verwaltungsgerichtsbarkeit, in: HK 28 (1974), S. 304ff.

Maier, Hans, Kirche und Staat seit 1945. Ihr Verhältnis in den wichtigsten europäischen Ländern, in: Geschichte in Wissenschaft und Unterricht 14 (1963), S. 558ff., 694ff., 741ff.

–, Staat und Kirche in Deutschland – von der Fremdheit zur »neuen Nähe«?, in: Das Verhältnis von Kirche und Staat. Erwägungen zur Vielfalt der geschichtlichen Entwicklung und gegenwärtigen Situation. (Studien und Berichte der Katholischen Akademie in Bayern, hrsg. von K. Forster, Heft 30). Würzburg 1965, S. 101ff.

–, Die politischen und gesellschaftlichen Grundlagen des Staat-Kirche-Verhältnisses in der Bundesrepublik Deutschland, in: HdbStKirchR I, S. 87ff.

–, Die ältere deutsche Staats- und Verwaltungslehre. 2. Aufl., München 1980

von Mangoldt, Hermann / Klein, Friedrich, Das Bonner Grundgesetz. 2. Aufl., Bd. I, Berlin und Frankfurt a. M. 1957

Mann, D. und U., Welcher Rechtsweg kann für die vermögensrechtlichen Ansprüche der Geistlichen und Kirchenbeamten eröffnet werden?, in: DVBl. 1962, S. 243ff.

Marcic, René, Vom Gesetzesstaat zum Richterstaat. Recht als Maß der Macht / Gedanken über den demokratischen Rechts- und Sozialstaat. Wien 1957

Marré, Heiner / Schlief, Karl-Eugen, Der öffentlich-rechtliche Gesamtstatus der Kirchen, in: NJW 1965, S. 1514ff.

Marré, Heiner, Staat und Kirche in der Bundesrepublik Deutschland. Neue Entwicklungen im Staatskirchenrecht, in: Zs. für Politik 13 (1966), S. 388ff.

–, Zur Koordination von Staat und Kirche, in: DVBl. 1966, S. 10ff.

–, Zur Koordination von Staat und Kirche, in: DVBl. 1967, S. 443ff.

–, Das kirchliche Besteuerungsrecht, in: HdbStKirchR II, S. 5ff.

Martens, Wolfgang, Öffentlich als Rechtsbegriff. Bad Homburg v. d. H., Berlin, Zürich 1969

–, Kirchenglocken und Polizei, in: Verfassung – Verwaltung – Finanzen. Festschrift für Gerhard Wacke zum 70. Geburtstag, hrsg. von K. Vogel und K. Tipke. Köln-Marienburg 1972, S. 343ff.

Maunz, Theodor / Dürig, Günter, Kommentierung von Art. 20 – »Rechtsstaatlichkeit« –, in: M-D (Erstbearbeitung 1960)

Maunz, Theodor, Kommentierung von Art. 140 GG sowie der inkorporierten Artikel der WRV, in: M-D (Lieferung Dezember 1973)

Maurer, Hartmut, Die Verwaltungsgerichtsbarkeit der evangelischen Kirche. Göttingen 1958

–, Zur Anfechtbarkeit kirchlicher Verwaltungsakte vor staatlichen Gerichten, in: DÖV 1960, S. 749ff.

–, Anmerkung zum Urteil des BGH vom 16. 3. 1961 – III ZR 17/60 –, in: DVBl. 1961, S. 625ff.

–, Anmerkung zum Urteil des BGH vom 19. 9. 1966 – III ZR 199/64 –, in: JZ 1967, S. 408ff.

–, Grundprobleme der kirchlichen Gerichtsbarkeit, in: ZevKR 17 (1972), S. 48ff.

–, Der praktische Fall – Öffentliches Recht: Streit um Glockengeläut, in: JuS 1972, S. 330ff.

–, Religionsfreiheit und Schule. Zum Schulgebetsurteil des Bundesverwaltungsgerichts vom 30. 11. 1973 – VII C 59.72 –, in: DVBl. 1974, S. 663 ff.

–, Kirchenrechtliche Streitigkeiten vor den allgemeinen Verwaltungsgerichten, in: Festschrift für Christian-Friedrich Menger, hrsg. von H.-U. Erichsen, W. Hoppe und A. v. Mutius. Köln, Berlin, Bonn, München 1985, S. 285 ff.

–, Art. »Gerichtsbarkeit, kirchliche« (I.-II.), in: EvStL, 3. Aufl. 1987, Bd. I, Sp. 1083 ff.

Maurer, Wilhelm, Art. »Kirchenrecht« (I E), in: EvStL, 2. Aufl. 1975, Sp. 1224 ff.

May, Georg, Grundfragen kirchlicher Gerichtsbarkeit, in: HdbKathKR S. 953 ff.

–, Art. »Gerichtsbarkeit, kirchliche« (III.), in: EvStL, 3. Aufl. 1987, Bd. I, Sp. 1089 ff.

Mayer-Maly, Theo, Das staatliche Arbeitsrecht und die Kirchen, in: Essener Gespräche 10 (1976), S. 127 ff.

–, Die Abstraktion von der Rechtsform kirchlicher Einrichtungen bei der Freistellung vom Betriebsverfassungsgesetz, in: BB 1977, S. 249 ff.

–, Anmerkung zu dem Beschluß des LAG Hamm vom 21. 1. 1977 – 3 TaBV 64/76 – und zu dem Urteil dieses Gerichts vom selben Tage – 3 Sa 941/76 –, in: BB 1977, S. 749 f.

–, Die arbeitsrechtliche Tragweite des kirchlichen Selbstbestimmungsrechts, in: BB 1977, Beilage 3

–, Das Gewissen und das Arbeitsrecht, in: Arbeitsleben und Rechtspflege. Festschrift für Gerhard Müller, hrsg. von Th. Mayer-Maly, R. Richardi, H. Schambeck und W. Zöllner. Berlin 1981, S. 325 ff.

Mayer-Scheu, Hansjosef, Grundgesetz und Parität von Kirchen und Religionsgemeinschaften. Mainz 1970

Meier, Gert, Die Entscheidung kirchlicher Angelegenheiten durch staatliche Gerichte, in: DVBl. 1967, S. 703 ff.

Melichar, Erwin, Gerichtsbarkeit und Verwaltung im staatlichen und kanonischen Recht. Wien 1948

Menger, Christian-Friedrich, Der Begriff des sozialen Rechtsstaates im Bonner Grundgesetz. Tübingen 1953

–, Zum staatlichen Rechtsschutz gegenüber kirchlichen Rechtshandlungen. Ein Beitrag zur Auslegung der Generalklauseln in Artikel 19 Abs. 4 des Grundgesetzes und in den Verwaltungsprozeßordnungen, in: MDR 1955, S. 512 ff.

–, Moderner Staat und Rechtsprechung. Tübingen 1968

Menger, Christian-Friedrich / Erichsen, Hans-Uwe, Höchstrichterliche Rechtsprechung zum Verwaltungsrecht, in: Verwaltungsarchiv 58 (1967), S. 375 ff.

Merk, Wilhelm, Beitrag zur Aussprache über die Referate von W. Weber und H. Peters, in: VVDStRL, Heft 11, Berlin 1954, S. 232 ff.

Merkel, Klaus, Verfassungsrechtliche Aspekte der privaten Strafgewalt. Eine verfassungsrechtliche Studie zur »Gerichtsbarkeit« der Vereine und Betriebe. Diss. iur. Saarbrücken 1974

Merten, Detlef, Rechtsstaat und Gewaltmonopol. Tübingen 1975

Metz, Christoph, Die Rechtsprechung der Gerichte und Schlichtungsstellen der Vereinigten Evangelisch-Lutherischen Kirche Deutschlands. Diss. iur. Marburg 1976

Meyer, Hans Ph., Die Bedeutung der Bindung richterlichen Handelns in der Kirche an das Bekenntnis, in: Festschrift für Erich Ruppel zum 65. Geburtstag am 25. Januar 1968, hrsg. von H. Brunotte, K. Müller und R. Smend. Hannover, Berlin und Hamburg 1968, S. 252 ff.

Meyer-Teschendorf, Klaus G., Der Körperschaftsstatus der Kirchen. Zur Systemadäquanz des Art. 137 V WRV im pluralistischen Gemeinwesen des Grundgesetzes, in: AöR 103 (1978), S. 289 ff.

–, Staat und Kirche im pluralistischen Gemeinwesen. Verfassungstheoretische Vorverständnisse von Staat, Kirche und Gesellschaft in der staatskirchenrechtlichen Diskussion der Gegenwart. Tübingen 1979

Meyn, Karl-Ulrich, Kontrolle als Verfassungsprinzip. Problemstudie zu einer legitimationsorientierten Theorie der politischen Kontrolle in der Verfassungsordnung des Grundgesetzes. Baden-Baden 1982

–, Warnung der Bundesregierung vor Jugendsekten – BVerwG, NJW 1989, 2272, und BVerfG, NJW 1989, 3269, in: JuS 1990, S. 630ff.

Mikat, Paul, Art. »Kirche und Staat« (III), in: Staatslexikon. Recht – Wirtschaft – Gesellschaft. Hrsg. von der Görres-Gesellschaft. 6. Aufl., Band IV, Freiburg i. Br. 1959, Sp. 1006ff.

–, Kirchen und Religionsgemeinschaften, in: Die Grundrechte. Handbuch der Theorie und Praxis der Grundrechte, hrsg. von K. A. Bettermann, H. C. Nipperdey und U. Scheuner. Vierter Band, 1. Halbband, 2. (gegenüber der 1. Aufl. 1960 unveränderte) Aufl., Berlin 1972, S. 111ff.

–, Kirchliche Streitsachen vor den Verwaltungsgerichten, in: Staatsbürger und Staatsgewalt. Verwaltungsrecht und Verwaltungsgerichtsbarkeit in Geschichte und Gegenwart. Jubiläumsschrift zum hundertjährigen Bestehen der deutschen Verwaltungsgerichtsbarkeit und zum zehnjährigen Bestehen des Bundesverwaltungsgerichtes, hrsg. von H. R. Külz und R. Naumann. Bd. II, Karlsruhe 1963, S. 315ff.

–, Das Verhältnis von Kirche und Staat in der Bundesrepublik. Berlin 1964

–, Zur rechtlichen Bedeutung religiöser Interessen (1973), in: ders., Religionsrechtliche Schriften. Abhandlungen zum Staatskirchenrecht und Eherecht, hrsg. von J. Listl. I. Halbband, Berlin 1974, S. 303ff.

–, Die religionsrechtliche Ordnungsproblematik in der Bundesrepublik Deutschland, in: HdbStKirchR I, S. 107ff.

–, Das Verhältnis von Kirche und Staat nach der Lehre der katholischen Kirche, in: HdbStKirchR I, S. 143ff.

–, Bemerkungen zu staatskirchenrechtlichen Strukturelementen des Grundgesetzes, in: Demokratie in Anfechtung und Bewährung. Festschrift für Johannes Broermann, hrsg. von J. Listl und H. Schambeck. Berlin 1982, S. 755ff.

–, Staat, Kirchen und Religionsgemeinschaften, in: Handbuch des Verfassungsrechts der Bundesrepublik Deutschland, hrsg. von E. Benda, W. Maihofer und H.-J. Vogel unter Mitwirkung von K. Hesse. Berlin, New York 1983, S. 1059ff.

Mörsdorf, Klaus, Rechtsprechung und Verwaltung im kanonischen Recht. Freiburg i. Br. 1941

–, Beitrag zur Aussprache über das Referat von M. Kaiser, in: Essener Gespräche 7 (1972), S. 119ff.

–, Lehrbuch des Kirchenrechts auf Grund des Codex Iuris Canonici. III. Band: Prozeß- und Strafrecht. 11. Aufl., Paderborn, München, Wien, Zürich 1979

Monz, Heinz, Gehören kirchliche »Verwaltungsakte« vor staatliche Gerichte?, in: Staats- und Kommunalverwaltung 1961, Ausgabe B, S. 67f.

Mosiek, Ulrich, Der Laie als Jurisdiktionsträger?, in: ÖAfKR 25 (1974), S. 3ff.

Müller, Friedrich, Zur Problematik der Antragsbefugnis der Diözesen im verwaltungsgerichtlichen Normenkontrollverfahren. Bemerkungen zum Beschluß des VGH Bad.-Württ. vom 14. 2. 1967 – IV 777/66 –, DÖV 1967, 309, in: DÖV 1968, S. 627ff.

Müller-Freienfels, Wolfram, Zur Scheidung wegen Glaubenswechsels. Bemerkungen zu BGHZ 38, 317 (Scheidung wegen Übertritts zu den »Zeugen Jehovas«), in: JZ 1964, S. 305ff., 344ff.

Müller-Volbehr, Jörg, Die geistlichen Gerichte in den Braunschweig-Wolfenbüttelschen Landen. Göttingen, Zürich, Frankfurt 1973

–, Neue Minderheitenreligionen – aktuelle verfassungsrechtliche Probleme, in: JZ 1981, S. 41ff.

–, Das Geistlichenprivileg im Wehrrecht – BVerwG, NJW 1981, 1460, in: JuS 1981, S. 728ff.

–, Die sogenannten Jugendreligionen und die Grenzen der Religionsfreiheit, in: Essener Gespräche 19 (1985), S. 111ff.

–, Rechtsweg gegen Hausverbot für kirchlichen Kindergarten – VGH München, BayVBl. 1986, 271, und BVerwG, NVwZ 1987, 677, in: JuS 1987, S. 869ff.

–, Körperschaftsstatus und Sachenrecht der Kirchen, in: ZevKR 33 (1988), S. 153ff.

Müssig, Peter, Kirchliches Glockengeläute und öffentlicher Rechtsweg. Bemerkungen zu den Urteilen des BVerwG vom 7. 10. 1983 und des OLG Frankfurt a. M. vom 24. 1. 1985, Az.: 1 U 175/81, in: DVBl. 1985, S. 837ff.

Naendrup, Peter-Hubert, Kirchenbezogene Aspekte der Zutritts- und Informationsrechte von Gewerkschaften, in: AuR 1979 (Sonderheft »Kirche und Arbeitsrecht«), S. 37ff.

Nagel, Karl-Jürgen, Die Aktivlegitimation der Religionsgesellschaften öffentlichen Rechts in der deutschen Verfassungsgerichtsbarkeit. Diss. iur. Göttingen 1953

Nawiasky, Hans, Allgemeine Staatslehre. Erster Teil: Grundlegung. Einsiedeln, Köln 1945

Nawiasky, Hans / Leusser, Claus, Die Verfassung des Freistaates Bayern vom 2. Dezember 1946. Systematischer Überblick und Handkommentar. München, Berlin 1948

Niebler, Engelbert, Die Rechtsprechung des Bundesverfassungsgerichts zum Verhältnis Staat und Kirche, in: Staat und Kirche. Referate der Tagung der Deutschen Richterakademie in Trier vom 6. bis 12. November 1983, hrsg. vom Bayerischen Staatsministerium der Justiz (hektographiert), S. 1ff.

Nipperdey, Hans Carl, Die Würde des Menschen, in: Die Grundrechte. Handbuch der Theorie und Praxis der Grundrechte, hrsg. von F. L. Neumann, H. C. Nipperdey und U. Scheuner. Zweiter Band, Berlin 1954, S. 1ff.

Nörr, Knut Wolfgang, Bürgerliches Eheauflösungsrecht und Religion, in: JZ 1966, S. 545ff.

Obermayer, Klaus, Staatskirchenrecht im Wandel, in: DÖV 1967, S. 9ff.

–, Staatskirchenrecht im säkularen Staat, in: Zeitwende – Die neue Furche 40 (1969), S. 514ff.

–, Die verwaltungsgerichtliche Normenkontrolle (I), in: Zehn Jahre Verwaltungsgerichtsordnung. Bewährung und Reform. Vorträge und Diskussionsbeiträge der 38. Staatswissenschaftlichen Fortbildungstagung der Hochschule für Verwaltungswissenschaften Speyer 1970. Berlin 1970, S. 142ff.

–, Kommentierung von Art. 140, in: BK (Zweitbearbeitung Oktober 1971)

–, Rechtsgutachten über die Möglichkeit einer Versicherung der Kirchenbeamten und Geistlichen in der Angestellten-Rentenversicherung, in: ZevKR 18 (1973), S. 247ff.

–, Zur Verfassungsmäßigkeit und zur Auslegung des Geistlichenprivilegs im Wehrrecht, in: DÖV 1976, S. 80ff.

–, Staat und Religion. Bekenntnisneutralität zwischen Traditionalismus und Nihilismus. Berlin, New York 1977

–, Das Verhältnis von Religionsgemeinschaften und Weltanschauungsgemeinschaften nach dem Grundgesetz. Eine verfassungsrechtliche Würdigung der Entscheidung des BVerwG vom 14. 11. 1980 über die Tragweite des Geistlichenprivilegs nach § 11 Abs. 1 Nr. 3 WPflG, in: DVBl. 1981, S. 615ff.

Ossenbühl, Fritz, Der öffentliche Status der Gewerkschaften, in: NJW 1965, S. 1561ff.

–, Kernenergie im Spiegel des Verfassungsrechts, in: DÖV 1981, S. 1ff.

–, Grundrechtsschutz im und durch Verfassungsrecht, in: Staatsorganisation und Staatsfunktionen im Wandel. Festschrift für Kurt Eichenberger zum 60. Geburtstag, hrsg. von G. Müller, R. A. Rhinow, G. Schmid und L. Wildhaber. Basel, Frankfurt a. M. 1982, S. 183ff.

Ott, Sieghart, Christliche Aspekte unserer Rechtsordnung. Berlin und Neuwied am Rhein 1968

Otto, Hansjörg, Personale Freiheit und soziale Bindung. Zur Kontrolle und Gewährleistung personal motivierten Verhaltens im Privatrecht. München 1978

–, Die verfassungsrechtliche Gewährleistung der koalitionsspezifischen Betätigung. Eine Analyse des Beschlusses des Bundesverfassungsgerichts vom 17. Februar 1981 – 2 BvR 384/78 – zur Frage gewerkschaftlicher Zutrittsrechte zu kirchlichen Einrichtungen. Ein Gutachten, erstattet für die Gewerkschaft ÖTV. Stuttgart 1982

Paarhammer, Hans, Das Strafverfahren, in: HdbKathKR S. 1002ff.

Pabst, Martin, Zum Rechtsschutz im kirchlichen Amtsrecht, in: ZevKR 17 (1972), S. 116ff.

Pahlke, Armin, Kirche und Koalitionsrecht. Zur Problematik des kirchlichen Arbeitsrechtsregelungsverfahrens, insbesondere des sog. Dritten Weges der Kirchen. Tübingen 1983

Papier, Hans-Jürgen, Justizgewähranspruch, in: Handbuch des Staatsrechts der Bundesrepublik Deutschland, hrsg. von J. Isensee und P. Kirchhof. Bd. VI: Freiheitsrechte. Heidelberg 1989, S. 1221ff.

–, Rechtsschutzgarantie gegen die öffentliche Gewalt, in: Handbuch des Staatsrechts der Bundesrepublik Deutschland, hrsg. von J. Isensee und P. Kirchhof. Bd. VI: Freiheitsrechte. Heidelberg 1989, S. 1233ff.

Pesendorfer, Marianne, Regionale kirchliche Gerichtshöfe. Ein Strukturproblem des kirchlichen Verfassungsrechts, in: ÖAfKR 25 (1974), S. 256ff.

Peters, Hans, Die Gegenwartslage des Staatskirchenrechts, in: VVDStRL, Heft 11, Berlin 1954, S. 177ff.

–, Elternrecht, Erziehung, Bildung und Schule, in: Die Grundrechte. Handbuch der Theorie und Praxis der Grundrechte, hrsg. von K. A. Bettermann, H. C. Nipperdey und U. Scheuner. Vierter Band, 1. Halbband, 2. (gegenüber der 1. Aufl. 1960 unveränderte) Aufl., Berlin 1972, S. 369ff.

Pirson, Dietrich, Der Kirchenvertrag als Gestaltungsform der Rechtsbeziehungen zwischen Staat und Kirche, in: Festschrift für Hans Liermann zum 70. Geburtstag, hrsg. von K. Obermayer und H.-R. Hagemann. Erlangen 1964, S. 177ff.

–, Universalität und Partikularität der Kirche. Die Rechtsproblematik zwischenkirchlicher Beziehungen. München 1965

–, Kirchliches Recht in der weltlichen Rechtsordnung, in: Festschrift für Erich Ruppel zum 65. Geburtstag am 25. Januar 1968, hrsg. von H. Brunotte, K. Müller und R. Smend. Hannover, Berlin und Hamburg 1968, S. 277ff.

Preuß, Ulrich K., Kommentierung von Art. 140 GG, in: Kommentar zum Grundgesetz für die Bundesrepublik Deutschland, bearb. von A. Azzola u. a. Bd. 2, Neuwied und Darmstadt 1984

Püttner, Günter, Handlungsspielräume der Verwaltung und Kontrolldichte gerichtlichen Rechtsschutzes, in: Die öffentliche Verwaltung zwischen Gesetzgebung und richterlicher Kontrolle. Göttinger Symposion, hrsg. von V. Götz, H. H. Klein und Chr. Starck. München 1985, S. 131ff.

–, Der Rechtsstaat und seine offenen Probleme, in: DÖV 1989, S. 137ff.

Quarch, Matthias, Anmerkung zum Beschluß des BVerfG vom 4. 5. 1984 – 2 BvR 1837/83 –, in: ZevKR 31 (1986), S. 92ff.

Quaritsch, Helmut, Kirchen und Staat. Verfassungs- und staatstheoretische Probleme der staatskirchenrechtlichen Lehre der Gegenwart, in: Der Staat 1 (1962), S. 175ff., 289ff.

–, Kirchenvertrag und Staatsgesetz. Zum Problem der Einwirkung nachträglicher Verfassungs- und Gesetzesänderungen auf die von Staat und evangelischen Kirchen geschlossenen Verträge, in: Hamburger Festschrift für Friedrich Schack zu seinem 80. Geburtstag am 1. Oktober 1966, hrsg. von H. P. Ipsen. Hamburg 1966, S. 125ff.

–, Neues und Altes über das Verhältnis von Kirchen und Staat, in: Der Staat 5 (1966), S. 451ff.

–, Zurück zur juristischen Methode im Staatskirchenrecht, in: NJW 1967, S. 764ff.

–, Beiträge zur Aussprache über die Referate von M. Heckel und A. Hollerbach, in: VVDStRL, Heft 26, Berlin 1968, S. 111ff., 143

–, Der Streit um die Katholische Theologie an der Universität Frankfurt, in: NVwZ 1990, S. 28ff.

Rauch, Oskar, Die arbeitsrechtliche Sonderstellung der Angestellten und Arbeiter im kirchlichen Dienst. Diss. iur. Erlangen-Nürnberg 1962

Redeker, Konrad / von Oertzen, Hans-Joachim, Verwaltungsgerichtsordnung. Kommentar. 8. Aufl., Stuttgart, Berlin, Köln, Mainz 1985

Renck, Ludwig, Rechtsfragen der res sacra, in: BayVBl. 1982, S. 329ff.

–, Fragen zur Korporationsqualität von Religionsgesellschaften, in: BayVBl. 1984, S. 708ff.

–, Anmerkung zum Urteil des VGH München vom 18. 12. 1985 – 7 B 83 A.264 –, in: BayVBl. 1986, S. 273f.

–, Staatliche Religionsneutralität und Toleranz – BVerfGE 35, 366 und 52, 233, in: JuS 1989, S. 451ff.

–, Res sacra und Sachgebrauch, in: NVwZ 1990, S. 38ff.

Reuter, Dieter, Gewerkschaftliche Präsenz im Betrieb, in: Arbeitsleben und Rechtspflege. Festschrift für Gerhard Müller, hrsg. von Th. Mayer-Maly, R. Richardi, H. Schambeck und W. Zöllner. Berlin 1981, S. 387ff.

–, Das Gewissen des Arbeitnehmers als Grenze des Direktionsrechts des Arbeitgebers. Kritische Anmerkungen zu BAG, Urteil vom 20.12.1984 – 2 AZR 436/83 –, in: BB 1986, S. 385 ff.

Richardi, Reinhard, Kollektivgewalt und Individualwille bei der Gestaltung des Arbeitsverhältnisses. München 1968

–, Kirchlicher Dienst und Arbeitsrecht, in: ZevKR 19 (1974), S. 275 ff.

–, Arbeitsrecht in der Kirche. Staatliches Arbeitsrecht und kirchliches Dienstrecht. München 1984

Ridder, Helmut, Kirche – Staat – Rundfunk. Grundsatzfragen ihrer Rechtsbeziehungen in der Bundesrepublik Deutschland. Hrsg. von K. Becker und K.-A. Siegel. Frankfurt a. M. 1958

–, Art. »Kirche und Staat« (IV 2a und b), in: Staatslexikon. Recht – Wirtschaft – Gesellschaft. Hrsg. von der Görres-Gesellschaft. 6. Aufl., Band IV, Freiburg i. Br. 1959, Sp. 1019 ff.

Rieder, Hans, Staat und Kirche nach modernem Verfassungsrecht. Berlin 1928

Rinken, Alfred, Das Öffentliche als verfassungstheoretisches Problem, dargestellt am Rechtsstatus der Wohlfahrtsverbände. Berlin 1971

Rohr, Bernhard, Die Anfechtbarkeit kirchlicher Verwaltungsakte. Diss. iur. Marburg 1958

Rüfner, Wolfgang, Verwaltungsrechtsschutz in Preußen von 1749 bis 1842. Bonn 1962

–, Die Geltung von Grundrechten im kirchlichen Bereich, in: Essener Gespräche 7 (1972), S. 9 ff.

–, Keine Staatskirche, aber Zusammenarbeit von Staat und Kirche. Realanalyse des Staatskirchenverhältnisses der Bundesrepublik Deutschland, in: Militärseelsorge 14 (1972), S. 278 ff.

–, Rechtsschutz gegen kirchliche Rechtshandlungen und Nachprüfung kirchlicher Entscheidungen durch staatliche Gerichte, in: HdbStKirchR I, S. 759 ff.

–, Rechts- und Amtshilfe, in: HdbStKirchR II, S. 839 ff.

–, Anmerkung zum Urteil des BVerwG vom 23.2.1979 – 7 C 32.78 –, in: DÖV 1980, S. 454 f.

–, Rechtsschutz gegen kirchliche Rechtshandlungen und Nachprüfung kirchlicher Entscheidungen durch staatliche Gerichte, in: Staat und Kirche. Referate der Tagung der Deutschen Richterakademie in Trier vom 6. bis 12. November 1983, hrsg. vom Bayerischen Staatsministerium der Justiz (hektographiert), S. 125 ff.

Ruland, Franz, Werbung und Information durch Beauftragte der Gewerkschaften in Betrieben und kirchlichen Einrichtungen. Ein Gutachten zu der von den Orthopädischen Anstalten Volmarstein, Rehabilitationszentrum, erhobenen Verfassungsbeschwerde – 2 BvR 384/78 – gegen das Urteil des Bundesarbeitsgerichts vom 14. Februar 1978 – 1 AZR 280/77 – und das Urteil des Landesarbeitsgerichts Hamm vom 21. Januar 1977 – 3 Sa 941/76 –, erstattet für die Gewerkschaft ÖTV. Stuttgart 1980

Rupp, Hans Heinrich, Zur neuen Verwaltungsgerichtsordnung: Gelöste und ungelöste Probleme, in: AöR 85 (1960), S. 149 ff.

Ruppel, Erich, Fragen des kirchlichen Disziplinarwesens im Lichte der Zwei-Reiche-Lehre, in: Staatsverfassung und Kirchenordnung. Festgabe für Rudolf Smend zum 80. Geburtstag am 15. Januar 1962, hrsg. von K. Hesse, S. Reicke und U. Scheuner. Tübingen 1962, S. 349 ff.

–, Die Verwaltungsgerichtsbarkeit in der evangelischen Kirche, in: Essener Gespräche 7 (1972), S. 53 ff.

–, Die Gemengelage von staatlichem und kirchlichem Recht und der kirchliche Rechtsbegriff, in: Festschrift für Karl Michaelis zum 70. Geburtstag am 21. Dezember 1970. Mit Unterstützung der Juristischen Fakultät der Georg-August-Universität zu Göttingen in Verbindung mit Freunden und Schülern hrsg. von H.-M. Pawlowski und F. Wieacker. Göttingen 1972, S. 267 ff.

Sachs, Michael, Anmerkung zum Beschluß des VGH München vom 19.7.1985 – 7 CE 85 A. 1634 –, in: BayVBl. 1987, S. 463 ff.

–, Staatliche und kirchliche Gerichtsbarkeit, in: DVBl. 1989, S. 487 ff.

Säcker, Horst, Der verfassungsgerichtliche Schutz gegen innerkirchliche Maßnahmen. Zugleich ein Beitrag zum gegenwärtigen Rechtsverhältnis von Staat und Kirche. Diss. iur. Würzburg 1968

–, Die Grundrechtsbindung der kirchlichen Gewalt, in: DVBl. 1969, S. 5 ff.

Säcker, Horst / Reimann, Wolfgang, Der praktische Fall – Öffentliches Recht: Der streitbare Pfarrer, in: JuS 1969, S. 574 ff.

Sägmüller, Johannes Baptist, Lehrbuch des katholischen Kirchenrechts. Freiburg i. Br. 1904

Sartorius, Carl, Die staatliche Verwaltungsgerichtsbarkeit auf dem Gebiete des Kirchenrechts. Mit besonderer Berücksichtigung der Preußischen, Bayerischen, Württembergischen, Badischen und Hessischen Gesetzgebung. München 1891

Schatzschneider, Wolfgang, Anmerkung zum Urteil des BVerwG vom 7. 10.1983 – 7 C 44/81 –, in: NJW 1984, S. 991

–, Rechtsordnung und »destruktive Kulte«. Zur juristischen Auseinandersetzung mit den sog. neuen Jugendreligionen, in: BayVBl. 1985, S. 321 ff.

Scheffler, Gerhard, Aus der höchstrichterlichen Rechtsprechung zum Verhältnis von Staat und Kirche, in: MDR 1965, S. 625 ff.

–, Zur Koordination von Staat und Kirche, in: DVBl. 1967, S. 442 f.

–, Staat und Kirche. Die Stellung der Kirche im Staat nach dem Grundgesetz. 2. Aufl., Hamburg 1973

Schenke, Wolf-Rüdiger, Kommentierung von Art. 19 Abs. 4, in: BK (Zweitbearbeitung Dezember 1982)

–, Die verfassungsrechtliche Garantie eines Rechtsschutzes kirchlicher Bediensteter, in: Festschrift Hans Joachim Faller, hrsg. von W. Zeidler, Th. Maunz und G. Roellecke. München 1984, S. 133 ff.

–, 40 Jahre Grundgesetz, in: JZ 1989, S. 653 ff.

Scheuner, Ulrich, Auflösung des Staatskirchenrechts? Zu den Erörterungen der Vereinigung der Deutschen Staatsrechtslehrer in Marburg am 17. Oktober 1952, in: ZevKR 2 (1952/53), S. 382 ff.

–, Die Nachprüfung kirchlicher Rechtshandlungen durch staatliche Gerichte. Zum Urteil des BGH vom 18. 2. 1954, in: ZevKR 3 (1953/54), S. 352 ff.

–, Begriff und Entwicklung des Rechtsstaats (1956), in: ders., Schriften zum Staatskirchenrecht. Hrsg. von J. Listl. Berlin 1973, S. 395 ff.

–, Grundfragen einer kirchlichen Verwaltungsgerichtsbarkeit, in: ZevKR 6 (1957/58), S. 337 ff.

–, Kirche und Staat, in: RGG, Bd. 3, 1959, Sp. 1327 ff.

–, Kirche und Staat in der neueren deutschen Entwicklung, in: ZevKR 7 (1959/60), S. 225 ff.

–, Die neuere Entwicklung des Rechtsstaats in Deutschland, in: Hundert Jahre deutsches Rechtsleben. Festschrift zum hundertjährigen Bestehen des Deutschen Juristentages 1860–1960, hrsg. von E. v. Caemmerer, E. Friesenhahn und R. Lange. Bd. II, Karlsruhe 1960, S. 229 ff.

–, Rechtsgrundlagen der Beziehungen von Kirche und Staat (1962), in: ders., Schriften zum Staatskirchenrecht. Hrsg. von J. Listl. Berlin 1973, S. 169 ff.

–, Erik Wolf, Ordnung der Kirche, in: ZevKR 10 (1963/64), S. 46 ff.

–, Auseinandersetzungen und Tendenzen im deutschen Staatskirchenrecht. Kirchenverträge und Gesetz, Kirchensteuern, Gemeinschaftsschule, Religionsfreiheit, in: DÖV 1966, S. 145 ff.

–, Die Religionsfreiheit im Grundgesetz, in: DÖV 1967, S. 585 ff.

–, Die Kirche im säkularen Staat (1967), in: ders., Schriften zum Staatskirchenrecht. Hrsg. von J. Listl. Berlin 1973, S. 215 ff.

–, Wandlungen im Staatskirchenrecht in der Bundesrepublik Deutschland, in: D. Stoodt / ders., Staat und Kirche in der Bundesrepublik. Frankfurt a. M. 1968, S. 27 ff.

–, Kirchenverträge in ihrem Verhältnis zu Staatsgesetz und Staatsverfassung, in: Festschrift für Erich Ruppel zum 65. Geburtstag am 25. Januar 1968, hrsg. von H. Brunotte, K. Müller und R. Smend. Hannover, Berlin und Hamburg 1968, S. 312 ff.

–, Beitrag zur Aussprache über die Referate von M. Heckel und A. Hollerbach, in: VVDStRL, Heft 26, Berlin 1968, S. 141 f.

–, Die rechtliche Stellung der Kirchen in der Entwicklung von Staat und Gesellschaft, in: Militärseelsorge 14 (1972), S. 228 ff.

–, Das System der Beziehungen von Staat und Kirchen im Grundgesetz. Zur Entwicklung des Staatskirchenrechts, in: HdbStKirchR I, S. 5 ff.
–, Begründung, Gestaltung und Grenzen kirchlicher Autonomie, in: Autonomie der Kirche. Symposion für Armin Füllkrug, hrsg. von H.-G. Jung, H.-H. Frhr. von Schlotheim und W. Weispfenning. Neuwied und Darmstadt 1979, S. 1 ff.
Scheven, Dieter, Der Verwaltungsrechtsschutz im kirchlichen Bereich. Diss. iur. Köln 1954
–, Die Bedeutung des Art. 19 IV des Grundgesetzes für die Anfechtung kirchlicher Verwaltungsakte, in: ZevKR 4 (1955), S. 157 ff.
–, Ist der kirchliche Dienst öffentlicher Dienst?, in: ZBR 1964, S. 289 ff.
–, Anmerkung zum Urteil des BVerwG vom 27. Oktober 1966 – II C 98.64 –, in: ZBR 1967, S. 163
Schiedermair, Hartmut, Parteiausschluß und gerichtlicher Rechtsschutz, in: AöR 104 (1979), S. 200 ff.
Schima, Hans, Die Lückenlosigkeit des Rechtsschutzsystems und ihre Grenzen (erläutert am österreichischen Beispiel), in: Ius et lex. Festgabe zum 70. Geburtstag von Max Gutzwiller, hrsg. von der Juristischen Fakultät der Universität Freiburg (Schweiz). Basel 1959, S. 523 ff.
Schlaich, Klaus, Der rationale Territorialismus. Die Kirche unter dem staatsrechtlichen Absolutismus um die Wende vom 17. zum 18. Jh., in: ZRG Kan. Abt. LIV (1968), S. 269 ff.
–, Kollegialtheorie. Kirche, Recht und Staat in der Aufklärung. München 1969
–, Neutralität als verfassungsrechtliches Prinzip, vornehmlich im Kulturverfassungs- und Staatskirchenrecht. Tübingen 1972
–, Der Öffentlichkeitsauftrag der Kirchen, in: HdbStKirchR II, S. 231 ff.
–, Maioritas – protestatio – itio in partes – corpus Evangelicorum. Das Verfahren im Reichstag des Hl. Römischen Reichs Deutscher Nation nach der Reformation, in: ZRG Kan. Abt. LXIII (1977), S. 264 ff., und LXIV (1978), S. 139 ff.
–, Der »Dritte Weg« – eine kirchliche Alternative zum Tarifvertragssystem?, in: JZ 1980, S. 209 ff.
–, Anmerkung zum Urteil des BAG vom 14. 10. 1980 – 1 AZR 1274/79 –, in: AP Art. 140 GG Nr. 7
–, Art. »Kirchenrecht« (I D-E), in: EvStL, 3. Aufl. 1987, Sp. 1676 ff.
Schleicher, Hans-Jürgen, Staatliches Rechtsprechungsmonopol und kirchliche Gerichtsbarkeit. Ein Beitrag zur Auslegung des Art. 92 GG. Diss. iur. Bochum 1968
Schlosser, Peter, Vereins- und Verbandsgerichtsbarkeit. München 1972
–, Kommentierung von § 1048 ZPO, in: Stein-Jonas, Kommentar zur Zivilprozeßordnung. 20. Aufl., bearbeitet von W. Grunsky, D. Leipold, W. Münzberg, P. Schlosser und E. Schumann. Vierter Band, Teilband II. Tübingen 1988, S. 218 ff.
Schmidt, Karsten, Eintragung »religiöser Wirtschaftsvereine«?, in: NJW 1988, S. 2574 ff.
Schmidt-Aßmann, Eberhard, Der Verfahrensgedanke in der Dogmatik des öffentlichen Rechts, in: P. Lerche / W. Schmitt Glaeser / ders., Verfahren als staats- und verwaltungsrechtliche Kategorie. Heidelberg 1984, S. 1 ff.
–, Kommentierung von Art. 19 Abs. 4, in: M-D (24. Lieferung Januar 1985)
–, Der Rechtsstaat, in: Handbuch des Staatsrechts der Bundesrepublik Deutschland, hrsg. von J. Isensee und P. Kirchhof. Bd. I: Grundlagen von Staat und Verfassung. Heidelberg 1987, S. 987 ff.
Schmidt-Bleibtreu, Bruno / Klein, Franz, Kommentar zum Grundgesetz für die Bundesrepublik Deutschland. 6. Aufl., Neuwied und Darmstadt 1983
Schmidt-Eichstaedt, Gerd, Kirchen als Körperschaften des öffentlichen Rechts? Eine Überprüfung des öffentlich-rechtlichen Status von Religions- und Weltanschauungsgemeinschaften. Köln, Berlin, Bonn, München 1975
–, Die Körperschaftsqualität der Kirchen – Wegbereiter für ein neues öffentliches Verbandsrecht?, in: Der Staat 21 (1982), S. 423 ff.
Schmitt Glaeser, Walter, Die Position der Bürger als Beteiligte im Entscheidungsverfahren

gestaltender Verwaltung, in: P. Lerche / ders. / E. Schmidt-Aßmann, Verfahren als staats- und verwaltungsrechtliche Kategorie. Heidelberg 1984, S. 35 ff.

Schmitz, Heribert, Möglichkeit und Gestalt einer kirchlichen Gerichtsbarkeit über die Verwaltung, in: AkKR 135 (1966), S. 18 ff.

–, Rechtsschutz und kanonisches Dienstrecht, in: Ius sacrum. Klaus Mörsdorf zum 60. Geburtstag, hrsg. von A. Scheuermann und G. May. München, Paderborn, Wien 1969, S. 745 ff.

Schoen, Paul, Das neue Verfassungsrecht der evangelischen Landeskirchen in Preußen. Berlin 1929

Scholz, Rupert, Die Koalitionsfreiheit als Verfassungsproblem. München 1971

–, Rechtsfrieden im Rechtsstaat. Verfassungsrechtliche Grundlagen, aktuelle Gefahren und rechtspolitische Folgerungen, in: NJW 1983, S. 705 ff.

Schoofs, Friedrich Hermann, Geschichte und Gegenwartsgestalt der kirchlichen Gerichtsbarkeit der evangelischen Kirchen in Deutschland. Diss. iur. Köln 1963

Schulke, Erich, Zur Frage des Rechtswegs bei Nichtzulassung zum Kindergarten, in: BayVBl. 1981, S. 585 ff.

Schultze, Alfred, Die kirchenrechtliche Judikatur des Reichsgerichts, in: Die Reichsgerichtspraxis im deutschen Rechtsleben. Festgabe der juristischen Fakultäten zum 50jährigen Bestehen des Reichsgerichts (1. Oktober 1929) in 6 Bänden, hrsg. von O. Schreiber. Erster Band, Berlin und Leipzig 1929, S. 278 ff.

Schulz, Heinz-Bernd, Der weltliche Rechtsschutz im kirchlichen Bereich. Dargestellt für das Geltungsgebiet der Brit. Milit.-Reg.-Verordnung Nr. 165. Diss. iur. Kiel 1958

Schwendenwein, Hugo, Das neue Kirchenrecht. Gesamtdarstellung. Graz, Wien, Köln 1983

Schwerdtner, Peter, Kirchenautonomie und Betriebsverfassung, in: AuR 1979 (Sonderheft »Kirche und Arbeitsrecht«), S. 21 ff.

Schwoerer, Julius, Was nun? Betrachtungen zum Gleichberechtigungsurteil des Bundesverfassungsgerichts v. 29. 7. 1959, in: NJW 1959, S. 2089 ff.

Schwytz, Ingo, Rechtsprechung zum Staatskirchenrecht. Entwicklungslinien und Tendenzen dargestellt am Beispiel ausgewählter Sachgebiete. Diss. iur. Freiburg i. Br. 1971

Seidler, Gerhard, Fragen aus der kirchlichen Verwaltungsgerichtsbarkeit, in: ZevKR 17 (1972), S. 87 ff.

Seiler, Rudolf, Seelsorge in Bundeswehr und Bundesgrenzschutz, in: HdbStKirchR II, S. 685 ff.

Simon, Helmut, Das Verhältnis von Kirche und Staat nach der Lehre der evangelischen Kirche, in: HdbStKirchR I, S. 189 ff.

Smend, Rudolf, Staat und Kirche nach dem Bonner Grundgesetz, in: ZevKR 1 (1951), S. 4 ff.

–, Zur Gewährung der Rechte einer Körperschaft des öffentlichen Rechts an Religionsgesellschaften gemäß Art. 137 WRV, in: ZevKR 2 (1952/53), S. 374 ff.

–, Der Niedersächsische Kirchenvertrag und das heutige deutsche Staatskirchenrecht, in: JZ 1956, S. 50 ff.

–, Wissenschafts- und Gestaltprobleme im evangelischen Kirchenrecht, in: ZevKR 6 (1957/58), S. 225 ff.

–, Rechtliche Bedeutung und Rechtsprobleme heutiger landeskirchlicher Einheit, in: ZevKR 7 (1959/60), S. 279 ff.

–, Das Problem der Institutionen und der Staat. Staat als Beruf, in: ZevE 6 (1962), S. 65 ff.

Söllner, Alfred, Einseitige Leistungsbestimmung im Arbeitsverhältnis. Mainz 1966

–, Grundriß des Arbeitsrechts. 8. Aufl., München 1984

Sohm, Rudolph, Kirchenrecht. Band I: Die geschichtlichen Grundlagen (1892; Anastatischer Neudruck). Band II: Katholisches Kirchenrecht (aus dem Nachlaß hrsg. von E. Jacobi und O. Mayer). München und Leipzig 1923

Solte, Ernst-Lüder, Theologie an der Universität. Staats- und kirchenrechtliche Probleme der theologischen Fakultäten. München 1971

Spengler, Erhard, Die Rechtsprechung zum Arbeitsrecht in kirchlichen Angelegenheiten – insbesondere zur Loyalitätspflicht der kirchlichen Mitarbeiter, in: NZA 1987, S. 833 ff.

Sperling, Eberhard, Anmerkung zum Urteil des BVerwG vom 7. 10. 1983 – 7 C 44.81 –, in: BayVBl. 1984, S. 569 f.

–, Welcher Rechtsweg steht der Kirche zur Durchsetzung der Räumung von Pfarrdienstwohnungen offen?, in: BayVBl. 1989, S. 42 f.

Spotts, Frederic, The Churches and Politics in Germany. Middletown, Connecticut, 1973

Staff, Ilse, Zum Thema, in: Christentum und modernes Recht. Beiträge zum Problem der Säkularisierung, hrsg. von G. Dilcher und I. Staff. Frankfurt am Main 1984, S. 21 ff.

Starck, Christian, Der Rechtsstaat in der politischen Kontroverse, in: JZ 1978, S. 746 ff.

–, Band I (Kommentierung der Präambel und der Artikel 1 bis 5) von: Das Bonner Grundgesetz. Kommentar, begründet von H. v. Mangoldt, fortgeführt von F. Klein. 3. Aufl., München 1985

Stein, Albert, Justiz zwischen staatlicher Kirchenpolitik und kirchlicher Selbstbehauptung. Zur Auslegung der Strafbestimmungen der Kulturkampfgesetze durch den Anklagesenat des Appellationsgerichtshofs Köln, in: Recht und Rechtspflege in den Rheinlanden (Festschrift zum 150jährigen Bestehen des OLG Köln), hrsg. von J. Wolffram und A. Klein. Köln 1969, S. 338 ff.

–, Evangelisches Kirchenrecht. Ein Lehrbuch. 2. Aufl., Neuwied und Darmstadt 1985

Stein, Erwin, Zur staatskirchenrechtlichen Rechtsprechung des Bundesverfassungsgerichts, in: Juristen-Jahrbuch, hrsg. von G. Erdsiek. 8. Band (1967/68), Köln 1967, S. 120 ff.

–, Rezension von: H. Weber, Die Religionsgemeinschaften als Körperschaften des öffentlichen Rechts im System des Grundgesetzes (1966), in: DVBl. 1969, S. 55 f.

–, Elterliches Erziehungsrecht und Religionsfreiheit, in: HdbStKirchR II, S. 455 ff.

Steiner, Udo, Rechtsschutzbeschränkung bei Ausübung kirchlicher Personalgewalt? – BVerfG, NJW 1980, 1041 Nr. 1 und 2, in: JuS 1980, S. 342 ff.

–, Offene Rechtsschutzprobleme im Verhältnis von Staat und Kirchen. Wiedergabe eines Vortrags, der am 12. Februar 1981 in der Universität Passau auf Einladung der Juristischen Fakultät gehalten wurde. Passau 1981

–, Der Grundrechtsschutz der Glaubens- und Gewissensfreiheit (Art. 4 I, II GG), in: JuS 1982, S. 157 ff.

–, Nichts Neues zum Rechtsweg für Klagen von Geistlichen und Kirchenbeamten aus ihrem Amtsverhältnis, in: NJW 1983, S. 2560 f.

–, Staatliche und kirchliche Gerichtsbarkeit, in: NVwZ 1989, S. 410 ff.

Stern, Klaus, Das Staatsrecht der Bundesrepublik Deutschland. Bd. I, 2. Aufl., München 1984. Bd. II, München 1980

–, Verwaltungsprozessuale Probleme in der öffentlich-rechtlichen Arbeit. 6. Aufl., München 1987

Stober, Rolf, Staatsgerichtsbarkeit und Schiedsgerichtsbarkeit, in: NJW 1979, S. 2001 ff.

Stock, Martin, Der praktische Fall – Öffentliches Recht: Ein Lehrer als Bhagwan-Fan, in: JuS 1989, S. 654 ff.

Stolleis, Michael, Kirchliches Glockenläuten und staatliche Gerichte, in: ZevKR 17 (1972), S. 150 ff.

–, Art. »Rechtsstaat«, in: HRG, Bd. 4 (26. Lieferung 1986), Sp. 367 ff.

–, Geschichte des öffentlichen Rechts in Deutschland. Erster Band: Reichspublizistik und Policeywissenschaft 1600–1800. München 1988

Strätz, Hans-Wolfgang, Rechtsfragen der neuen religiösen Bewegungen in der Bundesrepublik Deutschland, in: Gewissen und Freiheit, 17. Jg., 1989, Nr. 32, S. 81 ff.

Strigl, Richard A., Verwaltungsbeschwerde und Verwaltungsgerichtsbarkeit, in: HdbKathKR S. 1011 ff.

Stutz, Ulrich, Kirchenrecht, in: Enzyklopädie der Rechtswissenschaft in systematischer Bearbeitung. Begründet von F. v. Holtzendorff, hrsg. von J. Kohler. 7. Aufl., 5. Bd., München, Leipzig, Berlin 1914, S. 275 ff.

Süsterhenn, Adolf / Schäfer, Hans, Kommentar der Verfassung für Rheinland-Pfalz – mit Berücksichtigung des Grundgesetzes für die Bundesrepublik Deutschland. Koblenz 1950

Tammler, Ulrich, Anmerkung zum Urteil des OVG Münster vom 23. 8. 1977 – VIII A 1813/75 –, in: DVBl. 1978, S. 923ff.
Thieme, Werner, Die Zuständigkeit staatlicher Gerichte zur Entscheidung von Streitigkeiten zwischen den Kirchen und ihren Mitgliedern, in: AöR 80 (1955/56), S. 423ff.
–, Rezension von: K. Hesse, Der Rechtsschutz durch staatliche Gerichte im kirchlichen Bereich (1956), in: AöR 81 (1956), S. 510ff.
–, Anmerkung zum Urteil des VG Düsseldorf vom 27. 6. 1963 – 1 K 2486/62 –, in: JZ 1965, S. 26
–, Kirche und Arbeitsrecht, in: DÖV 1986, S. 62ff.
Thoma, Richard, Grundbegriffe und Grundsätze, in: Handbuch des Deutschen Staatsrechts, hrsg. von G. Anschütz und R. Thoma. Zweiter Band, Tübingen 1932, S. 108ff.
Tiedemann, Paul, Anmerkung zum Urteil des LG Hanau vom 11. 12. 1979 – 2 S 231/79 –, in: DÖV 1981, S. 427ff.
Tietgen, Walter, Anmerkung zum Urteil des BVerwG vom 17. 12. 1954 – V C 27/54 –, in: DVBl. 1955, S. 324ff.
von Tiling, Peter, Die Mitwirkung der Kirchen im staatlichen Bereich. Diss. iur. Göttingen 1968
–, Die Kirche in der pluralistischen Gesellschaft, in: ZevKR 14 (1968/69), S. 238ff.
–, Anmerkung zum Urteil des VG Berlin vom 14. 2. 1969 – VG V A 5.67 –, in: ZevKR 16 (1971), S. 209ff.
–, Zur Rechtsstellung der privatrechtlich angestellten Mitarbeiter in der Kirche, in: ZevKR 22 (1977), S. 322ff.
–, Anmerkung zum Urteil des LAG Düsseldorf vom 31. 10. 1983 – 14 Sa 332/83 –, in: ZevKR 30 (1985), S. 102ff.
–, Anmerkung zum Urteil des LG Berlin vom 21. 10. 1986 – 63 S 70/86 –, in: ZevKR 33 (1988), S. 71f.
Uibel, Siegfried, Anmerkung zum Urteil des VGH Mannheim vom 20. 5. 1980 – IV 1140/77 –, in: DVBl. 1981, S. 37f.
Ule, Carl Hermann, Verwaltungsgerichtsbarkeit. 2. Aufl., Köln, Berlin, München, Bonn 1962
–, Verwaltungsprozeßrecht. Ein Studienbuch. 8. Aufl., München 1983
von Unruh, Georg-Christoph, Subjektiver Rechtsschutz und politische Freiheit in der vorkonstitutionellen Staatslehre Deutschlands. Hamburg 1969
Vieweg, Klaus, Die gerichtliche Nachprüfung von Vereinsstrafen und -entscheidungen, in: JZ 1984, S. 167ff.
Vischer, Gustav-Adolf, Verwaltungsgerichtsbarkeit und Kirchenrecht. (Sonderdruck aus den Nachrichten für die Evangelisch-lutherischen Geistlichen in Bayern). München 1948
–, Kirchliche für staatliche Gerichte?, in: Evangelisch-Lutherische Kirchenzeitung 10 (1956), S. 21ff.
–, Ist § 135 S. 2 des Beamtenrechtsrahmengesetzes mit dem Grundgesetz vereinbar?, in: JZ 1967, S. 597ff.
Voll, Otto J. / Störle, Johann, Handbuch des Bayerischen Staatskirchenrechts. München 1985
Volkmann, Klaus J., Die Rechtsprechung staatlicher Gerichte in Kirchensachen 1933–1945. Mainz 1978
Vollmer, Lothar, Satzungsmäßige Schiedsklauseln. Zugleich ein Beitrag zum Rechtsschutz in inneren Vereinsangelegenheiten. Bad Homburg v. d. H., Berlin, Zürich 1970
Wagner, Heinz, Interpretation in Literatur- und Rechtswissenschaft, in: AcP 165 (1965), S. 520ff.
–, Die Vorstellung der Eigenständigkeit in der Rechtswissenschaft. Ein Beitrag zur juristischen Systematik und Terminologie. Berlin 1967
Wassermann, Rudolf, Kommentierung von Art. 19 Abs. 4, in: Kommentar zum Grundgesetz für die Bundesrepublik Deutschland, bearb. von A. Azzola u. a. Bd. 1, Neuwied und Darmstadt 1984
Weber, Hermann, Die Religionsgemeinschaften als Körperschaften des öffentlichen Rechts im System des Grundgesetzes. Berlin 1966
–, Der Rechtsschutz im kirchlichen Amtsrecht, in: NJW 1967, S. 1641ff.

–, Anmerkung zum Urteil des BVerwG vom 15.12. 1967 – VI C 68/67 –, in: NJW 1968, S. 1345 f.

–, Grundprobleme des Staatskirchenrechts. Bad Homburg v. d. H., Berlin, Zürich 1970

–, Auslegung und Rechtsgültigkeit der Versetzungsbefugnis nach § 71 I c Pfarrergesetz der VELKD. Gleichzeitig ein Beitrag zum Rechtsschutz im kirchlichen Amtsrecht, in: ZevKR 15 (1970), S. 20 ff.

–, Weltlich wirksame Rechtsprechung der Kirchengerichte? Zum Verhältnis von staatlicher und kirchlicher Gerichtsbarkeit, in: DVBl. 1970, S. 250 ff.

–, Die Grundrechtsbindung der Kirchen, in: ZevKR 17 (1972), S. 386 ff.

–, Beitrag zur Aussprache über das Referat von E. Ruppel, in: Essener Gespräche 7 (1972), S. 74 f.

–, Der Rechtsschutz der Kirchen und Religionsgemeinschaften durch die staatlichen Gerichte, in: HdbStKirchR I, S. 729 ff.

–, Rechtsprobleme eines Anschlusses der Pfarrer und Kirchenbeamten an die gesetzliche Rentenversicherung der Angestellten, in: ZevKR 22 (1977), S. 346 ff.

–, Darstellung des Beschlusses des BVerfG vom 21. 9. 1976 – 2 BvR 350/75 –, in: JuS 1977, S. 258 ff.

–, Anmerkung zu den Beschlüssen des BVerfG vom 28. 11. 1978 – 2 BvR 316/78 – und vom 6. 4. 1979 – 2 BvR 356/79 –, in: NJW 1980, S. 1042 f.

–, Gelöste und ungelöste Probleme des Staatskirchenrechts, in: NJW 1983, S. 2541 ff.

–, Die Rechtsstellung des Pfarrers, insbesondere des Gemeindepfarrers – Grundprobleme einer Reform der Kirchenverfassung und des Pfarrerdienstrechts in der Evangelischen Kirche der Pfalz (Protestantische Landeskirche), in: ZevKR 28 (1983), S. 1 ff.

–, Beitrag zur Aussprache über das Referat von J. Müller-Volbehr, in: Essener Gespräche 19 (1985), S. 141 f.

–, Streit über die richtige Theologie im Zivilprozeß, in: Rechtsstaat, Kirche, Sinnverantwortung. Festschrift für Klaus Obermayer zum 70. Geburtstag, hrsg. von R. Bartlsperger, D. Ehlers, W. Hofmann und D. Pirson. München 1986, S. 263 ff.

–, Benutzungszwang für Trauerhallen (Friedhofskapellen) und friedhofseigene Leichenkammern auf kirchlichen Friedhöfen, in: ZevKR 33 (1988), S. 15 ff.

–, Staatliche und kirchliche Gerichtsbarkeit, in: NJW 1989, S. 2217 ff.

Weber, Werner, Das Beschlußverfahren in Rechtsangelegenheiten der Evangelischen Kirche, in: DJZ 1935, S. 1075 ff.

–, Die Entwicklung des neuen evangelischen Staats-Kirchenrechts, in: DJZ 1936, S. 89 ff.

–, Die Gegenwartslage des Staatskirchenrechts, in: VVDStRL, Heft 11, Berlin 1954, S. 153 ff.

–, Anmerkung zum Urteil des BGH vom 18. 2. 1954 – III ZR 311/52 –, in: NJW 1954, S. 1284

–, Anmerkung zum Urteil des BVerwG vom 17. 12. 1954 – V C 27/54 –, in: NJW 1955, S. 725 f.

–, Art. »Staatskirchenrecht«, in: Handwörterbuch der Sozialwissenschaften (zugleich Neuauflage des Handwörterbuchs der Staatswissenschaften). 9. Band, Stuttgart, Tübingen und Göttingen 1956, S. 753 ff.

–, »Allgemeines Gesetz« und »für alle geltendes Gesetz«, in: Festschrift für Ernst Rudolf Huber zum 70. Geburtstag am 8. Juni 1973, hrsg. von E. Forsthoff, W. Weber und F. Wieacker. Göttingen 1973, S. 181 ff.

Weber-Fas, Rudolf, Rechtsstaat und Grundgesetz. Pfullingen 1977

Wegener, Roland, Staat und Verbände im Sachbereich Wohlfahrtspflege. Eine Studie zum Verhältnis von Staat, Kirche und Gesellschaft im politischen Gemeinwesen. Berlin 1978

Weidemann, Helmut, Schiedsgerichtsbarkeit in verwaltungsrechtlichen Streitsachen. Diss. iur. Marburg 1968

–, Anmerkung zum Beschluß des VG der Evang. Landeskirche in Baden vom 12. 8. 1969 – VG 44/69 –, in: DVBl. 1970, S. 330 ff.

Wendeling-Schröder, Ulrike, Gewissen und Eigenverantwortung im Arbeitsleben. Zugleich eine Auseinandersetzung mit den Urteilen des LAG Düsseldorf vom 22. 4. 1988, in: BB 1988, S. 1742 ff.

Werminghoff, Albert, Geschichte der Kirchenverfassung Deutschlands im Mittelalter. Bd. I, Hannover und Leipzig 1905 (Reprografischer Nachdruck Darmstadt 1969).

Wesemann, Paul, Ad tuenda iura personarum. Zur Planung einer kirchlichen Verwaltungsgerichtsbarkeit im Bereich der Deutschen Bischofskonferenz, in: Diaconia et ius. Festgabe für Heinrich Flatten zum 65. Geburtstag, hrsg. von H. Heinemann, H. Herrmann und P. Mikat. München, Paderborn, Wien 1973, S. 151 ff.

Wieacker, Franz, Vertragsbruch aus Gewissensnot, in: JZ 1954, S. 466 ff.

Wieland, Joachim, Die Angelegenheiten der Religionsgesellschaften, in: Der Staat 25 (1986), S. 321 ff.

Wiesner, Hans, Grundfragen aus dem kirchlichen Disziplinarrecht. Diss. iur. Bonn 1960

Willoweit, Dietmar, Rechtsgrundlagen der Territorialgewalt. Landesobrigkeit, Herrschaftsrechte und Territorium in der Rechtswissenschaft der Neuzeit. Köln, Wien 1975

Winands, Günter, Kirchliche Sanktion eines Zölibatsverstoßes und staatliche Gerichtsbarkeit. Anmerkungen zu Oberverwaltungsgericht Rheinland-Pfalz, Beschl. v. 29. 4. 1985 – 2 E 3/85 –, in: DÖV 1986, S. 98 ff.

Wirth, Paul, Gerichtlicher Schutz gegenüber der kirchlichen Verwaltung. Modell eines kirchlichen Verwaltungsgerichtes, in: AkKR 140 (1971), S. 29 ff.

–, Zur künftigen Gestalt des kirchlichen Streitverfahrens, in: Diaconia et ius. Festgabe für Heinrich Flatten zum 65. Geburtstag, hrsg. von H. Heinemann, H. Herrmann und P. Mikat. München, Paderborn, Wien 1973, S. 131 ff.

–, Gerichtsverfassung und Gerichtsordnung, in: HdbKathKR S. 962 ff.

–, Das Streitverfahren, in: HdbKathKR S. 972 ff.

Wölbing, Werner, Pfarrer im Angestelltenverhältnis und die Problematik ihres Rechtsschutzes, in: ZevKR 28 (1983), S. 62 ff.

Wöste, Wilhelm, Verbindungsstellen zwischen Staat und Kirchen: Katholische Kirche, in: HdbStKirchR II, S. 285 ff.

Wolff, Hans J., Verwaltungsrecht I. 6. Aufl., München und Berlin 1965

–, Verwaltungsrecht I. 7. Aufl., München 1968

–, Verwaltungsrecht I. 8. Aufl., München 1971

Wolff, Hans J. / Bachof, Otto, Verwaltungsrecht I. 9. Aufl., München 1974

Wufka, Eduard, Art. 33 V GG und das kirchliche Dienstrecht. Zugleich ein Rechtsprechungsbericht zur Frage der Rechtswirksamkeit kirchlicher Ruhensvorschriften, in: ZevKR 16 (1971), S. 190 ff.

–, Anmerkung zum Urteil des Verfassungs- und Verwaltungsgerichts der VELKD vom 12. 11. 1969 – RVG 1/69 –, in: DVBl. 1971, S. 119 ff.

Zacher, Hans F., Beitrag zur Aussprache über die Referate von M. Heckel und A. Hollerbach, in: VVDStRL, Heft 26, Berlin 1968, S. 144 f.

von *Zezschwitz, Friedrich*, Staatliche Neutralitätspflicht und Schulgebet. Zum Urteil des HessStGH v. 27. 10. 1965 – P. St. 388, in: JZ 1966, S. 337 ff.

Zimmermann, Friedrich, Staat und Religionsgemeinschaften, in: Verwaltungsrecht in Bayern. Ein Grundriß, hrsg. von J. Mang. Bd. II, München 1952, S. 484 ff.

Zipfel, Friedrich, Kirchenkampf in Deutschland 1933–1945. Religionsverfolgung und Selbstbehauptung der Kirchen in der nationalsozialistischen Zeit. Berlin 1965

Zippelius, Reinhold, Kirche und Staat und die Einheit der Staatsgewalt, in: ZevKR 9 (1962/63), S. 42 ff.

–, Kommentierung von Art. 4, in: BK (Drittbearbeitung Dezember 1989)

Zöllner, Wolfgang, Betriebsjustiz, in: ZZP 83 (1970), S. 365 ff.

–, Die Rechtsprechung des Bundesverfassungsgerichts zu Artikel 9 Abs. 3 GG, in: AöR 98 (1973), S. 71 ff.

–, Arbeitsrecht. 3. Aufl., München 1983

–, Zur Frage des Gewerkschaftsausschlusses wegen gewerkschaftsschädigender Kandidatur bei Betriebsratswahlen. Ein Rechtsgutachten, erstattet für die Gewerkschaft ÖTV. Stuttgart 1983

Zuck, Rüdiger, Das Recht der Verfassungsbeschwerde. 2. Aufl., München 1988

Entscheidungsregister

Angegeben sind für die einzelnen Entscheidungen: Datum (Aktenzeichen); Fundstelle → Seitenzahl(en) des Zitats in der vorliegenden Arbeit. Die Art der Entscheidung (Urteil, Beschluß usw.) kann jeweils dem Zitat entnommen werden.

I. Verfassungsgerichte

Bundesverfassungsgericht

Landesverfassungsgerichte

Baden

Bayern

II. Ordentliche Gerichte

Reichsgericht

Bundesgerichtshof

Bayerisches Oberstes Landesgericht

Oberlandesgerichte

KG Berlin

Braunschweig

Bremen

Celle

Düsseldorf

III. Verwaltungsgerichte

Bundesverwaltungsgericht

Oberverwaltungsgerichte/Verwaltungsgerichtshöfe

Preußisches Oberverwaltungsgericht

Berlin

Bremen

Hamburg

Kassel

Koblenz

Verwaltungsgerichte

Oldenburg

8. 5. 1973 (I A 182/71); KirchE 13, 265 → 59, 205, 227, 242 f.

Saarlouis

15. 4. 1980 (3 K 1168/78); KirchE 18, 147 → 42

Schleswig

6. 8. 1953 (5 K 2/53); KirchE 2, 140 → 79
8. 1. 1954 (2 K 131/53); KirchE 2, 182 → 227
23. 11. 1976 (6 A 130/76); KirchE 15, 409 → 118, 227

Sigmaringen

24. 3. 1982 (3 K 764/81); unv. → 42

Stuttgart

25. 5. 1973 (VRS III 106/72); KirchE 13, 270 → 207, 212, 243
14. 7. 1983 (VRS 1 K 4/83); NVwZ 1985, 138 → 115, 124, 208

Wiesbaden

10. 7. 1984 (VI/1 E 596/82); NVwZ 1985, 137 → 45
3. 5. 1985 (I/2 E 46/83); ZevKR 31 (1986), 97 → 42

Würzburg

1. 6. 1971 (W 391 II 71); KirchE 12, 179 → 35
7. 6. 1972 (W 435 II 71); KirchE 12, 491 → 35, 85, 201, 242
12. 12. 1973 (W 221 II 72); KirchE 13, 409 → 40, 206

IV. Arbeitsgerichte

Bundesarbeitsgericht

31. 1. 1956 (3 AZR 67/54); KirchE 3, 240 → 33
19. 12. 1969 (1 ABR 10/69); KirchE 11, 112 → 3, 175
21. 10. 1970 (4 AZR 20/70); KirchE 11, 342 → 124, 175
21. 11. 1975 (1 ABR 12/75); KirchE 15, 105 → 5, 34
6. 12. 1977 (1 ABR 28/77); KirchE 16, 254 → 34, 175
14. 2. 1978 (1 AZR 280/77); KirchE 16, 324 → 34
25. 4. 1978 (1 AZR 70/76); KirchE 16, 367 → 33, 175
4. 3. 1980 (1 AZR 125/78); KirchE 18, 41 → 5, 34, 175, 242
4. 3. 1980 (1 AZR 1151/78); KirchE 18, 50 → 5, 34
14. 10. 1980 (1 AZR 1274/79); KirchE 18, 296 → 34
19. 1. 1982 (1 AZR 279/81); ZevKR 27 (1982), 319 → 34
9. 2. 1982 (1 ABR 36/80); ZevKR 27 (1982), 313 → 34
21. 10. 1982 (2 AZR 591/80); NJW 1984, 826 → 34
21. 10. 1982 (2 AZR 628/80); EzA § 1 KSchG Tendenzbetrieb Nr. 13 → 34
27. 4. 1983 (4 AZR 506/80); NJW 1983, 2600 → 46, 175
23. 3. 1984 (7 AZR 249/81); ZevKR 29 (1984), 613 → 34
31. 10. 1984 (7 AZR 232/83); NJW 1985, 1855 → 5, 34, 175
12. 12. 1984 (7 AZR 418/83); NJW 1985, 2781 → 34
15. 1. 1986 (7 AZR 545/85); ZevKR 31 (1986), 461 → 34
11. 3. 1986 (1 ABR 26/84); ZevKR 32 (1987), 88 → 34, 198 f., 201, 243 f.
14. 8. 1986 (6 ABR 40/84); ZevKR 34 (1989), 80 → 34
14. 4. 1988 (6 ABR 36/86); ZevKR 34 (1989), 74 → 34
25. 4. 1989 (1 ABR 88/87); NJW 1989, 2284 → 34, 161, 243
24. 5. 1989 (2 AZR 285/88); NJW 1990, 203 → 46
7. 2. 1990 (5 AZR 84/89); NJW 1990, 2082 → 241

Landesarbeitsgerichte

Düsseldorf

25. 5. 1960 (7 Sa 100/60); KirchE 5, 186 → 33
14. 2. 1963 (7 Sa 581/62); JZ 1964, 258 → 46

8. 9. 1975 (4 Sa 1024/75); KirchE 15, 27→34
14. 10. 1977 (13 Sa 799/76); KirchE 16, 200 →33 f.
8. 8. 1978 (11 Sa 788/78); KirchE 17, 19→58
11. 10. 1978 (15 Sa 1114/78); KirchE 17, 83 →34
11. 3. 1980 (19 TaBV 42/79); KirchE 18, 58 →34
27. 5. 1980 (19 TaBV 20/79); KirchE 18, 179 →34
8. 9. 1980 (21 Sa 582/80); KirchE 18, 258→34
3. 10. 1980 (17 Sa 964/80); KirchE 18, 285 →34, 202
6. 3. 1981 (16 TaBV 28/80); KirchE 18, 420 →34
31. 10. 1983 (14 Sa 332/83); ZevKR 30 (1985), 95→34

Frankfurt a. M.

16. 9. 1947 (II LA 81/47); KirchE 1, 13→46
9. 8. 1977 (9 Sa 65/77); KirchE 16, 155→34

Hamm

29. 4. 1976 (8 Sa 48/76); KirchE 15, 254→65
21. 1. 1977 (3 Sa 941/76); BB 1977, 747→34
21. 1. 1977 (3 TaBV 64/76); BB 1977, 747→5, 34
3. 11. 1977 (4 Sa 874/77); KirchE 16, 216→34, 201
16. 10. 1978 (9 Sa 729/78); KirchE 17, 84→34
5. 12. 1979 (12 TaBV 75/79); KirchE 17, 369 →34

Hannover

8. 8. 1974 (5 TaBV 63/73); KirchE 14, 130 →34
25. 8. 1977 (6 Sa 957/76); KirchE 16, 178→34
17. 12. 1982 (10 Sa 95/82); NJW 1983, 2603 →34
20. 3. 1983 (2 TaBV 8/83); ZevKR 29 (1984), 620→34, 175, 244
9. 3. 1989 (14 Sa 1608/88); NJW 1990, 534 →34

Köln

15. 1. 1984 (2/10 Sa 1276/83); ZevKR 31 (1986), 464→34

Mainz

28. 3. 1980 (5 [6] Sa 653/79); KirchE 18, 113 →34

München

5. 11. 1979 (8 Sa 739/78); KirchE 17, 358→34
9. 4. 1981 (8 [3] Sa 556/80); KirchE 18, 475 →34

Saarbrücken

29. 10. 1975 (2 Sa 51/75); KirchE 15, 88→33

Arbeitsgerichte

Darmstadt

2. 12. 1976 (5 Ca 277/76); KirchE 15, 426 →34, 245

Duisburg

4. 2. 1977 (1 Ca 2106/76); KirchE 16, 34→34

Göttingen

24. 11. 1975 (2 BV 6/75); KirchE 15, 113→34

Herne

11. 1. 1977 (2 Ca 2442/76); KirchE 16, 1→34

Iserlohn

15. 8. 1979 (1 Ca 391/79); KirchE 17, 295→34

Kassel

27. 10. 1982 (4 Ca 356/82); ZevKR 28 (1983), 91→34

Köln

18. 2. 1976 (7 Ca 9433/75); KirchE 15, 222 →33
14. 7. 1976 (7 Ca 1783/76); KirchE 15, 287 →33

Krefeld

26. 11. 1975 (4 Ca 962/75); KirchE 15, 120 →33
22. 6. 1978 (3 Ca 1017/78); KirchE 16, 431 →34

München

9. 7. 1980 (2 Ca 702/80); KirchE 18, 216→34

Stuttgart

28. 2. 1980 (5 Ca 258/79); KirchE 18, 34→34

Würzburg

25. 4. 1979 (5 Ca 563/78 A); KirchE 17, 227 →34, 184

V. Sozialgerichte

VI. Finanzgerichte

Finanzgerichte

Düsseldorf

Hannover

Karlsruhe

Kassel

Münster

Neustadt a. d. Weinstraße

VII. Kirchliche Gerichte

Verfassungs- und Verwaltungsgericht der VELKD

Sachregister

Angegeben sind Seitenzahlen; hochgestellte Ziffern verweisen auf Fußnoten.